HISTOIRE

DU

CARDINAL DE RICHELIEU

LOUIS XIII, ROI DE FRANCE

Philippe de Champagne p^t.　　　　　De Lorraine inc.

HISTOIRE
DU
CARDINAL DE RICHELIEU

PAR

GABRIEL HANOTAUX **LE DUC DE LA FORCE**
DE L'ACADÉMIE FRANÇAISE   DE L'ACADÉMIE FRANÇAISE

TOME IV

LA POLITIQUE INTÉRIEURE DU CARDINAL

L'UNITÉ FRANÇAISE — PAS D'ÉTATS DANS L'ÉTAT
L'ORGANISATION DES FORCES NATIONALES

PARIS

SOCIÉTÉ | LIBRAIRIE PLON
DE L'HISTOIRE NATIONALE | LES PETITS-FILS DE PLON ET NOURRIT
8, rue Garancière — 6ᵉ.

LIVRE PREMIER

APRÈS LE GRAND DÉSORDRE LE GRAND ORDRE

LIVRE PREMIER
APRÈS LE GRAND DÉSORDRE

CHAPITRE PREMIER

DU DÉSORDRE AU GRAND ORDRE

Le Royaume à l'avènement du cardinal. La doctrine politique.

Le parti protestant abattu par la prise de La Rochelle, les partisans de la politique « espagnole » écartés par la fuite de la Reine mère, ces deux succès contraires avaient assuré à Richelieu la faveur du Roi et la confiance des « bons François ». Confirmé au pouvoir, le cardinal ministre était à même d'aborder les vastes desseins d'organisation du Royaume qu'il agitait depuis si longtemps dans sa pensée et qu'il allait s'appliquer à réaliser désormais.

Il est au point culminant de sa courte carrière. C'est le moment, pour l'histoire, de considérer l'ensemble de sa première activité intérieure, de voir ce qu'il voulait faire, ce qu'il a fait, sans négliger ce qu'une mort prématurée l'empêcha d'achever : toute grande carrière est une carrière brisée.

Quelques réflexions d'abord semblent nécessaires sur l'état de la France au moment où le jeune Richelieu commençait, vers la fin du règne de Henri IV, à s'instruire des affaires publiques avec son ami le Père Joseph.

Les historiens embrassent généralement d'une seule vue le XVIIe siècle : pour eux, c'est l'époque de la règle, de la raison, de la mesure et, selon le mot si expressif de M. Madelin, le temps du « grand ordre ». On applique ainsi à la première partie du siècle ce qui est vrai de la seconde; en fait, les vingt-cinq premières années furent plutôt un temps de grand désordre.

La France avait encore le cœur bourrelé des discordes religieuses, des guerres intestines atroces et du péril qu'avaient fait courir à son indépendance ses propres erreurs et ses intolérantes passions. Les Espagnols maîtres de Paris! Ce comble d'adversité avait été nécessaire pour la retenir au penchant de l'abîme et il avait fallu le sursaut d'un patriotisme désespéré pour que le pays fût sauvé.

Cependant ni les cœurs, ni les esprits n'étaient apaisés; une sorte de vibration intime maintenait les courages en émoi ; les passions refoulées réagissaient par à-coups avec une extrême violence. La Fare, qui est de la génération suivante, nous a transmis l'écho de cet ardent passé tel qu'il l'avait reçu : « Il faut remarquer, dit-il, que le XVIe siècle fut un siècle de trouble et de division. L'autorité royale fut souvent méprisée et presque éteinte. Les intrigues du Cabinet, les guerres de Religion, le changement fréquent des Rois et du gouvernement, la faveur et les grands établissements que se disputèrent la maison de Montmorency et celle de Guise donnèrent lieu à quantité de petites guerres qui recommencèrent souvent, à beaucoup d'intrigues, à des cruautés extraordinaires et au grand abus que les seigneurs firent de leur autorité. Comme il y avait beaucoup de chemins différents pour la fortune et de moyens de se faire valoir, l'esprit et la hardiesse personnels furent d'un grand usage et il fut permis d'avoir le cœur haut et de le sentir. Ce fut le siècle des grandes vertus et des grands vices, des grandes actions et des grands crimes; après que celui qui fut commis en la personne de Henri III eut laissé à Henri IV, non pas un trône où il n'y eût qu'à monter, mais une couronne à conquérir, le Royaume éprouva, pendant le reste de ce siècle, tout ce que la rébellion lui pouvait faire essuyer. »

Rébellion : c'est bien le mot qui exprime la maladie du siècle à ses débuts. Si l'on voulait reconnaître les origines de ce mal, qui se prolongea par d'infinis soubresauts jusqu'à la fin de la Fronde, il faudrait remonter aux principes de la Réforme.

Par la déclaration de Wittenberg, les anciens cadres avaient été brisés, le sentiment particulier s'élevait contre l'ordre établi, la foi publique chancelait, les traités signés et les frontières reconnues se trouvaient sans autorité et sans sécurité. L'Europe se débattait dans une totale anarchie. L'Allemagne, dont l'immodération essentielle ne sut jamais ni se limiter ni se résigner, devait traîner pendant de longues années encore les suites de ses divisions acharnées. Quant à la France, par les violences dont elle n'avait pas eu l'initiative, elle avait subi les horreurs d'une invasion et d'une dévastation aussi affreuses peut-être que celles de la guerre de Cent ans. Et lorsque le comble de la misère eut arraché les armes des mains et scellé au sceau de la tolérance les pactes de paix, la résistance à ces sages résolutions fut encore longtemps aveugle et passionnée.

La querelle à la fois religieuse et politique était loin d'être calmée. La messe, acceptée par Henri IV, avait transmis l'héritage sans réconcilier les héritiers. Rome, déchue de son autorité disciplinaire, s'enchaînait, pour vivre, aux intérêts et aux ambitions de la maison d'Autriche. Les puissances protestantes, assurées de cette supériorité morale dont elles n'ont cessé de se targuer, et de leur ascendant économique, se promettaient le succès final. L'esprit calviniste soufflait en tempête de liberté. Un machiavélisme universel imposait à la politique, avec la loi de la force, le masque de l'hypocrisie. Il fallait rétablir, non pas sur le papier et sur les lèvres, mais au fond des cœurs, un ordre, une vie publique réglée, une paix où les lois de la civilisation et de la morale chrétiennes seraient respectées. Ces réformes, les masses, qui avaient tant souffert, les réclamaient et les élites, qui avaient tant contribué au chaos social, s'y portaient d'une allure décidée. Des temps nouveaux s'annonçaient.

Mais par quelles voies l'œuvre qu'avaient ébauchée Henri IV et ses sages conseillers, soit protestants, soit catholiques, Sully, Villeroy, Duplessis-Mornay, le Père Richeome et tant d'autres, pourrait-elle s'achever? par quels hommes? par quelles méthodes? par quelle autorité?

Lorsque Richelieu, sorti à peine de l'adolescence, s'engageait dans les chemins du pouvoir, la crise ébranlait encore toute l'Europe disloquée : religions, nationalités, gouvernements, armées, le désordre et l'ordre étaient partout aux prises. L'Europe, — et la France particulièrement, — étaient toujours en présence du problème religieux et moral.

Rien n'était résolu ; tout était en suspens.

L'histoire, c'est le tableau du progrès des mœurs : les mœurs et l'autorité publique sont troublées quand la conscience n'est pas en repos. Aussi, dans le conflit universel, ne peut-on isoler tout à fait le problème religieux du problème politique, ni de l'ordre public, ni même des intérêts économiques. La loi morale est le fondement des sociétés : faiblit-elle, tout glisse ; reprend-elle son autorité, tout se relève. Comme il arrive après les misères insupportables et les déchéances honteuses, un courant puissant commençait à soulever la nation et poussait les chefs dans le sens de leurs nouveaux devoirs.

Ébranlement des croyances et de la morale.

Disons d'abord la gravité du mal. Non seulement le parti protestant français, à l'abri des clauses de l'Édit de Nantes, avec son million d'âmes dévouées et énergiques, avec ses places de sûreté, avec l'âpreté de sa querelle, avec son assurance hautaine, avec le concours des puissances protestantes du dehors, représente une force redoutable et qui peut faire pencher la balance des intérêts et des sentiments ; mais, par son principe du libre examen, il a autorisé des habitudes de discussion et de négation qui, en minant les croyances, ont ébranlé les bases de l'union civile.

Rabelais a osé écrire ; Montaigne, plus souple, s'est glissé dans les esprits et les a troublés par son scepticisme pénétrant. Et combien d'autres ont pris la plume ou la parole, trouvant leur joie à détruire ce qui ne pouvait être remplacé ! Combien de « lettres d'hommes obscurs » se distribuaient sous le manteau et s'insinuaient dans les esprits inquiets et sans consistance ! Le Père Mersenne, surveillant attentif de la contagion, affirme qu'il y avait alors quarante mille « athéistes » dans Paris (1). Un nom suffit pour désigner la secte, Théophile. Un maître de rhétorique, probablement Belurget, régent au collège de Navarre, avait rédigé, à l'usage du populaire, cent six quatrains « faciles à retenir », sur le modèle de ceux de Pibrac : c'étaient les *Quatrains du Déisme*, attaquant avec une étrange audace la foi, l'autorité, la tradition :

> Puisque l'Être éternel est éternellement,
> Très heureux et parfait en toute suffisance,
> Qu'il est la bonté même et sage infiniment
> Sur tout ce qu'en conçoit l'humaine intelligence,
>
> Le superstitieux n'est-il pas insensé
> De se le figurer constant et variable,
> Embrasé de vengeance et d'un rien offensé,
> Ennemi des tyrans et plus qu'eux redoutable.
> L'est-il pas derechef de se l'imaginer
>
> De tout cet univers la guide souveraine
> Et croire ensemblement qu'il se laisse mener
> Selon les passions de la nature humaine ?
> . . . .
>
> S'il nous faut espérer qu'au delà du trépas
> Des délices du ciel nous aurons jouissance,
> Pourquoi ne prendrons-nous de celles d'ici-bas,
> Attendant celles-là, l'usage et connaissance ?

Nommons ce groupe par son nom : c'est le troupeau d'Épicure. La secte, après avoir infesté Paris, se propage par toute la France (2).

Ce n'est pas seulement le dédain égal pour toutes les religions

(1) Voir Mersenne, *L'Impiété des déistes, athées et libertins de ce temps, combattue et renversée de point en point par raisons tirées de la philosophie, de la théologie ; ensemble, la réfutation du poème des Déistes. — Ouvrage dédié à Mgr le Cardinal de Richelieu*. Paris, Pierre Bilaine, in-8.

(2) Voir Frédéric Lachèvre, *Disciples et successeurs de Théophile*, 1911. Garrisson, *Théophile et Paul de Viau*, 1899, in-8. Cf. Perrens, *Les Libertins en France au xvii° siècle*, 1896, in-8. — Sur le procès intenté à Théophile, voir *Mémoires de Mathieu Molé*, Edition de la Société de l'Histoire de France, t. 1, p. 322. — Théophile fut jugé et condamné au bannissement. Il se réfugia chez M. de Montmorency et mourut à Paris, le 25 septembre 1626, après avoir reçu les sacrements de l'Église. — Voir aussi F. Lachèvre, *Le Procès de Théophile de Viau*, 1909.

affiché par un Théophile qui signale le caractère de cette rébellion; c'est le paganisme déclaré d'un Desbarreaux, la plaisanterie fourrée d'un Boisrobert, la fantaisie d'un Faret ou d'un Saint-Amant. Et, loin de rejeter cette tourbe au ruisseau, on l'accueille, on lui fait fête : Montmorency protège Théophile; d'Harcourt nourrit Faret (et l'abreuve) ; Saint-Amant reçoit le titre de gentilhomme ordinaire de la Chambre de Marie de Gonzague, reine de Pologne. Faut-il dire jusqu'où va cette complaisance extraordinaire? Un certain Chauvigny, baron de Blot, « athéiste » notoire, qui raillait sans vergogne les apparitions, les revenants, les pèlerinages et conversions, reçoit de Gaston de France, frère du Roi, la lettre suivante : « A notre féal Blot. J'ai cru, comme homme pieux que je suis devenu depuis peu, être obligé de vous écrire ces lignes pour vous exhorter à la conversion par l'exemple de Praslin, lequel, ayant toujours mal vécu, s'est converti par un accident bien étrange... Faites nos baisemains aux dames (1). »

Gaston est un fol et ses propos sont de peu de conséquence; mais ne voilà-t-il pas que notre cardinal, apprenant la mort de Théophile, se détourne des affaires de l'État pour écrire à cet autre athéiste, à ce farceur et plaisant de cour dont il a fait son familier, Bautru, comte de Serrant, une lettre, la plus surprenante des lettres sous la plume d'un prélat de sa qualité :

Paris, 11 octobre 1626.

« Monsieur, j'envoie savoir de vos nouvelles, à condition que vous n'en direz rien à vos confrères qui se sont trouvés à la sépulture de Théophile; de peur qu'ils pensent que je sois de même farine. Votre cadet dit que votre âme a plus besoin de

---

(1) Voir tout le détail des circonstances et, notamment, « l'accident » de Praslin dans la lettre publiée par Perrens : *Les Libertins au* xviiie *siècle*, p. 104. — Sur Blot et ses relations avec Monsieur, voir Tallemant, *Historiette* de « Monsieur ». « Blot fut bien malade; quelqu'un dit à Monsieur : « Vous avez pensé perdre un de vos serviteurs. — Oui, répondit-il, un beau f... serviteur. » Blot guéri, ayant appris cela, fit un couplet qui finissait ainsi :

S'il perd un f... serviteur,
Perdrai-je pas un f... maître?

purgation que votre corps ; mais mon petit médecin nous assure que les pleureurs de Paris ne gagneront rien à votre occasion. Je veux croire que c'est qu'il tient la maladie non périlleuse, et non pas ce que dit le Père Guron (1), que les gens de bien trouveront plus à rire qu'à pleurer, si ce monde se déchargeoit de votre personne comme la mer fait de toutes choses impures. Guérissez votre corps, convertissez votre âme et vous assurez qu'en l'espérance de votre amendement.

Je suis, Monsieur,
    Votre très humble serviteur,
    Le Cardinal de Richelieu. »

On se demande ce qu'il faut penser de ces étranges plaisanteries et complaisances ; et il faut bien admettre que les remous du siècle avaient entraîné les âmes ou, pour le moins, que le bon ton, la mode encourageaient ces sortes de bravades et d'inconvenances.

Le siècle de Brantôme et de Régnier, de Théophile et de Desbarreaux, de Bassompierre et de Charles Sorel avait respiré l'air empesté des grands désordres civils. Henri IV avait été rondement l'homme de son siècle ; Louis XIII le fut aussi, mais plus contraint et plus couvert ; Louis XIV devait continuer Henri IV dans une tranquille majesté. Les femmes, plus hardiment qu'à aucune autre époque, rompent avec la retenue, la pudeur : Condé ou Chevreuse, duchesse de Rohan ou duchesse de Longueville, elles mènent de front l'amour et la politique et hissent leurs galants aux hautes charges de l'État. La reine Margot étale le cynisme de « la Ruelle mal assortie ». Marie de Médicis et Anne d'Autriche traînent autour d'elles un relent d'Italie et d'Espagne. Le théâtre et le roman n'ont qu'à ramasser

---

(1) Avenel écrit « Gurin » : mais c'est certainement Guron de Rechignevoisin, autre familier de Richelieu, à qui celui-ci adressait dans l'intimité d'autres lettres non moins plaisantes ou bouffonnes. Voir *Lettres du Cardinal de Richelieu*, t. VIII, p. 34-35. — La minute de la lettre publiée ci-dessus est conservée dans les papiers de famille de Richelieu au Haut-Buisson (Eure) (Papiers du Cardinal, *in fine*). — Voir encore les lettres non moins singulières, mi-plaisantes, mi-libertines, adressées à Gaston de France, où il est encore question de Bautru, dans le t. V, des *Lettres*, p.p. 436, 442, etc.

dans l'ornière de l'histoire Cinq-Mars et Marion de Lorme. Et si l'on descend plus bas encore, on voit s'agiter dans la boue le Boisrobert (admis lui aussi aux plus flatteuses intimités), le Théophile, le Desbarreaux (1) et son accusateur le Père Voisin; des personnages enfin d'un tout autre ramage et plumage, ces Condé, ces Lorraine dont on fait des chansons :

Igne tantum perituri
Landeriri.

Et est-il possible de tenir tout à fait en dehors de la liste noire ce mystérieux Louis XIII, dont Richelieu lui-même dut autoriser et sceller de son sceau cardinalice le favoritisme intime et ses pactes singuliers ?

Les « esprits forts » bravent les lois divines et humaines : comment les esprits faibles ne retourneraient-ils pas aux misères ancestrales de la superstition ? Des drames qui souvent s'achèvent sur le bûcher passionnent l'opinion : c'est la fameuse affaire des « possédées de Vervins »; la non moins fameuse affaire de la « possédée de Chartres », Marthe Boursier; c'est l'histoire des religieuses de Lille en Flandre, la condamnation et l'exécution du prêtre « magicien » Gaufridi. Vanino Vanini, philosophe et grandement docte, est condamné par le Parlement de Toulouse comme athée : le bourreau lui coupe la langue et le brûle vif sur la place du Salin (2). La populace de Saint-Jean-de-Luz conduit une Juive au bûcher (3). Ce téméraire Théophile court grand risque de la vie (4). Richelieu lui-même, en son livre l'*Instruction du Chrétien*, tonne contre ces « magiciens et sorciers qui abandonnent Dieu et se donnent au diable avec abomination et

---

(1) Voir Tallemant des Réaux, *Historiettes*, éd. P. Paris, t. IV, p. 40, où la bande des « libertins » est peinte sur le vif.
(2) *Mercure françois*, t. V (1617-18).
(3) Père Griselle, *Louis XIII et Richelieu*, p. 391.
(4) « Au mois de mai de cette année, sur ce que l'on fit entendre que le poète Théophile avait fait des vers indignes d'un chrétien tant en croyance qu'en saleté, le chevalier du Guet lui enjoignit, de la part de Sa Majesté, de vider dans les vingt-quatre heures la France sous peine de la vie, ce qu'il fit en diligence. C'est chose déplorable de voir ces beaux esprits pervertir les sciences en tant d'actions détestables au lieu de les employer en l'honneur de Dieu et au bien et utilité du public et de leur patrie. » *Mercure françois*, t. V, p. 63.

hérésie »; contre « ceux qui s'émeuvent de voir la lune à gauche, estiment les jours heureux ou malheureux, ont confiance en un certain nombre de chandelles ». — Pente dangereuse qui peut mener au bûcher d'Urbain Grandier (1).

C'est vers cet abîme de déraison que « l'âge de la raison » était entraîné à ses débuts. Il se retint et se sauva, mais non sans un grand effort sur soi-même; un brusque retour vers ses croyances traditionnelles, vers la foi chrétienne, lui fit retrouver la grâce intellectuelle et morale dans une santé raffermie.

Restauration des croyances et des mœurs.

Richelieu dit de la France : « Ce peuple qui, ne se tenant jamais au bien, revient si aisément du mal. » Voici, en effet, que, par un mouvement spontané des âmes et par une de ces inspirations sublimes qui suivent souvent les grandes crises, se produit une guérison de la société française, quasi miraculeuse et que l'admirable observateur du sentiment religieux, l'abbé Bremond, a nommée l'*Invasion mystique*.

L'origine est dans la conversion de Henri IV. Ce grand acte, accompli en pleine lumière devant le sanctuaire national vénéré à Saint-Denis, a touché la conscience nationale. Elle se réveille, elle sent grandir en elle du même coup l'horreur du désordre et le dégoût de l'impiété; la terre lui manquant, elle s'élance vers le ciel. Des conférences s'ouvrirent partout : à Paris, dans les villes, les châteaux, les villages, aux plus humbles foyers; on cherchait à s'éclairer simultanément sur la politique et sur la religion. Et, comme il arrive d'ordinaire en France quand le feu des passions est tombé, on se porta vers un parti de conciliation et de mesure. La France voulait rester catholique, mais elle voulait aussi garder son indépendance intellectuelle et morale. Entouré d'un clergé national, prudent et avisé, le roi de Navarre a abjuré

---

(1) Nous reviendrons sur l'ensemble de ces faits, sur l'affaire des *Illuminés* d'Espagne, origine de la *Rose-Croix*, sur les *Invisibles*, les *Illuminés* de Picardie, etc., à propos du rôle de Richelieu dans l'affaire des Ursulines de Loudun et de la condamnation d'Urbain Grandier. — Voir le grand ouvrage de l'abbé Bremond, *Histoire du Sentiment religieux*, t. XI, p. 88.

le protestantisme entre les mains des prélats du Royaume. Il frappe à la porte de l'église : « Qui êtes-vous? demande la voix du prêtre. — Je suis le Roi. Ouvrez! » Et c'est toute la procédure. Paris va, lui aussi, ouvrir ses portes. Le Royaume se reconstitue.

Dans cette volte-face subite, tout le monde fut de bonne foi. Et d'abord le Roi : il devenait catholique, sincère catholique, parce qu'il trouvait sage et convenable de le devenir. Certaines gens jugent à la légère ces grandes démarches de l'âme. Il s'agissait bien de la communion sous une ou deux espèces! La pacification de la France allait décider de la pacification universelle et le mot était prononcé qui devait apaiser cette affreuse querelle : tolérance. Le Roi, ayant assisté aux offices, se retrouve, qu'on le veuille ou non, fils aîné de l'Église : en 1603 il rappellera les Jésuites. Écoutons le Père Richeome, qui fut un des instruments de la décision ; il fait vivre devant nous ce Roi qui sait prendre une résolution et en accepter les conséquences : « L'éloquence du roi Henri, écrit-il, n'était pas un tissu de phrases mignardes et de fleurs de rhétorique, mais un discours nerveux, un langage mâle et martial, laconique et sentencieux, prenant sa source d'une profonde prudence et d'une subtilité naturelle. » Ce sont des hommes, cela! Et il les faut tels en de tels moments!

La politique et la religion.

Il suffit d'avoir entendu la clameur qui rallie le peuple de France tout entier aux grandes heures de son histoire, pour imaginer l'émotion qui se répandit d'un bout à l'autre du Royaume lorsque les paroles royales se furent propagées. Selon le mot de Hurault, « les rames tombèrent des mains » aux fauteurs de rébellion. Et ce fut un élan vers le prince qui disait au peuple ce que le peuple voulait qu'on lui dit. Foudroyante, « l'invasion mystique » se dressa contre la Réforme venue d'Allemagne et contre l'invasion espagnole.

Quelques années plus tard, François de Sales, chargé d'une mission diplomatique, vint à Paris. Quelle ne fut pas sa surprise de trouver la France et Paris si différents de ce qu'il les avait

connus tandis qu'il faisait ses études au collège de Clermont :
« Des saints, de véritables saints en grand nombre, et partout ! »
s'écriait-il, en se souvenant de la ville de désordre et de sang
que Paris avait été pendant la Ligue (1).

Le saint évêque offrit à la soudaine ardeur française plus qu'il
ne recevait d'elle; il la calma, l'apaisa, la guida vers la pondération souveraine qui devait être la marque du Grand Siècle :
« Je suis tant homme que rien plus », disait-il de lui-même...
« Je ne suis point homme extrême et me laisse volontiers emporter
à mitiger. » Ne dirait-on pas Montaigne? — mais avec quelle
autre lueur dans les yeux ! « — Je vais tout à la bonne foi, à l'abri
de la providence de Dieu », disait encore le bon évêque de Genève.
« — J'aime les âmes indépendantes, vigoureuses, qui ne sont point
femmelettes, les paroles simples sans être frisées, la conduite
simple à la grosse mode. » On croirait entendre Henri IV lui-même. — « Corriger l'immodération modérément » : n'est-ce
pas la devise de l'âge qui va naître?

Ainsi se tempère d'onction ce revirement qui va faire de
l'âge de la rébellion la plus magnifique époque de discipline
intellectuelle et spirituelle que l'histoire de France ait connue :
grands cœurs épris de l'éternel, qui deviennent, selon l'expression de M. de Grandmaison, « les témoins de la présence amicale
de Dieu dans l'humanité ». Mysticisme, foi, propagande, œuvres,
désintéressement, tout à la fois. De partout surgit « la volonté
d'expiation par suite du désordre ».

Le premier devoir, c'est d'agir. Un de ces mystiques d'action,
qui ne quittera plus notre héros, le Père Joseph, s'écrie : « Si
on manque à ce devoir, on est aveugle, ne connaissant ni ses
amis, ni ses ennemis, et on ne peut assez déplorer le malheur
d'un chrétien négligent qui tombe à toute heure dans le piège
de quelque déshonnête délectation. Combien ce pécheur sera-t-il
étonné à la mort, quand il lui faudra voir par force ce qu'il a
voulu ignorer et que, tout farouche et sauvage, il n'osera lever
les yeux sur son Seigneur, n'ayant pour toute retraite que la

---

(1). Henri Bremond, t. VII, p. 95. — Fortunat Strowski, *Saint François de Sales*, p. 51.

gueule béante du dragon infernal, qui se fera sentir à cette âme, maintenant si délicate et si sensible. »

Lorsque François de Sales rencontre Richelieu, déjà les hommes de foi et de dévouement se sont rangés en cortège. Des familles entières se vouent au service du Seigneur, aux œuvres de charité et d'expiation. Les femmes apportent leur courage, leur douceur, leur persévérance et ce don d'elles-mêmes qui leur est si naturel. Les extases de sainte Thérèse ont orienté les cœurs vers le sublime. Quelles figures! quelle cohorte! Mme Séguier, la Mère de Bérulle, Mlle de Brissac et, la plus illustre de toutes, Mme Acarie; puis Antoinette d'Orléans-Longueville, marquise de Belle-Isle, Anne de Bourbon-Condé, duchesse de Longueville, Marie-Sylvie de La Rochefoucauld, comtesse de Rochechouart, Marie Phélypeaux, comtesse de Bury (1), Mme de Chantal, Jeanne de Lestonac, nièce de Montaigne, veuve du marquis de Montferrand, Françoise Hurault, veuve d'Amos du Tixier, protestant converti, dont les cinq garçons et filles prononceront leurs vœux!.. Il faut s'arrêter, non sans rappeler le concours qu'apportèrent à la restauration catholique les deux Reines, Marie de Médicis et Anne d'Autriche : celle-ci, dans un sentiment de piété familière, partageait le lit de Sœur Marie de l'Incarnation.

Quant aux œuvres, elles se multiplient de telle sorte qu'il est impossible de les énumérer toutes. La Congrégation de Sainte-Geneviève fonde les Carmélites de Sainte-Thérèse; la marquise de Montferrand établit à Bordeaux les Filles-de-Notre-Dame; M. Didier de La Cour réforme les Bénédictins de Saint-Vanne; le Père Mussard le Tiers-Ordre de Saint-François; la Mère Angélique Arnauld Port-Royal; les Capucins vont être spécialement affectés aux missions lointaines. Dès 1607, à Paris, les hôpitaux sont tenus par les Frères de la Charité. En 1610, la Visitation, gloire de François de Sales et de Mme de Chantal, est fondée. Le Père de Bérulle crée l'Oratoire pour la restauration des études du clergé; Mme de Sainte-Beuve introduit à Paris les Ursulines, destinées à prendre en France un si extraordinaire développe-

---

(1) Veuve de Henri de Neuville-Villeroy, comte de Bury.

ment; les Frères de la Doctrine chrétienne apparaissent en Avignon; la Congrégation de Saint-Maur rétablit chez elle l'ancienne discipline de saint Benoît et va devenir l'un des plus hauts foyers des sciences historiques et ecclésiastiques; la Congrégation des Filles-du-Calvaire naît à Poitiers par les soins de la célèbre Antoinette d'Orléans et le Père Joseph la dirige avec une autorité mystique inégalée. Enfin, deux œuvres qui ferment l'ère du grand trouble et annoncent l'avènement du grand ordre : d'une part, les Dames de la Charité et les Filles de la Charité, précieux legs de saint Vincent de Paul; d'autre part, les séminaires fondés par M. Olier, curé de Saint-Sulpice, où vont se former ces traditions de science, de piété et de tenue morale qui seront désormais la marque du clergé français dans le monde catholique.

En attendant les grandes œuvres littéraires, qui, de Corneille à Fénelon, illumineront ce siècle où la raison s'unit le plus intimement à la foi, les arts ont pris les devants. Architecture, sculpture, peinture s'arrachent au paganisme de la Renaissance et de nouveau regardent le ciel : « Debout sur un nuage ou sur un croissant de lune, la Vierge *d'avant les abîmes* plane au-dessus de la controverse; elle a la sublimité d'une idée éternelle (1). »
Le moyen âge lui-même n'a rien connu de plus haut. Unité et trinité, virginité et maternité, les âmes confondues devant les réalités surnaturelles acceptent et s'inclinent; le paganisme et la superstition sont refoulés. L'art devient le langage universel du retour à la foi : Saint-Pierre de Rome est un livre où se lit toute la contre-révolution catholique et c'est la réplique sublime à la critique protestante. Saint-Sulpice est une puissante adaptation des conquêtes de la Renaissance aux exigences du culte chrétien, qui s'élargit et s'éclaire, déchirant les obscurités accumulées par l'épouvante du moyen âge. Jésus enfant, le Calvaire, la Sainte Vierge, les Saints attirent, de partout, un mouvement, un élan plein de tendresse vers les mystères de la foi catholique; l'extase emporte les âmes d'élite en leur effusion de gratitude jusqu'au

---

(1) Mâle, *l'Art de la Contre-réforme*; et Gillet, *La peinture française sous Louis XIII*.

ciel. Les deux grands créateurs de l'art nouveau, tous deux contemporains de Richelieu, Rubens et Philippe de Champagne, sont les porte-étendard des deux camps qui se partagent la chrétienté : Rubens élève des Jésuites comme Corneille, Philippe de Champagne attaché au jansénisme comme Pascal.

Et que dire de la philosophie, de la science, des lettres, de l'éducation d'un peuple entier se portant vers la politesse, la modération, l'honnêteté, ces vertus des braves gens, que peignaient les frères Le Nain?

Il est impossible que l'histoire, en particulier la biographie d'un homme, embrasse le mouvement total de l'humanité dans ses infinies manifestations. Qui pénétrera le fond des cœurs? qui analysera les instincts, les influences? qui connaîtra les raisons et les causes des pensées et des actes?

Tout au plus pouvons-nous tenter d'indiquer, en ces quelques lignes, le puissant renouveau qui, dans la France du XVIIe siècle, répara le désordre intellectuel des âges antérieurs; réactions inhérentes à la nature humaine et au groupe social qui se voit en perdition. Plus la société est affinée, plus son ressort est souple; les grands élans naissent des grandes chutes.

Dans ces retours, quel rôle appartient spécialement à la politique? Ne pouvant se détacher des intérêts ni des passions, rivée à la dure matière des corps, par quelle aspiration inquiète s'élève-t-elle jusqu'à la spiritualité?

Il est facile de l'en écarter d'un geste et de traiter son action comme quelque chose d'éphémère, de négligeable.

L'abbé Bremond, après s'être complu dans cet admirable raffinement mystique du Grand Siècle à son aurore, se trouve en présence du Père Joseph et de Richelieu : « Pour nous, dit-il, Richelieu est moins gênant. Il a peur de l'enfer; il aime la théologie; il ne se désintéresse pas tout à fait des choses de Dieu; mais enfin son royaume est de ce monde. »

Eh oui! Et il faut bien qu'il y en ait quelques-uns pour s'occuper de ce pauvre monde. Si les mystiques peuvent se vouer à la prière et à la contemplation du divin, si les couvents ne sont

LA MYSTIQUE ET L'ACTION. 17

plus pillés, les églises brûlées, les images saccagées, les saintes filles dispersées, si les théologiens, molinistes et jansénistes, peuvent se ruer dans leurs querelles, un peu trop acharnées pour être édifiantes, c'est que la paix règne dans le Royaume et que l'ordre a été remis dans la maison. Tout se tient : la paix, la charité, enfin l'élan vers la grâce. Quant à ceux qui se sont donnés à la première des tâches, la plus rude, le travail de Marthe, le balai à la main, ceux qui ont fait la maison digne de recevoir le Seigneur, faut-il les traiter si légèrement?

Richelieu, ayant auprès de lui ce prodigieux mystique, le Père Joseph, qui sut unir les deux devoirs, dit la souffrance des grands hommes qu'on met au gouvernement des États : « Ils sont comme ceux qu'on condamne au supplice, avec cette différence seulement que ceux-ci reçoivent la peine de leurs fautes et les autres de leur mérite. »

Le Capucin ne le quittait pas d'une ligne dans ses œuvres terrestres. Tout éclairé de lumières spirituelles, il sait ce qu'il a dû sacrifier en se détournant de la paix divine pour se lancer dans les conquêtes humaines. Le voilà sur son lit de mort ; Richelieu lui crie : « Mon Père, Brisach est à nous ! » Le moribond ne témoigne aucune joie. On croit, au contraire, entendre jaillir du fond de son cœur, à cette minute suprême, son *peccavi* désespéré : « Je sais, par moi qui, en punition de mes fautes et pour avoir abusé du temps que j'ai eu, n'ayant tout le loisir maintenant de penser à mon intérieur, et qui suis toujours distrait en diverses occupations, le mal que c'est de ne pas être uni à Dieu et de ne donner pas possession à l'esprit de Jésus dans notre âme... Quand je pense à cela et que je vois comme je vis et la plupart des créatures, je crois que le monde est une fable et que nous avons tous perdu le jugement, ne faisant pas de différence entre nous, les païens, et les Turcs. Ce n'est pas que l'Église ne soit pure et que le pur esprit ne soit en quelques âmes; car, sans cela, je crois que Dieu consumerait tout l'univers, hâtant le dernier jugement, ou ferait un nouveau monde. »

Magnifique pessimisme de l'homme qui voit de près l'humanité souffrante et qui s'est adonné à la plus ingrate des tâches : la subordonner à l'ordre divin par l'ordre humain, lui rendre la confiance en elle-même. Les deux parties sont liées, la divine et la terrestre. On ne peut ni les séparer, ni les opposer l'une à l'autre. Unies, leur force est sans égale.

La fin du xvi° siècle et le début du xvii° virent naître, pour la grandeur intellectuelle et morale de la France, un groupe d'hommes incomparables. Vincent de Paul naît en 1576 ; il réunit autour de lui, en 1626, les premiers « prêtres associés » ; il fonde en 1634 la communauté des Filles de la Charité. Descartes, qui ouvrit les voies de la méthode et de la raison, naît en 1596 : ses premiers essais sont de 1619. Corneille, le maître de l'héroïsme, naît en 1606 : son théâtre s'essaye au moment où Richelieu surgit. La Fontaine, qui eut le secret jamais retrouvé de rendre en des vers exquis la sagesse accessible à l'enfant, naît en 1621. Molière, qui l'imposa à l'homme, naît en 1622. Pascal, qui plongea dans les fonds insondables du mystère humain, naît en 1623. Bossuet, qui fut l'aigle de l'éloquence et le maître de l'épiscopat, naît en 1627. Ces hommes extraordinaires se sont formés ou développés sous le signe du Grand Cardinal. Et il faut renoncer à énumérer tant d'autres maîtres et éducateurs et tant de femmes sublimes, créatrices, animatrices, pacificatrices, expiatrices.

Par la rencontre de tant d'âmes prédestinées, le Grand Siècle fut grand, il se sentit grand, il se voulut grand. C'est le mystère de ces naissances, de ces appels, de ces destinées providentielles : pourquoi en ce temps ? et pourquoi ces âmes sont-elles de tiges si hautes et de fruits si abondants ? Il faut bien reconnaître qu'elles ont été nourries, protégées, fécondées, aux années de leur formation, de leur développement, de leur épanouissement, par l'homme de pensée, de vouloir et d'action qui leur assura la sécurité de la paix avec le sentiment de la grandeur : Richelieu.

Richelieu et le parti catholique.

Les grands troubles religieux qui avaient agité le monde et qui l'agitaient encore dans le temps où Richelieu arrivait au pouvoir, avaient eu sur la politique elle-même les retentissements que l'on sait : les affaires religieuses étaient au premier chef des affaires d'État.

Malgré la politique de pacification inaugurée par Henri IV, la France ne pouvait s'isoler au milieu de la tempête qui continuait en Europe. Ses sentiments, ses intérêts particuliers ou publics, ses doctrines d'État, son système de gouvernement lui-même restaient toujours sous la menace des événements qui se déroulaient autour d'elle.

Trois partis divisaient alors l'Europe. L'un, sous la dépendance de la maison d'Espagne-Autriche, visait à une hégémonie impériale ayant pour support la cause catholique. L'autre, réunissant les puissances protestantes, avait engagé contre la maison d'Autriche une lutte tendant au triomphe de la Réforme et de certaines conceptions libérales et même républicaines. Un troisième parti se formait en Allemagne : groupé autour du duc de Bavière, à qui la victoire de la Montagne Blanche venait de donner l'Électorat du Palatin, il restait attaché à la cause catholique, tout en essayant de se dégager de la prépondérance impériale de Vienne.

Ces trois partis avaient des adhérents un peu partout en Europe. La France, pour défendre son indépendance et sa conception propre de la civilisation, s'efforçait de tenir la balance égale entre les deux camps extrêmes; elle avait les yeux tournés vers le geste encore incertain du Bavarois.

Les divers systèmes parfois se combattaient, parfois tentaient de se concilier; mais, le plus souvent, dans cet esprit de suspicion et de rébellion qui était la caractéristique du siècle, on se supportait mal entre Européens et même entre Français; pour un oui, pour un non, le vieil appareil des rivalités de territoire, de classe, de religion se redressait contre l'ordre qui commençait à se rétablir; partout des ambitions, des oppositions essayaient de se glisser au pouvoir et cherchaient des appuis dans des conjurations intérieures ou étrangères; aucun pouvoir, même légitime, ne régnait avec sérénité.

Richelieu savait à quel point, au dedans et au dehors, du dedans et du dehors, les fils étaient mêlés. Il s'était engagé, non sans les précautions que nous avons dites, dans l'affaire de la Valteline, pour barrer la route à l'expansion espagnole, et cela au mépris des avertissements de la Papauté.

Or, il s'était trouvé soudain en face du parti catholique intérieur. A la tête de ce parti, Marillac, le garde des Sceaux que lui-même a choisi, nommé, que la Reine mère ne cesse d'appuyer !... Et le cardinal voit ces gens dont il fut le compagnon de carrière et de luttes se prononcer contre la politique antiespagnole, recueillie par lui, après un intervalle, dans l'héritage du roi Henri! « Si le Roi rompt le traité, fait observer Marillac dans un mémoire lu au Conseil, et laisse partir M. le Légat sans rien faire, que dira-t-on que l'on ait fait tant de plaintes du Pape de ce qu'il laissait allumer si avant le feu en la chrétienté sans s'entremettre de l'éteindre et, qu'à présent qu'il s'en mêle à bon escient, on néglige son entremise (1)? »

C'est donc bien la religion, ici, qui entend décider de la politique.

Richelieu n'est pas un théoricien : sa manière est trop fine, trop nuancée, elle se tient trop aux aguets des occasions, pour se figer en des formules immuables. Comme la plupart des grands hommes d'État, il ne cherche guère qu'à satisfaire l'opinion ; mais, alors même qu'il s'en inspire, il ne la subit pas. D'ailleurs, c'est toujours chose difficile de savoir ce que l'opinion préfère et dans quelles voies elle va s'engager. Or voilà qu'on le met au pied du mur.

La polémique « catholique » contre Richelieu.

Précisément à l'heure où Marillac se découvre en plein Conseil, une polémique violente, — coïncidence qui n'est pas due au hasard, — rouvre le vieux débat entre le Saint-Siège romain et la royauté gallicane.

Voici l'objet de cette querelle séculaire : la Papauté entend-elle pénétrer jusque dans l'intime conscience des princes catholi-

---

(1) Avis du garde des Sceaux Marillac au sujet de la paix avec l'Espagne, dans *Mémoires du Cardinal de Richelieu*, t. V, p. 322-323.

ques, dicter leur conduite politique, en raison de son magistère religieux et moral ? La France, dans le sentiment du péril que lui fait courir toute ingérence étrangère, peut-elle renoncer à rester maîtresse de ses destinées ?... Depuis 1515, un *modus vivendi* avait été accepté : un Concordat avait été signé par François Ier ; mais comme cette balance était sensible et cette « concorde » difficile (1) !

Or voici que Richelieu s'oppose à la prétention de l'Espagne de s'établir en force dans les passages des Alpes ; il s'en prend à la cause espagnole, qui prétend se confondre avec la cause catholique. Aussitôt une plume mystérieuse, soumise de toute évidence à l'inspiration romaine, s'adresse au roi Louis XIII et lui donne un avertissement : *Admonitio*. Et ce n'est pas seulement la politique du ministre, du cardinal, qui est visée, c'est l'homme lui-même, son sentiment intime, du moins celui vers lequel on le soupçonne de pencher.

ADMONITIO. *Avertissement d'un théologien à Louis XIII, Roi Très Chrétien de France et de Navarre... par lequel il est démontré brièvement et fortement que la France, en même temps qu'elle concluait honteusement une alliance impie, est entrée dans une guerre injuste contre les catholiques, guerre fatale à notre sainte religion.* Franceville. *Avec permission des autorités catholiques,* 1625 (2).

C'est un « théologien » qui parle, il s'adresse au Roi de France, il l'*avertit* ; et à cela il se dit autorisé par « les pouvoirs ecclésiastiques ».

On a cherché le nom de l'auteur du pamphlet et on a fini par s'accorder sur celui d'un certain Keller (Cellarius), Jésuite bavarois,

---

(1) Voir, pour l'ensemble de la question, *Théorie du Gallicanisme*, par Gabriel Hanotaux, *Sur les chemins de l'Histoire*, t. I. et Victor Martin, *Le Gallicanisme politique et le clergé de France*. Picard, 1929, in-8°. Ce livre où la question est exposée surtout au point de vue ecclésiastique, est fortement documenté, surtout par des extraits de la correspondance du Cardinal Spada, alors nonce en France, conservée aux Archives du Vatican.

(2) *Admonitio qua breviter et nervose demonstratur Galliam fœde et turpiter impium fœdus iniisse et injustum bellum hoc tempore contra catholicos movisse, salvaque religione prosequi non posse. Augustæ Francorum, cum Facultate catholici magistratus. Anno MDCXXV.*

homme à tout faire, une espèce de Père Garasse germain (1).

La mince plaquette, qui porte tous les caractères d'une impression allemande ou flamande, fut traduite du latin en français, en allemand, en flamand et distribuée partout. Le retentissement fut immense. La forme, en sa véhémence oratoire, fait penser aux prédications de la Ligue. Les sujets les plus délicats sont discutés avec une audace délibérée, loin de tout respect ou scrupule : Valteline, Savoie, Venise, Angleterre, Hollande, Henri IV et Soubise, Nassau et Mansfeld, le Palatin et le Lorrain, hommes et choses, tout ce qui agite la politique du temps.

Résumons le libelle. Le droit et l'honneur du Souverain Pontife sont en cause ; le bras de Dieu est levé ; le Roi de France, victime de ses conseillers, de ses entourages, de ses parlementaires, de ses huguenots, est sans excuse comme il est sans foi ; il y a nécessité pour les catholiques français de chercher un autre maître ; la dynastie, la personne du Roi sont dénoncées, non sans une sourde invite au tyrannicide (2). Une seule issue est indiquée, le recours à l'autorité pontificale ; il appartient au Pape d'agir ; à lui de se servir des armes spirituelles et temporelles : qu'il ameute princes et villes ; qu'il admoneste évêques et clercs ; que le Roi de France, qui s'abandonne à de telles erreurs, soit excommunié, lui et les siens, ces conseillers qui, par amour du lucre et du pouvoir, ont égaré sa conscience et jeté son Royaume en de tels maux ; et que tous ceux qui persévèrent soient chassés des sacrements qu'ils profanent !

Et ces mêmes arguments, ces mêmes objurgations se trouvent

---

(1) *La Bibliothèque des Écrivains de la Compagnie de Jésus*, par les frères Backer, s'exprime en ces termes au sujet de l'*Admonitio* : « Les *Mysteria politica* et l'*Admonitio* sont attribués l'un et l'autre au Père Keller, mais il paraît que la seconde seule est de Keller, lequel est effectivement nommé dans l'arrêt de condamnation, t. III, p. 393. » — Sur cette question tant débattue, à savoir de déterminer quel fut l'auteur de l'*Admonitio*, il faut voir encore : *Le Père Joseph polémiste*, par le chanoine Dedouvres, p. 341, et le Père Prat : *Recherches historiques et critiques sur la Compagnie de Jésus en France du temps du Père Cotton*, t. IV, p. 582 ; enfin l'*Histoire de la Compagnie de Jésus en France* par le P. Fouqueray, t. IV, p. 141. Édit. des Études 1925, in-8°.

(2) Sur la thèse du tyrannicide, telle qu'elle résulte des recherches de la Compagnie de Jésus, voir *De la Doctrine du tyrannicide*, dans *Documents historiques et critiques, concernant la Compagnie de Jésus*, 1828, in-8°, t. II.

répétés à satiété, au même moment, dans toute une bibliothèque de libelles répandus en Europe et dans le Royaume : les *Mysteria politica*, les *Alliances du Roy avec le Turc*, l'*Espion françois*, etc.

La réponse de Richelieu.

Telle est la tempête qui se déchaîne contre la France, contre le Roi, contre le cardinal. Richelieu note dans ses carnets : « Dessein de ruiner le cardinal, disant qu'il porte à la guerre contre l'Espagne pour ses fins ; que le Roi ne sera jamais bien servi tant que le cardinal sera en son Conseil ; qu'il porte (soutient) les huguenots ; qu'il n'est point prince de l'Église » (1). On l'appelle le « cardinal de La Rochelle » !

Cette levée de boucliers coïncide avec la grande faction de Chalais. Richelieu a en mains tous les fils de la conspiration, venant du dehors et rattachés au dedans. Ses papiers intimes nous le montrent dans une anxiété mortelle. Rome laisse faire ; elle ne dément ni ne désavoue ; et Richelieu sent bien le poids d'un tel silence et la force d'une argumentation puisée à une si haute source : « Tels avis fondés sur des raisons de piété, pleins de doutes raisonnables et de craintes de toutes parts, écrit-il dans ses *Mémoires*, font voir manifestement quelle force et quelle fermeté de courage il a fallu pour soutenir la réputation du Roi en cette affaire et la terminer à des conditions glorieuses à la France. »

Dans sa correspondance, on entend la plainte de son âme ulcérée, de sa santé ébranlée : « Je suis si persécuté de ma tête que je ne sais à qui le dire, écrit-il à son confident Bouthillier ; mais, quand je serais encore pis, je mourrais plutôt que je ne traîne jusques à la fin des affaires plus importantes, vous jurant sur ma foi que j'aime mieux périr que de manquer à servir Leurs Majestés en ces occasions (2). »

En février 1626, il écrit, pour le soumettre au Roi, un *Avis sur les affaires présentes*, où sa résolution s'affirme : « Il restera une septième affaire, de grande conséquence puisqu'il est ques-

---
(1) *Maximes d'État*, p. 800.
(2) Avenel, *Lettres du Cardinal de Richelieu*, t. II, p. 204-205.

tion de résister fortement à la bravade que le Pape veut faire au Roi, se déclarant pour les Espagnols, sans toutefois perdre le respect et la révérence qui lui est due. A cela il n'y a rien à répondre, sinon que le Roi n'a jamais cru que, de père commun, il eût voulu devenir partial et sectateur d'Espagne »... Sa Majesté pourra ajouter : « Je me défendrai bien de tous ceux qui voudront faire contre moi et m'y préparerai d'autant plus puissamment que peut-être, lorsque Sa Sainteté pense à m'attaquer, aura-t-elle besoin de mes armes pour la servir contre ceux qui, sous prétexte de me nuire, la veulent perdre tout à fait (1). »

Résolu d'abattre la puissance militaire des protestants et de les traquer dans leur réduit de La Rochelle, mais, obligé aussi de ménager les Hollandais, ayant besoin de Mansfeld, ne pouvant abandonner la cause du Palatin sous peine de tourner contre lui l'Angleterre, Richelieu pèse, il consulte, il retarde. L'essence de la politique, c'est de savoir choisir; choisir le parti, mais aussi choisir l'heure. Nous trouvons donc le cardinal, — si jeune, à peine installé au pouvoir (1626), — aux prises avec la plus grande difficulté de sa vie, celle qui pèsera le plus sur sa carrière et sur sa renommée.

Cependant il faut conclure, et d'urgence. Comment laisser le mal s'aggraver? comment laisser l'opinion s'égarer? ne pas la prémunir contre une argumentation captieuse qui fait appel à la conscience chrétienne? Comment ne pas énoncer, une fois pour toutes, devant le public, les raisons de la France luttant pour son indépendance et revendiquant les droits de la Couronne? Oui, l'heure est venue d'avertir les auteurs et fauteurs de l'*Avertissement*.

Le cardinal ne descendra pas en personne dans l'arène; mais il lancera un lutteur, d'ailleurs anonyme et, si l'on vient à découvrir son nom, peu compromettant : un réformé converti, de plume alerte, mais bon à désavouer, le cas échéant : Jérémie Ferrier (2). L'écrivain complaisant n'a en somme qu'à suivre,

(1) Avenel, *Lettres du Cardinal de Richelieu*, t. II, p. 202.
(2) Le Chanoine Dedouvres attribue *le Catholique d'État* au Père Joseph. Cela paraît douteux. Admettons que l'Éminence grise y a mis la main. Voir t. II, p. 176 et suivantes et *Le Père Joseph polémiste*, p. 370 et appendice VIII, p. 582. On attribue aussi *Le Catholique d'État* à Jean Sirmond.

les yeux dans les yeux, le ministre, maître de sa propre volonté et qui, allant au fond des choses, dégage, après mûre réflexion, ce qu'il peut dire de sa conduite dans une affaire si importante et si scabreuse.

Les raisons de la France.

Le titre de la brochure est, à lui seul, tout un programme, *Le Catholique d'État*. La page essentielle, — négligeons le pesant étalage d'arguments historiques, juridiques, théologiques, — est aussi nette que l'attaque a été audacieuse et sanglante : « Les lois de l'État sont autres que celles des casuistes ; et les maximes de l'École n'ont rien de commun avec la politique... Les rois font ordinairement la guerre pour établir la paix de leurs sujets et la sécurité de leurs États. Au temps où nous sommes, le seul moyen pour en venir à bout est de ne point tomber par faiblesse au mépris de ses voisins. Si nous ne leur sommes pas formidables, ils entreprendront hardiment, et si nous ne levons la main, ils ne retireront jamais la leur ; c'est d'où il vient que ceux qui crient contre la guerre, crient souvent contre la paix et ébranlent leur propre sécurité. Le remède à cela est qu'un chacun se contienne à quoi il n'est point appelé... Que fera ce théologien, enfermé dans sa cellule, s'il veut s'ingénier à être conseiller d'État ? Un grammairien, un intendant des basses classes, s'il prétend faire passer les actions des grands rois sous le châtiment et la censure de l'École ? Un pédant, tenant les verges qui sont les sceptres des petits enfants, s'il les jette insolemment sur les sceptres des rois ?

« Il n'est point d'homme de bien et de catholique craignant Dieu, qui n'ait lu avec horreur les *Mystères politiques*, l'*Avertissement* au Roi Très Chrétien (*Admonitio*), qui vient du même pays, de la même école et de la même nature. Ils s'appellent Français, ils ne le sont point. Ce sont Français wallons, Français des Pays-Bas ; le sang français ne peut pas couler dans les veines de traîtres... Venise très catholique est athéiste, la France très chrétienne est athéiste, le duc de Savoie est athéiste, parce qu'ils sont alliés en commun pour défendre leurs États et ceux de leurs alliés contre les invasions d'autrui! N'est-ce pas vouloir rendre la religion catholique odieuse à tous les États? N'est-ce pas abattre Notre Seigneur Jésus-Christ et son trône, de vouloir que les États ne puissent être crus catholiques qu'en s'assujettissant aux princes qu'il vous plaira? »

Langage « françois », s'il en fut, et qui ne peut avoir, par toute la France, qu'un retentissant écho.

Pour répondre à un libelle qui incrimine l'alliance avec les Turcs et soulève une vieille querelle remontant à François Ier, on s'en remet au sieur Guay, polémiste de moindre portée encore.

Reste la question autrement pressante et lancinante des alliances avec les princes protestants. Le cardinal sait que le problème ne se pose pas pour le moment. Ses intentions sont tout autres, puisqu'il se prépare au siège de La Rochelle. Mais il n'ignore pas davantage que la question sera posée quelque jour par les événements eux-mêmes et qu'il ne pourra se séparer des adversaires de la maison d'Espagne.

Mais à quel moment? dans quelle mesure? sous quelles réserves et précautions?... Il entend conserver sa liberté de choix et d'action. Au hasard de la méditation, il jette sur le papier, du bout de la plume, des traits, des embryons d'idées, des phrases tronquées qui indiquent des voies possibles, mais qui ne se précisent pas : « La France et l'Espagne, observe-t-il, devant tenir la balance en égalité. Toutefois... » Et il s'arrête, la plume aux dents (1) : « Au sujet des princes protestants, la retraite des flottes hollandaises qui étaient aux îles de Ré justifie au Roi quels sont les hérétiques pour lui et comme, quelques traités et alliances qu'ils aient, ils ne les gardent qu'en tant qu'elles sont à leur profit (2). » Paroles vagues et qui peuvent prêter à des interprétations diverses.

(1) La note est de 1627.
(2) *Maximes d'État*, p. 768-792 et *passim*. La série des libelles, publiés pour ou contre les alliances protestantes en l'espace de quelques mois, prouve l'ardeur de la polémique. — Les délicates questions soulevées par ces querelles (alliance avec les Turcs, alliance avec les protestants) ont été étudiées dans les brillants articles de

Le président Le Coigneux, qui n'est pas sûr et qui peut-être essaye la force de résistance du ministre, l'interroge sur ses intentions à l'égard des deux partis européens. Le cardinal lui répond en opposant à cette curiosité une fermeté où il y a beaucoup de politique : « Si tous les jours on se forme des hydres imaginaires, je n'ai rien à dire, et il n'y aura ni plaisir ni presse à se mêler d'affaires. Je ferai toujours ce qui est mon devoir (1). »

Le Coigneux n'a plus qu'à se taire; Le Coigneux est à Gaston; Le Coigneux saura ce qu'il lui en coûtera. Et quant aux hommes de peu de poids qui ont porté le coup, quant à ceux qui tiennent la plume et à ceux qui les inspirent, Richelieu les note et il les retrouvera aux pages indéfiniment feuilletées de ses carnets redoutables.

La politique romaine du cardinal.

A l'égard de la Papauté, le cardinal ministre gardera un ressentiment secret et qui laissera pour toujours en lui un froid, une réserve, — mais rien de plus. Nous y reviendrons. Pour le moment, on se tait et l'on attend. En ce qui concerne les Jésuites, l'humeur est moins contenue; ils ne trouveront plus chez le ministre les égards, les attentions que leur réservait le roi Henri. Bien entendu, il saura se servir d'eux, mais en les surveillant. Ce Keller eût mieux fait de garder le silence (2).

M. Joseph Lecler, insérés aux numéros des 20 février, 5 mars, 20 mars 1933 de la Revue *Études* sous le titre : *Politique nationale et idée chrétienne dans les temps modernes*. Elles sont considérées, surtout, en tant que précédents de la Déclaration de l'Assemblée du Clergé de 1682. Les origines du Gallicanisme remontent au plus haut moyen âge; mais la doctrine s'est précisée au xvii° siècle. Nous avions à indiquer surtout dans quelle mesure elles ont influencé la doctrine monarchique et l'action politique du cardinal de Richelieu. — Les relations de Richelieu avec la Papauté et avec l'Église seront l'objet d'une étude spéciale dans le volume suivant.

(1) Avenel, *Lettres du Cardinal de Richelieu*, t. II, p. 560.

(2) Sur la façon dont la querelle a été suivie, relevée, diluée par la Compagnie de Jésus en une infinie discussion de textes qui défend, à la fois, la thèse pontificale et la volonté royale sans arriver à les concilier, voir le très rare ouvrage attribué au Père Phélypeaux : *Raison pour le désaveu fait par les Évêques du Royaume... contre les schismatiques du temps*, Paris, 1626, in-4°; et la note du Père Prat dans son livre : *Le Père Cotton*, t. IV, chapitre 26, page 402 — Voltaire conclut, à sa façon cavalière, dans son *Histoire du Parlement de Paris* : « Le Jésuite Cotton, alors provincial, est

Ceux qui ont colporté les brochures ou les arguments, ceux qui ont ri ou seulement souri, levé les épaules, il les a remarqués, devinés, inscrits. Nombre de fortunes dépendront de ce coup d'œil furtif et circulaire. L'Éminence note : « Il n'y a personne judicieuse qui ne discerne bien sur le front des hommes certaine impression de peine que la jalousie et envie gravent en diverses occasions : un visage jaloux se resserre et lorsque la raison et l'avertissement qu'un homme se donne à soi-même le veut faire ouvrir, on reconnaît clairement que la raison et la nature combattent ensemble... En certaines occasions, parler et agir courageusement n'est point courir à une rupture, mais c'est la prévenir et l'étouffer avant qu'elle naisse... En affaires d'État, il n'est pas comme aux autres : aux unes il faut commencer par l'éclaircissement du droit, aux autres par l'exécution et possession (1). »

Exécution et possession, c'est le programme du cardinal au lendemain de la journée des dupes, dans l'espoir que prendra fin, à l'intérieur du Royaume, le conflit d'âmes que nous venons d'exposer. La vengeance est un plat qui se mange froid.

Mais, au dehors, le conflit est engagé contre l'Espagne et indirectement contre Rome : impossible d'attendre. Toute polémique, toute critique tendant à diviser le Royaume, à égarer l'opinion, doit être réprimée vigoureusement dès qu'elle se produit. Les adversaires se sont déclarés, ils ont attaqué : il faut leur courir sus. Un jour ou l'autre, — et le plus tôt sera le mieux, — on devra en arriver à l'éclaircissement des « droits du Roi ».

---

convoqué à comparaître (devant le Parlement). On lui demande s'il croit que le Pape puisse excommunier et déposséder le Roi de France ? « — *Ah!* répond-il, *le Roi est fils aîné de l'Église, il ne fera rien qui oblige le Pape à en venir à cette extrémité.* — *Mais,* lui dit le premier président, *ne pensez-vous pas comme votre Père général, qui attribue au Pape cette puissance? — Ah! notre Père général suit les opinions de Rome où il est, et nous celle de France où nous sommes...* » Le Roi défendit au Parlement de passer outre. » *Œuvres de Voltaire,* édit. de Kehl, t. XXVI, p. 226.

(1) *Maximes d'État,* p. 768-770.

Les « Droits du Roi » et l'affaire de Sanctarelli.

A Rome, en 1625, un autre livre vient de paraître. C'est encore un Jésuite qui en est l'auteur, un Jésuite espagnol, Sanctarelli. Professeur, pédant, sûr de lui-même et de sa science, qui est infinie, — d'autant plus infinie qu'elle est plus fumeuse, — ce Sanctarelli peut être considéré comme un de ces hommes d'avant-garde, qu'on n'hésite pas à risquer parce qu'on n'y risque rien.

Son livre, publié avec une opportunité, — ou inopportunité, — singulière, est muni de toutes les approbations et *imprimatur*. C'est une thèse de théologie : *De Heresia, Schismate, Apostasia… et de potestate Romani Pontificis in his delictis puniendis* (Traité de l'hérésie, du schisme, de l'apostasie, etc., et de la puissance qui appartient au Pape de les punir). On y reprend les vieilles doctrines classiques, légèrement édulcorées par Bellarmin, qui affirment les droits du Pape sur le monde chrétien et en particulier sur les souverainetés catholiques.

Or ces thèses, — tout le monde le savait, — blessaient à la prunelle de l'œil la grande majorité des publicistes et juristes gallicans et « bons François »; elles blessaient la France elle-même dans cette fidélité à la famille royale dont elle venait de saluer avec tant d'enthousiasme la restauration. Il s'agissait d'une question royale et nationale s'il en fut; débat essentiel, d'ailleurs insoluble, soulevé au moment où tant d'autres querelles, — et notamment la querelle politique, — rendaient fort difficiles les rapports entre les deux puissances.

Le Père Sanctarelli, docteur ignorant et présomptueux, entasse explosif sur explosif. Son chapitre XXX est une mine capable de faire sauter la paix chrétienne. C'est une condamnation impitoyable de l'hérésie (et ce mot d'hérésie désigne plus de la moitié de l'Europe), et l'énumération accablante des peines dont l'Église doit frapper les princes, non seulement les princes qui adhèrent à la Réforme, mais encore ceux qui la tolèrent, qui s'abstiennent dans la cause de Dieu? Le docteur invoque la parole du Christ, celle des apôtres, des Pères de l'Église, des commentateurs, des interprètes, le tout se résumant en une proposition tranchante et sans réplique : s'il s'agit de punir l'action ou l'abstention, la tolérance ou l'indifférence, le Pape est maître ; sa puissance est absolue, à la fois spirituelle et temporelle ; il dispose des deux glaives : *In summo Pontifice jure divino est utraque potestas, spiritualis et temporalis. Solus Papa deponit imperatores et reges*, etc. (1). « Le Souverain Pontife a reçu les deux pouvoirs : le pouvoir spirituel et le pouvoir temporel. Seul le Pape peut déposer les empereurs et les rois... Le Pape a le droit de punir les empereurs et les rois, quand ils sont désobéissants et incorrigibles. Il peut libérer leurs sujets de toute obéissance », etc.

Si l'on voulait réveiller la colère des gallicans, richéristes, sorbonnards, gens des Parlements, celle du Tiers-État et même d'une partie de la Noblesse et du Clergé français, il suffisait de lancer, de Rome, de telles propositions. Pour reprendre le mot du cardinal lui-même, étant donné les circonstances, cette publication avait l'air d'une « bravade » de la Cour pontificale.

La Sorbonne, le Parlement, le Clergé entrent dans le jeu.

On peut voir, dans les *Mémoires* du Père Garasse, l'effet que produisit à Paris l'introduction clandestine du livre, et avec quelle passion il fut dénoncé à la Sorbonne et, subsidiairement, au Parlement. La Faculté d'abord, puis les gens de justice, qui avaient soutenu avec tant d'acharnement, devant les États de 1614, la thèse gallicane et le principe de l'indépendance de la Couronne à l'égard de « toute puissance en terre », prirent feu (2). Une habile procédure glisse dans le même dossier

---

(1) Extrait du chapitre XXX de l'ouvrage, cité d'après le très rare exemplaire ayant échappé à la condamnation au feu et qui appartenait à la Société de Jésus, *Romæ, apud Herodem Bartolomœum Zanetti*. M. D. C. XXV.

(2) Voir Gabriel Hanotaux, *Théorie du Gallicanisme* dans *Les Chemins de l'histoire*, t. 1er, p. 148 et suivantes; et suivre l'incident du côté romain dans les ouvrages si copieux, si impartiaux de M. Auguste Leman : *Urbain VIII et la rivalité de la France et de la Maison d'Autriche et Recueil général des Instructions aux Nonces, en France*. Champion, 1920, in-8°.

l'*Admonitio*, la plaquette qui, plus légère que le gros livre, a porté davantage.

Les défenseurs de la cause royale, se sentant appuyés, chargent à fond. On tient les Jésuites, on ne les lâchera pas (1). La Sorbonne s'étant prononcée, le Parlement se saisit. En une séance solennelle, « la Cour, — Grand Chambre, Tournelle et Chambre de l'Édit assemblées, — a ordonné et ordonne que le provincial desdits prêtres du Collège de Clermont (le collège des Jésuites) dans trois jours assemblera les religieux des trois maisons qu'ils ont en cette ville et leur fera souscrire la censure de la Faculté de Sorbonne de cette ville, du premier décembre mil six cent vingt-cinq, des livres intitulés *Admonitio ad Regem*, bailleront acte par lequel ils désavoueront et détesteront le livre de Sanctarelli contenant des propositions et maximes scandaleuses et pernicieuses, tendantes à la subversion des États et à induire les sujets des rois et princes souverains d'attenter à leurs personnes sacrées, et en rapporteront acte huitaine après... Autrement et faute de ce faire dans ledit temps, icelui passé, sera procédé à l'encontre d'eux comme criminels de lèse-majesté et

---

(1) Pour les détails de ce qui se passe à Paris, voir les *Mémoires* du Père Garasse publiés par Ch. Nisard, 1861 ; *Les Jésuites de Paris* en 1624-1626, publié par le Père Carayon, 1864 ; P. Prat, *Recherches sur la Compagnie de Jésus du temps du Père Cotton* ; Puyol, *Edmond Richer* et surtout l'ouvrage du P. H. Fouqueray, *Histoire de la Compagnie de Jésus en France*, où la question est exposée dans le plus grand détail, avec les documents provenant de la Compagnie de Jésus. Le point de vue de Rome et du Père Général des Jésuites, lui-même, y est expliqué en une page très judicieuse d'après la correspondance adressée à M. Phelypeaux par l'ambassadeur Béthune : « Le Père Général des Jésuites (Vitelleschi) auquel j'ai parlé du nouveau livre, m'a témoigné un grand sentiment qu'il ait été mis en lumière, étant un homme avisé et le plus sage politique avec qui j'ai jamais traité.... Il m'a dit qu'il avait écrit partout aux supérieurs de sa compagnie d'acheter et de retirer autant d'exemplaires qui se trouveroient de ce livre, en les supprimant. » etc.... Et le Père de Fouqueray ajoute : « Ainsi, d'après les lettres que nous venons de citer, on blâmait sévèrement à Rome, comme inopportune, la publication du *Traité de l'Hérésie*. Mais on ne niait pas pour cela la juridiction spirituelle absolue du Pape sur les rois comme sur les peuples, ni sa puissance indirecte sur les souverains dans l'ordre temporel. Quand donc le Père Général fit réimprimer l'ouvrage du P. Sanctarelli sans les deux chapitres incriminés, il n'entendait pas du tout renoncer aux « principes vrais et catholiques » ; il voulait simplement écarter une pierre de scandale. Cette appréciation se rapproche, en somme, de celle de Richelieu : « bravade », « pierre de scandale », entre les deux expressions, il y a à peine une nuance. On dut supprimer après, mieux eût valu interdire avant. (T. IV, p. 154.)

perturbateurs du repos public. Du 22° mars mil six cent vingt-six (1). »

On remarquera l'adresse avec laquelle la cause du ministre pris à partie dans l'*Admonitio* est jointe à la cause royale visée dans les thèses de Sanctarelli. Dans le même temps, l'Assemblée du Clergé, qui se trouvait réunie, est saisie d'une proposition des évêques bien en cour : à leur tête Léonor d'Estampes de Valençay, évêque de Chartres, qui fut toujours l'homme à tout faire du pouvoir (2). Elle condamne spécialement les deux pamphlets hostiles au cardinal : l'*Admonitio* et les *Mysteria*. Mais l'assemblée se divise et le débat n'en devient que plus scandaleux, car un autre arrêt du Parlement du 21 janvier se prononce contre la majorité du haut clergé. On en est aux rivalités de corps, mortelles à l'union nationale.

Le cardinal sortira-t-il de sa réserve calculée? Ses carnets secrets et ses *Mémoires* nous livrent ses sentiments intimes et il nous est ainsi donné de suivre, par sa confidence même, le développement de la savante manœuvre à laquelle il a recours en une circonstance si difficile. Royaliste, antiespagnol et par conséquent, — dans l'ordre politique, — antipontifical, il entend saisir cette occasion pour faire reconnaître, non pas en usant de l'autorité et de la force, mais par les voies de douceur, le pouvoir du Roi. Il veut établir à la fois la valeur de la doctrine royale et la nécessité de sa propre politique, mises en cause l'une et l'autre par les mêmes adversaires. Il s'appuie au « tronc de l'arbre » pour barrer le passage à l'intrigue adverse.

Visant la proposition de Sanctarelli, il note : « Ces maximes sont capables de ruiner toute l'Église de Dieu... Il y aurait peu d'assurance dans les États, si elles avaient lieu. Quel est le prince à qui on ne puisse faussement imputer des crimes, plus facilement l'insuffisance à gouverner et, davantage encore, la négligence à s'en acquitter comme il doit? Qui serait juge dans ces choses? Pas le Pape, qui est un prince temporel et n'a pas

---

(1) Voir *Maximes d'État du Cardinal de Richelieu*, p. 803.
(2) Voir le détail de sa conduite dans l'affaire des amortissements, exposé par J. Tournyol du Clos, *Richelieu et le Clergé de France*, t. I, p. 14 et suivantes.

tellement renoncé aux grandeurs de la terre qu'il y soit indifférent. Il n'y a que Dieu seul qui puisse être juge; aussi les Rois ne pèchent-ils qu'envers lui... »

C'est la théorie gallicane, née de la nécessité d'assurer l'indépendance du Royaume à l'égard de l'Empire et à l'égard de la Papauté.

Cela dit, le cardinal va-t-il rompre en visière au Souverain Pontife et engager toute sa politique sur un débat de théologie? Ira-t-il jusqu'à se prononcer contre cette autorité à laquelle il doit sa pourpre, jusqu'à rompre définitivement avec cette « cabale » intérieure si puissante et qui a tant de ramifications à la Cour, dans le public, dans les provinces, en Europe? La rupture, c'est la guerre acharnée, d'abord au dedans; c'est le doute jeté dans l'esprit du Roi, dont la piété est si facilement alarmée, sans parler des grands périls du dehors. Il ne faut donc ni se découvrir, ni rien risquer; il faut menacer et apaiser tout ensemble. Bien entendu, on affirme et on affermit l'autorité royale; on n'admet pas qu'elle soit discutée. Patienter, adoucir, attirer à soi les hésitants, les adversaires timorés, les atteler au char ministériel autant par la peur que par une indulgence raisonnée, telle est la procédure à double effet qui a si bien réussi au cardinal précédemment, du temps que Son Éminence imposait la paix aux huguenots par crainte de l'Espagne et la paix à l'Espagne par crainte de celle des huguenots. Le cardinal ne changera point de méthode : il dictera la paix aux combattants, qu'ils soient « sorbonnards », ou qu'ils soient « espagnols », par l'arbitrage de son autorité désormais consacrée.

Il a manœuvré pour obtenir, à la fois, la condamnation de l'*Admonitio* et celle du livre de Sanctarelli; il a lancé et contenu d'un même geste souverain la Sorbonne, le Parlement et les plus dévoués parmi les évêques. Aller plus loin serait dépasser le but. « Il étoit bon, dit-il, d'avoir loué la Cour de Parlement de l'action qu'elle avoit faite en brûlant ces livres; mais il convient maintenant d'empêcher que les parlementaires ne passent

---

(1) *Maximes d'État*, p. 803 et suivantes.

jusque au point qui peut être préjudiciable au service du Roi. La raison de ce double conseil aboutissait finalement à ceci : « qu'il falloit réduire les Jésuites en un point où ils ne puissent nuire par puissance, mais tel aussi qu'ils ne se portent pas à le faire par désespoir ; auquel cas il se pouvoit trouver mille âmes furieuses et endiablées qui, sous le prétexte d'un faux zèle, seroient capables de prendre des mauvaises résolutions, qui ne se répriment ni par le feu, ni par autres peines... »

L'affaire fut donc évoquée devant le Roi en personne, dans une assemblée réunie à cet effet au mois de février 1627. Et le ministre parla : il s'expliqua lui-même et s'adressa, par-dessus la tête de l'assistance, à l'opinion attentive. Écartant du pied la polémique de l'*Admonitio*, il s'en prend au livre de Sanctarelli et développe une fois pour toutes le point de vue royal, qui est la sûreté de l'État : « Il n'y a point de docte théologien, de bon sujet, ni d'homme de bien, dit-il, qui puissent ne pas tenir les propositions de Sanctarelli pour méchantes et abominables. Elles sont téméraires, scandaleuses et excitantes à la sédition ; elles sont perturbatrices du repos des États, donnent grande occasion d'envie contre le Saint-Siège et, qui pis est, sont du tout contraires à la sûreté de la personne du Roi, qui nous doit être mille fois plus chère que nos propres vies... Mais aussi il est à désirer que les mouvements des Parlements soient semblables et uniformes à ceux du Roi et de son Conseil. Vous direz peut-être, Messieurs, dit-il en s'adressant au Parlement, que si vous saviez les motifs et la raison du Conseil du Roi, vous les suivriez ; mais à cela j'ai à répondre que le maître du vaisseau ne rend point de raison de la façon avec laquelle il le conduit ; qu'il y a des affaires dont le succès ne dépend que du secret. Et beaucoup de moyens, propres à une fin, ne le sont pas quand ils sont divulgués (1). »

Par ces paroles d'autorité, il bloquait à la fois la polémique et l'incident, et, du même coup, il se dégageait de toute compromission avec les partis qui l'attendaient « à ce rencontre ». Ne se laissant prendre la main ni par les parlementaires, ni

(1) *Maximes d'État*, p. 812 et suivantes.

par les « bons François » qui croyaient le tenir, il répondait à l' « Avertissement » par un « avertissement » aux Jésuites, à Rome, aux Espagnols, surtout à cette cabale intérieure qui avait fomenté, pour le perdre, une querelle dont il tirait l'occasion d'une défense éclatante de la cause royale et, par conséquent, une justification non moins éclatante de la confiance que lui faisait le Roi.

Depuis deux ans qu'il était au pouvoir, il avait conseillé le mariage d'Angleterre, il avait conclu la paix de Monçon, il se portait vers une nouvelle et décisive rupture avec les protestants. Qu'avait-il voulu, tandis qu'il s'engageait dans ces manœuvres, en apparence contradictoires, sinon défendre la cause française, la cause de l'unité et de l'indépendance par le groupement de tous autour de l'autorité royale?

La France le blâmerait-elle de s'être consacré à ces grandes causes? En politique extérieure, le fils de Henri IV suivait les traces du père. La paix par l'équilibre des forces au dedans et au dehors, c'était le système de la dynastie restaurée, héritière de tous les grands Rois. Que lui voulaient ces pamphlétaires grossiers et sans autorité? Quel or payait ces injures et ces violences? Le ministre n'était que l'instrument de la volonté royale et des aspirations nationales. Il « traineroit sa vie », selon sa propre expression, pour aller jusqu'au bout.

C'est ainsi qu'il donnait sa mesure en exposant, avec une parfaite modération et un sens juste de l'équilibre, la doctrine royale. Il convoquait autour de lui, pour entendre cette exposition, les représentants des opinions diverses; il espérait les rallier à une vue claire et pratique des desseins raisonnables, des moyens suffisants et des sacrifices mutuels.

A égale distance des extrêmes, le ministre se déclarait « bon François » et gallican fidèle, mais il n'en restait pas moins bon catholique et cardinal respectueux de la Sainte Église Romaine.

Ces formules d'État, recueillies dans l'héritage de François Ier et de Henri IV, devaient retentir jusqu'au delà de l'existence du ministre et servir à l'œuvre commune de la restauration du Royaume et du pouvoir royal.

CHAPITRE DEUXIÈME

LE ROI ET LE CARDINAL

Quel roi fut Louis XIII ?

Il ne s'agit pas d'exposer ici les conditions générales du gouvernement de la France à la mort de Henri IV et dans les premières années du règne de Louis XIII (1). On se contentera de montrer l'action que le cardinal exerça, au cours de son ministère, sur la politique du Roi et sur la doctrine royale. Lui-même est revenu plus d'une fois sur ses idées en cette matière, soit dans ses *Avis au Roi*, soit dans son *Testament politique*. Mais ce qui explique le mieux ses intentions, ce sont ses actes. En exposant les événements, nous verrons se dégager les grandes lignes du système qu'il avait adopté après de profondes réflexions.

Richelieu est d'abord le ministre du Roi. Cette situation dicte sa conduite. Descendant de fidèles serviteurs de la Couronne, fils d'un prévôt de l'Hôtel, il ne saurait travailler au service de la France que dans un dévouement total à la Royauté.

A l'occasion du livre de Sanctarelli, il a exposé sa doctrine. Elle est celle de tous les publicistes, théoriciens et praticiens gallicans : la couronne royale est ronde ; le Roi tient son pouvoir de Dieu seul ; le Roi est maître en son Royaume ; il est indépendant de toute autorité sur terre ; en ce qui concerne le gouvernement de son État, son pouvoir absolu n'est régi que par l'hérédité salique et la loi civile coutumière. Nulle autre

---

(1) Voir Gabriel Hanotaux, *La France en 1614 : le Royaume et la Royauté* dans l'*Histoire du Cardinal de Richelieu*, t. I, p. 159-551.

précision constitutionnelle n'est admise ni désirable : la question ne se pose pas. Richelieu écrit sur ses carnets intimes : « Ce serait cracher contre le Ciel que d'attenter à l'autorité du Roi. »

Dans un tel gouvernement, tout dépend de la qualité du prince. Qu'était donc ce prince, ce roi Louis XIII qui, par son libre choix, avait donné au cardinal de Richelieu le plus haut rang parmi ses conseillers?

Sa nature, son caractère, ses aptitudes, sa personne en un mot, ce sont là naturellement questions de première importance dans un ouvrage consacré à la vie de son grand ministre : la puissance royale étant l'unique appui de l'homme d'État, celui-ci ne pouvait agir avec chance de durée et de succès que dans le sens du pacte tacite unissant le prince à son peuple. Comme l'opinion elle-même, c'est aux actes que le prince devait le juger; mais, dans ces actes, la confiance, les sentiments, la volonté personnelle du prince devaient avoir une importance capitale : les fameux « quatre pieds carrés » du cabinet du Roi devaient être l'éternel souci de Richelieu.

L'enfance royale.

Louis XIII, fils de Henri IV et de Marie de Médicis, né du mélange du sang français avec le sang italien, de la rencontre de l'aventure militaire avec la richesse banquière, gardait, de cette origine, quelque chose d'ambigu et de gêné qui se retrouve, en traits épars, chez son frère Gaston, chez ses sœurs, Henriette-Marie, Marie-Christine, et même chez cette triste reine Élisabeth. Mais la mort tragique du père, fondateur, vainqueur et maître, avait marqué l'héritier d'une empreinte soutenue et forte; elle avait éveillé en lui le sentiment royal. Fils aîné, dauphin, il se trouvait, à l'âge de huit ans, le Roi : révélation qui pénétra son âme pour toujours.

Bel enfant, bien fait, bien constitué, son corps grandit vite et l'adolescent apparut droit, élégant, souple. Les leçons du manège le formèrent aux exercices virils; le cheval, la chasse, les longs déplacements dans les vastes forêts réservées aux plaisirs du Roi l'entraînèrent aux fatigues de la guerre. Mais sa mère, la Médicis, en son épaisse jalousie du pouvoir, tint l'esprit de son fils en veilleuse. Louis XIII s'attarda aux jeux puérils, aux affections serviles. De compréhension tardive, ayant quelque peine à s'exprimer (1), sa taciturnité retarda encore un développement viril qui ne s'affirma qu'en pleine maturité.

Cependant sa jeune volonté se formait dans le silence par la contrainte même ; arrivé à la majorité royale, il s'essayait à l'exercer en une sorte de timidité obstinée. De cette enfance comprimée, son cœur conserva aussi une aspiration à la tendresse, un besoin passionné et taciturne de cette affection dont il avait été privé. Sentimental refoulé, il devait, durant toute sa vie, poursuivre l'illusion de l'amour sans l'amour.

L'adolescent attardé fut vertueux et quelque peu misogyne : ce n'était pas par les sens qu'on le prendrait. La conduite de son père, fable de la Cour, la lignée si encombrante des nombreux bâtards, l'assaut des femmes qui attaquaient sa lente virilité, tout cela le dégoûtait. Saint-Simon rapporte ce trait, qu'il tenait de son père, favori du prince pendant de longues années : « Le Roi aimait Mlle de Hautefort ; elle était son soleil, son rayon, sa joie, mais rien de plus ; tout se passait en soins et en discours. » Le favori crut que la timidité seule arrêtait le Roi. « Il s'offrit de parler pour lui, répondant que ce serait avec un prompt succès. Louis XIII l'écouta jusqu'au bout, puis lui dit : *Vous me parlez en jeune homme qui ne pensez qu'au plaisir. Il est vrai que je suis amoureux ; je n'ai pu m'en défendre, parce que je suis homme et sujet aux sens ; il est vrai que je suis roi et que, par là, je puis me flatter de réussir si je le voulois ; mais, plus je suis roi et en état de me faire écouter, plus je dois penser que Dieu me le défend, qu'il ne m'a fait roi que pour lui obéir et en donner l'exemple... Je veux bien vous faire cette leçon et vous pardonner votre imprudence ; mais qu'il ne vous arrive jamais d'en faire une seconde de cette nature avec moi.* » Il n'aimait pas sa femme et il semble bien

---

(1) Le marquis de Chouppes dit : « ...Le Roi, qui avait la repartie prompte, quoiqu'il eût quelque peine à parler. » *Mémoires*, édit. Techener, p. 9.

qu'une sorte de timidité physique ait causé ce premier embarras à remplir le devoir conjugal, qui a donné lieu à tant de tracas diplomatiques (1).

L'inquiétude d'être tenu à l'écart de sa fonction royale était un autre tourment caché. De Henri IV il avait hérité l'esprit de commandement : chez le père, cet esprit s'atténuait en belle humeur et gaillardise à la soldade; chez le fils, il se durcit en silence morose.

Dans le ménage paternel à peine entrevu, une chose pourtant avait frappé le futur Roi, le contraste entre les deux conjoints : la mère, italienne, « espagnole », bavarde et secrète à la fois, obstinée et sournoise, ambitieuse sans esprit, tenant tête balourdement à l'homme pétri d'intelligence et scintillant de clarté, au bon vivant, au rieur, au gouailleur qui finissait toujours par avoir le dernier mot puisqu'il était le maître par droit de naissance et par droit de conquête. N'avait-il pas gagné, ce Béarnais, sa couronne à la pointe de l'épée contre l'Espagne, et remporté la victoire française à Fontaine-Française? Ces résonances, ce ton, ces souvenirs, frappaient à coups sourds dans le cœur de l'enfant méditatif. Le père avait été arrêté par le poignard de Ravaillac au moment où il partait en guerre contre l'Espagne. Tels étaient le dessein et le legs suprême.

L'adolescent sur le trône.

Le legs fut recueilli. Le fils fut, comme le père, soldat et brave. Il disait : « C'est beau, pour un roi, de marcher à la tête d'une armée de trente mille hommes! » Et il était toujours prêt à mener l'attaque au premier rang. Nous l'avons vu au siège de La Rochelle. Le voici tel que le montre Saint-Simon, lorsqu'il est question de sauter à l'improviste sur les îles. Son entourage prétendait le détourner d'accompagner les soldats, parce que « ce n'était pas moins que d'envoyer les troupes à la boucherie ». Louis XIII, qui s'était tu d'abord, s'écria soudain

(1) Voir le livre d'Armand Baschet, *Le Roi chez la Reine*.

« pour la première et unique fois : *Je le sais bien, et c'est parce que je le sais que j'y veux aller, parce que je ne sais point envoyer les troupes à la boucherie; mais, quand il le faut nécessairement, je ne sais que les y mener moi-même. Ainsi Messieurs, je vous suis bien obligé de vos remontrances, mais qu'on ne m'en parle plus* (1). » Louis XIII passa dans les îles; il combattit en personne à la tête des troupes, « et y donna les ordres avec tout le froid, la prévoyance et la continuelle présence d'esprit d'un homme qui les disposerait dans sa chambre, sur le papier... Mon père, qui entendait ces paroles, continue Saint-Simon, me les a racontées et l'inexprimable étonnement de tous ceux qui étaient présents (2). »

La chasse et les exercices religieux furent ses habituelles occupations. Il n'aimait guère le monde et se tenait à l'écart.

Roi religieux, il était chrétien sincère et pratiquant, empressé aux pèlerinages, à Notre-Dame de Liesse, à Notre-Dame des Ardilliers, au Puy, à Rocamadour; grand bâtisseur d'églises, de chapelles et d'oratoires, lui qui n'aimait pas à dépenser en constructions. Mais, fils aîné de l'Église, il était jaloux de son héritage souverain et de sa qualité « d'évêque du dehors ». Sa couronne ne s'inclinait devant rien, pas même devant la tiare pontificale : gallican et même un peu gaulois, on a de lui des lettres qui frisent ce qu'on appelait alors le libertinage, c'est-à-dire une façon gaillarde de s'en prendre aux momeries.

Souverain, malgré tout, avec le goût de l'ordre, la volonté d'être obéi, le souci de ses devoirs, le respect de sa dignité royale, la probité, le sens du bien : « Le Roi veut être roi », écrit le nonce Bentivoglio. Et ce n'est pas seulement le coup d'État renversant le maréchal d'Ancre et sa bande qui glisse le mot dans la correspondance du prélat diplomate, c'est un sentiment exact du juste, inné dans l'esprit du Roi. Chacun à sa place.

Juste, il l'était et il le paraissait par la façon dont il tranchait, aux heures où les politiques et les juristes auraient tout embrouillé.

---

(1) Voir G. Hanotaux et Duc de La Force, *Histoire du Cardinal de Richelieu*, t. III, p. 118.
(2) *Parallèle des trois premiers Rois Bourbons*, édit. Faugère, p. 36.

Justice de devoir et non de forme; justice de Roi. Est-il une page plus digne d'un souverain, et plus royale que celle déjà citée qu'il adressait de La Rochelle à son procureur général Molé : « Je suis au milieu de l'hiver dans les pluies continuelles, au sortir d'une grande et périlleuse maladie, agissant moi-même en tous les endroits, n'épargnant ni ma personne ni ma santé et tout cela pour réduire en mon obéissance mes sujets de La Rochelle et ôter à tout mon Royaume la racine et les semences de troubles et émotions qui l'oppriment et l'affligent depuis soixante ans (1). »

Dans l'ensemble, plus on approche ce prince, plus on le trouve attachant, respectable et sûr. Richelieu l'a parfaitement défini en l'appelant, dès février 1628, « le meilleur maître du monde ».

Il en avait eu, dès le siège de La Rochelle, une preuve singulière. Quand le Roi, un peu las, se décida à retourner pour quelque temps à Paris, il fit venir vers lui un des familiers du cardinal et il s'exprima en ces termes, qui furent immédiatement rapportés au ministre : « *Après que le Roi eut témoigné des tendresses incroyables en disant adieu à Monseigneur, il s'avança vers M. de Guron, le bras élevé et le lui mettant sur l'épaule, il fit trente pas sans parler, ayant les yeux tout pleins de larmes ; puis il dit : « Je ne puis parler tant j'ai le cœur serré du regret que j'ai de laisser M. le Cardinal. Dites-lui de ma part que je n'oublierai jamais le service qu'il me rend de demeurer ici... Il quitte son repos et s'expose à mille travaux pour me servir... Au reste, s'il veut que je croie qu'il continue toujours à m'aimer, dites-lui que je ne veux plus qu'il aille aux lieux périlleux, où il va tous les jours, que je le prie qu'il ne fasse cela pour l'amour de moi, et qu'il considère combien sa personne m'est nécessaire et combien il m'importe de la conserver, qu'il ait soin de sa santé. Je le reverrai bientôt et peut-être plus tôt que je ne lui ai dit, car je sens déjà que j'aurai de grandes impatiences de revenir. Je serai bien aise que vous passiez par Paris pour m'apporter de ses nouvelles. Adieu* (2). »

Assurément cette lourdeur silencieuse, ce tourment sourd,

---

(1) Avenel, *Lettres du Cardinal de Richelieu*, t. II, 719.
(2) Voir le document original aux Archives des Affaires Étrangères, *France-Galeries*, t. 40, pièce 1. — Au dos est écrit le mot *Employé*.

cette jalousie muette et boudeuse, cette instabilité toujours en
méfiance et qui se dérobe sur un mot, enfin tout ce qu'il y a
d'insaisissable dans ce caractère, imposait aux entourages et, en
particulier, au ministre une inquiétude, une nécessité de surveillance constante, avec la peur journalière de trouver cette surveillance elle-même en défaut. Un caprice, un mauvais propos, une
influence sournoise, et l'édifice de confiance si péniblement élevé
pouvait s'écrouler sans avertissement et par un éclat imprévu de
cette longue dissimulation florentine et royale. Mais le fond
était ferme et resta inébranlable, — inébranlé, — jusqu'à la fin.

Entretien décisif entre le Roi et le cardinal.

Quel témoignage à invoquer, pour l'histoire, en ce qui touche
à ces mystères psychologiques, que celui du ministre, du cardinal,
du prêtre! Et quand ce témoignage se produit-il avec le plus de
force? Précisément après le siège de La Rochelle, à l'une de
ces heures uniques où les deux hommes se rencontrent face à face
pour prendre mesure de leurs consciences?

La Rochelle vient de succomber. Jusque-là, Richelieu était si
peu assuré de sa situation ministérielle qu'il dit de lui-même
« qu'il était comme un zéro », et c'est au moment où il reçoit
du Roi une véritable délégation du pouvoir royal qu'il écrit ce
mot, si extraordinaire sous sa plume.

Soudain, il touche au but; mais il n'est pas encore satisfait :
il veut obtenir une confirmation du sentiment de son maître,
d'homme à homme, et non plus de souverain à ministre, devant
ces intimes qui ont besoin, plus que personne, d'être avertis.

Ayant donc pesé le pour et le contre, ayant écrit, selon son
habitude, le libellé des questions qu'il abordera auprès du Roi,
ayant décidé des conditions de l'entretien, il parle. La scène
a lieu le 13 janvier 1629, deux jours avant que le Roi s'en aille
prendre le commandement de son armée en Italie (1).

Sentant que la Reine mère et ceux qui l'entourent comptent

(1) Voir Gabriel Hanotaux et Duc de La Force : *Histoire du Cardinal de Richelieu*,
t. III, p. 200-203.

profiter de l'absence du Roi pour engager à fond la partie contre lui, le cardinal a demandé à Louis XIII de convoquer Marie de Médicis et le Père Suffren.

Le petit groupe est réuni. Le cardinal commence : « Maintenant que La Rochelle est prise, si le Roi veut se rendre le plus puissant monarque du monde et le prince le plus estimé, il doit considérer devant Dieu et examiner soigneusement et secrètement, avec ses fidèles créatures, ce qui est à désirer en sa personne et ce qu'il y a à réformer en son État... »

D'abord quelques considérations sur la sécurité du Royaume, la fortification et l'élargissement des frontières. Puis le cardinal, envisageant l'éventualité d'une guerre déclarée avec la maison d'Espagne-Autriche, met Louis XIII en demeure de dire quelle sera, durant cette guerre, l'attitude de la France, de la Cour et du Roi lui-même. Sa Majesté doit se demander si elle se sent le courage, la fermeté, la ténacité nécessaires pour prendre un parti et pour s'y attacher; car, si l'on s'engage, il n'y a plus de retour possible. Jusqu'alors, pour réduire les protestants et les abattre en abattant La Rochelle, tout le monde était d'accord : au premier rang, « les Espagnols » de la Cour, avec eux le parti catholique tout entier. Mais, maintenant qu'il s'agit de se retourner contre l'Espagne, de faire le pas décisif dans cette affaire d'Italie où l'on aura contre soi la Cour pontificale, tous les « dévots » de la France et de l'Europe, avec la redoutable perspective d'une diversion à l'intérieur dès qu'on sera engagé dans des complications extérieures à l'infini, il s'agit de savoir si le Roi sera maître en son Royaume, maître autour de lui, maître de lui-même, s'il aura l'inaltérable volonté d'aller jusqu'au bout.

Suit un véritable examen de conscience imposé à Louis XIII, non seulement par le ministre, mais par le cardinal, par le prêtre : « Le Roi est bon, vertueux, secret, courageux et amateur de gloire, mais on peut dire avec vérité qu'il est extrêmement prompt, soupçonneux, jaloux, quelquefois susceptible de diverses aversions passagères et des premières impressions au préjudice du tiers et du quart; enfin, sujet à quelque variété d'humeur et diverses inclinations. »

Chacune de ces faiblesses, chacun de ces défauts est repris. Le cardinal indique les grandes affaires qui peuvent en souffrir ; il interroge directement, impérieusement, le Roi sur ses intentions : oui ou non, le Roi est-il décidé à se surveiller, à s'amender, à se corriger ? Une parole ne suffit pas : il faut un ferme propos et une résolution soutenue. On vise, en particulier, « cet esprit d'amusement et de distraction » qui détourne trop souvent le Roi des affaires de l'État : « Je dirai franchement, déclare le cardinal, qu'il faut que Sa Majesté se résolve à vaquer à ses affaires avec assiduité et autorité ou qu'elle autorise puissamment quelqu'un qui les fasse avec les deux qualités ; autrement, elle ne sera jamais servie et ses affaires périront... » Ces paresses, ces aversions, ces sentiments obscurs qui se traduisent par des gestes ou des silences dangereux, il faut les dompter, il faut que le visage lui-même ne trahisse pas les mouvements secrets de l'âme, dont le prompt regard du courtisan tire immédiatement parti. « Il est de la prudence du Roi de se contraindre à faire bonne chère aux grands ; bien que ce lui soit une gêne, il la doit supporter avec patience. »

Et le cardinal revient avec insistance sur « le peu d'attention aux affaires », sur ce « dégoût pour celles qui sont de longue haleine, quoiqu'elles soient de très grand fruit ». Tenir le juste milieu entre une sévérité trop grande et une facilité, une indulgence qui encourage l'intrigue et l'inexécution des lois : « C'est à quoi il plaira à Sa Majesté de prendre garde, poursuit le cardinal, particulièrement à ne manquer pas de punir les crimes dont la suite est de conséquence... Il faut être fort par raison et non par passion. »

Autre trait d'une vérité et d'une pénétration singulières : « Une des choses qui préjudicient autant au règne de Sa Majesté est qu'on pense qu'elle n'agit pas d'elle-même, qu'elle s'attache plus volontiers aux choses petites qu'aux grandes et importantes et que le gouvernement de l'État lui est indifférent... » Et puis, cette observation si forte, si audacieuse : « Ce qui est à noter est qu'il faut témoigner ses sentiments par une suite d'actions et occasions qui le requièrent : en quoi il est à craindre que, puisque les inclinations prévalent d'ordinaire aux résolutions, Sa Majesté oublie dans peu de jours ce qu'elle se promettra à elle-même et retombe, par ce moyen, dans ses premières habitudes. »

« Suite d'actions » : tout est dans cette parole de si grande portée.

Le Roi écoute. Il se tait; il baisse la tête; il se replie sur soi-même. Prévoit-il la conclusion? Le ministre procède à un long examen de ses propres actes et des critiques qui lui sont adressées par ses adversaires. Il termine enfin : sa santé, sa dignité, le succès qui vient d'être obtenu à La Rochelle, tout le pousse à supplier le Roi de lui accorder, avec la continuation de ses bonnes grâces, une faveur suprême, l'autorisation de se retirer.

Mise en demeure hautaine, et peut-être sincère : le ministre a besoin du Roi, mais le Roi a besoin du ministre s'il veut mener à bonne fin le grand dessein hérité du père, objet de tant d'entretiens secrets. S'il n'y a pas engagement réciproque, mieux vaut cent fois ne pas commencer.

« Je ne saurois, continue Richelieu, prendre un meilleur temps de retraite, que celui-ci auquel Leurs Majestés me savent gré de mes services. Aussi bien, à l'avenir,.. je craindrai que le Roi s'embarque en de grands desseins, auxquels, de son naturel, il ne se plaît pas et pendant lesquels il est toujours chagrin contre ceux qui l'y servent... En vérité, toutes ces considérations rendront quelque autre, quoique de moindre force, égal à moi et peut-être réussira-t-il mieux en ce que, n'étant pas prévenu de ces craintes, il dira librement ses pensées, et agira avec hardiesse... »

Le cardinal sait comment ce mot « hardiesse » résonne dans l'âme du Roi. Pas un homme dans le Royaume n'oserait le prononcer avec un tel accent devant la mère et le fils.

Le cardinal a tout dit : il attend.

La scène finit comme elle devait finir. La Reine mère et le Père Suffren gardent le silence, confondus. Quant au Roi, il ne s'attarde pas et, à sa manière ordinaire, las d'un si long discours, il prononce en peu de paroles : « Après que le Roi, écrit le ministre dans le récit qu'il a fait de cet entretien, eut tout entendu avec autant de patience que l'humeur de la plus grande part des grands en donne aux plus importantes affaires, il dit au cardinal qu'il étoit résolu d'en faire profit, mais qu'il ne falloit point parler de sa retraite (1). »

Et ce fut tout. Le Roi partit le surlendemain pour la frontière de Savoie, où le cardinal devait le rejoindre bientôt.

« Le meilleur maître du monde. »

Ces scènes, ces explications, le public, bien entendu, les ignorait : on le renseignait sur les rapports entre le Roi et le cardinal d'une manière qu'il n'est pas sans intérêt de connaître; car c'est aussi un jeu de la politique.

Un libelle de caractère officieux paru en 1627, *La Lettre déchiffrée,* nous donne ces détails révélateurs : « Aux choses extraordinaires et qui sont dans le train commun, le cardinal dit nettement au Roi ce qu'il en croit, avec autant de prudence que de sincérité. Aux choses épineuses et dont le mauvais succès lui pourroit, possible, être imputé par les envieux, il garde ce tempérament qu'il se contente de lui faire balancer toutes les considérations qui doivent être présentées là-dessus, d'une part et d'autre, sans déterminer précisément ce qu'il estime le meilleur... Que s'il est besoin de lui donner une pleine et parfaite résolution sur quelque matière importante qui regarde le corps de l'État, il lui propose la nécessité de convoquer les grands de la Cour... pour avoir leur avis et s'y conformer, ainsi que nous le vîmes pratiquer à Fontainebleau après le partement de M. le Légat (2)... »

En un mot, le ministre laissait au Roi, pour les petites choses, l'honneur et la louange de la décision, et, si l'affaire était de portée plus considérable, c'est à l'opinion qu'on avait recours.

Ces indications, en ce qui concerne le rôle du Roi, sont en général exactes.

Les habitudes de travail qui s'instaurèrent entre le Roi et le ministre, lorsque la confiance se fut tout à fait établie, nous sont

---

(1) *Mémoires du Cardinal de Richelieu,* t. IX, p. 60.
(2) Voir *La Lettre déchiffrée,* dans le *Recueil* de Hay du Châtelet, édit. de 1637, p. 32.

connues grâce à des documents directs se rapportant particulièrement à la période la plus critique de l'histoire du règne, les premiers mois de 1635. Il s'agit d'*Avis au Roi,* soumis par le cardinal et annotés par Louis XIII. Chaque résolution à prendre, de grande ou de minime importance, est exposée clairement, minutieusement par le ministre, qui donne son avis; et le Roi, après avoir lu attentivement, décide.

Ainsi, pour une question de personne, le ministre écrit : « Reste qu'il plaise au Roi choisir un homme propre à cela. » Et le Roi écrit en marge : « Je songerai à quelqu'un qui soit propre à cela. » Richelieu propose des noms de capitaines pour les quinze vaisseaux qui vont prendre la mer; Louis XIII met en marge : « Il n'y a rien à redire à ces quinze capitaines. » Richelieu met sous les yeux du Roi un « projet d'ordre à donner pour toute la France, sur lequel il plaira au Roi résoudre ce qu'il estimera plus à propos ». Il s'agit de prendre, dans tout le Royaume, les mesures nécessaires en vue de la guerre. Richelieu énumère les provinces l'une après l'autre et fait des propositions soit pour ce qui concerne les choses, soit pour ce qui concerne les personnes. A propos de la Champagne, il note : « Faut mettre deux gentilshommes à Rethel, à Château-Porcien. — Il est du tout nécessaire qu'un homme soigneux, vigilant et assuré demeure à Mouzon, où il n'y a que la comtesse de Grandpré. — M. de La Fosse sera à Verdun. — Metz est bien. M. le Cardinal de La Valette va y faire un voyage, etc. » Le Roi lit tout et annote. Il tient évidemment à être mis au courant du détail. Rien ne se fait sans son contrôle et son assentiment. Après examen, il écrit au crayon rouge sur le document : « Je trouve tout ce que dessus très à propos. (1) »

Les sentiments de Louis XIII à l'égard de Richelieu furent, tout le prouve, une confiance absolue et, disons le mot, une tendresse presque câline. L'autorité du prêtre ajoutait une sorte d'onction sacrée au mérite supérieur du ministre; elle portait le Roi à lui faire, au jour le jour, une délégation demi-nonchalante, demi-amicale de son pouvoir. De parti pris, il accepte les décisions

---

(1) Voir Avenel, *Lettres du Cardinal de Richelieu,* 14 et 15 mars 1635, t. IV, p. 674 et p. 681.

FAC-SIMILE RÉDUIT D'UN AVIS DE RICHELIEU
AVEC ANNOTATION EN MARGE, DE LA MAIN DU ROI.

Note soumise par Richelieu à Louis XIII pour l'envoi de troupes (La Force et Monsieur le Prince) en Alsace et en Allemagne, le 4 avril 1635, avec les décisions du Roi en marge, à la veille de la déclaration de guerre à l'Autriche et à l'Espagne, qui aura lieu le 19 mai 1635 (Archives de M. Gabriel Hanotaux).

de l'homme vêtu de rouge, que nul ne saurait remplacer.

Du génie de cet homme, le Roi demeurera toujours convaincu : il l'était avec ce quelque chose d'obstiné qui était son caractère même. Pas une lettre du Roi au cardinal, durant les dix-huit années du ministère, qui ne porte le témoignage de cette conviction, véritable origine d'un sentiment durable et fort : le Roi admire le ministre et il l'aime. Il le lui répète sans cesse, s'inquiète de ses inquiétudes, le rassure d'avance, si l'on peut dire ; il le soutient quand il chancelle, raffermit ses sentiments parfois ébranlés : fidèle à la fidélité.

Chose presque incroyable, ce prince qui est jaloux ne jalouse pas ! Ce prince si peu expansif, ce grand enfant boudeur et secret trouve des accents spontanés et chaleureux pour écarter toute peine, effacer toute brume, quand un caprice a pu causer quelque tourment : « Je vous prie de ne pas venir aujourd'hui, écrit-il le 15 août 1628, parce que cela pourroit faire tort à votre santé, qui est aussi nécessaire au bien de l'État et au mien particulier, qui prie toujours Dieu qu'il vous veuille tenir en sa sainte garde (1). » Le 1ᵉʳ novembre 1629, le Roi annonce son départ pour la chasse. Il ne reviendra pas avant la nuit. Il avertit son ministre, mais ajoute : « Toutefois, s'il y a quelque affaire, je quitterai tout et me rendrai au logis à l'heure que vous m'indiquerez (2). »

Aux heures tragiques, ce timide trouve en lui-même une énergie supplémentaire pour ne point fléchir. Saint-Simon a raconté, d'après les récits de son père, ce qui advint au Conseil dans les premiers jours du mois d'août 1636. L'ennemi victorieux était alors à Corbie, à quarante lieues de la capitale, l'armée en repli précipité et les chemins ouverts. Richelieu, sentant monter la fureur populaire, ne songeait plus qu'à une défensive découragée : « Le Roi, nous explique Saint-Simon, déclara que cet avis n'était pas le sien, que des remèdes faibles

---

(1) Lettres de Louis XIII à Richelieu ayant fait partie de la collection L. A. Barbet, aujourd'hui aux Archives des Affaires Étrangères.
(2) Voir les lettres de cette même collection que n'a pas connue M. Avenel; *passim*.

n'en étaient pas à un mal pressant, encore moins propres à rassurer Paris, où il venait d'apprendre que l'épouvante était si grande que beaucoup de monde se préparait à se retirer... Il n'y avait qu'un seul parti à prendre, qui était de rassembler diligemment tout ce qu'on pourrait de troupes, de marcher aux ennemis à leur tête pour recouvrer avec audace et promptitude ce qu'on avait perdu : c'était le moyen unique de rassurer Paris, d'ouvrir les bourses, d'y trouver du secours et de donner de la confiance au dedans et de la crainte au dehors. Tout de suite, se tournant à mon père, il lui dit de donner ordre à ce qui se trouverait le plus tôt prêt de ses équipages; qu'il partirait le lendemain et le reste suivrait après... Le Roi partit comme il l'avait déclaré, reprit Corbie, repoussa les ennemis avec le succès au dedans et au dehors qu'il s'en était promis. »

Ce sont de ces heures où le fils de Henri IV, le père de Louis XIV, justifie les jugements du *Parallèle des trois premiers Rois Bourbons*. A l'ordinaire, il reprend son allure passive, sa manière silencieuse, presque négative, qui ne cesse d'inquiéter le ministre; mais, quand il le faut, brusquement il se réveille, prend des résolutions fermes, prodigue au cardinal de confiantes effusions.

Dès le mois de mai 1626, une lettre de Louis XIII au cardinal avait donné un exemple de ces coups de confiance subits. Il s'agissait d'une grave difficulté, où était en cause le cousin du Roi, le prince de Condé, premier prince du sang. Louis XIII en confie tout le règlement à Richelieu et il ajoute en visant Condé : « Il sait la croyance que j'ai en vous, me servant comme vous faites. Je la témoigne avec satisfaction et prie Dieu, etc. »

Le 9 juin de la même année 1626, dans tout le feu de cette crise de Blois, si tragique, le Roi écrit au cardinal, qui se portait, pour la première fois, vers le parti de la retraite : « Mon cousin, j'ai vu toutes les raisons qui vous font désirer votre repos, que je désire avec votre santé plus que vous, pourvu que vous le trouviez dans le soin et la conduite principale de mes affaires. Tout, grâce à Dieu, y a bien succédé depuis que vous y êtes; j'ai toute confiance en vous, et il est vrai que je n'ai jamais trouvé personne qui me servît à mon gré comme vous... Je vous prie de n'appréhender point les calomnies : l'on ne s'en sauroit garantir à ma Cour. Je connois bien les esprits et je vous ai toujours averti de ceux qui vous portent envie et je ne connoîtrai jamais qu'aucun ait quelque pensée contre vous, que je ne vous le die... » La délicatesse du sentiment n'est-elle pas vraiment exquise et la fermeté politique sans reproche? Et, comme la Cour et les partis sont déchaînés, le monde politique soulevé contre le ministre à la main lourde et aux exécutions promptes, le Roi ajoute : « Je ne vous abandonnerai jamais... »

Quatre jours plus tard, il mande : « Ayant trouvé bon de faire arrêter mes frères naturels, j'ai bien voulu vous en donner avis. »

Nouvelle crise autrement grave : la lutte décisive est sur le point de s'engager contre la Reine mère, contre Monsieur, contre une cabale formidable. Le 16 octobre 1629, le Roi écrit au cardinal : « Assurez-vous de mon affection, qui durera jusqu'au dernier soupir de ma vie. » Le 1er août 1630, trois mois avant la journée des dupes : « Assurez-vous toujours de mon amitié. » Le 1er août 1632, quelques semaines avant la prise du duc de Montmorency : « Je finirai en vous assurant que je vous aimerai jusques à la mort. » Dans la correspondance, qui grossit toujours, ni l'affection ni la confiance ne diminuent. Au cours de cette malheureuse année de Corbie, alors que le Roi et le cardinal sont à l'armée et s'efforcent d'aider par leur présence et leur « travail » les généraux qui commandent, le bruit court à Paris « que le cardinal est fort ébranlé ». Richelieu apprend cette intrigue, il ordonne à Chavigny de la signaler au Roi, Louis XIII est prévenu. Que fait-il? Il quitte son camp aussitôt, vient voir le cardinal dans Amiens, le rassure, le réconforte. Le lendemain, dès que le Roi a rejoint l'armée, Richelieu lui écrit : « Il m'est impossible de témoigner à Sa Majesté le contentement et la satisfaction que je reçus hier de l'honneur de sa vue... Je n'oublierai rien qui dépendra de moi pour ne lui être pas du tout inutile, et jamais désagréable... » Il y a dans ces mots une nuance des plus fines ; mais la confiance reste et domine.

Quand le cardinal est malade, le Roi va le voir, l'embrasse longuement « avec des soupirs et des larmes ». Ces effusions royales sont pour le ministre un grand réconfort, Richelieu le reconnaîtra dans ses *Mémoires*. Et il peut compter qu'elles ne lui failliront pas ; car une parole revient sans cesse : « Soyez assuré que je vous serai toujours le meilleur maître qui ait jamais été au monde (1). »

Cette amitié, cette confiance de fond n'étant pas douteuses et s'étant d'ailleurs soutenues jusqu'à la fin, on n'aurait pas toutefois une idée entièrement exacte des rapports entre le Roi et le cardinal si l'on ne se rendait compte aussi des humeurs, des bouderies, des caprices butés qui, trop fréquents chez le prince, tenaient le ministre en une trop juste alarme. Relatons, au risque de troubler un peu l'ordre chronologique, un fait expressif parmi tant d'autres. C'est un exemple de ce qui se passait parfois entre les deux hommes, surtout alors que de grandes résolutions à prendre tourmentaient Roi et ministre, mettant la Cour entière en suspens.

Au début des hostilités contre l'Espagne-Autriche, le Roi a résolu, malgré le désir et l'avis du ministre, d'aller prendre le commandement de son armée sur la frontière. Richelieu sait que rien n'est prêt ; il craint que le désordre, les lenteurs inévitables, les insuffisances notoires ne portent le Roi au mécontentement et même à cette sorte de dépit découragé dont il a donné des preuves si alarmantes pendant le siège de La Rochelle.

En quittant Richelieu à Noisy, le 23 août 1635, le Roi lui a laissé des pleins pouvoirs avec le témoignage le plus éclatant de sa confiance et de son admiration. Mais le cardinal sent bien que le Roi a dans l'esprit une arrière-pensée, qu'il a été probablement froissé, qu'il lui en veut sans le dire et sans pouvoir dire pourquoi. Mutisme dangereux de part et d'autre.

---

(1) Ces derniers textes sont extraits des publications du Père Griselle : *Louis XIII et Richelieu*, et *Lettres écrites de la main de Louis XIII ;* et de l'ouvrage de Marius Topin : *Louis XIII et Richelieu* (*passim*), aux dates indiquées.

Le Roi arrive à l'armée. Rien n'est en place ; les gardes ne sont pas là ; les chefs ne sont pas là ; on n'a ni vivres ni argent ; nul détail n'échappe au regard, minutieusement inquisiteur de cet excellent « capitaine de compagnie » qu'est surtout le Roi. Questions, reproches bruyants, éclats, gestes que les entourages sauront relever et commenter à plaisir. Lettres à Richelieu telles que celui-ci s'attend à en recevoir et qui ajoutent aux misères physiques qui le retiennent à Paris : « Je suis très fâché de vous écrire qu'il n'y a à Saint-Dizier ni trésorier, ni munitionnaire, que toutes les troupes sont sur le point de se débander... ». Par les écrits, les désagréments s'irritent, s'enveniment ; une correspondance à la fois douloureuse et voilée s'échange entre le Roi et le ministre, le premier se laissant aller à sa colère, le second cachant mal son tourment. Latéralement, les deux Bouthillier, le père et le fils, celui-ci auprès du Roi, celui-là resté auprès du cardinal, s'empressent à dire les choses comme elles sont et à mettre les points sur les I, pour que l'on ne s'aveugle pas et que, le mal dénoncé, on trouve le remède. La moindre des incompréhensions pourrait tout perdre.

Les choses en sont à un point tel que le cardinal croit l'heure venue de jeter sa dernière carte, celle dont il s'est servi et dont il se servira trop souvent, — au risque d'être pris au mot — la démission. Il adresse au Roi, le 2 septembre, une lettre de pleine et entière soumission, mais où cette phrase tombe comme un poids lourd : « Après cela Votre Majesté a trop de bonté pour n'approuver pas qu'un serviteur ancien, fidèle et confident lui dise avec le respect qui est dû à un maître, que si elle s'accoutume à penser que les intentions de ses plus assurées créatures soient autres qu'elles ne lui témoignent, elles appréhenderoient tellement ses soupçons à l'avenir qu'il leur seroit difficile de la servir aussi utilement qu'elles le désirent ». Les confidents pressent Richelieu d'accourir : « Sa Majesté auroit très grand besoin de cette visite. »

Mais la menace de démission a produit son effet ordinaire ; d'ailleurs les plaintes du Roi sont fort exagérées (1), et le voilà

---

(1) Voir la lettre de Richelieu au Roi, datée du 11 septembre, dans Avenel *Lettres du Cardinal de Richelieu*, t. V, p. 206.

qui s'abandonne à l'un de ces retours subits qui sont de sa nature comme les humeurs elles-mêmes. Il écrit au cardinal : « Mon cousin, je suis au désespoir de la promptitude que j'aie eue à vous écrire le billet sur le sujet de mon voyage ; je vous prie de le vouloir brûler, et oublier, en même temps, ce qu'il contenoit, et croire que, comme je n'ai dessein de vous fâcher en rien, je n'auroi jamais d'autres desseins que de suivre vos bons avis en toutes choses ponctuellement... »

L'état de l'armée tend, d'ailleurs, à s'améliorer : les gardes sont arrivés, les chefs viennent l'un après l'autre. Chavigny écrit : « Depuis que M. de Vaubecourt a mandé qu'il revenoit, *le Roi a fait vingt fois les gestes des bras et des jambes que connoît Votre Éminence...* » Bras et jambes ! Un grand enfant !...

Est-ce tout à fait fini ? Dès le 14 septembre, nouvelles difficultés au sujet de Vaubecourt, de Cramail ; le 29 septembre, nouvelle lettre du camp : « Je trouve le Roi en meilleure humeur ; mais *c'est un beau jour d'hiver* sur lequel on ne sauroit faire de fondement. » Trait charmant et fleuri dans la neige. Les deux habiles observateurs savent qu'un nuage est toujours proche et c'est pourquoi ils ne laissent pas s'apaiser entièrement l'inquiétude de leur maître. Cette crise d'humeur a duré un mois ; ce n'est pas la dernière (1).

Mademoiselle de La Fayette disait au Père Caussin que le Roi était « bizarre et inégal, et que c'était la crainte qu'elle avait eue qu'il ne changeât qui l'avait fait hâter elle-même d'entrer en religion ».

« Bizarre et inégal » : ce caractère, qui était incontestablement celui du Roi, explique l'état d'alerte anxieuse où se trouva toute sa vie le cardinal, « l'humeur du Roi, écrivait-il lui-même, étant telle qu'il faut être dans sa haine ou dans sa confiance, qu'on ne tombe pas de ses bonnes grâces par degrés, mais par précipices (2) ».

Les adversaires de Richelieu étaient aussi toujours dans

(1) Voir dans Avenel, t. V, p. 155 et suiv.
(2) Voir Delavaud, *Rapports et notices*, p. 47.

l'attente d'un revers de fortune et de faveur qui écarterait soudainement le ministre.

Ces éléments contrastés se rencontrent et se mêlent dans les circonstances mal débrouillées qui amenèrent la disgrâce du Père Caussin, Jésuite, confesseur de Louis XIII, disgrâce qui se produisit en 1637 et sur laquelle la plupart des historiens s'en sont rapportés aux allégations de l'opposition et des pamphlétaires. On a supposé une manœuvre de Richelieu pour forcer la main au Roi, tandis que, dans la réalité, le Roi se montra, de même que dans toutes les circonstances analogues, le plus ferme et le plus clairvoyant défenseur de son ministre.

Les documents authentiques et secrets conservés dans les Archives permettent de suivre le détail intime de l'intrigue à laquelle se prêta le Père Caussin, qui pourtant avait été désigné par le cardinal lui-même pour devenir le confesseur du Roi.

Le Révérend Père, nous le savons maintenant, subissant l'influence du parti des Reines, du parti « catholique » et « espagnol », se laissa entraîner jusqu'à porter « en confession » à l'oreille du Roi toute la polémique soulevée contre la politique française par le marquis de Mirabel, ambassadeur d'Espagne, par la duchesse de Chevreuse, par les libellistes aux gages de la Reine mère, par les enfermés de la Bastille : scandale de l'alliance avec les puissances protestantes, même avec les Turcs; extrême misère du peuple; impossibilité d'obtenir du pays de nouveaux sacrifices; nécessité de faire la paix par l'entremise de la Reine régnante et de l'exilée Marie de Médicis, etc. On affirme à Louis XIII que Richelieu a mis Mlle de La Fayette dans la nécessité d'entrer au couvent, « sinon qu'il lui eût fait donner le poison ».

Le Roi a tout écouté. Le bruit se répand, le Père Caussin étant à la source, « que le Roi ne peut plus supporter le cardinal, qu'il est las de lui ».

En somme, le confesseur, se faisant l'instrument de l'opposition au cardinal, sortait de sa mission, de sa fonction. Persuadé, selon ses propres expressions, « qu'il ne pouvait se taire sans se damner », il écrivait au supérieur des Jésuites, à Rome : « Pour les courtisans, le silence est souvent un devoir, pour le confesseur il serait un sacrilège (1). » En réalité, et si l'on va au fond de choses, il faisait au Roi un cas de conscience de prolonger la guerre ; il lui conseillait de conclure avec l'Espagne, sous l'impression de la désastreuse année de Corbie, une paix qui, avec les concessions à faire aux grands et au parti de la Reine mère, eût été un véritable démembrement de la France, la France ramenée au temps de la Ligue et jetée sous les pieds de l'Espagne.

Les adversaires du ministre furent, une fois de plus, persuadés (on croit volontiers ce qu'on désire) que le Père Caussin avait partie gagnée, qu'un dissentiment grave se produisait entre le Roi dévot et son ministre et que la chute du cardinal, insinuée par les charmants sourires et bouderies de Mlle de La Fayette, était imminente.

Or ce que nous apprennent les papiers secrets, conservés dans les archives de Richelieu, confirmés par ceux qui se trouvent au fonds Baluze, c'est que le Roi Louis XIII, voyant parfaitement où l'on voulait le conduire, tenait le cardinal au courant des moindres détails de la pernicieuse entreprise. Il écoutait, oui ; il accueillait même les mauvais propos, mais par l'un de ces silences impénétrables, accompagnés parfois de quelque « mouvement de bras et de jambes », dont les entourages s'appliquaient à découvrir le sens. Puis, le paquet une fois déchargé, quand le Père Caussin eût dit et répété comme conclusion, « parlant de M. le Cardinal, qu'il n'y avoit point d'apparence qu'une seule tête gouvernât un État et que Sa Majesté devoit écouter tout le monde », le Roi mit fin à l'exposé par ce même silence qui était sa manière habituelle. Le lendemain de cette confession où le confesseur avait été confessé (jour de la Notre-Dame, décembre 1637,) le Père Caussin recevait l'ordre d'aller s'enfermer dans son couvent, où ses jours s'écoulèrent à écrire des papiers abondants et vains sur les raisons qu'il avait eues de parler et le Roi de se taire.

« Bizarre et inégal », écrivait-il, en répétant le mot de Mlle de

(1) Lettre citée par Crétineau-Joly dans *Histoire de la Compagnie de Jésus*, t. III. p. 342.

La Fayette. En effet, le Roi était tel : tel avec la Cour, tel avec ses parents, avec la Reine, avec son confesseur, avec ses favoris, même avec son ministre ; mais, en fait, le ministre eut toujours jusqu'à la fin le dernier mot (1).

Pacte formel : confiance au-dessus de tout.

Dans l'ensemble, le Roi comptait sur le ministre ; le ministre comptait sur le Roi. Le pacte avait été conclu à l'heure où il était capital qu'il le fût, à la veille de cette campagne d'Italie qui devait décider de la rupture avec le parti de la Reine mère. L'avis si hardiment donné au Roi devant Marie de Médicis et le Père Suffren avait porté. Il fallait que la Florentine fût désespérément passionnée pour ne pas avoir compris le poids et la gravité d'un tel avertissement.

Au Royaume il fallait l'union. On est à l'heure où les grandes résolutions vont être prises. La famille royale, les Conseils, la Cour doivent donner l'exemple. Le ministre, qui voit et prévoit, n'est-il pas en droit de réclamer des entourages les engagements fermes qu'il a sollicités du Roi ?

Après cette affaire de Savoie, qui peut se limiter encore, comment ne pas envisager une crise universelle et prochaine ? Si le Roi obtient le succès auquel il ne peut renoncer dans l'affaire de Mantoue, ni l'Autriche, ni l'Espagne ne se laisseront diminuer au cœur de l'Italie. Fatalement la France devra donner avec toutes ses forces, toutes ses ressources, toute sa fidélité.

On a vu le cardinal recommander au Roi une grande prudence dans ses rapports avec les grands : c'est que l'on a toute raison de craindre, de la part de ces ambitieux à peine contenus, de soudaines complications. Un rapide tableau des difficultés en perspective a été brossé par le cardinal :

« Il faut achever de détruire la rébellion de l'hérésie, prendre Castres, Nîmes, Montauban et le reste des places du Languedoc, Rouergue et Guyenne ; raser toutes les places qui ne sont point

(1) Voir toutes les pièces, que nous n'avons pu que résumer, publiées par M. Avenel, dans *Lettres du Cardinal de Richelieu*, t. V, p. 805 et suivantes.

frontières; parfaitement, fortifier celles qui sont frontières et particulièrement une place à Commercy qu'il faut acquérir ; il faut penser à se fortifier à Metz et s'avancer jusques à Strasbourg, s'il est possible, pour acquérir une entrée dans l'Allemagne. »

Or tout cela « ne peut se faire qu'avec beaucoup de temps, grande discrétion, une douce et couverte conduite ». Il faut une citadelle à Versoy, acquérir de M. de Longueville la souveraineté de Neufchâtel, penser au marquisat de Saluces, à la Navarre, à la Franche-Comté « comme nous appartenant ».

En un mot, sans rien brusquer, « il faut avoir en dessein perpétuel d'arrêter le cours des progrès d'Espagne et, au lieu que cette nation a pour but d'augmenter sa domination et étendre ses limites, la France ne doit penser qu'à se fortifier en elle-même et bâtir et s'ouvrir des portes pour entrer dans tous les États de ses voisins et les pouvoir garantir des oppressions d'Espagne quand les occasions s'en présenteront ».

Et, par un retour soudain sur les nécessités urgentes, d'un accent si résolu qu'il surprend en sa belle humeur à la Henri IV : « Faut entrer en danse et s'assurer des citrons. » Traduisons avec plus de fermeté et de précision que ne le fait le secrétaire : « Il faut être prêt à se battre et s'assurer de l'argent » (1)!

Mais le vide désespérant du Trésor s'oppose à toute haute visée. On l'a bien vu à La Rochelle : ce qui a manqué, c'est ce qui manque toujours, l'argent, — l'argent, nerf de la guerre et condition de l'autorité. L'autorité, l'armée, l'argent, voilà ce que le cardinal s'épuisera à arracher à l'avarice, à la désunion, à l'indiscipline des hommes, à la lourdeur des choses, à la lenteur du destin ; voilà ce que tenteront d'obtenir son dévouement à la cause royale, son action passionnée, sa ténacité inflexible. Il veut que le Royaume jouisse un jour en paix de ses biens au milieu du respect des nations voisines. Ce résultat, il s'efforcera de l'obtenir par le seul appui dont il dispose, la confiance du Roi : elle fera « la suite d'actions » qui préparera la réalisation du grand dessein légué par Henri IV.

(1) Voir *Mémoires* de Richelieu, t. IX, p. 14.

Ainsi s'expliquent les longues attentes de la politique extérieure du cardinal, pourtant si clairvoyante et si énergique. Son regard est encore retenu par l'intérieur. Ne disait-il pas lui-même au début de sa carrière : « Il faut, d'abord, pourvoir au cœur, c'est-à-dire au dedans (1). »

(1) Avenel, *Lettres du Cardinal de Richelieu*, t. III, p. 181.

CHAPITRE TROISIÈME

L'ENTOURAGE

Nous avons rappelé dans quel état Richelieu avait trouvé le Royaume en arrivant au pouvoir, nous avons dit quelle position il avait prise, quels principes il allait appliquer au relèvement national et royal. Avant d'exposer ce qu'il fit à l'intérieur, il nous semble utile de faire connaître, non seulement ses méthodes de travail, mais encore le personnel qui fut sous ses ordres directs, ce personnel qui devait être l'instrument de sa prodigieuse activité et de son autorité sur les choses de France et les grandes affaires européennes.

Le choix des hommes.

La connaissance des hommes est une qualité indispensable aux chefs et ces chefs, s'ils sont dignes de commander, ont ce don inhérent à leur supériorité même. N'ayant ni envie, ni sentiments mesquins, ne craignant autour d'eux nulle élévation parce qu'ils dominent, ayant besoin de bons seconds parce qu'ils ne peuvent suffire à la tâche, ils n'hésitent pas à accorder au mérite ce qui lui est dû : cette générosité est la marque insigne de l'aptitude au commandement. Selon la parole de Richelieu lui-même : « aux entreprises dont le fruit n'est pas présent, il faut employer d'ordinaire de grands esprits, de grands courages et personnes de grande autorité : grands esprits, pour qu'ils puissent aussi bien prévoir une utilité éloignée comme les médiocres esprits voient les présentes; grands courages, pour que les difficultés ne les empêchent point; grande autorité, pour qu'à leur ombre beaucoup de gens s'y embarquent (1) ».

Au moment où Richelieu parut, en ces temps d'individualisme violent décrits par La Fare, de tels choix étaient nécessaires : les organes du gouvernement étant faibles, il fallait au pouvoir des hommes forts.

Traditionnellement, le chef féodal agissait au moyen d'une troupe de fidèles, de dévoués, une « mesnie »; et cela suffisait pour la conduite de la parcelle féodale. Plus tard, sous Louis XIV, lorsque la France s'achèvera comme nation, elle recourra d'elle-même à des institutions générales, organisées et durables. Richelieu eut pour rôle de veiller à cette transformation.

La discipline nationale, mal conçue et mal acceptée, était, au début, sans hiérarchie et sans cadres. Dans les provinces, dont la plupart avaient, en consentant à se « réunir à la Couronne », exigé le maintien de leurs privilèges, c'est-à-dire d'une sorte d'autonomie plus ou moins discutée, l'autorité du pouvoir central ne se manifestait guère que par des inspections rapides, des « chevauchées », « tournées », « grands jours », « assises », rares apparitions de « commissaires », magistratures nomades, éphémères et, comme on allait répétant, le « cul sur la selle » : ce mot dit tout.

A Paris, capitale encore incertaine, alors que la Loire abritait dans ses magnifiques châteaux le Roi, les ministres, les grands, on eût cherché en vain l'ensemble des services publics que les temps modernes appellent « le gouvernement » ou bien encore « l'administration ». Rien de tout cela n'existait. Un homme était désigné pour servir d'organe à la volonté royale, tantôt par une convenance héréditaire, tantôt par l'achat d'une charge, tantôt par la faveur du Prince, ou simplement par le caprice d'un familier, d'une maîtresse. Les Villeroy, les Bouthillier, les Brienne, les Pontchartrain tenaient

---

(1) *Maximes d'État*, p. 753.

de père en fils, avec plus ou moins de compétence, la plume et le secret de l'État (secrétaires du Roi). Concini avait gouverné la France par le crédit de sa femme sur Marie de Médicis ; Luynes était un fauconnier ; Saint-Simon avait eu, pour premier titre à la confiance du Prince, l'art de présenter un cheval.

Le vrai ministre, l'homme d'affaires, le travailleur de l'État, personnage de robe le plus souvent, exerçait la charge qui lui était confiée à peu près comme un notaire ou un avoué de nos jours, sans installation officielle, sans personnel régulier, sans archives autres que ses propres dossiers ; les affaires étaient traitées dans des Conseils à demi publics, en présence du Roi ; et la Cour elle-même, en son va-et-vient familier, était un Conseil à portes ouvertes. Il ne s'y traitait guère, d'ailleurs, que des questions d'importance secondaire ou de pure forme. Quant au secret de l'État, il était réservé pour les « cabinets », l'intimité du Prince, les colloques à l'oreille et portes closes. D'où l'influence occulte et à peu près constante des favoris. On comprend que, dans ces conditions, Richelieu, ministre élevé au pouvoir par cette confiance royale où s'attardait une ombre de « faveur », ait eu besoin de s'entourer d'hommes à lui, qui n'eussent à répondre qu'à lui et qui fussent les agents de sa seule volonté.

Les méthodes de travail.

Ayant à peu près seul la haute conception de ses devoirs d'État, il agissait de lui-même, recevait lui-même, écoutait, négociait, écrivait, dictait en se passant le plus souvent de toute délibération organisée, de tout formalisme encombrant. Maître de sa décision, il n'avait besoin de seconds que pour le travail en quelque sorte matériel, préparation des dossiers, écriture des notes et mémoires nécessaires à la suite des affaires. Il eut dans sa maison, dès les débuts de sa vie publique, des hommes sûrs, des familiers qui ne le quittèrent jamais ; ils travaillaient sous ses ordres à ce qui se trouvait être l'occupation de l'heure : recherches, compilations, rédaction, parfois exécution. Ses collaborateurs, — ses « écrivains », — se formèrent ainsi à son contact, prirent le pli de son esprit, se dévouèrent à son œuvre.

Il y en eut qui s'élevèrent de son élévation et dont il fit des maîtres à leur tour. Le Père Joseph, les Chavigny, Bullion figurèrent dans les ministères; Mazarin devint son successeur. Les autres, destinés à l'anonymat, formaient l'entourage proprement dit. A Rueil, au Palais Cardinal, à Courance, à Charonne, partout ils suivaient le ministre, travaillaient avec lui, montaient dans son carrosse, couchaient dans la chambre voisine de la sienne. Ils partaient soudain pour des missions lointaines. Familiers des salons, ou bien s'attardant sur le Pont-Neuf, ils savaient écouter et renseigner. L'heure venue, ils se rassemblaient autour du chef, prêts à parler, à prendre note, à écrire.

Tous écrivaient : l'aumônier Mulot écrivait; le secrétaire intime, Le Masle, écrivait; le médecin Citoys écrivait; le « sirurgien » ou « secrétaire de nuit » (sans doute, Berthereau), toujours là pour les soins intimes, écrivait (1); Desbournais, le valet de chambre, écrivait. De ces hommes de plume, le plus fidèle, le plus sûr, le plus assidu, le plus effacé, Charpentier, écrivait depuis le temps de l'exil d'Avignon.

L'historien Dupleix, qui faillit s'enrôler dans la troupe, explique la manière dont s'exerçait cette attraction souveraine et se captaient ces dévouements : « La vérité est, écrit-il, que mon *Histoire* étoit encore loin d'être mise sous la presse qu'il me l'ouït lire mot à mot tout entière, lui-même la pouvant lire quant et moi (avec moi), qui étois assis à son côté dans l'abbaye de Beaumont, avec tant d'attention, que personne ne le voyoit durant des heures qu'il employoit à cette lecture; mais il ne laissa pas pourtant de la faire relire cahier par cahier durant l'impression; à quoi il vaquoit la nuit et le sieur Citoys, homme de singulière probité et doctrine, et digne

---

(1) **Voir l'étude si ingénieuse et si complète faite par M. Deloche, à la page 135 de** *La Maison du Cardinal de Richelieu*, 1912, in-8°.

de foi, son médecin (qui en étoit le lecteur ordinaire avec Le Roy, son chirurgien) l'attestera. Ainsi Son Éminence me fit la faveur de m'instruire de plusieurs choses que je ne pouvois apprendre que d'elle. Je pourrois assurément marquer les endroits qui sont de son style. »

Ainsi l'envoûtement d'une habile familiarité s'exerçait sur les Silhon, les Mézeray, les Aubery, les Gramond et tant d'autres écrivains de l'histoire. Richelieu était un homme qui pensait à tout et dont le cabinet était entouré de tous les moyens de l'information et de la publicité.

Il lui fallait des hommes du secret; et il les lui fallait non seulement pour travailler, mais pour convaincre. Son « bureau de la presse », comme nous dirions aujourd'hui, l'occupait non moins que sa « direction politique ». Ainsi se trouva fondée de bonne heure auprès de lui cette « Académie gazétique », injuriée par le pamphlétaire Mathieu de Morgues avec d'autant plus de compétence que ledit Mathieu avait été l'un de ses membres. Groupement dévoué, intime, qui se resta fidèle à soi-même lorsque le chef eut disparu (1).

Dans le cirque de labeur où tournaient ces hommes dont l'existence n'a guère été révélée que de nos jours (2), toute discrimination certaine du travail individuel est, pour ainsi dire, impossible. L'œuvre était fondue d'un seul bloc. Les idées, les arguments, les rédactions, les formules, les citations, les exemples, tout aboutissait à un trésor commun, où les uns et les autres puisaient à leur gré.

On peut imaginer ces réunions : le cardinal allant et venant, distribue la besogne, de belle humeur et en verve, ou bien, étendu, accablé de ses migraines, morose, et actif cependant. L'un s'approche sur un signe, une rédaction à la main. Le

---

(1) *Les lumières de Mathieu de Morgues pour l'Histoire.* Condom, 1645. Cité par M. Deloche, *Autour de la plume de Richelieu*, p. 18.

(2) Nous citerons en maints endroits les beaux travaux de M. G. Fagniez, du chanoine Dedouvres, de M. Huraut, de M. Maximilien Deloche, et, surtout, les recherches profondes et variées de MM. Lavollée, Delavaud, Batiffol, P. Bertrand, etc., publiées, dans les notices ou appendices de la nouvelle édition des *Mémoires de Richelieu*, par la Société de l'Histoire de France.

maître entraîne un autre dans son cabinet portes closes ; il prend la plume, ou, de préférence, dicte à mi-voix ; puis, il corrige ; et ce sont les instructions secrètes, les confidences mises en conserve, des mementos pour le *Journal,* des *Avis,* plutôt courts, destinés au Roi, parfois même, — quelque lueur soudaine ayant traversé son cerveau, — un mot, un trait qu'on fixe sur le papier pour qu'on le retrouve et qu'on approfondisse.

Princes, altesses, ministres, chefs d'armées, gouverneurs de provinces, commissaires, émissaires, espions, confesseurs sont introduits. Le cardinal s'applique à les écouter : « C'est l'ordinaire des grandes âmes et des esprits plus relevés, a-t-il écrit, de ne penser qu'aux choses grandes ; mais il est du tout nécessaire qu'ils se contraignent et abaissent aux petites, vu que des moindres commencements naissent les plus grands désordres et que les grands établissements ont fort souvent pour origine ce qui sembloit être de nulle considération. » L'un après l'autre, le maître interroge ses visiteurs. Personne ne se tait comme lui. Son opinion faite, l'audience s'abrège : « Il faut, lisons-nous encore dans les *Maximes d'État,* écouter et parler peu pour bien agir au gouvernement des États (1). »

Parfois, il s'anime, brille, éblouit. Son confident littéraire de prédilection, Desmarets, l'auteur des *Visionnaires,* dépeint admirablement cet éclat de l'esprit, cette brillante fantaisie, cette escrime de l'extraordinaire jouteur : « Son plus grand plaisir, dit-il, étoit lorsque, dans la conversation, il enchérissoit de pensées par-dessus les miennes ; si je produisois une autre pensée par-dessus la sienne, alors son esprit faisoit un nouvel effort, avec un contentement extrême, pour renchérir encore par-dessus cette pensée ; il ne goûtoit au monde aucun plaisir, plus savoureux que celui-là (2). » Toujours dominateur, même

---

(1) *Maximes d'État,* p. 778.
(2) La correspondance de Richelieu est parsemée de ces traits de belle humeur, de ces pensées renchérissant sur celles des autres, qui amusaient ses correspondants et amenaient parfois des répliques du même style qui l'amusaient lui-même. Voir, par exemple, le portrait si spirituel que le cardinal fait du vieux duc d'Angoulême, t. V, p. 655 de ses *Lettres,* quand ce bâtard de Charles IX le reçut en Picardie : « Ledit sieur d'Angoulême n'oublie pas d'exalter son crédit ; cependant ce crédit ne nous a

dans ce duel de l'esprit, dans ce cliquetis de la conversation.
Dans le travail des affaires, le cardinal parlait à chacun le langage qui convenait : « Aux grands esprits les fortes et solides raisons sont excellentes, et les raisons faibles sont bonnes pour les esprits médiocres. » Par une sorte de familiarité et de bonhomie, il engageait aux confidences, arrachait le secret qu'on s'était juré de taire : « Je vous dirai bien, avouait le Roi lui-même à son confesseur le Père Caussin, que M. le Cardinal est un étrange esprit. Il a des espions près des princes étrangers. Il apprend leurs desseins et fait surprendre leurs paquets par des hommes déguisés qui détroussent les courriers (1). » Il se donne la réputation de « lire les chiffres ». « Il entretient à cet effet un pauvre garçon nommé Rossignol. Il arrive ainsi à la réputation de tout savoir que son adresse et la peur lui ont faite (2). »

Les distractions et les plaisirs.

C'est dans ce tumulte réglé qu'il vit, soit à Paris, soit dans les châteaux du voisinage où sa déplorable santé le force souvent à séjourner. Il ne craint pas, d'ailleurs, les chevauchées : nous l'avons vu camper devant La Rochelle, galoper vers les Alpes et vers les Cévennes; nous le verrons surprendre en Avignon et jusqu'à Perpignan les cabales et les intrigues.

Quand il est de loisir, il aime les distractions, le théâtre, la musique, les objets d'art, les bibelots, les pierres précieuses, les chats. Il se laisse aller à des éclats parfois bizarres, à des abandons subits, à des plaisanteries même grossières et, si l'on en croit Tallemant, à des incartades, à des amusements faits pour sur-

---

pas valu une obole. Abhorrant les grands festins comme je fais, parlant ensemble nous présupposions un traitement fort propre et modéré, pour témoigner qu'il était Seigneur du domaine. Il ne s'est pas vu une seule écuelle lavée ! Et autant il a été copieux en harangues, il a été resserré en festins »...

(1) *Les Délices de l'esprit*, 1658, cité par Delavaud; Rapports et notices, p. 80. — Louis XIII aurait donc ignoré qu'il signait lui-même des lettres ordonnant d'arrêter les courriers espagnols aux passages des Pyrénées, dès juin 1625, quoique les deux pays ne fussent pas en guerre. Voir une lettre du Roi à M. M. de Caumont, etc., lettre faisant partie des archives de M. Gabriel Hanotaux.

(2) Voir le Père Griffet, *Histoire du Règne de Louis XIII*, t. III, p. 39, et Tallemant, *Historiettes*, II, 32.

prendre le respect conventionnel de l'histoire : « Un jour, enfermé avec Desmarets, que Bautru avait introduit chez lui, il lui demanda : *A quoi pensez-vous que je prenne le plus de plaisir? — A faire le bonheur de la France,* lui répondit Desmarets. — *Point du tout,* répliqua-t-il, *c'est à faire des vers.* » Et il est frappant que, parmi les éloges que lui accorde le fameux pamphlet *La Lettre déchiffrée,* écrit sous sa propre inspiration, on vante son talent à composer des vers : « Nous avons vu, depuis deux ou trois mois, des vers dont, à l'imitation de l'empereur Auguste, il payait le change de quelques autres qu'on lui avait donnés. Il ne se peut rien lire de plus clair, de plus pur, et de plus coulant. Vous diriez que ce sont les Muses elles-mêmes qui, pour se concilier la faveur du Louvre par la sienne, lui font, par manière de dire, venir les paroles en cadence (1)... »

Ni la fantaisie ni même la gauloiserie ne manquaient dans ces réunions, aux heures de détente : « En ce temps-là, raconte Tallemant, le cardinal dit en riant à Quillet, qui est de Chinon : *Voyez-vous ce petit bonhomme là? Il est parent de Rabelais et médecin comme lui. — Je n'ai pas l'honneur,* dit Quillet, *d'être parent de Rabelais. — Mais,* reprit le cardinal, *vous ne nierez pas que vous êtes du pays de Rabelais. — J'avoue, Monseigneur, mais le pays de Rabelais a l'honneur d'appartenir à Votre Éminence.* Cela était assez hardi, ajoute Tallemant. Mais que ne tolérait-il pas? » Même en présence du mystique et ténébreux Père Joseph, on risquait une plaisanterie « à la soldade », comme la fameuse histoire de l'étalon et de la jument. Un autre jour, le Père Joseph, exposant une manœuvre militaire de son cru, mettait le doigt sur la carte et disait : « Nous passerons la rivière là. — *Mais, Monsieur Joseph,* lui dit l'Écossais Hepburn, *votre doigt n'est pas un pont.* »

Lorsque la nuit était venue, que la maison s'était vidée et que le cardinal, tombant de fatigue, avait gagné le lit pour prendre un court sommeil, disputé par les soucis et les soins intimes d'une santé minée, toujours quelques-uns de ces hommes veillaient

---

(1) *Recueil de diverses pièces pour servir à l'Histoire,* publié par Hay du Châtelet, édit. 1637, in-4°, p. 24.

auprès de lui, la plume prête et le papier sur la table : « Le cardinal faisait écrire la nuit quand il se réveillait. Pour cela, on lui donna un petit garçon de Nogent-le-Rotrou nommé Chéret, parce qu'il était secret et assidu (1). » Richelieu tombait parfois sur des scribes moins sûrs : « Un jeune garçon dont je n'ai pu savoir le nom, raconte encore Tallemant des Réaux, commençoit à être fort bien avec lui. Mais, un jour, il vit que ce monsieur lisait quelques papiers sur la table. Cette curiosité lui déplut; il le regarda d'un œil de dépit et le lendemain il le congédia sans lui dire la raison. » La précaution n'était pas inutile : le ministre, une autre fois, constata sans plaisir que des écritures du sieur Ferrier, annotées de sa propre main, avaient été communiquées à ses ennemis (2).

Richelieu et les femmes.

Il faut bien aborder ici un point délicat, les relations du cardinal avec les femmes. On ne peut fermer complètement l'oreille à certains on-dit plus ou moins fondés, accrédités par l'hostilité ou la légende. Il y aurait toute une bibliographie à établir des amours ou prétendues amours de Richelieu. La plupart de ces commérages trouvent leur origine dans les pamphlets contemporains, notamment dans ceux de Mathieu de Morgues. C'est ainsi que l'histoire de Richelieu et de Marion de Lorme, tant de fois répétée, vient en droite ligne d'un libelle intitulé : *Réponse du Cardinal de Richelieu à la Lettre*, etc... L'héroïne de l'aventure n'y est appelée que « la dame du quai de la Tournelle » (3).

Le cardinal de Retz est moins discret; il nomme la dame et

---

(1) Tallemant, II, p. 55. — La main de Chéret se retrouve fréquemment dans les immenses dossiers du cardinal.
(2) Mathieu de Morgues, cité par M. Deloche, *Autour de la plume du cardinal de Richelieu*, p. 252.
(3) La *Réponse du cardinal de Richelieu à la lettre de son frère, le cardinal de Lyon* fut imprimée en 1631, ce qui ferait remonter l'aventure à une époque où Marion de Lorme, âgée d'à peine quatorze ou quinze ans, était encore chez les siens en Champagne. La « Réponse » est publiée dans *Diverses pièces pour la Défense de la Reine mère*. Anvers, in-12. t. III, p. 77.

gratifie Richelieu d'une autre bonne fortune : « Marion de Lorme, dit-il, qui était un peu moins qu'une prostituée, fut un des objets de son amour et elle le sacrifia à Desbarreaux. Mme de Fruges, que vous voyez traînante dans les cabinets sous le nom de vieille femme, en fut une autre. La première venait chez lui la nuit; il allait aussi la nuit chez la seconde, qui était un reste de Buckingham et de Piennes (1). »

Guy Patin est plus généreux encore pour le cardinal duc : « Je me souviens, écrit-il en 1649, de ce qu'un courtisan me conta l'autre jour, que le cardinal de Richelieu, deux ans avant de mourir, avait encore trois maîtresses qu'il entretenait. La première était sa nièce, Mme de Vignerot, autrement Mme de Combalet et aujourd'hui Mme la duchesse d'Aiguillon. La seconde était la Picarde, savoir la femme du maréchal de Chaulnes, frère du connétable de Luynes. La troisième était une certaine belle fille parisienne, nommée Marion de Lorme, que M. de Cinq-Mars avait entretenue comme a fait aussi M. le Maréchal de La Meilleraye et beaucoup d'autres. » Le peu scrupuleux épistolier va jusqu'à dire, dans la même lettre, que le saint cardinal de Bérulle mourut d'une maladie honteuse et il conclut ainsi : *Vere cardinales isti sunt carnales* (2), pauvre trait d'esprit, qu'il est tout heureux d'amener par ces bruits absurdes.

Et ce sont là tous les témoignages à peu près contemporains ! Le reste n'est que du fatras, sorti, cinquante ans plus tard, des presses de Hollande : *La Milliade*, *Le Siècle de Louis XIV en chansons*, les *Lampons*, les *Landeriri*, etc...

(1) Cette Mme de Fruges, née Piennes de Fruges, garda son nom de fille, même après son mariage avec Deschapelles, fils de la nourrice d'Henriette-Marie, reine d'Angleterre. Elle et sa fille étaient des aventurières qui furent deux fois chassées de la Cour. En 1642, Richelieu les fait exiler à Bourges comme « bien dangereux esprits ». (Avenel, t. VII, p. 128). En 1648, elles sont traitées de même par Anne d'Autriche lors de la maladie du jeune Louis XIV. — Voir les *Mémoires de Montglat*, éd. Michaud et Poujoulat, p. 331 : « Elle avait toujours aimé l'intrigue, se mêlant de tout, se fourrant partout ». Il est à remarquer que Montglat, qui ne ménage pas Richelieu, ne parle pas de relations amoureuses entre cette femme et le cardinal. Celui-ci fit exécuter un Deschapelles, qui doit être le mari de Mme de Fruges pour avoir, « par sa lâcheté », perdu Mézières en 1635. (Avenel, IV, p. 760.) Voir *Mémoires du cardinal de Retz*, édit. Charpentier, t. I, p. 18.

(2) *Lettres de Guy Patin*, édit. Reveillé-Parise, t. I, p. 494.

Pas un fait précis, pas une preuve réelle ou historique, quelle qu'elle soit. Voyez comme nous sommes renseignés sur les amours de Louis XIV, de Talleyrand et de tant d'autres. D'ordinaire, en cette matière, tout finit par se savoir. Au sujet de ce cardinal, élevé sur le plus haut pinacle, en proie aux haines les plus atroces, on ne trouve rien de certain ou même de probable.

Deux noms de femmes seulement pourraient être retenus en raison de l'intimité prolongée entre elles et le cardinal : celui de Marie de Médicis et celui de la nièce du cardinal, la duchesse d'Aiguillon. La première protégea Richelieu passionnément, jusqu'au jour où elle devint son ennemie acharnée; l'autre vécut auprès de lui dans une familiarité étroite jusqu'à la fin.

Or il n'est pas douteux que la Reine mère n'ait été jalouse de Mme d'Aiguillon et que cette jalousie ne soit devenue brusquement une haine féroce, qui détermina le drame de la rupture entre la mère et le fils. Richelieu défendit sa nièce avec une fermeté impitoyable.

Quelles furent les relations de l'homme avec l'une et l'autre femme?

Mystère, qu'il est, pour ainsi dire, impossible de pénétrer. Sous la Régence, le jeune prélat au regard de feu conquit la Reine mère, dont il était l'aumônier; ce fut elle qui le porta au pouvoir. Aux temps du château de Blois, il peuplait son exil, dictait sa conduite, fascinait sa volonté, était tout pour elle. La grosse banquière, déjà fanée, a-t-elle subi cette domination jusqu'à la couronner par une récompense un peu mûre? et le jeune ambitieux s'est-il fait, de ce corps important, un échelon vers les hautes destinées? On ne sait. Tallemant, si curieux de ces choses, s'en tient à un vague propos : « On a fort médit du cardinal, qui était bel homme, avec la Reine mère (1). »

Marie-Madeleine de Vignerot était la fille de Françoise Du Plessis, sœur aînée du cardinal, mariée à un gentilhomme du Poitou nommé Vignerot; Marie-Madeleine épousa un seigneur

---

(1) Édit. Techener, I, p. 381.

de peu d'importance, Antoine de Beauvoir du Roure de Combalet :
celui-ci, n'ayant ni fortune ni situation, ni santé, la laissa veuve,
— et vierge, assure-t-on. L'oncle prit la nièce auprès de lui. Le
bruit public au sujet de cette intimité se résume en cette phrase
du même Tallemant : « On a fort médit de l'oncle et d'elle ;
il aimait les femmes et craignait le scandale. Sa nièce était belle
et on ne pouvait trouver étrange qu'il vécût familièrement
avec elle. Effectivement, elle en usait peu modestement... »

C'est tout. On voit que le subtil chroniqueur met les deux
femmes dans le même sac : « On a fort médit... » Rien que le
bruit de cour, *le mot à l'oreille*.

Reste le drame de la jalousie pénétrant jusque dans la politique et la culbutant de fond en comble. Mme d'Aiguillon était
belle, pieuse, volontaire, avare. Elle a su conduire sa vie de
telle sorte qu'en 1638, aidée de la munificence de son oncle,
elle put acheter aux créanciers du duc de Mayenne le duché
d'Aiguillon et prendre ainsi un rang personnel et unique dans
la haute noblesse. C'était, en un mot, un caractère indépendant, une femme qui, ayant manqué l'amour, s'était réfugiée dans l'ambition. Ces tempéraments, quand ils peuvent
échapper aux simagrées et aux servitudes des cours, s'en
débarrassent une bonne fois. Dès que l'oncle se sentit confirmé
au pouvoir, la nièce, qui était dame d'atour de Marie de
Médicis, laissa tomber ses fonctions et ses prévenances. La crise
de Lyon, en 1630, la délivra complètement. La Reine, affolée
de rage, la chassa avec éclat. Au fond, c'était la nièce qui
écartait la vieille dame cramponnée, forcenée, déconsidérée.
Avait-elle, pour enlever sa victoire, offert sa jeunesse et sa
beauté ? L'histoire s'arrête quand, faute de renseignements précis,
elle risque de s'égarer dans le roman.

Peut-être, pour en finir avec ce sujet délicat, n'est-il pas
inutile de connaître l'opinion que le cardinal professait sur
les femmes : « Il est difficile, écrit-il, de détourner leur esprit
des résolutions qu'elles prennent par passion... Leur tempérament les porte plutôt à suivre leur humeur que la raison.
Leur science doit consister en modestie et retenue. Celles-là

doivent être, dit-on, les plus habiles qui ont le plus de jugement. Je n'en ai jamais vu de fort lettrée qui n'ait tiré beaucoup d'imperfection de sa grande connaissance. Et il est vrai de dire que les hommes emploient leur capacité à bien et les femmes l'emploient à mal... »

En politique, quand il s'agit de se prémunir contre l'intrigue des femmes, il n'est pas de méfaits dont il ne les accuse : « Ces animaux que le Roi sait sont étranges; on croit qu'ils ne sont pas capables d'un grand mal, parce qu'ils ne le sont d'aucun bien; mais je proteste en ma conscience qu'il n'y a rien qui soit si capable de perdre un État que de mauvais esprits couverts de la faiblesse de leur sexe (1). » Il est vrai, qu'au moment où Richelieu écrivait à Chavigny ces lignes destinées à être mises sous les yeux du Roi, la Reine, la Reine mère, la duchesse de Chevreuse et tant d'autres dames de la Cour étaient conjurées pour sa ruine (2).

La pensée de fond paraît être exprimée dans le *Testament politique* : « Il n'y a rien de plus contraire à l'application nécessaire aux affaires publiques que l'attachement que ceux qui en ont l'administration, ont pour les femmes. Je sais bien qu'il y a certains esprits tellement supérieurs et maîtres d'eux-mêmes que, bien qu'ils soient divertis de ce qu'ils doivent à Dieu par quelque affection déréglée, ils ne se divertissent pas pour cela de ce qu'ils doivent à l'État. Il s'en trouve qui ne rendent pas maîtresses de leurs volontés celles qui sont maîtresses de leurs plaisirs, ne s'attachant qu'aux choses auxquelles leurs fonctions les obligent. » Nul doute que Richelieu ne se rangeât parmi ces esprits supérieurs (3).

Les écrivains à la tâche.

Élevons-nous au-dessus de ces misères de la polémique et considérons l'activité de l'homme, son dévouement au bien

---

(1) *Maximes d'État du Cardinal de Richelieu*, p. 771.
(2) Avenel, *Lettres du Cardinal de Richelieu*, t. VI. p. 122.
(3) *Testament politique*, partie I, chapitre VIII. — Ajoutons que, dans la *Réponse à Mathieu de Morgues*, Richelieu ne niait pas « quelques péchés de jeunesse ».

de l'État, son immense production intellectuelle, fruit d'une imagination « qui roule toujours »; considérons ce génie en mal de création. Et nous nous rendrons compte de la nécessité de ces intimités, de ces sécurités, de ces collaborations confidentielles et même occultes, du groupement de forces qui, pendant les dix-sept années du ministère, soutint le ministre.

Les véritables collaborateurs de l'homme d'État, ceux qui jouissent de sa confiance absolue et du secret de son secret, intimes dans le sens exact du mot, forment une véritable famille.

Il en est, parmi ces fidèles, que Richelieu avait trouvés penchés sur son berceau, par exemple ces Bouthillier, dont le Père Griffet explique la fortune dans une note gardée manuscrite : « L'avocat La Porte (grand-père de Richelieu), avant que de mourir, laissa son étude et sa pratique à son clerc, Bouthillier, qui avait été reçu avocat avant sa mort, et lui recommanda de veiller à l'éducation de ses petits-enfants de Richelieu, qui avaient perdu leur père... L'évêque de Luçon allait souvent chez l'avocat Bouthillier, où il fit connaissance avec Barbin, qui goûta son esprit et qui lui procura la charge de secrétaire d'État de la Guerre... Bouthillier, fils de l'avocat, ci-devant maître-clerc de l'avocat La Porte, devint ministre d'État et surintendant des finances, et son petit-fils Chavigny fut fait, à l'âge de vingt-deux ans, ministre et secrétaire d'État des affaires étrangères (1). »

Relevons quelques noms encore parmi ces amis de la première heure. Ce sont des voisins, des hommes de l'ouest que Richelieu distingua de bonne heure.

En voici un d'une activité singulière, écrivain, soldat, diplomate, que quelque imprudence juvénile, remontant au temps de Henri IV, paraît avoir compromis, mais que Riche-

---

(1) Recueil de pièces et de faits particuliers que le Père Griffet n'a pas cru devoir ni pouvoir insérer dans l'*Histoire du règne de Louis XIII* et dans les *Fastes du Règne de Louis XIII*, dont il est l'auteur. » — Manuscrit faisant partie de la collection e M. Gabriel Hanotaux.

lieu, non sans plaisanteries familières, bourrades, abandons et dépits, employa dans les circonstances les plus délicates et éleva même jusqu'à l'amitié du Roi, Jean de Guron, seigneur de Rechignevoisin. Il semble que c'est bien à lui que s'adresse une lettre particulièrement rude, écrite par le cardinal en 1615 (1). Guron fut l'un des écrivains employés à la rédaction des libelles que Richelieu publiait pour se défendre (2). Cependant il ne se confina pas dans les travaux du cabinet. Gouverneur de Marans, emploi dans lequel lui succéda l'un de ses fils, il reçut du cardinal, au cours du siège de La Rochelle, des marques multipliées du crédit le plus rare. Même quand il s'agissait d'affaires, Richelieu le prenait, avec ce vieil ami, sur un ton de plaisanterie et de familiarité tout à fait exceptionnel, le traitant de « Père Guron », de « convertisseur », sans doute parce qu'il s'était « converti », ayant renoncé aux mœurs trop faciles qui avaient d'abord aidé, puis compromis sa fortune : « M. de Bullion se recommande à vous; la goutte lui fait payer une partie de la peine due à ses fautes passées. Si vous aviez tous deux ce que vous avez bien mérité, La Rochelle ne serait pas en peine de se délivrer de vous. »

Mais, lorsqu'il s'agit de secourir l'île de Ré, Richelieu adresse à l'homme de confiance et de valeur cette exhortation vraiment cornélienne : « Enfin, faites paraître que vous êtes Guron! » En avril 1628, au plein du siège de La Rochelle, alors que tous les adversaires, Espagne, Autriche, Angleterre, même les alliés, Savoie, Venise, sont sur le point de l'accabler dans l'affaire de Mantoue, il recourt à Guron et lui confie la mission la plus difficile auprès du duc de Savoie. Le *Mémoire* qu'il adresse au Roi pour exposer une situation si critique, fut rédigé vraisemblablement par Guron lui-même, sur ses indications. C'est un chef-d'œuvre de clarté, de finesse, de tact diplomatique; il

---

(1) Avenel, *Lettres du Cardinal de Richelieu*, t. I, p. 137.

(2) On a publié de lui, en 1686, *Histoire du temps ou les trois vérités historique, politique et chrétienne,* livre qui est une apologie tellement circonstanciée de la politique de Richelieu, notamment dans les affaires de la Reine mère, qu'on peut la considérer comme faisant partie du substratum des *Mémoires.* — Voir Delavaud *Rapports et Notices,* p. 159.

prouve de quel prix était, pour le cardinal, l'aide confidentielle des vieux amis de toujours. Guron remplit sa mission ; il réussit, et Mantoue fut secourue « par diversion ». Puis La Rochelle ayant succombé, laissa les mains libres à la politique française en Italie. C'est ainsi que Guron fut amené à écrire, sans doute à la demande du cardinal, une *Relation des affaires de Mantoue ès années 1628, 1629, 1630* (1) qui le montre au point culminant de sa carrière et de ses services. Le Roi lui écrivait de sa main des lettres qui étaient le « comble des grâces ». Jean de Guron s'était assuré une admiration universelle par sa conduite dans la défense de Casal. Maréchal des camps et armées du Roi, il fut encore chargé d'une mission de confiance près du duc de Lorraine et nommé ambassadeur en Angleterre. Seule, sa mort, survenue en 1635, l'empêcha, semble-t-il, de parvenir à des fonctions plus hautes dans l'État. Son nom est presque oublié, mais il fut l'un des premiers de cette génération des « gens de main », distingués par l'œil attentif du cardinal (2).

La disgrâce de Fancan.

Un autre personnage non moins digne d'intérêt a occupé une grande place dans les entourages jusqu'au moment où il finit de façon mystérieuse : c'est Fancan (3).

Le cardinal le compta parmi ses intimes, non seulement durant les dix premières années de sa carrière, mais même pendant ses premières années de ministre tout puissant. Nous l'avons vu rédiger les pamphlets les plus violents contre Luynes, contre Sillery, contre La Vieuville et, par des éloges un peu prématurés peut-être, ouvrir la voie aux ambitions du jeune évêque. Son camarade Mathieu de Morgues, qui combattait alors côte à côte avec lui, sous l'œil de Richelieu, est catégorique : « Le cardinal a tiré de Fancan toutes les instructions des Affaires

---

(1) Publiée par le Père Griffet, t. III en appendice.
(2) Voir comte de Cosnac, *Rôle politique de Louis de Rechignevoisin de Guron, évêque de Tulle*, 1886. Cet évêque de Tulle était fils de notre Guron. A l'occasion de la carrière du fils, M. de Cosnac parle très brièvement du père.
(3) Voir *Histoire du Cardinal de Richelieu*, t. II, p. 467 et suivantes.

étrangères; il s'en est servi dans des négociations très importantes en Allemagne et aux Pays-Bas; il lui a fait dresser, durant deux ans (1624-1625), toutes les dépêches, mémoires et instructions de grande conséquence. » Le même Morgues ajoute : « Fancan a été familier et confident plus de dix ans du cardinal de Richelieu; il a eu tous les jours des conférences de deux ou trois heures avec lui... Il avait les entretiens les plus secrets et les plus longs (1). »

Rien de plus naturel que ces relations du jeune ambitieux avec le pamphlétaire, homme d'esprit, plein de verve, grand connaisseur en affaires étrangères, grand remueur d'idées et de paroles, plume alerte et féconde : le pamphlétaire s'était donné au jeune évêque, dont il avait pressenti la haute destinée.

Les papiers de Fancan furent saisis lors de sa disgrâce; ils ne laissent aucun doute sur cette espèce d'ubiquité dans les grandes choses européennes qui caractérise la carrière du publiciste. Dans la familiarité du grand ministre, il était la contrepartie du Père Joseph. Son activité est prodigieuse; on pourrait dire qu'il y avait en lui une parcelle de génie, en admettant que l'immodération soit assez souvent comme une maladie du génie. On le trouve partout à l'affût : il surveille les combinaisons diplomatiques, il les embrouille, il en tire parti. En Angleterre, en Bavière, à Cologne, en Hollande, à Venise, sans parler de la France, qui n'interroge-t-il pas? qui ne renseigne-t-il pas? avec qui ne complote-t-il pas? La liste extrêmement longue de ses dossiers, telle qu'elle fut dressée par le maître des Requêtes Nicolas Fouquet, étale un nombre infini de mémoires ou brochures et jusqu'à des volumes entiers, restés manuscrits, où le trop plein de sa verve s'est répandu.

Tous aboutissent au même *delenda Carthago* : il faut réduire à néant l'influence de la Compagnie de Jésus, contrecarrer partout les empiétements de la Cour pontificale. Le numéro 353, *Discours contre la cabale étrangère (1626)*, donne ce conseil

---

(1) *Les bons avis du François fidèle*, août 1631. — *Reparties sur la réponse à la très humble Remontrance*, 1631. Cités par Geley, *Fancan et la politique de Richelieu*, Cerf, 1884, in-8, p. 294.

à Richelieu : « Que celui qui gouverne veuille éloigner les suppôts de tout emploi, réduire les Jésuites à prier Dieu, et fermer leurs collèges, appuyer la Sorbonne, changer le logis du nonce, introduire un autre confesseur, donner un premier président au Parlement de Paris qui soit de bonne odeur au public, etc. » Le numéro 355 indique les *moyens légitimes pour contenir le Saint-Siège et empêcher qu'il n'accroisse son autorité en France au préjudice de celle du Roi et tranquillité de l'État :* « C'est erreur de croire qu'il faille être bien avec Rome; au contraire, il faut se montrer jaloux de la conservation des lois de la monarchie; Rome se gouverne par crainte; il ne la faut jamais obliger en chose qui soit aux dépens de l'autorité royale, mais lui susciter des affaires sous main et ne la délivrer jamais d'appréhension. Il faut faire demander par le Clergé la cassation du Concordat et rétablissement des élections aux bénéfices (1). »

On entend bien, dans ces paroles, comme un écho de celles que prononça parfois Richelieu; mais on y remarque aussi la ligne de démarcation et le point de rupture entre les idées du pamphlétaire et celles du ministre. Richelieu n'oublia jamais qu'il portait la pourpre romaine : il n'entendait ni briser avec Rome ni dénoncer le Concordat.

Fancan va plus loin encore : « Témoigner n'avoir volonté que les François soient faits cardinaux; retarder la nomination ou en nommer d'étrangers. Appuyer la Sorbonne et l'Université, exclure des chaires publiques ceux qui ont des sentiments contraires au bien de l'État. Ne permettre plus que les religieux réformés ni autres se mêlent aux affaires du temps (le Père Joseph n'oubliera pas ce conseil qui le vise). Défendre de passer aucun acte devant le nonce. Défendre l'introduction de nouveaux ordres en France. Faire demander au Pape, en plein consistoire, par l'ambassadeur, un secours d'un million de ducats pour la guerre de religion (contre les protestants). Le Pape assurément refusera et on aura beau sujet de faire la paix et rejeter l'envie sur le défaut d'assis-

---

(1) Voir Théodore Kügelhaus, *Unbekannte Papiere Fancans*, Leipzig, 1899 (d'après le n° 6651 du Fonds français à la Bibliothèque nationale), et Erich Wienz, *Fancan und die französische Politik*, 1624-1627. Heidelberg, 1908.

tance de Rome. Par ces moyens, l'État se maintiendra, ainsi qu'a fait celui de Venise. » De ces propositions à l'idée d'un schisme ou d'un patriarcat, dont Richelieu aurait rêvé, si l'on en croit ses adversaires, il n'y aurait eu qu'un pas. Or tout cela se déclamait à voix haute sur un ton de familiarité exigeante dans ces entourages du cardinal où tant d'oreilles étaient aux écoutes.

Pour les grandes affaires vers lesquelles tous les esprits sont tendus, les affaires d'Allemagne et d'Espagne, Fancan est non moins péremptoire, non moins tranchant. Il suffit, pour s'en convaincre, de cette analyse du dossier 422 que donne Fouquet sous le titre : *Discours sur les affaires présentes en 1625 :* « Faire la paix avec ceux de la Religion, raser le fort Louis, faire la guerre en Allemagne. » Tout le système repose sur une alliance effective avec l'Angleterre. « L'*Avis sur les affaires d'Angleterre en mars 1627* dit que le mariage a été fait par différents respects, savoir : de *France* pour y établir la religion (catholique) et d'*Angleterre* pour se venger de la maison d'Autriche; que le changement de religion n'est pas utile à la France; que les deux Couronnes se doivent tenir, et qu'en France il ne faut point tant travailler aux moyens pour se défendre de l'Angleterre qu'aux moyens de prévenir la guerre par une bonne union; qu'il ne faut aussi penser à la conquérir et que la France n'a d'appui plus sûr pour résister à l'Espagnol qu'une bonne union avec l'Angleterre; et qu'il est facile d'accommoder les aigreurs; et qu'il faut considérer que la moindre dépense extraordinaire achèvera de ruiner le Roi, le peuple et l'État. »

Il y a toujours eu un parti anglais en France et presque toujours cela vint de dissentiments et de griefs réciproques entre Français. Fancan se prononce avec la plus grande vigueur pour un rapprochement avec l'Angleterre, et c'est là, sans doute, qu'à la veille de la rupture avec les protestants de France et avec l'Angleterre, il trouvera le point de sa chute (1). Le parti pris anticatholique, vers lequel se laissait entraîner cet homme d'Église, se précisait en un véritable système : « Dissiper accortement la

---

(1) Voir *Discours sur les affaires presentes d'Angleterre*, publié en appendice par M. Wienz, *op. cit.*, p. 128.

Chambre de la Propagation de la foi, établie en France et dans Paris au déçu du public. Ne la point heurter de plein saut, mais peu à peu, en refusant tout ce qu'elle demandera et reculant des emplois ceux qui en sont les sujets, gagner ceux qui se sont mis dans ladite Propagation, non par conscience et faiblesse, mais par leurs seuls intérêts... Laisser les autres et les faire observer seulement (1). »

On imagine l'éclat produit par de telles affirmations, le ton de la discussion qui s'élève avec le parti catholique, avec le Père Joseph, au moment où Richelieu se décide à ruiner le parti protestant et à faire la guerre aux Anglais; on croit entendre les objurgations qui s'abattent sur le cardinal, le somment de s'expliquer sur son intimité avec ce Fancan. Elles viennent de la fameuse *cabale jésuitique*, c'est-à-dire des Reines, de Marillac, du parti espagnol, de la Cour presque tout entière.

Et quelle prise donnent à la passion adverse les relations trop connues de Fancan avec les hommes publics, les princes, les gouvernements étrangers! La poste a dévoilé les rapports de Fancan avec l'Angleterre! Si l'on cherchait du côté de l'Allemagne, de la Bavière, de Cologne, on trouverait bien d'autres indices de manigances obscures et, parmi ces correspondances suspectes, des transferts d'argent! La « liste des emprisonnés, condamnés, etc. », publiée en 1643, dans le *Journal du Cardinal de Richelieu*, signale la liaison de notre homme avec le plus dangereux des « fronts d'airain » protestants, « le sieur de La Milletière mis en la Bastille en l'année 1626 *pour même sujet que Fancan* (2) ».

(1) Extrait des papiers trouvés au cabinet de Fancan, les plus considérables, selon l'ordre dans lequel ils ont été cotés (*Mémoire de Nicolas Fouquet*. B. N. Manuscrits F. Fr. N° 6651). — Voir aussi la *Voix d'un Théologien sans passion*, par Mathieu de Morgues, dans le *Mercure françois*, 1626, t. XII, p. 301, 521, et Fagniez, *L'Opinion et la Presse sous Louis XIII*, d'après un mémoire inédit adressé, en 1627, au Roi par Fancan.

(2) *Journal*, édit. 1666, p. 154. — Il est à noter que, dans la réponse qu'il fait faire au libelle de Mathieu de Morgues qui a pour titre : *Réponse à la très humble remontrance au Roi*, parue en 1632, Richelieu jette franchement Fancan par-dessus bord : « ...Fancan, homme reconnu de tous points pour impie et qui avoit réputation de ne croire pas en Dieu et qui est convaincu d'avoir toujours favorisé les intérêts de l'hérésie dedans et dehors le Royaume contre le Roi. » (Édit. in-12, p. 117.)

Tous ces faits sont graves ; le heurt des principes ne l'est pas moins. Richelieu se sent las de ces affirmations hautaines, de ces familiarités compromettantes. De part et d'autre, d'ailleurs, on est à bout. Fancan écrit : « Le temps s'écoule ; la patience m'échappe et l'appréhension de voir nos maux sans remède me jette dans le désespoir. » Et encore : « Ma consolation est d'avoir représenté courageusement, en tout ce qui s'est passé ici, les inconvénients qui en pouvaient arriver en public et en particulier, et d'avoir combattu jusques au bout. Il ne me reste plus qu'à faire une retraite honorable... »

Trop tard : Richelieu tient les clefs de la Bastille, dont est gouverneur le propre frère du Père Joseph. Il note dans son *Journal* : « Le sieur de Fancan-Langlois, abbé de Beaulieu et chantre de Saint-Germain-l'Auxerrois, mis à la Bastille en 1627 (le 4 juin) pour cabale contre le dessein requis du siège de La Rochelle... »

Les *Mémoires* sont plus explicites. Richelieu a besoin de se défendre. Fancan, arrêté en même temps que ses deux frères, Dorval et Langlois, était mort bientôt dans sa prison et cette brusque disparition avait déchaîné Mathieu de Morgues. L'homme qui venait de mourir mystérieusement avait été, répétait-il avec insistance, le confident des années difficiles et contrastées du début. Il connaissait les dessous et les dossiers. On ne l'avait mis au secret de la Bastille, puis au secret définitif, que pour l'empêcher de parler. Avec quelle joie le fougueux aumônier de la Reine mère portait contre Richelieu cette accusation de sévérité implacable et de cruauté qui devait finalement s'imposer à l'histoire !

De telles insinuations appelaient une réponse : « Le Roi, disent les *Mémoires*, fit arrêter un nommé Fancan pour lui faire expier une partie des crimes qu'il avoit commis. De tout temps, il s'étoit déclaré, plus ouvertement que ne pouvoit un homme sage, un ennemi du temps présent ; rien ne le contentoit que des espérances imaginaires d'une République, qu'il formoit selon le dérèglement de ses imaginations. Il n'en vouloit pas seulement au temps, mais à l'éternité, toutes les apparences faisant croire qu'il n'avoit point d'autre Dieu que sa folie... »

MODÉRATION ET PRUDENCE DE RICHELIEU. 81

On n'emprisonne pas un homme sans l'appareil de la justice, pour des soupçons de cette sorte. Il faut autre chose. Les *Mémoires* ajoutent, après d'autres allégations assez vagues : « Le parti huguenot lui étoit en si grande recommandation, quoiqu'il fût ecclésiastique, que tous ceux qu'il estimoit être bons catholiques lui étoient en horreur. En cette considération, il avoit pris de tout temps intelligence avec les protestants étrangers, auxquels il servoit de fidèle espion, d'autant plus à craindre que sa condition le rendoit moins suspect. Il se servoit envers eux de l'entrée qu'il avoit en diverses maisons des ministres pour, sous prétexte de bons avis, leur donner de fausses alarmes pour les armer contre l'État... *Sa malice a été jusques à ce point que de chercher toutes sortes d'artifices pour séparer en la maison royale ce que la nature et le sacrement avoient étroitement uni (c'est-à-dire les Reines et le Roi)*... Le Roi se résolut de châtier justement un si méchant homme par un supplice conforme à son crime; mais le cardinal, dont les conseils vont toujours à augmenter les récompenses des services et diminuer la punition des fautes, supplia très humblement Sa Majesté de se contenter d'en arrêter le mal par l'emprisonnement de sa personne (1). »

Le dossier de Fancan, tel que Nicolas Fouquet, nommé rapporteur, l'a analysé, donne une valeur réelle à ces incriminations. La violence des invectives contre le parti catholique, les Jésuites, la Propagation et même le Père Joseph, suscitaient de ces ressentiments profonds qui ne pardonnent pas. Fancan allait jusqu'à conseiller la rupture du mariage royal. Il est à croire que le Roi, averti, intervint alors. On connaît son étroite et jalouse sévérité. De quoi se mêlait ce pamphlétaire? Si la personne du Roi, si le ménage royal étaient en cause, la rupture s'imposait : Fancan et les siens furent emprisonnés et Richelieu crut, — peut-être de bonne foi, — qu'il les traitait avec une sorte d'indulgence en leur épargnant une pire destinée. Morgues lui-même finit par

---

(1) *Mémoires du Cardinal de Richelieu*, t. VII, p. 84. — Ce passage tend à autoriser l'attribution à Fancan du libelle *La France en convalescence* où Louis XIII est pris à partie pour la stérilité de son mariage, etc. Voir Delavaud, *Collaborateurs de Richelieu*, p. 116.

reconnaître que Fancan était mort de mort naturelle. Quant à Dorval, il implora sa libération en des lettres émouvantes, mais ne l'obtint qu'après la prise de La Rochelle. On était alors en 1630 : la politique du cardinal se portait de nouveau vers les alliances protestantes (1).

Le familier de tous les temps : le Père Joseph.

Nul doute que, dans cette crise à la fois intime et politique, le Père Joseph n'ait joué, comme d'ordinaire, un rôle peu apparent, mais décisif (2) : entre l'évêque et le moine, les liens sont si anciens et si forts, que les deux figures apparaissent inséparables.

La personnalité du Capucin a été, de nos jours, l'objet d'études approfondies (3); son histoire, longtemps incertaine, et romanesque, s'appuie désormais sur des documents authentiques, la plupart émanant de lui-même.

Il est démontré que le Père Joseph, ce « Capucin de Paris », François Le Clerc du Tremblay, prit son origine dans cette Ile-de-France, créatrice de l'unité française. Il descendait

---

(1) La vie et le rôle politique de Fancan ont été étudiés par M. Geley dans son ouvrage : *Fancan et la politique de Richelieu*, 1884. Ce livre, qui apportait des données nouvelles et intéressantes sur ce point peu connu de la carrière du cardinal, était malheureusement gâté par une insuffisante information. M. Geley attribuait à Fancan toute la littérature des libelles indistinctement et exagérait, sans preuves suffisantes, l'influence de Fancan sur la politique du cardinal; il n'avait pas su découvrir le dossier décisif de l'enquête, qui a été publié par M. Kügelbaus. Nous nous sommes efforcés d'éclairer certains traits restés mystérieux de cette étrange personnalité, sur laquelle, peut-être, le dernier mot n'est pas dit.

(2) Voir le pamphlet de Morgues, *Reparties sur la réponse à la Remontrance au Roy*, dans *Diverses pièces pour la défense de la Reine mère*, t. III, p. 341. « Il a sacrifié Fancan à l'envie de ce bon Père que vous appelez *Révérend* et que nous n'osons point nommer pour le respect que nous portons à son ordre... »

(3) Voir Gustave Fagniez, *Le Père Joseph et Richelieu*, 2 vol. in-4°, Hachette, 1894; on trouve réunies dans ce magistral ouvrage les études publiées dans divers recueils par l'auteur. — Voir aussi Chanoine Dedouvres, *Le Père Joseph polémiste*, 1895, in-8, Picard. *Le Père Joseph de Paris, Capucin. L'Éminence grise*. 2 vol. in-8. Beauchêne, 1932.

Pour ce qui concerne la personnalité mystique du Père Joseph, il est indispensable de voir les belles pages que lui a consacrées l'abbé Bremond dans l'*Histoire du sentiment religieux*, t. II, p. 168.

d'une famille alliée à Jacques Coictier, le fameux médecin de Louis XI (1). Né d'une mère protestante, qu'il eut la joie de convertir lui-même, il était entré en religion par une vocation irrésistible. Dès que ses supérieurs l'eurent désigné pour les œuvres de mission et de propagande, surtout dans l'ouest, son intelligence, son énergie, son ardeur mystique et son sens unique du maniement des hommes et des affaires le mirent hors de pair. Il rencontre Richelieu en 1610 et bientôt, par une décision irrévocable, son humilité se subordonne aux aptitudes, aux ambitions, à l'esprit réaliste qu'il a reconnus en son ami.

Sa jeunesse ardente, son imagination parfois chimérique, — il y avait un poète sous cette robe de bure, — avaient caressé un rêve : réunir toutes les puissances européennes, catholiques et protestantes, dans une même campagne contre les Turcs. La croisade était, à ses yeux, la seule pacification honorable pour tous, la seule guérison de la cruelle blessure causée par la Réforme. L'union, restaurée dans le catholicisme, était le but suprême de cette conception, survivante de l'esprit théocratique du moyen âge.

Mais, pour s'assurer le concours des princes protestants, il était nécessaire de les aborder, de les séduire, de satisfaire jusqu'à un certain point leurs ambitions particulières; et il fallait, en vue de ces difficiles rapprochements, que la France devînt l'arbitre des affaires d'Allemagne, soit en écartant la maison de Habsbourg de la succession impériale, soit en la détachant de l'Espagne, qui avait refusé d'entrer dans le grand projet de croisade (2).

Le Capucin avait développé ces idées complexes dans une épopée latine, la *Turciade*. Il crut pouvoir convertir le cardinal.

---

(1) *Annuaire de la Noblesse*, années 1835-1836.

(2) L'Espagne ne voulut pas se subordonner, en quelque sorte, à un projet français; elle avait conçu le dessein de détourner le grand projet de croisade vers l'Afrique, où ses ambitions étaient en péril. Le chanoine Dedouvres dit : « Le Père Joseph avait, plus que personne, poursuivi de ses efforts l'accord de la France et de l'Espagne. Mais il se tourna contre la catholique Espagne, parce que, avant tout hostile à la France, elle avait, seule, empêché la croisade projetée et préparée contre les Turcs... » *Le Père Joseph polémiste*, p. 228.

Après de longues hésitations, Richelieu s'y porta dans une certaine mesure, mais il revenait toujours au dessein qu'il avait conçu lui-même et qu'il mettait au-dessus de tout : devenir l'arbitre de l'Allemagne en ménageant les protestants, travailler les catholiques pour les séparer, si possible, de l'Autriche et de l'Espagne. Cela suffisait à occuper une vie. Après, l'on verrait.

En tout cas, les deux amis étaient pleinement d'accord sur l'entreprise la plus urgente : fermer la porte que La Rochelle fournissait aux interventions étrangères dans les affaires de France et que Fancan s'obstinait à vouloir laisser ouverte.

Le détail de ces orages intérieurs éclaire les passages difficiles où se trouvait continuellement engagée la carrière du cardinal ; il prouve aussi la solidité des liens qui existaient entre le ministre et le Capucin : inséparables parce que l'un à l'autre indispensables. Nous ne savons si l'on rencontrerait dans l'histoire une pareille compénétration des pensées entre deux personnalités si fortes.

Richelieu à peine arrivé au pouvoir, le Père Joseph s'était trouvé installé dans sa maison et dans sa confiance. Quand la robe de bure apparaissait, le silence se faisait, les groupes se séparaient. On doit attribuer au Père Joseph un rôle, non seulement de confident insigne, mais aussi de collaborateur assidu dans le travail quotidien. C'est lui que nous retrouvons toujours comme chef de ce groupe d'intimes attaché à la personne de Richelieu et s'adonnant, dans un secret absolu, à l'exécution des décisions prises par le cardinal, sous l'autorité du Roi. Après s'être assuré de la volonté royale, soit dans les conseils, soit au cours des longs tête-à-tête, le ministre distribuait les ordres au petit troupeau rassemblé. Le Père Joseph écrivait lui-même ou faisait écrire, corrigeant, abrégeant, développant, mettant la nuance, l'achevé, le fini (1).

(1) Sur la méthode de travail du groupe dirigé par le Père Joseph, nous avons eu l'occasion de citer déjà un document des plus formels, une lettre de Bouthillier, secrétaire d'État, qui signait les correspondances en sa qualité officielle. Bouthillier et le Père Joseph « se concertaient » ; un commis de Bouthillier écrivait ; le cardinal revisait encore ; la dépêche était recopiée de la main d'un secrétaire ; l'original, signé du Roi et contresigné de Bouthillier, partait enfin pour sa destination. — Voir Gabriel Hanotaux, *Étude sur un prétendu Supplément aux Mémoires de Richelieu*, dans *Sur les Chemins de l'Histoire*, t. I, p. 25.

Ces documents surchargés de corrections servirent pour la plupart à composer les *Mémoires du Cardinal de Richelieu*. Ils sont conservés aujourd'hui dans le dépôt des Archives du ministère des Affaires étrangères. Ils témoignent de cette activité de ruche qui bourdonnait dans le cabinet du ministre. A ces rédactions toujours urgentes tout le monde mettait la main ; un style unique, imprégné de l'esprit, des idées, des formules, des notes, des dictées du cardinal et du moine, finissait par donner à cette paperasserie un ton presque uniforme, quelque chose à la fois d'ecclésiastique et de cavalier, où se reconnaît l'inspiration des deux gentilshommes, l'évêque et le Capucin (1).

Né persuasif, le Père Joseph avait dans ses attributions, comme nous disons aujourd'hui, le maniement de l'opinion publique. D'après le chanoine Dedouvres, toutes les notes, toutes les « pièces », tous les « mémoires », tous les « avis », tous « les communiqués » livrés à la presse pour présenter sous un jour favorable les décisions et les actes du cardinal émaneraient de sa plume. Contentons-nous de dire que, s'il en écrivit plusieurs, qu'il est facile de distinguer, il s'en tint le plus souvent à contrôler les projets fournis par les autres. Il semble bien, comme tend à le démontrer le chanoine Dedouvres, avoir eu la haute main sur le *Mercure françois* de 1626 à 1638, date de sa mort. C'est lui, probablement, qui introduisit auprès du cardinal le sieur Théophraste Renaudot (de Loudun), fondateur de cette *Gazette de France*, à laquelle le Roi et son ministre prirent parfois la peine de collaborer.

Instructions diplomatiques (notamment pour les affaires d'Allemagne) (2), négociations avec la Cour pontificale, affaires impor-

(1) En ce qui concerne les pamphlets ou « libelles » destinés à la publicité, cette même collaboration des personnes qui avaient l'entrée chez le cardinal se révèle, au milieu de tant d'autres traits, par celui-ci que signale l'abbé Houssaye dans *Le Cardinal de Bérulle et Richelieu*. Au cours de la rédaction du *Catholique d'État* (publié comme nous l'avons vu, sous le nom de Jérémie Ferrier), Bérulle est consulté et propose : « Après les mots... on pourrait glisser un passage tel que le suivant ou quelque chose d'analogue », ce qui fut fait. Voir Dedouvres, *Le Père Joseph polémiste*, p. 286.

(2) L'une des pièces importantes qui portent le plus manifestement l'empreinte de l'esprit du Père Joseph paraît être l'instruction donnée à M. de Marcheville, ambassadeur en Allemagne. Notez qu'elle est inscrite presque *in extenso* dans le *Supplément* de Lepré-Balain.

tantes et secrétissimes, du dedans et du dehors, tractations et conciliabules, confidences, confessions, combinaisons, larges vues, dessous profonds, tout cela est suivi, poursuivi par l'activité et la persévérance inouïes de ce Capucin qui, pour le service de son grand ami, chemine pieds nus de Paris à Rome et de Rome à Paris.

Peut-être même le Père Joseph ne fut-il pas étranger à la conception de cette vaste *Histoire du règne de Louis XIII*, objet constant des pensées du ministre. Du moins, les papiers rédigés sous la direction du Capucin dans le cabinet du cardinal, en fournirent le substratum. Richelieu « put mettre au point quelques années de ce récit », comme il le dit lui-même, et la compilation fut publiée, depuis, sous le nom de *Mémoires du Cardinal de Richelieu*. La postérité aurait donc subi, ainsi que les contemporains, une sorte d'envoûtement occulte de la part de l'Éminence grise, qui sort, aujourd'hui, du mystère romanesque où sa mémoire s'était enlisée, pour ressurgir, plus singulière, plus complexe, plus haute, plus surprenante, devant l'histoire.

Richelieu et les écrivains de son temps.

L'entourage voyait surgir, bien entendu, nombre d'autres figures et personnages. Il suffit de rappeler ici les noms des collaborateurs, en quelque sorte officiels, ministres ou secrétaires d'État; ceux qui disparurent : d'Effiat, d'Aligre, Schomberg, Marillac, Servien; ceux qui durèrent les Bouthillier, Bullion, Sublet de Noyers, Mazarin, qui se retrouveront les uns et les autres, à leur place, dans l'exposé de la politique active de Richelieu. Nous verrons apparaître encore des hommes d'une heure et des hommes d'une œuvre, par exemple à propos des affaires de la Marine, ces Launay-Razilly qui furent, pour le cardinal, plus que des conseillers, de véritables inspirateurs.

C'est le tableau de l'intimité du ministre que nous essayons de donner ici et c'est à ce titre que la foule qui se presse autour du maître de la France mérite d'être évoquée devant l'histoire.

Les ruches bourdonnantes attirent les amateurs et les fabricateurs de miel. Le cardinal, soit tendance naturelle, soit calcul, était accueillant et, l'on pourrait dire, communicatif; il avait besoin d'être compris, de convaincre et il avait aussi besoin d'être soutenu, apprécié. Vivant dans une anxiété perpétuelle, sous le battement frontal de ses migraines et de ses soucis, il était aux écoutes de l'opinion. Orateur, il cherchait les auditoires; organisateur, il cherchait les équipes; auteur dramatique, il voulait les salles pleines. On se groupait autour de lui et les groupes étaient, par sa présence et par son choix, pour ainsi dire consacrés. Nous le verrons fonder, avec ses « écrivains », l'Académie française, et il avait conçu le dessein de choisir, parmi ses prélats et ses clercs, une « Académie théologique ».

Ancien député aux États généraux de 1614, il avait le sens des assemblées. A diverses reprises, il réunit soit des Conseils extraordinaires, soit des assemblées de Notables, désireux de leur exprimer ses vues et d'obtenir leur approbation. La presse politique, dont il fut le créateur en France, la multiplicité des « mémoires », « pièces », « libelles », publiés par son ordre, prouvent sa volonté constante d'obtenir l'appui de l'opinion.

Or l'entourage était son premier public; là il s'essayait et, par le choc des idées, — tel que nous l'a décrit Desmarets, — il découvrait ce que la politique peut laisser paraître de son secret. Son cabinet fut un portique de disciples, une pépinière d'hommes d'État et d'écrivains. On y rencontre des gens de cour, gentilshommes, gens de lettres, gens d'esprit, qui, par là, se glissaient à la confiance et aux emplois.

Comment oublier, après les trouvailles de l'érudition moderne, l'homme étrange, l'aventurier un peu mystérieux, le diplomate bâtonné, le prélat prébendier, qui, par une aventure plus singulière que toutes ses autres aventures, est devenu le répondant devant l'histoire des hauts faits du Grand Cardinal, Harlay de Cézy nommé aussi de Sancy, évêque de Saint-Malo? Signalé dès 1878 (1), d'après Victorio Siri, comme l'auteur d'une *Histoire de Louis XIII*, — qui n'était autre que les *Mémoires*

---

1. Voir Gabriel Hanotaux, *Étude sur la prétendue découverte d'un « Supplément aux Mémoires de Richelieu »* (*Revue Historique*, 1878, p. 411), reproduite dans : *Sur les chemins de l'histoire* (t. I, p. 213).

de Richelieu, — il est présenté aujourd'hui comme le confident que Richelieu chargea de compléter et d'arranger cette collection de papiers d'État, de papiers d'affaires, de correspondances, de fragments historiques, imprimés et réimprimés depuis lors sous ce titre et que publie à nouveau, avec tout le soin qu'ils méritent, la Société de l'Histoire de France (1).

Le mystère de cette rédaction est en partie élucidé : une étude plus approfondie de cette montagne de papiers ajouterait sans doute quelque lumière et donnerait quelques renseignements sur l'étonnante ubiquité de l'homme qui menait de front les devoirs d'évêque résidant en Bretagne et ceux de « secrétaire des *Mémoires* », toujours sous la main de son maître à Paris.

Il faut admettre que Richelieu était, à son égard, extraordinairement indulgent et que, l'ayant eu comme camarade de classe, il s'était attaché à lui. Ce qui paraît certain, c'est qu'en dépit des étranges remous du caractère et de la vie de ce condisciple, il l'avait reçu, puis établi dans sa familiarité. Richelieu écrivait dès décembre 1626 à ce Harlay de Sancy : « Monsieur, ces trois mots sont pour vous témoigner que je n'oublie pas mes anciens amis, au nombre desquels vous êtes en tête du catalogue... » Huit ans après, en 1634, il avait jaugé à fond le personnage. Il le défendait cependant, — à propos d'une de ses incartades en Bretagne, — auprès du Roi toujours méfiant : « C'est un esprit chaud, disait-il, qui prend feu quelquefois sans mauvaise intention ; mais les retours sont toujours bons. Si Dieu n'oublioit point les fautes les plus criminelles des hommes, il y a longtemps que le genre humain seroit exterminé ; à plus forte raison, est-il à propos d'oublier celles qui font plus de bruit que d'effet... » C'était, en somme, un de ces camarades de jeunesse qui ne vous lâchent pas et dont on finit par tirer parti, ne pouvant ni ne voulant s'en débarrasser.

L'homme avait, d'ailleurs, une certaine connaissance du monde

---

(1) Voir toute la discussion incluse dans les *Rapports et Notices* sur la nouvelle édition des *Mémoires du Cardinal de Richelieu*. En particulier : Robert Lavollée. *Le Secrétaire des Mémoires de Richelieu*, extrait de la *Revue des études historiques* (A. Picard, 1904) ; et *De l'authenticité des Mémoires du Cardinal de Richelieu*, par Robert Lavollée, extrait des « *Rapports et Notices* » (Paris, 1922).

et des affaires. Ambassadeur à Constantinople, il y avait tout connu de l'Orient, même les coups. Attaché à la mission de Bérulle près de Henriette-Marie, reine d'Angleterre, il avait plu au fondateur de l'Oratoire, qui l'avait choisi pour lui succéder à la tête de son œuvre. Envoyé en Savoie, en Italie, correspondant du Père Joseph, louangeur attitré du cardinal, il avait su, avec sa fantaisie vagabonde, toujours arriver et partir au bon moment (1).

Si c'était ici le lieu d'aborder la question très complexe de la rédaction des *Mémoires*. — rédaction qui fut assurément une des grandes besognes de l'entourage, — on aurait à mettre en lumière, chez le cardinal, jusque dans le détail, cette application, cette précision, cette ponctualité que lui inspirait le haut souci de sa gloire ; il faudrait montrer cette vanité active, cette domination sur les choses, cette mainmise sur les rênes du destin, qui tourne les événements dans le sens que leur impose un plan de conduite préconçu, cette vue pénétrante des hommes, des idées, du siècle et de l'avenir, qui illumine une époque et s'y joue avec tant d'aisance et de laisser-aller que le constructeur devient lui-même son plus habile avocat. Ayant su garder un reflet de cet éclat et pour devenir le serviteur assidu de cette ambition, l'évêque de Nantes, ambassadeur à la disposition, était assez indiqué pour entrer, en compagnie du ministre, dans cette génération cavalière qui tenait la plume et l'épée, toujours en « errance », en carrosse, à cheval, ou même à pied comme le Capucin ; rejeton un peu fol de cette haute famille de Harlay, disciple chéri de Bérulle, celui-ci était prédestiné à se voir inscrire, non loin du Père Joseph, « en tête du catalogue ».

---

1. Mathieu de Morgues, dans ses *Reparties pour la défense de la Reine mère*, écrit en s'adressant à l'évêque de Saint-Malo : « Vous, Monsieur le Censeur, qui voulez passer pour béat et aspirez au chapeau rouge en ayant gagné une mitre en mal faisant, mal parlant, mal écrivant... ; abbé, étant jeune, vous changeâtes vos bénéfices en argent pour prendre un manteau court, et on peut dire que M. le Cardinal tient de vous une de ses meilleures abbayes... Vous fûtes d'abbé marchand, et de marchand, lâche homme d'épée ; vous recherchâtes une ambassade, en laquelle vous avez si bien réussi, que vous avez ruiné non seulement les François, mais les chrétiens, ayant été emprisonné et battu pour une avarice et grivèlerie infâmes » etc. — Sur l'ambassade à Constantinople, voir ci-dessous, le chapitre *des Colonies*, p. 562.

Donnons à la hâte un croquis de quelques autres figures, toutes inclinées devant celle du cardinal.

C'est l'abbé de Boisrobert, ce plaisant, digne émule de Théophile, que la *Requête des Dictionnaires* définit :

> ... Grand chansonneur de France,
> Favori de Son Éminence,
> Cet admirable patelin,
> Aimant le genre masculin,
> S'oppose de tout son courage
> A cet efféminé langage (1).

C'est Nicolas Rigaut, c'est Favereau, c'est Bautru, comte de Serrant, le plus habile des amuseurs, — jusqu'à en devenir diplomate, — incomparable à manier la louange et qui, le 13 juin 1628, venant de quitter La Rochelle, écrivait au cardinal : « Je croyois avoir vu la plus grande merveille du monde, mais en arrivant à Paris, j'ai remarqué quelque chose de moins commun et de plus grand étonnement, c'est, Monseigneur, d'avoir vu un applaudissement général pour toutes vos actions et des louanges universelles pour un homme qui gouverne cet État; j'eusse eu peine à ne le pouvoir croire un ange (2)... » C'est Desmarets de Saint-Sorlin, l'auteur des *Visionnaires*, visionnaire lui-même, à moitié fou, mais qui a l'adresse de s'installer dans la spécialité théâtrale du cardinal et dont Chapelain écrivait : « M. Desmarets a fait un premier volume des cinq qu'il a dessein de faire sous le titre de *Rosane*, dédié à Mme d'Aiguillon et dont elle fait partie. » Flatteur en cinq volumes, voilà qui n'est pas banal! Mais ce fou avait surpris le goût singulier que le grand homme d'État avait pour les vers et dont il voulait être loué (3).

Bautru, Desmarets, la plupart des écrivains de l'entourage viendront s'asseoir sur les fauteuils de l'Académie française. Ils retrouveront, parmi les Quarante, Jean de Sirmond (neveu du célèbre Jésuite), à qui l'on attribue les meilleures pièces composées « pour

---

(1) Tallemant des Réaux, *Historiettes*, édit. Techener, in-8°, t. IX, p. 270.
(2) Archives particulières.
(3) Voir Léopold Lacour, *Richelieu dramaturge*, p. 64.

la défense du cardinal »; Hay du Châtelet, qui fut employé sans grand succès dans les fonctions actives, intendances, commissions judiciaires, etc..., et qui ne fut qu'un arrangeur de dossiers, péchant, au gré de Richelieu, par manque d'ardeur et de sévérité; Jérémie Ferrier, qui a signé *Le Catholique d'État*, attribué par d'autres à Jean de Sirmond; enfin jusqu'à cet Isaac de Laffemas de sanglante renommée (1).

Faut-il relever les noms de folliculaires de bas étage, un Marcel, un Dryon, un Mathieu de Morgues, celui-ci non moins violent dans l'insulte qu'il avait été plat dans la louange?...

Arrivons enfin aux vrais maîtres de la langue, à ceux qui annoncent le Grand Siècle : Malherbe, avec son bon sens normand, découvre, dès 1627, la grandeur future du jeune ministre : « L'esprit, le jugement et le courage, nous dit-il, ne furent jamais chez un homme au même degré qu'ils sont en lui... Voit-il quelque chose d'utile au service du Roi, il y va sans regarder ni d'un côté ni d'autres. Les empêchements le sollicitent, les résistances le piquent, et rien qu'on propose ne le divertit (2). »

Dupleix, l'un des maîtres de l'école historique française, loue Richelieu d'avoir « pris si bien ses mesures et ajusté si dextrement les projets aux moyens et les moyens à la fin qu'il s'était proposée, que le succès en a heureusement réussi. Les desseins du Roi ont été secrètement concertés entre Sa Majesté et lui, les délibérations mûrement résolues, les entreprises prudemment conduites, vigoureusement exécutées. On n'a rien épargné pour découvrir les projets des ennemis; le commandement des armées n'a été donné qu'à des capitaines de fidélité assurée et de grande expérience; jamais les finances n'ont manqué; jamais les munitions de guerre ni de bouche, jamais la discipline militaire (3). »

Silhon prend le cardinal comme modèle de son *Ministre d'État*;

---

(1) Voir plus loin, les études sur Hay du Châtelet et sur Laffemas, intendants dans les provinces.

(2) *Œuvres*. Édition des Grands Écrivains, t. IX, p. 103. — Voir la belle lettre de remerciement adressée par Richelieu à Malherbe, au sujet de son ode « au Roi allant châtier la rébellion des Rochelois », Avenel, *Lettres du Cardinal de Richelieu*, t. III, p. 61.

(3) Scipion Dupleix, *Histoire de Louis le Juste*, p. 4.

il dépeint en termes frappants la surprenante activité déployée pour secourir l'île de Ré : « Deux cents courriers dépêchés en moins de deux mois ; tant d'ordres donnés au dedans et au dehors ; nul avis négligé qui eût quelque apparence de bien ; tant de vaisseaux assemblés en si peu de temps, et tant de provisions faites pour le ravitaillement de la place assiégée ; bref, tout ce que l'industrie humaine a d'invention, tout ce que la prudence a de conduite et d'ordre, tout ce que la diligence a d'activité et le courage de hardiesse (1). »

Balzac, fondateur de la prose française, écrit dès 1630, au cardinal, en lui dédiant son livre du *Prince* : « Que si mon entreprise m'avoit réussi et si j'avois montré aux nations étrangères qu'en France tout se change en mieux sous un règne si heureux que celui du Roi et qu'il nous augmente l'esprit comme il nous a crû le courage, je n'en mériterois pas pour cela la gloire ; mais il faudroit la rapporter tout entière à la fidélité de mon temps et à la force de mon objet (2). »

Chapelain, s'il encense le cardinal en vers médiocres, rappelle de la façon la plus heureuse que la géographie européenne a été bouleversée par lui :

> .. Nos courses guerrières,
> Qui plus rapides que le vent
> Nous ont acquis en le suivant
> La Meuse et le Rhin pour frontières.

Un peu plus tard, Voiture expose, avec une précision frappante, les services que le cardinal a rendus à la France : « Lorsque, dans deux cents ans, ceux qui viendront après nous liront en notre histoire que le cardinal de Richelieu a démoli La Rochelle et abattu l'hérésie et que, par un seul traité comme par un coup de rêts, il a pris trente ou quarante de ses villes pour une fois ; lorsqu'ils apprendront que, du temps de son ministère, les Anglois ont été battus et chassés, Pignerol conquis, Casal secouru, toute la Lorraine jointe à cette Couronne, la plus grande partie

---

(1) Jean de Silhon, *Le Ministre d'État*, éd. 1634, p. 393.
(2) Le *Prince* de M. de Balzac dans le *Recueil des pièces*, édit. 1637, p. 546.

de l'Alsace mise en notre pouvoir, les Espagnols défaits à Veillane et à Avein, et qu'ils verront que, tant qu'il a présidé à nos affaires, la France n'a pas eu un voisin sur lequel elle n'ait gagné des places ou des batailles, s'ils ont quelques gouttes de sang français dans les veines, quelque amour pour la gloire de leur pays, pourront-ils lire ces choses sans s'affectionner à lui? »

Enfin, — car il faut finir, — c'est Corneille, le Grand Corneille, qui, oublieux de la « Critique du Cid », fait en 1647, cinq ans après la mort du cardinal, un admirable éloge du fondateur de l'Académie française, réunissant ainsi devant la postérité les deux gloires : « Quand je ne saurois autre chose de vous, dit-il dans son discours de réception à l'Académie, sinon que vous êtes le choix de ce grand génie, qui n'a fait que des miracles, feu M. le Cardinal de Richelieu, je serois l'homme le plus dépourvu de sens commun, si je n'avois pour vous une estime et une vénération toutes extraordinaires, et si je ne voyois que, de la même main dont ce grand homme sapoit les fondements de la monarchie d'Espagne, il a daigné jeter ceux de votre établissement et confier à vos soins la pureté d'une langue qu'il vouloit faire entendre et dominer par toute l'Europe (1). »

S'il était nécessaire, le cardinal pourrait prendre à témoin toute l'élite de son temps. La France du Grand Siècle, qui se cherchait encore, travaillait avec lui, d'un cœur ardent et fier, à la défense de ses intérêts, à la réalisation de son idéal, à l'accomplissement de sa destinée.

(1) **Discours prononcé par M. Pierre Corneille**, avocat général à la table de marbre de Normandie, le 22 janvier 1647, lorsqu'il fut reçu à la place de M. Maynard; dans *Recueil des Harangues prononcées par Messieurs de l'Académie française*. A Amsterdam, aux dépens de la Compagnie, 1709, t. I, p. 14.

__LIVRE DEUXIÈME__

__L'ORDRE DANS LA MAISON__

LIVRE DEUXIÈME
L'ORDRE DANS LA MAISON

CHAPITRE PREMIER

RICHELIEU LÉGISLATEUR

L'œuvre de Richelieu dans l'ordre législatif n'est pas de première importance; il ne peut être question de la comparer à celle d'un Colbert, moins encore à celle d'un Bonaparte; cependant elle n'est pas non plus entièrement négligeable.

Le droit coutumier et la législation royale.

Le temps où parut le cardinal n'imposait pas au pouvoir royal un devoir urgent de refonte de la société et il convient d'ajouter que la fonction législative de ce pouvoir n'était pas alors ce qu'elle devint par la suite. La Royauté en était encore à rechercher, en cette matière, une autorité qu'elle ne devait jamais obtenir complètement. Le peuple faisait ses lois civiles lui-même et n'obéissait qu'à celles qui avaient reçu la sanction de l'usage par une adhésion lente, mais seule décisive, l'acceptation de la coutume. Même quand il s'agissait des « lois » édictées conformément aux vœux exprimés par les États généraux, il était passé en proverbe de dire : « Après huit jours, non valables ».

Les hommes éminents qui furent les rédacteurs de la *Coutume de Paris*, les Christophe de Thou, les Claude Anjorrant, les Jacques Viole, exposent en termes d'une grande clarté cet état de choses, aux heures justement où le futur cardinal allait prendre contact avec ce qu'on peut appeler la constitution du

Royaume. Ils distinguent la législation émanant de la volonté populaire de celle qui vient de l'autorité du Prince : « Or, comme il est deux sortes de lois, lisons-nous dans la *Coutume de Paris*, l'une qui est baillée par le Prince souverain, à laquelle le peuple est tenu d'obéir par l'ordonnance de Dieu et par l'ancienne loi dite Royale; l'autre qui est faite par le consentement du peuple, que l'on nomme Coutume, introduite par un long usage, sourdement pratiqué parce qu'il a été trouvé bon, il est certain, Sire, que cette dernière espèce appelée Coutume est beaucoup plus douce que l'autre... L'édit ou ordonnance est commandé par puissance et quelquefois contre le gré des sujets; mais, dit l'un de nos anciens, la Coutume est une mère douce à laquelle est due toute révérence. »

Si l'on voulait essayer de préciser les conditions de l'évolution des mœurs sociales sous l'ancien régime, c'est dans le recueil des Coutumes qu'il faudrait les chercher. Le peuple, au fond, n'obéit « qu'à ce long usage, sourdement pratiqué parce qu'il a été trouvé bon ».

Il est même frappant que ce soit par le biais de la rédaction des Coutumes que l'autorité royale se glissa, en quelque sorte, dans la confection de la loi française. Cette ingérence fut longtemps plutôt de coordination que de prescription. Elle remonte au règne de Charles VII, c'est-à-dire à la fin de la guerre de Cent ans : « Ce qui premièrement a été établi par l'ordonnance du roi Charles septième surnommé le Victorieux, votre prédécesseur, lequel, après avoir chassé les Anglois de son royaume, ayant acquis quelque repos, auroit ordonné que toutes les Coutumes de ses provinces seroient rédigées par écrit : auparavant laquelle Ordonnance ce n'étoit que confusion et pure injustice... »

La mainmise de l'autorité royale fut alors reconnue par les peuples en raison du désordre profond qui avait suivi la guerre de Cent ans et du besoin, universellement ressenti, d'une autorité plus forte et mieux réglée. Il n'est pas étonnant, — les mêmes causes produisant les mêmes effets, — qu'à la fin du XVIᵉ siècle, après les guerres de Religion, qui furent « comme une seconde guerre de Cent ans », la France ait recouru aux mêmes remèdes pour guérir les mêmes maux, et qu'on ait confié au Roi l'autorité nécessaire pour pourvoir, par une sorte de dictature, à la guérison des misères indicibles dont on avait souffert. La France se mettait, d'un mouvement spontané, dans les mains de la dynastie qui avait sauvé le pays de l'invasion et du démembrement.

Peu après les États généraux de 1614, l'orateur du Tiers, Savaron, âme fière, esprit libéral, dans son *Traité de la Souveraineté du Roy et de son Royaume,* ne conçoit point pour la France, une autre méthode de gouvernement. Reprenant la thèse des légistes de l'école de Toulouse, si ardemment absolutiste, il écrit : « Le Prince est une « autorité », un « dieu corporel » ; ses fidèles ne peuvent reconnaître autre seigneurie que celle de leur souverain Seigneur et sont dispensés « de toute autre obéissance ». Les progrès de l'autorité royale en matière législative sont expliqués, à ce moment même, par un autre légiste, le président Lebret, dans son *Traité de la Souveraineté du Roy* publié en 1632 : « Quand les peuples, dit-il, jouissoient de la puissance souveraine, c'étoient eux seulement qui avoient, dans leur République, l'autorité de faire des lois. Mais depuis que Dieu a établi des Rois sur eux, ils ont été privés de ce droit de souveraineté et l'on n'a plus observé que les commandements et les édits des princes. »

C'est donc en un juste équilibre entre les droits du peuple, inscrits dans les coutumes, et la souveraineté royale, ayant obtenu l'autorité de régler et coordonner les lois, que se trouve la faculté législative au début du règne de Louis XIII. Il ne s'agit ni de puissance absolue d'une part ni d'assentiment populaire de l'autre. Un jurisconsulte, s'adressant un peu plus tard au jeune roi Louis XIV, Omer Talon, lui disait, avec une grande noblesse d'expression des choses parfaitement justes : « Vous êtes, Sire, notre souverain Seigneur. La puissance de Votre Majesté vient d'en Haut. Elle ne doit compte de ses actions après Dieu qu'à sa conscience. Mais il importe à sa gloire que nous soyons des hommes libres et non des esclaves.

Votre Majesté a le titre auguste de roi des Français, c'est-à-dire qu'elle a le commandement sur des hommes de cœur et non sur des forçats qui obéissent par contrainte et maudissent tous les jours l'autorité qu'ils respectent (1). »

Richelieu, nourri de ces maximes, eut pour rôle historique de les appliquer. Né serviteur de la Royauté, il n'avait pas à se créer un système gouvernemental; le système existait. Comme Lebret, comme Savaron, comme les légistes, il voyait dans la puissance royale une émanation de la puissance divine, nécessaire comme l'ordre social lui-même. Mais il savait que cette puissance était soumise au droit et au juste.

Nous avons vu comment il avait saisi l'occasion de la publication du livre de Sanctarelli pour affirmer l'indépendance de la couronne de France à l'égard de toute puissance en terre et pour tirer de la thèse gallicane tout ce qui pouvait, dans le droit comme dans la pratique, affirmer l'absolutisme des Rois. Rappelons les paroles prononcées solennellement par lui dans l'assemblée de 1626 : « Il n'y a que Dieu seul qui puisse être juge des actes des Rois; aussi les Rois ne pèchent qu'envers lui. »

Ceci dit, la coutume avait gardé sinon sa faculté créatrice, du moins sa vertu d'application. On la *suivait*, c'est l'expression consacrée. Aussi personne n'aurait eu l'idée de chercher dans une refonte quelconque du droit civil coutumier certaines transformations ou corrections qui eussent risqué de mettre en péril la pacification nationale si péniblement rétablie.

L'ensemble de ces considérations nous permet de délimiter et d'encadrer, en quelque sorte, dans les conditions sociales de son temps, l'œuvre législative de Richelieu : résultant de nécessités immédiates, elle fut surtout d'actualité, de pratique, de réglementation. Œuvre politique par excellence, œuvre de coordination, de centralisation. C'est, en quelque sorte, de la loi debout, de l'action écrite.

Sans passion, le ministre considère l'ensemble de la situation

---

(1) Cité par Caillet, *Administration sous Richelieu*, t. I, p. 17.

du pays et les ressorts de la machine gouvernementale ; il simplifie et il renforce. Agent du pouvoir royal, il se sert de la forme de « l'ordonnance », qui implique à la fois ordre et obéissance : mais, si l'obéissance se dérobe à l'ordre, ce sera l'action elle-même qui envahira le prétoire et dont la force deviendra *loi*.

Son génie constructeur tend, selon les aspirations instinctives d'un peuple en état de croissance, à assurer à ce peuple un développement plus égal et plus achevé. Mais cette transformation ne s'accomplira pas sans souffrances. Reconnaissons que la manière du cardinal, peut-être parce qu'elle est fille d'une nécessité urgente et qu'elle s'exerce sur un mal profond et enraciné, a quelque chose d'âpre, de dur, de sanglant, jusqu'à en être cruelle. Le prêtre, le légiste, petit-fils de l'avocat La Porte, l'irréconciliable adversaire des désordres de la Ligue va, dans l'usage de l'autorité, jusqu'au bout de sa volonté et au delà des formes de la justice parlementaire. Il sait que la France, selon son génie propre, n'a pas peur des exécutions rigoureuses quand sa passion ou sa conviction peut les croire nécessaires. Et c'est pourquoi, logique avec lui-même et avec son temps, au même moment où il tranche dans l'action, il inaugure sans hésitation l'appel à cette puissance qui deviendra, avant peu, la reine des gouvernements, la maîtresse des maîtres, l'opinion.

Les idées du cardinal.

Dès le début de l'année 1625, à peine La Vieuville a-t-il été éliminé, que Richelieu, secondé, d'après les documents de son cabinet, par Miron, évêque d'Angers, rédige ou fait rédiger un certain nombre de « Règlements pour les affaires du Royaume », destinés à être soumis à l'examen du Roi. Ces projets sont jetés un peu pêle-mêle et comme du bout de la plume sur le papier. Ce sont, le plus souvent, des indications rapides ou de simples têtes de chapitre. Les morceaux les plus intéressants et les plus achevés visent les affaires religieuses, les impôts, les affaires de la mer, qui déjà sont au premier rang dans les préoccupations du cardinal, les conseils royaux et leurs attributions, les duels, les chambres de justice (visant surtout La Vieuville et les financiers), certaines mesures somptuaires, les précautions à prendre contre la trop grande quantité de collèges. A propos de cette pléthore, il fait cette remarque juste dans tous les temps : « *Les plus pauvres faisant étudier leurs enfants, il se trouve peu de gens qui se mettent au trafic et à la guerre, qui est ce qui entretient les États;* il suffirait d'entretenir les écoles supérieures avec de bons professeurs et de multiplier les *petites écoles pour la première instruction de la jeunesse.* »

Ce projet de réformes générales n'eut pas de suite immédiate. Sur plusieurs points, les idées qui y sont indiquées se modifièrent à l'épreuve. Cependant il n'est pas sans intérêt de reconnaître, dans ces esquisses, les vues du ministre en ce qui concerne la réglementation du gouvernement et des mœurs politiques, et, ainsi que l'observe l'éditeur de ces pages, « il est curieux de comparer ces projets de gouvernement avec le gouvernement lui-même et le programme avec les actes. (1) »

Il n'est pas sans intérêt non plus de signaler l'analogie et même, parfois, l'identité absolue qui existe entre certains passages de ces règlements et les idées de Fancan, qui avait été, dans l'opposition, « la plume » de l'évêque. Richelieu n'a pas rompu encore avec le singulier frère d'armes de ses premiers combats; il ne s'est pas dégagé de l'espèce d'envoûtement qui ne se dissipera que par l'internement de Fancan à la Bastille (2).

L'Assemblée des notables de 1626.

A la fin de l'année 1626, Richelieu, ayant déjà obtenu les succès dont il était si fier dans l'affaire de la Valteline, dans la conclusion du mariage d'Angleterre et dans la négociation avec l'Espagne, mais inquiet, d'autre part, de la première opposition qu'il rencontrait à la Cour et dans les provinces, résolut de se mettre en rapport avec l'opinion.

Déjà, dans une circonstance grave, lors de l'affaire des libelles

---

(1) Avenel, *Lettres du Cardinal de Richelieu*, t. II, p. 159-183.
(2) Voir Geley, *Fancan et la politique de Richelieu*, p. 278 et suiv. Cfr. *Zur Geschichte Richelieu unbekannte papiers Fancans*. Leipzig, Teubner, p. 32 et 59.

et du livre de Sanctarelli, il avait réuni autour du Roi ce que l'on pourrait appeler un haut conseil consultatif. Cette fois il recourt à la forme traditionnelle de l'Assemblée des notables ; et c'est à elle qu'il s'adresse pour obtenir l'appui qui lui est nécessaire tant pour sa politique intérieure que pour sa politique extérieure. Il prépare dans le silence du cabinet les modalités du contact qu'il cherche à établir entre le pouvoir royal et les représentants de l'élite sociale. Ses papiers nous ont conservé le détail de cette minutieuse préparation ; en plus, nous avons le compte-rendu des séances de l'assemblée et le texte du discours qu'il prononça en laissant l'exposé des points secondaires au garde des Sceaux Marillac et au maréchal de Schomberg ; et nous avons enfin, le procès-verbal des délibérations et les conclusions votées par les notables (1).

Le cardinal a exprimé sa pensée dans ce passage de son discours : « Les affaires sont maintenant, grâces à Dieu, en assez bon état ; mais on n'oserait se promettre qu'elles y demeurent toujours... Il faut par nécessité ou laisser ce Royaume exposé aux entreprises et aux mauvais desseins de ceux qui en méditent tous les jours l'abaissement et la ruine, ou trouver quelques expédients assurés pour l'en garantir. L'intention du Roi est de le régler en sorte que son règne égale et surpasse les meilleurs du passé et serve d'exemple et de règle à ceux de l'avenir... Il n'est pas besoin de faire entendre à cette célèbre compagnie les grandes dépenses qui ont été causées par ces signalées actions, parce que chacun sait qu'en matière d'État les grands effets ne sont pas souvent à peu de frais... Reste donc à augmenter les recettes, non par nouvelles impositions, que les peuples ne sauroient plus porter, mais par moyens innocents qui donnent lieu au Roi de continuer ce qu'il a commencé à pratiquer cette année par la diminution des tailles. Quand il sera question de résister à quelque entreprise étrangère, à quelque rébellion intestine, si Dieu en permet encore pour nos péchés, quand il sera

---

(1) Voir l'ouvrage, devenu rarissime et que ne paraît pas avoir connu M. Avenel : *L'Assemblée des Notables tenue à Paris ès années 1626-1627* (par Ardier, trésorier et greffier de l'Assemblée). Paris, Besongne 1652, in-4°.

question d'exécuter quelque dessein utile et glorieux pour l'État, on n'en perdra point l'occasion faute d'argent; il ne faudra plus avoir recours à des moyens extraordinaires; il ne faudra plus courtiser les partisans pour avoir de bons avis d'eux et mettre la main dans leur bourse, bien que souvent elle ne soit pleine que des deniers du Roi. On ne verra plus les cours souveraines occupées à vérifier des édits nouveaux. Les Rois ne paraîtront plus dans leurs lits de justice... Enfin toutes choses seront en l'état auquel dès longtemps elles sont désirées des gens de bien... On dira volontiers, et peut-être le penserai-je moi-même, *qu'il est aisé de se proposer de si bons desseins, que cela est chose agréable d'en parler, mais que l'exécution en est difficile... Sa Majesté, Messieurs, vous a assemblés expressément pour les chercher, les trouver, les examiner, et les résoudre avec vous, assurant qu'elle fera promptement et religieusement exécuter ce qu'Elle arrêtera sur les avis que vous lui donnerez pour la restauration de cet État.* »

Les matières soumises aux délibérations de l'assemblée se rapportent principalement, comme on l'a compris, au moyen de se procurer sans retard les ressources nécessaires aux grandes entreprises qui s'imposeront sous peu au pouvoir royal.

L'argent fut toujours le souci angoissant, le « ver rongeur » du cardinal. De solution satisfaisante, il ne s'en trouva jamais. Les classes privilégiées de l'ancien régime avaient traditionnellement, en ce qui concernait la participation aux dépenses publiques, un parti pris de grand refus, qui devait les conduire, ainsi que le régime lui-même, à leur perte. Le cardinal dut en venir, sur cette question vitale des nécessités financières et des besoins de la trésorerie, à une pratique d'ailleurs usuelle, à savoir de confondre ses propres ressources avec celles de l'État et de se faire le banquier et le trésorier du Royaume. Il est vrai que ce n'est pas sa fortune qui devait y perdre.

L'organisation financière de la France sous Richelieu sera l'objet d'une étude à part. Mais il convient d'indiquer la pensée qui, dès lors, a germé dans l'esprit du ministre abordant à peine l'exercice du pouvoir : c'est à savoir que les finances de l'État dépendent de la politique et que les ressources viennent à ceux qui ont l'autorité pour les réclamer, pour les exiger.

On voit apparaître comme un premier dessein de certaines mesures de centralisation par lesquelles on tâte, pour ainsi dire, le sentiment et la fidélité des élites. Le gentilhomme qu'est Richelieu tend à se dégager de l'autorité que la robe a su prendre dans les Conseils, comme s'il pressentait le rôle que les parlementaires devaient jouer aux dernières heures de l'ancien régime. En cela, sa politique se distingue nettement de celles qui avaient eu la faveur de certains rois de France et en particulier de Louis XI : « L'on demande, dit le cardinal, s'il n'est pas à propos que le Roi choisisse de sages gentilhommes pour les faire servir par quartiers dans ses Conseils parmi plusieurs de robe longue qui y sont. »

En satisfaisant la noblesse moyenne, en la dégageant de l'influence, de l'autorité des grands, et en l'attachant plus étroitement aux destinées de la Royauté, on abolirait les dernières survivances du système féodal; nul ne s'élèverait dans les provinces contre l'autorité royale.

On demande à l'assemblée s'il n'est pas à propos d'établir une chambre des Grands jours pour aller, par ce Royaume, recevoir les plaintes des sujets du Roi.

Tout ce qui peut être ou devenir un danger de rébellion ou de connivence avec l'étranger est signalé au patriotisme des notables; on leur rappelle l'inquiétude du parti protestant, les prétentions des grands féodaux, des gouverneurs de province, à demi indépendants, installés qu'ils sont pour la plupart sur les frontières : *l'Assemblée verra s'il ne doit pas être défendu à tous sujets du Roi de conférer avec les ambassadeurs des princes étrangers sans sa permission, etc.*

Les matières de finances, le rachat du domaine, le « règlement » des tailles font l'objet de propositions renouvelées et qui tendent toutes, du moins en paroles, à « *éviter la foule du pauvre peuple* ». Le gouvernement entend mettre les représentants des classes privilégiées en face de leurs responsabilités :

Si vous pouvez, leur dit-il, trouver quelque invention de décharger le peuple et d'augmenter le revenu de l'État sans un fonds extraordinaire ou si vous estimez à propos de laisser les affaires ainsi qu'elles sont, on ne demande rien; mais, si le premier est impossible et que le second ne se doive pas, c'est à vous de chercher les moyens proportionnés au bien de ce Royaume. »

Sur ce ton d'ironie voilée, mais d'autant plus piquante, les notables sont mis au pied du mur. On les jugera à leurs œuvres; mais, s'ils se désintéressent de la prospérité et de la sécurité du Royaume, on saura se passer d'eux. Pour lui apporter ce double bienfait sécurité, prospérité, le ministre ne reculera pas.

Toute à la défense de ses privilèges, l'assemblée était vouée à l'échec, et ce ne fut que par une adhésion, en quelque sorte platonique, qu'elle accorda son attention soupçonneuse à quelques-unes des idées qui lui étaient soumises et où l'on voyait apparaître un premier germe de ces projets d'unification et de nivellement des classes que la nécessité d'État devait mûrir par la suite dans l'esprit du cardinal.

D'autres initiatives, trouvant un terrain plus favorable, commencent à se préciser, mais avec quelle prudence encore! « Il y auroit, observe Richelieu, beaucoup de places à raser dans le Royaume, auxquelles maintenant, il ne faut pas toucher... bien que ce rasement, l'interdiction des amas d'armes, des levées, et des armements soient nécessaires au repos de l'État... »

N'est-il pas frappant de voir surgir dès cette époque, dans l'esprit du prélat, les grandes préoccupations économiques, commerciales, le souci du bien-être et du travail populaire, qui seront d'actualité tant qu'il y aura des sociétés humaines et des peuples à gouverner : « Le Roi désire que l'assemblée recherche quelque moyen sûr et effectif pour le régalement des tailles, que les pauvres, qui en portent la plus grande charge, soient soulagés. Le Roi désire que l'assemblée lui donne avis des moyens qu'il y a d'établir un ordre pour que les grains soient à un prix si raisonnable que le peuple puisse vivre, dans les grandes incommodités qu'il a souffertes..., » et, en marge, ce mot où l'on sent toute la jeunesse douloureuse de l'enfant élevé en province au temps de ces grandes misères, remonter au cœur du ministre : « *Les soldats et les sergents sont les fléaux du pauvre peuple; les uns (les soldats) et les autres (les sergents) c'est-à-dire les agents et fonctionnaires locaux les persécutent toujours... Ce qui fait qu'on estime à propos de supprimer une partie des officiers dont le grand nombre ne sert qu'à ruiner le peuple...* »

Observons que les mesures à caractère spécialement politique et administratif réclamées par le cardinal sont loin d'être, pour lui, l'objet ultime de l'œuvre gouvernementale. D'une démarche puissante de son esprit investigateur, le prélat se tourne vers les véritables supports de la prospérité publique : le commerce, l'agriculture, la marine, les colonies. Le mémoire rédigé pour être soumis à l'assemblée des notables s'accompagne, dans les archives du cardinal, d'un morceau exposant les points de vue les plus nouveaux et les plus féconds en matière économique (comme nous dirions aujourd'hui). Ce morceau se retrouve dans les *Mémoires* et y occupe plus de cinquante pages ; c'est dire son importance et le prix qu'y attachait le ministre. Nous reviendrons sur ces idées si originales et qui ont été, ou peu s'en faut, négligées par l'histoire. Pour ces vastes desseins, Richelieu, nouvellement arrivé aux affaires, s'en remettait à l'avenir ; l'assemblée des notables ne paraît pas avoir été saisie de cette partie du mémoire ; elle se dispersa en ne laissant qu'une sorte d'adhésion générale au gouvernement du ministre, à la personne plus qu'aux idées. On l'approuvait et on le craignait un peu.

Il est un point cependant sur lequel Richelieu n'avait pas cru devoir attendre et au sujet duquel il avait présumé l'assentiment de l'opinion ; il s'agit de la répression des duels.

L'Édit contre les duels (février 1626, enregistré au Parlement le 24 mars).

Richelieu avait souffert, plus qu'on ne peut le croire, de la mort de son frère, le marquis de Richelieu, tué en duel par

Thémines, fils du maréchal, le 8 juillet 1619. Il avait ressenti cruellement le mal que ces rencontres sanglantes faisaient aux familles, au corps de la noblesse, à la France (1). Il écrit lui-même dans ses *Mémoires :* « Je ne saurois représenter l'état dans lequel me mit cet accident et l'extrême affliction que j'en reçus, qui fut telle qu'elle surpasse la portée de ma plume et que, dès lors, j'eusse quitté la partie, si je n'eusse autant considéré les intérêts de la Reine que les miens m'étoient indifférents. » Et, dans ses carnets intimes, cette douleur s'exhale en ces paroles sincères et simples : « Jamais, je ne reçus une plus grande affliction que par la perte de ce personnage. Ma propre perte ne m'eût pas causé plus de déplaisir ».

Cet événement imprévu avait provoqué en lui de profondes méditations, dont l'expression se retrouve dans le « *Testament politique* », et le cardinal était arrivé à cette conclusion qu'il appartenait à l'État de mettre un frein à un si détestable abus. A l'exemple de saint Louis, les rois de France avaient pris nettement position contre tous les genres d'*ordalie* ou de jugement de Dieu, dont le duel privé était, en somme, une sorte de survivance. En 1602 et 1609, Henri IV avait rendu contre le duel deux ordonnances condamnant les champions à un bannissement de trois ans, et en cas de récidive, à la peine de mort. Mais ces ordonnances avaient eu peu d'efficacité, les tribunaux ayant hésité à les appliquer en raison de leur sévérité même. Richelieu rapporte dans ses *Mémoires* « que la manière de la mort du Roi avait été quasi attribuée à punition de Dieu pour avoir toléré les duels (2) ».

Dès que Louis XIII avait exercé en personne le pouvoir, les édits contre les duels avaient été renouvelés en quelque sorte automatiquement. Même, avec cette sévérité inhérente à son caractère, Louis XIII, *le Juste*, avait refusé de faire grâce au baron de Guémadeuc qui, ayant provoqué M. de Navel, l'avait

---

(1) Sur ce duel et sur les conséquences de la mort du marquis de Richelieu, voir. ci-dessus, t. II, p. 298.

(2) En 1607, Loménie ayant recherché combien il avait péri de gentilshommes en duel depuis l'avènement du Roi (Henri IV) il s'en trouva, de compte fait, quatre mille. Voir Read, *Daniel Chamier*, p. 69.

tué (1). Devenu ministre, Richelieu constatait que l'extrême sévérité des mesures répressives les rendait inapplicables. Et c'est dans cet esprit qu'il inspira au Roi le nouvel édit de février 1626. La mesure comportait une sorte d'amnistie pour les faits antérieurs, sans néanmoins « que la modération des peines ci-après exprimées se pût étendre à ceux qui, contrevenant à cet édit, auraient tué. (Article I.) De même, la peine de mort était maintenue contre ceux qui « appelaient » pour la deuxième fois ». On visait ceux qui seraient qualifiés aujourd'hui de « professionnels » du duel. Le Roi prend même des précautions contre sa propre indulgence. « Or, parce que ce n'est rien de faire des lois, si on ne les fait religieusement observer, nous déclarons solennellement devant Dieu et devant les hommes que nous n'accorderons jamais aucunes lettres pour remettre les peines du présent édit; avons fait jurer aux secrétaires de nos commandements de n'en signer, à notre chancelier de n'en sceller aucune. (Article 13.) »

Dans l'ensemble, l'édit, en maintenant la vigueur des textes précédents, « laissait à la religion des tribunaux d'infliger plus grandes peines selon qu'ils jugeoient en leur conscience ». (Article I.) Mais, de toute évidence, ces prescriptions, plus nuancées et même assez libérales dans leur sévérité, ne pouvaient avoir de force que si elles étaient en fait appliquées (2).

Comme on le sait, un cas mémorable devait mettre bientôt à l'épreuve la fermeté du Roi et celle du cardinal. Il s'agit de la rencontre de Montmorency-Bouteville (3) et de son second des Chapelles (4), avec le marquis de Beuvron et le témoin de celui-ci,

---

(1) Voir sur cette affaire Guémadeuc, Batiffol, *Le Roi Louis XIII à vingt ans*, p. 176. Une lettre personnelle du Roi sur les duels, écrite en juillet 1624, lettre véritablement émouvante, est publiée dans les *Mémoires* de Mathieu Molé, t. 1, p. 325.

(2) Le Parlement présenta au Roi ses remontrances habituelles au sujet de l'Édit de 1621. On passa outre au moyen des lettres de jussion. Richelieu, dans ses *Mémoires* (année 1625), s'explique avec une sage modération sur la partie de l'édit qui, en adoucissant les peines, permettait aux tribunaux de les appliquer. C'est à ce sujet qu'il écrit visant ces grandes cours de justice, « qu'elles sont bonnes à faire observer une règle écrite, mais non à la faire ».

(3) François de Montmorency, comte de Luxe, seigneur de Bouteville (1600-1627).

(4) François de Rosmadec, comte des Chapelles († 1627).

à Paris en pleine place Royale. Bouteville était un duelliste avéré. Par manière de bravade contre l'Édit royal, il avait institué chez lui une sorte d'académie des duellistes, et vingt et une fois déjà, il avait violé les ordonnances en « appelant » et en se battant. Condamné à l'exil, il était revenu de Bruxelles pour se battre avec Beuvron(1). Un des seconds de Beuvron, Bussy d'Amboise (2), avait été tué par des Chapelles. Beuvron s'enfuit en Angleterre. Bouteville et des Chapelles furent arrêtés, emprisonnés et condamnés par le Parlement de Paris à la peine de mort. Le cri de *Grâce, Grâce!* s'éleva de toute la Cour vers le Roi. Les Montmorency surent faire valoir les services, le courage, la fidélité de leur parent.

Il appartenait au Roi de se prononcer sur l'avis de son ministre. A lire l'exposé, d'ailleurs ému et émouvant, que le cardinal a inséré dans ses *Mémoires*, on peut croire qu'il se sentit porté dans une certaine mesure vers l'indulgence, puisqu'il conseille la condamnation à la prison perpétuelle. Mais, à y regarder de près, le ton général de la note, faisant préjuger sans doute de l'avis exprimé verbalement, donne une impression quelque peu différente. Selon les propres paroles du cardinal dans l'exposé, paroles reprises par les *Mémoires*, « il s'agissait de savoir si on couperait la gorge aux duels ou aux édits » : « Il n'y a point de doute que les deux hommes n'aient mérité la mort, dit encore l'exposé, et il est difficile de les sauver sans autoriser en effet ce qu'on défend par ordonnance, sans ouvrir la porte aux duels, augmenter le mal par l'impunité et rendre votre autorité et la justice pleines de mépris. »

Ces paroles adressées à Louis XIII touchaient au vif la conscience royale. Le Roi se prononça et il opposa dès lors une obstination froide aux supplications de la maison de Montmorency, de même qu'un jour il devait résister aux mêmes supplications, alors qu'il s'agissait du chef même de la famille. Il dit à la princesse de Condé : « Leur perte m'est aussi sensible qu'à vous, mais ma conscience me défend de leur pardonner. » D'autre

(1) Guy d'Harcourt, marquis de Beuvron († 1628).
(2) Henri de Clermont-Gallerande, seigneur de Bussy d'Amboise († 1627).

part, Richelieu écrit : « Le Roi a été plus fâché que je ne puis vous dire d'en venir à cette extrémité à son endroit (il s'agit de Bouteville) ; mais les rechutes si fréquentes auxquelles il s'était porté volontairement en une chose qui combattait directement son autorité, ont fait qu'il a cru être obligé en conscience devant Dieu et devant les hommes de laisser libre cours à la justice. » En publiant cette lettre, M. Avenel ajoute : « Qui ne serait ému en songeant que, cinq ans plus tard, Richelieu devait en écrire de semblables au sujet du duc de Montmorency, à qui celle-ci était adressée. (1) »

Relatant les faits dans ses *Mémoires*, Richelieu vante, sur un ton qui sent son homme d'épée, le beau courage avec lequel ces braves subirent leur peine : « Jamais on ne vit plus de constance, moins d'étonnement, plus de force d'esprit, plus de cœur en ces deux gentilshommes... Il y eut cette différence entre eux : Bouteville parut triste pour les fautes qu'il avait commises, et l'autre joyeux pour l'espérance qu'il avait d'être bientôt en paradis, où toute joie abonde. »

A la suite de ce drame, l'opinion se répandit que Richelieu, par sa volonté implacable, avait failli mécontenter le Roi et la Cour jusqu'à risquer sa situation. Rubens écrit, le 1er juillet 1627, à Pierre Dupuy, garde de la bibliothèque du Roi : « Certainement, le Roi s'est montré rigoureux exécuteur de la justice en faisant tomber la tête de ce pauvre Bouteville et celle de des Chapelles. Il a désormais fermé la porte de l'espérance du pardon pour tous ceux qui commettent le même crime. Je crains bien, cependant, que M. le cardinal n'ait ainsi augmenté contre lui-même la jalousie et la haine non seulement des parents, mais encore de presque toute la noblesse du Royaume. »

Ce sentiment se répandit, en effet ; mais la situation du cardinal n'en fut nullement ébranlée. La France avait besoin d'un gouvernement fort pour que l'ordre social fût rétabli ; seulement l'attitude à l'égard de Bouteville et de des Chapelles accrédita le reproche de sévérité qui suivra désormais Richelieu devant

---

(1) Avenel, *Lettres du Cardinal de Richelieu*, T. II, p. 478, 24 juin 1627.

l'opinion et dans l'histoire et qui, en toute justice, devrait s'appliquer tout autant à Louis XIII. S'il était nécessaire d'établir, qu'en cette matière, comme en tant d'autres, le Roi faisait preuve à la fois d'initiative et de fermeté, il suffirait de citer la lettre du 17 novembre 1634, où le Roi signale à son ministre que d'Aubigny, le frère de Villequier, a été tué en duel par un mousquetaire nommé Pommerais, qui avait pour second Beaufrançois, lequel est allé chercher Pommerais à Paris, où il se faisait panser de la v... — et l'a fait lever du lit et l'a mené derrière Montfaucon, où ils se sont battus deux contre deux à épées et poignards. Il faut que le procureur « fasse son devoir. » Et Louis XIII insiste sur ce point : « J'entends que la justice en soit faite (1). »

Le mal fut-il entièrement guéri par la nouvelle mesure? Richelieu l'affirme dans ses *Mémoires* (2). « L'effet a montré, écrit-il, combien, d'une part, la modération de la peine et de l'autre l'inflexible fermeté à n'en exempter aucun ont été profitables, vu que, depuis ce temps, cette fureur qui était si ardente s'est ralentie et qu'il ne s'est plus quasi entendu parler de duels (3). » Cependant Louis XIV et même Louis XV durent renouveler, avec une persistance qui indique la survivance du mal, les mesures de répression. Bossuet célèbre les résultats obtenus par Louis XV comme « la merveille du siècle ». Étaient-ils si merveilleux? Les lois ont rarement la force de corriger brusquement l'erreur des mœurs.

Mais l'édit de 1626 contient une prescription qui devait peu à

(1) Lettre faisant partie de la collection d'autographes L. A. Barbet, maintenant aux Affaires étrangères.
(2) *Mémoires*, t. V, p. 265-274.
(3) On trouve, dans la correspondance même de Richelieu, la preuve que la mode des duels n'avait pas disparu. Voir les détails sur le duel de MM. d'Humières et de Lancosme que, pour éviter l'application des Edits, on qualifia de simple rencontre. Richelieu fit emprisonner les deux duellistes à Vincennes et il écrit dans sa lettre du 25 juin 1636 : « La connaissance qu'on aura de cette procédure arrêtera le cours de cette malheureuse coutume; au moins ne saurait-on faire autre chose que de les prendre quand on pourra et les poursuivre quand on ne pourra les attraper. » *Corresp.* Voir t. V, p. 493. — Voir aussi le récit que fait Bussy-Rabutin, dans ses *Mémoires* de son duel avec un certain Buoc en 1638; les deux combattants étaient accompagnés chacun de quatre témoins qui devaient se battre en même temps. Buoc fut blessé à mort par Bussy-Rabutin. Edit. 1696, in. 4°, t. I, p. 28.

peu avoir une haute influence sur les mœurs : il s'agit de l'évocation, devant le Tribunal des maréchaux de France, des offenses ou dissentiments pouvant porter atteinte à l'honneur et donner lieu à rencontre. L'article 15 porte : « Au cas où l'une ou l'autre des parties ne voudrait y déférer (aux tentatives de conciliation) ils seront renvoyés par devant nos très chers et bien-aimés cousins le connétable et les maréchaux de France, auxquels nous donnons de nouveau toute autorité de décider et juger absolument des différends de cette nature sur le point d'honneur », etc...

Cette disposition, qui confiait à une autorité si respectée, le Tribunal des maréchaux, l'arbitrage et la décision de l'honneur, était de celles que l'honneur lui-même pouvait accepter. Gagnant lentement une réelle efficacité, elle devait diminuer le nombre des duels et même elle finit par déshabituer les Français du port de l'épée (1). Le régime royal devait guérir ainsi la France d'un mal que lui avait légué la féodalité.

L'ordonnance de 1629 pour la réformation du Royaume, dite le Code Michau.

En janvier 1629, fut publiée la grande ordonnance connue sous le nom de *Code Michau* parce qu'elle fut rédigée par le chancelier Michel de Marillac, qui, ayant représenté le gouvernement royal devant l'assemblée des notables, avait été chargé de rédiger les décisions soumises à cette assemblée. Il n'est pas douteux que cet acte législatif considérable n'ait été publié avec l'assentiment et même sur la volonté du cardinal. Nous y retrouvons, en effet, nombre des idées qui avaient été formulées déjà dans les *Avis pour le Roi* et qui furent reprises par la suite dans le *Testament Politique*.

Des raisons diverses expliquent le discrédit dans lequel tomba rapidement le *Code Michau*. Le Parlement de Paris montra une hostilité violente de prime saut, quoique l'ordonnance lui eût été lue et quoique elle eût été publiée en présence du

---

(1) Voir *Le Maréchalat de France*, par G. Le Barrois d'Orgeval, 2 vol. in 8°. Guitard, 1932; préface de G. Hanotaux, t. 1er, p. 423 et s.

Roi séant en son lit de justice; il tint en suspens l'enregistrement. Les *Mémoires*, en relatant le fait, non sans quelque minutie, disent les causes de l'attitude prise par les membres de la Cour de justice : « Ils firent refus de mettre dessus le registré, non tant pour la promptitude extraordinaire dont l'on avoit usé à passer cette affaire (ceci paraît bien un blâme à l'adresse du garde des Sceaux, Marillac) ni pour l'intérêt qu'avoient l'Église, le public, et *eux aussi en leur particulier* en aucunes desdites ordonnances, que pour ce que les passer ainsi sembloit choquer leur prétendue souveraine autorité, passant comme une loi fondamentale du Royaume que toutes les publications faites par le Roi même présent, ne valent sinon autant qu'ils les approuvent par après, ce qui est soumettre entièrement l'autorité du Roi à la leur (1). »

Cette prétention du Parlement, en provoquant un conflit dont les détails ne peuvent être exposés ici, donna le temps à d'autres oppositions de se produire; et la plus grave de toutes fut celle du cardinal lui-même, en raison du dissentiment qui ne tarda pas à se produire entre lui et le garde des Sceaux. Marillac se déclarait de plus en plus favorable aux partisans de la Reine mère, de Monsieur, en un mot de la politique « espagnole » et devint ainsi l'adversaire déclaré de Richelieu.

Un libelle publié sous l'inspiration du cardinal, *Les Entretiens des Champs Élysées*, met en évidence cet état d'esprit : (L'entretien a lieu entre les ombres) : « Comment, dit l'avocat Arnaud, n'avez-vous point su le discours que nous faisait M. des Landes (2), de l'entrée du chancelier au Parlement avec le Roi pour présenter ce ridicule code et obliger la Cour à le recevoir? Il commença sa harangue par la maladie du Roi, les secours donnés en Ré et la continua par la défaite de l'armée angloise... Ne sont-ce pas preuves pertinentes pour l'autorité de son code? Et, reconnoissant trop tard son impertinence pour la moquerie qu'il aperçut qu'on faisait de lui, il usa de menaces par infinité d'exemples hors de propos, pour faire peur, etc... »

(1) *Mémoires*, année 1629.
(2) Conseiller au Parlement de Paris.

D'un tel homme ainsi dépeint on ne voulait plus rien reconnaître de bon. Le ministre tant raillé avait été un collègue et un ami; mais, maintenant, on jetait par dessus bord le politicien qui se mêlait de ce qui ne le regardait pas, l'orateur maladroit, le rédacteur d'un code « ridicule », mal venu, qui, aussitôt paru, fut ainsi désavoué, rejeté.

Pourtant, dans son ensemble, cette ordonnance royale, se référant aux sentiments de l'assemblée des notables, n'en reste pas moins comme le premier essai de codification des lois intéressant l'ordre public qui ait été tenté en France avant Colbert. Richelieu lui-même reconnaît dans ses *Mémoires* « qu'il était bon »; il ajoute que, malgré l'opposition du Parlement, « l'édit fut néanmoins observé en toutes occasions ». Si, par suite de la crise politique qui le sépara des Marillac, il n'en revendiqua pas hautement la paternité, il ne négligea pas d'en appliquer les principes et même de donner à ces principes, sous une autre forme, une nouvelle vigueur (1).

Une analyse rapide fera connaître combien l'acte législatif est d'importance et combien ses prescriptions principales sont conformes aux vues du cardinal.

L'ordonnance n'aborde aucune question de législation civile; elle n'empiète en rien sur le domaine de la Coutume. C'est une œuvre de haute administration, une œuvre de discipline et de concentration des forces sociales. S'appliquant aux difficultés du moment, elle s'en tient à ce que le langage du temps appelle la *police*.

Qui eût songé alors à une réforme, ne fût-ce que partielle de la société? La Royauté abaissait les pouvoirs intermédiaires, limitait les revendications du privilège, mais elle n'avait nul dessein de prendre position contre un régime d'où était né ce qui faisait sa force. Le temps n'était pas éloigné où Henri IV se proclamait lui-même « le premier gentilhomme de son royaume ». Richelieu, nous venons de le voir, n'oubliait pas

---

(1) Pour les difficultés relatives à l'enregistrement du *Code Michau*, voir les *Mémoires de Molé*, t. II, p. 3, note, et se référer aux *Mémoires de Richelieu*, début de 1629.

qu'il appartenait au corps de la noblesse moyenne, à cette élite vigoureuse franchement ralliée à la Royauté et parmi laquelle il aimait à choisir ses « gens de main ». Sa préoccupation, en ce qui concernait l'ordre social, était toute de discipline et de correction, rien de plus (1).

Ainsi que les avant-projets laissés par Richelieu dans ses papiers, le *Code Michau* donne la première place et la plus importante aux règlements relatifs à l'ordre religieux et ecclésiastique (quarante et un articles). C'est une matière que nous traiterons à part. Signalons les prescriptions relatives à « l'entretènement et nourriture des pauvres » (article 42), ainsi qu'à l'enseignement (six articles), surtout celles qui se rapportent à la presse et aux publications soit françaises soit étrangères. Les vues de l'ordonnance à ce sujet s'inspirent de la doctrine du « commandement unique », j'allais dire de « l'état de siège », nécessaire à un pays menacé de toutes parts ; mais, ce qui est frappant, elles sont inspirées également par le souci de l'opinion publique, l'un des premiers du cardinal.

Les mesures édictées sont les suivantes : interdiction aux libraires de faire paraître des livres ou libelles anonymes, interdiction de vendre des livres imprimés hors de France, sans autorisation de la police, etc. Cependant, voici une mesure d'adroite tolérance, où l'homme de plume, j'allais dire l'homme de lettres, se révèle : « *Remettons néanmoins à la discrétion de nos dits chancelier et garde des Sceaux de dispenser de ces règles ceux qu'ils croiront devoir faire, soit par le mérite et dignité des auteurs ou autres considérations.* »

Mérite et dignité des auteurs! Comme cette parole annonce le Grand Siècle! Et comme elle caractérise ce pouvoir tempéré par l'honneur, qui était, selon Montesquieu, le principe même de la Monarchie française!

Près de cent articles (53-130) sont consacrés aux choses de la justice, aux tribunaux, aux Parlements, à la procédure devant les diverses juridictions. Nous reviendrons sur certaines de ces

---

(1) Voir, ci-dessous, le chapitre consacré aux idées d'unification et de concentration qui inspireront toujours et partout la politique du cardinal.

mesures, celles qui concernent les remontrances des Parlements, les privilèges de la robe, l'organisation des Conseils; mais il convient de souligner, dans ce large développement technique, œuvre des clercs rédacteurs, deux articles qui apparaissent comme une première esquisse de l'une des institutions les plus intéressantes de l'ancien régime, l'institution des intendants des armées et intendants des provinces. Article 58 : « Les maîtres des Requêtes de notre hôtel visiteront les provinces suivant le département qui sera fait, par chacun an, par nos chanceliers ou gardes des Sceaux, et se transporteront tant en nos cours de Parlements qu'en sièges des bailliages et autres; recevront toutes plaintes de nos sujets sur foules et incommodités qu'ils reçoivent, même en l'administration de la justice, etc, etc. » — Article 81 : « Que nul ne puisse être employé ès charges d'intendants de la justice ou finances que nous députons en nos armées ou provinces, qui soit domestique, conseil ou employé aux affaires ou proche parent des généraux desdites armées ou gouverneurs desdites provinces. » Prendre une telle mesure, c'est briser net la clientèle des grands, maîtres dans les diverses parties de la France, et introduire sur tous les détenteurs de l'autorité souveraine, qu'il s'agisse des gouverneurs ou qu'il s'agisse des Parlements, un contrôle ne relevant que du Roi.

L'une des fonctions du pouvoir royal, longtemps chère aux masses populaires et qui ne tournera à l'abus que par l'abaissement des mœurs, retient l'attention du législateur de 1629 : il s'agit de la mission du Roi comme père de son peuple, gardien de la morale publique et particulière. Les articles 132 à 169 interdisent des donations aux concubines, promulguent des lois somptuaires, sur les vêtements, bijoux, parures, banquets, festins de noces, règlementent les académies et brelans, les dettes de jeux, puis statuent sur la corruption des mineurs, la débauche, le rapt, l'usure, etc.

L'article 156 est ainsi conçu : « Ordonnons que dorénavant nulle femme mariée ou non mariée, ni aucun homme âgé de cinquante ans ne pourront être constitués ni retenus prisonniers pour le paiement d'ancienne dette civile. »

Et tout à coup, à la suite d'un détail dans une réglementation de procédure (ce sont de ces fautes commises par le clerc de la basoche et qui nuisent si gravement aux inspirations du législateur), voici que se découvre la haute pensée sociale qui est le principe même de l'ordonnance : il s'agit de consacrer l'unité nationale sous l'autorité unique et suprême du Roi. Le langage est différent, le ton est autre, la plume a changé de main. — Article 170 : « Sont interdites les fréquentes rébellions et la facilité des soulèvements et entreprises particulières d'autorité privée, prises et lèvements d'armes, soit sous prétextes publics ou querelles et intérêts particuliers, honteuses à notre État et trop préjudiciables au repos de notre peuple, à notre autorité, et à la justice. »

Les prescriptions relatives à l'ordre public se poursuivent en un détail pressant d'articles, comme une litanie d'ordres réitérés et frappants : « Défendons à tous nos sujets, de quelque qualité et condition qu'ils soient, d'arrêter ou enrôler des soldats ou gens de guerre à cheval ou à pied, sous quelque prétexte que ce puisse être,.. avoir aucun amas d'armes... faire amas de poudre... faire fondre canons ou autres pièces... faire fortifier les villes, châteaux, etc... convoquer assemblées publiques ou secrètes... sortir hors notre Royaume sans notre permission... faire imprimer ou répandre écrits diffamatoires et convicieux... former intelligence avec nos ennemis... etc., etc.. »

Les sanctions visent la fortune des contrevenants, leurs charges, leur liberté, leur prestige moral et celui de leur famille. Plus loin, par un calcul politique de longue portée, inspiré non par un esprit de domination, mais par une sage utilisation de toutes les forces sociales, on voit s'affirmer une politique d'égards et d'honneur en faveur de la noblesse fidèle et dévouée à l'œuvre royale. L'article 189 décrète : « Désirant témoigner à notre Noblesse le ressentiment que nous avons des bons et fidèles services que de tout temps elle a rendus à notre couronne... favoriser et gratifier tous ceux dudit ordre, autant qu'il nous est possible, nous voulons et entendons que notre dite noblesse soit conservée et maintenue en tous les anciens honneurs, droits, franchises et immunités dont elle a accoutumé de jouir... » Cette considération des mérites de la Noblesse et des ménagements à son égard va si loin que l'adhésion royale consacre l'un des vœux de cet ordre aux États de 1614 réclamant (contre le Parlement) la suspension de la vénalité des offices, — point sur lequel l'opinion de Richelieu changera d'ailleurs, dans l'avenir (voir le *Testament Politique*). Les mesures favorables à la noblesse de province se développeront jusqu'à réserver aux seigneurs le droit exclusif de la chasse, faveur qui deviendra l'un des griefs les plus forts du travailleur des campagnes contre la Royauté et qui contribuera, plus que nul autre peut-être, à la désaffection populaire au temps de la grande Révolution. Le Roi « gentilhomme et chasseur » abandonnait, sans en apercevoir, peut-être, les conséquences lointaines, son rôle d'arbitre dans la rivalité entre *les essarts ou terre arable* et la *forêt* » (1). Protéger la chasse noble en son privilège, c'était maintenir une sorte de droit seigneurial sur le travail rustique, c'était blesser le paysan non seulement en son labeur, mais en son espoir lointain d'acquérir, avec tous ses droits, la propriété rurale. Les pouvoirs publics n'auront jamais assez de souci de la dignité du sujet : ils ne devraient jamais oublier que l'obéissance est volontaire.

L'hommage rendu à la Noblesse est aussi un honneur rendu à l'armée et à son élément-base, le soldat. Instrument de l'indépendance et de l'unité nationale, de l'ordre et de la justice à l'intérieur, le soldat est entouré de soins nouveaux, d'un bien-être auquel il n'était certes pas habitué; mais aussi on lui interdit de vivre sur le pays et on s'oppose aux déplorables violences qui prolongent, jusque dans la paix, « les misères de la guerre ». On l'encadre dans la nation selon des règles nouvelles qui, à la fois, l'élèvent et le contraignent : soldes, logements, étapes, congés, invalidités, pensions, titres, récompenses, distinctions, tout est réglementé. Certaines mesures que la tradition historique attribue à Louvois, trouvent ici leur origine : « Pour récompenser les pauvres capitaines et soldats estropiés à

---

(1) Voir *La France en 1614*, dans le premier volume de *L'Histoire de Richelieu*.

notre service,... nous voulons, déclare le Roi, qu'il soit fait état de toutes les abbayes et prieurés de notre Royaume... pour, sur lesdits bénéfices, recevoir pensions de religieux lais, etc... que le soldat, par ses services puisse monter aux charges et offices des compagnies de degré en degré jusque à celle du capitaine et plus avant s'il s'en rend digne, et les officiers par conséquent... qu'à la suite des armées soient entretenus des hôpitaux pour secourir les soldats en leurs blessures et maladies. »

Suit un véritable code militaire (articles 212-244), remarquable instauration de discipline nationale, qui se développera par une persévérante volonté de la royauté. L'armée doit être à la disposition de la nation, prête à défendre sa cause, mais elle ne doit pas peser trop lourdement sur ses épaules. Premières esquisses, premiers essais lointains de la limitation des armements. On s'élève du particulier au national en attendant l'international. Chose extraordinaire, nous trouvons, dans les papiers de Richelieu, la preuve que, s'inspirant d'une pensée qui n'est pas sans rapport avec celle de Sully, il avait entrevu le règlement des difficultés européennes par voie d'arbitrage (1).

L'ordonnance de 1629 aborde enfin (article 344) cette matière des finances qui fut le grand souci, le perpétuel tourment de Richelieu et du pouvoir sous l'ancien régime. L'ordre, la sécurité, le progrès, le pays les réclame, oui; mais payer pour les obtenir, non. Éternelle lutte entre l'État et le contribuable. — Article 344 : « Afin que les deniers de nos tailles et les autres levées tant ordinaires qu'extraordinaires soient plus promptement reçus qu'ils n'ont été par le passé et que nos sujets contribuables aient plus de facilité de les payer, afin de satisfaire la conservation et entretènement de notre État, nous ordonnons, etc... » Suivent vingt-cinq ou trente articles consacrés à mettre sur pied cette extraordinaire machine fiscale de l'ancien régime qui n'arrivera jamais à bien fonctionner, et qui, par une singulière complication de délégation, d'exemptions, d'arbitraire et de faveur, de lésinerie et de

---

(1) **Sur la formule** : armement, sécurité, arbitrage, naissante alors dans l'esprit de Richelieu et proposée par lui, voir Avenel, t. I, p. 286. — Pour ce qui concerne les réformes dans le commandement militaire, voir, ci-dessous, le chapitre *Richelieu et l'armée*.

gaspillage, d'exigence et de tolérance, de maladresse et de générosité, se trouva toujours contraire aux intérêts généraux et aux intérêts particuliers. Le privilège fut toujours l'obstacle; chaque ordre, cantonné dans sa cellule, replié dans son inertie, sourd aux nécessités publiques, combat obstinément selon l'intérêt corporatif le plus mesquin. Ne voulant rien entendre, rien céder, la Noblesse se prétend exemptée par le service militaire, le Clergé par les prières, la Robe par la chicane; nul des trois ne pliera jusqu'à la nuit du 4 août. L'autorité impétueuse d'un Richelieu, le génie économique d'un Colbert, la sagesse d'un Vauban, les efforts désespérés d'un Machault ou d'un Turgot ne pourront amener les détenteurs du privilège à accepter leur part des charges sociales et à alléger d'une façon quelque peu raisonnable celle qui pèse sur le peuple.

Pour Richelieu, contraint par la nécessité, il finira par descendre dans l'arène, résolu à se servir de l'autorité souveraine pour engager la lutte. Homme d'action, il agira. Prenant en mains un organisme auquel le pouvoir royal a déjà recouru aux époques de trouble, les « chevauchées des maîtres des Requêtes de l'hôtel », il développera et consacrera cette institution des intendants adjoints aux armées ou envoyés en qualité de *missi dominici* dans les provinces, par laquelle il jettera dans le sol national les puissantes assises de la centralisation moderne (1).

Sa devise sera désormais : « Plus d'États dans l'État ». Cette politique et cette création portaient atteinte à trop d'intérêts particuliers, à trop de situations établies, pour qu'elles ne provoquassent pas une opposition acharnée, qui devait aller jusqu'à l'émeute et à la guerre civile. Nous allons suivre le cardinal dans cette lutte qui, par son succès, incomplet malheureusement, devait lui permettre d'aborder avec les ressources nécessaires sa grande œuvre extérieure, l'abaissement de la maison d'Autriche et « l'arrondissement » du Royaume à l'abri de solides frontières.

Nous en tenant, pour le moment, aux prescriptions de l'ordonnance de 1629, nous tracerons d'après elles, comme une première

(1) Voir ci-dessous les chapitres consacrés à l'administration des intendants répartis dans les provinces.

esquisse de cette entreprise de discipline et d'unification qui devait être celle du grand ministre à l'intérieur. Il prend d'abord à partie les grands pillards seigneuriaux et leur enlève les délégations de la suzeraineté qu'ils ont arrachées à la munificence ou à la faiblesse du pouvoir. — Article 409 : « Ayant reçu plusieurs plaintes que, outre les grandes charges que notre pauvre peuple supporte à notre grand regret pour le soutien de notre État, il est encore surchargé en ce qu'aucuns, sous le prétexte de leurs charges ou de puissance qu'ils ont dans les provinces, font plusieurs levées de deniers ou autres contributions, de leur autorité privée, au grand préjudice de nos sujets, attentant contre notre autorité, défendons, enjoignons, etc., etc. » Suivent les prescriptions qui tendent à « l'abaissement des pouvoirs intermédiaires », principal objet, comme l'a proclamé la Constituante, de la mission historique du cardinal.

C'est par cette raison profonde que s'explique l'ardente passion de Richelieu contre les grands, passion dont l'expression revient comme un *leitmotiv* dans les manifestations de sa pensée politique. Des paroles on passera aux actes ; on traquera impitoyablement les particularismes qui cherchent à gagner au détriment de la cause publique et qui, pour se défendre, vont jusqu'à diviser le Royaume en cherchant l'appui de l'étranger (1).

Cependant, protégé par ces mesures, dont l'application finira par devenir draconienne, le peuple travaillera, profitera ; il paiera, non pour satisfaire des hérédités usurpées ou périmées, mais pour subvenir aux besoins de l'État.

On le voit, l'attention du ministre est toujours tournée vers le peuple, il applique son énergique volonté au développement de l'activité laborieuse du pays. Entre Sully et Colbert, il apparaît comme un remarquable administrateur de l'économie sociale. Grand centralisateur politique, il n'hésite pas, pour développer l'effort industriel, à recourir aux corporations et aux libertés municipales (articles 412 et suivants), il réglemente et encourage

---

(1) Nous avons déjà signalé le peu de confiance qu'avait Richelieu en Lesdiguières. Il soupçonnait le connétable, le comte d'Auvergne et tant d'autres d'être les pensionnés de l'Espagne. Voir *Lettres de Richelieu*, t. I, p. 314.

les « associations entre marchands », l'apprentissage, la culture des céréales, la traite des grains, l'organisation des greniers et magasins, les tarifs, les moyens de transport. L'ordonnance édicte les mesures nécessaires pour fixer sur le territoire français les industries fructueuses ; elle donne des facilités d'exportation qu'elle suscite en quelque sorte. — « Exhortons, dit l'article 421, nos sujets qui en ont le moyen et l'industrie de se lier et unir ensemble pour former de bonnes et fortes compagnies et sociétés de trafic, navigation et marchandise en la manière qu'ils verront bon être. Promettons de les protéger et défendre, les accroître de privilèges et faveurs spéciales et les maintenir en toutes manières qu'ils désireront pour la bonne conduite et succès de leur commerce, même les faire assister de nos vaisseaux de guerre pour escorter et assurer leurs voyages. »

Ainsi apparaît en sa grandeur divinatrice le génie du Ministre de la Mer, constructeur, colonisateur, se proposant, après avoir achevé la France, de jeter les fondements de la plus grande France. Voilà, chez le prélat amiral, cette volonté de création qui autorise tant de vivacité, d'exigence, de rigueur : on secoue la routine, on fouaille l'inertie, les paresses, les indécisions, on poussera par les épaules ce peuple qui comprend si on lui explique, et qui marche, mais à condition que l'on prenne la tête du mouvement. Richelieu, le premier des Français, lui révèlera le problème de la mer, qui, trop souvent, au cours de son histoire, l'a laissé indifférent.

Le petit-fils de Guyon Le Roy, le cardinal qui a pris La Rochelle, se fera attribuer à lui-même, au prix de difficultés inouïes, la charge de grand-maître de la navigation, chargé des affaires du commerce (octobre 1626) (1). Profitant de la publication de l'ordonnance il s'explique, non sans quelque fierté : « Et, pour apporter ci-après un ordre et un règlement au fait desdits voyages, commerce et navigation, après avoir fait rapporter en notre Conseil les règlements anciens faits sur le même sujet, ouï les plus expérimentés matelots, officiers de la marine (les

(1) Voir Avenel, *Lettres du Cardinal de Richelieu*, t. I, p. 291.

Launay Razilly) et marchands trafiquant sur mer, de l'avis de notre Conseil et de notre cher et bien-aimé cousin le Cardinal de Richelieu, grand maître général et surintendant de la navigation et commerce de France, nous avons statué et ordonné, statuons et ordonnons que dorénavant et à toujours, il sera par nous et nos successeurs, Rois, entretenu cinquante vaisseaux du port de quatre à cinq cents tonneaux, armés et équipés en guerre, etc., etc... » (*Article 430.*)

Suivent les mesures concernant la préparation du personnel, des équipages, des canonniers, des charpentiers, l'entretien des ports et havres, les pêches, les voyages au long cours, les droits de bris et naufrage, droits que Richelieu réclamera avec une exigence inlassable et qui aideront grandement aux dépenses dont il assumait la charge. La création d'un puissant système colonial est visée avec une clairvoyance admirable, comme étant de nature à ouvrir un champ nouveau à l'activité industrielle et commerciale de la nation. En lisant l'article 452, on croirait entendre, en avance de deux cent cinquante ans, la parole d'un Jules Ferry.
— *Article 452.* « Et pour convier nos sujets, de quelque qualité et condition qu'ils soient, de s'adonner au commerce et trafic par mer et faire connaître que notre intention est de relever et faire honorer ceux qui s'y occupent : nous ordonnons que tous gentilshommes qui, par eux ou par personnes interposées, entreront en part en société dans les vaisseaux, denrées et marchandises d'iceux, ne dérogeront point à noblesse... Et ceux qui ne seront nobles, après avoir entretenu cinq ans un vaisseau de deux à trois cents tonneaux, jouiront des privilèges de noblesse... Voulons en outre que les marchands grossiers (en gros) qui tiennent magasins sans vendre en détail et autres marchands, qui auront été échevins, consuls et gardes de leur corps, puissent prendre la qualité de nobles et tenir rang et séances en toutes assemblées publiques et particulières... etc. etc... »

Magnifique application à l'élite française de ce même principe de *l'honneur*, dégagé par Montesquieu. Rendre à la Noblesse son utilité nationale; l'unir aux autres parties de la nation dans le travail, l'activité, l'esprit d'entreprise et de risque;

rassembler cette énergie mieux dirigée « en toutes assemblées publiques et particulières » (mesure qui fait songer au recrutement des pairies britanniques); refouler le privilège vaniteux et stérile; fondre en une seule toutes les forces sociales et les amener à respirer d'un même souffle en les appliquant à une œuvre de développement infini : tels sont les desseins que l'on découvre à la lecture attentive des froids articles d'une ordonnance tombée en oubli. Le prélat ministre rajeunissait, si j'ose dire, la France des croisades, en lui livrant ce nouveau champ d'expansion qu'un lointain avenir devait ressaisir et cultiver (1).

(1) Richelieu ne put réaliser les grands desseins qu'il avait conçus pour le développement de la puissance navale de la France. Son œuvre n'en fut pas moins considérable. — Voir ci-dessous les chapitres : *Richelieu et la Marine; Le Commerce; les Colonies.*

CHAPITRE DEUXIÈME

LES CONSEILS. — LES MINISTRES DE RICHELIEU.
LA DICTATURE MINISTÉRIELLE.

Les Conseils.

Dans le *Tableau de la France en 1614*, nous avons indiqué les principaux traits de cette haute administration royale, mi-partie romaine, mi-partie féodale, mi-partie d'épée, mi-partie de robe, qui survivait en France dans les premières années du xvii° siècle et qui, rien que par ses noms, éveillait un souvenir de champs, de bois, d'écurie, évoquait des origines rustiques et rudes : *Cour, Connétable, Maréchaux,* etc. Un Roi gentilhomme, des entourages cavaliers, la guerre, la chasse, la « mesnie », une foule bruyante, l'épée au côté, le panache en tête, la moustache relevée. Cependant, à certaines heures convenues, se glissaient, dans les groupes pressés et tumultuaires, des robes noires, des barbes longues, gens de plume et de bureau, serrant de leurs mains maigres les parchemins et la cire, gardant sous leurs bonnets carrés les secrets de la confiance et de la confidence, les mystères de la politique et de la loi sociale, les clercs.

Après le temps du grand désordre, le retour vers l'ordre va consacrer, à la fin de la minorité de Louis XIII, par l'avènement d'un cardinal, le triomphe des clercs. Les grandes luttes religieuses ayant remué l'esprit national dans ses profondeurs, il a dû prendre un parti et, par une ferme conviction autant que par nécessité politique, il est remonté jusqu'à Dieu lui-même, qui seul peut autoriser, de sa volonté et de sa puissance, le gouvernement des peuples.

Les Rois, sauveurs du pays et fauteurs de l'ordre, sont désignés par la loi de l'hérédité en vertu d'un dessein providentiel. L'ordre royal a un caractère sacré ; le mystique ayant rejoint le politique, l'assiette générale du gouvernement s'en trouve consacrée, exhaussée.

Un mouvement s'est produit, contraire au tumulte féodal et qui le refoule. Les signes extérieurs parlent : le costume s'assombrit, s'assouplit ; la buffleterie tombe ; l'épée n'est plus qu'un léger ornement. Dans les châteaux royaux, les grandes salles qui abritaient en commun la famille, se divisent, se cloisonnent. A Chambord, le Roi et la Reine se font tailler des appartements privés. Pour être admis, il faut gratter à la porte. Fœneste attend sur ses pieds dans l'antichambre, il est obligé de montrer patte blanche ; le verbe est moins haut ; le féodal, le soldat descend ; le civil, l'administratif monte. L'évolution, commencée par Louis XI, se poursuit et se raffine au temps de Richelieu.

Le retour à l'ordre, s'étant assuré la consécration de l'autorité divine, la gardera comme l'article fondamental de la constitution monarchique. A l'assemblée de 1682, le grand évêque Bossuet dira, avec une autorité sans seconde : « Dieu établit les rois comme ses ministres et règne par eux sur les peuples ; la personne des rois est sacrée ; on doit obéir au prince par principe de religion et de conscience. » Mais l'orateur ajoutera en élevant la voix : « Les Rois doivent respecter leur propre puissance et ne l'employer qu'au bien public (1). »

Tel est le circuit du grand ordre qui tend à s'organiser : ce qui vient de Dieu retourne à Dieu.

Voyons, maintenant, comment les choses se développent dans la pratique et l'exécution. Car le Roi a besoin d'agents, d'intermédiaires pour administrer son Royaume. Un contemporain, un apologiste de Richelieu, Silhon, dans son *Ministre d'État*, s'explique en ces termes : « Quand Dieu a choisi quelqu'un pour réparer le désordre du monde ou pour le bien de quelque État particulier, c'est alors qu'il a le soin de le pourvoir des condi-

---

(1) Titres des quatre premiers articles du livre III de la *Politique tirée de l'Ecriture sainte* : « Nature et propriétés de l'autorité royale. »

tions nécessaires pour entreprendre de grandes choses. C'est lui qui en met la pensée dans l'âme; c'est lui qui donne la force de l'exécuter; c'est lui qui le mène par la main aux victoires et aux triomphes... » Ainsi furent choisis nos grands Rois, saint Louis, Charles V, Henri IV. Mais un des grands moyens dont Dieu se sert pour permettre au Roi de tenir le rôle qui lui est confié, c'est « de lui susciter des hommes rares à qui il fasse part de ces soins et qui l'aident à porter la pesanteur des affaires ».

Voici maintenant les conséquences immédiates de cette institution politique quasi sacrée : « C'est par cette sorte de gens-là, poursuit Silhon, qu'ont été fondées les principautés, les monarchies. C'est par l'amour d'eux que les peuples ont renoncé volontairement à leur liberté, et ce sont eux qui entretiennent encore, sous l'autorité des souverains, l'ordre naturel et primitif du commandement et de l'obéissance qui doit être entre les hommes... Et certes, il est bien raisonnable, puisqu'il devoit y avoir de la différence parmi eux, que ce fût le mérite qui commençât à le faire. La société est un concert si délicat et une machine composée de tant de pièces, que si une excellente sagesse ne la conduit et une souveraine vertu ne la gouverne, peu de chose la confond et la dérègle. »

C'est ainsi que le système se complète; un Roi, fils des Rois, reçoit l'empire pour maintenir entre les générations successives le ferme lien de l'hérédité; le Roi, choisi « dès le ventre de sa mère », a reçu de Dieu l'investiture et le pouvoir; il gouverne par lui-même; l'obéissance ne peut lui être refusée. Près de lui, un ministre le décharge du labeur quotidien et de la dureté des exécutions. D'ailleurs, Roi et ministre sont tenus, par la loi divine et humaine, à ne pas abuser de leur puissance et à ne l'employer que pour le bien des peuples.

Cela revient à dire que l'ordre politique fait partie de l'ordre universel et que ceux qui doivent l'établir et le maintenir en terre ont reçu, par un don de la nature et par l'effort de leur propre volonté, les titres qui les élèvent au commandement.

Cependant il manquerait quelque chose au système, s'il n'avait pas l'adhésion de la société dont il réclame l'obéissance.

En fait, le circuit s'achève par l'existence traditionnelle d'un « Conseil » représentant, de toute antiquité, la société elle-même, tradition au sujet de laquelle Jean Bodin s'exprime en ces termes : « J'ai dit que le Prince soit conduit par l'avis du Conseil; ce qu'il doit faire, non seulement ès choses grandes et d'importance, mais encore ès choses légères; car il n'y a rien qui plus autorise les lois et commandements d'un Prince que de les faire passer par l'avis d'un sage Conseil, d'un Sénat, d'une Cour (1). »

Dieu, le Roi, son ministre, un Conseil, telles étaient les grandes lignes du gouvernement que Richelieu trouvait, non pas dans une constitution écrite, mais dans une tradition acceptée, après la mort de Henri IV, et dont il avait vu la théorie se préciser en sa présence dans l'assemblée des États de 1614. Telle était la matière qu'il avait sous la main en arrivant au pouvoir et qu'il allait marquer à son empreinte.

Le Conseil.

Le Conseil, légué par une longue tradition, comprenait plusieurs sortes de participants : il y avait ceux qui étaient admis à délibérer, ceux qui faisaient fonction de juger, ceux qui procédaient aux écritures et exécutions.

L'existence de ce Conseil étant inhérente au système monarchique français, le choix des conseillers était à la volonté du Prince. On peut dire que, dans les époques de facilité, le Conseil royal était ouvert à tous ceux qui approchaient de la personne du souverain. D'Ormesson l'atteste dans son *Histoire manuscrite du Conseil du Roi* : « La charge de conseiller n'était pas un office, dit-il, mais seulement une commission. Le Roi pouvait admettre dans ses Conseils qui il voulait et tout le temps qu'il lui plaisait. Le nombre des conseillers n'était pas limité, pas plus que la durée de leurs fonctions. Aux époques de trouble, sous un gouvernement faible, on obtenait facilement un brevet ou l'on s'affranchissait même de cette formalité. Ce fut ce qui arriva sous la régence de Marie de Médicis (2). »

---

(1) Bodin, *République*, liv. III, chap. 1ᵉʳ.
(2) Cité dans Caillet, *L'Administration sous Richelieu*, t. I, p. 23.

Dans les temps d'autorité, au contraire, la tendance était à restreindre, à refréner ce que Fontenay-Mareuil appelle ces « confusions » de France; et l'on revient peu à peu à un procédé qui consiste à extraire un « Conseil étroit », un « Conseil secret » ou « Conseil d'en haut », du grand Conseil toujours subsistant.

Et c'est ainsi que, par la force des choses, par la nécessité du travail, se dégage, se hisse vers la confiance et l'action le groupe des « écrivains », « secrétaires », « secrétaires d'État », « ministres ». Ce sont les gens qui, « ayant la plume », exposent dans les termes traditionnels et pesés la volonté du Roi, la transmettent aux subordonnés, suivent les affaires et veillent aux exécutions. L'évêque de Luçon, à son arrivée au pouvoir, lui-même assez mince personnage, les a encore vus debout, appuyés au mur, la plume en arrêt, attendant des ordres et prenant des notes; il les laissera, après sa mort, au premier rang parmi les agents du pouvoir, riches d'émoluments sans cesse accrus, épousant dans la haute noblesse et se permettant, à leur tour, de tenir debout et faisant les cent pas dans les jardins de Fontainebleau, en attente d'une audience, un personnage du rang et des services du vieux maréchal de La Force (1).

Non pas que les princes, les grands, héritiers des familles féodales ou jouissant de situations traditionnelles, fussent éloignés de parti pris de ces délibérations souveraines : on ouvre les portes devant eux, au débotté, rentrant d'une chasse ou de passage à Paris; on les convoque d'urgence, dans les temps de crise, ou bien quand quelque grave affaire éloigne le Roi de sa capitale; mais, le plus souvent, on les passe au crible, on les oppose les uns aux autres, on les divise en coteries, on tient compte de l'assiduité, de la fidélité. En réalité, le dernier mot, le secret du secret, la décision appartiendront de plus en plus à ceux qui ont l'oreille du Roi et que celui-ci appelle dans les embrasures. La Cour est une politique perpétuelle, mais les yeux tournés vers le Prince.

(1) Voir Tallemant, au mot *Des Noyers*.

Le Conseil se réunit le plus souvent dans le cabinet du Roi. Le Roi le préside et, en cas d'absence, son fauteuil reste vide. Louis XIII avait la complaisance de le tenir à Rueil chez le cardinal, quand celui-ci était souffrant. A l'ordinaire, il avait peu de goût pour ces longues assises et ces interminables palabres; la vie active et en plein air, la chasse, les voyages, les armées l'appelaient : on le tiendra au courant.

Le Conseil secret délibère alors sous la direction du chancelier. On l'a appelé aussi Conseil des Affaires étrangères; mais il faut prendre garde de le confondre avec le Conseil des Dépêches, qui devint vite une sorte de bureau de rédaction. Le Conseil secret est, en somme, le moyen principal de délibération et de décision.

Richelieu le garde sous la main pour venir y exposer, y essayer, en quelque sorte, ses intentions, ses desseins. « C'est là que se traitent les affaires qui ont rapport à la manutention et conservation de l'État ou aux alliés et confédérés de la Couronne, soit en paix, soit en guerre. En ce Conseil nos Rois n'appellent que les princes et principaux officiers de la Couronne et quelques-uns des plus féaux et expérimentés de leurs conseillers d'État. Le Conseil se tient où il plaît au Roi et il n'y a aucun de quelque condition et qualité qu'il puisse être, qui se puisse et doive offenser s'il n'y est appelé, d'autant que c'est une chose observée de tout temps en ce Royaume que les Rois, principalement les Rois majeurs, ne communiquent leurs affaires qu'à ceux à qui bon leur semble et qu'ils jugent à propos pour le bien de leur État (1). »

M. Caillet fait observer avec raison que c'est l'embryon du futur « Conseil des ministres ». Mais nous n'en sommes pas encore là : une grande ombre s'étend sur le bureau des écrivains, celle du personnage de confiance, du premier ministre, qui tient seul l'autorité du Roi et qui mène le Conseil comme une étude, loin de l'écouter comme un Sénat : dans le cas présent, le cardinal de Richelieu.

Celui-ci gardera le Conseil comme l'organe suprême de la

---

(1) **Joly** : *Trois livres des officiers de France*, Cité par Caillet *Administration*.

volonté royale, comme un auditoire où il exposera ses desseins, comme un réservoir où il choisira des hommes. Rien de plus. Choisis par lui, serrés autour de lui, ces « écrivains » ne sont que de lui, ne notent que ce qu'il leur dicte, n'administrent que selon sa volonté. A peine sortis du rang des commis, ils ne seront jamais ses égaux, et ne deviendront ses successeurs que par lui : lieutenants d'Alexandre qui se disputeront et se partageront sa dépouille.

L'Administration royale transformée par Richelieu.

Voyons quelle est la carrière des principaux d'entre eux; car la carrière, c'est le tout de la politique. A relever les degrés de leur élévation et de leur chute, on verra bien ce qu'étaient ces fameux Conseils et ce que pesait un ministre, s'il n'était pas l'homme de l'homme du Roi.

Le pouvoir qui fut en propre celui de Richelieu mit, comme nous l'avons vu, plusieurs années à se définir et à se consolider. Il y eut des étapes dans l'ascension, des hauts et des bas dans l'autorité du cardinal.

En succédant à La Vieuville et aux favoris, Richelieu avait trouvé des gens en possession et il était trop fin pour ne pas sentir que, là comme partout, il fallait ménager les transitions.

D'abord ces princes du sang, ces grands, ces hauts dignitaires, les cardinaux, les grands officiers de la Couronne, en un mot ceux qui siégeaient à la droite du Roi : il ne pouvait être question de les écarter sans rompre et risquer beaucoup.

Considérons seulement ceux qui sont destinés à être ses collaborateurs ou ses instruments selon qu'il les autorisera, les conseillers proprement dits, gens de robe, écrivains, secrétaires ou ministres.

Le premier des clercs arrivés était le chancelier. Le chancelier siège à la gauche du Roi; il préside le Conseil en son absence. Très grand personnage dans les temps de minorité, d'incertitude, de trouble, sous Charles IX et Henri III, il avait pris rang au-dessus des ducs et pairs, ne cédant le pas qu'au connétable.

Sous Henri IV, les choses changent : le Roi règne et gouverne; il parle, et il parle mieux que personne; il n'a plus besoin que l'on parle en son nom. Richelieu s'appliquera à rogner doucement les ongles au lion vieilli; ce barbon embusqué derrière ses paperasses l'ennuie; il élève jusqu'au rang du chancelier, un *adlatus* permanent, le garde des Sceaux, adjoint et remplaçant en expectative, qui détient simplement les moyens de la décision royale, l'écriture et la cire.

L'évêque de Luçon trouva, dans l'héritage de Henri IV, un chancelier déjà amoindri : Sillery. Nous avons vu comme il se débarrassa de lui et de tous les Brûlart-Puisieux, qui firent les morts en attendant des jours meilleurs.

Étienne d'Aligre remplaça Sillery. « Cul de plomb », dit Tallemant, que Richelieu crut de poids, mais qui n'était que de surface; au premier danger il s'effondra. Lors de l'arrestation du maréchal d'Ornano, le prince de Condé lui demanda brusquement qui avait conseillé le Roi : Le chancelier dit en balbutiant : « Je n'en sais rien ». Or, il était présent au Conseil où avait été prise la décision. Richelieu note sur son terrible carnet : « Il est si faible en ses résolutions qu'il est impossible de s'en assurer par convention. Son esprit s'évapore en discours ». On se débarrassa du bavard poltron.

Les Marillac, autre dynastie de robe, venus de cette Auvergne féconde en ministres du pouvoir absolu, avaient hérité du renom et de l'ambition inconsidérée du premier d'entre eux, Charles de Marillac, mort disgracié en 1560. Michel, grandi dans la robe, s'éleva par le Parlement et les Conseils jusqu'à attirer, au temps du maréchal d'Ancre, les regards de Richelieu : il reçut les Sceaux après le renvoi de ce Aligre. C'était l'époque où le cardinal avait encore besoin qu'un ministre contresignât ses actes (1). Celui-ci le déçut, plus que d'Aligre même : Michel ou Michau se sentit grandir avec la faveur des Reines et se crut de taille à engager la lutte contre son protecteur. Son frère Louis, homme d'épée non sans capacité, brave (quoique

---

(1) Voir, dans Avenel, *Lettres du Cardinal de Richelieu*, t. II, p. 536, la note.

Tallemant affirme qu'il n'avait jamais vu le feu), franchit du même élan tous les degrés de la fortune. Il fut bombardé maréchal de France, 2 juin 1629. Les deux frères furent emportés dans la tourmente de la journée des dupes.

Par le choix de Richelieu, Châteauneuf fut nommé garde des Sceaux. Les Châteauneuf sont des Laubespine, originaires de la Beauce, vieux Français, serviteurs des Rois à l'ancienne mode parlementaire : commissaires, évêques, diplomates distingués sous Henri IV, en passe du ministère dès la Régence.

Charles, marquis de Châteauneuf (1), né en 1580, avait été ambassadeur en Hollande, à Bruxelles, en Allemagne, à Venise, en Angleterre (1629). Il connaissait l'Europe et les problèmes du dehors. Richelieu avait, à cause de cela sans doute, jeté les yeux sur lui, trouvant bon d'élever à la faveur, selon sa propre expression, « des gens qui, auparavant, n'eussent osé seulement nommer son nom ». Il adressa à Châteauneuf, lorsqu'il l'envoyait en Angleterre, une des plus belles lettres qu'il ait écrites et alla jusqu'à lui confier son plan d'action, son grand dessein : « Il me reste seulement à vous dire que je ne sais pas ce qui arrivera en Italie (il s'agit de l'affaire de Mantoue), mais une chose puis-je vous assurer que, maintenant que le Roi n'a plus d'affaires en France, si l'Espagne y recommence la guerre, comme elle en fait mine, Sa Majesté l'achèvera, ayant, pour cet effet, trente mille hommes sur pied, des canons, des munitions de guerre, et ne manquant pas d'argent, ce qui est le principal. »

Si Châteauneuf eût été moins gonflé de lui-même, il eût compris, dès lors, à quel seigneur il avait affaire et il se fût gardé de la « cabale espagnole ». Mais, intelligent, il est léger, peu appliqué, compliquant l'ambition par l'amour, se croyant de taille à mener les deux choses de front et à escalader l'une par l'autre. Il s'attache à Mme de Chevreuse, amie de la Reine, et croit avoir partie gagnée. Nous avons la correspondance échangée entre les deux amoureux intrigants, com-

---

1) Châteauneuf-sur-Cher.

plices sans cesser d'être intéressés. Richelieu connaissait à fond celle qu'il appelle la *chevrette*. Dès le mois de juillet 1625, il écrivait d'elle : « Quand elle sera de retour, on n'aura plus besoin d'envoyer chercher des *guilledines* en Angleterre. » Nous avons vu la fortune de Châteauneuf s'abattre à peine élevée. Il s'enterra dans sa province, s'appliquant à rédiger de gros manuscrits où il exposait ce qu'il eût fait au pouvoir qu'il n'avait pas su garder (1). Il reparaîtra sous la Régence d'Anne d'Autriche ; la Reine, amusée du souvenir de leurs vieilles intrigues, croyait à sa capacité. Mais, il fondit une fois de plus au soleil. Un autre cardinal surplomba son astre défaillant : Châteauneuf dut céder de nouveau les Sceaux à celui qui avait été, une première fois, son successeur, Séguier.

Les Séguier sont de l'Ile-de-France, de ces Ulysses qui s'attachèrent à la Royauté comme au tronc du mât dans la tempête. Parisiens au beau langage, poids légers qui surnagent. Richelieu avait enfin trouvé son homme, le grand maître de la justice complaisante : « Pierrot déguisé en Tartuffe », disait Arnauld d'Andilly. Après avoir remplacé deux fois Châteauneuf, Séguier devint, de garde des Sceaux, chancelier et mourut gavé d'honneurs et d'argent en 1672 (2). Nous le retrouvons à chaque détour de l'histoire du cardinal-ministre.

Les grands parlementaires, les Molé, les Pasquier, les Pontchartrain, fidèles à leur famille, à leur renom, à leurs ambi-

---

(1) Voir le récit de la chute de Châteauneuf ci-dessus, t. III, p. 410 et son important « Mémoire au Roi » ci-dessous, au chapitre des *Parlements*.

(2) On lui attribue cette distinction entre les deux morales qui, depuis, a fait du bruit dans le monde, disant qu'il y avait deux sortes de conscience, l'une pour les actions particulières et l'autre pour les affaires de l'État, la première étroite et rigide, la seconde large et s'accommodant à la nécessité. Voir Oscar de Vallée, *Antoine Lemaistre*, p. 405. — Rappelons les vers du fameux pamphlet de la *Milliade* :

Séguier, race d'apothicaire,	Ses aigres injures sucrées.
Est un esclave volontaire.	Il tremble, il fléchit les genoux,
Il est valet de Richelieu	Il est prêt à souffrir les coups,
Et l'adorateur de ce dieu.	Pour lui ne connaît point de lois,
Il prend pour règle de justice	Pour lui viole tous les droits,
Ce bon saint, sans fard ni malice	Sur son billet n'ose rien dire,
Et dit, le voyant en tableau :	Scelle trente blancs sans les lire,
« Le Ciel n'a rien fait de plus beau ».	Trahit son sens et sa raison,
Ses volontés lui sont sacrées,	Tant il redoute la prison...

Texte dans : Griselle, *Documents d'histoire*, I, p. 222.

tions, à leurs carrières en un mot, se maintiendront jusqu'à la chute de l'ancien régime et au delà. Ils se transmettront par tradition ce précepte que le plus simple et le plus sûr est d'entrer dans le système de l'ordre, tandis que leurs congénères, attardés dans le Parlement, s'agitaient pour sauver le *privilège* qu'ils appelaient *liberté*.

On voit, par ce simple exposé de la carrière des hommes qui se sont succédé en qualité de chefs en titre du Conseil sous Richelieu, ce qu'était le Conseil lui-même et ce qu'était l'un d'eux, même consacré par le plus haut titre, dans une telle réunion de serviteurs des Rois. Les autres ministres que nous rencontrerons dans la suite de l'histoire de Richelieu, les Schomberg, les d'Effiat, les Chavigny, les Bullion, les Sublet de Noyers, dépendent de Richelieu, sont des hommes de son choix et de sa « mesnie ». Encore une fois, ils grandissent de sa grandeur ; créateurs d'ordre parce qu'il les a ordonnés ; non plus de simples écrivains ou secrétaires, mais des administrateurs (ministres) parce que sa volonté les a mis à leur rang dans l'organisation qu'il instituait (1).

Il y a donc eu un chef qui a tout mené, voulu. C'est l'homme du Roi, le premier ministre, celui que l'on pourrait appeler le dictateur ministériel, Richelieu.

(1) Il sera parlé de Bullion au chapitre « des Finances », de Servien et de Sublet de Noyers au chapitre « de l'armée ». Quant aux Bouthillier de Chavigny, qui furent, successivement, le père et le fils, les hommes du cardinal, il importe d'avoir sous les yeux, pour connaître l'origine et le succès de leur carrière, une longue lettre écrite par le fils Claude au cardinal de Richelieu, vers le milieu de l'année 1631, et à laquelle répond une lettre du cardinal datée du 25 juillet 1632 (*Lettres du cardinal de Richelieu*, t. IV, p. 329 et suiv.) La note de M. Avenel est très explicite sur la situation que s'était acquise le fils du vieux protecteur et tuteur des enfants de Suzanne de La Porte : « Sans être un homme d'État d'une haute portée, Chavigny ne manquait pas d'habileté ; il avait surtout le talent d'entrer dans les idées de Richelieu jusqu'à se les rendre propres. Aussi, fut-il en grande faveur auprès de son grand patron... Louis XIII ne l'aimait pas. Cependant, Richelieu mort, le Roi le conserva dans le ministère. Mais Anne d'Autriche ne tarda pas à l'éloigner des affaires. Il mourut presque oublié en 1652, n'ayant guère que quarante-quatre ans. » Pour se rendre compte de la méthode du travail secret telle que la pratiquait Richelieu, il faut suivre, dans les Archives des Affaires étrangères, les rédactions dont il donnait le plan et que les ministres écrivaient. — Voir encore une note révélatrice au bas d'une lettre où le cardinal dit à Chavigny : « Venez demain (à Rueil) si votre santé vous le permet ; il est besoin que vous ameniez M. de Brézé ; le Père Joseph s'y rendra aussi. Nous conclurons toute chose. » (Avenel, t. V, p. 426).

Le ministre dictateur.

Un système qui s'écroule, une dynastie qui s'essaie, une haute féodalité qui succombe mais qui ne veut pas mourir, une noblesse moyenne qui hésite entre les rébellions et la servitude, un Conseil qui n'est qu'un bureau, un Royaume qui n'est qu'une marqueterie de provinces mal équarriées et mal ajustées, tout cela avait paru sur le point de se disloquer définitivement dans la bourrasque qui avait suivi la mort de Henri IV.

De toute évidence, les choses n'étaient pas en place. La succession au pouvoir des Concini, des Luynes, des Sillery, des La Vieuville sous un Roi mineur ou adolescent, avait prouvé que le risque subsistait de retomber dans le désordre des guerres civiles et de la Ligue. On avait bien un Roi, mais était-il Roi? Il en avait la volonté peut-être ; mais la volonté n'assure pas la capacité.

La logique du système appelait près de ce porte-couronne un homme, un ministre ; c'était le cri universel ; un ministre qui serait le serviteur, non de ses intérêts, ni d'un parti, mais le serviteur du Roi, de l'État. Montaigne le décrivait d'avance avec sa bonhomie nonchalante : « Je voudrois, à ce métier, un homme content de sa fortune et né de moyenne fortune ; d'autant que, d'une part, il n'auroit point crainte de toucher vivement et profondément le cœur du maître pour ne pas perdre par là le cours de son avancement ; et, d'autre part, pour être de condition moyenne, il auroit plus aisée communication avec toute sorte de gens. Je le voudrois (ce métier) à un homme seul ; car répandre le privilège de cette liberté et privauté à plusieurs engendreroit une nuisible irrévérence ; oui, et de celui-là je requerrois surtout la fidélité et le silence (1). »

Tel était le vœu des « bons François ». Le gouvernement qu'il fallait à la France pour l'arracher à cette crise interminable, c'était une autorité absolue, dictatoriale, avec ces deux appuis et

(1) *Essais*, liv. III, chap. 13.

garanties, la stabilité monarchique et le courage d'un ministre intrépide, le tout formant commandement unique.

Ne nous étonnons donc pas que Richelieu ait cueilli lui-même, en quelque sorte sur les lèvres de son temps, cette définition de l'homme qu'il devait être : « De tous les gouvernements, écrivait-il, le meilleur est celui dont le principal mouvement est en l'esprit du souverain, qui, bien que capable d'agir par soi-même, a tant de modestie et de jugement qu'il ne fait rien sans bon avis... Un prince capable est un grand trésor en un État; un conseil habile et tel qu'il doit être n'en est pas un moindre; mais le concert des deux ensemble est inestimable, puisque c'est de lui que dépend la félicité des États (1). »

Cette rare combinaison fut lente à se dégager. Louis XIII était méfiant et ne se gagnait que par une épreuve soutenue et une habitude longue, souvent inquiète. On l'avait mis en garde contre l'esprit de domination de la robe rouge; et ce fut seulement au siège de La Rochelle, lorsqu'il se sentit lui-même accablé, épuisé par le commandement, par le poids et la complexité de sa tâche royale, qu'il se décida à confier au cardinal cette première délégation de son autorité, si mal accueillie par les chefs militaires, le duc d'Angoulême, le duc de Montmorency, Schomberg, Bassompierre, qui durent finalement se plier aux ordres du prélat militaire.

Et ce ne fut, enfin, qu'après la difficile réussite du siège que, soudain, la confiance royale se dégagea, comme le soleil sort des nuages. En novembre 1629, alors que le cardinal est, depuis cinq ans, le chef du Conseil, des lettres patentes lui attribuent publiquement et officiellement les fonctions et les honneurs de « principal ministre ».

Les considérants disent à quel point la gravité et la portée de cette mesure furent comprises et mûrement pesées. Un article formel la rattache à la grande réforme législative édictée dans le *Code Michau*. Il ne s'agit donc pas d'une simple mesure administrative, mais bien d'une loi de l'État. Les titres du cardinal à

---

(1) *Testament politique*, édit. Elzévir, p. 205.

la reconnaissance publique sont exposés avec insistance. Considération de la personne, grandeur des services, autorité du commandement, bien du Royaume, portée morale, tout est dit, exprimé avec force : « Nous n'avons dû faire choix d'aucun pour être admis à la participation de nos plus importantes affaires, qu'au préalable nous ne vous y cussions donné le rang et la place que votre condition et vos vertus requièrent, soit en égard à celle où Dieu vous a appelé dans son Église et celle où nous vous eussions porté après tant de signalés services comme ont été les vôtres, si votre modestie ou la même condition ne vous en eussent empêché. Ne pouvant rejeter ce témoignage d'estime et de satisfaction que nous avons de votre fidélité, prudence, vigilance et affection au bien de notre service et sur la confiance que les effets secondant votre désir iront à la gloire de Dieu, grandeur de notre État, et à l'affermissement de notre dignité, nous, de l'avis de la Reine notre très honorable dame et mère, vous avons par ces présentes signées de notre main, choisi pour être l'un des conseillers en nos Conseils et principal ministre de notre État pour, en cette qualité, assister en tous nos Conseils et y garder la séance que vous y avez toujours eue (1) etc... »

On sait, d'autre part, la réaction qu'une décision si haute, une marque de confiance si absolue produisirent sur l'esprit du cardinal. Suivant son habitude de prendre le papier pour confident et de réfléchir la plume à la main, il nous ouvre sa conscience et nous fait connaître en toute élévation d'âme comment il comprenait le devoir que lui imposait cette situation éminente et sans pareille où il était appelé.

Il s'interroge « sur ce que doit être la capacité du ministre d'État, sur ce que doit être la probité du ministre d'État, sur le cœur et la force qui doivent être ceux d'un ministre d'État ».

La capacité. « La capacité des conseillers, lisons-nous dans les *Mémoires,* ne requiert pas une capacité pédantesque; il n'y a rien de plus dangereux pour l'État que ceux qui veulent gouverner les royaumes par les maximes qu'ils tirent de leurs livres... Elle

---

(1) Recueil d'Aubery, édit. Elzévir, I, 519.

requiert seulement bonté et fermeté d'esprit, solidité de jugement, vraie source de la prudence, teinture raisonnable des lettres, connaissance générale de l'histoire et de la constitution présente de tous les États du monde et particulièrement de celui duquel on est... En un mot, la capacité d'un ministre d'État requiert la modestie et si, avec cette qualité, il a bonté d'esprit et solidité de jugement, il a tout ce qui lui est nécessaire pour être parfait en ce point. »

Application. « L'application du bon conseiller requiert qu'il fasse souvent par méditation le tour du monde pour prévoir ce qui peut arriver et trouver le moyen de prévenir les maux qu'on doit craindre et d'exécuter les entreprises que conseillent la raison et l'intérêt public (1). »

« Les meilleurs négociateurs sont ceux qui marchent franchement et se servent de la bonté de leurs esprits pour s'empêcher d'être surpris. »

« Aux grands esprits les fortes et solides raisons sont excellentes et les raisons faibles sont bonnes pour les esprits médiocres (2). »

Probité. « L'homme d'État doit être fidèle à Dieu, à l'État, aux hommes et à soi-même, ce qu'il sera si, outre les qualités exprimées ci-dessus, il est affectionné au public et désintéressé en ses conseils... La probité d'un ministre public ne suppose pas une conscience craintive et scrupuleuse; le scrupule peut produire beaucoup d'injustices et de cruautés.

« Si la probité d'un conseiller d'État requiert qu'il soit à l'épreuve de toutes sortes d'intérêts et de passions, elle veut qu'il le soit aussi des calomnies et que toutes les traverses qu'on lui sauroit donner ne le puissent décourager de bien faire. Il doit savoir que le travail qu'on fait pour le public n'est souvent reconnu d'aucun particulier et qu'il n'en faut espérer d'autres récompenses en terre que celle de la renommée propre à payer les grandes âmes... Enfin, il doit savoir que ceux qui sont dans le ministère de l'État sont obligés d'imiter les astres qui, nonobstant les abois des chiens, ne laissent pas

---

(1) *Testament politique*, ch. III.
(2) *Maximes d'État*, p. 774.

de les éclairer et de suivre leur cours, ce qui doit l'obliger à faire un tel mépris de pareilles injures, que sa probité n'en puisse être ébranlée, ni lui détourné de marcher avec fermeté aux fins qu'il s'est proposées pour le bien de l'État (1). »

Le cœur et la force. « Le courage dont il s'agit maintenant ne requiert pas qu'un homme soit hardi jusqu'à mépriser toute sorte de périls. Tant s'en faut que le conseiller d'État doive se conduire ainsi, qu'au contraire il doit aller presqu'en toutes occasions à pas de plomb et ne rien entreprendre qu'avec grande considération, à temps et à propos... Mais le courage dont il est question requiert qu'un homme soit exempt de faiblesse et de crainte ; il requiert un certain feu qui fait désirer et poursuivre les choses hautes avec autant d'ardeur que le jugement les embrasse avec sagesse... Il suffit qu'il ait le cœur assis en si bon lieu qu'une mauvaise crainte et les traverses qu'il peut rencontrer ne le puissent détourner de ses bons et généreux desseins et, comme c'est l'esprit qui gouverne et non la main, c'est assez que son cœur soutienne sa tête, sans même qu'il fasse agir son bras. »

« L'homme de bien ne doit jamais venger ses injures que quand il tire raison de celles de l'État (2). »

Tel serait le « ministre d'État » idéal, le conseiller supérieur et sans reproche que les monarques doivent avoir auprès d'eux, — et qui ne nuiraient pas aux Républiques.

Il apporterait dans les affaires cette modestie dont parle Richelieu, ce désintéressement dont parle Montaigne, cette inspi-

---

(1) N'est-ce pas le style de la célèbre délibération des conseillers devant Auguste :
    Si l'amour du pays doit ici prévaloir,
    C'est son bien seulement que vous devez vouloir ;
    Et cette liberté qui lui semble si chère
    N'est pour Rome, seigneur, qu'un bien imaginaire,
    Plus nuisible qu'utile et qui n'approche pas
    De celui qu'un bon prince apporte à ses États.
    Avec ordre et raison les honneurs il dispense,
    Avec discernement punit et récompense,
    Et dispose de tout en juste possesseur,
    Sans rien précipiter, de peur d'un successeur.

(2) *Testament politique*, édit. Elzévir, p. 210-219.

ration divine que réclame Silhon, cette autorité juste qu'exigent le bon sens public et la voix populaire.

Une si enviable image n'est-elle pas au-dessus de l'humanité? L'homme qui la traçait avait-il mesuré tout le péril de ce pouvoir collatéral à l'absolutisme royal, la double et complexe difficulté de la délégation du pouvoir absolu, soit qu'il regardât de bas en haut, soit qu'il regardât de haut en bas? La partie qu'il jouait seul sur le pavois où il était élevé, était redoutable. Il fallait avoir en vue un but lointain pour la risquer, et obtenir des résultats journaliers pour la justifier; il fallait un courage invincible pour l'engager en y exposant et la vie et l'honneur, avec l'optimisme fier de la gagner glorieusement.

L'histoire que nous avons entrepris d'écrire, mettra le lecteur en mesure de juger lui-même si Richelieu fut le ministre d'État idéal avec ces dons supérieurs : probité, capacité, force, courage. Premier ministre, ministre en réalité unique, ministre absolu, nous l'avons vu et le verrons à l'œuvre, du jour où il reçut le plein pouvoir jusqu'à la fin ; nous le suivrons tel qu'il se voulut, tel qu'il se dépensa, tel qu'il se créa au fur et à mesure des événements ; car il s'avertit, se corrige sans cesse, penché vers son but, et se projetant hors de la passion, appuyé sur la « raison », selon la méthode que promulguait au même moment son contemporain Descartes.

C'est une image du Grand Siècle qu'il sculpte d'avance en lui-même. Clerc et soldat, ministre, il ramassera en un faisceau les forces spirituelles et matérielles de la France; il imposera cette concentration du pouvoir, cette discipline intime et sociale qui mettra le pays au plein de sa force ; il tirera l'ordre du sein du désordre. Travaillant pour un lointain avenir, sa volonté fera, du siècle qui a reçu son empreinte, le plus noble siècle de l'histoire française et inaugurera la France du Grand Roi. Mais, en même temps, il préparera, au delà du régime royal, une future France égalitaire et citoyenne.

Au dehors, la paix de Westphalie, conçue par lui, articulera avec la civilisation française une Europe qui devait, pendant deux siècles, jouir de la « douceur de vivre » à l'ombre de pouvoirs balancés, respectés, aimés.

Telle fut l'œuvre.

L'œuvre n'est pas tout... Et l'ouvrier?

L'histoire peut-elle écarter systématiquement la légende, fermer les yeux sur les erreurs du clairvoyant, sur les faiblesses de l'homme fort, sur cet orgueil, cette superbe, cet égoïsme, cette ambition, cette sécheresse du raisonnement qui dessèche aussi l'âme? L'ambition du pouvoir dégénérant en une ombrageuse irritabilité, la sévérité sanguinaire, l'animosité implacable, l'ossification rigide finissant par ankyloser, dans un tel homme, l'humanité! La solitude du maître aggravant la solitude du prêtre! « Puissant et solitaire », dit le poète. « Triste comme la grandeur », dit Napoléon. Et toujours, agitant cette âme si cruellement occupée d'elle-même, l'inquiétude; toujours le tremblement intime entretenant l'appréhension d'un coup de surprise qui déjouerait les plus exacts calculs.

La faveur du Prince, l'adhésion de l'élite, appuis rares; mais combien peu sûrs pour une si haute pyramide d'ambition, portant de si lourds desseins! A l'action il faut le temps, la sécurité; mais celle de ce ministre, de ce favori, est à la merci d'une saute de vent. « Perfide comme l'onde », c'est la femme et c'est la fortune. Se méfier toujours, se garder toujours; se garder de l'intrigue, de la trahison, du faux pas, de l'accident, de la mort. Des gardes nombreux, à toutes les portes, surveillant tous les verrous. Mais ces gardes, qui les gardera?... Autre source de complication: le népotisme, qui est lui-même la plaie des pouvoirs sans hérédité; des parents avides; et, comme prêtre, point de lendemain...

Dans cette instabilité et insécurité cruelle, l'esprit de domination s'irrite. Les lois ne suffisent plus à la répression; le commissaire remplace le juge; la terreur gouverne avec sa livide compagne, la suspicion. Nulle pitié. Mais alors, à chaque tournant, l'escopette.

Incertitude du lendemain, c'est la blessure de ce quêteur d'absolu, lancé vers un but que sa carrière exige, mais qu'elle n'atteindra pas. Un orage inévitable brisera le char et le conducteur : soit la faveur en s'écartant, soit le caprice en se détournant, soit le poignard ou le poison ; ou bien encore le caillou de Cromwell, le cancer des Bonaparte, l'anthrax des Richelieu. La camarde surprendra cet homme qui veille toujours ; il mourra à cinquante-six ans !

Sa destinée l'attend : s'il a fait, dans cette courte vie si traversée, le tour de toutes les grandeurs, de tous les succès, si même la mort lui a été complaisante jusqu'à lui laisser entrevoir l'aube du triomphe décisif, à Rocroi, si elle lui a épargné une vieillesse épuisée ou disgraciée, elle a fini pourtant par surprendre les gardes, forcer les serrures et lui sauter à la gorge, et ce cruel destin enfoncera en son cœur froid, parmi les râles de l'agonie, la déconvenue finale d'une vie tronquée, inachevée, inquiète sur le résultat de tant d'efforts, sur ce pouvoir qui s'échappe, sur le succès qui s'est fait attendre jusqu'à la chute dans l'éternelle quiétude ; enfin, sur la gloire « seul bien, disait-il lui-même, propre à payer les grandes âmes ».

Destinée du système.

Le système du ministère d'État, de l'autorité ministérielle, on pourrait dire du vizirat, — tel que Richelieu l'avait conçu et appliqué et qui avait répondu en somme au vœu de ses contemporains, — avait-il, après la mort du cardinal, des chances de survie ? Était-il de nature à s'attacher inséparablement à l'absolutisme monarchique, à s'imposer à lui et le doubler, en quelque sorte, pour le bien de la France, en s'unissant à sa destinée ?

Richelieu put le croire. Il eut, en effet, cette chance et cette autorité singulière de choisir et de se préparer un successeur capable du lourd héritage (1). Mazarin franchit l'étape de la

---

(1) Rien n'est plus frappant, à ce point de vue, que l'espèce de divination qu'eut Richelieu de la valeur et de la destinée de son futur successeur, dès l'année 1631. Il écrit à M. de Brassac, ambassadeur auprès du Saint-Père : « Vous ne sauriez rien faire qui soit plus agréable à S. M. que de témoigner au pape le contentement qu'Elle en a (de Mazarin) et le favoriser adroitement pour le porter à la nonciature auprès d'Elle... » Et à Mazarin lui-même : « Par la lettre à M. de Brassac vous verrez la satisfaction et le contentement que le Roi a de votre conduite ; comme aussi je n'ou-

Régence et de la minorité de Louis XIV en qualité de premier ministre, ministre discuté, certes, mais habile à surmonter les difficultés d'un temps de rébellion et qui finalement vida le venin du grand désordre.

Mais, après la mort du second cardinal, Louis XIV voulut gouverner, comme l'avait fait son grand-père Henri IV. Il recevait, des mains du ministériat, un Royaume uni, pacifié, organisé, centralisé. Le second des grands premiers ministres disparaissait, mais le pays était debout, entraîné, bien en mains. Le Roi trouvait, pour l'aider et l'éclairer, des hommes expérimentés et dociles, Le Tellier, Colbert, Louvois; une fois Fouquet exécuté, il n'y avait plus de place pour un ministre d'État. La France ne devait plus connaître de Richelieu.

Née d'une époque de crise, la dictature ministérielle avait pour destinée, comme toutes les dictatures, de n'avoir qu'un temps.

On peut se demander, cependant, si le pouvoir royal, en perdant cette incomparable collaboration, ne s'en trouva pas amoindri, et même gravement blessé. Une seule tête ne suffit pas à penser pour tant de millions de têtes, un seul bras à agir pour tant de millions de bras. Un prestige unique ne peut satisfaire l'exigence renouvelée d'une vie nationale indéfinie.

Peut-être aussi les conditions dans lesquelles le système avait été inauguré pesèrent-elles sur ses chances de durée. La vieille organisation féodale fut abolie, oui; mais, avec elle, se desséchla la sève terrienne qui avait multiplié la futaie enracinée dans chaque province. La centralisation s'était accomplie avec ses avantages, oui; mais une mécanique tendait à remplacer la chose vivante. Une fonction ne sera jamais une gardienne aussi vigilante de la vie que la personnalité même. L'élite provinciale, avec ses attaches rustiques, fut rasée comme une brousse désordonnée; et ce fut au profit d'une classe urbaine et bureaucratique, une cléricature qui n'eut ni le fonds ni le fruit.

Le nouveau régime fut le triomphe des clercs, le règne de la robe; mais, en revendiquant le nom et les droits du peuple, la

---

blie pas ceux qui vous ressemblent et que j'estime et désire servir comme vous... »
Voir Avenel, *Lettres du Cardinal de Richelieu*, t. IV, p. 174.

robe n'avait pas renoncé, tant s'en faut, à l'ambition du privilège. Elle ne sut jamais faire litière de ses revendications mesquines, de ses vanités bourgeoises, de son opposition corporative, qui s'introduisirent dans le mécanisme de l'État et lui enlevèrent peu à peu sa souplesse, sa plasticité, sa vitalité. Parlementaires, intendants, traitants, fermiers généraux, ce sont partout mêmes familles, mêmes prétentions, mêmes chicanes, mêmes exhaussements égoïstes vers l'argent et le privilège. Le gouvernement se subordonne à la coterie des ambitions médiocres.

L'exemption d'impôts et de service fut la grande affaire autour de laquelle s'épuisa ce que le régime autorisait de passions politiques. Le droit de remontrance n'est qu'un perpétuel refus, mâtiné de plate servitude. La peine que s'était donnée le ministre dictateur pour assurer à l'État de suffisants concours financiers n'aboutit qu'à des luttes stériles; l'argent manqua toujours à l'État, puisque l'accaparement corporatif ou particulier le refusa jusqu'à la fin.

Le privilège de la robe visa même plus haut. Il osa porter la main sur l'arche sainte de l'hérédité : le Parlement de Paris annula, de sa seule autorité, le testament de Louis XIII, le testament, d'ailleurs absurde, de Louis XIV. Et quand la résistance impie du privilège eut refusé au pouvoir les ressources nécessaires pour assurer la grandeur nationale et eut poussé à l'excès la polémique du déficit, ce sont ces mêmes néo-privilégiés, ce fut la robe qui exigea la convocation des États généraux et qui déchaîna la Révolution. La mécanisation administrative avait détourné au profit du particularisme d'une classe, les sources de la vie.

Un grand peuple a une vie totale. La contraindre ou la restreindre est une entreprise au-dessus des forces humaines. Tout système est temporaire. Tout système périt par son excès, ou même par sa durée.

Un autre Richelieu eût été nécessaire à la fin du xviii° siècle pour sauver le principe royal en l'adaptant aux idées nouvelles et pour faire surgir du désordre un ordre nouveau. La monarchie ne rencontra pas cet homme et le régime succomba.

CHAPITRE TROISIÈME

RICHELIEU ET LES PARLEMENTS

Autorité traditionnelle des corps judiciaires.

Nous avons dit à quel point Richelieu se préoccupa de rallier à son ministère, à sa fortune, à ses actes le sentiment du pays. La faveur du Roi n'était, il le savait, un appui ferme que si elle était soutenue par l'opinion.

Mais cette opinion, qui donc avait qualité pour la représenter, pour élever la voix en son nom? Après les guerres de Religion et après la Ligue, il n'y avait plus, dans le Royaume, d'organisme jouissant pleinement d'une telle autorité. Les États généraux, s'étant laissé entraîner vers les partis hostiles à la dynastie et vers les complicités étrangères, avaient perdu leur antique prestige et la dernière assemblée des États, celle de 1614, avait abdiqué, par impuissance, entre les mains de la Royauté (1).

Dans les premiers temps de son ministère, Richelieu avait convoqué l'assemblée des notables et il avait recouru aussi à certaines réunions de personnages qualifiés; mais, n'y ayant guère rencontré qu'esprit de corps, esprit de classe, et non cet esprit public qu'il cherchait, il n'avait pas renouvelé l'épreuve.

Par l'abondante publication de brochures, de libelles, de feuilles d'avis, par la périodicité du *Mercure françois* (et bientôt par la *Gazette* de Théophraste Renaudot), ses « écrivains » — les hommes de « l'Académie Gazétique » comme disait Morgues, — répan-

---

(1) Voir ci-dessus, *Histoire du Cardinal de Richelieu*, t. Ier, p. 365, et suivantes.

daient et défendaient ses idées; mais les libelles contraires, distribués à profusion par ses adversaires et par l'étranger, le combattaient avec acharnement, et la gravité des problèmes, l'autorité des raisons se perdaient dans le tumulte de polémiques passionnées et grossières.

Restait un corps constitué, le Parlement de Paris, qui réclamait, en vertu d'un antique usage, un certain contrôle sur les actes du pouvoir. Rien ne prêtait davantage à la discussion et à la confusion que cette position prise et soutenue avec un entêtement souvent blessant par la Cour de Justice, qui n'était en somme, qu'une section détachée du Conseil royal.

La revendication des parlementaires avait son origine dans la nécessité où se trouvait le gouvernement royal de donner une publicité officielle aux actes du pouvoir. « Outre que la loi, et l'interprétation d'icelle dépend de l'autorité des juges, dit Omer Talon, défenseur ardent du parlementarisme renforcé, c'est le Parlement qui donne autorité aux lois nouvelles en les faisant inscrire dans les registres consacrés et en confiant à un corps judiciaire la mission de les appliquer (1). » D'où le Parlement concluait à un droit de critique sur les ordonnances et édits royaux. Le refus d'inscrire sur le registre ou un simple retard dans cette formalité était une sorte de veto. Dans cette forme solennelle, chère aux robins, les observations présentées par la Cour étaient qualifiées de *remontrances*. Les parlementaires se déclaraient ainsi les représentants du peuple en l'absence des États généraux; ils se qualifiaient eux-mêmes : « États généraux au petit pied ».

Les régaliens, au contraire, prétendaient bloquer la Cour dans sa compétence judiciaire, n'acceptant, tout au plus, de sa part, que de très humbles avis présentés au Roi, à genoux, le Prince étant seul maître et juge en son Royaume et ne devant compte de ses actes qu'à Dieu et à sa conscience.

Les deux thèses opposées se sont rarement exprimées avec plus de force et de clarté qu'au moment où, en proclamant la majo-

---

(1) *Mémoires*, édit. Michaud et Poujoulat, p. 7.

rité de Charles IX, le chancelier de L'Hôpital présenta à la Cour, pour qu'il fut enregistré, le quatrième Édit de pacification. On y avait introduit un certain principe de tolérance. Le Parlement de Paris avait refusé l'enregistrement. Il députa le président Christophe de Thou, Nicolas Prévôt, président des Enquêtes, et le conseiller Guillaume Viole pour représenter : « qu'aucun édit ne devoit passer en aucun Parlement du Royaume sans avoir été préalablement vérifié à celui de Paris ; que l'édit sur la majorité du Roi portoit que les huguenots auroient liberté de conscience ; mais qu'en France il ne devoit y avoir qu'une religion ; que le même édit ordonnoit à tout le monde de déposer les armes, mais que la ville de Paris devoit être toujours armée parce qu'elle étoit la capitale et la forteresse du Royaume. » Instruit par sa mère et par le chancelier, le Roi, quoique jeune encore, répondit : « Je vous ordonne de ne pas agir avec un Roi majeur comme vous avez fait pendant sa minorité ; ne vous mêlez pas des affaires dont il ne vous appartient pas de connoître ; souvenez-vous que votre compagnie n'est établie par les Rois que pour rendre la justice selon les ordonnances du souverain. Laissez au Roi et à son Conseil les affaires d'État ; défaites-vous de l'erreur de vous regarder comme les tuteurs des Rois, comme les défenseurs du Royaume et comme les défenseurs de Paris (1). »

Henri IV, qui connaissait son droit, ses hommes et son terrain et qui savait quel ton il faut prendre pour se faire obéir, avait tranché dans le vif, alors que le Parlement tardait à enregistrer l'Édit de Nantes : « La nécessité m'a fait faire cet édit. Je suis Roi et je parle en Roi. Je veux être obéi ; à la vérité, la justice est mon bras droit ; mais si la gangrène est au bras droit, le gauche doit le couper (2). »

Henri IV tempérait de familiarité l'autorité pour ne point recourir à celle-ci. Il n'avait pas oublié qu'à l'heure où il s'était agi de choisir entre les ambitions très catholiques de

---

(1) Voltaire, *Histoire du Parlement de Paris*, édit. de Kehl, p. 113.
(2) Paroles reproduites par le garde des Sceaux Châteauneuf, dans son *Mémoire sur le Parlement de France*, resté inédit et qui fait partie des Archives de M. G. Hanotaux.

l'Espagne et l'avènement de la dynastie des Bourbons, au temps où, dans le pays divisé et comme acharné à sa perte, le Paris de la Ligue avait pris position et où les États généraux avaient donné des mains à l'affreuse conjuration antinationale, c'était le Parlement de Paris qui, par son arrêt du 28 juin 1596, avait rétabli une situation quasi désespérée : « Remontrances seront faites à M. le duc de Mayenne, de présent en cette ville, qu'aucun traité ne se fasse pour transférer la Couronne en la main de prince ou princesse étrangère et que les lois fondamentales de ce Royaume soient gardées... Dès à présent, ladite Cour a déclaré et déclare tous traités faits et à faire pour l'établissement de prince ou princesse étrangère nul et de nul effet et valeur, comme fait au préjudice de la Loi Salique et autres lois fondamentales du Royaume...... (1) »

Et qui donc, quelle autorité obéie eût rendu un tel service, se fût prononcée avec autant de courage et d'efficacité, si ce n'est cette Cour représentant par excellence la principale des attributions souveraines, la justice? Qui donc eût guéri, comme par miracle, l'étrange folie subversive dont était affligé le corps de la nation?

Et, lorsque Henri IV fut assassiné et que, dans l'affreuse surprise, tout chancela à nouveau, le roi Louis, enfant, n'ayant auprès de lui que cette mère, inconnue des Français, la Florentine, à qui dut-on recourir encore pour maintenir l'ordre dynastique? Les ministres d'expérience, Villeroy, le président Jeannin, assurés que la Couronne se soutenait d'elle-même, avaient proposé d'attester que la volonté du feu Roi était que la Reine mère fût déclarée Régente; mais le chancelier Sillery, soutenu par l'opinion, se prononça pour le recours au Parlement de Paris : « Le Parlement siégeait alors aux Augustins; l'audience de relevée se tenait pour le jugement d'une affaire civile..... Le premier président de Harlay quitta son lit où il gisait malade, pour s'y faire porter. En peu d'instants les chambres furent réunies et l'avocat général Servin, revenant

(1) Voir le texte complet de l'arrêt dans Châteauneuf. *Op. cit.*, t. I, p. 100.

du Louvre, confirma la triste nouvelle. Sans désemparer, il demanda au nom de la Reine que le parlement pourvût, « ainsi qu'il avait accoutumé », à la Régence et au gouvernement du Royaume. La chose était non seulement nécessaire, mais pressée et il n'y avait pas d'incertitude sur la personne qui devait être revêtue de cette autorité : les histoires et les registres du Parlement prouvaient que l'usage était de la remettre aux Reines, mères des rois mineurs (1). » Le duc d'Épernon, le duc de Guise, partisans déclarés de la Reine mère, firent une apparition destinée à exercer une pression muette et à enlever la décision. Sans tarder on achève l'arrêt par lequel la Cour déclarait « la Reine régente du Roi en France pour avoir l'administration des affaires pendant le bas-âge du Roi son fils « avec toute puissance et autorité ». Il eût certes fallu vingt fois plus de temps pour juger le plus chétif procès (2).

Le droit d'enregistrement et le droit de remontrance.

Le Parlement se gonflait de ces grands services. Le premier président Le Jay les rappelait au Roi en 1633, au fort du ministère de Richelieu : « Pendant la prison du roi Jean, du roi François Ier et dans les derniers troubles de la Ligue, disait-il, le Parlement a fortement défendu la Loi Salique contre la prétention des étrangers. Nous nous vantons, Sire, hardiment de cet honneur; car notre gloire n'est pas nôtre; elle est et dépend de vous (3). »

Cette haute situation dans l'État, où des nécessités cruciales avaient porté le Parlement n'était pas le seul élément de sa grandeur. Il faut s'imaginer le prestige d'une classe qui, adossée à ce puissant principe social, la justice, se montrait digne séculairement d'en être l'interprète par ses mœurs, par

---

(1) Bazin, *Histoire de France sous Louis XIII*, t. I, p. 20-21.
(2) De cette intervention insolite du duc d'Épernon, il resta quelque rancune dans l'esprit des parlementaires et une querelle qui s'échauffa par la suite. Voir « Récit de l'insulte faite au Parlement par M. d'Épernon, en 1614 » dans *Documents historiques* extraits de la Bibliothèque royale, t. II, p. 499.
(3) Discours du premier président, dans Omer Talon. *Mémoires*, p. 21.

ses traditions et, plus noblement encore, par cette habitude de plaider, auprès du pouvoir, la cause populaire.

Le corps savait entretenir la haute idée que le peuple se faisait de lui, non seulement par l'éloquence, qui était sa marchandise, mais par la montre soigneusement présentée de ses vertus légendaires. Le Maistre, avocat illustre, âme forte, janséniste en instance du cloître, quand il s'agissait d'un parlementaire et du chef de tous les parlementaires, le chancelier Séguier, tant discuté d'autre part, atteignait le lyrisme dans le chant qu'il lui consacrait : « Je passerai sous silence sa parfaite intégrité dans l'administration de la justice, d'autant que cette vertu est si universelle et si ordinaire dans le Parlement, que ceux qui la conservent le plus ne méritent presque pas de louanges particulières... Il a voulu être le père des orphelins, l'appui de la faiblesse des veuves et le protecteur de la chasteté des vierges. Il a tâché d'établir des ports pour ceux qui feraient naufrage, de conduire les vaisseaux de sa charité sur les terres les plus stériles et de faire comme tomber une manne dans les déserts. Il a déclaré une guerre sainte à la nécessité de ses citoyens. Il s'est acquis l'admiration des sages, l'amour des peuples et les prières des affligés... (1) »

Bossuet, fils d'un père parlementaire, ornait de cette louange convenue l'oraison funèbre de Michel Le Tellier : « Ouvrez les yeux, Chrétiens, contemplez vos augustes tribunaux, où la justice rend ses oracles ; vous y verrez avec David, les Dieux de la terre qui meurent », à la vérité, comme des hommes, « mais qui cependant doivent juger comme des Dieux, sans crainte, sans passion, sans intérêt, le Dieu des Dieux à leur tête, comme le chante le grand roi d'un ton sublime dans ce divin psaume : *Dieu assiste, dit-il, à l'assemblée des Dieux et, au milieu, il juge les Dieux!* » O juges ! quelle majesté de vos séances, quel président de vos assemblées ! mais aussi quel censeur de vos jugements ! » Ajoutons que si Bossuet distribue si largement la louange au juste

---

(1) Oscar de Vallée, *Antoine Le Maistre*, 1858, 8°, p. 412.

juge, il blâme non moins éloquemment le magistrat ambitieux; car il n'a pas oublié la Fronde (1).

Avec ses qualités et ses défauts, l'ordre judiciaire était, à l'avènement de Richelieu, une puissance dans l'État et il s'établissait peu à peu comme une nouvelle aristocratie; car c'est un fait de la politique que tout parti qui domine le pouvoir tend au privilège. La robe, seule mandataire autorisée de l'opinion publique, se poussait, empiétait, usurpait par ses nombreuses équipes, organisées sur toute la surface du Royaume. Son recrutement, puisant jusque dans les masses populaires, l'élevait d'un mouvement continu jusqu'au lit de la plus haute noblesse. Saint-Cyran se plaint que les méthodes d'éducation de son temps « vident le pays de sa force active, surchargeant la République d'une infinité de gens oisifs qui se croient au-dessus de tout depuis qu'ils savent un peu de latin et qui penseraient être déshonorés s'ils ne quittoient la maison paternelle ». Et Montaigne, allant au fond des choses : « Qu'est-il de plus farouche que de voir une nation où, par légitime coutume, la charge de juger soit payée à purs derniers comptants et où légitimement la justice soit refusée à qui n'a de quoi la payer (2). »

Le degré par lequel montait ce mal « farouche », c'était la vénalité des charges, vénalité aggravée par l'hérédité dans les familles, conséquences de cette détestable paulette, créée par Henri IV pour recueillir de la robe quelque argent, toujours refusé par celle-ci. En dépit des critiques et de l'opposition de la Noblesse et du Clergé aux États de 1614, le mal s'était invétéré et les plus énergiques réformateurs, Richelieu lui-même,

---

(1) On trouverait des appréciations bien différentes sur les membres de la magistrature du Grand Siècle dans les *Notes secrètes sur le personnel de tous les parlements et cours des Comptes du royaume*, rédigées vers 1662, à l'usage soit de Fouquet soit de Colbert et publiées par Depping dans la *Correspondance administrative sous Louis XIV*. Collection des documents inédits, t. II, p. 33-132. — Mais il est indispensable de compléter cette lecture par la brochure rectificative : *Portrait des membres du Parlement de Paris et des maîtres de Requêtes vers le milieu du XVII° siècle*, publié par Duleau, Paris, Dumoulin, 1863.

(2) *Essais*, Liv. Ier, chap. XXII. Sur la justice royale, les Parlements et l'autorité croissante de la bourgeoisie de robe, voir les deux chapitres du tome premier de l'*Histoire du Cardinal de Richelieu*, p. 283 et 451.

durent, malgré leur sentiment personnel, renoncer à y porter la main, crainte de toucher au fondement même du régime, l'hérédité (1).

La classe s'était accrue en se greffant sur la ramure des autres classes et en pompant la sève de la Noblesse et du Clergé par l'envahissement des justices seigneuriales et ecclésiatiques et enfin par le triomphe des doctrines gallicanes. Associée à la cause royale, elle la servait, mais dangereusement, en se réclamant de la cause populaire, avec laquelle elle avait eu l'habileté bourgeoise de confondre la sienne.

De cette position unique, et en jouant du retard dans les enregistrements, le Parlement bombardait pour ainsi dire le pouvoir à coups de remontrances. Par la critique et le dénigrement des hommes en charge, les jeunes Messieurs des Enquêtes s'ouvraient le chemin des grands emplois. Pas un édit, quelque peu important qui ne subît leurs foudres.

Le pouvoir royal avait gardé, il est vrai, la ressource du « dernier mot », soit par l'envoi de lettres de jussion, soit par l'ordre formel d'enregistrer, prononcé de la bouche du souverain, soit par la cérémonie impérative du lit de justice. Mais cet état perpétuellement contentieux entre les deux pouvoirs affaiblissait l'un et l'autre, alourdissait gravement la marche des affaires et finalement compliquait les difficultés que la cause de l'unité rencontrait dans les dernières résistances des autonomies locales et de la féodalité.

Richelieu et le Parlement de Paris.

Comment Richelieu en userait-il dans ses relations avec les Parlements et en particulier avec le Parlement de Paris? Engagerait-il la lutte contre lui, alors qu'il avait déjà tant d'ad-

---

(1) Ce droit héréditaire de rendre la justice était devenu une propriété indiscutable. Tallemant cite ce mot du président Tambonneau : « Et quoi? Sera-t-il dit que Michau, fils de Michau et petit-fils de Michau et arrière-petit-fils de Michau, n'ait pas la charge de son bisaïeul? » Et l'on avait aussi un dicton, au Palais, pour la succession dans la grande famille de Mesmes : « De Mesmes, toujours de Mesmes ». Cité par Boppe, dans *Correspondance du Comte d'Avaux*, préface.

versaires sur les bras : la famille royale, la Cour, les grands, les protestants, et finalement les puissances du dehors? Ou bien, se ressouvenant de ses origines maternelles, louvoierait-il et tâcherait-il de s'arranger tant bien que mal avec une opposition qui, en somme, n'était pas tout à fait irréductible, parce qu'elle n'était pas entièrement désintéressée.

Nous avons sous les yeux un document inédit, de la plus réelle importance, parce qu'il a été rédigé par un homme qui avait figuré parmi les ministres de Richelieu, et que cet homme l'écrivit en pleine disgrâce, mais sans avoir renoncé à toute ambition. Il s'agit d'un important *Mémoire* composé pour Louis XIII au cours de l'année 1633 et dont l'auteur anonyme s'adresse au Roi en ces termes : « *J'ai estimé que la charge de laquelle il a plu à Dieu que le Roi m'ait honoré et les devoirs de cette charge m'obligeoient de laisser par écrit à Sa Majesté ce que j'ai appris des actions de ses prédécesseurs... sur la condition de nos Rois et des Parlements établis tant à Paris qu'ès autres provinces du Royaume.* »

C'est donc un « Traité des Parlements de France » émanant d'un personnage considérable, qui en raison de sa charge, eut à exprimer son avis sur les rapports du Roi et des Parlements. Tout indique qu'il s'agit du garde des Sceaux, Châteauneuf, successeur de Marillac (1). Le premier volume de ce mémoire historique et politique, puisé dans les archives du Parlement, traite, en général, de l'institution des Cours de justice, spécialement au point de vue de leurs prétentions d'ordre politique ; le second

---

(1) Voici la note bibliographique du manuscrit inédit : « Deux volumes in 4° veau, reliés aux armes de Th. Alex. du Bois de Fiennes, dit le Bailli de Givry, manuscrit d'une très belle écriture de la fin du xvii° ou du début du xviii° siècle, 242 et 215 ff. écrits recto et verso. *Traité des Parlements de France. Mémoires et commentaires sur l'Institution et pouvoir des Parlements de France.* » La copie de ce traité, qui ne paraît pas avoir été imprimé, a été faite et reliée pour le célèbre capitaine, Thomas Alexandre du Bois de Fiennes, dit le bailli de Givry, mort de ses blessures en 1744. Ce bailli de Givry était, par les Morant du Mesnil Garnier, neveu du marquis de Châteauneuf, garde des Sceaux sous Louis XIII, disgrâcié, puis jeté en prison au mois de février 1633. Ce serait probablement par suite d'un héritage de famille que ce document serait venu entre ses mains. Les événements auxquels il est fait allusion en placent nécessairement la rédaction après 1633. — Archives de M. Gabriel Hanotaux.

volume est consacré surtout aux procès politiques portés soit
devant le Parlement, soit devant des commissions et aussi aux
démêlés survenus entre le Grand Conseil et la Cour du Parlement
sur ces divers sujets. L'auteur du mémoire se prononce toujours
dans le sens des droits du Roi. Comme il est fait allusion à de
nombreux faits du règne de Louis XIII : à la prise de La Rochelle,
à la publication de l'ordonnance de 1629 (Code Michau), au
procès du duc de Rohan, à l'affaire de Casal, au retour du Roi
à Paris après la condamnation de Montmorency, la connaissance
intime de ces actes du pouvoir confirme que l'auteur du
mémoire est bien le garde des Sceaux, Châteauneuf.

Rappelons que Châteauneuf fut l'un des rares chefs de la
magistrature qui n'aient pas appartenu à l'ordre parlementaire. Il
eut, en qualité de garde des Sceaux, des démêlés fort vifs,
sur les questions les plus diverses, avec la Cour du Parlement.
Le Roi avait dû intervenir, en personne, pour lui assurer les
égards qu'il réclamait en raison de sa charge (1); sans doute
Châteauneuf avait-il conservé de ces démêlés quelque rancœur.
Le but qu'il semble poursuivre en rédigeant cet exposé, préparé
de longue main, où la politique et l'intérêt particulier se cachent
sous le couvert de l'histoire, était d'entrer dans le sentiment du
Roi, qu'il savait irrité par l'opposition tenace du Parlement. Châteauneuf se présente au prince comme un homme d'énergie,
capable d'en finir avec des prétentions contraires à l'autorité
royale. C'est une leçon et peut-être une justification, apparemment une candidature. Les ministres renversés ont de ces
illusions (2).

D'après le mémoire, il y aurait lieu « de restreindre les officiers
de justice à ne se mêler que de la rendre aux sujets du Roi, qui
est la seule fin de leur établissement, étant une chose importante;
que, si on laissait aller la bride à ces compagnies, on ne pourroit
plus les retenir après dans les bornes de leur devoir; il y auroit
lieu aussi d'envoyer dans les provinces (des représentants de

---

(1) Voir *op. cit.*, t. I, p. 219.
(2) Châteauneuf avait été écarté du pouvoir par la volonté propre de Louis XIII le 25 février 1633. Voir ci-dessous, p. 168.

l'autorité souveraine) pour éviter les épines des Parlements, qui fomentent des difficultés sur toutes choses (1) ». En un mot, la thèse « royale » est soutenue à fond et à plein. Or cette doctrine est en exacte conformité avec le sentiment de Louis XIII, qui la manifestait avec une ardeur croissante à ce même moment.

Dans une lettre à Richelieu, datée du 4 février 1633, le Roi écrivait : « Je vous avoue que deux choses me piquent extraordinairement et m'empêchent quelquefois de dormir : l'insolence du Parlement et les moqueries que les personnes que vous savez font de moi, *sans vous y oublier*. » Précisément nous avons vu déjà, en faisant mention de cette lettre, que les « personnes » en question n'étaient autres que Madame de Chevreuse et Châteauneuf (2). En fait, Louis XIII, au fort de ses querelles avec son frère, était ulcéré de la lenteur mise par le Parlement de Paris à enregistrer les édits. Le Roi, qui eut toujours une méfiance invincible à l'égard de son frère Gaston et de la cabale groupée autour de celui-ci, ne pouvait supporter ces retards calculés, où l'on avait le droit d'entrevoir et même de soupçonner quelque complicité. Châteauneuf, rival occulte de Richelieu, animé par cette duchesse de Chevreuse, amie de la Reine, semble avoir eu alors, pour tactique de s'offrir au Roi comme seul capable d'en finir avec l'opposition du Parlement et de devenir l'instrument de la volonté souveraine.

La question « politique » étant ainsi posée, que pensait et que faisait Richelieu? Soit habileté, soit système, selon sa maxime qu'il fallait n'avancer dans les affaires difficiles « qu'à pas de laine et de plomb », il se montrait plutôt enclin à procéder avec le Parlement dans un esprit de patience et de modération.

Pour bien apprécier sa conduite, il faut, d'ailleurs, distinguer les temps et les circonstances. Dans les premières années de son ministère, alors qu'il ne se sent pas entièrement assuré de la confiance royale, sa tendance est certainement de temporiser, d'apaiser les dissentiments, d'adoucir les humeurs du

(1) Voir le *Mémoire* de Châteauneuf, t. I, p. 216.
(2) Voir *Histoire du Cardinal de Richelieu*, t. III, p. 413.

Roi : en 1626, à propos d'un édit de finances qui est en préparation et qui trouvera probablement quelque résistance au Parlement, le cardinal est d'avis qu'on ne se lance pas à la légère : « A quoi le Roi doit prendre garde, écrit-il, parce que les Parlements s'y opposeront, et c'est chose à éviter de faire, en toutes rencontres, effort de sa puissance (1). »

A lire les *Mémoires* de Mathieu Molé, procureur général du Parlement et, par conséquent, organe officiel du Roi auprès de la Cour, on constate que l'esprit qui domine alors est un esprit d'apaisement : « Il ne faut pas tellement autoriser les Parlements, écrit le grand parlementaire, qu'ils désautorisent le Roi. » Et d'autre part, Richelieu, au cours de cette délicate affaire de Sanctarelli, en 1625, va répétant « qu'il ne faut pas donner tort au Parlement, qui, en beaucoup d'occasions, est nécessaire à la manutention de l'État (2) ». Et l'on remarque que le cardinal, d'accord en cela avec Marillac, se porte caution pour Molé, fait augmenter les gages de Molé, etc... En 1626, le Parlement s'exaltant sur un conflit avec sa bête noire le Grand Conseil, recourt à l'une de ces mesures qui plus tard auront pour effet de déclancher la Fronde : il fait armer le peuple de Paris « pour tenir la main à l'exécution de ce que la Cour avait ordonné »; il fait, en un mot, appel à l'émeute. Le roi, sur l'avis formel du ministre, traite encore l'affaire en douceur et il finira par se contenter d'une vague amende honorable (3).

Le Parlement de Paris dans l'affaire de Gaston et de la Reine mère.

Cependant, au fur et à mesure que la position du ministre se consolide et tandis que les mauvaises dispositions du Roi à l'égard du Parlement s'affirment, la manière du cardinal tend à se transformer. Il ne brusquera pas les choses, certes; mais il va

---

(1) *Mémoires du cardinal de Richelieu*, t. VII. p. 33.
(2) *Mémoires de Mathieu Molé*, t. I, p. 345, 355, 463, etc..
(3) *Ibidem*, t. I, p. 359.

jouer la partie à sa façon : force et souplesse tout ensemble.

Nous sommes au dernier acte de la querelle de Gaston (août 1631). Tout ce qu'on a pu grouper d'adversaires contre Richelieu a donné : les Marillac ont succombé; Gaston s'est marié en Lorraine; la Reine mère, après avoir tenu bon à force de retardements, bouderies et purgations, s'est enfuie de Compiègne et a cherché un asile aux Pays-Bas; la guerre civile et la guerre étrangère menacent. Le Roi a besoin de ses armées, de ses ressources, de l'opinion publique pour se consacrer au règlement de cette crise si grave, si pénible et, d'abord, pour écraser dans l'œuf la rébellion des grands en Provence, en Bourgogne, en Languedoc. Tout menace et tout presse. Et le Parlement qui oppose ses éternelles « remontrances » et procrastinations! Il faut agir pourtant. Est-ce le Roi qui règne ou est-ce le Parlement? Louis XIII est au comble de l'humeur, de l'impatience.

Dans son Conseil, les plus ardents se rangent à son avis : ils le poussent sur la pente où son tempérament à la fois timide et obstiné l'engage : briser la volonté des parlementaires et en finir avec eux par un coup d'éclat, fût-ce au prix d'un coup d'État. On lui souffle à l'oreille les paroles dures par lesquelles il fera connaître à ces éternels récalcitrants sa royale volonté et, même, on les écrit pour qu'il les ait toutes prêtes dans sa mémoire ou sous la main : « Le Parlement cherche tous les jours à entreprendre sur l'autorité royale; mais je lui rognerai les ongles de si près que je l'empêcherai bien. Vous êtes établis pour rendre la justice entre M. Pierre et M. Jacques, et non pour vous mêler des affaires d'État et du soulagement de mon peuple. Car j'en prends un plus grand soin que vous, etc., etc. »

Ces paroles ne furent pas prononcées, du moins en cette circonstance; elles se retrouveront quelque temps après, dans la mémoire du Roi. Mais observons bien ceci : le manuscrit conservé dans les archives royales porte les corrections autographes de Châteauneuf, alors garde des Sceaux. Voilà ce qui importe.

Mais Richelieu que fait-il? Certes, il ne songeait ni à recourir à un coup d'autorité ni à rompre; car, le 13 mai 1631, c'est-à-dire au cours de cette même querelle, il remettait au Roi une note ainsi conçue : « Il est des Rois comme des Dieux, qui ne se refusent jamais de pardonner et remettre les fautes à ceux qui s'en repentent. Si Messieurs du Parlement lui disent qu'ils sont venus pour reconnaître leurs torts,... je crois que Votre Majesté pourroit user de son extraordinaire bonté et les dispenser de l'exécution de ce qu'elle résolut hier, étant beaucoup meilleur que les hommes reviennent en leur devoir d'eux-mêmes que par la force (1). »

Cependant le Parlement s'est entêté. La querelle se prolonge. Le Roi ne s'apaise pas et il se sent en butte à l'ironie des entourages, qui plaisantent sa faiblesse et qui ne ménagent pas Richelieu. Celui-ci se rend compte qu'il est entre deux feux, qu'il faut se décider et mener à fond la partie assez mal engagée, en un mot parler ferme pour se faire obéir. Les propos édulcorés à la Molé ne sont plus de saison. Le cardinal prend donc la plume et, le 3 août 1631, il adresse au Parlement la lettre demeurée inédite et qui nous donne la clef de la procédure du ministre dans ces grandes affaires où les passes sont étroites et où il faut avancer, comme il le dit lui-même, « la sonde à la main ».

« Monsieur, manda-t-il au premier président du Parlement, je vous dirai que ce n'est pas sans quelque peine que Sa Majesté a vu que son Parlement ait paru vouloir se faire des titres contre l'autorité royale et que cette compagnie, non contente de faire à son Roy des remontrances avant d'enregistrer ses ordonnances et ses édits, se soit arrogé le droit de disposer et d'ordonner

---

(1) Relire le chapitre du *Testament politique*, 2ᵉ partie, chap. vi, « Une négociation continuelle ne contribue pas peu au bon succès des affaires. » *Lettres de Richelieu*, t. VIII, p. 71. — Avenel relate tout l'incident sans bien dégager le rôle occulte de Châteauneuf dans cette circonstance dramatique. — Voir aussi, dans l'ouvrage de Marius Topin, *Louis XIII et Richelieu*, p. 156, une étude documentée sur Châteauneuf et Madame de Chevreuse.

(2) *Lettres de Richelieu*, T. IV, p. 149.

(3) Document inédit. Archives de M. Gabriel Hanotaux.

contre la disposition précise et littérale de ses volontés ; il sembleroit même qu'il a porté ses entreprises jusqu'à prétendre que le Parlement pouvoit tout sans le Roy et le Roy ne pouvoit rien sans son Parlement. C'est sur de tels principes que cette compagnie a refusé d'enregistrer la déclaration du Roy, mais dois-je aussi vous avertir que Sa Majesté ne pourra se dispenser de reprendre et de consacrer les droits aussi sacrés que ceux-là. Le 3 août 1631.

« Armand, Card. DE RICHELIEU. »

Cette fois, le ton est bien celui du commandement, et la menace même fait sentir sa pointe. Cependant, à regarder les choses de près, on voit bien que Richelieu négocie, là encore, selon sa formule : « négocier toujours ». Il négocie, donc ; mais ce qui est encore dans sa manière, le poing sur la table. Il a pris les devants, il a couvert le Roi, et il attend.

En ce mois d'août 1631, sa position à l'égard du Parlement était des plus complexes : il pouvait craindre qu'une rupture déclarée ne nuisît gravement à la campagne intérieure de discipline et d'exécution qu'il poursuivait, et même à sa situation personnelle.

Vers le milieu de l'année 1631, de graves et nombreuses affaires étaient pendantes devant la Cour du Parlement. D'abord les complications mêmes qui amenaient la crise et qui tenaient tout en suspens : la fuite de la Reine mère, qui avait partie liée avec Gaston et les nécessités d'action et de dépenses que devait entraîner la guerre civile en perspective ; on attendait du Parlement l'enregistrement de l'aliénation des rentes au denier 16. Il fallait de l'argent à tout prix et les « épines » du Parlement fermaient la caisse des contribuables.

Le lit de justice « pour la sortie de la Reine mère du royaume » est du 13 août : or, on trouve, dans les Archives du ministère des Affaires étrangères, une rédaction, de la main d'un des secrétaires de Richelieu, avec cette mention: *Points de ce que le cardinal a dit à bâtons rompus sur le sujet de la vérification des édits par le Parlement*. « Lorsque les secours extraordinaires sont du tout nécessaires il ne faut pas les rendre difficiles. Et véritablement il vous importe beaucoup de faire connaître à tout le monde, en vous portant de vous-mêmes à la vérification qu'on désire, que le bien des affaires du Royaume est un motif assez puissant en vous pour vous porter à une chose du tout nécessaire, comme l'autorité du Roi pour la faire réussir est absolue... » Donc, sur ce point, le Parlement n'a d'autre issue que de se rallier à la volonté royale et d'obéir.

Il y avait d'autres affaires encore que Richelieu tenait à voir aboutir : il y avait l'un de ces actes royaux qui blessaient le Parlement à la prunelle de l'œil, mais qui, par contre, mettaient en cause tout le système de gouvernement que Richelieu entendait appliquer, à savoir le jugement *par Commissaires* des causes touchant l'ordre public. Précisément, une commission de justice venait d'être créée à l'Arsenal de Paris en vue de poursuivre les faux monnayeurs. A la répression énergique d'un tel mal, les finances du Royaume — le nerf de la guerre, — étaient grandement intéressées. Cette commission venait de se faire livrer deux faussaires qui, à bref délai, devaient être pendus en place de Grève. Le Parlement, ennemi déclaré de toute justice par commissaires, s'opposait au verdict et à l'exécution de la peine, qui devait avoir lieu, cependant, le 28 novembre 1631.

Un autre conflit d'une toute autre importance était aussi engagé ; c'était la suite du procès intenté contre le maréchal de Marillac. Le maréchal avait récusé les commissaires désignés, Moricq et Laffemas (cet affreux Laffemas !) et requis le Parlement d'évoquer la cause. Un arrêt de la Cour, rendu le 4 septembre, toutes chambres assemblées, interdisait aux Commissaires de passer outre à l'instruction du procès. Cet arrêt (qui n'a pas été retrouvé) irrita tellement le Roi, qu'il fit rendre par son Conseil un arrêt du 12 septembre cassant celui du Parlement du 4 septembre, interdisant à M. le Procureur général Molé l'exercice de sa charge, etc. (1).

(1) Voir l'arrêt du Conseil dans les *Mémoires d'Omer Talon*.

Molé lui-même, qui, selon l'opinion des entourages, n'avait pas suffisamment défendu le point de vue royal, fut mandé par Louis XIII à Fontainebleau (1).

Richelieu tenait ferme, bien entendu : n'était-ce pas son propre système de justice d'État par commissaires qui était en cause (2)?

Cependant on devait bien penser qu'entre le cardinal et Molé, les choses n'iraient pas jusqu'à une rupture déclarée. Richelieu avait une raison personnelle, et des plus fortes, pour ne pas laisser les choses s'envenimer. En effet, toujours à cette même date d'août 1631, une autre affaire encore était pendante devant le Parlement, et il y allait cette fois, non seulement du rang de Richelieu dans l'État, mais de sa sécurité en cas de disgrâce ou de mort soudaine de Louis XIII ; il s'agissait de l'enregistrement des Lettres royales créant les duchés-pairies de M. de La Valette, du cardinal de Richelieu et de M. de La Rochefoucauld. On s'imagine que les échauffés du Parlement comptaient bien se servir de cette arme : la chambre des Enquêtes, toujours intraitable, s'opposait à l'enregistrement, alors que la Grand'Chambre se montrait plutôt disposée à entériner. Précisons les dates : la lettre si sévère adressée par Richelieu au Parlement est du 3 août; le 30 août, le Roi intervient pour réclamer une prompte solution en faveur des nouveaux ducs et pairs. Richelieu écrit au premier président pour expliquer que les affaires l'empêcheront d'aller présenter lui-même les lettres patentes au Parlement (3).

D'autre part, la Cour de justice rend, le 4 septembre, un arrêt sur le jugement des faux-monnayeurs et le Conseil royal casse cet arrêt le 12 septembre. Les plaies sont au vif; on sent toute l'opportunité du voyage de Molé à Fontainebleau.

(1) Voir la lettre de Richelieu à Molé dans *Lettres de Richelieu*, t. IV, p. 204.
(2) On a vu, dans notre tome III, le récit du jugement de Marillac, qui eut lieu à Rueil dans la maison du cardinal et, il convient de le rappeler, sous la présidence du garde des Sceaux, Châteauneuf. Voir ci-dessus, t. III, p. 349.
(3) Voir *Lettres du Cardinal de Richelieu*, t. IV, p. 193, et, en note, tout le détail de cette délicate affaire qui se termina au gré du ministre. — Voir, aux Affaires Étrangères, tome 57, tiers du volume, copie de la pièce par laquelle il est donné à Richelieu rang et séance dans la Cour du Parlement.

Que s'est-il passé là? On ne le sait pas au juste. Le certain, c'est que, soudainement, les nuages se dissipent et que tout s'arrange. Si l'on en croit Omer Talon, qui, parlementaire enragé, était aux écoutes, mais qui ne dit que ce qu'il peut ou ce qu'il veut dire, « Molé fut bien reçu à Fontainebleau et, sans autre procédure judiciaire, sa présence et sa gravité naturelle dont il ne rabattit rien en ce rencontre, lui firent obtenir l'arrêt de décharge ». Mais ce prétendu arrêt de décharge ne s'est pas retrouvé dans les archives du Parlement, ni ailleurs.

Croyons-en donc plutôt une autre version qu'un confident de la famille Molé, écrivant par la suite la vie du grand magistrat, nous transmet comme une tradition : « Le magistrat répondit humblement au Roi qu'il n'avait rien fait que suivre le style de ses prédécesseurs en pareille occasion; ce qui fâcha le Roi, qui lui dit de mauvaises paroles; sur lesquelles il se jeta aux pieds de Sa Majesté en disant qu'il était bien malheureux d'avoir fâché un si bon maître. M. Molé se retira.... Mais le cardinal de Richelieu engagea le Roi à le faire revenir au Louvre, où Sa Majesté lui dit qu'en considération de ses services, elle lui pardonnait et le renvoyait à la fonction de sa charge (1). »

C'est donc encore Richelieu qui arrange la chose. Richelieu n'avait pas manqué de se faire donner des arrhes. En effet, Molé avait, *dès le 2 septembre*, rouvert le débat devant le Parlement sur les duchés-pairies, et l'enregistrement était obtenu de la Cour, le jour même.

On voit que Richelieu, présent à tout, surveillant tout, ménageant tout, ordonnant tout, ne s'oubliant pas soi-même, savait manier avec une adresse incomparable la douche chaude et la douche froide. Tout compte fait, il reste maître de la situation et il tient en main le Parlement, non sans surveiller l'intrigue qui tend à se servir de la querelle pour s'emparer de la faveur du Roi. Châteauneuf est bien malade.

Quant au règlement des affaires pendantes, si on a gagné du terrain, on n'est pas au but; la principale difficulté, à savoir,

(1) Récit de Claude Lepelletier, cité dans Barante, *La vie de Mathieu Molé*, 859, p. 37.

la compétence judiciaire des commissaires de l'Arsenal n'est pas résolue. Et ici le Parlement fait ferme sur le terrain du droit : poussant sa pointe, il défend aux officiers de police « de mettre à l'exécution les mandements desdits Commissaires, à peine de suspension de leurs charges, etc., etc. » Le Roi répond du tac au tac : par arrêt de son Conseil, les commissaires sont maintenus dans leur autorité, avec ordre à toutes les autorités du Royaume d'exécuter leurs décisions; les meneurs de la résistance parlementaire, les présidents Gayant et Barillon, les conseillers Melis, Tubert et Lainé sont interdits jusqu'à nouvel ordre dans l'exercice de leurs charges.

Le Parlement est convoqué à Metz, où le Roi est à la tête de ses troupes. Châteauneuf, toujours garde des Sceaux, a pris l'affaire en mains, dans la pensée, sans doute, de la mener rondement. A la Cour, certains des ministres, comme La Ville-aux-Clercs, sont inquiets des conséquences : « Je ne suis pas satisfait de nous », écrit celui-ci à Molé (1). Au Parlement, on n'est pas beaucoup plus fier; les esprits sont divisés. Molé écrit à La Ville-aux-Clercs, toujours sous le sceau du secret : « On se sert du nom du maître et de la puissance du ministre. » Châteauneuf prend la plume des mains de La Ville-aux-Clercs et il adresse ce reproche à Molé, qui essaye encore d'arranger les choses : « Pourquoi n'envoyez-vous pas au Roi la délibération du Parlement? C'est ce qu'il attendait de vous et, au lieu d'y satisfaire, vous faites simplement la réponse que vous a faite le Parlement. » C'est une mise en demeure de nature à décourager les conciliateurs.

Les délégués du Parlement sont donc convoqués à Metz, le 20 janvier. La séance est solennelle. Tout l'équilibre si péniblement établi dans le Royaume peut se rompre en cette heure décisive. Le Roi fait attendre la délégation et ne la reçoit que le 30 janvier. Châteauneuf prend la parole et, sans commencer par *Messieurs*, comme il est d'usage, il dit : « Sa Majesté, mal satisfaite de la Compagnie, veut que je vous dise qu'elle ne veut plus écouter vos remontrances, que vous ne sauriez plus faire, étant déchus de

(1) *Mémoires de Mathieu Molé*, t. II, p. 129.

la dignité de ses conseillers et devenus parties, et ne peut souffrir que vous vous mêliez des affaires qui regardent son service. Cet État est monarchique ; toutes choses y dépendent de la volonté du Prince qui établit les juges comme il lui plaît et ordonne des levées selon la nécessité de l'État. »

En s'exprimant de la sorte, le garde des Sceaux n'exagérait en rien la mauvaise humeur du Roi. Celui-ci adressait, en effet, le 12 février 1632, au cardinal de Richelieu, de Sainte-Menehould, la lettre suivante (1) : « Mon Cousin, je vous accorderois volontiers ce que vous me demandez pour les cinq robes longues (preuve que Richelieu s'employait à adoucir les contacts); mais, outre qu'il y a plaisir à les voir un peu promener à la suite de ma Cour, plus on relâche avec telles gens, plus ils en abusent. Quand un de mes mousquetaires manque à l'exercice d'un quart d'heure, il entre en prison ; s'il désobéit à son capitaine lorsqu'il lui fait quelque commandement à sa charge, il est cassé ; et en tel cas peut-il désobéir, qu'il perd la vie. Et il sera dit que ces robes longues me désobéiront librement et hardiment et je demeurerai du côté du vent (terme de chasse) ; et ces seigneurs gagneront leur cause sous ombre qu'ils déjeunent le matin en leurs buvettes et sont trois heures assis sur mes fleurs de lys. Par arrêt à Sainte-Menehould, (sans doute rendu par le Conseil), il n'en sera pas ainsi, car il est ordonné que vous serez moins facile et moins capable d'avoir pitié desdits seigneurs après qu'ils se sont mis en peine d'avoir méprisé ce qu'ils doivent au maître de la boutique, qui vous aime plus que jamais. »

Voilà une épître qui sent assez son Henri IV. Et Louis XIII, en recevant la délégation des « robes longues », redouble et reprend, peu s'en faut les termes de la minute que Châteauneuf avait mise au point l'année précédente : « Je ne suis pas préparé à vous répondre ; mais je veux que vous sachiez que vous êtes les seuls qui entrepreniez contre l'autorité royale... Vous n'êtes établis que pour juger entre maître Pierre et maître Jean, et je vous réduirai au terme de votre devoir et, si vous continuez vos entreprises,

---

(1) Voir *Documents d'histoire*, publiés par le Père Griselle, 1913, p. 363 ; d'après *Calendar of State Papers*, vol. 28 A, pièce n° 94.

je vous rognerai les ongles de si près qu'il vous en cuira »....

Molé fait observer que Richelieu et le garde des Sceaux « ont paru aussi étonnés que les autres » ; et il ajoute que ce qui affaiblissait les paroles du Roi, « c'est que celui-ci était entré en colère ».

Peu à peu les sentiments et même les paroles s'adoucirent, évidemment par l'intervention de Richelieu. Molé ne prononça pas le discours où il se proposait de soutenir les droits du Parlement. Une nouvelle intervention très dure de Châteauneuf, accusant les « téméraires entreprises » du Parlement, n'eut pas de suite et le Roi finit par donner congé à la délégation, en envoyant simplement les « interdits en leur maison des champs », se réservant d'ordonner leur rétablissement lorsque le Parlement aurait obéi et enregistré les édits. Le 2 mars, les interdits étaient rétablis dans leurs charges : l'esprit de transaction l'avait emporté.

Mais le mal renaissait de lui-même. Le 12 août, un lit de justice, consacré aux difficiles affaires de Monsieur, mit de nouveau les esprits en grand émoi. C'est encore Châteauneuf qui prend la parole. Il est vrai que les temps sont autres : le garde des Sceaux, « chargé de dire au Parlement l'ordre de Sa Majesté », prononça le discours suivant : « Messieurs, (il dit *Messieurs*, cette fois), c'est avec un déplaisir extrême que Sa Majesté se voit contrainte de venir pour la seconde fois en son Parlement pour un même sujet... Le Roi a voulu venir en cette compagnie comme au lieu le plus célèbre de son Royaume, tenir son lit de justice, y déclarer ses intentions et faire voir à chacun la bonté et la douceur dont il a usé envers Monsieur..... Vous les apprendrez par la lecture de sa déclaration, que vous ferez entretenir et observer par tous ses sujets par le devoir de votre charge, ce que le Roi se promet de votre fidélité, obéissance et affection ordinaires à son service et au bien de son État (1). »

Et ce fut une de ces accalmies par consentement silencieux et

---

(1) Pour le détail de cette affaire, où les nuances sont de si grande importance, comme dans toutes les affaires d'État, se reporter, en particulier, aux *Mémoires de Mathieu Molé*, t. II, p. 130-135, et aux *Mémoires d'Omer Talon*, où se trouve le procès-verbal du lit de justice, édit. Michaud et Poujoulat, p. 12.

tacite reconduction, qui devinrent la règle dans les relations entre la Royauté et le Parlement sous Louis XIII. L'absolutisme royal empruntait sa force directement et sans intermédiaire au concours que lui apportait l'opinion. Tout est possible en politique avec le succès. Les masses, une fois lancées, ont la confiance prompte et le crédit facile.

Le Roi part, fin août, pour le Languedoc, où il va régler à la fois le conflit né dans la famille royale et la « rébellion » des grands. Montmorency est condamné à mort et décapité. Après cette facile victoire, Louis XIII rentre à Paris, vers le milieu de novembre. Richelieu est au pinacle.

Mais voilà que l'on retrouve encore, le 13 décembre 1632, pendante devant le Parlement, l'insoluble question des commissaires de justice (1). Châteauneuf travaille comme s'il était décidé à jouer la partie à fond.

Quelques semaines se passent, livrées aux intrigues de la Chevreuse. Louis XIII est à la fois lassé et irrité, selon l'effet que produisent d'ordinaire sur lui tant d'infinies longueurs. Le 4 février 1633, il adresse à Richelieu la lettre que nous avons citée déjà et qui est le pivot autour duquel tout va tourner : « Je vous avoue que deux choses me piquent extraordinairement et m'empêchent quelquefois de dormir : l'insolence du Parlement et les moqueries que ces personnes que vous savez font de moi, sans vous y oublier... » Ces personnes sont, bien entendu, la duchesse de Chevreuse et Châteauneuf.

Ils ne ménagent pas Richelieu; Richelieu ne les ménagera pas. Le lendemain, 5 février 1633, Châteauneuf « est chassé », selon le mot d'Omer Talon, qui exprime la joie insigne de tout le monde parlementaire. L'ami de la Chevreuse aura, dans sa prison, le temps de mettre la dernière main à son lourd *pensum* contre les Parlements, qu'il préparait pour Louis XIII, que le Roi n'a probablement pas reçu, qu'il n'a pas lu et qu'il n'aurait pas lu, s'il lui eût été remis. La politique ne s'attarde pas aux bavardages rancuniers des ministres congédiés.

---

(1) Voir Omer Talon, *Mémoires*, p. 18.

GASTON FILS DE FRANCE DVC D'ORLEANS

GASTON D'ORLÉANS FRÈRE DE LOUIS XIII

Quand, bientôt après, les grandes difficultés intérieures du Royaume se trouvaient en quelque sorte résolues par la nouvelle soumission de Monsieur, c'est devant le Parlement de Paris et en séance solennelle d'un lit de justice que Richelieu alla consacrer le triomphe de son système gouvernemental et fixer en des termes définitifs la situation sans précédent où ses succès portaient la Royauté. Son discours eut un immense retentissement : il affermissait à la fois l'autorité et la discipline consacrant l'équilibre national. La harangue prononcée le 17 janvier 1634 circula de main en main; mais elle ne fut imprimée dans le *Mercure françois* qu'en 1637, comme si le cardinal n'eût voulu lui donner la sanction de la publicité qu'après l'effet produit et le consentement universel assuré.

Le discours commence par un exposé des victoires du Roi sur l'adversaire du dedans et sur les ennemis du dehors; il montre l'indulgence généreuse avec laquelle le Roi accueille Monsieur repentant; il dit l'abaissement des grands; il dit le souci qu'a le Roi d'attirer les bénédictions divines sur son peuple : « Dieu est trop bon pour permettre que la France, qui a tant pâti, souffre et pâtisse davantage. Il ne reste plus qu'à soulager le peuple pour la délivrance de toutes ses misères. C'est un dessein que le Roi a toujours eu dans sa pensée et qu'il eût entièrement exécuté sans les traverses qu'on lui a données. Si elles cessent, je veux le croire, le mal dont elles sont la principale cause cessera aussi indubitablement, et, lors, nous serons au comble de nos joies. Mais, à cette tâche, il est nécessaire que tous s'emploient selon leur devoir, à la place qui leur est assignée. Le Roi sait que les desseins d'un nouvel embrasement sont formés, que diverses liaisons sont faites à ces fins, qu'on tâche déjà d'épandre les spécieux et faux prétextes de piété dont on s'est servi par le passé pour de funestes entreprises. Il voit, à son grand regret, que les personnes qui devroient avec plus de soins et pourroient plus facilement seconder le désir qu'il a d'empêcher ces malheurs, sont entre les mains de ceux qui les machinent; il craint qu'un jour, par ce moyen, la roue de la fortune de la France ne descende plus en un moment qu'on ne le fait avec beaucoup de temps et de difficultés… Il souhaite ardemment de prévenir tous ces maux, mais il ne le peut seul; il y a du travail pour tous ceux qui sont avec lui sur le vaisseau de cet État. Il n'oubliera rien de ce qu'il pourra par sa vigilance incomparable, par sa bonté et son autorité. Reste qu'un chacun fasse son devoir à mêmes fins. »

L'avertissement est formel et l'ordre est clair : chacun à son devoir, chacun à sa place; pas de conflit, pas de violence, pas de rupture, mais ordre et obéissance, confiance mutuelle et bonne volonté. Pour prendre en mains la cause du peuple, un seul suffit : le Roi.

La guerre allait éclater. Dès lors, la préoccupation des affaires du dehors prime les difficultés du dedans; on se battra avec le concours de la France entière. Pas de divisions : de l'argent, des armées, du courage, de la discipline et des chefs. Les moyens sont subordonnés à l'urgence des exécutions.

La politique du pouvoir royal à l'égard du Parlement prend désormais, par la volonté du cardinal, un caractère plus stable et plus ferme. L'autorité royale doit s'exercer par ses actes; elle ne se perdra pas en paroles : pression constante et pénétrante; un tour de vis de jour en jour. Les rapports se maintiendront désormais selon un rite tacitement convenu, et qui est le suivant : le Roi envoie au Parlement les édits délibérés en son Conseil; le Parlement adresse ses « remontrances » au Roi; le Roi le convoque auprès de sa personne et lui donne l'ordre d'enregistrer; dans les grandes circonstances, il tient un « lit de justice »; le Parlement déclare ou fait savoir qu'il obéira à des lettres de jussion; on les lui envoie; et il enregistre les édits ou ordonnances « sans tirer à conséquence pour l'avenir ». Cette façon d'agir est entrée dans les mœurs; elle atténue les crises, si elle n'évite pas les chocs.

Indiquons quelques points de repère : 1635, opposition du Parlement à l'édit des contrôleurs; arrestation de plusieurs membres du Parlement (4 janvier 1636); refus du Parlement d'enregistrer les quarante-deux édits créant de nouvelles charges; «extrêmes insolences commises par le Parlement »,écrit

Richelieu au Roi (1); défense d'assembler les Chambres; le Roi mande le Parlement au Louvre et lui ordonne de voter les subsides. — 1637 : l'édit des procureurs (création d'offices), rendu en 1634, n'a pas été encore enregistré; il faut de l'argent. Violente sortie du Roi : « Je veux être obéi; j'ai fait des grâces à mon Parlement. Je veux être obéi. » Et le cardinal : « Vous attendrez la grâce du Roi, qui veut être obéi. » — 1638, interdiction de la chambre des Requêtes, dont rien ne peut briser l'agaçant parti pris d'opposition; cependant la lettre du Roi au Parlement sur la prise de Brisach montre à quel point on tient à associer, comme par le passé, la haute assemblée aux grands faits de l'histoire nationale. — 1640, les besoins du gouvernement augmentent; pour obtenir des classes privilégiées les concours indispensables, on recourt aux procédures normales de la fiscalité royale; au Parlement on crée seize offices, c'est-à-dire qu'on vend seize charges; autant que les héréditaires n'auront pas! le Parlement refuse d'enregistrer, etc.; lettres de jussion, etc.; on tranche dans le vif et une mesure royale du 20 août 1640 supprime, pour ainsi dire, cette insupportable chambre des Enquêtes et des Requêtes en la ramenant à la situation qui était la sienne en 1597. Les têtes chaudes du Parlement se déclarent en état de rébellion par une sorte de grève; on ne les voit plus au Palais. Le cours de la justice est suspendu. Mais Richelieu ne perd de vue ni les intérêts de l'État ni ceux de sa propre politique ; il manœuvre : un libelle des plus violents ayant paru, dénonçant le projet d'un schisme qu'on lui attribue, le fameux *Optati Galli de cavendo schismate,* il recourt au Parlement et obtient une condamnation qui le remplit de joie.

(1) Voir *Harangue du Cardinal de Richelieu au Parlement en 1634.* Manuscrits de la Bibliothèque Mazarine, n° 1360.
Voir dans Avenel (t. V, p. 390), la lettre de Richelieu et le détail de cette grave affaire, prélude aux mesures prises par le Parlement, qui auraient pour effet de vider, en pleine guerre, les caisses de la trésorerie. — Au même moment, Richelieu écrit au Roi : « Le cœur me saigne d'avoir su par le Sieur Boutard la misère avec laquelle l'armée de Flandres est toute périe... Je proteste devant Dieu que je voudrais avoir donné de mon sang que cette pauvre armée n'eût point été réduite à l'extrémité où elle est, ce qui est de plus grande conséquence qu'on ne saurait imaginer pour les affaires du Roi, dont on méprise la puissance par la misère avec laquelle on voit périr ses troupes ».

Bientôt, ce sont les victoires sur les Espagnols, célébrées à grande pompe; puis ce sont les heureuses naissances du Dauphin, du duc d'Anjou. Le Roi grandit de toute la grandeur de ses succès et de la certitude de l'hérédité royale. L'aube de Rocroi se lève.

Louis XIII a assuré l'ordre dans son Royaume, l'accroissement de sa puissance et l'avenir de sa race. Lui et Richelieu, talonnés par l'épuisement, la maladie, ont hâte de voir l'œuvre se couronner par la paix.

Mais ne voilà-t-il pas que le Parlement en revient à ergoter, à contrarier, à retarder les affaires ! Il rend un arrêt « pour informer sur les désordres et dissipations des finances »... Cette fois, c'est l'ingérence, le contrôle, la crise des réformes ouverte en pleine guerre? Un lit de justice est convoqué. Le Roi ne se contente plus de parler. Il agit : interdiction à la Cour de Parlement de mettre à l'avenir en délibération telles et semblables déclarations ; défense de prendre à l'avenir connaissance, non seulement d'aucunes affaires semblables à celles ci-dessus, mais de toutes celles qui peuvent concerner l'État « que nous réservons à notre personne seule et à nos successeurs rois ; nous réservant de prendre sur les affaires publiques les avis de notre Cour de Parlement lorsque nous le jugerons à propos pour le bien de notre service ; ... leur enjoignons et commandons de faire publier et enregistrer nos édits sans en prendre aucune connaissance ni faire aucune délibération sur iceux, ni user de ces mots : *nous ne devons ni ne pouvons,* qui sont injurieux à l'autorité du Prince ».

Enfin l'offensive : « Ayant reçu de nombreuses plaintes que la discipline est de beaucoup relâchée dans nos Cours de Parlement, en attendant d'y pourvoir, nous voulons et ordonnons que les règlements portés par nos ordonnances sur le fait du procès des commissaires soient exécutés selon leur forme et teneur. »

En particulier, la Grand'Chambre, qui devait servir d'exemple aux autres est l'objet d'un blâme sévère et de mesures visant sa propre constitution ; la charge du président Barillon aux Enquêtes et celles de quatre conseillers sont supprimées, les magistrats renvoyés (1). Richelieu assiste au lit de justice, de même que le chancelier Séguier, son homme lige.

Est-ce une nouvelle ère qui s'ouvre? Le président Le Jay meurt; l'illustre procureur général Molé est nommé à sa place. Richelieu mourra le 4 décembre 1642; Louis XIII, le 14 mai 1643. Le Parlement va régler une fois de plus, du consentement unanime, les graves questions constitutionnelles que pose la minorité du jeune roi Louis XIV : le testament de Louis XIII, l'attribution de la Régence, etc. Anne d'Autriche lui devra sa facile mainmise sur le pouvoir.

La querelle va-t-elle s'apaiser dans les effusions qui suivent ces accords et par la rentrée en grâce de tous les mécontents?.. Eh bien! non. Entre la Couronne et le Parlement, les rapports s'aigrissent plus que jamais et bientôt, par un entremêlement de fautes et de vivacités réciproques, ce sera la *Fronde*, la Fronde qu'à force de sagesse et de tact Richelieu avait su éviter.

La Fronde parlementaire réclamera l'abolition de la plupart des mesures de gouvernement prises par Richelieu : suppression des intendances et des commissaires extraordinaires; régalement des tailles ramenées aux anciens taux; vérification des édits et ordonnances par les Cours souveraines; interdiction des rachats de rentes et des suppressions d'offices; création d'une chambre de justice composée de membres des Cours souveraines et chargée de connaître les abus et malversations commises dans l'administration des finances du Roi (2). Cette initiative déchaînera une reprise extraordinaire des revendications des princes, de la Noblesse, en un mot de ce qui reste de la féodalité (3).

C'est la guerre civile, alors que la lutte suprême est engagée contre la maison d'Autriche; c'est comme une nouvelle Ligue,

---

(1) Voir le texte de l'édit de Saint-Germain-en-Laye, de février 1641, dans *Recueil des anciennes lois françaises*, t. XVI, p. 529. Cet édit fut d'une importance capitale; il décida de l'attitude de la Royauté à l'égard du Parlement. Louis XIV n'aura plus qu'à suivre. En voilà pour un siècle et demi.

(2) Voir *Journal contenant ce qui s'est passé en la Cour du Parlement de Paris sur les affaires du temps*, 1648-1649. Chez Alliot, 1649 in-4°, p. 12 et suivantes.

(3) Voir le rarissime ouvrage : *Journal de l'assemblée de la Noblesse tenue à Paris en l'an 1651*, sans nom d'éditeur, petit-in 4°. *In fine*, le discours de l'évêque de Comminges, se réjouissant de la prochaine convocation des États généraux.

annihilant les forces de la France. La minorité de Louis XIV
est une autre minorité de Louis XIII : Paris en état d'émeute
contre l'unité nationale ; la Reine Régente et son gouvernement
fuyant en province ; la frontière franchie par les armées ennemies ; l'indépendance de la France en péril ; Monsieur le Prince
souillant par de médiocres ambitions, qui rappellent trop les
mauvaises années de son père, la gloire de Rocroi.

Le Parlement perdra finalement la partie si mal engagée.
Mazarin rentrera à Paris triomphant et il passera au jeune Roi
Louis XIV le fouet dont celui-ci saura se servir.

Et, pour mettre les choses à leur place dans l'histoire totale,
comment ne pas rappeler encore que cette même Cour du Parlement, cette même classe des robins, en refusant de contribuer
aux charges de l'État et en se dérobant au devoir national,
jouera jusqu'à la fin, sur la carte biseautée d'un privilège usurpé,
la partie décisive de l'existence du régime. Quand l'heure sera
sonnée et que la nation elle-même, avertie de ses droits, en
réclamera la jouissance, les échauffés du Parlement, en demandant
la convocation des États généraux, provoqueront, non plus seulement une émeute, mais une révolution. Encore une fois, il a
manqué alors à la Royauté et au Royaume un grand ministre,
dont l'autorité et le savoir-faire les eût maintenus peut-être dans
la sagesse ou mis à la raison.

CHAPITRE QUATRIÈME

RICHELIEU ET LES PROVINCES

L'administration locale. Les intendants de Richelieu.

Un historien a écrit : « Les plus grands fléaux de l'humanité, ce sont les grands politiques qui ont un but inflexible. »
Ces hommes à l'imagination puissante et aux plans préconçus, on les appelle grands, quand, ayant eu l'intuition profonde des intérêts permanents de la société où ils vivent, ils ont su, par leurs travaux, améliorer les conditions d'existence de cette société, inapte trop souvent à satisfaire par elle-même à ses propres besoins. Ayant discerné, dans le trouble des âmes, les aspirations confuses des générations nouvelles, ils se présentent pour répondre à leur appel non formulé et ils mobilisent, avec clairvoyance et courage, les forces nécessaires pour accoucher le passé de l'avenir, par le moyen de la discipline, fille de l'autorité. Sans craindre la coalition de la routine, des intérêts nantis, des entêtements aveugles, qui ne céderont ni à la raison, ni à l'humanité, ni à la prévoyance, ils foncent sur le mur à demi-ruiné et le renversent. Dédaigneux même de cette forme humaine de la justice, le droit, ils révisent les pactes en les déchirant.

Ils reprennent, devant le corps social, l'éternel problème des droits du magistrat sur les peuples et des peuples sur le magistrat; et ils le résolvent, forts des vœux du peuple contre le magistrat, en ramassant entre leurs mains toute l'autorité du magistrat : le cri de la liberté a suscité le dictateur. Révolutionnaires et consuls, ils veulent, ils ordonnent, ils enjoignent, ils punissent ; l'obéissance est leur exigence ; la répression est impitoyable.

Comment n'admettrions-nous pas qu'un Richelieu ait passé outre au droit constitutionnel du moyen âge, qu'il ait rasé le donjon féodal, qu'il ait piétiné les vieilles autonomies locales et que sa clairvoyante colère ait secoué le sommeil d'un passé à l'agonie? Il marchait avec son siècle.

Mais aussi qui lui reprocherait aujourd'hui (comme on le faisait assez naïvement hier encore), de n'avoir pas ouvert la voie aux libertés représentatives et parlementaires? Ni lui, ni ses contemporains n'avaient subi l'envoûtement du siècle suivant pour ce système britannique qu'Aristote, saint Thomas et Bodin lui-même avaient ignoré. A l'heure présente, dans cette instabilité des choses et des doctrines qui est notre héritage, n'entendons-nous pas se renouveler cet appel à l'autorité et à la discipline, même à ce dangereux bienfait de la dictature qui, à la suite des guerres de Religion et de la Ligue, avait mis fin au grand désordre.

Le dictateur est l'homme des temps désespérés. Porté par la nécessité, il s'élève au-dessus de son temps; mais, surhomme, il n'est qu'un homme cependant. Il ne peut abandonner tout à fait la terre. Mais, par dessus les têtes, il voit ce que les autres ne voient pas et s'irrite de leur aveuglement qui nie ce qui est, pour lui, l'éclatante lumière. Sa volonté est comme sa vue, ardente, pénétrante. Il se presse et il presse ; car il peut mourir demain.

Ces grands hommes ont, plus encore que les autres vivants et mourants, le halètement de leur disparition toujours prochaine : c'est qu'ils pensent, non à leur vie, mais à leur œuvre. Dans l'angoisse de la laisser inachevée, — quoi qu'ils fassent, elle sera toujours inachevée, — ils veulent la porter plus loin, plus loin, et plus loin encore. C'est pourquoi nous les voyons surexcités, nerveux, trépidants, ne s'épargner ni à eux-mêmes ni aux autres, nulle peine, minutieux, exigeants, tatillons, parce qu'ils savent que le moindre caillou négligé peut arrêter le roulement de la machine montée avec tant d'efforts. Bayle observe : « Les génies les plus sublimes sont ceux qui négligent le moins les occasions qui semblent les plus ridicules, les plus absurdes. Je parle de ces grands génies qui gouvernent les États. L'étendue de leur pénétration leur fait découvrir des ressorts où l'on croit qu'il n'y en a pas. C'est qu'ils connaissent mieux que les autres hommes tous les usages que l'on peut faire d'une vétille ; ils savent mieux ce que l'ignorance et la faiblesse des uns et la malice des autres peuvent produire. » Cette minutie passionnée était particulière à un Richelieu, homme d'église, élevé dans les arcanes de la théologie ; le raffinement de la sévérité était aiguisé en lui par la connaissance de l'âme humaine.

Les experts attitrés des choses de l'homme sont portés au pessimisme. Ils ne pensent pas que l'homme soit « bon en sortant des mains du Créateur ». Ils ont la haine des petites âmes et des petites passions, tout en les employant, puisqu'on ne peut se passer de leur nombre. Ils s'abaissent même aux affaires médiocres tout en n'y étant pas très aptes. Richelieu écrit dans ses notes secrètes : « Quelquefois les grands sont contraints de faire des choses qui sont au-dessous d'eux, d'autant que la nécessité des affaires ne connoît pas les lois de la grandeur (1). » Les mensonges bas, la vilenie des calculs, le grouillement des petites convoitises purulentes les dégoûtent rien qu'à l'odeur et ils nettoieraient d'un revers les écuries d'Augias ; ils s'attardent cependant, en cette fange, mais c'est pour la nettoyer.

Par contre, ayant besoin de concours, de fidélité, d'affection, de confiance, ils s'attachent, d'une prise vigoureuse, les modestes, les zélés, les hommes de foi qui se donnent à eux. Chefs, il leur faut une troupe ; capitaines, il leur faut des soldats. Tout est bon qui sert. Ils ferment les yeux sur les défauts des dévoués.

Les ambitieux de seconde ligne, ayant surpris ce trait de leur caractère généreux, les abordent par la flatterie qui leur est nécessaire comme un alcool dans leurs combats épuisants ; le maître est gagné par le miel de l'admiration, dont il s'enivre, en attendant que sa clairvoyance et sa méfiance aient réveillé en lui la violence et parfois la cruauté.

(1) *Maximes d'État*, n° 118 et n° 124.

Car, ces grands manieurs d'illusion, toujours désillusionnés, sont intolérants, durs, sans pitié. Leur œuvre et leur volonté réclament le sang des victimes pour apaiser les dieux. Tout ce qui s'oppose à leur raison doit être brisé. Ils ne s'appartiennent pas, ils appartiennent à la destinée qui les a choisis, et qui les brisera eux-mêmes pour finir. Cruels donc, comme la vie et comme l'espérance; mais ne se refusant pas non plus à une certaine humanité; car ils sont prudents, économes de leurs forces et ne dépensent que le nécessaire. Ils préfèrent le juste, n'ignorant pas que son équilibre est une sécurité; mais ils ne s'attardent pas à le rechercher dans ses formes vulgaires et précaires. Ils visent plus haut. Richelieu se trace à lui-même sa règle de conduite à l'égard de la justice dans ses notes intimes : « Au cours des affaires ordinaires, la justice requiert une clarté et évidence de preuve. Mais ce n'est pas de même aux affaires d'Etat, où il s'agit de *summa rerum*. Car souvent les conjectures doivent tenir lieu de preuves, vu que les grands desseins et notables entreprises ne se vérifient jamais autrement que par le succès ou événement d'icelles qui ne reçoit plus de remède. »

Tel est le risque de la grandeur : le jugement du juste est remis à l'avenir. Cela encore, le grand homme l'accepte, marchant les bras tendus et les yeux mi-clos vers ce « but inflexible » qui lui est imposé par son destin.

Richelieu et les provinces du Royaume.

Dans l'opération cruciale qu'il avait à accomplir sur la France, Richelieu savait devoir rencontrer des oppositions obstinées, des résistances acharnées, surtout dans les provinces du Royaume.

La province est traditionnaliste. Elle ne sait pas et elle n'apprend que très lentement, ne s'émeut que tardivement; elle s'est fait un oreiller de sa misère et ne veut pas qu'on le lui change. A quoi bon? Elle pense qu'elle sera toujours mal, peut-être plus mal. Par prudence et par réflexion, elle est toujours en retard d'une idée et d'une année.

Or c'est justement vers la province que se tournait Richelieu parce que seule laborieuse et épargnante, féconde en naissances et en œuvres, habituée à la dure et au sacrifice, elle pouvait lui fournir ce dont il avait besoin, tout de suite et en masse, des hommes et de l'argent.

La féodalité avait eu pour raison et pour effet de disséminer le pouvoir sur toute la surface du pays. Philippe le Bel, Louis XI avaient lutté pour reprendre en mains ces forces éparses ; mais les guerres de religion avaient renouvelé et aggravé les misères de la guerre de Cent ans par celles des dissensions civiles.

Il fallait en finir avec ces maux, non-seulement dans l'intérêt du pouvoir et en vue d'un bienfait collectif certain, mais pour le bien-être de chaque foyer, de chaque famille, de chaque province arrachée à son isolement, pour le peuple entier qui, fier de la victoire et de la délivrance avait retrouvé en lui-même l'âme de la vieille Gaule. On avait senti l'unité nationale se chercher à tâtons dans l'unanimité des sentiments et des collaborations contre le dehors ; il fallait, maintenant, incruster ce même sentiment dans un bloc de loyauté politique et sociale au dedans.

La grande affaire du cardinal, une fois l'ordre royal ramené à la Cour, fut donc de l'étendre au pays tout entier. Nous avons dit, dans une étude antérieure, quels moyens et quel personnel avaient employés les âges précédents pour imposer une première administration royale à la masse fissurée des seigneuries féodales et des autonomies provinciales (1). Ni la justice ni la loi n'y auraient suffi : la loi, comme nous l'avons rappelé, était mal obéie ; quant à la justice, elle était aux mains d'un corps qui combattait avec acharnement pour ses privilèges.

La Royauté avait recouru, selon la tradition carolingienne, au système des « missi dominici », des commissaires. Parmi les membres de ses conseils et même dans l'intimité de sa maison, elle avait choisi des hommes jeunes, ardents, ambitieux, les maîtres des Requêtes de l'Hôtel, c'est-à-dire des magistrats en expectative,

---

(1) Voir G. Hanotaux, *Origines de l'Institution des Intendants des Provinces*. Champion, 1883, in 8°. — Voir aussi le tableau des provinces dans « *La France en 1614* », *Histoire de Richelieu*, t. 1ᵉʳ, 2ᵉ partie.

et leur avait confié le mandat impératif d'aller dans les provinces pour faire connaître la volonté du Roi, abstraction faite de toute loi, coutume ou privilège : *sic volo, sic jubeo*.

Ces hommes de main forte accompagnaient les armées royales en cas de guerre, de troubles graves, d'occupation militaire sur les terres conquises. Ces justiciers, une fois l'ordre rétabli, ne se pressaient pas de rentrer; ils habituaient les peuples à connaître une volonté supérieure qui leur était, d'ailleurs, un recours permanent. La mission des maîtres des Requêtes était comme une manière de « Grands jours » sans vaine solennité. Grand jour, en effet, pour la cause royale et pour la cause nationale, quand l'émissaire de la volonté suprême apparaissait dans la vie locale et hâtait l'agonie d'un passé lent à mourir.

La mission des intendants de justice, police et finance (pour reproduire les termes qui devinrent ceux de leur commission), était tellement adéquate à l'entreprise totale de Richelieu, qu'on lui en a attribué l'institution. On se trompait : les premiers intendants étaient apparus en même temps que l'autorité royale prenait conscience de son rôle de discipline et d'organisation centralisée. On les a signalés dès le temps de Henri II (1); mais Richelieu s'en servit avec une telle maîtrise qu'on peut dire qu'ils furent par excellence ses instruments, ses hommes.

L'administration du cardinal, de par les nécessités du temps, — et un peu contre sa propre conception, si fortement méthodique, — fut surtout fragmentaire, pragmatique, s'inspirant des temps, des circonstances, des lieux et des hommes; à peine encadrée, nullement hiérarchisée, elle ne tient que par l'ordre direct et l'obéissance immédiate. Magistrature nomade, la chevauchée de ces maîtres des Requêtes, devenus intendants, apparaît,

---

(1) Charpentier, secrétaire préféré de Richelieu, sollicitant de lui, en mai 1625, la commission d'intendant de justice dans l'armée qui opère en Lorraine, lui écrit : « La charge de président de la justice de Metz a été établie par le roi Henri II de très glorieuse mémoire. Lors dudit établissement, il n'y avait de président ou intendant de la justice que hors du Royaume et en pays conquis. Mais, depuis les guerres civiles, l'on a envoyé en plusieurs provinces des intendants de la justice, mais non jamais en cette frontière » *Mss. de la Bibliothèque Nationale*, fonds français, supplément vol. 6651.

disparait, selon l'opportunité ; elle arrive, elle regarde, elle agit et elle passe.

Il n'y a, en conséquence, d'autre histoire de ce genre d'administration que le relevé du va-et-vient de ces hommes. Pour connaître, dans son ensemble, la politique provinciale du cardinal, il faudrait suivre chacun de ses agents dans chaque localité et, par leur correspondance avec le ministre, voir de quelle manière ils appliquaient des instructions aussi différentes que leurs missions mêmes. Une telle recherche et un tel exposé exigeraient d'infinis volumes. Pour donner ici un aperçu de la manière politique du cardinal-ministre, il nous a paru suffisant de choisir, parmi les intendants de Richelieu quelques types, ceux dont l'activité fut plus efficace, le caractère plus frappant, l'action plus représentative de la pensée qui les inspirait et de la forte volonté qui les soutenait.

En couronnant ces exposés particuliers, empruntés aux correspondances inédites, par quelques vues générales sur l'ensemble du système et sur les résultats obtenus, nous aurons, à ce qu'il nous semble, comblé une lacune, nous aurons groupé autour de la robe rouge, le cortège des gens de main, depuis le sage Voyer d'Argenson jusqu'à l'affreux Laubardemont, qui l'accompagnent aux yeux de la postérité. D'importants problèmes locaux et nationaux se seront éclaircis et une mine nouvelle se trouvera ouverte vers certains dessous de notre histoire.

I. — En Provence. Aubray et La Potherie, intendants.

Le succès du siège de La Rochelle « avait gonflé les voiles » de Richelieu. Sentant son autorité se confirmer auprès du Roi et dans tout le royaume, le cardinal se porta vers la tâche d'organisation indispensable avant d'en venir à l'exécution des grandes œuvres qui devaient occuper sa courte carrière. Il adressait alors au cardinal de Bérulle une de ces lettres qui attestent la fermeté et la clarté de son génie : « En matière d'État, écrit-il, il faut prévoir et ne pas appréhender tout ce qui paraît formidable (n'est-ce pas la recommandation de Napoléon

« *ne pas se faire de tableaux* »)? Si quelques personnes avoient vu les grandes affaires qui nous ont passé dans les mains ès diverses faces qu'elles se sont présentées plusieurs fois, ils auroient pensé tout perdu; et, cependant, en méprisant par jugement et avec raison tous ces périls apparents, tout est venu à un point qu'on n'eût osé espérer (1). » C'est dans cet esprit qu'il aborde les différents problèmes dont la solution permettra de réaliser ses grands projets sur le dehors : le problème de la discipline nationale et de l'organisation civile, le problème de l'armée, le problème des finances.

Or, il se trouvait précisément que ces trois problèmes agitaient en ce temps l'une des provinces du Royaume, la Provence.

La Provence, en raison de son éloignement de la capitale, du caractère turbulent de ses peuples, de l'antiquité de ses privilèges, jouissait d'une sorte d'autonomie qui, plus tard, à l'époque révolutionnaire, devait se formuler encore en ces termes : « Nous sommes, non une partie de l'État, mais un co-État ». En outre, la Provence se sentait forte du fait qu'elle avait pour gouverneur et amiral de la Méditerranée, le duc de Guise, héritier de cette grande maison de Lorraine qui avait pensé, un jour, à se substituer aux Capétiens sur le trône de France, mais qui avait fini par se rallier à la dynastie légitime en ramenant Marseille et toute la côte méditerranéenne sous l'autorité royale.

La Royauté n'avait rien oublié : elle avait l'œil sur ce pays dont la langue, les coutumes, les traditions différaient de celles de la France du nord. Les commissaires, envoyés extraordinaires, intendants, s'y succédaient presque sans interruption. La liste en remonte jusqu'à Antoine Séguier, « surintendant de la Justice » en 1576.

Une nouvelle agitation fut soulevée dans ce pays, momentanément apaisé, par le renouvellement, en 1629, de l'édit des Élus, qui dépouillait les États et le Parlement d'Aix de leur autorité financière, en attribuant aux agents royaux la perception des impôts. Un mouvement d'exaspération et de révolte

---

(1) Avenel, *Lettres du Cardinal de Richelieu*, t. III, p. 306.

emporta comme un tourbillon toutes les autorités provençales, la bourgeoisie, le peuple lui-même. L'édit portait atteinte à la vieille autonomie de la province : on invoquait contre ses prescriptions le « testament de Charles d'Anjou, dernier comte de Provence de la maison d'Anjou, issu des rois de France ». On publiait un « *Discours contenant sommairement l'estat de la Provence avant la naissance de Jésus-Christ et après, sous les Empereurs romains, Rois gots, Rois de France et comtes audit pays, et les raisons pour lesquelles Sa Majesté Très Chrétienne est très humblement suppliée d'y laisser vivre ses sujets dans leurs anciennes libertés, privilèges, franchises et conventions par L. S. D. N. G. P.* — (le sieur Jean Augustin d'Andréa de Nibles, gentilhomme provençal (1).

Après les écrits, les actes. Une relation des faits arrivait à Paris et Richelieu dictait au secrétaire Cherré ces notes haletantes : « Coriolis, La Roque, auteurs de la sédition. — *Coriolis* : « Peuple ! armez-vous ! Il faut tuer tous ceux qui voudront établir les Élus ! » — *Premier conseiller* : « Souffrirez-vous les Élus ? Il faut tout tuer et habiller de jeunes hommes en femmes ». *Flotte, conseiller* : — « Il faut mourir la pique à la main ». *Le Goier* : même langage. — *L'avocat Cormis* : « Le Parlement s'en mêlera ». *L'Assemblée de la noblesse* : Six nobles députés veulent lever les gens de guerre. Sur le point de précipiter l'effigie du Roi et battre les prêtres qui prioient pour lui. »

Les notes se terminaient sur ce programme d'action : « Ajournement personnel contre les consuls d'Aix, contre la noblesse; arrêts contre les syndics; les six députés mandés à Paris par lettres de cachets; qu'ils viendront. Contre Coriolis, La Roque, Perier, Flotte, Goier, ajournement personnel et ordres. Tirer le Parlement d'Aix de la province. Envoyer la Cour des Comptes à Toulon. — Six régiments dans la province. A craindre désobéissance ou plus grande rébellion. Ni l'un, ni l'autre si M. de Guise sert bien (2). »

---

(1) *Aix*, par Etienne David, 1631. In-4°.
(2) Archives des Affaires Étrangères, *Mémoires et Documents*, t. 53, f° 66. Publié sous la date de 1631, par Avenel, t. IV, p. 171.

Comme on le voit par cette dernière ligne, il y avait un dessous. Sans insister sur les querelles de parlementaires et de privilégiés, pain quotidien des dissensions locales (1), le calme de la province dépendait de l'attitude qu'allait prendre le gouverneur, le duc de Guise.

Richelieu sait à quoi s'en tenir. Nous le voyons dans ce qu'il écrit, le 1er février 1630, à Bullion qui se propose pour accommoder le différend. Le ministre avait, dès 1627, fait consacrer par un édit royal sa résolution de concentrer entre ses mains les choses de la marine, et voilà précisément ce qui faisait douter des sentiments du gouverneur au moment où les privilégiés, et le peuple, à leur instigation, se prononçaient contre l'édit établissant les Élus (2). Nous avons dit à quel point Richelieu se préoccupait de l'infériorité navale de la France. L'exécution de ses desseins au dehors, qu'il s'agit de l'Angleterre ou de l'Espagne, qu'il s'agit de la guerre ou du commerce, dépendait, à ses yeux, de la création d'une flotte capable de dominer dans les eaux françaises. Il avait vu, au cours du siège de La Rochelle, l'autorité du Roi balancée sur mer par la rébellion d'un Soubise ou bien encore subordonnée au concours ou à la simple abstention des flottes hollandaise, anglaise, espagnole. Le cardinal, ayant seul compris la grandeur du mal, se sentait seul capable de le guérir. Et c'est pourquoi il s'était fait attribuer les fonctions de grand maître de la Navigation, fonctions qui lui mettaient en mains un pouvoir quasi dictatorial.

Mais, il se heurtait, une fois de plus, à l'une de ces situations acquises qui s'opposaient à l'unification de la France :

---

(1) Voir, pour les détails, *Histoire générale de Provence*, par Papon, t. IV, p. 447.

(2) Les lettres patentes nommant Richelieu grand maître de la Navigation et du Commerce sont du mois d'octobre 1626. Il y eut, au Parlement quand il s'agit de vérifier ces lettres, un incident que Molé expose dans ses *Mémoires*: « Dès le commencement de l'année 1627, le Roi ayant décidé la suppression des charges de connétable et d'amiral de France, voulut, sur la demande de M. le Cardinal, instituer celle de Grand Maître, chef et surintendant de la Navigation. » Molé s'employa activement pour obtenir la vérification rapide des lettres patentes; l'arrêt est du 13 mars 1627. (Isambert, t. XVI, p. 194). La prestation de serment du cardinal devant le Parlement, toutes chambres assemblées, est du 17 mars 1627. Voir Mathieu Molé, *Mémoires*, t. 1er, p. 419 et s.

le duc de Guise, gouverneur de la Provence, détenait, comme amiral des mers du Levant, une charge dont il n'avait à répondre que devant le Roi en personne, de même que le duc de Montmorency en qualité d'amiral de France et de gouverneur du Languedoc.

Richelieu, engagé dans l'affaire d'Italie, voyait, suivant ses propres expressions, « combien le service du Roi requéroit que la mer fût toute en une main, afin que son nom fût en peu de temps redouté sur cet élément autant qu'il l'était sur la terre ; d'autant que, si ce beau différend étoit vidé, les affaires d'Italie iroient bien autrement qu'elles n'alloient en cette occasion. Car il étoit vrai que, de tous côtés d'Italie, on mandoit qu'un armement de mer effectif y eût fait merveille alors, n'y ayant pas en tous les États d'Italie tenus par le roi d'Espagne, autres que Milan, cinq cents soldats, Spinola ayant tout fait venir à lui, ce qui n'eût été s'ils eussent craint du côté de la mer (1). »

En plus, le cardinal avait toute raison d'appréhender, comme de prochains événements allaient le prouver, le danger d'une offensive espagnole sur les côtes de Provence. Double raison d'en finir avec un système vieilli, sans ressort et sans âme.

Guise n'opposait pas aux nouvelles décisions royales un refus absolu. Il eût consenti à un arrangement ; mais il réclamait du Roi, pour la cession de sa charge, une somme de trois cent mille écus « comme récompense ». Le cardinal prenait très mal une telle exigence. Il répondit « qu'il faudrait qu'il eût perdu le sens pour y entendre ; que Sa Majesté avait trop affaire d'argent ès choses plus importantes pour qu'il voulût lui conseiller de lui donner trois cent mille écus pour les droits qu'il prétendait avoir à une simple partie d'une charge »... Et il refusait net.

Ce débat d'argent se greffant sur la mesure si impopulaire de l'établissement des Élus, la province se rebella. C'est ce qu'on appela la révolte des *Cascavéou* ou des grelots, du fait qu'un des parlementaires, Paul de Joannis, seigneur de Châteauneuf,

---

(1) *Mémoires du Cardinal de Richelieu*, édit. Petitot, t. V, p. 398.

avait dit, en pleine assemblée des privilégiés, qu'il se chargeait d'attacher le grelot (*cascavéou* en provençal).

Richelieu avait sa procédure toute prête : il enverrait des intendants. Dès le début de 1630, MM. d'Aubray et La Potherie étaient désignés en qualité « d'Intendants de la Police, Justice et Finances en Provence pour informer sur les remuements passés ».

On disait « passés »; mais les troubles étaient loin d'être apaisés. D'Aubray arriva à Tarascon au mois d'avril 1630. Guise était dans la province, à Orgon, avec quelques gens de main, Castellane La Verdière, Forbin La Barben, etc. L'affaire se compliquait à la Cour : c'était le moment où Richelieu avait tant de raisons de trouver toute chose et toute personne suspectes. Nous avons vu l'un de ses confidents, Bullion, futur secrétaire d'État aux Finances, s'entremettre et défendre les prétentions du duc de Guise. Le 25 juillet, Marillac, garde des Sceaux, adressait à Richelieu une lettre ambiguë par laquelle en somme, il plaidait la cause du duc, soutenue, d'ailleurs, par tout le parti de la Reine mère : « Monsieur de Guise fait espérer que les gens de la Chambre (de Grenoble, car le mal s'étendait jusque dans le Dauphiné), rentreront dans leur devoir. C'est, à mon avis, une pénible affaire et en mauvaise saison ». Sans se découvrir encore, il prenait position contre le cardinal (1). Aubray répond : « M. Sanguin m'a dit que M. de Guise avait tout gâté, non toutefois, comme il croit, par mauvais desseins, mais par mauvaises manières et violences, car il dit qu'il avait envie de faire réussir l'affaire. Il a assemblé les États, ce qui a tout gâté, pour le regard des élections. Il y a eu sédition en deux endroits (2). »

Il faut dire que, dans les mêmes temps, un mal affreux, la peste, s'abattait sur la province. A partir de juin 1629 et au cours de l'hiver 1629-1630, ce sont d'affreuses hécatombes

---

(1) Voir la note dans *Lettres du Cardinal de Richelieu*, t. III, p. 536, à propos des relations entre Marillac et d'Aubray : « Mille petits indices, écrit M. Avenel, révèlent, dès lors, dans cette correspondance, la mésintelligence entre le cardinal et le garde des Sceaux (15 février 1630).

(2) Affaires Étrangères, *Mémoires et Documents, France* ; t. 53, f° 321.

décimant la population. Ce qui se passe à Digne, où l'on enferma les pestiférés dans la ville empoisonnée, ce qui se passe à Aix, où périrent, dit-on, douze cents personnes, ce qui se passe à Toulon, à Marseille, est au-dessus de tout ce qu'on peut imaginer. Il vaut mieux tirer le voile.

Et la politique continue à sévir! Le pauvre Guise se débat, mais il est pris au piège, à son propre piège. Tout tourne contre lui, la marine, les finances, les élections, la Cour, son nom même. Comment avec ses attaches, ses origines ligueuses, ses femmes à la Cour, familières de Marie de Médicis et d'Anne d'Autriche, pourrait-il se dégager de la cabale?

Eut-il, comme il paraît l'avoir eu, le pressentiment de ce que son attitude suspecte lui attirerait? La pente était glissante : il s'y engage. Dans un entretien avec le cardinal de La Valette, le duc profère « mille extravagances », qui le font taxer de fou par son interlocuteur et dont, le 30 juillet 1630, Bouthillier confident intime de Richelieu, rend compte à celui-ci : « Entre autres choses, ce bon seigneur a dit à M. le Cardinal de La Valette, comme à moi, que vous le vouliez perdre... » Il refuse de voir les huissiers que Richelieu, grand maître de la navigation, lui envoie au sujet de sa charge d'amiral du Levant, il dit : « qu'il ferait tuer par ses gardes (1) les huissiers qui donnent les exploits ». Voilà maintenant, qu'on met la Reine mère sur le tapis : « Qu'il avoit dit à la Reine, en passant à Lyon cette dernière fois, qu'on lui avoit prédit par son horoscope qu'il devoit être disgracié cette année; sur quoi, la Reine lui ayant demandé : « Par qui? » il lui avoit répondu : par ceux qui ont fait disgracier Votre Majesté, par gens de faveur. « Gens de faveur »! Trait direct et empoisonné. La robe rouge n'oubliera pas.

Et, c'est au Roi, maintenant, que l'imprudent s'attaque : « Il a dit que chacun trouveroit étrange si l'on perdoit un homme qui toute sa vie a rapporté ses actions au Roi. » Vous remarquerez, ajoute de son chef Bouthillier, qu'il ne lui a point parlé (au Roi) de tout ceci, n'ayant osé, sans doute à cause de son mauvois pro-

---

(1) Affaires Etrangères, t. 53, f° 341.

cédé, que Sa Majesté ne savoit pas, et je ne l'ai su, encore très particulièrement, que d'hier. C'est M*me* votre nièce qui m'en a mandé la plus grande partie. »

La nièce, cette M*me* d'Aiguillon que la Reine, à ce moment même, entend chasser de sa présence! « Je m'assure, poursuit Bouthillier, que, la première fois qu'il verra le roi, Sa Majesté lui fera reproche de cette action, lui disant qu'il n'avoit eu garde de lui en parler, parce qu'elle n'étoit pas bonne... La force de la vérité l'a fait accuser lui-même. Madame sa sœur le blâme, à ce que m'a dit Madame votre nièce. »

Ainsi jetait-on de l'huile sur le feu, tant on se croyait assuré de l'appui du Roi. L'appel est devant la conscience royale : voilà comme ces difficiles affaires aboutissent à ce tribunal qui n'a lui-même d'appel que devant Dieu!

Bullion rentre timidement dans le jeu; il a reçu sur les ongles, et se fait petit maintenant. Dans une lettre du 26 août 1630, il raconte un entretien que la Reine, à la demande de Guise, aurait eu avec le Roi; elle aurait essayé, d'abord, de discréditer le cardinal en raison de ses derniers insuccès. Le roi aurait répondu : « Le cardinal n'est pas Dieu et il n'y a que lui seul qui ait pu empêcher ce qui s'est passé; mais quand ce serait un ange, il n'a pu avec plus de prévoyance et de prudence, pourvoir à toute chose comme il a fait et il faut que je reconnaisse que c'est le plus grand serviteur que jamais la France ait eu »... A ce discours, les paroles se sont arrêtées sur les lèvres de la « sœur de Guise, qui était près de la Reine »... (1). En fait, le juge suprême a d'avance prononcé le verdict.

Guise ne sait plus par où sortir d'embarras. Les troubles s'aggravent dans la province. D'Aubray et La Potherie sont prolongés dans leur commission d'intendants (2).

Mais voilà qu'un coup soudain de la fortune va tout tenir en suspens. Le roi est pris à Lyon de la maladie qui le met au bord de la tombe (22 septembre). On sait la lutte qui s'engage autour

---

(1) Voir notre tome III, p. 261.
(2) La commission, datée du 3 septembre 1630, est à la Bibl. Nat., *fonds Dupuy*, vol. 154.

du chevet royal et le péril que courut le cardinal de Richelieu. Le duc de Guise arrive à Lyon le 4 octobre, une décision royale le désigne pour commander l'armée chargée de réprimer les troubles de la ville d'Aix et de s'emparer des rebelles (1). Est-ce un signe de rentrée en faveur? Faut-il reconnaître dans cette mesure un piège machiavélique tendu au gouverneur par le cardinal? Ou le duc réprimerait la rébellion et alors il perdrait l'affection de la province; ou il pactiserait avec elle et il se perdrait auprès du Roi.

Quoi qu'il en soit, l'abcès intestinal creva; le Roi guérit. Richelieu conserva sa confiance et le pouvoir. Le 19 octobre, le Roi put se faire transporter en litière à Roanne; il descendit la Loire jusqu'à Briare, où il monta en carrosse pour regagner Paris (2).

Or, le 23 octobre, Aubray qui est resté à Lyon, écrit au cardinal : « Les mutins d'Aix ont brûlé un fantôme de paille portant une inscription du marquis d'Effiat (surintendant des finances). Le Parlement, enchérissant sur tant d'extravagances, a interdit par arrêt au sieur de La Barben d'exercer ses fonctions de gouverneur d'Antibes. On parle de rassembler les États à Aix pour appuyer ces désordres. On ne pourra rien espérer de bon, tant que l'on n'aura pas mis hors la province « les mutins du Parlement (3) ». Et il se hâte de rejoindre Aix.

On crut un instant que son arrivée materait les esprits : il n'en fut rien. La fin de l'année 1630 voit grandir le désordre. Aubray, qui s'était attaché à la fortune des Marillac, est rappelé à Paris pour rendre compte. On laisse à Aix La Potherie, qui semble-t-il, perd la tête et qui supplie Servien qu'on lui envoie des instructions (4).

De quoi s'avise-t-on, à Paris, pour sortir de cet imbroglio? D'opposer à un grand un grand, à un duc un prince, à un prince

---

(1) Voir Archives de la Guerre, parchemin signé Louis, vol. II, f° 183.
(2) Le Père Griffet, *Histoire du Règne de Louis XIII*, t. II, p. 37.
(3) Archives des Affaires Étrangères, *France*, t. LIV, f° 275.
(4) Lettre du 14 décembre 1630 résumant une lettre du duc de Guise au Roi, *Archives de la Guerre*, vol. II, pièce 43. — Lettre à Servien nommé secrétaire d'État, pièce 53.

de Lorraine un prince de Bourbon. Condé devient, non sans profit, le séide du cardinal et le défenseur de la cause royale; l'autorité du gouverneur dans sa province sera dominée par celle du prince, commandant en chef de l'armée royale : « diviser pour régner ».

Servien écrit à La Potherie (janvier 1631) : « Le Roi ayant résolu d'envoyer Monsieur le Prince en Provence pour avoir le commandement de l'armée qu'elle y fait passer... les dépêches à vous adressées seront inutiles, de sorte que vous avez à me les renvoyer (1). »

Au duc de Guise, le Roi écrit que, « dans son mécontentement de ce qui se passe, il envoie Monsieur le Prince avec une armée . Le secrétaire d'État, au moment de sceller la lettre, ne manque pas de viser « l'humeur que vous connaissez de Sa Majesté à se roidir davantage de n'accorder aucun pardon avant l'arrivée de Monsieur le Prince ». Et les ordres suivent le 9 janvier, encore adressés au duc de Guise : il devra pacifier la Provence, défendre toute espèce d'assemblée; ne céder rien avant l'arrivée de M. le Prince. « Cette révolte m'afflige et me déplaît si fort, écrit Louis XIII, que si les forces que je vous ai données à tous deux n'étaient suffisantes pour la prévenir et pour la faire cesser, il n'y a point d'affaire ni de rigueur de saison qui m'empêche d'y aller en personne. » Monsieur le Prince part avec commandement du roi « d'exprimer les éloges du Roi aux intendants (2) ». Il n'est pas arrivé que, déjà, les mesures de rigueur se multiplient : interdiction de la réunion des États, arrestation du sieur d'Antelmy, député du Parlement de Provence, prise à partie du duc de Guise, qui devra répondre de ses agents (3).

Guise est acculé. Bullion prévient le cardinal que le duc refuse de rencontrer Monsieur le Prince, de peur qu'on ne lui joue un mauvais tour. « Que l'on prenne garde! Il est décidé à

---

(1) *Archives de la Guerre*, vol. II, pièce 53.
(2) *Ibidem, loc. cit.*, 14 déc. 1630 et 8 janvier 1631.
(3) **Pour cette documentation des plus abondantes, voir les** *Archives de la Guerre*, t. 11, t. 14, et Bibl. Nat. *Fonds français*, vol. 18.590, f° 148.

HENRI DE BOURBON PRINCE DE CONDÉ

pousser les choses à l'extrême ». C'est alors que Guise se jette sans faux semblant dans la cabale de la Reine mère et de Monsieur (1). Cependant on constitue à Paris le dossier du pauvre grand en train de devenir un si petit personnage !

Les principaux fauteurs de désordre avaient été convoqués à Paris pour exposer leurs doléances et pour implorer la clémence royale. C'étaient les présidents d'Oppède, de Séguiran, de Gallifet, le procureur général Guérin, etc. Les plus violents furent mis à la Bastille, ce qui calma les autres.

L'arrivée du prince de Condé avec six régiments n'avait pas été sans contribuer à ce résultat. Le plus acharné de tous, Coriolis, président du Parlement, avait fini par se livrer aux commissaires. On prend note de sa confession qui, selon l'usage du temps, sent un peu la trahison : « Par ledit procès-verbal, ledit sieur président déclare que, pendant les mouvements et séditions arrivées en Provence, M. de Guise lui envoya un gentilhomme de sa part pour lui dire qu'ils fissent ce qu'ils voudraient à Aix et qu'il ferait l'aveugle et le sourd (2). » M. de Saucourt (Soyecourt) dépose, lui aussi, contre le duc de Guise (3).

Nous sommes en juillet 1631. A Paris, les événements se sont précipités. La Reine mère s'est enfuie en Belgique. On laisse à peine au duc de Guise le temps de respirer : « Louis XIII lui écrit, le 23 juillet, des lettres portant commandement de venir trouver Sa Majesté sur le sujet de la sortie de la Reine mère, hors du royaume », ces lettres sont envoyées par le sieur Lépine chargé des exécutions de police du cardinal.

Guise a compris. Il demande au Roi, comme une grâce, l'autorisation de quitter le Royaume ; et il reçoit, le 23 août, une lettre adressée « au Sieur de Guise, portant permission d'aller à Lorette et à Rome, sur l'instance qu'en fit Madame de Guise (1) ». Il pourra y faire ses dévotions.

Richelieu écrit à Bullion avec une ironie supérieure : « Le Roi a pris cet expédient pour témoigner de plus en plus sa bonté en

---

(1) Voir *Affaires Etrangères*, t. 56, f° 40 ; et *Lettres de Richelieu*, t. IV, p. 169, note.
(2) *Ibidem*, t. 53, f° 794, 21 mars 1631.
(3) *Ibidem*, t. 57, au début.

s'accommodant à l'infirmité de ceux qui ont le bonheur et l'honneur de vivre sous son règne (1). »

Toutes précautions sont prises, d'ailleurs. Le 31 août, le Roi écrit aux habitants de sa bonne ville de Toulon « pour leur donner avis de l'autorisation donnée au duc de Guise de se rendre à Rome; mais il est bien entendu que, si le duc demeure encore quelque temps en Provence, on ne lui obéira pas comme gouverneur, puisque ses pouvoirs lui ont été retirés (2) ». Les autres villes de la Provence reçoivent un même avertissement.

Voilà un gouverneur, un grand, « un Lorrain », révoqué sans autre forme de procès, comme un simple fonctionnaire. Il mourra entièrement oublié à Florence, en 1640.

Dans la province elle-même les dernières résistances sont tombées. Le Parlement d'Aix a reçu l'ordre de se retirer à Brignoles, la Cour des comptes à Saint-Maximin, le bureau des trésoriers généraux à Pertuis et les officiers du siège à Lambesc. Aubray et La Potherie exercent avec une sévérité insigne les pouvoirs judiciaires exceptionnels que leur confère leur commission : parmi les rebelles, les uns sont condamnés au bannissement, les autres aux galères, plusieurs à la peine de mort. Les plus compromis, comme Coriolis, se sont enfuis; et celui-ci s'en ira mourir dans une grande misère, donnant des leçons de droit à Barcelone.

Qui donc a fait respecter ainsi l'autorité royale? Les intendants. On a une lettre de La Potherie qui conclut en ces termes : « L'affaire du duc de Guise est si bien finie, qu'il a honteusement échoué dans une tentative qu'il a faite de venir aborder aux côtes de Provence. » Il n'y a plus qu'à faire enregistrer au Parlement l'édit de suppression de la charge d'amiral du Levant.

Fin des troubles de Provence.
Bienfaits de l'administration royale.

Le nouveau gouverneur, M. de Vitry, l'exécuteur du maréchal d'Ancre « a été reçu avec grand applaudissement, écrit l'in-

(1) Voir le dossier aux Affaires Etrangères, *France*, t. 57; et *Lettres de Richelieu*, t. IV, p. 170.
(2) Archives communales de Toulon, AA, 36.

tendant, et la province est en état à présent que tout ce qui viendra de la part de Sa Majesté y sera bien reçu, pourvu qu'on y fasse régner la justice (par les intendants, bien entendu) et qu'on y punisse les auteurs des désordres et des rébellions ».

Vitry, fils du capitaine des gardes de Henri IV, lui-même capitaine des gardes de Louis XIII, est, d'après Aubray, un homme « royal », s'il en fut. Sa manière n'est pas la manière douce, on le sait assez. Il fait entendre jusqu'à cette extrémité du Royaume la parole de la discipline et de l'ordre. Voici comment il s'adresse aux États tenus à Brignoles pour qu'ils comprennent une bonne fois ce que représente la nouvelle autorité royale : « Le feu Roi, dit-il, quelque grand qu'il fût, n'avait pas joui d'une telle autorité... Sa Majesté, ayant fait boire les chevaux de son armée librement dans le Rhin, a poussé les limites de son État jusque là..., de sorte que, tout le revenu de son État, étant absolument destiné pour vous garantir contre les ennemis domestiques ou étrangers, pour vous seuls et pour vous-mêmes, j'ose croire que vous ferez en cette occasion tout ce que doivent de bons François, etc... » Et voici comment il s'exprime au sujet du cardinal : « Ces événements sont principalement dus à M. le Cardinal; je crois que cette compagnie lui en saura gré et considérera, comme toute la France, qu'il consomme sa vie jour et nuit dans les soins du gouvernement de cet État, chacun jouissant, sous la réputation du Roi et ce labeur, du repos et de ses aises en sa maison paisiblement (1). » La leçon est donnée; mais sera-t-elle comprise, admise, acceptée?

Les intendants, ayant joué leur rôle de police et de justice entrent, maintenant, dans leur rôle d'organisateurs, de pacificateurs, d'administrateurs délégués par la volonté souveraine. Richelieu a interrogé ses agents sur ce qu'il y a à faire pour que la province entre délibérément dans la vaste entreprise nationale de défense militaire et navale, en fournissant à l'État les sommes nécessaires pour assurer l'indépendance et l'avenir du pays en même temps que le bien-être de ses populations.

---

(1) *Harangue de M. le Maréchal de Vitry aux États de Provence tenus à Brignoles, en décembre 1633;* dans Recueil d'Aubery, édit. elzév. t. II, p. 134.

Dès **1631**, ont été adressés à Paris une série de rapports par lesquels l'intendance met le gouvernement central en situation de se prononcer sur les mesures à prendre pour la sécurité et le développement de la province. Si on les publiait, ils éclaireraient d'une lumière nouvelle les conditions dans lesquelles s'est accomplie l'évolution radicale de l'histoire de France à cette époque. On y trouverait une première esquisse de ce qui se développera (avec quelle lenteur!) au cours des siècles postérieurs.

D'abord, la défense et l'organisation du territoire.

En vue d'une invasion, soit espagnole, soit italienne, on procède à une révision minutieuse des points fortifiés ou à fortifier. Sur la côte : Antibes, Toulon, Château d'If, Tour de Bouc, les Iles.

« Marseille n'est forte que de peuple; mais en la traitant doucement, il ne faut rien craindre. » Embrun, Sisteron, Tournon, Avignon, Tarascon, Arles « très affectionnées au service du Roi. Dans les environs, il n'y a point de place qui puisse soutenir un siège que les Baux. « Aix est peuplée, mais ne se peut défendre. » A Brignoles, Draguignan, Martigues, tout est à faire. En remontant le cours du Rhône : « N'y ayant que cinq lieues du Rhône aux montagnes il n'y a quasi rien qui ne soit fermé; peu de maisons à la campagne et quasi point de villages, où on ne trouve rien; d'autant que les grains et les vins se conduisent aux villes, d'où les gens de la campagne viennent quérir le pain et le vin deux fois la semaine; et cela est cause que les troupes ennemies y peuvent difficilement subsister, d'autant qu'il faut partout combattre pour avoir du pain. »

Sans suivre l'exposé dans son détail parfois minutieux (par exemple, le désordre des moines à Saint-Honorat, « la seule abbaye de France qui dépende de l'Italie, avec un revenu de vingt mille écus pour trente religieux) », comment ne pas signaler l'énorme dossier consacré à l'avenir maritime de cette côte abandonnée et pourtant si exposée aux entreprises de l'ennemi?

Dans un morceau d'une prévision admirable sur l'avenir du port de Toulon et « *sur l'avantage qu'il y auroit à en faire le grand port militaire de France en remplacement de Marseille* », la suite des raisons est fortement déduite. C'est là, assurément, qu'il faut chercher l'origine des grands projets qui se réaliseront ultérieurement. Le mémoire insiste sur l'intérêt qu'il y aurait à veiller à la conservation des Iles d'Hyères, en particulier de Porquerolles et Ribaudeau. Il en revient toujours à son idée maîtresse, à savoir que « l'occupation de Toulon en force donnerait une grande sûreté au Royaume (1) ».

Autorité nouvelle des intendants.

On parle dès lors d'une tentative des Espagnols sur la côte de Provence. Mais, pour le moment, il n'y a rien à craindre d'une descente. L'intendant écrit : « La plus grande tranquillité règne dans la province; s'il reste quelques fauteurs de désordre, on saura les châtier, et si rudement que les autres en prendront exemple. L'armée du maréchal de La Force s'avance pour protéger la province. D'ailleurs, tout le monde s'apprête à résister comme il faut et à faire son devoir (2). »

Ne sent-on pas qu'un souffle nouveau fait en quelque sorte tourner l'histoire sur ce gond? Le Parlement, si fier de ses privilèges, baisse la tête maintenant; sept maîtres des Requêtes ont porté sentence de mort contre le président Coriolis. Et c'est La Potherie qui fait appel à l'indulgence du pouvoir royal. Un arrêt du conseil renvoie les sieurs Raphaëlis et Cabassol devant l'intendant, moyennant quoi ils seront déchargés de la comparution personnelle au Conseil (3); de même pour les rixes qui ont eu lieu entre les bourgeois de Toulon et les soldats tenant garnison dans ladite ville (14 juillet 1633) (4).

Voici l'intendant érigé en juge à la barbe du Parlement (5) : « Interdisons et défendons à tous autres juges,... voulons à cette fin que les jugements qui seront par vous ainsi rendus soient exécutés nonobstant oppositions et appellations quel-

---

(1) Archives des Affaires Étrangères *France*, t. 62, vers le milieu du volume.
(2) 5 juillet 1632. *ibidem, France*, t. 62, aux deux tiers du volume.
(3) Bibliothèque nationale, fonds Dupuy, vol. 498.
(4) Archives de la Guerre, t. XIV, pièce 196.
(5) *Ibidem*, t. XIV, pièce 65.

conques.... Donné à Chantilly, le 13ᵉ jour l'an de grâce 1633 et de notre règne, le 24ᵐᵉ (1). »

Ce titre magnifique « Intendant de la justice » obtient donc son plein et entier effet. Le nouveau magistrat vante maintenant le zèle du Parlement qui l'avait si mal accueilli; il écrit à Paris « que la sévérité devient désormais superflue ». Cette parole de clémence met le point final à la période des troubles. L'intendant demande son rappel à Paris.

Le pouvoir central, ayant fait sentir le poids de son autorité, n'abusa pas de son succès. Ayant autorisé la réunion des États à Tarascon, en 1631, il s'était engagé à retirer l'édit des Élus, et à rappeler à Aix les Cours souveraines sous condition que la province concourrait à l'entretien des troupes; un subside de quinze cent mille livres avait été accordé par l'assemblée. Conformément à cet engagement, l'Édit des Élus, celui des auditeurs des Comptes et des experts jurés furent supprimés par lettres patentes données à Chantilly au mois de juillet 1633.

D'Aubray et La Poterie peuvent dès lors quitter la Provence : si on a besoin d'eux, on les retrouvera. Et, en fait, avant que le règne de Louis XIII touche à sa fin, les événements auront prouvé que les précautions prises par le pouvoir n'étaient pas sans raison.

La Provence menacée. Nouvelle activité des intendants.

De nouveaux dissentiments s'élèveront entre le maréchal de Vitry, gouverneur, et les assemblées provinciales. Le 30 septembre, Vitry écrivait à la Cour pour demander le retour des intendants, et Richelieu faisait répondre que MM. d'Aligre et d'Aubray partaient : « ils feront ce qui sera nécessaire, comme s'ils étoient intendants de justice (2) ».

Sans doute a-t-on déjà vent à Paris du projet qu'ont, cette fois réellement, les Espagnols, la guerre étant déclarée, de faire une descente sur les côtes de Provence. Et c'est ce qui se produit

---

(1) Marseille, 19 juillet 1633, fonds Séguier, t. II, p. 31.
(2) Avenel, *Lettres du Cardinal de Richelieu*, t. VII, p. 942.

en effet, alors que les forces navales françaises sont à peu près réduites à rien en Méditerranée. Il y a quinze jours déjà que les Espagnols, profitant de cette insuffisance, ont enlevé les îles de Lérins. Tandis que leurs galères canonnent le fort de la Croisette, les assemblées continuent à discuter au lieu de voter les subsides indispensables. Il faut appeler la flotte et les armées de l'océan ; elles seront ravitaillées et soutenues par les contributions locales. Aidées par les milices, elles parviendront, mais en 1637 seulement, à chasser l'ennemi, à reprendre les Iles et à purger les eaux françaises.

Vitry, absorbé par les querelles de préséance avec Sourdis et avec les chefs envoyés de Paris, n'a su agir ni promptement ni efficacement. Il sera appelé à Paris pour rendre des comptes. Enfermé à la Bastille, il n'en sortira qu'après la mort du cardinal de Richelieu (1).

Il fallut d'autres événements et, finalement, un bouleversement complet du régime, pour que la France pût réaliser à l'intérieur sa totale unité. Par l'organe de ses intendants, Richelieu avait fortifié les liens qui attachaient au centre cette âpre et lointaine Provence ; s'il n'avait pas pu les serrer à bloc, du moins avait-il paré au plus pressé et protégé cette région contre une négligence et un esprit turbulent invétérés.

En attendant que la victoire consacrât ses efforts, la France avait pu, du moins, tenir tête à une Europe hostile ; elle avait pu organiser à Toulon et sur les passages des Alpes une puissance défensive capable de protéger le pays, d'assurer son indépendance et le développement de sa prospérité.

2. — D'Argenson dans l'ouest et le sud-ouest.

Nous voici en présence d'un homme de main et de sens qui fut, dans le service intérieur du Royaume, le type des bons agents de Richelieu, dévoués à la cause royale.

René Voyer d'Argenson était né sur la fin de la Ligue, en 1596,

---

(1) Voir Papon, *Histoire générale de la Provence*, t. IV, p. 480 et suivantes ; et, ci-dessous, le chapitre *Richelieu et la Marine*.

dans cette Touraine d'où la Royauté, installée sur les bords de la Loire, a recruté tant de familiers pour les élever aux hautes fonctions publiques. D'abord, comme Descartes, il prit les armes et alla servir en Hollande, sous le prince d'Orange; puis, comme les La Porte et les Bouthillier, il devint avocat, maître des Requêtes, « le premier magistrat de son nom, dit Fontenelle, mais presque sans quitter l'épée ».

Ses débuts dans l'intendance furent à l'armée qui assiégeait La Rochelle. Richelieu put apprécier là son intelligence, sa fermeté, son savoir-faire, son sens pratique et il l'éleva peu à peu aux hauts emplois, voyant en lui l'un de ces hommes qui savent servir et obéir sans s'abaisser. Fontenelle écrit encore : « Les besoins de l'État le firent souvent changer de poste, mais l'envoyèrent toujours dans les plus difficiles. » Il s'introduit dans les grandes affaires civiles par le militaire, comme la plupart des administrateurs de Richelieu.

D'Argenson, intendant des armées d'Italie.

Deux ans et demi après la prise de La Rochelle, il est adjoint, en qualité d'intendant, à l'armée d'Italie, en avril 1630, Dugué lui étant adjoint en qualité d'intendant des finances de la même armée. Avec de tels hommes, le problème si difficile de l'approvisionnement d'une armée manœuvrant dans les Alpes était pour ainsi dire résolu : « Pour l'argent, assurément on peut vous dire qu'il ne manquera pas, écrit Richelieu à Schomberg. Messieurs les intendants vous ont acheté quatorze mille charges de blé, on a laissé de l'argent à Grenoble à M. d'Argenson, maître des Requêtes expressément pour donner ordre aux voitures (1). » Son titre était alors : « Intendant de justice, finances et police à Grenoble, chargé de veiller aux approvisionnements de l'armée d'Italie ». Toute sa peine, il la consacre au succès d'une entreprise de

---

(1) Il existait, à la bibliothèque du Louvre qui a été incendiée pendant la Commune, la correspondance entière en six volumes in-8° de R. Voyer d'Argenson. Voir les *Œuvres de R. Voyer d'Argenson*, ministre sous Louis XV, 8 volumes in-8°, publiés par M. Rathery, pour la Société de l'Histoire de France.

laquelle dépend la politique du cardinal; en nourrissant le soldat, il soulage le pays et porte la guerre et ses maux au-delà des frontières (1).

Mais une difficulté surgit qui met en opposition la volonté royale et les intérêts locaux et particuliers. Les ordres de la Cour sont contraires à ceux de M. de Toiras, qui commande en Italie. Le Parlement de Grenoble, comme les autres Cours, n'est jamais en reste de pointilles et difficultés. Il se mêle de l'affaire : « Les commis du pays ayant averti MM. du Parlement, qui ont jalousie contre ledit président, qu'ils croient ne pouvoir ni devoir faire la charge de lieutenant de Sa Majesté en leur absence sans leur communiquer de tout, ils se sont fait présenter requête afin que les deux régiments sortissent de la province. » Quelle façon d'aider au succès des armes royales!

D'Argenson se tire de cette difficulté, certes non imprévue, en usant de cette habile fermeté qui le caractérise. Il écrit le 17 mai 1631 : « Après les avoir instruits par le peu de paroles que je leur ai dites des raisons qui obligeaient à retenir les troupes pour un peu de temps, ils se sont pleinement portés à remettre la délibération de cette requête jusqu'à mardi prochain (2). »

Les choses s'arrangent; car quelques semaines plus tard d'Argenson écrit à Paris pour demander d'aller reprendre sa place et « servir son quartier », comme il dit, « ne me voyant plus, ce me semble, nécessaire ici à cette heure que toutes sorties de voitures de blé et de munitions de guerre sont cessées et qu'il n'est plus besoin de rien transporter du tout en Italie ».

Mais déjà un autre danger menace, et l'homme avisé le signale : les intrigues de Monsieur agissent dans la région et sur les chefs de l'armée. Il faut y pourvoir.

On le maintient encore quelque temps à Grenoble. En septembre seulement, on le rappelle.

---

(1) Voir Avenel, *Lettres du Cardinal de Richelieu*, t. IV. p. 4, 89, 223, et Archives des Affaires Étrangères, *France*, t. 54, f°⁸ 18, 101, 108, etc.
(2) *Ibidem, France*, t. 58, f°⁸ 115 et 164.

D'Argenson à Paris et dans l'ouest.

C'est que l'on a besoin de lui. La grande affaire des libelles éclate. Richelieu soupçonne tout le monde, voudrait emprisonner tout le monde. C'est l'heure où Fancan est mis à la Bastille (septembre 1631). On fait le procès à de malheureux barbouilleurs de papier : Duval, Senelle, Quesnel, Druon, Guéret. D'Argenson est désigné comme commissaire, c'est-à-dire juge *ad hoc*, selon l'habitude que l'on prend à Paris de passer par-dessus les juridictions ordinaires, peu sûres et, il faut bien le reconnaître, mal disposées pour le cardinal.

D'Argenson paraît tout embarrassé de la mission. Il écrit au cardinal pour lui demander qu'on veuille bien communiquer *aux juges* les lettres qui ont été saisies sur Senelle : « Ce sera, ajoute-t-il, un moyen de punir plus sûrement et plus durement les coupables. » Par ces derniers mots, il flatte la passion du cardinal. En somme, il se récuse : Favier et Fouquet sont chargés des interrogatoires.

Mais on n'échappe pas à la volonté du maître. D'Argenson reste attaché à la pénible besogne. En novembre 1631, en janvier, en juillet 1632, ce sont toujours Quesnel, Druon, Guéret et la suite.

Soudain, en août 1632, une nouvelle volonté du cardinal arrache d'Argenson à ce Paris et à ce « quartier » qu'il avait tant regretté, pour le rejeter en province. Le 12, il reçoit sa commission « d'intendant de la justice, police et finances aux pays de Limousin, Auvergne, » etc...

Dans les fonctions de l'intendant, le grand mot de *Justice* devient le terme principal. Au nom de la Justice, une volonté de fer va, par l'organe de l'intendance, s'appesantir sur les provinces. Le pouvoir ne connaît plus qu'une loi : « Qu'on obéisse ! » La province devra bien se convaincre qu'on lui enlève toute possibilité de résistance et de rébellion : sa valeur désormais est dans la discipline et l'union.

Le geste symbolique, c'est le rasement des châteaux. Ces vieilles murailles tombent en même temps que les autonomies féodales et urbaines. Nous verrons bientôt ce qui en advint dans le pays même de Richelieu, à Loudun.

René d'Argenson est envoyé justement dans les provinces de l'ouest, où une sorte de non-vouloir passif s'appuie sur le mauvais vouloir protestant. Ces provinces hérissées de châteaux et où chaque colline se couronne d'une de ces places d'armes qui ont été les refuges suprêmes de la nationalité au temps des Normands et au temps des Anglais, Poitou, Limousin, Auvergne, ont gardé depuis des siècles et ont même conservé à l'heure où ces lignes sont écrites, quelque chose de l'esprit « château », je ne sais quel relent de la féodalité.

A peine arrivé, d'Argenson hume le vent et flaire la difficulté. Il écrit d'Aubusson : « J'ai appris en passant à Tours que le prévôt des maréchaux était allé vers Loches pour travailler au procès du marquis de Toussy. De là, je me suis rendu à Poitiers près de Monsieur le Prince... Je l'ai suivi jusqu'en ce lieu d'Aubusson, où l'on va entreprendre le rasement du château... Mais il sera nécessaire, s'il vous plaît, que l'on m'envoie, à cette fin, une commission scellée, comme j'en donne avis à M. le Garde des Sceaux. » En effet, la résistance locale s'organise ; elle a à sa tête ce marquis de Toussy, Sannebeuf, La Motte-Tersans, embusqués comme des sangliers dans leur bauge de la montagne. D'Argenson est partout ; il emprisonne partout ; il démolit partout. Histoire pathétique et qu'il faudrait écrire d'après sa propre relation : conservée aux Affaires étrangères : « *Relation succincte des choses plus importantes que j'ay faites pour le service du Roi et exécution des commandements de Sa Majesté pendant que j'ai été intendant de la justice ès provinces de Touraines, de Berry, de Limousin, d'Angoulmois, de la Marche et d'Auvergne. A la suite, la liste des gentilshommes qui ont été châtiés* (1). »

La féodalité reçoit un coup dont elle ne se relèvera pas.

(1) Affaires Étrangères, 1633; vol. 65, f° 335.

D'Argenson de nouveau aux armées.

On se bat sur les frontières; il faut quitter le centre et l'ouest pacifiés. D'Argenson ne reprendra-t-il donc jamais son paisible « quartier »?

En 1635, c'est sa fameuse compétence en matière d'approvisionnements militaires qui est mise à contribution. Le voilà, avec Arnaud d'Andilly, intendant attaché à l'armée de Lorraine, commandée par le cardinal de La Valette (1). Richelieu a toujours la plus entière confiance en lui; il faut croire que le fonctionnaire s'est endurci; en effet, le cardinal écrit à M. le Prince au sujet de l'ordre à mettre en Lorraine : « On mènera deux coulevrines et quatre d'autres pièces à M. d'Argenson pour faire justice. Aussi j'espère que, dans peu de temps, la Lorraine sera châtiée et nettoyée (2). » La fortune de l'habile homme grandit avec l'influence croissante de son « cher parent » Sublet de Noyers. On l'envoie sur la frontière la plus menacée, en Picardie. Il y court (3).

En 1657, on lui confie des pleins pouvoirs pour traiter avec ces difficiles États du Languedoc. Il est chargé d'apaiser les querelles entre le duc d'Épernon et le Parlement de Bordeaux. Les passions sont telles que sa longanimité se désespère. Il insiste pour rentrer à Paris reprendre son « quartier »; la vie qu'il mène lui est à charge.

Bientôt on l'envoie de nouveau en Italie où il a fait ses premières armes. Mais après trois ans de bons services, il arrive à ce fonctionnaire civil une mésaventure militaire : il est fait prisonnier par les Espagnols. Délivré au bout de quelques mois, en novembre 1640, il est envoyé en Catalogne où il est aux prises avec cette maudite affaire de Fontarabie, dont Richelieu dit « qu'elle lui arrache des larmes ». Les généraux ont recours à

---

(1) La Barre, *Vie du général Fabert*, t. I, p. 54, et Vicomte de Noailles, *Le Cardinal de La Valette*.
(2) *Lettres de Richelieu*, t. V. p. 25.
(3) Voir ses lettres dans la correspondance de Séguier, cité par Kerviler, p. 78.

son expérience, le consultent sur leurs plans de campagne. Sourdis lui écrit une longue lettre, minutieusement déduite, pour exposer les raisons que l'on a d'attaquer le Roussillon de préférence à Tarragone (1).

La mort de Richelieu ne mit pas fin à son labeur ni à ses peines. Du moins, il est grandement honoré, consulté, récompensé. De la dépouille de Cinq-Mars, il reçoit la charge de grand bailli de Touraine, qu'avait occupée son père; ses lettres patentes le qualifient *comte d'Argenson;* Louis XIII lui confie les fonctions quasi vice-royales de l'intendance dans les provinces et îles situées entre Loire et Garonne. Mazarin recourt encore à lui en 1646 pour lui confier, sous les ordres du marquis de Brézé, la défense de Toulon. Il devient diplomate, il est chargé de négocier les alliances avec les princes d'Italie. Dans une lettre écrite en 1647, il rappelle à Mazarin l'affection que lui portait le grand cardinal de Richelieu et il dit la fidélité qu'il garde à sa mémoire : « Je suis assuré que Votre Éminence sait les bons sentiments que feu Mgr le Cardinal de Richelieu avoit pour moi, puisque Votre Éminence m'a fait l'honneur de me le dire depuis sa mort, et que j'y avois beaucoup perdu (2). » Il n'y avait rien perdu. Le second cardinal ne pouvait se passer de lui. Tel est le sort de ces fonctionnaires sûrs.

Il a ouvert à son fils, âgé seulement de vingt-six ans, la carrière qu'il a parcourue lui-même. Il est veuf, las. Il entre dans l'état ecclésiastique et reçoit les ordres en février 1651. C'est en vain qu'il essaye de se dérober : les affaires le poursuivent; elles auront raison de lui. Son fils est désigné pour l'ambassade de Venise, mais sous la condition que le père lui servira de conseiller avec le titre d'ambassadeur. Il part. Les chaleurs de Venise en été l'accablent. Un jour, pendant qu'il dit sa messe, il

---

(1) Voir Bazin, *Histoire de Louis XIII*, t. III, p. 93. Pour l'intendance d'Italie, consulter : *Lettres de Richelieu*, t. VI, p. 265 et t. VII, p. 152 et suivantes et, Bibliothèque Nationale, *fonds Français, ms.* 4.073, Correspondance avec le marquis de Cœuvres. Les journaux de cette intendance étaient à la Bibliothèque du Louvre, et ont péri dans l'incendie de la Commune. — Voir aussi Louis André, *Michel Le Tellier et l'organisation de l'armée monarchique*, 1906, p. 48. Le Tellier fut le successeur de d'Argenson à l'intendance de l'armée d'Italie.

(2) Affaires Étrangères, t. 56, pièce 67.

tombe. Il fut inhumé dans l'église Saint-Job des dominicains (1651).

Soldat et prêtre, munitionnaire et juge, administrateur, diplomate, philosophe, écrivain, cet homme, dont la mémoire serait oubliée sans l'illustration de la famille qu'il fonda, fut un des constructeurs de la France. C'est le type excellent, hors pair, des serviteurs que Richelieu savait choisir pour agir en son nom et, d'une main parfois bien rude, façonner la France.

3. — En Languedoc. — Machault, Particelli d'Hémery, Miron et Lemaitre de Bellejambe.

Les provinces du midi sont, pour le pouvoir central, un sujet d'alarme perpétuel, et elles sont la force de la France : quand le nord fléchit, le midi se lève ; il faut que le gouvernement soit toujours un peu « armagnac » pour être fort à Paris.

La rébellion, qui avait sévi en Provence en même temps que la peste, devait, comme la peste elle-même, gagner le Languedoc par les pays limitrophes. Richelieu en avait le pressentiment, l'appréhension vive. Et comment se serait-il désintéressé de cet autre rivage du golfe du Lion, de cette barrière pyrénéenne qui encerclait de partout, les débouchés et les frontières du sud de la France, alors que c'était contre l'Espagne que se jouait la partie.

Bien d'autres raisons retenaient de ce côté sa vigilance. Le Languedoc avait pour gouverneur et, peu s'en faut, pour vice-roi, ce duc de Montmorency, pair et maréchal de France, descendant de la plus illustre des maisons du Royaume, personnage jeune, actif, populaire, ambitieux, mais pas sûr et qui, détenant le titre de grand amiral, ne secondait que mollement les vastes desseins du cardinal en matière navale.

Montmorency avait, par l'entremise de Marie de Médicis, épousé Marie-Felice Orsini, nièce à la mode de Bretagne de la Reine mère ; et ce mariage devait avoir la plus grande influence sur sa destinée. Montmorency se trouvait ainsi attaché, en quelque sorte, à la famille royale. Henri IV, son parrain, ne l'appelait jamais autrement que *mon fils*. Il avait commandé la flotte française au siège de La Rochelle et avait exercé le commandement en chef de l'armée dans la campagne de Piémont. Sa belle conduite à la bataille de Veillane lui avait conquis une renommée d'excellent chef militaire. Louis XIII lui écrivait, au lendemain de cette belle victoire : « Je me sens obligé envers vous autant que Roi puisse l'être ».

Richelieu paraissait avoir en lui la plus grande confiance. On assure, cependant, qu'il y avait, de l'un à l'autre, comme une sorte d'antagonisme latent. Le cardinal n'avait sûrement pas mis dans ses programmes politiques la grandeur des *Grands*.

Une autre raison encore le portait à surveiller de très près la province lointaine qui avait Montmorency comme gouverneur. Le Languedoc était pays d'États et, à ce titre, il échappait, tout au moins en ce qui concernait les impositions, à l'autorité directe du Roi. Or, Richelieu avait des idées arrêtées sur ce point et, comme nous l'avons vu par ce qui se passait en Provence, il ne se trompait pas sur les obstacles qu'il rencontrerait, s'il en venait à l'exécution de son projet : faire du plus puissant des pays d'États, un pays d'Élections, ce n'était pas une petite entreprise.

Aussi avait-il envoyé de bonne heure en Languedoc, avec le titre et les fonctions d'intendant, un de ses hommes de confiance, un homme qui avait fait ses preuves en Savoie et que nous retrouverons partout dans la suite du règne et jusque dans le règne suivant, Particelli d'Hémery (1). Il n'avait d'ailleurs, au

---

(1) Tallemant a son anecdote sur ce Particelli d'Hémery, Italien, qui était un autre Lopez : « On dit au Roi (Louis XIII) que Particelli avait été pendu, mais que M. d'Hémery, qu'on proposait pour la charge d'intendant des finances, était un fort honnête homme. — Bien, dit-il, mettez-y M. d'Hémery ; on m'avoit dit que ce coquin de Particelli y prétendoit ». Madame la Princesse de Condé le haïssait comme la peste. Elle disoit que cet homme, quand il fut envoyé intendant en Languedoc, avoit eu ordre de tracasser M. de Montmorency et l'avoit tellement chicané que c'était ce qui l'avait désespéré ; que, sans cela, il n'eût jamais reçu M. d'Orléans dans son gouvernement ». t. IV p. 24. — Voir, dans *la Revue des Études historiques*, janvier-mars 1934, l'étude consacrée à ce personnage, compatriote de Mazarin, arrivé dans le même bateau et dont la

début, qu'un rôle de surveillance. Richelieu réservait pour un coup de force, s'il y avait lieu, un homme plus engagé, plus compromis, un tapedur, Charles de Machault, seigneur d'Arnouville. Autre type, mais, celui-ci véritablement atroce, de ces gens de main qui avaient conquis à la force du poignet la confiance du cardinal.

Dès le mois de juillet 1622, la pénurie du trésor avait amené le gouvernement royal à créer des Élus en titre d'office dans les vingt-deux diocèses du Languedoc. La création n'était donc pas de Richelieu. Nous avons vu quel accueil fut fait au système de « régalement des impôts » par les agents directs du pouvoir, tandis que cette fonction appartenait antérieurement aux États du Languedoc, le vote des impôts étant le privilège de cette assemblée. La mesure rencontra une telle opposition, en 1622, que le gouvernement d'alors, ayant pour système, non l'emploi de la force, mais le recours à la douceur, supprima les Élus.

Lorsque Richelieu se sentit maître du pouvoir, les choses changèrent. Toujours à court d'argent, il en revint à l'installation des Élus et à l'abolition du privilège fiscal dont jouissaient ces provinces éloignées. Au mois d'octobre 1632, les États furent mandés à Béziers et le Roi, voulant donner une nouvelle forme au « département » et à la levée des impositions et *les rendre fixes à l'avenir,* fit publier l'édit de Béziers qui, de la propre autorité royale, fixait le *don gratuit* à 1.050.000 livres, « sans compter les dépenses de la province ». Pour la perception, les Élus étaient rétablis.

fortune devait s'épanouir sous la régence d'Anne d'Autriche. M. de Montigny, auteur de cette étude, trace, après Tallemant, le portrait du personnage, en ces quelques mots : « Ses aptitudes, d'une part, sa désinvolture de l'autre, le mirent à même de traverser sans trop de dommages de fâcheuses aventures. Bref, un homme audacieux, avisé, prêt à tout, constamment sûr du succès, ne reculant devant aucun procédé, même les plus condamnables ». Ces types se retrouvent dans la politique de tous les temps. Il faut reconnaître, d'ailleurs que d'Hémery rendit des services très appréciables à Richelieu dans les affaires de la Valteline et de la Savoie. Sa correspondance est conservée aux archives des Affaires Étrangères, *Mémoires et documents,* t. 61 et suiv.; Sardaigne, anciens fonds Savoie, 1629, et suiv. — Voir aussi l'étude complète de M. Gabriel de Mun sur l'ambassade de Particelli d'Hémery en Piémont, intitulée : *Richelieu et la Maison de Savoie.* Plon, 1907, in 8°.

D'Hémery, par une correspondance, qui est tout entière conservée dans les papiers de Richelieu, signalait au cardinal l'émotion produite dans la province (1). Le bruit commençait à se répandre que Montmorency allait se rallier à la cause de Gaston. D'Hémery reçut l'ordre d'arrêter le gouverneur. Mais celui-ci, ayant surpris le courrier de l'intendant, fit saisir l'intendant lui-même et faisait arrêter l'autre commissaire royal, Miron.

La coupe était pleine. Richelieu expédia au Languedoc, avec le titre d'intendant, l'homme dont il avait apprécié la brutale énergie, le fameux Machault.

Maître des Requêtes dès 1619, Charles de Machault était d'une famille de robe; il avait épousé une fille de Le Fèvre d'Ormesson. Il était allié aux Villemontée et appartenait ainsi à ce groupe des serviteurs du pouvoir dont Richelieu faisait son séminaire d'hommes nouveaux. Les Machault étaient, de père en fils, catholiques, ligueurs, ayant, de tradition, des fils et des parents dans la Compagnie de Jésus. Le Père Garasse raconte une singulière aventure arrivée à un Machault qui voyageait avec le Père Voisin, personnage plus que suspect; et l'Étoile, qui ne se gêne pas, cite un autre Machault, Père et, dit-il, « vipère », Jésuite en 1610. C'est sans doute, l'ami du Père Voisin. Un fils de Machault devait, par la grâce de Richelieu, devenir évêque.

Comme maître des Requêtes, Machault avait été l'un des juges de Chalais. Puis on l'avait envoyé en Bretagne comme surintendant de la marine et du commerce (janvier 1627). Là il s'était fait la main dans les affaires de l'amirauté, auxquelles le cardinal attachait tant de prix. Il ne se laissait pas oublier, écrivant un peu à tout le monde, surtout aux secrétaires d'État (2). Il s'impose; mais la province lui fait grise mine : le Parlement de Rennes donne, en février 1627,

---

(1) V. Archives des Affaires Étrangères, *Mémoires et Documents, France*, t. VI, et le rapport de l'intendant en 1698 dans Depping, *Correspondance administrative sous Louis XIV*, t. I, p. II.

(2) Voir ci-dessus, t. III, p. 366-367.

un arrêt « qui ôte à M. de Machault tout pouvoir de servir le Roi ».

Notre homme ne s'émeut pas; il tient tête à cette autorité parlementaire si assurée d'elle-même, mais si faible quand elle engage la lutte contre le pouvoir, et il n'hésite pas à faire enlever nuitamment du logis et envoyer à la Bastille pour des raisons mal éclaircies un conseiller à la Cour (1). Il mate ainsi une résistance qui, d'ailleurs, eut pour effet de le rendre au cardinal, qui songeait à lui, en vue d'une mission autrement importante et difficultueuse. Selon l'observation de l'historien des intendants de Bretagne, « commissaire extraordinaire après tant d'autres, il accoutumait les Bretons à voir se régler d'importantes affaires autrement que par des officiers réguliers et préparait la venue d'un commissaire extraordinaire permanent (2) ».

L'arrivée de Machault en Languedoc se signala par un fait qui affirmait, du premier coup, sa manière : il envoya soixante-quatre soldats à la potence et plus de trois cents aux galères, comme étant du parti du duc de Rohan et ayant été faits prisonniers par Montmorency près de Nîmes (3). Dom Vaissette établit la liste imposante des châteaux qu'il fit démolir dans la province. Il ne s'en tient pas aux démolitions : à Aymargues, à Uzès, il prend à cœur les conversions. Dès 1630, il se vante d'une tournée dans le haut Languedoc qui sent d'avance les dragonnades. Il a flairé le dissentiment latent entre le cardinal et le gouverneur et il adresse au cardinal de grandes plaintes contre les gens de guerre de MM. de Montmorency et de Ventadour : « Ils ont tellement volé le pays et tant fait d'extorsions, et la plupart des compagnies (c'est-à-dire les juridictions), sont si faibles que je n'oserois vous en donner aucune bonne nouvelle (4). »

Tout lui est gibier de potence. D'ailleurs, sa réputation est

---

(1) Voir la correspondance de Machault aux Affaires étrangères, vol. 42, 43.
(2) *Les Origines de l'Intendance de Bretagne* par Séverin Canal, t. II, p. 135.
(3) Dom Vaissette, *Histoire du Languedoc*, t. V, p. 567, 593.
(4) Affaires étrangères, t. 54, f° 53.

faite (1). Il a reçu, dès lors, le sobriquet de « coupe-tête », qu'il léguera aux futurs révolutionnaires. On le déteste et il ne se fait, à ce sujet, aucune illusion ; il y met même quelque modestie : « Je ne sais si c'est pour me flatter, mais de trois endroits, j'ai avis qu'il y a entreprise, au même instant que quelque rébellion voudra éclater, de m'assassiner. Je ne me crois pas assez utile au service du Roi pour me donner cette vanité d'appréhension, pour ce qu'il se pourroit trouver plusieurs qui le pourroient mieux que moi. »

Il se plaint d'être mal assisté par le prévôt du Languedoc et toute sa compagnie et demande si l'on ne pourrait pas envoyer à sa place un lieutenant de connétable avec quelques archers bien payés : « Ils feroient régner justice, dit-il, et si quelqu'un s'échappoit, je l'aurois bientôt mis à couvert ». Le 15 août 1630, il demande la prolongation de sa commission « pour les démolitions, exécutions de l'édit (de Béziers) et autres affaires du Roi ».

On ne la lui fait pas attendre. Les troubles éclatent en février 1631 et il renseigne aussitôt Paris. C'était la crise des États et des Élus. A Paris, craignant de pires maux, à une époque particulièrement trouble (septembre 1631), on cherchait un accommodement et on offrait de remplacer les Élus par des « commissaires au département des tailles » ; mais, dans la province, ce biais, loin de satisfaire les protestataires, rendit suspect Montmorency lui-même.

Le mal s'étend, mais ne lasse pas la vigilance de l'intendant. Dès le 2 juin 1631, il avait averti Richelieu que les gentilshommes du Vivarais s'étaient réunis en plusieurs conciliabules secrets, défendant aux paysans de payer la taille. Il craint qu'on ne l'ait calomnié auprès du cardinal ; on l'aurait accusé de s'opposer à l'établissement des Élus. Richelieu le rassure et lui renouvelle sa confiance.

Aussitôt, en bon « fonctionnaire », Machault demande de l'avan-

---

(1) Le *Nouveau Siècle de Louis XIV* a repris ces vers fameux où Machault et Laffemas sont fort malmenés :

> En décapitant ils se jouent ;
> Ils sont encor plus gais s'ils rouent ;
> Mais leur plus agréable jeu
> Est de brûler à petit feu.

cement, des gages plus élevés, non sans faire valoir ses mérites et grossir les maux auxquels il est seul apte à porter remède : « Je prendrai la hardiesse, écrit-il, de vous dire, avec la vérité que je dois au service du Roi et au vôtre, que la misère du peuple de ces quartiers (Bagnols) est si grande que leur légèreté et facilité est à craindre... Je ferai le possible pour les maintenir dans l'obéissance... » Et, tout de suite, il pose sa candidature à la charge de premier président au Parlement de Toulouse, vacante par la mort du titulaire.

Cependant les affaires se compliquaient. Richelieu, poursuivant son dessein, créait un siège de l'amirauté en Languedoc et il assénait à Montmorency le même coup qui avait frappé Guise. Le Languedoc se soulève comme s'était soulevée la Provence (octobre 1631). D'autre part, la crise est à son point culminant entre le cardinal et la Reine mère, Monsieur, leurs partisans.

Tout ce bruit, qui avait des échos dans le moindre ravin des montagnes, réveillait les passions autonomistes. Le roman se mêlait à l'histoire ; autour du château de Privas, bâtisse à demi-démantelée restée seule debout après la destruction de la ville, une « guerre amoureuse » avait éclaté entre un gentilhomme catholique, Claude de Hautefort, vicomte de Lestrange, que l'héritière du château finit par épouser, et un gentilhomme protestant, Brison, candidat à la main de la belle. Lestrange, attaché au duc de Montmorency, avait tourné avec son maître et s'était prononcé contre la cause royale, tandis qu'à Privas le parti protestant était resté fidèle à la Royauté.

Après l'échec de l'arrangement proposé par d'Hémery, les États de Languedoc s'étaient assemblés en janvier 1632. Le duc de Montmorency avait dès lors lié partie secrètement avec Monsieur, contre le cardinal de Richelieu. La question des Élus, envenimée par un travail souterrain, décida de l'adhésion de la province aux sentiments, d'ailleurs obscurs, de Montmorency. Les États déclarèrent que les Commissions, pour faire les impositions par la voie des Élus, « exigeaient des sommes immenses par-dessus celles que l'assemblée travaillait à donner au Roi ». En conséquence, ils envoyaient des délégués dans tous les diocèses « pour les exhorter à refuser les commissions et mandements des Élus ». Ainsi tout agissait à la fois contre le gouvernement du cardinal : les jalousies de cour, la querelle de Monsieur, les influences florentines, l'irritation des contribuables et jusqu'aux passions de l'amour. Montmorency, non sans avoir hésité, avait fait comme le duc de Guise, et ainsi les difficultés locales se rattachaient à la grande affaire gouvernementale et nationale (1).

Monsieur, comme nous l'avons dit (2), ayant recruté une petite armée dans les Pays-Bas, avait passé la frontière et s'acheminait, par la Bourgogne vers le Languedoc. Montmorency vint à Pézenas et, le 22 juillet, il assista à l'assemblée des États, les engageant à se prononcer pour la cause de Monsieur et promettant, en retour, de faire rétablir les privilèges de la province. Ayant obtenu l'adhésion de ses partisans, nombreux dans l'assemblée, il fit arrêter le chef de la cause royale, l'archevêque de Narbonne et les deux commissaires royaux, Miron et d'Hémery (3). Il leva des troupes et entraîna avec lui une bonne partie du Languedoc, sauf toutefois la ville de Toulouse, que le Parlement sut retenir dans le devoir.

Monsieur, avançant à marches forcées, laissa à peine à Montmorency le temps de réunir les forces suffisantes pour s'emparer des places qui eussent appuyé sa rébellion. Nîmes, Beaucaire, restèrent fidèles au Roi. Richelieu n'avait pas besoin d'exciter Louis XIII. Indigné de tant de félonies et du péril que courait la frontière au moment où un conflit était en perspective avec l'Espagne, le Roi confiait une puissante armée au maréchal de La Force et il se mettait lui-même en marche pour le Languedoc. Il était arrivé à Moulins le 27 août.

(1) Voir ci-dessus, t. III, p. 373 et suivantes.
(2) *Ibidem*, p. 363.
(3) La correspondance du sieur Miron remplaçant, en qualité d'intendant, M. de Machault pendant une absence, est aux Archives des Affaires Étrangères, mars-avril 1632, *France*, vol. 62; c'est Miron qui est chargé de la négociation avec les États sur l'importante affaire des Élus, en vue de les rendre « plus souples »; il mit sur pied un accommodement provisoire, mais qui n'apaisa pas les esprits. On le retrouvera à Cahors en septembre 1635. Voir Bibliothèque de l'Institut, *fonds Godefroy*, vol. 272, pièce 17.

Dans ce même temps, Richelieu recevait de Machault, qui le tenait journellement au courant de ces affaires embrouillées, des lettres lui annonçant que Lestrange s'était joint à la cause de Montmorency et qu'il appelait aux armes non seulement les anciens ligueurs, mais aussi les huguenots, qu'il avait précédemment combattus (1). Le désordre était à son comble! Lestrange se présenta devant Privas, sans toutefois faire usage de ses armes ; il eût volontiers traité, au meilleur prix, de sa soumission. Le maréchal de La Force, qui arrivait sur les lieux, avait jeté en avant un parti aux ordres d'un de ses lieutenants, Marion. Lestrange, qui attendait une réponse à ses propositions, fut attaqué, sa petite troupe détruite et lui-même fait prisonnier. Machault rendit compte et demanda ce qu'il fallait faire de l'homme. La réponse ne se fit pas attendre. Le Roi écrivait, de la Charité, le 25 août, au maréchal de La Force : « Mon cousin, le vicomte de Lestrange ayant encouru les peines portées par mes déclarations contre ceux qui adhèrent aux factions présentes..., j'ai, par ordonnance signée de ma propre main et mes lettres patentes sur icelle, condamné le vicomte de Lestrange, les capitaines, lieutenants et enseignes de son régiment qui ont été pris prisonniers avec lui à avoir la tête tranchée, et les sergents et soldats aux galères perpétuelles.... La dite ordonnance et lettres étant envoyées au sieur de Machault, intendant en la justice, police et finances en l'armée qui est sous votre charge, pour les faire exécuter... » On a dit que Machault avait, comme juge de Lestrange, prononcé la condamnation. C'est une erreur. Louis XIII prononça la peine lui-même, non en tant que juge, mais comme Roi (2).

Quand Richelieu eut appris par Machault que c'était chose faite,

---

(1) Voir pour tous ces détails, deux études, l'une publiée par M. Mazon dans la *Revue du Vivarais* en 1894 et l'autre par M. V. Chareton dans son volume si précieux et si complet : *La Réforme et les Guerres civiles en Vivarais particulièrement dans la région de Privas*, 1913, in-8°. Voir aussi notre tome III, p. 373.

(2) Voir dans les *Mémoires de Molé*, t. II, p. 157, l'Ordonnance du Roi du 24 août 1632, portant jugement de mort contre le vicomte de Lestrange pour levée de gens de guerre, prise de Tournon, etc. « Sa Majesté, de sa pleine puissance et autorité royale... enjoint au sieur de Machault, intendant en la justice, police et finances en l'armée commandée par le sieur Maréchal, de faire exécuter en sa présence la dite ordonnance, laquelle Sa Majesté a signée de sa propre main. »

il écrivit au maréchal de Schomberg : « Vous jugerez bien que le Roi a besoin de faire des exemples (1). »

Le même sort attendait le duc de Montmorency. Nous avons dit l'issue du combat de Castelnaudary (1ᵉʳ septembre 1632) et l'exécution du malheureux duc fait prisonnier (2). Le Roi apprit à Lyon le succès de ses armes et reçut la soumission de la province, dont Schomberg fut nommé gouverneur.

Le 23 septembre, Monsieur avait fait son « accommodement », négocié par Bullion; « il s'était mis entre les mains de Sa Majesté » : « Nous promettons, avait-il déclaré, en parole et foi de prince, de conspirer de tout notre pouvoir à tous les bons desseins que le Roy a pour le bien et grandeur de son État et *de plus aimer tous ceux qui servent Sa Majesté et particulièrement notre cousin le cardinal de Richelieu, que nous avons toujours estimé pour sa fidélité à la personne et aux intérêts du Roi et de l'État* (3). »

Le Roi fit, le 11 octobre, à Béziers, l'ouverture des États du Languedoc et il déclara, « qu'oubliant les fautes des États et de la province, se réservant cependant la punition de quelques particuliers, les plus coupables, pour empêcher qu'on ne tombât à l'avenir dans de semblables inconvénients, il avait donné une ordonnance dont on allait faire lecture pour la régie et le gouvernement de cette province et pour s'assurer de leur obéissance ». Ce fut l'Édit de Béziers, qui donnait aux États une satisfaction apparente en autorisant le rachat des élections, mais qui limitait l'autorité et les privilèges des États et frappait la province d'impositions presque triples de celles qu'elle était accoutumée à payer.

Machault avait reçu, le 26 août, la commission « d'Intendant de la Justice en Languedoc pour châtier les rebelles de la révolte de Monsieur ». Il s'y employa de son mieux, en bon serviteur de la cause royale et en bon catholique, avec une volonté marquée

---

(1) Chareton, *op. cit.*, p. 352. — Archives des Affaires Étrangères, t. 63, f° 28 et suivants; et aussi, *Lettres du Cardinal de Richelieu*, t. IV, p. 367, 378, etc...

(2) Voir, ci-dessus, t. III, p. 375-402.

3) Le texte de l'accommodement est dans Avenel, t. IV, p. 372 et suivantes.

d'obtenir, à cette occasion, la conversion des protestants : « Le voyage du Roi en cette province, écrit-il d'Alais le 8 octobre, était nécessaire pour détruire le parti huguenot dès sa naissance, ainsi que pour dissiper celui de Monseigneur son frère, Gaston ». Il conseille d'employer « la confiscation des biens des protestants partie à la reconstitution de la Collégiale, partie en dons aux Capucins ». Il est devenu un personnage, car Monsieur lui-même lui demande assez piteusement qu'on épargne la vie et les châteaux de nombre de ses partisans (1).

Il lui arrive justement l'une de ces aventures dont il a le monopole. Le 15 octobre, il écrit à Richelieu, toujours de cette même ville d'Alais, où il est de passage pour mettre à la raison les opposants, surtout huguenots : « J'ai grand déplaisir qu'en la première action de justice que j'ai faite, contre le ministre d'Alais, l'exécution de notre dit jugement n'a été conforme à la volonté du Roi, *car ce pauvre malheureux a été pendu auparavant que la favorable résolution ait été prise pour lui.* En quoi, Monseigneur, je ne puis être blâmé que de diligence, qui est requise en semblables affaires. Car d'attendre la volonté du Roy sur chaque jugement et procès, ce seroit d'une longueur immense et rejeter l'envie des condamnations sur le Roi et vous, Monseigneur... »

On l'appelait *coupe-tête*; on eût pu l'appeler *coupe-vite*, comme on va voir. Cependant il ne s'oublie pas, ni lui ni les siens: et par la même lettre, il sollicite, pour son fils, un des évêchés vacants et il l'obtiendra.

Sur la fin de l'année 1632, il remonte avec l'armée du maréchal de Tavannes dans les Cévennes et le Vivarais et il y fait raser les châteaux et les places, sans épargner les châtiments personnels. Toute cette région, d'accès difficile, voit succomber la féodalité antiroyale. Pour accomplir à fond cette besogne de nivellement et de répression, Machault reste en ces provinces jusqu'à la fin de février 1633. En rentrant à Paris, il présenta au cardinal un très important *Mémoire de ce que M. de Machault*

---

(1) Affaires étrangères, *loc. cit.*, t. 63, f° 110.

a fait en Languedoc, depuis que le Roi y arriva jusqu'à la fin de février *1633* (1) ». C'est un tableau animé de ce que fut, en ce temps, l'activité d'un des plus dévoués mais des plus rudes serviteurs de la politique royale. Les commissaires de la Convention ne feront pas mieux (2).

Bien entendu, on ne songe pas à se passer des services d'un tel homme. Le 8 mars 1633, revenant de Montpellier, il trouve moyen d'avoir des difficultés avec la Cour de justice de cette ville. Il en écrit à Paris. Mais ce sera l'affaire de ses successeurs. Le sieur Le Camus écrit à son tour le 1er mai : « J'arrive dans la province incontinent après le départ de M. de Machault (3). » Un autre homme de main, Le Maître de Bellejambe, est, déjà depuis plusieurs mois, intendant à Toulouse.

Ne laissons pas Machault sans savoir ce qu'il devient. En mai 1635, comme il faut mater la Lorraine, c'est à lui qu'on a pensé. Richelieu mande à M. le Prince qui est à la tête de l'armée : « Je crois qu'il sera bon que M. de Machault demeure trois ou quatre mois dans cette province afin d'aller d'un côté et d'autre faire valoir l'autorité du Roi (4). »

En août 1636, on le trouve en pleine activité sur cette frontière, aussi ardent contre les ennemis que contre les rebelles : docile et vigilant partout (5).

En janvier 1637, il est en Bourgogne, honoré du titre suivant : « conseiller en notre conseil d'État, maître des Requêtes ordinaire de notre Hôtel, intendant de la justice, police et finances en Bour-

---

(1) Affaires étrangères, 65. Rapport de près de cinquante pages.
(2) *Lettres de Richelieu*, t. IV, p. 379. — On lit dans le *Mercure françois*, t. XVIII, p. 795 : « Le Roi, après la réconciliation faite entre Sa Majesté et Monsieur son frère, tourna tous ses desseins à pourvoir la paix et sûreté de ses peuples par la démolition et rasement des places qui s'étaient jetées dans la rébellion, cause de la ruine d'un État. Ce fut pourquoi il ordonna le rasement de Brescou, du château de Pézenas et de la citadelle de Béziers. La démolition desquels, il donna pour rebâtir leurs églises, la piété du Roi imitant la Providence divine qui tire le bien du mal. » Notons que la citadelle de Brescou ne fut pas abattue, le cardinal songeant à utiliser cette citadelle bâtie sur une île à six lieues au sud de Béziers.
(3) Lettres à Séguier, Bibliothèque Nationale. *Fonds français*, 17.367, F° 34 et F° 318.
(4) *Lettres de Richelieu*, t. IV, p. 747.
(5) Bibliothèque de l'Institut, *fonds Godefroy*, vol. 272, F° 28 ; *Idem*, Lettres à Séguier, vol. 274; t. II, pièce 158, 14 août 1636, de Meaux.

gogne et Bresse ». Là aussi, la main du pouvoir doit peser pour abattre la résistance des privilégiés. Machault a reçu l'ordre de se rendre à l'Hôtel de Ville de Dijon et l'on écrit au magistrat : « Ledit Sieur de Machault, président en votre dit Conseil selon qu'il lui appartient et les pouvoirs qu'il a par nos commissions (le voilà donc introduit d'office pour prendre la présidence des municipalités) fera lire et enregistrer un arrêt du Conseil qui oblige tous les privilégiés à contribuer aux fortifications de la ville et à la nourriture des troupes (1). » On sort à peine de l'année de Corbie et l'on ne badine pas à Paris.

En 1638, il se passe, sur cette frontière d'Espagne que notre homme connaît et où on le connaît, un fait des plus graves. C'est l'affaire de Fontarabie : le camp des troupes royales qui assiègent la ville espagnole, envahi par les assiégés, les Français en fuite, le cardinal de Sourdis regagnant ses vaisseaux, le prince de Condé se sauvant sur une chaloupe, le duc de La Valette rentrant dans Bayonne avec ce qui reste de l'armée (2). A qui recourt-on? A Machault, doublé d'ailleurs de La Potherie, le « pacificateur » de la Provence. Tous deux sont chargés d'informer sur le désastre. Machault reçoit la commission habituelle comportant pleins pouvoirs : « Intendant de la justice dans les armées de Guyenne, et de Languedoc ». Il assiste à la séance solennelle des États, près du prince de Condé, flanqué, d'autre part, des deux intendants du Languedoc, Hercule des Yveteaux et André de Ranse, sieur de la Perche; il fait entendre une parole ferme à MM. des États, qui prétendaient se dérober aux sacrifices indispensables. Le pays était ruiné par la guerre, par les mouvements de troupes, par l'excès des impôts, et en proie à une terrible épidémie de peste. Il fallut plier cependant et on vota les fonds. Le prince de Condé, qui ne s'oubliait jamais (3), se fit accorder une gratification de cinquante mille livres; Schomberg reçut de larges indemnités. A bout de sacrifice, les États refusèrent de contribuer

---

(1) Archives de Dijon, 21 janvier 1637.
(2) Voir, ci-dessous, l'article du duc de La Valette, dans le « Rôle des généraux » écrit par Richelieu, dans le chapitre : *Richelieu et l'armée*.
(3) Lettres de Richelieu à Monsieur Le Prince, 5 octobre 1638, Avenel, t. VIII, p. 345.

aux fortifications de la citadelle de Carcassonne. On ne dit pas ce que reçut Machault (1).

Pourtant son zèle ne pouvait être mis en doute. Il lui advint, en effet, dans le Roussillon, un accident semblable à celui d'Alais. Il fit pendre les gens (cette fois il s'agissait de marchands de blé, fournisseurs de l'armée) *fort légèrement*, c'est le mot de Tallemant, qui raconte la chose (2).

Richelieu lui-même voulut savoir le détail de cette nouvelle affaire. Il convoqua le secrétaire de l'intendant Machault; l'enquête, à ce qu'il semble, n'eut pas d'autre suite; les marchands étaient pendus (3).

Il semble bien que, même à la Cour, on trouva que Machault allait un peu fort. On le fit revenir au Conseil, où il s'occupa encore des affaires du Languedoc, mais cette fois, d'une manière qui parut un peu molle.

Richelieu, dans sa manière plaisante et sévère tout à la fois, écrit à Bouthillier, de Moulins, le 13 février 1642 : « On dit d'ordinaire qu'il faut parler comme plusieurs et être de l'opinion du petit nombre; mais je prends le parti contraire en l'affaire dont vous m'écrivez, laquelle a été agitée au Conseil. Je suis du sentiment commun et non de celui de Monsieur le Prince et du sieur de Machault, qui ne sont qu'un : si on ôte le sol pour livre de Languedoc et de la Bourgogne, il le faut ôter de toute la

---

(1) Voir l'Historiette de Tallemant : *Henri de Bourbon, Prince de Condé.*
(2) Dom Vaissette, *Histoire du Languedoc*, édit. in-4°, t. V, p. 447.
(3) Tallemant des Réaux, *Historiette*, édit. Monmerqué et Paulin, Paris, t. II, p. 60. — C'est probablement à cette affaire des vivres que se rapporte un ordre du prince de Condé, gardé aux archives de Chantilly : « Il est ordonné à MM. de Machault et de Prouville et au sieur de Machault, en son absence, de faire acheter du blé à Narbonne par le sieur Berger, munitionnaire de l'armée du Roi selon et au désir de son contrat, duquel ils lui feront rendre compte exact selon leur devoir comme intendants des vivres ; et, parce que ledit Berger est insolvable et n'a point d'argent et que l'armée dépérira s'il n'y est pourvu par nous, nous leur offrons de leur donner comptant les sommes nécessaires pour être distribuées selon leurs ordres. » Fait à Narbonne le 20 juin 1640, *Henry de Bourbon*. — Au dos : « Ordonnance lue et montrée à M. de Machault que je ne lui ai pas fait signifier à cause de ses larmes et prières de ne le faire pas, mais qu'il sait et a ouï lire tout du long. » (Le tout écrit *manu propria*). — On comprend l'émoi de l'intendant en présence d'une telle procédure. On ne pouvait pas laisser l'armée mourir de faim. Les fournisseurs vendirent, mais ne livrèrent pas, et Condé garda son argent. (Communication de M. Flammermont).

France et, si on le laisse au reste de la France, il faut par nécessité qu'il soit en ces provinces comme aux autres (1). »

Machault fut un des douze conseillers d'État ordinaires réservés à la réforme du Conseil en 1657. Il mourut le 16 janvier 1667, âgé de quatre-vingts ans, et fut inhumé à Saint-Nicolas-des-Champs.

Intendants successeurs de Machault en Languedoc.

A Machault succéda, comme nous l'avons dit, le sieur Lemaître de Bellejambe, de la troisième branche de la fameuse maison des Lemaître, véritable aristocratie bourgeoise. Dès 1622, celui-ci était dans les affaires et dans la confiance de Richelieu. En 1631, il avait été envoyé comme commissaire à Vannes. En novembre 1632, il arrivait à Toulouse. Par ordre, évidemment, il s'ingère dans la nomination des magistrats, même du premier président du Parlement de Toulouse. L'on pense si les esprits, dans la capitale de la fière province, s'en trouvent surexcités.

Mais il est soutenu et il avance droit devant lui. Par commission spéciale, il est chargé, conjointement avec M. de Villarceaux, « de faire le procès aux rebelles et à la mémoire de ceux qui sont décédés dans la rébellion ». Et c'est à lui également que sont adressées, en 1633, les « lettres patentes données pour l'abolition générale des rebelles qui ont suivi le parti de Monsieur et du duc de Montmorency durant les mouvements du Languedoc en 1632 (2) ». Entre les deux missions où l'on s'en remet à lui, il se débrouillera.

On trouve, aux Archives de Carcassonne, les « sentences et ordonnances rendues par les commissaires royaux, Bellejambe et Villarceaux, nommés par les lettres patentes du mois d'octobre 1632, sur les informations faites contre... (suivent une trentaine de noms), prévenus des crimes de rébellion, brûlement, rançonnement, pilleries, relations avec les rebelles soulevés et en armes, contre l'autorité du Roi, asile donné aux gens de guerre de la rébellion, ruine des châteaux et lieux fortifiés, assassinats,

---

(1) *Lettres du Cardinal de Richelieu*, t. VI, p. 897.
(2) Voir le mémoire très curieux et très détaillé qu'un certain Balthazar adresse à Richelieu, Affaires étrangères, *France*, t. 63.

levées de soldats et gens de guerre, etc., commis pendant les troubles de la province ». Ceux-ci paieront en dépit des « abolitions et des bonnes paroles » prodiguées à Monsieur. Et les châteaux paient aussi; on démolit à tour de bras (1). Ce qui n'empêche pas l'intendant de s'occuper de mille choses : nomination d'un prieur, relations avec les villes, etc. (2).

La besogne ne s'achève ici que parce qu'on a besoin de Bellejambe ailleurs. Il change de climat. Le voilà en Picardie, où il est avec Gobelin, intendant à l'armée du Roi. En 1636, il succède à Laffemas, de sinistre renommée. Il siège aux présidiaux d'Amiens et d'Abbeville pour le triste procès de Saint-Preuil. Peut-être ne le trouve-t-on pas assez rigoureux, car, dans la funeste année de Corbie, c'est Laffemas qui fait le procès aux gouverneurs de place, qui ont failli; c'est Laffemas qui conclut le premier dans le jugement de Soyecourt (3). Laffemas ! Nous allons le retrouver. Mais c'est Bellejambe qui instruit, à Saint-Quentin, contre un garde de Monsieur le Comte, avec ordre de Richelieu « d'en faire un exemple ». C'est encore lui qui, le 1ᵉʳ juillet 1637, instruit le procès de Manicamp et probablement celui de Heucourt, accusés l'un et l'autre de trahison (4).

Las ou dégoûté du métier, il résigna ses fonctions en 1641 et mourut bientôt après (5).

4. — Laffemas, homme à tout faire.

La machine humaine est chose si mystérieuse que nous ne savons vraiment pas ce que nous devons penser de cet homme

---

(1) Archives de Carcassonne, Sénéchaussée de Lauraguais B. 1965 ; Registre in-f° et série B. 2.082.

(2) Voir Lettres de Bellejambe à Séguier, Bibli. Nat. fonds Français f° 252 ; et aussi Lettres de Bellejambe au chancelier Séguier, *Fonds Godefroy*, 28 février 1633, vol. 271 et comparer la liste de ceux dont les biens ont été confisqués, les châteaux démolis, etc., p. 146, dans *Journal du Cardinal de Richelieu*.

(3) Boyer de Sainte-Suzanne. *La première année de l'administration des intendants en Picardie*, dans *Mémoire des Antiquaires de Picardie*, t. 18, p. 429.

(4) Recueil de pièces publié en 1695, t. I, p. 100 ; et *Lettres de Richelieu*, t. IV, 143-164.

(5) Recueil de Chassebras de Bréau sur les Maîtres de requêtes de l'Hôtel, Bibliothèque Nationale, Manuscrits, t. I, p. 415.

qui fut de son vivant le « bourreau du cardinal », le « grand gibecier de France », le « *vir bonus strangulandi peritus* », Isaac de Laffemas.

Né, si l'on en croit l'une de ses poésies, en 1584, il était le fils d'un tailleur de Henri IV, mais d'un tailleur exceptionnel et qui était, en même temps, un économiste, un initiateur, un génie humanitaire auquel une tardive postérité a rendu justice, Barthélémy de Laffemas (1).

Le fils avait, lui-même, une sorte de vocation littéraire et il se donna de bonne heure à la poésie. Quelle poésie? La satire, l'invective, la querelle politique acharnée. On a de lui un péché de jeunesse, une pièce intitulée « le Mignon de fortune », publiée en 1604 et dédiée au roi Henri IV, où il fulmine contre un certain Lhoste, qu'il prend à partie comme espion de l'Espagne et traître à la France (2).

> Vomissez votre rancune,
> Vous tous, mignons de fortune ;
> Car le bonheur d'un Dauphin
> A permis que votre rage
> Se soit ouverte à la fin,
> Pour vous causer dommage...

Ce Dauphin, c'était le futur Louis XIII, à qui le poète devait rester dévoué toute sa vie. Apollon l'avait attaché à la fortune royale.

Si Machault était l'ami des Jésuites, Laffemas était leur adversaire déclaré. Il ne craignit pas de s'en prendre à eux au moment où éclata le scandale de l'*Admonitio*. Richelieu était à peine au ministère que Laffemas lui avait offert ses services en des termes dénonçant ses futures aptitudes : « Je suis trop étroitement obligé à votre bonté, lui écrit-il le 30 juillet 1626, pour dissimuler que je découvre de ces libelles et brocards qu'on fait courir contre le gouvernement et souhaiterais qu'il me fût permis de faire

---

(1) Voir *Variétés historiques*, t. VIII, p. 303.

(2) Lhoste était un commis de Villeroy qui fut accusé d'être un espion aux gages de l'ambassadeur d'Espagne. Voir Georges Mongredien *Isaac de Laffemas*, dans Revue des Questions historiques du 1er janvier 1928. Voir aussi : Duc de La Force, *Le Maréchal de La Force*, t. I, p. 226.

châtier ceux qui donnent cours à tous ces mauvais écrits... » Et il insiste : « Je voudrais que Sa Majesté m'eût autorisé pour lui en faire raison ; je les aurais bientôt mis en mauvaise posture... » Sa vocation se déclare ; pour un peu, Richelieu serait accusé par lui d'indulgence (1).

Auprès d'un maître comme le cardinal, un homme de ce tempérament ne reste pas longtemps inoccupé. Dès le mois de mai 1627, il est aux prises avec le Parlement de Bordeaux. Il est soutenu par le cardinal de Sourdis qui reçoit à ce sujet les remerciements du ministre. Richelieu dit, dans sa lettre à Sourdis : « Le Roi qui l'affectionne (Laffemas) vous en saura gré (2). » En 1629, un certain J. Bourgoin adresse une requête au Parlement contre Laffemas et contre la chambre de justice. Partout il est aux prises avec les parlementaires.

Le commissaire sans merci.

En septembre 1631, il est chargé, à titre de commissaire extraordinaire, de l'information contre le duc de Rouannez et consorts accusés du crime de fausse monnaie devant la Chambre de l'Arsenal et, en 1631, on le désigne parmi les commissaires chargés de juger le maréchal de Marillac (3). Le 9 et le 30 juillet, le Parlement de Paris s'oppose à ce que Laffemas fasse partie de la dite Chambre de l'Arsenal. Mais on le soutient en haut lieu et, le 20 août, il obtient enregistrement de ses lettres de conseiller du Roi (4). Réplique du Parlement, qui, le 28 novembre, mande Laffemas à comparaître « pour entendre défense à lui faite d'exercer aucune poursuite en vertu de sa commission, à peine de tous dépens, dommages et intérêts, et d'être pris à partie en son propre et privé nom ». Les remontrances portaient « que Sa Majesté avoit intérêt à ne pas commettre son autorité entre les mains de gens qui en eabusoient,

---

(1) *Lettres de Richelieu*, t. II, p. 256.
(2) *Ibidem*, t. II, p. 456. Voir, pour cette affaire, la *Bibliothèque historique* du Père Lelong, n° 28.033 et Mongrédien, *op. cit.*, p. 51 et suiv.
(3) Il aurait demandé à être remplacé. Voir les *Mémoires manuscrits* de Courtin à la bibliothèque de l'Arsenal.
(4) *Mémoires de Mathieu Molé*, t. II, p. 63.

la rendoient odieuse et méprisable, les peuples ne pouvant comprendre que des actions justes cherchassent les ténèbres et que leurs supplices pour l'exemple dussent être exécutés en un temps auquel ils n'en pouvoient produire; que la nuit devant être un temps de repos et de relâche pour les plus misérables, aucuns s'étaient imaginés, en la voyant choisir pour une exécution de justice, que c'étoit une violence et le désir de faire en cachette ce que publiquement on n'eût osé entreprendre, et qu'enfin, un tel procédé autorisoit à croire que cette exécution n'avoit pas été la punition d'un crime, mais l'exercice d'une vengeance particulière (1) ».

Cette algarade parlementaire ne fait que renforcer la situation de Laffemas auprès du cardinal. Le nouveau conseiller devient le juge à tout faire, passé maître en ce qui touche à la répression des libellistes. Il est juge encore dans le procès intenté à l'un des plus dangereux adversaires du cardinal, le Père Chanteloube. Le procès terminé, la condamnation ne le satisfait pas; il écrit à Richelieu : « Sans le contredit de quelques gens dont vous ne vous défiez pas, l'arrêt eût été beaucoup plus exemplaire... J'ai fait voir à la chambre bien clairement que vous y êtes offensé en apparence, mais qu'en effet, le Roi y est plus blessé que vous... Je continuerai à travailler aux autres affaires qui m'ont été laissées avec le même soin et affection » (6 mai 1632)· (2).

Le cardinal ne se lasse pas d'accabler de tâches nouvelles un homme qui ne se lasse pas de les réclamer. Le 6 février 1633, un ample pouvoir est donné par le Roi au sieur de Laffemas, maître des Requêtes, pour exercer sa charge « d'intendant de la justice de ses armées en Champagne, Metz, Toul, Verdun et autres lieux de son obéissance et protection ».

Apogée de la carrière.

Il a quarante-cinq ans. Nous avons son portrait gravé par Michel Lasne : tête noire, dure, nez pointu, lèvres serrées, che-

---

(1) Isambert, *Recueil des Lois françaises*, t. XVI, p. 369. Et Saint-Aulaire, *Histoire de la Fronde*, Préface, p. 21.
(2) Affaires étrangères, *France*, vol. 62.

LAFFEMAS
« Le bourreau du Cardinal »
d'après Michel Lasne.

veux courts, col droit, regard fixe. Les petits anges qui décorent la gravure ont l'air tout effarouchés. Ils tiennent l'un la massue, l'autre l'épée. Pour « armes », un simple arbre vigoureux.

C'est en Champagne que l'homme donne sa mesure, en cette année où la Champagne et la Lorraine, par l'union de Monsieur et du duc Charles de Lorraine, menacent d'un effondrement les frontières de la France. Nous avons le recueil des lettres de l'intendant adressées au chancelier Séguier. C'est un jeu de massacre. Arrivé à Troyes, le 6 mars 1633, il écrit aussitôt : « Monseigneur, je ne vous ennuierai point d'affaire pour cette fois *sinon que j'ai décrété prise de corps contre trente-quatre gentilshommes ou autres qui ont levé contre le Roi, et je suis prêt de décréter contre huit autres qui ont fait beaucoup de mal au pays, etc... Je ne fais que commencer...* » Et il écrit le 20 mars : « Pour vous rendre compte donc, Monseigneur, de ce qui se fait en cette province, je vous dirai que j'ai instruit force contumaces contre plusieurs gentilshommes assez qualifiés, qui sont bien convaincus d'avoir levé des troupes,... et crois que mercredi prochain ils seront jugés. *Nous pourrons avoir des supplices différents encore que tout aille à la mort...* J'ai déjà fait plus de soixante décrets de prise de corps qui étonnent toute la province... Il y en a dix auxquels je n'ai pas touché parce qu'ils sont condamnés aux galères pour crimes néanmoins assez légers. *On leur eût fait beaucoup de bien de les condamner à la mort plutôt que de les laisser languir ou périr de faim depuis sept ou huit mois qu'ils sont condamnés.* » A toutes fins utiles, Laffemas met sous les verrous, un parent de la Reine, Jean de Médicis, marquis de Saint-Ange (2).

Cependant la province tout entière est en ébullition, même cette moyenne noblesse, ces « gens de main » que Richelieu a

---

(1) Voir le Recueil des lettres à Séguier, publiées en appendice du tome V, dans les *Historiettes* de Tallemant des Réaux, édition Paulin Paris, p. 501 et suiv.

(2) Archives Affaires étrangères, *France*, 1633. vol. 65 (f° 276) et vol. 67, *passim*. Il était fils de Raphaël de Médicis et de Constance Alamanni. Laffemas le fit expédier à Fontainebleau, puis à Paris où il fut gardé à vue dans son hôtel jusqu'au 16 janvier 1634. — Voir Duc de La Force, *La mésaventure du marquis de Saint-Ange:Revue de France* du 1er juillet 1934, p. 550-556.

tant d'intérêt à ménager, tant de désir de s'assurer. Trop de zèle! On dirait que, de Paris, on veut rappeler l'intendant au sentiment de la mesure : le 19 juillet 1633, le roi, avant de commencer son expédition en Lorraine, croit devoir faire un acte d'indulgence politique et il accorde spontanément une « *abolition pour tous ceux que M. de Laffemas avoit condamnés.* » Laffemas est expressément nommé (1). A-t-il donc perdu la faveur? Nullement. Il conserve, dans la province, tous les pouvoirs.

Une autre occasion de faire sa cour et ses preuves se présente. Le chevalier de Jars, de l'illustre maison de Rochechouart, l'un des plus hardis adversaires de Richelieu, banni en 1624, s'étant réfugié en Angleterre, y a conquis la faveur d'Henriette-Marie. Revenu en France dans le temps des affaires de Monsieur, il s'y trouve englobé. Il est poursuivi, arrêté et transféré en Champagne : gibier pour Laffemas. Celui-ci a commission expresse de faire le procès au chevalier de Jars (2). Il y apporte tous ses soins et reprend, à ce sujet, une correspondance active avec le cardinal. On lui demande surtout de faire parler le détenu et de tirer de lui les secrets de la conjuration, surtout en ce qui concerne la duchesse de Chevreuse. Mais le chevalier ne se laisse pas faire. Laffemas écrit en Cour : « Le procès ayant été achevé et mis entre les mains d'un rapporteur très habile homme et affectionné au service du Roi, le chevalier de Jars s'est avisé de me récuser par une requête écrite de sa main, la plus injurieuse et insolente qui ait été jamais vue en justice,... récusation déclarée par le tribunal injurieuse et inadmissible Sur dix-sept juges que nous étions au procès, il s'en est trouvé treize à mort et quatre seulement à lui donner toutes sortes de peines... Les conclusions des gens du Roi alloient à la question avant l'exécution de mort... A présent, Monseigneur, il est question de savoir ce que nous avons à faire... A l'heure que je vous parle, le

---

(1) *Lettres de Richelieu*, t. VIII, p. 254 note; et Affaires étrangères, fonds *Lorraine*, 19 juillet 1633.
(2) V. Affaires Etrangères, *France* 1633, vol. 66, f° 82, 124, etc., et vol. 69, vers le milieu du volume.

peuple est rassemblé dans la place publique avec des lanternes qui croit qu'on doit exécuter ce qui a été résolu. » Les lettres se suivent contenant le texte du jugement, l'interrogatoire pressant le chevalier, les réponses arrogantes de celui-ci.

La Cour ne répond pas. Que se passe-t-il? Il faut en finir. Jour et heure sont pris pour l'exécution : « Il y avoit, écrit Laffemas, une telle foule de peuple dans les rues et la place publique où se devoit faire l'exécution qu'à peine la charrette de l'exécuteur pouvoit passer. Les hommes, qui savoient la cause de la condamnation insérée en son jugement, louoient le Roi de sa justice, et les femmes, qui ne regardoient point plus haut que la charrette, avoient pitié de voir qu'un homme de si bonne mine se fût oublié en son devoir et prioient que Dieu fît un miracle pour lui et qu'il disposât le Roi à lui pardonner. Il y avoit plus de trente mille personnes sur la place et aux fenêtres. Et comme il fut sur l'échafaud, le rapporteur fit mettre avec lui le Jacobin et son *bini* (*benedictus*), pour l'admonester encore à dire la vérité, sans pouvoir tirer autre chose de lui que ce qu'il avoit dit auparavant. Et cependant deux gardes du corps que j'avois fait tenir serrés assez près du lieu d'exécution, fendirent la presse avec leur bâton et crièrent tout haut : *Grâce ! Grâce ! Monsieur l'Intendant vient de recevoir une dépêche du Roi*. Et, à l'instant, mirent les lettres du Roi cachetées entre les mains du prévôt de l'Isle pour surseoir l'exécution et ramener le prisonnier aux Jacobins en la même chambre où il avoit été gardé. Cette action fut reçue avec une grande acclamation. Tout le peuple crioit : Vive le Roi ! (1)... »

Etait-ce un échec, un blâme pour Laffemas? S'agit-il d'une intrigue de cour, d'une intervention de la sœur du Roi, Henriette-Marie? Quoi qu'il en soit, le chevalier de Jars échappa. Mme de Motteville, qui l'a connu dans l'entourage d'Henriette-Marie, affirme tenir de lui-même que c'est à Richelieu qu'il dut la

---

(1) Voir *Lettres de Laffemas* au chancelier Séguier. *Historiettes*, t. V. *Appendice*. Voir aussi les lettres inédites de Laffemas à Richelieu, aux Archives des Affaires étrangères, *France*, vol. 66, 69, etc. — Cfr. les articles de M. Depping, dans le *Bulletin de l'Académie des Sciences morales et politiques*, 1881-82; Mongredien, *op. cit.*, p. 88; et, ci-dessus, t. III, p. 415-416.

mesure qui le sauva : « Etant près d'avoir la tête tranchée, on lui vint apporter sa grâce et, après la mort du cardinal de Richelieu, lorsque sa haine pour lui étoit assouvie, je lui ai ouï donner des louanges à son équité, disant enfin qu'il lui devoit la vie, et que, s'il eût voulu, les juges entre les mains desquels il était l'auroient sans doute fait mourir. » Il passa en Italie et revint en France après la mort du cardinal et du Roi. Laffemas devait se retrouver auprès de lui en 1648, mais cette fois, dans le même parti, les « Mazarins »... Ainsi va la politique.

Laffemas reste en Champagne. Son autorité n'est en rien diminuée. Nous le voyons, toujours en 1633, publier une ordonnance portant des mesures pour combattre la peste; il prescrit : « qu'au moindre symptôme de contagion, les mendiants et vagabonds aient à venir déclarer leur malaise, *sous peine d'être arquebusés* »... Le 15 mars 1634, il dénonce un complot, ou soi-disant complot, contre la vie du Roi et la vie du cardinal : « Qu'on se donne de garde, écrit-il, d'un homme qui est en habit déguisé, comme un habit de Jésuite, qui est homme qui a le visage sec, le poil noir, de moyenne stature et qui est Lorrain de nation... (1). »

Ses facultés d'enquêteur le feront appeler, après qu'il aura rempli bien d'autres missions auprès des armées, aux fonctions de lieutenant civil, c'est-à-dire chef de la police à Paris, fonctions qu'il occupa de 1639 à 1645. C'est là, qu'au dire de Tallemant et d'autres contemporains, il rendit de réels services qui semblent avoir amené vers lui une sorte de retour de l'opinion.

D'autre part, on trouve, jusque dans sa correspondance officielle, des traces d'un revirement qui se serait accompli en son âme, si l'on peut parler de l'âme d'un bourreau. M. Avenel, l'éditeur de la correspondance de Richelieu, signale le fait, non sans quelque surprise : « Laffemas et Laubardemont, les deux principaux agents de la justice du cardinal, explique-t-il, étaient des magistrats diffamés parmi leurs contemporains. J'ai plaisir à dire, à la décharge de l'un d'eux, que sa triste renommée a fini par lui étreindre le cœur et qu'il a voulu

---

(1) Affaires Etrangères, *France*, 1634, six premiers mois, fol. 132; et *Lettres de Richelieu*, t. IV, p. 535.

en répudier l'angoisse et la honte. » Lisons cette lettre quelque peu inattendue sous la signature de Laffemas. Il rend compte au chancelier Séguier d'une exécution capitale : « L'exécuteur de Paris, écrit-il de Senlis le 27 septembre 1636, a coupé le cou hier au baron de Senac... Ce pauvre baron est mort courageusement, témoignant un extrême regret d'avoir offensé le Roi et Son Éminence... Je voudrais qu'il plût à Sa Majesté terminer là mes emplois criminels et me donner moyen de le servir en autre chose. J'aurois bien de l'obligation à votre bonté de m'avoir procuré ce repos là pour ne plus passer pour un homme de sang en faisant la justice qui est, en ce temps, odieuse à beaucoup de gens qui ne sont point touchés de l'intérêt public (1). »

Tallemant des Réaux dit, pour excuser en quelque chose la conduite de Laffemas « qu'il est venu en un siècle où l'on ne savoit ce que c'étoit de faire mourir un gentilhomme ». Il ajoute que Laffemas, « en sa charge de lieutenant civil, acquit bien de la réputation et ôta bien des abus »... « Je crois, dit-il encore, qu'il avoit les mains nettes (2). »

Le repos qu'il sollicitait ne lui fut accordé qu'en 1649, dans les temps les plus douloureux de la minorité de Louis XIV. Nous le voyons encore faire subir, le 8 juin 1641, un interrogatoire à une certaine Anne Gobert, relativement au complot du comte de Soissons (3). Mais le cardinal va mourir; à titre de récompense, il songe à gratifier ce fidèle serviteur d'une abbaye d'un rapport de cinq ou six mille livres (4).

Devenu vieux, le diable se fait ermite... Laffemas revient à la poésie. Ardemment royaliste, durant la Fronde, il retourne leurs armes contre les auteurs des Mazarinades; il écrit *Le Frondeur désintéressé* (5).

---

(1) Bibliothèque Nationale, fonds Saint-Germain, 7095, fol. 54. Cité par Avenel, *Revue des Questions historiques*, 1870, p. 85.
(2) *Historiettes*, t. V, p. 69. Il convient de signaler, d'autre part, le mépris qu'avait pour lui le président Molé. Voir *Mémoires*, t. I, p. 415. Il est vrai que Molé était un déclaré « parlementaire ».
(3) *Lettres du Cardinal de Richelieu*, t. VI, p. 809; et Affaires étrangères, France, n° 1641, fol. 398.
(4) *Lettres du Cardinal de Richelieu*, t. VI, p. 948...
(5) Voir Moreau. *Bibliographie des Mazarinades*, t. I, p. 421 et t. II, p. 186.

Voici des vers de ce singulier favori des Muses :

> Ces gens qui faisoient les tribuns (1),
> Ces pères du peuple importuns
> Ont bien engendré des misères.
> Jamais les enfants de Paris
> Ne se virent si mal nourris
> Que lorsqu'ils eurent tant de pères.

Ce ne sont pas de trop mauvais vers pour des vers d'intendant.

Isaac de Laffemas mourut en 1657, laissant plusieurs enfants dont un abbé Laffemas, un peu poète et un peu fol.

Loret consacre au père un passage de sa *Muse historique*, dans le numéro du 24 mars 1657, où il adoucit le jugement sévère des contemporains :

> Monsieur de Laffemas est mort,
> Lui dont l'esprit constant et fort
> Fut le vrai fléau des fantasques
> Qui faisoient à l'État des frasques.
> Présumant aussi bien que moi
> Que tout déserteur de son Roi
> Est la plus criminelle engeance
> Qui des enfers prenne naissance.
> Il fut par ordre des destins
> Ennemi juré des mutins.
> C'étoit un juge incorruptible,
> Aux factieux toujours terrible ;
> Et quand quelqu'un contre l'État
> Tramoit quelque noir attentat,
> Manigance ou friponnerie,
> Il n'entendoit point raillerie.

Faut-il croire que ce « buveur de sang » était tout de même un honnête homme ?

Paul Hay du Châtelet, intendant en Bretagne, Béarn, Bourgogne et Bresse, aux armées de Savoie, Piémont, etc.

Pour interrompre la série noire, venons à Hay du Châtelet. Celui-ci est un fantaisiste ; et c'est par sa fantaisie, peut-être,

---

(1) Il s'agit de ses vieux ennemis, les *parlementaires*.

qu'il s'acquit l'accès familier auprès de Richelieu, accès qui ne lui valut enfin (puisqu'il figura parmi les fondateurs de l'Académie française), rien de moins que l'immortalité. Il mourut jeune en 1636, un an après la création de l'illustre Compagnie.

Un courtisan comme il y en a peu.

Homme d'esprit, vif à la rencontre, prompt à la riposte. Ce qu'il y eut de beau dans son dévouement au cardinal, c'est qu'il sut lui tenir tête, le braver en ses colères et ses partis pris, jusqu'à courir le risque, non seulement de la défaveur, mais de la Bastille. Tout en servant, il gardait son quant-à-soi.

C'est ainsi, qu'en 1627, il prit la défense de Montmorency-Bouteville, le fameux duelliste : « Le factum qu'il publia en faveur de Bouteville et de Des Chapelles, dit M. Hauréau, parut si éloquent et si hardi que Richelieu lui reprocha de paraître condamner la justice du Roi. — « Pardonnez-moi, répliqua Du Châtelet, c'est pour justifier sa miséricorde. »

Il eut aussi, assure-t-on, le courage de solliciter la grâce du duc de Montmorency. Le Roi lui aurait dit, à ce sujet : « Je pense que M. du Châtelet voudrait avoir perdu un bras pour sauver M. de Montmorency. » Il répondit : « — Je voudrois, Sire, les avoir perdus tous les deux et en avoir sauvé un qui vous a gagné des batailles et qui vous en gagneroit encore. » Ces paroles sont dignes de mémoire, si elles sont vraies; sinon, il est beau pour Hay du Châtelet, qu'elles aient pu lui être attribuées. Il agit d'une façon un peu moins nette, peut-être, dans l'affaire du garde des Sceaux Marillac. Malgré tout, Richelieu, qu'il amusait et qu'il défendait énergiquement devant l'opinion, lui garda toute sa confiance. Il l'attela à des affaires difficiles, celles de la Bretagne, du Piémont, de la Bourgogne, et il se déclara satisfait de ses services, quoique l'intendant n'y eût montré ni fourbe, ni cruauté.

Conseiller au Parlement de Rennes le 22 avril 1616, maître des Requêtes le 3 avril 1623, il eut la commission d'établir le Parlement de Pau, fut intendant de justice en Bretagne, Béarn, Bourgogne et Bresse, dans les armées de Savoie, de Piémont, et l'un des commissaires juges au procès de Marillac. Toute sa vie, il se déclara bon ami des Jésuites; le Père Garasse, qui insiste sur sa bienveillance dans l'affaire du Père Arnoux, écrit : « Il fut une grande providence pour notre compagnie. Il se verra dans la suite de ce discours que nous lui sommes tout à fait obligés. »

Hay du Châtelet, intendant en Bretagne, surveille le prince de Condé.

Son premier pas dans la carrière de l'intendance le mit en face d'un des puissants de ce monde, d'un de ces grands dont le cardinal en comblant l'avidité s'était assuré le dévouement, Henri de Bourbon, prince de Condé, père du Grand Condé !

En attendant qu'il se fit attribuer la meilleure part de la confiscation de son beau-frère Montmorency, le prince de Condé avait mendié et obtenu celle du duc de Rohan (car c'est ainsi que se conquéraient les fidélités). Richelieu, connaissant l'homme, n'avait encore en lui qu'une demi-confiance, et il envoya Du Châtelet en Bretagne (mars 1629), pour faire rapport sur la façon dont le Parlement de Rennes exécuterait la remise de ces biens. L'intendant remplit du mieux qu'il put la délicate mission et agit auprès du Parlement de telle sorte que les choses se passèrent sans trop de difficultés. Il n'en montre pas plus d'estime pour son client princier : « Après la séance du Parlement, écrit-il, Monsieur le Prince se donna à ses plaisirs ordinaires, alla reconnaître les cabarets de la ville, alla visiter le Père Dolez, qu'il trouva sortant des Cordeliers qui allait nommer le fils d'un artisan; il prit sa place, voulut être parrain et pour marraine convia Madame la Première Présidente. Il est parti le mardi 13 et est allé voir ses nouveaux domaines et a laissé en ce Parlement une opinion qu'il est excellent homme de procès et fort actif à ses intérêts (1). »

Hay du Châtelet revint à Paris, et c'est en ce temps que nous le trouvons parmi les familiers du cardinal de Richelieu, qui l'emploie à la rédaction des pamphlets répondant aux adversaires de

---

(1) Archives des Affaires étrangères, vol. 50, f° 116.

sa politique. C'est la fameuse guerre des libelles. Il y est passé maître.

Le pamphlétaire et l'écrivain.

Du *Recueil de diverses pièces pour servir à l'Histoire,* dont la première édition parut en 1635, chez Cramoisi, la *Préface aux lecteurs,* écrite par notre intendant académicien, est un morceau où puiseront tous les apologistes du cardinal : « La vertu du cardinal de Richelieu, déclare-t-il, se trouve tellement mêlée dans le bonheur et les admirables succès des affaires du Roi, que la main, l'instrument et l'ouvrage de l'artisan ont moins de rapport ensemble qu'il ne se remarque entre les belles actions d'un si généreux maître et l'industrie d'un si fidèle serviteur. »

Voilà de son style. Il faut reconnaître que les choses sont dites, parfois, avec élégance et mouvement : « Nous voyons bien la constance du cardinal dans les entreprises qui se font et contre l'État et contre sa personne : nous voyons bien qu'il y demeure ferme comme un rocher, que les grandes tempêtes lavent au lieu de l'ébranler; une vague emporte l'écume d'une autre, et les soulèvements de toutes celles qui le veulent abîmer ne servent qu'à faire paroître sa grandeur et sa force. » Terminons sur ces quelques mots où sont indiquées les hautes perspectives qui déjà se sont découvertes aux intimes du ministre : « Et nous voyons que si la défense de la religion et de nos alliés nous mène au delà de nos frontières, s'il faut que nos armes, comme les derniers arbitres des différends des princes, nous fassent justice de la mauvaise foi de nos voisins, tous nos voyages se rendront illustres par des effets glorieux et charitables. »

Dans le *Recueil* lui-même, on attribuait à Hay du Châtelet : la première et la seconde *Savoisienne* qui sont à la racine de la grande querelle survenue entre Richelieu et le parti de la Reine-mère (1); *Les Entretiens des Champs Élysées* attribués à tort à Louis de Guron; le *Discours au Roy touchant les Libelles faits*

---

(1) La première Savoisienne paraît être plutôt d'Antoine Arnauld.

contre le Gouvernement de son État, qui s'en pren avec décision et courage à la cabale de Monsieur; *L'Innocence justifiée en l'administration des affaires;* et enfin cet étrange morceau, *Observations sur la vie et la condamnation du Maréchal de Marillac et sur le libelle intitulé : Relation de ce qui s'est passé au jugement de son procès, prononciation et exécution de l'arrêt donné contre lui*, morceau qui représente Hay du Châtelet lui-même dans une attitude un peu singulière à l'égard de l'accusé et à l'égard du cardinal, puisque, hostile au premier, dévoué au second, il essaya de prendre une voie moyenne qui le conduisit à la Bastille.

Le juge peu docile.

Richelieu trouvait qu'il fallait passer des paroles aux actes et, comme pour mettre à l'épreuve la fidélité de son écrivain, il le fit inscrire sur la liste des juges au procès de Marillac. Celui-ci avait des raisons de croire que Hay du Châtelet s'était déclaré contre lui. Dans une lettre écrite à Richelieu le 23 février 1630, il se montre disposé à le récuser : « Il a dessein et comme à tâche de charger sur moi par interprétation maligne de toutes mes actions...J'ai été étonné véritablement d'une malice si conjurée sans sujet et, l'ayant obligé, comme vous pouvez savoir que j'ai fait, et *nec verbo nec nutu* ni par aucune action n'ayant fait chose qui le pût blesser en aucune façon (1). » Ainsi qu'on l'a vu plus haut (2), la procédure traîna et nous retrouverons Hay du Châtelet pris au piège de cette déplorable affaire. Disons tout de suite que le public lui attribuait une diatribe sanglante en vers latins contre les Marillac :

> *Erat splendor in facie,*
> *Sed in corde fallaciæ...*

Et d'autres traits contre le chancelier et la Du Fargis, qui ne pourraient se répéter qu'en latin. On a dit ultérieurement que,

(1) Affaires étrangères, vol. 53, f° 85.
(2) *Histoire du cardinal de Richelieu*, t. III, p. 349.

par la violence de cette polémique, il essayait de se dérober à la redoutable mission qui lui était imposée et précisément de se faire récuser. Mais le cardinal n'entra pas dans le jeu; il l'accabla de sa confiance.

Au fort des troubles qui suivent la rupture du cardinal avec Marie de Médicis et avec les Marillac et Monsieur, Hay du Châtelet est délégué dans les fonctions d'intendant en Bourgogne et auprès des armées envoyées dans la province pour surveiller à la fois le Parlement de Dijon, le gouverneur Bellegarde, les affiliés à la campagne de Monsieur, et Monsieur lui-même, qui tente d'envahir la France par cette frontière.

En Bourgogne : l'intendant et les Lanturelus.

Il y a une affaire des Élus. Richelieu suit partout son programme d'unification et de discipline financière. On dirait qu'il désire voir les désordres s'accumuler pour pouvoir les réprimer tous ensemble.

En Bourgogne, comme en Provence, comme en Languedoc, l'édit de juin 1629 passait outre aux privilèges des États et organisait la levée des impôts par l'établissement de dix Élections. L'émotion est grande parmi les privilégiés, qui fomentent un mouvement populaire. Une démarche du maire de Dijon, Euvrard, auprès du cardinal ayant échoué, une sorte d'émeute que nous appellerions communiste éclate. La foule ayant à sa tête, une sorte de géant qui de son nom s'appelait Anathoire, mais qu'on baptisa le « roi Machas », s'empare de la cité. Le carnaval venait de finir (février 1630); la foule hurlait un refrain à la mode :

Lanturelu,
Lanturelu,

Et ce fut la révolte des « Lanturelus » (1).

Les émeutiers maîtres de la ville, un vieux relent de sépara-

---

(1) Voir *De la sédition arrivée en la ville de Dijon, le 28 février 1630 et jugement rendu par le Roi sur icelle*, plaquette reliée dans le t. 53, Affaires étrangères, France, f° 39. — Kleinclauez, *Histoire de Bourgogne, La Bourgogne monarchique*, p. 266; — Cunisset-Carnot *L'émeute des Lanturelus à Dijon en 1630* (1897).

tisme monta au cœur d'une province qui n'avait pas perdu le souvenir de l'héritage de Bourgogne. On traînait dans la boue l'effigie du Roi; on criait : *Vive l'Empereur!* c'est-à-dire qu'on acclamait la Maison d'Autriche ; on attaquait les maisons des « riches »; on boutait le feu de place en place et les démolitions commençaient.

Les bourgeois, les parlementaires, qui d'abord avaient encouragé la résistance à l'édit, prirent peur. L'avocat Bossuet, père du grand évêque, et ses amis se mirent à la tête de la contre-manifestation et barrèrent la route au « grand Machas ». Peu à peu, les esprits s'apaisèrent, l'ordre se rétablit. Le « grand Machas » s'enfuit. Le Roi, — le roi de France, — qui partait pour l'Italie, voulut bien recevoir à Troyes les représentants de la bourgeoisie dijonnaise et leur avocat, l'illustre Jacques Févret. Le 27 avril, à la suite de cette audience, il fit savoir qu'il viendrait en personne à Dijon. A la séance solennelle, qui eut lieu dans la salle des gardes du palais des Ducs, les délégués de la municipalité et du Parlement se présentèrent en suppliants. Le Roi les accueillit sévèrement et leur dit : « Si vous aviez fait au commencement ce que vous avez fait à la fin, vous eussiez maintenu mon autorité et vos personnes en sûreté... » Cependant, il accorda le pardon demandé, moyennant certaines conditions que la ville s'empressa d'accepter.

Les choses s'arrangeaient en apparence, mais le venin restait dans la plaie.

Hay du Châtelet, qui était encore intendant aux armées d'Italie, reçut le mandat de surveiller étroitement les provinces de l'est et en particulier la Bourgogne. Il correspondait avec le Roi, avec le gouverneur Bellegarde et avec le ministre, sentant bien que le calme n'était que provisoire et que quelque chose couvait dans un silence calculé (1). Il arriva dans la province le 12 février 1631. De Bourg en Bresse, il écrivit au cardinal une lettre où l'objet secret de sa mission se découvre : « Je n'ai point voulu vous donner l'importunité de mes lettres, que je ne fusse pleinement

---

(1) Voir sa correspondance au *Fonds Dupuy*, Cabinet des manuscrits de la Bibl. Nat. Vol. 94.

instruit des choses pour lesquelles je suis venu en cette province...
Arrivant à Dijon, il n'y a sorte de douceur et de courtoisie que je
n'aie reçues de M. de Bellegarde, qui n'a point épargné ses adresses
ordinaires pour me faire avouer que ma venue en cette province
étoit contre lui... Toujours il me pressoit, en se justifiant, de
lui dire le principal sujet de ma commission, de laquelle il
étoit aussi bien averti que moi. »

Et, en effet, c'était contre Bellegarde qu'il était appelé à Dijon.
Une lettre de créance adressée aux magistrats de la ville lui
donnait pour ainsi dire des pleins pouvoirs.

De par le Roi. Chers et bien aimés. Ayant commandé au sieur
du Châtelet, conseiller en notre conseil d'État et maître des Requêtes de notre Hôtel, de s'en retourner en notre province de Bourgogne sur aucunes affaires importantes à notre service dans ladite
province, nous vous avons voulu faire cette lettre par lui, par
laquelle nous mandons et ordonnons que vous ayez à donner
entière créance à tout ce qu'il vous fera entendre être de nos
intentions sur cette affaire, pour l'exécution de laquelle et des
ordres dont nous l'avons chargé, vous lui départirez toute l'assistance dont vous serez par lui requis. A quoi vous ne man-
querez de satisfaire. Car tel est notre plaisir. Donné à Sens, le
18ᵉ jour de mars 1631.

  Phelypeaux   Louis (1).

Document en règle; officiel s'il en fut. L'intendant reçoit des
pouvoirs dictatoriaux. De quoi s'agit-il? Il s'agit de prendre sur
le fait l'un des plus importants parmi les personnages de la Cour,
l'un de ces « Grands » qui se croient tout permis parce qu'on
leur permet tout et qu'ils ont la réputation d'être entreprenants,
braves et galants : type Bassompierre.

Bellegarde était entré, par des moyens douteux, dans la faveur
de Henri III. Henri IV l'avait hérité de son prédécesseur et lui

---

(1) *Archives de Dijon*, Correspondance, t. III, p. 257.

avait laissé prendre de ces privautés que des goûts communs encourageaient. Ainsi lancé, Bellegarde avait poussé sa pointe entre l'amour et l'ambition, servant celle-ci par celui-là. Le bruit courait qu'il n'était pas indifférent à la reine Marie de Médicis. Henri IV n'était pas fâché d'avoir quelque raison de se plaindre de la Florentine, ne fût-ce que pour autoriser ses propres aventures.

La mort du Roi laissa la place au galantin déjà vieilli, qui s'approcha d'Anne d'Autriche, comme il en avait serré de près tant d'autres. Il roulait des yeux enamourés et disait : « Je suis mort! Je suis mort! » Tallemant écrit : « Quant à la galanterie, je pense que l'amour qu'il eut pour la reine Anne d'Autriche fut sa dernière amour. » On raconte qu'un jour, comme il lui demandait ce qu'elle ferait à un homme qui lui parlerait d'amour : « — Je le tuerais, » dit-elle. — « Ah! je suis mort! s'écria-t-il. Mais, ajoute Tallemant, elle ne tua pourtant point Buckingham. » Et l'on chansonna Bellegarde :

> L'astre de Roger
> Ne luit plus au Louvre.
> Chacun le découvre,
> Et dit qu'un borgor,
> Arrivé de Douvre,
> L'a fait déloger.

Est-ce fidélité à ce sentiment dédaigné? Est-ce douleur de vieillir et de se sentir inutile? Est-ce dépit de n'être agréable ni aux Reines ni au Roi, dépit qui livrait le vieux beau à l'ironie des jeunes courtisans? Est-ce la rage de voir monter l'astre de ce jeune ministre au regard froid? Quoi qu'il en soit, Bellegarde, gouverneur de Bourgogne, s'insinua prudemment, discrètement, couvertement dans la cabale de Monsieur, prêt sans doute à jouer sur les deux tableaux.

Hay du Châtelet était donc envoyé à Dijon pour le forcer à abattre son jeu. Le jeune maître des Requêtes chevauche avec entrain, arrêtant les courriers, flairant les espions, s'enquérant sur les pas et démarches du tiers et du quart. Il donne des détails sur la fidélité, toujours un peu suspecte des Dijonnais ; il va à Bellegarde jeter un coup d'œil sur le château du gouverneur, muni pour soutenir un siège, le cas échéant : « Je trouvai, écrit-il, le chemin tout pavé de gens et d'équipages qui suivent Monsieur. » Il a des aventures d'auberge à la Scarron, dont il amuse le cardinal, soutenant, même dans ces moments graves, son rôle de plaisant et complaisant. A son avis, on n'est jamais assez vigilant, assez sévère. Il conseille « de publier une ordonnance royale défendant à tout gentilhomme, sous peine de la vie, de sortir du Royaume ou de marcher en armes dans l'intérieur, sans passeport..... Il faut faire commandement aux gardes des portes de villes et passages d'arrêter tout contrevenant à ce règlement là, et faire punir rigoureusement ceux qui sortiront ou seront dans la route suspects de sortir sans aveu... Pour ce regard, il y a lieu d'établir des intendants de justice dans les provinces frontières pour l'entière exécution d'un tel ordre sans exception de personne (1). »

Le limier suit à la piste la marche de l'armée de Monsieur, qui, venue du Rhin, traverse la France en écharpe pour rejoindre Montmorency au Languedoc. Il se mêle parfois aux partisans attardés sur la route ou dans les auberges. Il écrit : « Monsieur passe au Pont de Crevaux avec cent cinq chevaux, gagne Montbart, se dirige vers Chanceaux. » De Chanceaux : « Arrivant en ce lieu, j'y ai trouvé les habitants tout émus encore du séjour que Monsieur y a fait »... Monsieur s'est vu fermer les portes de Dijon... Monsieur couche ce soir à Nuits et se dirige sur Bellegarde, d'où il était parti d'abord avec dix chevaux seulement. A Chanceaux, Hay du Châtelet a causé longuement avec M. Le Coigneux, confident du prince. Détails sur la suite, les bagages : « Tous harassés. S'ils sont trop pressés par le Roi, ils se jetteront dans la Comté (la Franche-Comté)... Dans tous leurs logis, ils tiennent même langage : du séjour que la Reine mère fait à Compiègne, de l'excès des impositions et de la misère des peuples ; menacent de rentrer dans le Royaume avec des forces étrangères. »

(1) Voir l'ensemble de cette correspondance dans Affaires étrangères, *France*, t. 58.

Cependant, notre homme ne perd pas de vue le Bellegarde. « A Dijon, personne ne bougera. » Bellegarde commence à s'alarmer. Il écrit à Hay du Châtelet et lui demande un entretien. L'entrevue a lieu le 26 mars. Belles paroles. Rien de sûr encore. On attend le prince de Condé, — ce prince de Condé que Richelieu a eu l'adresse d'enrôler dans sa cause, transfuge bien commode à opposer aux altesses en mal de rébellion.

Condé, substitué à Bellegarde en qualité de gouverneur, se sent déjà chez lui dans la province. Richelieu trouvera-t-il jamais un plus chaud et plus fidèle partisan? « Vous ne sauriez imaginer, écrit Hay du Châtelet, qui le connaît, ayant pris sa mesure en Bretagne, combien hautement il proteste de ne dépendre que du Roi, et de ce qu'il aime et protège : non seulement à moi, (qui ai l'honneur d'être à vous), mais encore à tout le monde, il fait cette profession politique. »

Soudain, Bellegarde a disparu, mandé par Monsieur : « On nous assure qu'il n'est parti de Besançon qu'avant-hier. Son visage y a pris un changement aussi notable qu'il en parut, après cette nuit, qu'il ne cessa de se plaindre. » Le voilà donc, le beau Bellegarde!

De tous côtés, le commissaire-intendant pousse ses enquêtes et ses investigations : Procès-verbal des interrogations qu'il a fait subir, le 8 mai, aux sieurs de Chalancé, de Thianges, et de Montperroux à Dijon ; le 30 mai à Semur; etc.; etc.; le tout en présence de Monsieur le Prince. Mais les affaires s'arrangent. Monsieur est sorti de la province, poussant vers le Dauphiné pour gagner le Languedoc.

Et Bellegarde? Bellegarde est de plus en plus embarrassé. Il ne demande qu'à reprendre les propos interrompus. Nouvel entretien le 19 juillet : « Il m'a demandé qu'on ne le pousse pas à bout. Il m'ajouta qu'il souffriroit bien mon procès-verbal (c'est-à-dire un procès-verbal de soumission) en la manière que le Roi m'a commandée, pourvu que vous promettiez qu'il ne sera pourvu personne de son gouvernement et que le Roi me commande de l'en assurer (1). »

---

(1) D'Aigues-en-Barrois. *France*, t. 57, début du volume.

Bellegarde parle, parle. Nouvel entretien le 21 juillet avec nouveaux détails sur les plans et les prétentions des conjurés : la Reine mère, Monsieur, M. de Lorraine, M. de Guise, Le Coigneux, Monsigot, Valençay. Ils se trahissent, d'ailleurs, les uns les autres. Monsieur n'a-t-il pas donné l'exemple?

Le 25 juillet, le bruit court que Bellegarde va être arrêté. Il s'enfuit. On ne le reverra qu'après la mort du cardinal et du Roi. Encore un « grand » hors de combat! Document ultime : *Procès-verbal de Paul Hay du Chastelet rendant compte de ses négociations avec le Duc de Bellegarde* (1). Sa mission est terminée. Il est rappelé à Paris.

Pris au piège de son scrupule : à la Bastille.

Mais là il retrouve cette pénible affaire des Marillac, qui dormait, en attendant l'issue des autres. Hay du Châtelet est désigné, nous l'avons dit, pour siéger au procès du maréchal. Plus question de récusation. Sans doute, le maître des Requêtes se sent suspect, car il fait du zèle : il examine un à un tous les chefs du procès, donne des renseignements sur l'attitude des juges, sur la procédure (qui, remarquons-le, est celle du Parlement de Bourgogne). En somme, la lettre du 3 octobre adressée à Richelieu semble être plutôt favorable au maréchal. On ne relève contre lui que des peccadilles, de ces grivèleries auxquelles les hommes de guerre de ce temps pouvaient bien se laisser entraîner. Et Du Châtelet conclut : « M. de Bretagne m'a demandé, cette après-dînée, si le Roi ne serait pas satisfait d'une moindre peine que la plus grande... » Richelieu, impitoyable, voulait la mort et la mort tout de suite. C'est l'un des mauvais endroits de la vie du cardinal. Il avait « l'exemple » facile. Hay du Châtelet revient à la charge : « M. de Moricq m'a dit que le procès lui pèse beaucoup et qu'il n'en voit point l'issue. » Villemontée de même, et d'autres, et d'autres

Voilà, tout à coup, que l'on fait grief à Hay du Châtelet d'avoir introduit dans la procédure l'usage du style de Bour-

---

(1) De Langres, 7 août 1631. Affaires étrangères, vol. 57.

gogne et d'avoir retardé ainsi l'issue du jugement. A son tour d'être en alarme. Il accuse Moricq « de le desservir auprès du cardinal ». Juges qui se dénoncent l'un l'autre !...

Notre homme a flairé le relent de la Bastille. Il s'agite, racolle des juges qui promettent de « bien faire » (23 décembre). Il raconte à Richelieu ce qui se dit dans Paris, dans la famille du maréchal, sur les juges, sur le cardinal lui-même. Il revient sur les récusations que l'on avait présentées contre lui : « Je suis, à ce sujet, écrit-il, hors de tout scrupule et de danger, n'ayant jamais eu d'autre dessein que de m'y comporter en homme de bien et selon la justice... »

Cette phrase est-elle la goutte qui fait déborder le vase? Le soupçonne-t-on d'une disposition favorable à l'accusé?... Il a poursuivi sa correspondance pendant tout l'hiver de 1632. Tandis que le maréchal déclinait la compétence des juges-commissaires et en appelait au Parlement de Paris, Hay du Châtelet voyait le prisonnier et rapportait au cardinal ses entretiens.

La Chambre de justice est transférée à Rueil, dans la maison de Richelieu et augmentée de nouveaux juges que Marillac récuse encore. Hay du Châtelet poursuit sa double manœuvre, ou bien risquée ou tout à fait odieuse. Il est à bout de souffle : le maréchal continue à le récuser. La Cour, saisie, en délibérait. Avant qu'elle se soit prononcée, Hay du Châtelet est arrêté, conduit prisonnier au château de Choisy, puis à la Bastille. Il n'assista pas au jugement. Vingt-trois juges seulement votèrent, et la sentence de mort ne l'emporta que de trois voix. Le maréchal fut décapité le 10 mai (1).

L'Académie, suprême refuge. — L'immortalité et la mort.

L'intendant resta quelques mois à la Bastille. Libéré le 17 novembre, il écrit aussitôt au cardinal qui l'a fait délivrer. Mais la porte du maître, qui jadis s'ouvrait pour lui si familièrement, reste fermée.

(1) Voir *Histoire du Cardinal de Richelieu*, t. III, p. 356-360.

Quelle situation de ne pouvoir parler, s'excuser, s'expliquer ! Dans une nouvelle lettre (1), il dit qu'il n'ignore pas de qui vient le coup qui le frappa, « de quelle étoffe était fait ce tonnerre ». Sans insister d'ailleurs, il remercie de l'indulgence qu'on a montrée pour lui et le remerciement tourne vite à l'éloge dithyrambique du cardinal. Le tourment lui rend l'éloquence.

Trois mois après, le 15 janvier 1635, il tente de revenir sur l'eau et sollicite une grâce qui paraît se référer à sa carrière administrative (2). Il paraît encore avoir rendu quelque service à propos des affaires de Bourgogne en septembre 1635 (3). C'est à ce moment là qu'on l'inscrit — peut-être fiche de consolation — sur les listes de l'Académie française, fondée par lettres patentes du 2 janvier 1635, et dont il fut un an le secrétaire... Il meurt en 1636.

Qui sait? D'avoir été « homme de bien et selon la justice » (telles sont ses propres paroles) c'est peut-être cela qui l'a tué.

5. — Laubardemont, intendant en Poitou et en Touraine.

Jean Martin, baron de Laubardemont, naquit à Bordeaux vers 1590. Son père était premier jurat noble de cette ville et lui avait mis, jeune, le pied à l'étrier. Nous avons une quittance de la somme de neuf cents livres « à lui ordonnée en raison d'un voyage qu'il a fait de Paris à Bordeaux pour le service du Roi », le 13 octobre 1626 (4). Président des Enquêtes au Parlement de Bordeaux, puis premier président de la Cour des Aides de Touraine, il fut nommé, le 7 mai 1630, garde des Sceaux auprès de la Cour des Aides d'Agen.

L'homme de l'ouest.

On le maintient dans les provinces de l'ouest qu'il connaît bien et, — grande marque de confiance, — on recourt à sa

---
(1) Affaires étrangères, *France*, vol. 63, f° 128.
(2) *Ibidem*, *France*, vol. 71, f° 47.
(3) Voir *Lettres du cardinal de Richelieu*, t. V, p. 204.
(4) Archives de la Guerre, t. XIII, fol. 159.

jeune énergie pour remplir une mission qu'on peut appeler une mission d'État, s'il en fut, présider à la destruction des places fortes et des châteaux féodaux dans ces contrées en proie, depuis plus d'un demi-siècle, aux luttes religieuses et civiles.

Cette entreprise générale de démolition fut, comme on le sait, une des pensées maîtresses de Richelieu, mais elle ne lui appartient pas en propre ; elle est éminemment *royale*. C'est ainsi que, bien avant le ministère de Richelieu, dès le 13 mai 1622, Louis XIII, se trouvant à Royan, avait signé les lettres patentes faisant don à deux de ses serviteurs familiers, le sieur d'Armagnac, l'un de ses premiers valets de chambre, et le sieur Lucas, l'un de ses secrétaires, « en considération de leurs services, des domaines, fossés et contrescarpes du grand château de Loudun, *en cas que Sa Majesté prenne résolution* de faire démolir ledit grand château comme inutile et réserver seulement le donjon, pour être conservé pour la sûreté de la ville et des habitants de Loudun ».

Les adversaires de Richelieu ont dit et répété que cette démolition avait été voulue par le cardinal pour ne pas laisser subsister une place forte de cette importance à proximité de sa duché-pairie de Richelieu. On voit qu'il s'agit de tout autre chose : en 1622, Richelieu n'avait aucune autorité sur les affaires publiques ; son élévation au rang de duc et pair n'eut lieu qu'en 1631. Il s'agit, en fait, d'un acte de libéralité personnelle de Louis XIII, qui, dès 1622, gratifie du bénéfice de la démolition deux hommes de son entourage étroit.

Si l'on attache une certaine importance historique à cet acte de générosité royale, c'est qu'on y trouve l'origine d'une affaire qui doit mener grand bruit dans le monde, l'affaire d'Urbain Grandier et des possédées de Loudun. Les deux familiers du Roi qui s'étaient entendus pour se partager le bénéfice de la démolition, se brouillèrent par la suite et l'ensemble de l'incident envenimera tragiquement les dissensions couvant dans la ville, mécontente d'une mesure qui la découronnait de sa force et de son prestige.

La ville de Loudun était, en effet, de longue date, divisée en deux factions : l'une avait pour chef Jean d'Armagnac, le valet de chambre du Roi, gouverneur de la ville, et elle comptait parmi ses membres le curé Urbain Grandier; l'autre se recrutait parmi les protestants, les autonomistes et, d'une façon générale, les agités, ceux qui ne sont contents de rien. C'est la province.

Jean d'Armagnac a un plan, c'est de profiter de la ruine du château pour en tirer un bénéfice pécuniaire, mais, en même temps, il espère bien sauver le donjon dans lequel il habite et garder ainsi, en dépit de la destruction, les fonctions de gouverneur et les avantages y attachés.

Pour arriver à ces fins, il manœuvre un peu lourdement auprès du Roi. L'affaire traîne en longueur. C'est seulement après huit ans que la donation sera confirmée et même sensiblement accrue par lettres patentes de janvier 1630 : la démolition du château sera complétée par la démolition des murailles de la ville; on réservera toujours le donjon.

Pourquoi Laubardemont à Loudun ?

C'est l'heure où Laubardemont entre en scène. Le Roi lui adresse la lettre suivante : « Étant important à mon service et au repos de mes sujets de la province du Poitou, qu'il soit procédé promptement à la démolition des fortifications de mon château de Loudun selon les ordres que vous avez reçus de moi, je vous fais cette lettre pour vous dire qu'incontinent icelle reçue, vous avez à exécuter exactement la commission qui vous a été expédiée à cet effet, à la réserve du donjon dudit château, que je désire et entends être conservé et au delà duquel il ne sera rien démoli... (1). »

Laubardemont, agent politique, se trouve ainsi introduit dans les affaires de Loudun. D'Armagnac, familier du Roi, peut croire d'abord au succès de sa manœuvre.

La mission de Laubardemont n'a rien que de très normal. Il a déjà été chargé, dans la même région, de la démolition

---

(1) Voir *Mémoires de la Société des Antiquaires de l'Ouest*, année 1915, *Les châteaux de Loudun*, par Louis Charbonneau-Lassay : *Le château de Loudun sous Louis XIII*, p. 409 et suivantes.

du château de Mirebeau par lettres-patentes du 15 janvier 1629, qui ne seront exécutées, en fait, qu'en 1633 (1). De même, il a été chargé, en 1630, de la démolition de la citadelle de Royan. Que Richelieu ait englobé dans son plan général, la ruine de ces places fortes qui ont servi de point d'appui au parti protestant dans l'ouest, cela ne fait aucun doute; la décision particulière qui concerne Loudun dépend bien, à son origine, et, dans son premier développement, de la volonté royale.

De même, le choix de Laubardemont. Cet agent, en fonction dans le Poitou, reçoit la mission de démolir Loudun ainsi que Mirebeau, Royan, etc. Il y a des difficultés locales qu'on n'ignore pas à Paris : il est homme à les résoudre.

Ici intervient, sans doute, une autre spécialité reconnue d'ores et déjà à Laubardemont. Outre qu'il est un démolisseur qualifié, il a été entraîné, par ses services antérieurs, à la solution des difficultés d'ordre religieux. C'est un convertisseur, un convertisseur à la manière forte. Ainsi il a été désigné précédemment pour succéder au fameux Père de Lancre, Bordelais lui aussi, dans l'œuvre de la répression de la sorcellerie en pays de Labourd; il y a fait pendre ou brûler des sorciers (peut-être des hérétiques mal convertis) par centaines.

Sorciers, sorcelleries, possessions, illuminisme.

En ce temps, hérésie, magie, sorcellerie, possession, illuminisme, tout cela faisait un bloc bigarré de choses touchant à la religion, où la mysticité, la crédulité, la superstition se rapprochaient et parfois se confondaient. Dans les faubourgs de chaque bourgade, autour de chaque maison isolée, de chaque tombe entr'ouverte, de chaque chapelle en délabre, il y a un diable qui rôde, un sabbat qui s'ébranle.

Ce désordre intellectuel et moral s'ajoutait à tous les autres. Les âmes fortes, les esprits droits étaient animés du vif

(1) Voir les pièces de la procédure aux Archives des Affaires étrangères, *France*, vol. 44, f° 137.

désir d'y pourvoir (1). C'était un devoir social dont on ne peut nier l'importance et la nécessité. La France était à l'heure où Descartes allait proclamer l'empire de la « raison ».

Le mal était profond. *Le Mercure françois* de 1623, à propos des frères de la Rose-Croix récemment installés à Paris, présente un tableau singulier des faits d'intervention diabolique dans la vie courante, et notamment dans la vie religieuse. C'est un prêtre de Marseille, Gaufridy, brûlé en 1611 par arrêt de la Cour du Parlement de Provence; c'est cette Marie de Sains, soi-disant « Princesse de la Magie », condamnée à la prison perpétuelle à Lille en Flandre; c'est Nicole Aubry de Laon, Marthe Brossier de Romorantin, Berthe Buvée d'Auxerre, Denise de La Caille de Beauvais. On ne s'étonnera donc pas, si le grand maître des exorcistes, le Père Sébastien Michaëlis, dans son *Histoire admirable de la possession et de la conversion d'une pénitente, etc.* publiée en 1611, s'adressant à la reine Marie de Médicis, écrit : «... Et nous espérons (non sans grande apparence) que notre petit Roi, votre fils, sera, comme un autre Josias, fait roi d'Israël à huit ans, égal même à David en piété, et qu'il mettra fin à toute l'idolâtrie de longtemps couvée parmi le peuple, brisant les idoles, *mettant à mort tous les culteurs de Baal et magiciens...* (2). »

(1) Voir ci-dessus, « *Le grand désordre* », p. 1 et suivantes.
(2) La bibliographie des ouvrages sur la sorcellerie à cette époque est considérable. Citons seulement les principaux : sur le procès du prêtre Gaufridy Séb. Michaëlis, *Histoire de la possession et conversion d'une pénitente séduite par un prince des magiciens, la faisant sorcière et princesse des sorciers, au pays de Provence... ensemble un discours des esprits, en tant qu'il est de besoin pour entendre la matière difficile des sorciers!* Douay, Wyon, 1613, pet. in-8°. Puis les thèses générales : H. Boguet, *Discours des sorciers avec six advis en fait de sorcellerie et une instruction pour un juge en pareille matière.* Lyon, P. Rigaud, 1608, pet. in-8°. — Le Loyer (P.). *Discours des spectres ou visions et apparitions d'esprits,...... où sont rapportés les arguments et raisons de ceux qui révoquent en doute ce qui se dit à ce sujet... et puis les moyens de discerner les bons et mauvais esprits, ensemble les remèdes et exorcismes pour chasser et conjurer les démons.* Buon, 1608, in-8°. — La recherche et condamnation des sorciers se poursuit jusque dans le cours du xvııe siècle. Nous avons rencontré le document suivant, originaire du Bugey et daté du 1er septembre 1659 : *Interrogatoire de participation au sabbat.* Minute originale du second interrogatoire, signée de Courtines et Verdet, greffier, et réponses de Louis-Charles : « S'il sait la cause de son emprisonnement? Répond qu'il est souvenant d'avoir

De tels égarements n'étaient pas de ceux qui peuvent laisser l'État indifférent. L'intervention du bras séculier était, d'ailleurs, invoquée par l'Église, et la Réforme elle-même se montrait tout aussi ardente à se réclamer de l'autorité en matière de foi que l'Église catholique.

La hiérarchie cléricale comportait et comporte encore une fonction, pour ainsi dire technique, celle d'exorciste. Bérulle, l'illustre et suave Bérulle, était exorciste. Il avait pris part, en cette qualité, à une affaire qui passionna l'opinion sous le règne de Henri IV, celle de Marthe Brossier, amenée par son père à Paris « parce qu'on la disait possédée de trois démons ». L'histoire est connue. Il suffit de rappeler que, dans cette affaire, se trouvèrent engagés nombre de ces clercs ou moines que les pays étrangers conquis par la Réforme déversaient sur la France et qui, dans leur ardeur passionnée, poussaient à l'extrême les thèses les plus risquées, Benoît Canfeld, Ange de Raconis, Archange de Pembroke, etc. Quelques-uns d'entre eux reparaîtront dans le procès de Loudun. Bérulle lui-même s'y trouva engagé. Il avait, en sa qualité d'exorciste, écrit un *Traité des Énergumènes* que, finalement, il garda dans ses tiroirs. Il était appuyé, d'ailleurs, par des docteurs hautement qualifiés. Le fameux André Duval, un des maîtres les plus respectés de la Sorbonne, déclarait « qu'empêcher d'exorciser les démoniaques, c'est priver les infidèles et les hérétiques d'un miracle que les exorcismes opèrent ordinairement et qui devient une preuve manifeste pour eux de la divinité de l'Église; c'est en outre reconnaître que les démoniaques sont de la juridiction temporelle, ce qui est faux ».

Oui ou non, un catholique peut-il *à priori* nier le fait de la possession? Oui ou non, des miracles par exorcisme sont-ils de foi, étant attestés par les Évangiles, par les apôtres et les pères?

---

confessé la vérité; s'appelle Louis-Charles, âgé d'environ cinquante ans, ne sachant autrement la cause de son emprisonnement. D. Combien de fois il a été au sabbat et s'il y a longtemps qu'il n'y est pas allé? — R. N'y avoir jamais été. D. Si étant au sabbat le diable l'a marquée de sa marque? — R. N'être point marqué à la marque du diable et être bon chrétien..... » On ignore la suite de l'affaire.

Voir, ci-dessous, les mesures prises sous le règne de Louis XIV, pour obvier aux abus de ce genre de poursuites.

Si oui, le cas des démoniaques, sorciers, illuminés et, d'une façon générale, les actes de possession et certaines interventions mystérieuses ayant les apparences diaboliques ne relèvent-ils pas de l'Église, et de l'Église seule, les pouvoirs séculiers ne pouvant agir que comme exécuteurs de ses sentences? Même s'il s'agit de simulation, d'état pathologique, de troubles nerveux plus ou moins avérés, n'est-ce pas à l'Église qu'il appartient d'apprécier et de donner les suites convenables, avec essai d'exorcisme, s'il y a lieu?

Par contre le pouvoir civil affirmait énergiquement son droit d'intervention et de sanction. Dans le cas de Marthe Brossier, les exorcismes furent interdits par arrêt du Parlement de Paris et Henri IV, s'étant mis en relation avec Rome, maintint l'interdiction. Il semble bien qu'on ait pris le parti d'étouffer l'affaire, Marthe Brossier s'étant réfugiée en terre pontificale à Avignon (1).

L'illuminisme et le procès des mystiques.

On ne peut comprendre ce qui s'est passé à Loudun, si l'on n'est pas averti d'un état d'esprit, d'une ambiance que l'abbé Bremond vient de mettre de nouveau en lumière au point de vue catholique, dans ses deux beaux livres : *L'Invasion mystique* et *Le procès des mystiques*.

Dans la première moitié du XVIIe siècle, on voit se dessiner et peu à peu s'affirmer les doctrines milanaises d'Isabelle Bellinzaga et d'Achille Gagliardi, dites Charte d'Amour, celle des Illuminées de Séville (1623), celle que l'on attribua aux Illuminées de Picardie, celle des Diableries de Louviers, celle des Rose-Croix, celle des Adamites, qui, « dans leurs assemblées cultuelles, se mettoient nus comme Adam et Ève l'étoient dans l'état d'innocence » ; ces égarements débordaient en quelque sorte l'élan admirable vers Dieu des grands mystiques chrétiens. De telles nouveautés avaient pour protagonistes en France le Père Vipera, successeur à Milan du Père Gagliardi ; le Père Archange Ripault des

(1) Voir, pour l'exposé complet, Abbé Houssaye, *Mr de Bérulle et les Carmélites de France*, p. 146-181.

Capucins de la rue Saint-Jacques, dont l'abbé Bremond dit qu'on ne peut assurer « qu'il n'eût pas, comme son frère, le cerveau quelque peu fêlé », Laurent de Troyes et le Père Rodolphe, qu'on laissa échapper de la Bastille, Pierre Guérin, curé de Saint-Georges de Roye (d'où « les Guérinets »), le Père Surin, Jésuite peut-être encore plus suspect, que nous retrouverons auprès des possédées de Loudun, Benoît Canfeld, et tant d'autres (1).

C'était un courant, un de ces entraînements collectifs emportant les imaginations et enlevant les âmes hors des sentiments communs de l'humanité, sans qu'on pût bien discerner si elles s'élançaient vers l'empyrée ou si elles se précipitaient vers les plus ténébreux bas-fonds. Pour employer les propres expressions de l'abbé Bremond, « la facilité désastreuse avec laquelle d'excellents esprits associaient alors dans une même épouvante, la contemplation et la magie, le diable et le grand extatique Canfeld est un des plus étranges problèmes de l'Histoire (2) ». L'Humanité n'est jamais tranquille; le malin galope parfois en front de bandière avec l'escadron des saints.

Rôle du bras séculier.

Les choses étant telles, doit-on s'étonner que l'homme qui avait pour destinée de mettre fin au « grand désordre », Richelieu, se soit préoccupé de ces singulières obscurités? Dans le temps même où éclatait l'affaire des possédées de Loudun, il avait à s'occuper de celle des Illuminées de Picardie, où l'on trouve la main du Père Joseph, de celle des Diableries de Louviers où une certaine Madeleine Bavent, supérieure des religieuses de Sainte-Elisabeth, joua un rôle analogue à celui de la supérieure des Ursulines, Mme de Belciel, et fit, par ses dénonciations, condamner au feu deux prêtres, l'un déjà mort, mais l'autre bien vivant. Richelieu et Laubardemont seront encore de ce monde lorsque la discussion s'engagera, sur une pointe d'aiguille — sur le vrai sens des fameuses propositions de Jansénius — ce conflit entre

(1) Bremond, T. XI, p. 26, 56, etc.
(2) Idem., p. 166.

jansénistes et molinistes qui affola les générations les plus raisonnables de notre histoire (1).

Les possessions de Loudun, la condamnation et l'exécution d'Urbain Grandier se présentent donc sur un fond d'inquiétude morale, dont l'abbé Bremond a dit avec sa haute autorité : « Nous n'avons à leur sujet ni le moyen, ni le droit de conclure. »

Disons cependant, dès maintenant, pour bien connaître l'opinion du temps sur ce drame sinistre, que la principale héroïne, Mme de Belciel, supérieure des Ursulines, fut vénérée pendant sa vie et même après sa mort, en tant qu'exorcisée, à tel point que la Reine Anne d'Autriche voulut avoir sur elle sa chemise et près d'elle ses reliques, lorsqu'elle était sur le point de donner le jour à l'enfant qui devait être Louis XIV.

Les possédées de Loudun.

Les possessions de Loudun, dont le simple récit est à faire frémir de dégoût et d'horreur, mais dont l'étude s'impose dans une biographie de Richelieu, ne se seraient pas produites sans doute, si Louis XIII n'avait pas cru devoir, douze ans auparavant, par un acte de libéralité conforme, d'ailleurs, à la politique royale, ordonner la démolition du château et en accorder le profit à deux de ses familiers. Cette décision provoquait, nous l'avons dit, une querelle violente dans une ville dont la population était en proie aux plus ardentes dissensions religieuses.

Le Jean d'Armagnac qui joue un rôle décisif dans cette affaire, nous est connu par sa correspondance avec Urbain Grandier,

(1) Peut-être n'est-il pas sans intérêt de donner ici une courte citation de l'*Abrégé de l'Histoire de Port-Royal* de Racine, pour faire sentir à quel point les meilleurs esprits, les plus sages, les plus pondérés mêlaient, dans ces affaires, la passion personnelle aux préoccupations religieuses et sociales. Racine écrit, à propos des Illuminées de Picardie et de leur influence à Maubuisson : « Il se trouva que, sous un jargon de pur amour, d'anéantissement et de parfaite nudité (ce mot *nudité* mis en cette place évoque certainement l'hérésie des Adamistes), ces religieuses venues de Montdidier cachaient toutes les illusions et toutes les horreurs que l'Église a condamnées de nos jours dans Molinos (on aperçoit le bout de l'oreille janséniste). Elles étaient, en effet, de la suite de ces Illuminées de Roye qu'on nommait *Guérinets* dont le cardinal de Richelieu fit faire une si exacte perquisition… » etc. *Œuvres* de Racine, Édition des Grands Écrivains, t. IV, p. 399.

saisie lors du procès (1). C'est un homme assez peu intelligent, passionné, un peu sournois, attaché à des intérêts mesquins, tirant parti, à Loudun, de sa situation auprès du Roi, et, à la Cour, de sa fidélité à la cause royale dans cette difficile région de l'ouest. C'est une sorte de baron de Fœneste, arrivé de sa province à la façon de tant de chercheurs de fortune : « Etant couvert de broderies, avec trois laquais plutôt loués, un bidet plutôt emprunté, nous voilà dans la Cour du Louvre... ». En somme peu de chose et, à ce qu'il semble, engagé un peu plus qu'il n'eût fallu, dans les intrigues du temps, peut-être même dans la cabale de la duchesse de Chevreuse et de Châteauneuf.

A Loudun, Urbain Grandier, son ami et agent dévoué, qu'il excitera et compromettra, qu'il sauvera à diverses reprises et qu'il perdra à la fin, est le curé de l'église Saint-Pierre-du-Marché, chanoine de l'Église Sainte-Croix. Né en 1590, à Bouère dans le diocèse du Mans, élève des Jésuites de Bordeaux, âgé, lors des événements, d'un peu plus de quarante ans, c'était un bel homme, assuré de lui-même, ardent, vif, voluptueux, instruit, parlant bien, ayant tout ce qu'il fallait pour séduire les femmes et déplaire aux hommes. Selon le crayon que nous a laissé de lui un contemporain, Bouillaud, « il avoit de grandes vertus accompagnées de grands vices, humains néanmoins et naturels à l'homme. On le trouvait docte, bon prédicateur, bien disant, mais il avait un orgueil et une gloire si grande que ce vice lui a fait pour ennemis la plupart de ses paroissiens et ses vertus lui ont accueilli l'envie de ceux qui ne peuvent paraître vertueux si les séculiers ne sont diffamés parmi le peuple (2) ».

Le livret qu'il avait écrit contre le célibat des prêtres et qui se serait trouvé en manuscrit dans ses papiers, donne une idée qui paraît exacte de son savoir, de son éloquence et de sa hardiesse. Sa thèse tend à établir, entre l'engagement des moines et celui des prêtres séculiers, au sujet du devoir de chasteté, une

(1) Voir *Jean II d'Armagnac, gouverneur de Loudun et Urbain Grandier*, par Alfred Barbier, Poitiers, 1886, in-8°.
(2) Cité par Légué. *Urbain Grandier et les Possédées de Loudun*. Nouvelle édition revue et augmentée in-12, 1884. — En citant cet ouvrage, le meilleur et le plus complet qui ait été écrit sur cette malheureuse affaire, nous renverrons à cette édition.

différence d'une subtibilité où il y avait quelque chose de très suspect. « Il faut savoir, écrit Grandier, qu'il y a une grande différence entre les vœux que fait le moine d'être chaste et le vœu que fait le prêtre séculier de garder le célibat. Le moine embrasse expressément la chasteté pour l'amour d'elle-même ; mais le prêtre n'embrasse pas le célibat pour l'amour du célibat, mais seulement pour être admis aux ordres sacrés. Le vœu du moine est intérieur et volontaire, étant formé dans son cœur et sa volonté ; le vœu du prêtre, au contraire, ne procède pas de sa volonté, mais il lui est imposé par l'Église, qui l'oblige, bon gré mal gré, à cette dure condition sans laquelle il ne peut exercer le sacerdoce. Ce vœu étant ainsi forcé, n'oblige pas si étroitement que fait le vœu volontaire du moine. Aussi est-il bien naturel de s'en dispenser(1). »

Par cette argumentation subtile, il s'était convaincu lui-même de suivre « la loi de nature ». Parmi les multiples aventures féminines qui avaient mis aux champs les maris et les pères, il avait grâce à ces habiles *distinguos* et à ces adroites déductions, su troubler la conscience d'une honnête et pieuse jeune fille, Madeleine de Brou, appartenant à l'une des meilleures familles de Loudun, et qui était devenue sa maîtresse. D'autre part, sa conduite, son audace, son arrogance dans la dispute de la démolition du château lui avaient attiré la haine d'un monde qui a les moyens de se venger, celui des robins. Robe contre robe : autre dessous du conflit.

Les bavards, les incrédules, les Homais du temps engagèrent la lutte. Un apothicaire nommé Adam, qui avait colporté de graves propos sur le curé, fut poursuivi par celui-ci devant le Parlement de Paris et condamné comme diffamateur. Un avocat à la langue bien pendue, nommé Menceau, qui eût voulu épouser la riche demoiselle, entra dans la lice. Un certain chanoine Jean Mignon, jaloux des succès oratoires et peut-être féminins de son confrère Grandier, intenta à celui-ci un procès au nom du corps des cha-

---

(1) *Le Traité du Célibat des prêtres*, attribué à Urbain Grandier, a été publié, dans la « Petite Bibliothèque des Curieux » et tiré à petit nombre, par M. Robert Luzarches en 1866, d'après un manuscrit venant de l'érudit Jamet. Le texte paraît avoir été quelque peu remanié vers la fin.

noines, et le perdit. Un certain Jacques de Thibault, petit gentilhomme, vaguement parent d'une famille où Grandier avait exercé ses talents de séducteur, se porta en pleine rue à des voies de fait sur le curé, qui, vêtu de son costume ecclésiastique, se rendait à matines. Grandier porta plainte devant le Parlement de Paris. Mais voilà que l'affaire se complique dangereusement pour lui d'une question de compétence. L'évêque de Poitiers, Henry-Louis Chasteigner de La Rocheposay, que nous avons vu apparaître déjà dans l'histoire de Richelieu et qui, ayant été le fidèle soutien de celui-ci lors de l'élection aux États généraux de 1614, était resté son ami, fut saisi d'une plainte par l'archiprêtre de Loudun contre le curé de Saint-Pierre-du-Marché.

Cet évêque n'était pas un homme ordinaire : il avait fait preuve, à diverses reprises, d'autorité, de volonté, de résolution et même de passion. Un contemporain le décrit en ces termes déjà cités : « Ce bon évêque, *ad utrumque paratus*, a fait croire de ceux qui en vouloient ignorer, que la cuirasse ne lui est pas moins séante que le surplis, le hausse-col que le rochet, le morion que la mitre, la pertuisane que la crosse et qu'un bon cheval d'Allemagne lui est aussi facile à manier que la haquenée blanche... Toujours les Chasteigners ont porté des fruits dignes des Rois, et, pour en dire la vérité, il est malaisé de les chatouiller sans en emporter quelques blessures (1). »

Urbain Grandier et son évêque La Rocheposay.

Urbain Grandier allait bien le voir. Élève des Jésuites, il ne devait rencontrer qu'une sympathie médiocre auprès d'un évêque, ami déclaré de Jansénius et qui, ayant pris pour vicaire général Duvergier de Hauranne, abbé de Saint-Cyran, avait confié à celui-ci le soin d'écrire le fameux libelle : *Apologie pour Messire Henry-Louis Chasteigner de La Rocheposay, évêque de Poitiers, contre ceux qui disent qu'il est défendu aux ecclésiastiques d'avoir recours aux armes en cas de nécessité.*

(1) Voir, sur Louis Chasteigner de La Rocheposay et ses relations avec Richelieu, ci-dessus : *Histoire du Cardinal de Richelieu*, t. I, p. 115.

Le grand personnage, bien en cour, devait trouver que ce petit curé faisait beaucoup de bruit. Tandis que Grandier saisissait de sa plainte contre Thibault le Parlement de Paris, l'évêque avait lancé contre lui un mandat d'amener pour être mis sous clef dans la prison épiscopale à Poitiers. D'autre part, Trincant, l'un des membres les plus actifs du groupe hostile à Grandier, recevait injonction de comparaître devant le Parlement de Paris, et le donneur de coups de canne, Thibault, recevait la même assignation. Urbain Grandier, protégé auprès de Louis XIII par son ami d'Armagnac, croyait avoir cause gagnée.

De cet assaut de procédure, résulte un entrecroisement de citations, d'exploits, d'incidents, de réquisitions, d'enquêtes, de contre-enquêtes, de témoignages et de faux témoignages, tels que l'ancienne procédure savait les faire naître et les multiplier pour la grande joie des amateurs de procès. Grandier est bien obligé d'obéir à la sommation épiscopale; il accourt de Paris et se rend à Poitiers pour plaider sa cause auprès de son évêque. Or il est appréhendé et incarcéré dans les prisons de l'évêché. Le 3 janvier 1630, il est condamné à jeûner au pain et à l'eau tous les vendredis pendant trois mois, interdit *a divinis* dans le diocèse de Poitiers pendant cinq ans et dans la ville de Loudun pour toujours. Le jour même où il quittait la prison, le curé recevait une lettre de Jean d'Armagnac : « Je ne vous abandonnerai pas, je vous assisterai jusqu'au bout (1). »

Urbain Grandier prisonnier, puis libéré et triomphant.

Les évolutions de ce procès sont des plus compliquées. Inutile d'en rappeler le détail. Nous avons dit robe contre robe, voici maintenant officialité contre parlement et présidial. L'un des témoins qui a formulé contre Grandier une accusation de sacrilège, s'étant désisté, Grandier gagne sa cause au civil devant le présidial de Poitiers, auquel le Parlement de Paris a renvoyé l'affaire, le 25 mai 1631. D'autre part, en ayant appelé à son

---

(1) **Légué** : *Urbain Grandier*, p. 87.

métropolitain, Sourdis, archevêque de Bordeaux, de la condamnation prononcée par l'autorité épiscopale, le curé obtient un jugement cassant l'arrêt de l'officialité avec absolution définitive. Il fait, à Loudun, une rentrée triomphale ; ses amis l'acclament. Peu après, une épidémie de peste éclate dans la ville et il se montre homme de dévouement (1632). Il regagne ainsi tout ce qu'il avait perdu. Son orgueil, son audace s'en accroissent.

A Paris, d'Armagnac, qui, de loin, a tout surveillé, qui a parlé de Grandier au Roi lui-même et qui paraît avoir convaincu Louis XIII de l'innocence du curé (1), se croit assuré d'obtenir gain de cause dans l'affaire de la démolition du château. Le 20 décembre 1631 (les dates importent beaucoup), il écrivait à Urbain Grandier, réinstallé à Loudun, de tâcher de s'arranger avec Thibault « pour ne pas aigrir les affaires », et il lui annonçait que le Roi avait écrit au maréchal de Schomberg pour donner l'ordre de procéder à la démolition, *exception faite du donjon*.

Laubardemont va partir pour exécuter ces ordres. D'Armagnac ne doute pas que Laubardemont ne lui soit un allié et, le 31 décembre, il écrit, de Metz, où il accompagne le Roi, sur le ton du triomphe assuré : « Je crois qu'à cette heure tout soit fait audit grand château... Je suis si aise que rien plus, de voir tous ces Messieurs là attrapés, et M. le Baron (Laubardemont) qui s'en réjouissait aussi. Ma femme s'en doit bien donner de gorges chaudes devant tous ceux qui l'iront voir... » On n'attend plus que l'arrivée du commissaire et l'ouverture des lettres patentes confirmatives de par le Roi. Fameuses étrennes pour Jean d'Armagnac et Urbain Grandier, au début de cette année 1632 : leurs adversaires seront confondus.

Rôle de Laubardemont.

Cependant l'affaire traîne de nouveau ; Laubardemont n'arrive pas. Que se passe-t-il?

Certainement, il y a eu vers ce temps, à Paris, et aussi entre

---

(1) **Voir lettre du 20 juin 1630, dans** Barbier, *op. cit.*, p. 88.

Loudun et Paris, un travail secret, des démarches, une intervention tendant à retourner le sentiment du Roi. En outre, une autre volonté se fait sentir, celle de Richelieu. D'où ces retards, ces tiraillements, ces silences, indices que l'affaire n'avance pas.

Le cardinal a, dans le pays, des correspondants qui assurément l'ont tenu au courant : c'est La Rocheposay, c'est Saint-Cyran, même Sourdis peut-être. Les échos des dissensions de Loudun lui arrivent, grossis, par les moines, les Capucins du Père Joseph et d'autres qui s'y trouvent mêlés. Surtout, le ministre avait dans la petite ville un correspondant, un homme à lui, qui comptait parmi les adversaires déclarés d'Urbain Grandier, Mesmin de Silly. Mais le fait le plus grave et qui va peser dorénavant dans l'un des plateaux de la balance, c'est que le cardinal lui-même vient d'être élevé à la dignité de duc et pair et qu'il entend, dès lors, constituer le domaine de sa duché-pairie de Richelieu.

D'Armagnac avait immédiatement marqué le coup. Dès le 25 septembre 1631, il avait écrit à Urbain Grandier : « J'ai vu de mes amis en cette ville (à Paris) qui croyoient que M. de Laubardemont fût déjà à Loudun et m'ont dit que, assurément, j'aurois tout contentement soit en une façon, soit en une autre (voilà le premier doute qui perce); mais pourtant qu'on croyoit que tout seroit abattu, même les murailles de la ville, *pour anéantir d'autant la ville et sa juridiction, qu'un conseiller de la Cour va bien retrancher, allant pour établir la duché-pairie de la ville de Richelieu* (1). »

Richelieu et ses entourages dans l'affaire.

Richelieu commence à se préoccuper de l'affaire. Une nouvelle lettre, écrite de Fontainebleau par d'Armagnac, le 6 octobre, donne décidément la note de l'inquiétude : « De Fontainebleau, 6 octobre. J'ai trouvé que aucuns mauvais esprits qui ne me veulent pas de bien ni, je crois, à la patrie, avoient porté la volonté du Roi et celle de Monseigneur le Cardinal à faire que,

(1) Barbier, *op. cit.*, p. 104.

non seulement le grand château de Loudun seroit abattu, mais aussi le donjon, au préjudice de la seconde commission qui en avoit été donnée à M. de Laubardemont, etc. »

Et il y a d'autres dessous : Lucas, au début, le co-partageant de la démolition, l'allié de Jean d'Armagnac, se sépare de lui jusqu'à devenir bientôt son adversaire. Sans doute, ne serait-il pas fâché d'avoir pour lui seul le bénéfice total de l'opération. Or Lucas est, nous l'avons dit, le « secrétaire de la main » du Roi. Il a naturellement beaucoup plus d'influence que Jean d'Armagnac. Et l'on trouve aussi, mêlé à l'affaire dans cette phase, le valet de chambre de Richelieu, Desbournais, et son secrétaire Le Masle, prieur des Roches. Personnages un peu effacés, mais qui, en s'agitant dans la coulisse, vont tout bouleverser.

Le certain, c'est que la décision favorable, toujours annoncée, tarde à se produire, la chose va traîner six mois encore, jusqu'en avril 1633. D'Armagnac, retenu par son service auprès du Roi, soit à Nancy, soit à Paris, peut se faire illusion et croire au succès final. La procédure engagée par Grandier contre Thibault est toujours pendante devant le Parlement. Finalement, le curé de Sainte-Croix, se refusant à toute conciliation, malgré les conseils donnés par la Cour, gagne son procès : Thibault est condamné de nouveau, quoique à une peine plus douce. D'Armagnac ne se tient pas de joie : « Messieurs de Loudun, écrit-il, connoîtront que le château et un gouverneur comme moi leur fait une grande ombre. » Cette lettre est du 11 avril 1633. Coïncidence à noter : Châteauneuf a été renvoyé du ministère le 5 février.

Naturellement, on est mal renseigné sur ces dessous multiples à Loudun. Que voit-on? On voit que d'Armagnac et Urbain Grandier gagnent à tout coup. Chaque fois qu'on croit les saisir, ils échappent. Le curé, rentré à Loudun, pontifie dans son église et dans les parlotes amies ; par ses refus réitérés de se réconcilier, il affiche son insolence et affirme son influence. Comment avoir raison de ce prêtre scandaleux, de ce pécheur avéré? Quels sont ses moyens? D'où vient sa force? Le diable s'en mêle.... C'est un sorcier !

Maintenant, le diable!

Dans le courant de l'été 1632, le bruit court à Loudun que la supérieure du couvent des Ursulines, Madame de Belciel, en religion sœur Jeanne des Anges et quelques-unes de ses religieuses sont possédées du démon. L'ordre des Ursulines, fondé en Italie par Angèle Merici de Brescia, récemment établi en France, avait créé en 1626 cette maison de Loudun. Le couvent s'était recruté dans les bonnes familles du pays : la supérieure était des barons de Coze, apparentés aux Laubardemont; Claire de Razilly (en religion sœur Claire de Saint-Jean), était parente des Richelieu; il y avait une religieuse de la maison de Nogaret, une autre de la maison de Sourdis. On assure même que le couvent abritait deux dames de Dampierre, propres belles-sœurs de Laubardemont (1).

La supérieure, âgée de trente ans environ, venait de Poitiers, où elle avait prononcé ses vœux. Si l'on en croit sa propre confession, écrite longtemps après les événements, elle était intelligente, perverse, orgueilleuse, disons déséquilibrée. Elle recevait le monde, se tenait au courant des bruits de la ville, avait une envie démesurée de jouer un rôle.

Nous savons, par les témoignages les plus sûrs, que les couvents, après les graves désordres de la Ligue, avaient besoin d'une réforme. La maison de Loudun, quelque peu vide et désoccupée, retentissait sans nul doute des violentes querelles qui partageaient la ville et du bruit qui se faisait autour d'Urbain Grandier. Une des pensionnaires du couvent a raconté beaucoup plus tard que les plus jeunes d'entre elles avaient, pour s'amuser, feint des apparitions : escaladant les greniers (2), se glissant dans les chambres, enlevant les jupes, agitant les couvertures et les literies, elles avaient mis les religieuses aux champs.

La maison avait alors pour confesseur et directeur le chanoine Mignon, rival et grand adversaire d'Urbain Grandier. Mme de

---

(1) R. Legué, *op. cit.*, p. 52.
(2) *Ibidem*.

Belciel, encline naturellement au mal, imaginative, détraquée, lui fit part de ces singuliers troubles et des manifestations mystérieuses qui affolaient son monde et qui la bouleversaient elle-même.

Qui donc ignorait alors les méfaits de Satan à Marseille, à Chartres, à Lille, à Marmoutiers? Le diable était partout : pourquoi pas à Loudun? Le nom de Grandier, le beau curé si entreprenant, mais qui, toutefois, n'avait jamais pénétré dans la clôture, revenait fréquemment sur ces lèvres naïves, en appétit d'émotions et de surprises perverses. Mignon, après de nombreuses conférences avec les adversaires de Jean d'Armagnac et d'Urbain Grandier, ne laissera pas échapper l'occasion. Un bon procès en sorcellerie aurait enfin raison du fameux triomphateur.

Mignon monte son coup admirablement. L'évêque de Poitiers est prévenu. Les exorcistes sont mandés. On en avait un de tout premier ordre sous la main, un certain Barré, curé de Saint-Jacques de Chinon. La première enquête fut menée à huis clos : huit ou dix filles furent reconnues possédées. Les diables qu'elles avaient au corps, interrogés, répondaient par la bouche de leurs victimes ; ils déclinaient leurs noms, leurs attributs, leur spécialité, apportaient des faits précis, des dates, des preuves, dévoilaient les pactes ; le tout dans un latin plus ou moins correct, avec force sauts, cabrioles, contorsions, injures et obscénités en tout point semblables au formulaire des possessions. Les diables et les sœurs simultanément reconnaissaient Urbain Grandier comme leur maître et comme le sorcier qui les avait enchainés à leur sort commun.

Laubardemont prend en mains l'affaire de la possession.

C'est sur ces entrefaites que Laubardemont finit par apparaître à Loudun avec mission de veiller à la démolition du château, mais dans des conditions qui décevaient grandement d'Armagnac et ses amis : le donjon n'était plus conservé ; d'Armagnac était chassé de son domicile et de ses prétentions. Lucas aurait seul le bénéfice de la démolition.

En plus, Laubardemont arrivait juste au moment où son autre

spécialité pouvait s'exercer. Le Père Tranquille, un des maîtres de l'affaire et dont le récit a inspiré en partie les *Mémoires* de Richelieu, y voit une circonstance providentielle : « Ainsi vous diriez, écrivait-il, que, par une heureuse rencontre, qui n'est pas sans le conseil de Dieu, sa première commission dans Loudun (la démolition) a servi de prélude à la seconde (le procès d'Urbain Grandier) et que, tandis qu'il démolissoit une citadelle de l'hérésie, il se préparoit à jeter par terre un boulevard de la magie (1). »

Laubardemont avait déjà, sans doute, sinon sa conviction faite, du moins sa voie tracée; car il se mit immédiatement en relations avec les adversaires du gouverneur d'Armagnac et du curé Grandier. Arrivé à Loudun le 4 novembre 1631, il reçoit d'eux des exposés passionnés sur le trouble répandu dans la ville; et il puise dans ces délations et racontars un argument de nature à frapper le cardinal : Grandier serait l'auteur d'un pamphlet anonyme remontant à 1617 et des plus violents contre Richelieu *La Cordonnière de Loudun* (2). Ainsi, au moment où le scandale du couvent éclate, Laubardemont est à pied d'œuvre, son dossier est tout prêt, « ce qui le fit résoudre, dit le Père Tranquille, d'en donner avis au Roi, jugeant bien que les démons ne pourroient être chassés qu'à coups de sceptre, et que la crosse ne serait pas suffisante pour rompre la tête à ce dragon qui avoit jeté son poison contre des âmes innocentes »... La question est tranchée, c'est le pouvoir civil qui prendra en main l'affaire : « Sa Majesté, ajoute le Père, n'eut pas de peine à se résoudre d'embrasser cette affaire et de la rendre sienne. » Ainsi, dans les premiers jours d'octobre 1632, sur la tragédie devenue publique et officielle, le rideau se leva.

Nous n'avons pas à la raconter : elle est dans toutes les mémoires. La polémique s'en est emparée. Les premiers récits qui la répan-

(1) *Véritables relations des justes procédures observées au fait de la possession des Ursulines de Loudun, et au procès de Grandier*, par le R. P. Tr. R. C. (le Père Tranquille). Paris. par Jean Martin, 1634. — Reproduit par Danjou dans : *Archives curieuses de l'Histoire de France*, 1838, 2ᵉ série, t. V, p. 199.

(2) *La Lettre de la Cordonnière de Loudun à M. de Baradas*, est publiée avec commentaires dans le *Cabinet Historique*, t. VI, 1ʳᵉ partie, p. 226. Elle serait de Catherine Hammon, fille d'un cordonnier de Loudun et femme de chambre de Marie de Médicis, d'après le mémoire inédit de Madame Brothier de Rollière.

dirent beaucoup plus tard (1) émanaient, *après la révocation de l'Édit de Nantes,* de publicistes protestants qui, par des artifices de rédaction et des insinuations haineuses, ont cumulé horreur sur horreur, dégoût sur dégoût. La vérité suffit. Mignon ne cachait pas au bailli de Loudun son sentiment « que cette affaire avoit quelque chose de semblable à l'histoire de Gauffridi qui fut exécuté à mort par vertu d'arrêt du Parlement d'Aix, étant convaincu de magie (2) ». On voit de quels précédents le mal s'autorisait.

Instructions données à Laubardemont.

Bien muni de tout ce qui relevait de sa compétence, Laubardemont quitte Loudun et vient à Paris. Un conseil est tenu à Rueil auquel assistent, outre le Roi et le cardinal, le chancelier Séguier, le surintendant Chavigny, le secrétaire d'État La Vrillière, le Père Joseph et Laubardemont lui-même. Laubardemont reçoit ces instructions signées Séguier : « M. de Laubardemont se rendra à Loudun et, y étant, informera diligemment contre ledit Grandier sur tous les faits dont il a été ci-devant accusé... et qui lui ont été reprochés pour inconduite, séduction, scandales notoires, et autres qui lui seront mis ès mains touchant la possession des religieuses dudit Loudun et autres personnes qu'on dit être possédées et tourmentées des démons par le maléfice dudit Grandier. Informer de tout ce qui s'est passé dès le commencement tant aux exorcismes qu'autrement sur le fait

---

(1) J'ai sous les yeux les ouvrages principaux : *Histoire des diables de Loudun ou de la possession des religieuses Ursulines et de la condamnation et du supplice d'Urbain Grandier, curé de la même ville. A Amsterdam chez Abraham Wolfrang, près de la Bourse,* 1693, in-12. Cet elzévir anonyme est du pasteur Aubin. — *Cruels effets de la vengeance du Cardinal de Richelieu ou histoire des diables de Loudun, etc... Amsterdam, aux dépens d'Etienne Royer, 1716, in-12.* Cet ouvrage est la reproduction du premier; mais le titre et la préface sont autres; le texte lui-même a été légèrement modifié. — Enfin une étude inédite, très favorable à Urbain Grandier, par Madame Brothier de Rollière d'après les archives de la famille Barbier de Montaut, communiqué gracieusement par Mme la vicomtesse de Germond, descendante de cette famille loudunoise.

(2) *Procès-verbal du bailli du 11 octobre,* dans Legué, p. 128.

de ladite possession; se faire reporter les procès-verbaux et autres actes des commissaires à ce délégué; assister aux exorcismes qui se feront; et du tout faire procès-verbaux et autrement procéder comme il appartiendra par la preuve et vérification entière desdits faits; et, sur le tout, instruire faire et parfaire le procès audit Grandier et à tous les autres qui se trouveront complices desdits cas jusques à sentence définitive inclusivement, nonobstant oppositions, appellations et récusations quelconques, pour lesquelles et sans préjudice d'icelles ne sera différé; même, attendu la qualité des crimes, sans avoir égard au renvoi qui pourroit être requis par ledit Grandier. Mandant Sa Majesté à tous les gouverneurs et lieutenants généraux de la province et à tous baillifs, sénéchaux, vice-sénéchaux, prévôts, leurs lieutenants, maires et échevins des villes et autres officiers et sujets qu'il appartiendra, donner, pour l'exécution de ce que dessus, toute assistance et main-forte, aide et prisons si métier est qu'ils en soient requis. »

Le sens de ces instructions est très clair quand on connaît les circonstances antérieures et les vues de Richelieu sur l'administration du Royaume. Il s'agit, dans une matière où l'ordre, « le grand ordre » est en cause, de « faire connaître et exécuter la volonté du Prince, à défaut d'organes administratifs inexistants, par des commissaires spécialement délégués et agissant de pleine autorité royale et sans réplique. Dans cette circonstance, la cause du Roi et la cause de Dieu sont unies. L'envoyé du Roi a tous les pouvoirs; il assistera aux exorcismes et aux œuvres de procédure de caractère ecclésiastique; il s'enquerra même touchant la possession des religieuses et autres faits analogues; son enquête s'étendra *à tous les faits dont Grandier a été ci-devant accusé* et qui ont été retenus jusque-là par le tribunal ecclésiastique. Et cet enquêteur extraordinaire sera, en même temps, un juge sans appel : faire et parfaire *le procès audit Urbain Grandier jusques à sentence définitive...* » En bref, aux attentats contre l'ordre public, contre la paix intérieure, contre la morale et la religion, on impose une juridiction exceptionnelle; on envoie un *missus dominicus*, — appelons-le par son titre officiel, — par l'envoi d'un intendant. Observons en plus, qu'à Loudun, le commissaire délégué pour une affaire si délicate n'est pas un homme ordinaire : c'est un technicien des affaires religieuses, Laubardemont.

Dans le même Conseil, une autre décision a été prise et elle a été transmise au commissaire par le secrétaire d'État, La Vrillière : Urbain Grandier sera immédiatement arrêté et emprisonné (1).

Laubardemont a pris le vent de la Cour. Il sait ce qu'il a à faire. Il sait que le cardinal aime les coups d'autorité, ne fût-ce que *pour empêcher un plus grand mal par une rigueur exemplaire;* il sait que le nouveau duc et pair cherche à dégager son domaine ducal; il sait que ces affaires de possession, d'illuminisme, d'adamisme, préaadamisme, nudisme, etc., sont à l'état aigu et que les puissances soit spirituelle soit temporelle ont résolu d'en finir avec ce désordre, décidées s'il le faut, à peser de tout le poids de leur autorité unie. Il n'ignore pas que mille petites passions basses et intérêts mesquins se sont coalisés autour de l'affaire de la démolition et que le Roi lui-même est chambré par son secrétaire Lucas. Et il sait surtout qu'il a en mains une occasion unique de faire sa cour et de pousser sa carrière, de prouver son zèle, de faire connaître son mérite, sa fermeté, sa vigueur auprès d'un Roi dévot et d'un ministre exigeant. Il sait tout cela; il a ruminé tout cela; il part pour Loudun.

La procédure est menée rondement.

Laubardemont arrive le 6 décembre; le 7, Grandier est arrêté par le lieutenant de la maréchaussée et conduit sous bonne escorte au château d'Angers.

L'enquête se déploie d'abord dans la ville, qui en est toute bouleversée. Comme homme et comme prêtre, Grandier est dans une situation des plus fâcheuses. Écoutons la déposition d'un de

---

(1) Ces documents ont été publiés par le Dr Legué, p. 293; ils sont, plus complets encore, dans le mémoire de Mme Brothier.

ceux qui l'accusent : « Notre curé est de vie si scandaleuse et sa doctrine est si mauvaise, que M. l'Évêque de Poitiers a fait informer contre lui et décréter de prise de corps, ce qu'ayant su, il s'en est allé et n'a point voulu aller trouver mondit sieur Évêque, qui l'avoit mandé avant de décréter... Tous ses amis ici l'ont abandonné et n'y a homme d'honneur en cette ville qui tienne son parti, aussi qu'il n'y a point d'honneur, vu le scandale dont il est plein. *On l'accuse de tenir la doctrine de Théophile*..... Scandale sur scandale. C'est une chose étrange et déplorable que, de ma connoissance, je n'ai point vu de curé en cette ville qui n'ait été scandaleux! (1)... »

La doctrine de Théophile! Oui ou non, est-ce « le grand désordre »?... Et cela se passe à Loudun, sous les yeux des protestants, alors que l'on prétend les convertir! Ils rient sous cape et soutiennent en dessous le curé et le gouverneur pour sauver, avec la forteresse, l'autonomie d'une place qui leur a servi d'asile et qui peut leur servir encore.

L'enquête dure tout le long de l'hiver, aggravant les désordres enragés de la petite ville. Et l'on entend, par intervalles, le diable qui rugit au couvent des Ursulines!

Les exorcistes de qualité ont été appelés : c'est le Père Lactance, le Père Tranquille, honnêtes gens, compétents, sincères, qui, dans le pugilat héroïque engagé contre le Malin, vont donner leur mesure. Le Père Tranquille écrira bientôt, dans son compte rendu adressé au cardinal de Richelieu : « Pour ce qui est du fait de la possession, je ne voudrois que le simple raisonnement d'un esprit non préoccupé, pour fermer la bouche à la calomnie et faire voir que ceux qui la baptisent du nom de fourbe pèchent ou contre la raison ou contre la conscience; car, je vous prie, comment est-il possible qu'un nombre de filles religieuses (sans parler des séculières), toutes de bonne maison, qui ont été soigneusement nourries et élevées à l'honnêteté et à la piété, soient devenues fourbes du jour au lendemain et soient passées d'une extrémité à l'autre, sans que

---

(1) *Trois documents inédits sur Urbain Grandier et l'autopsie du Cardinal de Richelieu* publiés par L. Jovy. Paris, Leclerc, 1906, p. 13.

les violences et les contraintes aient jamais paru dans leur naturel et dans leurs bonnes habitudes?.. Elles auroient appris en un jour tout le mal que savent les hommes perdus dans les plus grandes débauches et les femmes les plus abandonnées! Elles auroient passé d'un plein saut de tout ce que la nature et la grâce ont mis de bon en elles dans un état d'impiété, de sacrilège et d'ordure! (1) »

Et puis, comment aurait-on l'audace de ne pas tenir compte des autorités, dont la conviction, à elle seule, répondrait de l'œuvre accomplie selon les règles ecclésiastiques par les exorcistes? C'est le Roi en personne; c'est le cardinal de Richelieu; c'est l'évêque de Poitiers, et puis le collège de la Sorbonne, cet oracle des sciences divines que l'on ne peut contredire sans témérité et qui a donné son attestation, par laquelle étant dûment informé, il a déclaré que le mal des Ursulines de Loudun est une véritable possession; c'est enfin la foule des théologiens, prêtres, religieux de tous les ordres, Jésuites, Oratoriens, Dominicains, Capucins, en un mot ce cortège solennel que l'on retrouve trop souvent autour des grandes erreurs humaines.

La mère du malheureux Grandier ne cessera de se débattre, de lutter pour son fils. Le 27 décembre, dans une supplique adressée à Laubardemont, elle implorera la piété et l'équité du commissaire lui-même et le suppliera de renoncer à l'instance. Du tac au tac, un arrêt du Conseil d'État ordonnera de poursuivre l'instance, nonobstant tout appel. Les deux frères d'Urbain Grandier, hommes sans reproche et qui se sont jetés dans la lutte avec une décision digne d'éloge, sont arrêtés par ordre du chancelier Séguier.

(1) Voir, dans les *Archives curieuses*, toute la relation du Père Tranquille. — Les arguments du Père Tranquille et des exorcistes appliquant la doctrine de la possession au cas des Ursulines de Loudun, sont soutenus et développés dans un livre publié en 1859 : *Etudes sur les possessions en général et sur celle de Loudun en particulier*, par l'abbé Leriche, prêtre du diocèse de Poitiers, avec une préface du R. P. Ventura de Raulica, théatin. Plon, pet. in-12.

L'opinion du temps sur le drame des possédées.

De Loudun et de cet ouest divisé, l'émotion gagne la France entière. A Paris, Testu, le chevalier du guet, fait son rapport à Richelieu, le 26 mai 1634 : « Je crois être obligé, Monsieur, de vous dire que cette affaire de Loudun fait ici beaucoup discourir et principalement au Parlement et je vous dirai que je ne vois guère de personnes qui y ajoutent foi et que l'on tient cela pour imposture et que l'on dit que le sieur de Laubardemont est ennemi de ce curé.... (1) » Ce sceptique Paris, avec la promptitude de ses partis pris, avec son dangereux bavardage ironique, peut tout gâter. Dans l'ensemble les esprits sont divisés. Le médecin François Pidoux doyen de la faculté de médecine de Poitiers dans plusieurs mémoires nie la possession et attribue les faits relevés par l'enquête à des causes naturelles (2).

A Loudun, la terreur règne ; les esprits modérés, les hommes de bon sens, qui généralement n'aiment pas à se compromettre, se mettent en mouvement : par une supplique solidement motivée ils demandent que le Roi les entende. Lucas veille et étouffe leur requête.

Les avocats de Grandier rédigent pour sa défense un factum qu'ils lui soumettent. Avec cette force calme qu'il montra jusqu'au bout, il leur dit : « Faites la procédure, s'il vous plaît, et n'y oubliez rien. » Mais il refuse de signer : « Je n'ai pas voulu signer le factum, dit-il, pour n'offenser personne. » Il l'accompagne, cependant, d'un appel à ses juges : « Vous aurez à comparoître devant Dieu, souverain juge du monde, pour lui rendre compte de votre administration. Dieu parle aujourd'hui à vous qui êtes assis pour juger ; Dieu assiste en l'assemblée du Dieu fort ; il est juge parmi les juges. Jusques à quand aurez-vous égard à l'apparence des méchants ? Faites droit au chétif et à

---

(1) Affaires Etrangères. *France*, vol. 810, p. 172, cité par Legué, p. 238.
(2) Voir *Les Pidoux, ancêtres maternels de La Fontaine*, par Gabriel Hanotaux, dans *Les Chemins de l'Histoire*, t. I, p. 161.

l'orphelin ; faites justice à l'affligé et au pauvre ; secourez le chétif et le souffreteux et le délivrez de la main des méchants. »

La scène décisive. Le grand exorcisme.

Laubardemont sent que l'air s'épaissit autour de lui et qu'un orage pourrait bien s'amasser. Il se décide à frapper un grand coup. La scène est préparée avec soin ; elle aura lieu dans l'église Sainte-Croix, le 23 juin. Et ce fut une représentation de l'exorcisme, admirablement réglée, devant les deux pouvoirs, l'évêque et le commissaire royal. La Rocheposay était venu de Poitiers pour présider la cérémonie, Laubardemont ayant déclaré que l'exorcisme n'était pas de sa compétence. On va confronter Grandier avec le diable.

Le curé, amené de sa prison, reçoit l'ordre d'exorciser lui-même les possédées. Il revêt docilement l'étole et prend en main le rituel. Il fait observer cependant, mais sans insister que, s'il croit à la possession puisque l'Église y croit, il n'estime pas qu'un magicien puisse faire posséder un chrétien sans le consentement de celui-ci, — « Objection qui eût fait crouler tout l'édifice de l'accusation ». Réprobation générale ; on crie : « A l'hérésie! » L'accusé va-t-il se dérober au spectacle, si impatiemment attendu ? Il se tait. Puis il demande à l'évêque qui il doit exorciser ? L'évêque répond sèchement : « Ces filles. » Alors Grandier commence suivant les pratiques du rituel.

Sans plus tarder, le diable engage la lutte : « La supérieure et la sœur Claire de Razilly se distinguent par la violence et le cynisme de leur langage. Elles s'élancent au-devant de Grandier, « lui reprochant son aveuglement et son opiniâtreté ». Elles s'offrent même à rompre le col de l'exorciste improvisé. Exaspérées par la fermeté du prêtre, elles se livrent à tous leurs emportements, elles poussent des cris de fureur et de véritables rugissements. On les vit, nouvelles ménades, les vêtements en lambeaux, à demi-nues et toutes rayonnantes d'impudicité, montrer leurs seins gonflés de luxure, se complaire dans les attitudes les plus obscènes, se ruer enfin sur leur victime. Les assistants étaient glacés de terreur ; Grandier demeurait calme. « On eût dit qu'il avait une légion d'anges pour le garder »... « De plus en plus furieuses, elles lui jetèrent leurs pantoufles à la tête. Sans s'émouvoir, il dit : « Voilà des diables qui se déferrent d'eux-mêmes. » Dans un dernier accès de fureur, lisons-nous dans une relation du temps, elles s'élancèrent sur lui, mais, cette fois, avec une telle rage que Grandier eût été certainement mis en pièces si les assistants ne lui avaient facilité les moyens de sortir (1). »

Le jugement et le supplice.

L'évêque prononça, le 10 août, « que les religieuses Ursulines étoient véritablement travaillées des démons et possédées du malin esprit ». Le commissaire pouvait, en vertu de ses pouvoirs, rendre le verdict. Il avait cru plus habile (peut-être plus prudent) de constituer une sorte de commission judiciaire, ramassée à vingt lieues à la ronde et composée d'hommes sûrs. Le 18 août, ce tribunal de fortune, — et d'infortune, — se réunit au couvent des Carmes et, sans même citer à la barre l'accusé, formula l'acte de condamnation rendu au nom du commissaire royal : « Vu par nous, commissaire député, juge souverain en cette partie suivant les lettres patentes du Roi du dix-huitième juillet 1634, le procès criminel fait à la requête du procureur de Sa Majesté, demandeur et accusateur, pour crime de magie, sortilège et irréligion, impiété, sacrilèges et autres cas et crimes abominables, d'une part, et maître Urbain Grandier, prêtre curé de l'Eglise Saint-Pierre-du-Marché de Loudun, prisonnier, défendeur et accusé, d'autre part; Nous avons déclaré et déclarons ledit Urbain Grandier dûment atteint et convaincu du crime de magie, maléfice et possession ; ensemble des autres cas et crimes résultant d'iceux, pour réparation desquels, nous l'avons condamné et condamnons... à être conduit à la place

---

(1) Voir *Interrogatoire de Maître Urbain Grandier prêtre, etc., avec la confrontation des religieuses possédées, etc.* A Paris chez Est. Hébert et Jacques Pouillard 1634, *avec permission.* Réimprimé à Nantes d'après un exemplaire appartenant à M. Dugast-Matifeux. Voir aussi Legué, *op. cit.*

publique de Sainte-Croix pour y être attaché à un poteau sur un bûcher et y être son corps brûlé vif avec les cartes et caractères magiques, etc... Auparavant que d'être procédé à l'exécution dudit arrêt, ordonnons que ledit Grandier sera appliqué à la question ordinaire et extraordinaire sur la vérité de ses complices. — Prononcé audit Loudun, 18 août 1634 et exécuté le même jour. »

Ces cinq dernières lignes sont à faire frémir, aussi longtemps qu'il y aura une conscience humaine. Torture sans raison, complices sans complicité, arrêt sans droit et sans grâce. Nul recours. Exécution immédiate. Nulle rémission; nulle pitié pour la victime, — ni pour les juges — car les juges seront à jamais condamnés.

Cette journée du 18 août vit une accumulation d'horreurs dont seules les dissensions politiques, les exaltations religieuses et les petites haines exaspérées sont capables.

Couvert d'une chemise de toile et de quelques hardes, Grandier fut conduit en carrosse au palais de justice, au milieu d'une foule énorme. Il fut exorcisé à son tour. C'est là qu'il prononça son appel suprême : « Messeigneurs, dit-il aux juges assemblés, j'atteste Dieu, le Père, le Fils, le Saint-Esprit, et la Vierge, mon unique avocate, que je n'ai jamais été magicien ni commis de sacrilège, ni connu aucune magie que celle de la Sainte Écriture, que j'ai toujours prêchée. J'adore mon Sauveur et le prie que le sang de sa passion me soit méritoire (1). »

La torture commença. Les jambes serrées entre deux planches « au niveau des genoux et, en bas, au niveau des pieds; les coins enfoncés à coups de maillet; les os claquant, le sang giclant. Le Père Lactance criant : « Cogne! cogne! cogne! » Et les coups de maillet et les cris de douleur, et le raidissement du corps en syncope. Le temps que le malheureux se remette et la torture recommence : « Parle! Parle! *Dicas, dicas!...* » s'écrie le Père, qui assure-t-on, prit lui-même le maillet. On retira les planches. La moelle des os se répandait avec le sang. L'homme gardait le silence. Il dit seulement aux Pères : *Attendite et videte si*

(1) *Mémoire de ce qui s'est passé à l'exécution.* Collection Barbier, cité par Legué p. 271.

est dolor sicut dolor meus! — « Regardez et voyez s'il est une douleur pareille à ma douleur! »

On lui fit prendre quelque nourriture. Laubardemont, penché sur lui, le pressa atrocement pour obtenir un aveu. Le patient ne dit mot. On le vêtit d'une chemise soufrée, on lui mit la corde au cou et, le hissant sur un tombereau attelé de six mules, on le conduisit à la place, devant le portail de l'église Sainte-Croix.

Cette place est aujourd'hui telle qu'elle assista au supplice : encadrée de maisons basses à fenêtres étroites, soutenues par des charpentes apparentes, et des arcades mesquines ; on dirait qu'elle respire encore l'odeur de la chair brûlée. Sur les portes, aux fenêtres, sur les toits, une foule dense se pressait, se penchait pour ne perdre ni un geste, ni un cri, ni un souffle.

Les exorcistes mirent le feu au bûcher. On entendait des cris de pitié adressés au bourreau : « Étrangle! Étrangle! » La corde était nouée. Le bourreau ne put ou ne voulut le faire. Du milieu des flammes et de la fumée, quelques mots envolés dans le vent : *Deus meus ad te vigilo. Miserere mei, Deus!* Et enfin : « Mon Dieu, pardonne à mes ennemis! » Les cendres furent jetées au vent (1).

(1) Nous avons suivi les données réunies dans l'ouvrage du Dʳ Légué, d'après une relation inédite. Peut-être faut-il, pour certains détails, faire la part de l'émotion ou de la passion chez les rédacteurs du récit. Le Père Tranquille affirme « que le magicien, à qui monsieur Laubardemont avait donné deux Pères Capucins un mois avant le jugement du procès afin de le disposer à une vraie conversion, n'a pas montré à sa mort les signes de la vraie pénitence... » « On a remarqué, poursuit-il, que jamais il n'a réclamé le nom de Jésus et de Marie ; jamais il ne jeta une larme dans la question ni après, non pas même quand on l'exorcisa de l'exorcisme des magiciens. ... Les yeux lui demeurèrent secs et affreux comme auparavant. Il a confessé à la question qu'il avait commis des crimes plus grands que la magie, mais non la magie, et quand on lui demanda quels crimes, il dit que c'étaient crimes de fragilité... » (*Archives curieuses*, loc. cit., p. 220). — Par contre, un témoin impartial et loyal, Ismaël Bouillaud, écrit à Gassendi : « Sa constance, quand j'y pense, me ravit. Qu'il se soit vu condamné au supplice le plus cruel qui se puisse imaginer et par préalable appliqué à la question pour savoir ses complices, qu'il ait enduré la torture extraordinaire sans être épargné et que telles douleurs n'aient pu tirer de lui un mot de travers, au contraire, une persévérance continuelle sans jamais chanceler, accompagnée de prières et de méditations dignes de son esprit, cela me fait dire qu'il se trouve peu d'exemples pareils... » De même le récit de Mᵐᵉ Brothier de Rollière.

Que devint la supérieure Jeanne des Anges?

Avant d'en venir à l'examen des responsabilités de l'intendant Laubardemont et du cardinal de Richelieu dans cette déplorable affaire des possédées de Loudun, il est indispensable d'en indiquer les suites et la conclusion, non sans se rapporter à l'esprit du temps.

Après la mort du prêtre, condamné comme magicien, ni les possédées, ni leurs manifestations, ni les exorcismes, ni les diableries ne cessèrent. Le tout devait finir par un miracle et par une vénération quasi-cultuelle s'adressant à Mme de Belciel pendant le reste de sa vie. La foule catholique et croyante se pressait à Loudun pour assister aux exorcismes, confiés désormais aux Jésuites, ceux-ci ayant à leur tête un homme d'un mysticisme ardent, certains ont dit désordonné, le Père Surin.

Le concours de grands personnages comme Monsieur, frère du Roi, lord Montagu, le comte du Lude, sans parler de sceptiques, médecins et autres ricaneurs, fit aux Ursulines une publicité croissante. Les rieurs affirmaient que le nombre des diables augmentait avec celui des exorcistes.

Une heure vint où un miracle se produisit : par l'intervention de saint Joseph Mme de Belciel se trouva exorcisée soudainement (1).

La démolition du château était achevée. D'Armagnac, le gouverneur valet de chambre, avait perdu tout crédit auprès du Roi. Il allait périr bientôt (23 avril 1635) assassiné par un domestique renvoyé. Lucas avait sa démolition. La duché-pairie était débarrassée de la forteresse. Le gouvernement de Loudun devait

---

(1) Il y eut naturellement des sceptiques, là encore : En 1645, un savant voyageur, M. de Moncornys, se trouvait à Loudun. Il demanda à voir la supérieure des Ursulines ; on lui dit que, sur la main de la religieuse le diable chassé par l'exorcisme, avait écrit trois mots en lettres rouges Moncornys regarda la main de près et il dit avoir détaché avec le bout de son ongle, une partie des lettres tracées à l'encre rouge. « Je fus satisfait de cela, » ajoute notre observateur. *Journal des Voyages de M. de Moncornys*, Lyon 1665, in. 4°, cité par Babeau, *Voyageurs en France*, p. 110.

rester vacant jusqu'à la fin du règne. Peu à peu les querelles s'apaisèrent.

L'exorcisme de sœur Jeanne des Anges eut lieu définitivement en 1638. Le diable, furieux de quitter la possédée aurait laissé, sur la chemise qu'elle portait au moment de l'accès qui la mit à deux doigts de la mort, cinq gouttes de sang. Le miracle était confirmé et scellé de ce sceau infernal. Jeanne des Anges passa à l'état de miraculée. La chemise où restait la marque des prodigieux arrachements, devint elle-même sacrée, et les femmes en mal d'enfantement la réclamaient aux heures douloureuses.

Jeanne de Belciel se mit à parcourir la France. Elle fut reçue à diverses reprises par le cardinal de Richelieu, qui lui fit don de cinq cents écus. Elle alla en pèlerinage sur la tombe de saint François de Sales. Au retour, elle passa par Saint-Germain, où la reine Anne d'Autriche était sur le point d'accoucher. La Reine voulut revêtir la chemise aux cinq gouttes sanglantes, et ainsi vint au monde l'enfant qui devait être Louis XIV. Jeanne des Anges mourut impotente, le 29 janvier 1665, et sa tombe attira longtemps encore les pèlerins. Ce fut seulement en 1772 que M. de Saint-Aulaire, évêque de Poitiers, supprima le couvent des Ursulines de Loudun. Cent cinquante ans s'étaient écoulés : au siècle de la foi avait succédé le siècle de l'incrédulité.

Le rapport d'un homme plein de zèle.

Revenons à Laubardemont.

Le surlendemain de l'exécution de Grandier, le commissaire royal, en envoyant à Paris l'un des juges, le sieur Richard, pour rendre compte, adresse au cardinal un rapport où se reconnaissent d'emblée les sentiments sincères ou affectés, les manifestations de zèle et les sourdes ambitions du terrible personnage : « Votre Éminence a témoigné des sentiments si pieux et si charitables au mal des religieuses Ursulines de cette ville et autres personnes séculières affligées des malins esprits que j'ai cru qu'elle auroit plaisir d'être particulièrement informée de ce qui s'est passé au jugement du procès que j'ai fait et instruit contre l'auteur de ce maléfice »... Après quelques lignes sur le procès et le supplice, où le nom d'Urbain Grandier n'est même pas prononcé, la lettre aborde les considérations faites pour frapper l'esprit du ministre de l'ordre : « Cette occasion, Monseigneur, a déjà produit la conversion de dix personnes de différentes qualité et sexe. Nous n'en demeurerons pas là, s'il plaît à Dieu... Je me suis promis, pour la fin de cette œuvre, la conversion de tous les hérétiques du Royaume... Mais quoi! Monseigneur, m'étant peut-être trop avancé et au-delà des termes de ma commission, pardonnez, s'il vous plaît, à mon zèle et à l'ardent désir que j'ai pour votre gloire. Vous nous donnez tous les jours de nouveaux sujets d'admirer votre vertu : je ne puis que je ne fasse aussi journellement des vœux pour la prospérité de votre administration. Si vous avez agréable, Monseigneur, que je vous parle de notre affaire, je dirai à Votre Éminence que nous avons ici vécu dans un grand ordre et police et avec une telle union qu'il a semblé que nous étions tous animés d'un même esprit; nous n'avons eu qu'un avis en toutes choses; l'arrêt a passé tout d'une commune voix... » Que pouvait-on dire au grand chef de l'ordre qui le touchât davantage? La lettre se termine par une demande d'avancement pour le lieutenant général de Chinon, « qui s'est montré le plus zélé agent de la procédure »... De l'avancement, n'est-ce pas la légitime préoccupation de tout bon fonctionnaire?

Il ne faut pas, d'ailleurs, perdre de vue ces « entourages » qui ont de loin apporté de si précieux concours. Laubardemont écrit, un mois après, au secrétaire de Richelieu, Le Masle, prieur des Roches, qu'il qualifie, pour la circonstance, de « surintendant général de la Maison de Monseigneur l'Éminentissime Cardinal » : (on compte qu'il saura, le cas échéant, rafraîchir la mémoire de son puissant maître) : « Ce porteur vous présentera le plan que, suivant votre ordre, j'ai fait faire de la place qu'il vous plut visiter étant en cette ville. Elle est suffisante pour y bâtir un très beau couvent... Le dessein que vous avez témoigné pour une si sainte entreprise fait gronder les diables dans les corps des religieuses Ursulines. »

On dirait qu'il sent déjà là-bas une sorte d'indifférence pour le service éminent, mais quelque peu gênant, qu'il a su rendre : « J'offre constamment ma vie à qui pourra remarquer erreur ou supposition quelconque en aucune partie de ma procédure, laquelle est toute pleine de prodiges et de miracles qui ne sauroient être contestés que par ceux qui ne veulent croire qu'à leur propre sens. Mais, comme je ne me suis proposé *aucune récompense temporelle en mon travail,* si ce n'est celle que je reçois en moi-même en satisfaisant fidèlement aux commandements du Roi et de Monseigneur le Cardinal, qui m'ont fait l'honneur de me nommer en cet emploi, je reçois tous les jours de la part de Dieu de si bons sentiments de piété et de charité, que je ne puis être ébranlé par les discours du monde en la résolution que j'ai de chercher sa gloire dans la fin de cette œuvre... » Admirable modèle pour Molière.

Quelques semaines après, le terrible homme est réduit à la défensive. On prétend lui arracher le privilège réclamé par lui de conduire à bonne fin cette affaire où il a déployé tous ses talents. Les « Grands 'ours » de Poitiers, après avoir pendu deux cent trente-trois gentilshommes et vilains dans la province, voudraient étendre leur justice sur Loudun. Laubardemont dénonce un si dangereux empiètement dans une lettre au cardinal, datée du 28 novembre : « Monseigneur, ceux qui, par leur souffrance et par leur action ont quelque part à cette bonne œuvre (lui-même, avant tout, bien entendu), ne vous seront pas moins redevables de l'honneur qui leur doit revenir de la persécution qui leur est faite par la malice des démons (le diable se venge) et des hommes, que de la protection qu'ils reçoivent de Votre Éminence lorsqu'elle en est requise pour le bien de la justice. Vous avez, Monseigneur, dès le premier jour et d'un seul trait de votre esprit, pénétré et compris parfaitement cette vérité,... qu'il est comme impossible que cette affaire soit réduite et traitée autrement que par personnes expresses, qui soient toujours présentes et attachées par un continuel soin et travail à observer tout ce qui se passe... » Autre exigence, classique chez le bon fonctionnaire : pas d'ingérence ; chacun son dossier, son carton, son bureau, sa boutique.

Comment récompenser un si fidèle serviteur, un homme qui est devenu à tel point l'homme du ministre, l'homme de l'État, l'homme du Roi? Comment le ministre trouvera-t-il des agents de cette qualité, s'il ne les emploie pas, s'il ne les soutient pas, s'il ne les garde pas là où ils ont fait leurs preuves, tout prêts à recommencer s'il le faut et si on le leur commande? Laubardemont est nommé intendant des provinces du Maine, Anjou et Touraine (1). Il l'était en 1636, puisque nous le voyons faire, en cette qualité, une levée de troupes à Tours le 28 août de cette année et adresser, sous cette date, à Richelieu, des renseignements sur la fameuse duchesse de Chevreuse, dont le groupe intrigue toujours dans l'ouest (2). Il peut ajouter à son titre d' « intendant de Touraine » celui du « pays de Lodunois ».

On ne laisse pas se rouiller sa compétence dans les matières ecclésiastiques. Il informe, en juin 1637, contre les abbés d'Olivet et Bartelles (celui-ci fils de Scarron), qui, au dire de Richelieu, « ont fait des exécrations si étranges en leurs abbayes, qu'il est impossible de les entendre sans horreur ».

Et c'est encore lui, qui en 1642, sera chargé de l'interrogatoire de Saint-Cyran, qu'on mettait à la Bastille parce qu'il écrivait un livre sur la « présence réelle ». Il est vrai qu'un tel livre ouvrait, du coup, la querelle du jansénisme qui allait être, pour le siècle, une toute autre affaire que celle des possédées de Loudun. C'est sur le rapport de Laubardemont que Richelieu disait, en visant cet ouvrage, nid de vipères lâché par son ancien ami : « Il le continuera en prison (3). »

Richelieu garda jusqu'au bout sa confiance à ce dangereux serviteur qui n'eut même pas les troubles de conscience d'un

---

(1) Chalmel, dans son *Histoire de Touraine*, dit qu'il succéda à Jean de Valençay. — Voir aussi : Père Griselle, *Louis XIII et Richelieu*, p. 49. — En 1637, Laubardemont cède à Étienne Froullé son office de premier président à la cour des Aides de Guyenne.
(2) *Lettres du Cardinal de Richelieu*, t. V, p 790.
(3) *Mémoires de Mathieu Molé*, t. III, p. 39.

Hay du Châtelet et d'un Laffemas. Quand il fut question du procès de Cinq-Mars, qui pouvait blesser le Roi au cœur, c'est encore à lui que recourut le cardinal. Celui-ci écrivait de Tarascon, lors de son ultime voyage, que « pour faire le procès de MM. de Bouillon et Cinq-Mars, où il fallait des gens de probité et d'autorité ; il approuvait le chancelier Séguier d'avoir choisi MM. de Marca et Laubardemont (1) ».

Homme à poigne, ni plus ni moins, telle est sa réputation auprès de ses contemporains. Lorsqu'il mourut, le 22 mai 1653, Loret écrivit :

> Laubardemont, homme d'État,
> Duquel on faisait de l'état,
> A senti son heure mortelle.
> Il eut jadis grosse querelle
> Avec les diables de Loudun,
> Dont il fit enrager plus d'un
> Lorsque, par un arrêt tragique,
> Grandier fut, en place publique,
> Brûlé bien ou mal à propos.
> Mais laissons les morts en repos.

Quelle est maintenant la responsabilité de Richelieu ?

Chose frappante : les archives de Richelieu aux Affaires étrangères ne paraissent avoir conservé aucun dossier spécial relatif à cette affaire de Loudun. Laubardemont affirme avoir reçu des *Lettres closes* du cardinal au sujet de la doctrine de la possession (2); mais elles n'ont pas été retrouvées.

On a prétendu mêler à tout cela le Père Joseph du fait que l'on y retrouve certains Pères de son ordre. Lui, qui connaissait à fond tout l'ouest, ne paraît pas s'être appliqué spécialement à cette affaire.

Richelieu, après avoir donné au commissaire royal les instructions les plus sévères par l'organe de Séguier, apporta-t-il une attention particulière au fait de la possession? C'est un point qui n'est pas éclairci. Il est vrai qu'il reçut à Paris la supérieure Jeanne

---

(1) *Lettres du Cardinal de Richelieu*, t. VII, p. 77; et Legué, p. 225.
(2) Legué, p. 225.

des Anges et qu'il la gratifia de cinq cents écus; mais on remarque, d'autre part, sa volonté de couper court à l'affaire dès que la terrible condamnation contre Grandier eut été prononcée et exécutée. Laubardemont faisait du zèle et prétendait poursuivre la maîtresse de Grandier, Madeleine de Brou, et les frères de Grandier, qui clamaient l'innocence du condamné. Richelieu donna nettement l'ordre de suspendre toute procédure et de laisser en paix ces malheureux.

Quant au problème de la possession, au point de vue doctrinal, il semble bien que le cardinal ne se soit pas gêné beaucoup plus avec le diable qu'avec les exorcistes. Monsieur, dont nous avons signalé déjà l'inconséquence en matière religieuse, ayant jugé à propos de s'intéresser aux « diables de Loudun » et ayant assisté, en mai 1635, c'est-à-dire en pleine crise, aux scènes d'exorcisme, non sans combler de présents religieuses et prêtres, Richelieu lui écrit : « Je suis ravi de savoir que les diables de Loudun aient converti Votre Altesse et que vous ayez fait une si ferme résolution de ne jurer plus, que vous ayez tout à fait oublié les serments qui auparavant étaient assez ordinaires en votre bouche, pour donner lieu à Bautru de penser que vous fussiez un de ses disciples (1). » Et, quelques jours après : « Monseigneur, ayant appris, par le retour d'un des diables de Loudun, que Votre Altesse est attaquée d'un mal qui n'est pas si grand que celui dont ces pauvres filles sont travaillées, mais qu'elle a bien mérité, je n'ai pas voulu différer à envoyer ce gentilhomme vers elle pour lui témoigner le déplaisir que j'en ai et lui offrir les exorcismes du Père Joseph... » (2). En vérité le prélat en prend un peu à son aise avec ces misères qui bouleversent tant d'esprits sincères, affolent une ville, sacrifient dans d'affreuses tortures une vie humaine.

Peut-être, en lisant avec attention le passage consacré, dans les *Mémoires* de Richelieu à l'affaire d'Urbain Grandier, y trouverait-on la clef de cette troublante énigme. Plaidoyer un peu embarrassé, ce court exposé s'inspire, en somme, du rapport du Père Tranquille. Le récit ne s'occupe de l'affaire qu'au point

(1) L'impiété de Bautru était connue.
(2) *Lettres du Cardinal de Richelieu*, t. V, p. 15 et 16, et p. 472.

de vue de l'ordre public. Il semble aussi, à lire cet exposé, que Richelieu n'ait été avisé, ou n'ait pris l'affaire en considération qu'assez tardivement. Voici le texte : « Dès l'année 1632, quelques religieuses Ursulines, en la ville de Loudun, *ayant paru possédées,* le cardinal, au retour de son voyage de Guyenne, envoya quelques personnes de dignité ecclésiastique et de piété pour lui en faire un véritable rapport... Mais comme, en cette matière, *il y a beaucoup de tromperie,* et que souvent *la simplicité, qui d'ordinaire accompagne la piété,* fait croire des choses en ce genre qui ne sont pas véritables, le cardinal n'osa pas asseoir un jugement assuré sur le rapport qu'on lui en fit, d'autant qu'il y en avait beaucoup qui défendaient ledit Grandier, qui était homme de bonne rencontre et de suffisante érudition. » On ne sent en ces mots, ni un parti pris ni une rancune personnelle contre le pauvre curé; tout cela est vu de très haut. Et c'est de très haut encore que l'exposé conclut : « Enfin, cette affaire devint si publique et tant de religieuses *se trouvèrent possédées,* que le cardinal, ne pouvant souffrir davantage les plaintes qui lui en étaient faites de toutes parts, conseilla au Roi *d'y vouloir interposer son autorité* et d'y envoyer M. de Laubardemont, conseiller en son Conseil d'État, pour informer de cette affaire. Et ayant par plusieurs témoins trouvé le curé coupable de magie, d'impuretés et d'impiétés extraordinaires, et ayant même trouvé en ses papiers un livret qu'il avait composé et écrit de sa main contre le célibat des prêtres, M. de Laubardemont le condamna, assisté du sieur de Mornant, vice-gérant de l'évêque de Poitiers et de quatorze ou quinze des principaux juges des justices royales des provinces voisines, à être brûlé tout vif en la ville de Loudun... » Suit l'extrait déjà donné du rapport du Père Tranquille sur l'impiété réelle ou supposée d'Urbain Grandier à l'heure de son exécution. Quant à ce qui concerne les religieuses et les faits de possession, le tout est réglé simplement par cette phrase : « Les religieuses, après sa mort, demeurèrent en quelque état un peu plus paisible qu'auparavant et la plupart d'elles furent délivrées les années suivantes. »

En somme, pas de miracle, possession douteuse, un prêtre d'une immoralité avérée, un grand désordre civil et religieux dans un pays d'ailleurs inquiet et inquiétant. Affaire ennuyeuse, qu'il faut régler parmi des préoccupations multiples et des travaux infiniment plus graves et plus absorbants : « Au retour de mon voyage de Guyenne... » dit le cardinal (1).

Il y eut mort d'homme, mort cruelle, affreuse, mais dans les formes. Et cette mort met fin à la dangereuse agitation de toute une région, sans qu'il y ait lieu d'attacher d'ailleurs trop d'importance à cette « piété si voisine d'ordinaire de la simplicité ». Le tout vu de loin sur des supports plus ou moins précis, par un ministre qui vient de laisser tomber la tête du Montmorency, qui, à La Rochelle et à Privas, a vu couler tant de sang français, qui, dans le moment même, laisse condamner deux cent trente personnes, sans autre forme de procès, par les Grands jours de Poitiers, qui est résolu, enfin, de toute manière, à réprimer partout le désordre, les scandales, les partialités, les troubles menaçant la paix intérieure du royaume.

Ayant toujours en l'esprit le malheur des guerres de Religion, les misères de la Ligue, le cardinal n'a vu, à ce qu'il semble dans cette circonstance qu'une occasion de faire un exemple sur un prêtre notoirement scandaleux et d'imposer à un clergé qui avait un si grand besoin de réforme (2) la loi des bonnes mœurs, l'obéissance à l'autorité ecclésiastique et la soumission au Roi. Homme de l'ouest, duc et pair qui cherchait à établir autour de lui la discipline royale et le respect du pouvoir, on lui signala, dans Urbain Grandier, l'orgueil d'un tribun, d'un prêtre révolté, d'un pamphlétaire, d'un fauteur de troubles. L'ami du curé, le gouverneur Jean d'Armagnac, plongé dans l'intrigue de la Cour, se mettait en travers du rasement de cette place de Loudun, qui avait servi et pouvait servir de refuge aux protestants. Il fallait un exemple. Faire un exemple, telle paraît avoir été, comme dans d'autres affaires de troubles intérieurs, la ligne de conduite du cardinal ministre.

(1) *Mémoires du cardinal de Richelieu*, édit. Petitot, t. VIII, p. 287.
(2) Nous étudierons, avec le détail qu'elle comporte, la réforme des ordres religieux et du clergé par le cardinal ministre.

Il s'en rapporta à Laubardemont, qui remplissait à sa manière, fidèle et dure, sa fonction d'intendant. Ainsi s'expliquerait la conduite de Richelieu. Telle est, devant l'histoire, sa lourde, très lourde responsabilité.

6. — Vue d'ensemble sur l'administration des intendants.

Le pouvoir royal et les provinces avant Richelieu.

Richelieu (cela a été démontré) n'eut pas à créer l'institution des intendants : elle existait depuis un siècle; mais il la maintint et la consacra. En vue de lutter contre le grand désordre, il multiplia les missions d'hommes sûrs, envoyés dans les provinces pour imposer la volonté royale et il se servit de ces hommes, selon leurs aptitudes, pour parer à des nécessités immédiates. Maître du pouvoir, il agissait de cas en cas, en s'inspirant des circonstances, sans avoir la pensée de recourir à un organisme durable ni à une réglementation définitive. Prenant, tout au contraire, en mains ce que nous appelons « les leviers de commande », il imposait, dans la mesure du possible, son autorité par le moyen d'agents de confiance temporaires et qu'on pouvait rappeler, changer, désavouer au besoin.

Ce que cet homme, qui était tout action, détestait dans l'action, c'était la lenteur, l'encrassement, la résistance des vieilles machines rouillées. Comme sa propre carrière était une création continue, de même il recréait, en l'exerçant, l'autorité royale. Ses instruments convenaient à la période de crise à laquelle il consacrait sa vie et dont il espérait bien voir la fin, comme le prouve la rédaction même de son *Testament politique*.

Nos analystes d'institutions attardées, nos confectionneurs de tableaux synoptiques, nos naturalistes de plantes mortes rangent des dépouilles desséchées sous des étiquettes, épinglées une fois pour toutes dans leurs herbiers. Ils ont peine à se rendre compte que de si grands caractères et de si grands esprits ne se soient pas préoccupés d'avance du bel ordre de leurs futures classifications. En réalité, les difficultés viennent comme elles veulent, la mauvaise herbe pousse où elle peut et les décisions se prennent comme il se trouve. L'homme d'État est en face de l'aveugle réalité et s'en tire selon ses vues, son intelligence, ses passions, ses moyens et son intérêt. Il veut ardemment et il agit diligemment. A peine le temps de voir et il doit se prononcer. Il marche sur la corde raide pour atteindre un but indiscerné. De sa valeur et de son succès, l'avenir et les suites décideront.

Richelieu, étant donc tout volonté, exerçant le pouvoir par la confiance royale, se servait du commissaire délégué comme étant sa volonté prolongée, la main du sceptre étendue jusqu'aux limites du Royaume. Il demandait à ses hommes ce que leur demandera toujours l'autorité maîtresse, l'activité, le bon sens, la solidité, le courage, et surtout la fidélité. Il distingue leur mérite par une expression qui pourrait être de tous les temps : il les appelle des « affidés » (1).

Foi et confiance réciproques : *fides*. Sur les lieux, l'agent agira par ses moyens, ses ressources, son jugement, douceur ou force, adresse ou terreur : peu importe, pourvu qu'il soit sûr exécutant et, avant tout, fidèle.

Ce grand connaisseur de la nature humaine qu'était le cardinal ministre ne se faisait d'ailleurs nulle illusion sur ces fonctionnaires auxquels la nécessité des temps l'obligeait à recourir. Il les jugeait avec perspicacité et sang-froid, devinant parfaitement que ses agents, bientôt enorgueillis par le choix et par le succès, pourraient devenir dangereux, en raison même des services qu'ils auraient su rendre. Il manœuvrait ses entourages, comme il manœuvrait ses adversaires, craignant autant l'audace des jeunes ambitions que l'entêtement des vieilles pratiques. Plus Mazarin que Mazarin, il se couvrait de silence et ne dévoilait ni sa pensée présente, ni ses desseins pour l'avenir. Surtout, il veillait à ne pas se laisser prendre la main et à ne pas se trouver attaché par la chaîne des habitudes, des gratitudes, des familiarités, des empiétements adroits et insensibles.

(1) Voir *Lettres du cardinal de Richelieu*, t. VII, p.8.

Il s'explique, en ce qui concerne les intendants avec une singulière clairvoyance, comme s'il eut pressenti le danger des « Frondes », que leurs prétentions allaient susciter dans les provinces. Il se servait d'eux, mais se gardait bien de les implanter à toujours, de les enraciner dans les diverses parties de la France. Ils n'y apparaissaient que pour disparaître, mobilisés en temps de crise et rappelés quand l'ordre était rétabli : « Je crois, écrit-il dans son *Testament politique*, qu'il sera très utile d'envoyer dans les provinces des conseillers d'État, ou des maîtres des Requêtes bien choisis, *non seulement pour faire la fonction d'intendants de justice dans les villes capitales, ce qui peut plus servir à leur vanité qu'à l'utilité du public,* mais pour aller en tous lieux des provinces s'enquérir des mœurs des officiers de justice et des finances, voir si les impositions se lèvent conformément aux ordonnances et si les receveurs n'y commettent pas d'injustices en vexant le peuple, découvrir la façon avec laquelle ils exercent leurs charges, apprendre comment se gouverne la noblesse et arrêter le cours de toutes sortes de désordres et spécialement les violences de ceux qui, étant puissants et riches, oppriment les faibles et les pauvres sujets du Roi. »

Est-ce clair? Les intendants restent, dans sa pensée, des magistrats à temps, chargés de voir, de contrôler, de faire rapport, de prendre, au besoin, des mesures urgentes. Quand l'exercice de l'autorité royale est entravé, le commissaire a tout pouvoir pour la faire respecter, non sans prendre des ordres et avec devoir de rendre compte au jour la journée. Il n'ignorait pas que les chevauchées des maîtres des Requêtes, autorisées par les vieilles lois du Royaume, donnaient lieu à ces « épines des Parlements qui fomentent difficultés sur toutes choses ». Nous avons dit sa façon de procéder, à la fois tenace et souple, à l'égard du Parlement de Paris; elle était la même, quoique plus rude peut-être, à l'égard des Parlements de province. Puisque ceux-ci entendaient barrer la route aux intendants, il mettait d'autant plus d'ardeur à soutenir ses représentants (1). On lui repro-

(1) Voir sur ce point, le chapitre intitulé : *La résistance des Parlements*, dans G. Hanotaux, *Origine de l'institution des intendants*, Champion, 1883, in-8°, p. 128.

chait d'innover : il n'innovait pas en envoyant des commissaires pour voir, agir, ordonner. Ce qui était nouveau, c'était la manière de s'en servir, le dernier mot devant désormais appartenir au centre.

Les intendants agents de la centralisation.

Il faudrait donner un tableau complet de la vie des provinces sous Louis XIII pour faire connaître, dans ses nuances infinies, ce travail de pénétration à petits coups de l'idée moderne dans le système médiéval, par le moyen de cet agent, qui est à la fois de destruction et de construction, l'intendant.

La grande idée, c'est l'achèvement d'une France unifiée et forte. Cette génération n'a pas perdu le souvenir des désordres qui ont mis en péril l'indépendance nationale. Avant tout, sauver le Royaume, tel avait été le cri qui avait fait accepter, comme Roi de France, même par les ligueurs, ce protestant, le Roi de Navarre. Or, pour maintenir l'indépendance reconquise, il fallait maintenant trois choses : l'union des forces nationales, la sécurité des frontières et le refoulement de l'ennemi héréditaire ; donc union, discipline, commandement, ce qui permettrait d'avoir, pour parfaire le tout, de l'argent.

Lutte contre le privilège.

L'argent viendrait de l'union et de l'ordre assurés par la force publique. Mais, cet argent, il le fallait immédiatement, constamment, héroïquement.

Les peuples ne savent plus aujourd'hui ce que c'est que de payer leurs guerres : ils empruntent, sauf à surcharger les générations futures de dettes dites « perpétuelles ». En ce temps-là, au contraire, on devait payer comptant ; il fallait que chaque budget balançât, tant bien que mal, les recettes et les dépenses. Le grand combat de Richelieu fut donc une attaque acharnée contre la poche du contribuable. Ce misérable sac, la nécessité était de le protéger et de le dépouiller à la fois. En somme, qui payait? Uniquement le peuple, les classes inférieures. Quant aux ordres privilégiés, les riches, ils ne payaient pas, ou si peu.

Le privilège se défendait *mordicus;* on peut dire que c'était sa raison d'être, sa définition même : *privilège, privata lex.* Ce système avait pour lui la tradition, le droit, même la « justice », c'est-à-dire la forme juridique appuyée sur la coutume et la loi, toutes deux appliquées par des tribunaux privilégiés eux-mêmes.

On comprend pourquoi « *la justice* » était la première attribution des intendants. La délégation de l'autorité royale qui leur était confiée se trouvait être une sorte de justice au-dessus de la « justice » puisqu'il fallait imposer le juste aux gens qui faisaient métier de « justice ».

De même on déléguait aux intendants des fonctions de *police,* c'est-à-dire, dans notre langage, une autorité *politique,* parce qu'il fallait établir un ordre au-dessus des *ordres.*

Enfin, les attributions de *finances* étaient le fin du fin de leur mission, parce que l'argent à obtenir des contribuables est le nerf de la vie sociale et le seul moyen de faire vivre et durer la société.

Ainsi les intendants sont armés de pied en cap, à la fois contre l'ordre antique suranné et contre le désordre nouveau, suite fatale de ce dépérissement : ils sont nés non pas de la volonté d'un homme, mais de la nécessité des choses.

En parcourant d'une vue générale l'histoire provinciale des vingt années du ministère, on retrouverait partout les traits multiples et variés de cette germination spontanée d'une fonction dictatoriale sur le champ dispersé de l'unité nationale : en deux mots, le peuple était à la recherche de son propre commandement sur soi-même. Il voulait d'autres élites que cette tourbe d'élites intéressées et disqualifiées.

La résistance des provinces.

Encore quelques exemples qui préciseront le caractère exact de la mission des intendants. Nous avons dit l'importance que le pouvoir royal attachait à l'établissement des Élus, chargés de concentrer partout la répartition et la perception des impôts.

Les Élus furent introduits, on s'en souvient, dans la province de Bourgogne, au mois de février 1630. Les États proposèrent de racheter les élections moyennant un million huit cent mille livres. Le Roi refusa en alléguant sa volonté de réaliser l'uniformité fiscale dans le royaume. Cependant Richelieu observe, dans ses *Mémoires,* que cette décision royale l'affligea, puisque, dans la province de Bourgogne, les fonctionnaires royaux avaient déjà en mains, après le vote des États, le maniement des impôts.

Cela prouve qu'il y avait quelque chose qui le touchait plus encore que la question d'argent. En fait, il s'agissait de la fidélité d'une province encore incertaine depuis sa réunion à la Couronne. Le gouverneur Bellegarde n'est pas sûr ; les privilégiés ne sont pas sûrs ; il y a des manifestations « séparatistes », comme nous dirions aujourd'hui. Un intendant fut envoyé. Il dut agir, d'abord, par la rigueur. Mais admirons la modération et la souplesse du système qui permit à l'autorité royale d'accorder l'amnistie, la grâce du chevalier Jars, et finalement « le rachat des élections » : autre preuve que l'argent n'était pas tout et que l'intendant était surtout un agent de discipline et d'ordre public.

Agir selon les temps et les circonstances, c'est tout l'art d'un gouvernement quand il n'est pas ligoté dans des règles trop précises. Richelieu l'avait compris et c'est ainsi que sa sévérité même sut franchir l'obstacle des résistances provinciales par le simple envoi, facile à désavouer, de ce magistrat nomade, l'intendant.

Autre exemple. En Auvergne, lorsque se produisit la dangereuse équipée de Gaston de France, l'âme de la révolte dans le centre, fut un certain Chavagnac, mi-noble, mi-brigand, factieux dans la peau, et qui secoua le « bon garçonnisme » un peu sceptique de la noblesse limousine et auvergnate pour la lancer sur les voies de la rébellion, où elle devait d'ailleurs s'arrêter à temps. Un certain Malauze, séduit par l'intrigue Chavagnac, entraîna les autres. Au moment où Gaston s'approche, on écrit à Richelieu : « Malauze, La Capelle, Belcastel, Veyrières partirent aujourd'hui pour aller assembler leurs amis,... avec assurance qu'ils pourroient faire actes de guerre et seroient avoués de tout. Belcastel promet de tirer de l'Auvergne beaucoup de noblesse et de gens de guerre. Ils espèrent recevoir quinze mille hommes d'Espagne. »

L'Espagne, c'est-à-dire l'ennemi de la veille et du lendemain, l'envahisseur dont la France a tant souffert depuis cinquante ans ! En fait, Gaston est à la tête d'une armée composée de soudards allemands, flamands, italiens. Il ravage le Royaume au fur et à mesure qu'il s'enfonce vers le centre et le midi. Une des provinces les plus fidèles, le Bourbonnais, — le Bourbonnais des Bourbons, — hésitait : « Chacun se tenait clos et couvert », constate Richelieu !

Le cardinal ne se faisait, d'ailleurs, aucune illusion sur le sentiment général du corps de la noblesse. Exagérant quelque peu sa propre pensée, (car il sait, à la fois contraindre les mécontents et les ménager), il écrivait dans un premier mouvement d'indignation : « Les nobles ne reconnaissent la liberté qu'en la licence de commettre impunément toutes sortes de mauvaises actions ; il leur sembloit qu'on les gênoit de les retenir dans les équitables bornes de la justice. »

Cette opinion s'inspirait de celle des intendants, que leur mission mettait à même de mesurer la grandeur du péril. Aux premiers symptômes, on avait dépêché de Paris, Voyer d'Argenson, le sage d'Argenson, qui, en novembre 1634, mandait à Richelieu : « Ce ne sont point gentilshommes, bien que par leurs violences, ils se soient jusqu'ici exemptés de la taille. Aussi toutes leurs actions sont-elles indignes de cette qualité. Je leur fais leur procès, encore que ceci ne soit qu'un simple petit effort de la justice. »

En général, les villes ne se laissent pas faire et se défendent, tandis que les châteaux des seigneurs ont dressé simplement leurs ponts-levis, soit pour voir venir, soit pour ne pas rompre avec les gens qui se rallient à Gaston. Le maréchal d'Effiat, gouverneur de la Limagne, est resté fidèle. Il écrit à Richelieu « qu'il ne peut faire ce qu'il auroit voulu pour le service du Roi, *partie par la connivence de quelques-uns qui ont préféré leur intérêt à leur devoir.* Tout ce que j'ai pu faire, d'abord, ajoute-t-il, a été de combattre les terreurs dont l'arrivée de Monsieur avoit rempli le pays. »

L'historien local dont nous suivons l'exposé, donne, en ces

termes, le tableau de l'état de la province : « Chacun se fait justice à soi-même. Nobles et roturiers se battent à mort pour les motifs les plus futiles... Des prêtres même se rendent coupables de meurtres. Guillaume Chapsal, curé de Celles-en-Jordanne, à la tête d'une bande, assassine sur la voie publique un maréchal de Saint-Cirgues... Le brigandage sous toutes ses formes sévit dans la montagne : rapts de jeunes filles, razzias de bestiaux, détroussements de voyageurs, incendies. L'ambassadeur de Venise, traversant l'Auvergne pour aller rejoindre le Roi à Toulouse, est dévalisé près de Montsalvy. La justice prévôtale s'exerce, sommaire et terrible. Les nobles échappent le plus souvent par tous les moyens à leur portée. S'ils ont la tête tranchée,.. c'est en effigie ; mais, pour les gens du commun, le bourreau ne chôme pas. Incalculable est le nombre des criminels pendus, roués, essorillés, mis à la question, battus de verges, marqués de la fleur de lys »... (1)

Heureusement, en Auvergne, la grande famille des Noailles, le gouverneur François, l'évêque de Saint-Flour, Charles, se sont prononcés pour la cause royale. L'armée de Gaston, sans ressources, sans argent, semant la terreur et faisant le vide devant elle, se livre à un immense brigandage. C'est encore le peuple qui pâtit. On écrit à Richelieu : « Ils sont du tout incommodés (dépourvus); quelques-uns ont des pistolets; qui a poudre n'a point de balles... Leurs dissolutions font peur et fuir tout le monde. »

On peut s'imaginer les suites de cette écharpe de misères tendue en travers du Royaume, avec l'appréhension universelle du retour des maux passés.

Ce ne sont pas de ces moments où l'on soit enclin à l'indulgence. L'armée royale, commandée par Schomberg, se met, comme nous l'avons dit, à la poursuite de Gaston, et repasse sur ses traces, non sans de nouvelles misères pour le plat pays. Noailles lui-même formulait l'appel qui sera, dans tous les temps, le cri des heures désespérées : « Un homme de condition dans chaque province,

(1) Les traits de cet exposé sont, pour la plus grande partie, empruntés aux *Scènes et tableaux de l'Histoire d'Auvergne*, par Charles Felgères.

bien déterminé à courir sus aux libertins, feroit de bonne besogne. » Il demande un homme : on envoie l'intendant.

C'est donc Voyer d'Argenson. Nous connaissons cet agent, favori de Richelieu, habile, pondéré, grand pacificateur et ordonnateur. Sa première mission est de démolir les châteaux. Le rasement général des vieilles murailles est, nous le savons, un des partis-pris de la politique royale qu'a suivie Richelieu. Rien ne s'explique mieux, quand on a pénétré dans la vie quotidienne de ces malheureuses provinces. L'intendant traque les pillards, malandrins, routiers, qui s'ornent du panache de la rébellion. Charles d'Estaing, chevalier de Malte, appartenant à l'une des plus illustres familles de l'Auvergne, s'enferme dans sa maison-forte du Cheylade et, de là, fait le dégât à vingt lieues à la ronde. Traqué, condamné à mort par contumace, il s'enfuit et, selon les tours et retours des choses d'ici-bas, il deviendra par la suite un des fidèles de la cause royale.

D'Argenson était plus que personne l'homme de ces situations ambiguës, sachant à la fois imposer et composer. Gaston a passé; la brume s'est dissipée; mais le mal n'est pas guéri; la province est ruinée : elle ne peut plus payer.

On donne à d'Argenson pour successeur un autre habile homme de moindre réputation, mais, à ce qu'il semble, d'égal mérite, Jean de Mesgrigny, petit robin à la figure chafouine, qui va se donner, suivant son aptitude et pour répondre aux exigences du moment, aux affaires de finances. La taille, les aides, et surtout la fraude, voilà son lot; car, sous tous les régimes de privilèges, la fraude multiplie le mal de l'injustice.

La France est au fort de la grande guerre (1635-1637). La caisse est vide; de l'argent à tout prix pour sauver le pays! Mesgrigny écrit : « Il seroit nécessaire de faire observer les défenses de lever aucune somme sur le peuple sous aucun prétexte, sans lettres patentes du Roi. » Mais, comment se faire obéir, obtenir non des paroles, mais des écus si ce n'est par une vigilance constante, des enquêtes, même agressives, munies de moyens décisifs. Pour réprimer les excès des gentilshommes, l'intendant finit par proposer, comme sanction, *la perte de la noblesse*.

Le laborieux historien qui a retrouvé dans le fatras des archives, ces dessous ignorés de la grande histoire, conclut : « Quand l'Auvergne, tirée de l'anarchie, éprouvera le bienfait d'une administration réparatrice et tutélaire, c'est à l'intendant ou, pour mieux dire, c'est à Richelieu qu'elle le devra (1). »

Changeons de province et de climat, descendons de la montagne jusqu'à la mer. Nous sommes en Normandie, chez ces Normands, gens de procédure et de chicane, mais bons et solides Français, pouvant payer, quoique n'aimant pas à payer.

On avait, quelques années plus tôt, chargé de l'intendance un certain Morant du Mesnil Garnier dont nous avons dit les difficultés avec le Parlement de Normandie en raison du procès qu'il avait intenté à un gentilhomme nommé Hurtevent (2). C'étaient là de ces procédures parlementaires qui exaspéraient le cardinal. En dépit des arrêtés de la Cour de Rouen, Hurtevent eut la tête coupée. Morant du Mesnil Garnier fut remplacé, après un intervalle, par Turgot de Saint-Clair.

Nous trouvons celui-ci, en 1630, engagé dans une autre affaire, qui eut également pour conclusion une exécution capitale. De nouveau, voilà la guerre allumée. Le Parlement décrète l'intendant d'ajournement personnel et lui interdit l'entrée aux États de la province. On porte plainte contre Turgot à la Cour. Turgot écrit à Richelieu, suppliant qu'on examine les faits, « offrant sa tête si on le reconnaît coupable sur un seul point (3) ». Richelieu le soutient.

Mais alors éclate à Caen, au sujet d'une affaire de blé qu'on voulait faire sortir de la ville, une de ces émeutes qui sont le souci habituel des missions d'intendant. Comme à Dijon, la bourgeoisie et les parlementaires ont travaillé le peuple et l'excitent sous main. On pille le blé, on brûle des maisons. Selon la règle, les bourgeois, qui ont poussé à l'émeute, commencent à trembler, puis se mettent à bouder. Le présidial, dont c'est la compétence, ne bouge pas.

(1) Charles Felgères, *op. cit.*, p. 186-226.
(2) Voir Gabriel Hanotaux, *Origine des Intendants des Provinces*, p. 130.
(3) Affaires Étrangères, *France*, t. 58, f° 394.

Turgot convoque le lieutenant criminel, le prévôt, les archers. On lui obéit... mollement. Un des coupables, qu'il a donné l'ordre d'exécuter, est arraché des mains des soldats. Le capitaine du château refuse des hommes au maître des Requêtes. Les autorités de la ville s'excusent de ne pas lui en procurer, « n'étant en leurs pouvoirs de faire obéir les bourgeois ». Turgot garde son sang-froid. Il se met en personne à la tête de quelques gentilshommes et officiers, rassemblés à grand'peine, s'approche des émeutiers, les harangue et ramène le calme plutôt par la persuasion que par la force.

Le lendemain matin (28 mai 1630), arrive M. de Matignon, gouverneur de la province, qui gourmande le capitaine du château et, « usant de l'autorité de sa charge, fait publier un ban à peine de vie contre les bourgeois qui refuseront de s'armer ». On punit trois des coupables et l'ordre est rétabli : « Si bien, écrit l'intendant, que le Roi et nos seigneurs du Conseil sont déchargés du soin d'y pourvoir, si ce n'est en tant qu'ils auroient agréable d'ordonner quelque exemplaire punition ». « L'exemplaire punition » n'eût certes pas déplu à l'intendant. Son courage fut loué et son ardeur contenue. Tout compte fait, il paraissait avoir mis fin à l'incident.

Ce n'était qu'un commencement. La Normandie ne s'apaise plus (1). Elle voit se succéder, à partir de 1630, plusieurs intendants et commissaires parmi lesquels Pascal (2), le père de notre grand Pascal (qui n'oublia jamais les scènes auxquelles il assista). Ils sont accusés « d'épier Rouen comme des vampires ». Les contribuables se mettent en grève. Le lieutenant particulier du bailliage de Coutances, Le Poupinel, est assassiné à Avranches. D'où sédition à Avranches; sédition à Vire, où le président du siège de l'élection est massacré; troubles à Mortain; nouvelle

---

(1) Sur cette révolte, qui ensanglanta le pays pendant de longues années, voir Floquet, *Histoire du Parlement de Normandie*; Kerviler, *Le chancelier Pierre Séguier*, Paris 1874, in-8°; Floquet, *Diaire du chancelier Séguier en Normandie*, 1842, in-8°; Pierre Carel, *Une émeute à Caen sous Louis XIII*, Caen 1886 in-8°. On lit p. 70 de ce dernier ouvrage que, parmi tant d'atrocités réciproques, l'intendant La Potherie fit pendre à Avranches soixante-quinze factieux, y compris le prêtre Bastard.

(2) Voir Beaurepaire, *L'affaire Saint-Ange en 1647*. Rouen, in-8° 1901, p. 16.

sédition à Caen (août 1639); sédition à Bayeux; sédition dans le Cotentin; nouvelle sédition à Coutances; finalement, c'est la fameuse révolte des « Nu-pieds », qui s'étend sur toute la province, va mettre en état d'émotion le Royaume et fera trembler Paris. Elle trouve ses Tyrtées :

> Et vous, noblesse du pays,
> Premier fleuron de la Couronne,
> Qu'on a fait servir par mépris
> En farce, à l'Hôtel de Bourgogne (1),
> Endurerez-vous ce soufflet
> Qu'on fasse servir de jouet
> A la comédie la noblesse?
> C'est trop attaquer votre rang,
> Et le lavez dedans le sang.
> Jean Nu-pieds est votre suppôt;
> Il vengera votre querelle,
> Vous affranchissant des impôts.
> Il fera lever la gabelle
> Et nous ôtera tous ces gens
> Qui s'enrichissent aux dépens
> De vos biens et de la patrie.
> C'est lui que Dieu a envoyé
> Pour mettre dans la Normandie
> Une parfaite liberté !

Les intendants, bien entendu, ont leur couplet :

> Venez, commissaires poltrons,
> Pour vous informer des affaires.
> Nu-pieds, Boidrot et Les Sablons
> Incaguent tous vos mousquetaires ;
> Ils font la nique à vos décrets
> Et narguent tous vos grands arrêts :
> Car notre général s'en gausse !
> Venez le juger sans appel.
> Il vous a fait faire une fosse
> Proche celle de Poupinel.

(1) Allusion à quelqu'une des pièces qui tournaient en ridicule la noblesse. — Quand il s'agit de donner à Scudéry le gouvernement de Notre-Dame de la Garde, Brienne écrivit à Madame qu'il était de conséquence de donner le gouvernement à un *poète qui avait fait des poésies pour l'hôtel de Bourgogne*. Cité par le vicomte d'Avenel. *La Noblesse française sous Richelieu*, p. 286.

Richelieu vit sa fortune balancée un instant par cette affaire si grave. Sa faveur chancelante paraissait devenir compromettante : c'est ainsi que les Jacobins de Rouen, dont il était le protecteur, crurent devoir enlever l'écusson à ses armes de la porte de leur couvent.

Le Tellier, Harlay, Gassion, le chancelier Séguier enfin, — celui-ci muni de pleins pouvoirs sans précédents, — durent donner en personne et faire peser sur la province tout le poids de l'autorité royale. Louis XIII fit montre, une fois de plus, de cette énergie froide et taciturne, plus dure peut-être que la rigueur du cardinal. Richelieu dit au lieutenant général Bocquet, venu pour l'apaiser, que « le dessein du Conseil du Roi était de traiter l'affaire de Rouen comme affaire d'État des plus importantes et de la faire servir d'exemple ».

La révolte fut réprimée, mais sans que la querelle fût vidée avec le Parlement de Normandie. Une commission de quinze conseillers du Parlement de Paris, ayant à leur tête le président Tanneguy Séguier, remplaça, à Rouen, le Parlement de Normandie frappé d'interdit. Quand Richelieu, malade, revint à Paris après avoir réprimé les suites du complot de Cinq-Mars, il voulut bien recevoir des délégués du Parlement de Rouen chargés de faire amende honorable. Mais il devait mourir sans avoir pu mettre fin à cette difficile affaire.

Son implacable énergie avait fini par tourner contre lui ceux-mêmes sur lesquels il eût cru pouvoir compter et jusqu'à son propre frère, Alphonse, archevêque de Lyon et cardinal par sa faveur, — un pince-sans-rire, il est vrai. — Le cardinal de Lyon lui écrivait de Marseille, le 17 février 1641, répondant à la demande à lui adressée d'intervenir, en personne, dans son diocèse pour faire rentrer les impôts : « Monseigneur, si je m'étois trouvé à Lyon, j'aurois fait de nouveaux efforts pour porter le peuple à donner au Roi le contentement qu'il désire, quoique je ne sois pas celui qui ait le plus de crédit sur son temporel, et j'appréhende que quelques-uns de ceux qui ne m'aiment pas, en faisant semblant de m'excuser tout de bon, ne m'aient figuré tout puissant pour me rendre responsable de tout. Ce n'est pas un artifice nouveau, mais il est dangereux pour ceux qui n'apportent jamais aucunes précautions en ce qui les regarde, et qui ne se défendent que par leur innocence. J'écrirai aux plus adroits de mes amis, puisque vous le désirez; mais d'autant que les lettres n'ont point de réplique, je quitterai aussitôt le soleil de ce pays, à qui je fais la cour, pour aller essayer de servir vos intentions, *sans appréhender de me charger de la haine publique*. Pour ce encore que je sache qu'un évêque qui n'est pas aimé n'est plus capable de faire des miracles, je n'ignore pas aussi le remède qu'il y a au mal... (1) »

Les derniers mots paraissent bien indiquer le recours à l'éternel procédé des mécontents, la menace de démission. De frère à frère, de cardinal à cardinal, le poulet est un peu fort. Partout, d'ailleurs, les sentiments étaient les mêmes et les actes pires. Les grands services causent les grandes impopularités. Les nécessités de la guerre créaient de nouveaux besoins, et les besoins de nouvelles exigences, les exigences de nouvelles violences. En Périgord ce sont les « Croquants », en Bourgogne les « Lanturelus », comme la Normandie a les « Nu-Pieds ».

M. de La Ferrière a étudié la correspondance adressée au chancelier Séguier, transportée à Saint-Pétersbourg pendant la Révolution. Empruntons à sa publication le tableau de l'état des provinces dans les derniers temps du ministère de Richelieu.

La ville de Limoges est épuisée par la peste. M. d'Argenson demande un délai pour la levée des impositions. A Toulouse le conflit entre l'intendant et le Parlement s'exaspère. A Périgueux M. de Verthamont en est réduit à faire des concessions à la populace et lui promet le renvoi du maire... La Chambre de l'Édit de Castres s'oppose aux mesures prises par les commissaires envoyés par le Roi pour punir les rebelles du Vivarais. M. de Bellegarde insiste sur la misère de la ville de Clamecy. La Bourgogne n'est pas plus tranquille. M. de Machault écrit au chancelier que le Parlement refuse à la fois l'enregistrement des édits et les subsides pour les fortifications : « La

(1) Lettre d'Alphonse de Richelieu, publiée par Péricard, *Lyon sous Louis XIII*, p. 284.

LE SOLDAT DE MÉTIER
Eau-forte de J. Callot.

peste, dit-il, désole Dijon; la place n'est plus tenable. Dans Auxonne, « tout y meurt ». L'esprit de révolte envahit la Bretagne. A Rennes une sédition dure trois jours : le peuple crie : *Vive le Roi sans gabelle!* brise les vitres de M. de Brissac et de plusieurs autres personnes notables. M. d'Étampes ne sait plus où donner de la tête. « A Bordeaux, ce n'est plus une simple émeute, c'est la prise de la ville par la populace. Seul le duc d'Épernon qui consent à venir à la maison de ville où il destitue les jurats peut mettre le pays en repos » (Lettre de M. d'Aguesseau, 20 mai 1635). La sédition, toujours d'après l'analyse de M. de La Ferrière, gagne Moissac, Lectoure, Castel-Sarrazin et Auch. Dans le mois de juin 1640, une sédition éclate à Moulins; les faubourgs se révoltent et prennent les armes. N'ayant pas de troupes suffisantes, le gouverneur, M. de Saint-Géran, se retranche dans le château, et, à l'une des fenêtres, fait pendre l'un des chefs. M. de Sacé réclame une Chambre des Grands jours pour la province de Rouergue. A Angers, une violente émeute a lieu en octobre 1641. A Tours, Agen, Villefranche, pareilles émotions populaires; les rebelles sont assez nombreux pour s'attaquer aux régiments (1). »

Cependant Richelieu marchait, les yeux fermés, les dents serrées « vers le but qu'il s'était proposé pour le bien de l'État ». La révolte des provinces faisait le jeu de l'ennemi. L'intrigue battait son plein à la Cour : Cinq-Mars traitait avec l'Espagne... Mais l'armée qui défendait sur la frontière la cause de la France était, en dépit de toutes les résistances, recrutée, munie, commandée. Les intendants avaient maintenu cette fidélité au roi, cette discipline nationale, seule capable de réaliser le grand dessein auquel le ministre avait consacré sa vie. La victoire ouvrait ses ailes. Gassion, qui avait réprimé la révolte, quittait la Normandie pour venir conseiller le jeune Bourbon, ce « Grand Condé », qui allait remporter à Rocroi le succès décisif que Richelieu ne connaîtrait pas (2).

---

(1) **Voir** : *Deux années de mission à Saint-Pétersbourg, manuscrits et documents sortis de France en 1789*, publiés par Hector de La Ferrière. Imprimerie Impériale, 1867, in-8°, p. 100 et suivantes.

(2) Voir ci-dessous : *Richelieu et l'armée,* **le rôle de** Gassion à Rocroi.

LIVRE TROISIÈME

LA PENSÉE POLITIQUE
DE RICHELIEU A L'INTÉRIEUR

LIVRE TROISIÈME

LA PENSÉE POLITIQUE DE RICHELIEU A L'INTÉRIEUR

CHAPITRE PREMIER

L'UNITÉ FRANÇAISE PAR L'ABOLITION DES POUVOIRS INTERMÉDIAIRES

Le programme politique du cardinal exposé au Roi.

Il faut en venir à la pensée maîtresse qui inspira Richelieu dans sa politique générale et qui le soutint dans le persévérant effort d'une vie haletante et sans trêve jusqu'à une mort prématurée.

Que veut-il ? Où va-t-il ?... Un homme qui est le type même du cartésien, qui raisonne avec une méthode rigoureuse ses desseins et ses actes, qui écarte, avec une autorité unique sur soi-même, tout ce qui menace de s'échauffer au feu de la passion, un tel homme ne s'est assurément pas abandonné au hasard des événements; il ne les a pas abordés sans un plan préconçu. Quel était le plan? Quel était le but essentiel qu'il se proposait?

Laissons-le l'exposer lui-même : « Lorsque Votre Majesté se résolut de me donner en même temps et l'entrée dans ses Conseils et grande part en sa confiance pour la direction des affaires... je lui promis d'employer toute mon industrie et toute l'autorité qu'il lui plaisoit de me donner, pour ruiner le parti huguenot, rabaisser l'orgueil des grands, réduire tous ses sujets en leur devoir et relever son nom dans les nations étrangères au point où il devoit être... (1) »

Ces paroles, écrites dans les dernières années de a vie du cardinal, précisent un engagement qui avait été pris ormellement par lui. Il avait promis en effet. Il avait promis de faire tenir toute une politique entre les trois côtés de ce triangle : la ruine du parti huguenot, l'abaissement des grands, la grandeur de la France au-dessus de ses adversaires en Europe.

Il est possible de préciser dans quelles circonstances décisives ce triple programme, fréquemment reproduit depuis, fut exposé au Roi pour la première fois. Richelieu venait de rentrer aux affaires, La Vieuville étant encore premier ministre. Luynes mort, on était retombé dans les incertitudes et les désordres de la Régence. La Vieuville, pour qui la présence du cardinal dans le Conseil était une menace instante et qui sentait de jour en jour s'évanouir sa propre autorité, crut faire un coup de maître en venant proposer à la reine Marie de Médicis, admise de nouveau dans le Conseil, de constituer, « pour remédier à ces maux », « un autre Conseil dans lequel les principaux princes eussent entrée », exposant « qu'ainsi ils seroient contents et contiendroient ceux qui sont au-dessous d'eux en leur devoir ». C'était le pouvoir remis aux grands, une sorte d'oligarchie princière s'appuyant sur la Reine mère et disposant à son gré de la puissance souveraine. On cherchait le remède au mal dans le mal lui-même.

Richelieu était encore, en ces temps-là, le conseiller et le confident de Marie de Médicis. Il sut lui inspirer la réponse qu'elle fit à La Vieuville devant le Roi. Elle dit « que son gouvernement, sa Régence et son administration étant expirés, le Roi, par les conseils de ses ministres, avoit changé cette forme d'agir, ne donnant plus de part aux grands dans son Conseil, pour témoigner qu'il étoit assez fort pour agir de lui-même; que si, maintenant, on reprenoit ce qu'elle avoit pratiqué en sa Régence, il sembleroit qu'il retombât en minorité; que le

---

(1) *Testament politique.* — *Succincte narration de toutes les grandes actions du Roi jusqu'à la paix faite en l'an...* Édition de 1689, p. 5.

remède étoit de faire tout le contraire de tout ce qu'on avoit fait jusqu'à présent ; qu'il falloit que le Roi agît en apparence et en effet; que son Conseil fût plus fort; que deux seules personnes y faisoient tout et qu'il en falloit plus de cinq, agissant fortement, pour soutenir le poids des affaires; que jusque-là le principal motif de toutes choses étoit les intérêts particuliers et qu'on laissoit périr tous les publics ; qu'il falloit que ceux du Conseil fussent gens d'esprit, de résolution et d'exécution tout ensemble;... que l'état des affaires du dedans de la France dépendrait de celui auquel étoient les affaires du dehors, étant certain que nulle guerre civile ne peut subsister sans le secours des étrangers, qui ne s'embarqueront jamais à assister des rebelles contre leur Roi, tant qu'il sera en grande réputation parmi eux... (1) »

Cet avis émanait de Richelieu et Louis XIII « le sut ». Les conseils qui lui étaient donnés se précisaient en ces termes : mettre fin aux guerres civiles, fomentées et stipendiées en France par l'étranger et surtout par l'Espagne, instituer un pouvoir unique plus ramassé, concentré en quelques mains et permettant une politique extérieure plus énergique; mariage d'Angleterre, alliance de Hollande, secours à Mansfeld, position prise nettement contre la mainmise de l'Espagne sur la Valteline, telles en étaient les grandes lignes.

En entendant cet exposé si simple et si fort dans la bouche de sa mère, le jeune Roi sentit résonner en lui comme un écho de la parole de son père, — le grand Roi. Il devenait Roi lui-même.

Le sort de La Vieuville fut réglé dès cet instant; entre Louis XIII et Richelieu un pacte était conclu.

Origines de la pensée politique de Richelieu.

Il faut chercher maintenant les origines d'une résolution si vigoureuse et si haute.

Les impressions d'enfance de Richelieu le reportent vers

(1) *Mémoires du Cardinal de Richelieu*, t. III, p. 316-317.

l'époque où le duc de Parme, ayant établi une garnison à Paris, sommait les Ligueurs d'abolir la loi salique et d'élever sur le trône de France la fille de Philippe II, l'infante Claire-Isabelle-Eugénie. Le président Jeannin partait pour Madrid envoyé par le chef de la Ligue, le duc de Mayenne, en vue de suivre ce projet et d'obtenir du roi d'Espagne les subsides nécessaires pour en finir avec le roi de Navarre, le Bourbon Henri IV. Selon une expression que nous retrouverons jusque sous le règne de Louis XIII, *l'argent d'Espagne roulait par la France* (1). Et cet argent ne roulait pas en vain. Il trouvait des avarices et des ambitions toutes prêtes à s'engager pour servir les desseins de Philippe II.

Relevant les prétentions de la Maison de Bourgogne, qui s'était appuyée jadis sur l'Angleterre, la Maison de Lorraine visait soit le trône, soit une souveraineté indépendante et élargie en s'appuyant sur l'Espagne. Et, autour d'elle, la plupart des familles princières ne songeaient qu'à ruiner le Royaume pour s'y tailler de plus ou moins importantes souverainetés.

En Bretagne, le duc de Mercœur avait demandé et reçu avec joie, en septembre 1590, une garnison de trois mille cinq cents Espagnols et l'on avait vu ces étranges alliés opérer en Anjou, Touraine, Poitou, c'est-à-dire dans le pays même de Richelieu (2). Les émissaires du duc prétendaient traiter avec le roi de Navarre, devenu roi de France, au nom des provinces occidentales, qui se trouvaient ainsi détachées du Royaume.

On trouvait les mêmes ambitions seigneuriales, les mêmes prétentions, les mêmes marchandages suspects dans la plupart des autres provinces frontières, Picardie, Bourgogne, Dauphiné ; et l'on sait à quel prix Henri IV, quoique vainqueur, dut acheter son Royaume. Une vaste constellation princière prétendait s'imposer à la France.

---

(1) Lettre de Charles d'Angennes, sieur du Fargis, comte de La Rochepot, ambassadeur en Espagne, adressée à Tronçon, secrétaire du Roi, en février 1621. Voir le Père Griselle, *Documents inédits d'histoire*, t. I, p. 213. — Aux temps de la Ligue, d'après une dépêche du duc de Parme à Philippe II, de janvier 1592, le roi d'Espagne dépensait en France près de quatre millions pour soutenir Mayenne et son parti, lettre citée dans Patry, *Duplessis-Mornay*, p. 206.

(2) Patry, *op. cit.*, 258, et *passim*.

Il y avait là-dedans, beaucoup de « huguenoterie », selon le mot à la mode; mais il y avait aussi « l'esprit de cette Ligue », fondée par la noblesse en province contre la royauté en délabre. Comme le dit Huraut dans son fameux discours, le projet était de morceler la France et la réduire à l'état de *cantons suisses* (1).

Cette disposition de la noblesse princière ne devait pas disparaître de si tôt. On la retrouvera à l'époque de la Fronde (2).

Pour alléger le fardeau des preuves à ce sujet, qu'il suffise d'évoquer le témoignage de l'homme qui devait être le mieux renseigné en raison de sa charge, le procureur général Molé. Le 14 août 1626, au moment de l'affaire de Chalais, il écrivait au garde des Sceaux Marillac, à propos de l'intrigue ourdie pour marier Gaston soit avec une Condé, soit avec une fille de la Maison de Lorraine (ce qui arriva) : « C'étoit le nouveau prétexte des factions nées et non la cause principale; car, depuis 1614 jusqu'à cette heure (on eût pu remonter jusqu'à la Ligue), *il y a eu dessein formé de partager le Royaume*, et ne perd-on une seule occasion pour essayer de conduire ce misérable dessein jusqu'à l'effet. Et ce que l'on n'a pu en un temps, on le renouvelle en un autre; c'est toujours un même but, mais différents prétextes... » Et, revenant aux mariages projetés : « L'appui le plus fort pour *maintenir l'autorité du Roi en son entier*, sera quand il plaira à Monsieur seconder toujours les justes desseins du Roi et ne prêter l'oreille à ceux qui voudroient lui persuader le contraire (3). »

Pour l'unité de la France.

Maintenir l'autorité royale en son entier, tel est le cri des « bons François », catholiques, protestants, politiques. Mais on voit, par contre, la complication infinie du problème : dissensions civiles, intervention de l'étranger, ambition des grands, auto-

---
(1) Voir Gabriel Hanotaux, *Études historiques sur le XVI° et le XVII° siècles en France*, Hachette, 1886, in-8°, p. 136.
(2) Voir ci-dessus, fin du chapitre des *Parlements*.
(3) *Mémoires de Mathieu Molé*, t. I, p. 384 et suivantes.

nomie des provinces et des villes, « épines » des Parlements, inorganisation ou désorganisation générale.

En 1629, lorsque Richelieu eut mis fin à cette guerre des protestants qui l'avait contraint de se retourner vers l'intérieur, alors qu'il s'était engagé, un peu précipitamment, dans les affaires de la Valteline et de Mantoue, n'était-ce pas la marche naturelle des choses que d'en venir au second point de la promesse faite au Roi : abattre l'orgueil des grands.

S'il est une « suite d'actions » en sa carrière politique, c'est ici. Il connaissait le mal; il en avait souffert : fils de la petite noblesse et de la bourgeoisie, il était animé des sentiments de cette élite intermédiaire et il avait pénétré, avec la double finesse de l'homme de main et de l'homme de robe, la portée des attentats permanents de la noblesse princière contre l'entreprise d'unité qui était celle de la Royauté. Il y mettait même quelque passion.

Sa jeunesse avait souffert des contacts difficiles avec ses voisins, les Montpensier. Son premier ministère avait assisté aux déchirements de la Régence. Peut-être n'était-il pas sans rancune, sans quelque jalousie. Il avait la hantise des grands; il avait les grands en horreur. « Contre les grands, écrit-il en 1623, il faut des gens d'esprit, de résolution et d'exécution tout ensemble... » Il pensait à lui-même.

Huguenots et grands, il liait les deux partis dans une même appréhension et considérait leur union comme mortellement dangereuse au pays. En 1625, « le cardinal dit au Roi que c'étoit chose certaine que tant que le parti des huguenots subsisteroit en France, le Roi ne seroit absolu dans son Royaume; qu'il ne pourroit maintenir l'ordre et la règle à quoi sa conscience l'obligeoit et que la nécessité de ses peuples requéroit; aussi peu rabattre l'orgueil des grands qui, se gouvernant mal, regarderoient toujours La Rochelle comme une citadelle à l'ombre de laquelle ils pourroient témoigner et faire valoir impunément leurs mécontentements (1). »

---

(1) *Mémoires du Cardinal de Richelieu*, t. V, p. 182.

Et quelque temps après, il insiste, touchant le Roi au point le plus sensible : « Les grands qui, abusant des biens que le Roi leur a faits et de la puissance qu'ils tiennent de Sa Majesté, ne s'en sont servis que pour se rendre criminels (1). »

Il les surveille, soit comme individus, soit en corps. A qui se fier, en effet? Voilà ce vieux compagnon de Henri IV, Lesdiguières, qui a en mains la clef d'une province frontière, le Dauphiné. L'un des chefs les plus autorisés et, en somme, les plus modérés du parti protestant, il est invulnérable dans son gouvernement, où on le traite en « Roi-Dauphin »; il est connétable et commandant inamovible des armées; or quelle foi peut-on avoir en lui? Richelieu écrit sur ses papiers intimes : « Avant que le connétable partît de la Cour, de toutes parts on donna avis qu'il avoit dessein de porter à la guerre. On rapporte qu'il disoit d'ordinaire : « Un connétable sans guerre n'est qu'un nombre »; et qu'il disoit aux Huguenots : « Sans guerre vous êtes perdus; je me veux perdre pour vous sauver... » On représente au Roi qu'il lui avoit donné la connétablie pour le retirer de l'hérésie et du Dauphiné; qu'il étoit incertain comme il s'étoit retiré de l'une; qu'il n'y avoit donc pas grande apparence de le laisser à l'autre... (2) » Cet habile homme qui tient tant de choses, ce grand chef des huguenots est véhémentement soupçonné de toucher pension de l'Espagne (3). Lesdiguières lui-même ne se faisait d'ailleurs pas grande illusion sur la loyauté des autres grands. Avant de mourir, il fit dire au cardinal par Bullion que Monsieur et le comte de Soissons avaient fait une entreprise pour tuer le cardinal « en vue de venir à bout de leurs mauvais desseins (4) ». Nulle confiance, non plus, dans le gendre du connétable, le maréchal de Créqui (après lui duc de Lesdiguières). Si nous en croyons Bassompierre, Créqui n'était pas sûr et, lors de la maladie du Roi à Lyon, il serait venu loger chez

---

(1) Voir sur les grands, *Mémoires de Richelieu*, t. IV, p. 124, 129, etc.
(2) *Maximes d'État*, n° LXVIII.
(3) *Lettres du Cardinal de Richelieu*, t. II, p. 314.
(4) *Mémoires du Cardinal de Richelieu*, t. VI, p. 121; t. I (M. et P.), p. 395.

d'Alincourt, gouverneur de la province, pour prendre part à la curée qu'on prévoyait après la mort du Roi (1).

Changeons de parti et de région. Voici un des grands chefs catholiques, d'Épernon. Il tient depuis 1622 tout le sud-ouest du Royaume sur les frontières d'Espagne par le gouvernement de Guyenne et une des clefs de la frontière orientale par le gouvernement de Metz. C'est l'insolent favori de Henri III. Lors de l'assassinat de Henri IV, il a su prendre une place unique dans le Royaume en imposant, l'épée à la main, au Parlement de Paris la régence de Marie de Médicis. Ayant arraché la Reine mère à sa prison du château de Blois, son influence sur elle est sans bornes. C'est le caractère le plus âpre, le plus intolérable, l'homme le plus inquiet et le plus inquiétant. Il a bâtonné le cardinal de Sourdis, archevêque de Bordeaux, familier de Richelieu, pour la plus futile des causes. On le ménage et on le craint. Une défection de sa part pourrait ouvrir la France à l'invasion. En fait, il se contint et resta fidèle au Roi tout en maugréant : mais, à aucun moment, il ne parut tout à fait sûr (2).

Sa famille a hérité de lui certains dons d'énergie et de savoir-faire, mais aussi quelque chose de ses allures capricieuses et mal-contentes : il y a, c'est vrai, ce cardinal de La Valette, cardinal sans prêtrise, général en barrette, qui, en raison de son dévouement au cardinal de Richelieu, est appelé par les courtisans le *cardinal valet*; mais, il y a, par contre, ce duc de La Valette, adversaire né de la politique royale, mêlé à toutes les intrigues, qui, après l'affaire de Fontarabie, fut condamné à mort par commissaires et ne trouva de salut que dans sa fuite en Angleterre (3).

Reviendrons-nous sur les tragiques dissensions de la famille royale, qui, depuis cinquante ans, mettent le pays à feu et à sang.

---

(1) *Mémoires de Bassompierre*, t. III, p. 273, et *Lettres de Richelieu*, t. III, p. 805.
(2) Au mois d'avril 1621, d'Épernon, s'avançant à la tête d'une armée royale, pour enlever au protestant La Force le Gouvernement du Béarn, et prié par le Gouverneur de suspendre sa marche, répondit très sagement : « C'est au Roy seul auquel vous savez qu'il se faut adresser... Pour moi, tant s'en faut, Monsieur, que je veuille aigrir les affaires, qu'au contraire, j'essaie de les adoucir autant que l'obéissance je dois au Roi et mon honneur me le peuvent permettre. » Archives de La Force.
(3) Voir Renaudin, *Le Maréchal Fabert*, p. 117 et suivantes.

Sous Louis XIII, les folles rébellions de « féfé Gaston » seront le drame sans issue de la vie de Richelieu, la destinée des d'Orléans étant d'ébranler et de ruiner, à la fin, l'hérédité royale. Les autres *féfés,* Vendôme, le Grand Prieur, reprennent en Bretagne, lors du complot de Chalais, les entreprises du duc de Mercœur.

Soissons les soutient tous. Ce renard qui, à seize ans, avait suscité une guerre civile pour disputer à Condé l'honneur de « présenter la serviette » au Roi, fait comme Gaston : complice assuré, âme damnée de toutes les oppositions. Comme Gaston encore, quand la chose tourne mal, il disparaît : le 27 août 1626, « présumant que ses complices l'ont accusé, il va s'enfermer dans son château de Louhans, sur la frontière de Bresse, avec dessein de passer à Neufchatel (1) ». Il sortira de sa retraite toutes les fois qu'il pourra s'unir aux autres pour quelque trahison.

Richelieu avait bien songé à les ramasser tous d'un seul coup de filet; mais il observe, dans un rapport au Roi, « que les princes ne se trouvaient pas ensemble à la Cour, afin qu'on ne se saisît d'eux tous, ce que, étant séparés, on n'osoit pas faire par la crainte des autres (2) ». Bientôt notre Soissons est auprès du duc de Savoie, « au préjudice de son devoir », et il restera ainsi, toujours aux aguets, toujours la dague aux dents. En 1636, il ne fera pas défaut au complot de Montrésor ; et, tout à la fin du règne, ayant sollicité et obtenu l'alliance et les subsides de l'Espagne, complice du ténébreux Bouillon, il se fera tuer dans leur victoire commune contre les armes royales, à La Marfée (1641).

Nous n'insisterons pas sur le cas de ce Bouillon, Maurice de La Tour d'Auvergne, frère de notre grand Turenne. Protestant, il gardait dans sa petite principauté de Sedan une sorte d'indépendance. Mais il était justement de ces « limitrophes », comme Lorraine, comme Savoie, avec lesquels il fallait toujours compter et qui tiraient de la France elle-même les moyens de la combattre. Nous avons dit l'arbitrage assez louche que cette famille de féodaux à demi autonomes prétendait exercer dans les

---

(1) *Mémoires du Cardinal de Richelieu,* t. VI, p. 148.
(2) *Ibidem,* p. 149.

grandes affaires européennes (1). Vainqueur à La Marfée, Bouillon ne devait jamais refouler son ardente querelle antifrançaise. Même après avoir perdu Sedan, il prendra part à la Fronde et il ne pliera que sous le fardeau de l'argent et des avantages de toute nature dont on accablera sa vieillesse inapaisée (2).

Les grands seigneurs protestants, les Rohan, les Soubise, se perdront par leurs entreprises contre la volonté de la France d'être *une*, même dans la diversité des religions.

Le duc de Guise, héritier de l'illustre famille dont les ambitions avaient gâté tant de grands services, et Montmorency, le plus beau nom et renom de la haute noblesse française, ont payé, l'un de l'exil, l'autre de la mort, la même erreur, à savoir de ne pas comprendre la force de cette volonté d'unité nationale, dont Richelieu s'est fait l'implacable serviteur.

Même des hommes de naissance plus modeste, soit des courtisans comme Bellegarde, soit des soldats comme Toiras, gavés par la générosité royale, récompensés de leur assiduité ou de leurs services par les plus hautes charges de l'État, n'ont pas non plus compris, ne se sont pas ralliés de plein cœur à la cause royale et nationale : Richelieu qui eût voulu « rester leur ami », ménager leurs « humeurs noires », (c'est ce qu'il écrivait à Toiras), est bien forcé de les inscrire sur la liste des principaux factieux (3).

Comment Richelieu manœuvre avec les grands.

Pour venir à bout d'une telle conjuration, soit latente soit découverte, comment s'y prit Richelieu?

Nous nous proposons d'indiquer sa manière de procéder, d'abord à l'égard des personnes, dans la distribution des hauts emplois, puis à l'égard des choses dans la suppression des moyens de nuire.

---

(1) Voir ci-dessous le jugement du cardinal sur ces princes voisins, dans le chapitre *Richelieu et l'armée*.
(2) Voir *Histoire du Cardinal de Richelieu*, t. II, p. 362.
(3) Voir ci-dessous, *Richelieu et l'armée, Le Maréchal de Toiras*.

En ce qui concerne les personnes, la méthode inaugurée par Henri IV fut suivie avec une prudence et un doigté extraordinaires par le cardinal ministre : « Il conseilla au Roi, — c'est le texte même de ses *Mémoires,* — d'entretenir les grands et de faire caresse à tout le monde, de pratiquer en effet un conseil trivial : récompense au bien, punition au mal. Il s'étendit aussi sur une chose qu'on a quasi toujours pratiquée, qui est d'avoir pour maxime d'abaisser les grands, *quand même ils se gouverneroient bien,* comme si leur puissance les rendoit si suspects que leurs actions ne dussent point être considérées. Sur quoi, il représenta que, d'autant plus ils étoient grands, plus leur falloit-il faire de bien ; mais qu'aussi ne falloit-il pas qu'en leurs personnes, toute faute fût impunie ; que c'étoit chose injuste que de vouloir donner exemple par la punition des petits, qui sont arbres qui ne portent point d'ombre ; et qu'ainsi qu'il falloit bien traiter les grands faisant bien, *c'étoient eux aussi qu'il falloit plutôt tenir en discipline* (1). »

Discipline, le grand mot est lâché. Ceci dit, l'application est enrobée d'une douceur d'égards et d'attentions qui permettra au pouvoir, tout en tenant les nobles en mains, de les traiter tous et chacun selon leur mérite. Il y a bien quelque machiavélisme dans ces formules ambiguës : c'est qu'il faut être en garde ; on vit sous la dague.

Je trouve un trait curieux de ce travail en douceur, si peu connu, dans une lettre écrite par Richelieu au cardinal de La Valette, lorsque Louis XIII quittant l'armée qui assiégeait La Rochelle, confia au cardinal ministre la délégation des pleins pouvoirs royaux jusqu'au droit de faire grâce, et qu'il lui subordonna ainsi, — ce qui ne s'était jamais vu, — les trois maréchaux commandant en chef, le comte d'Angoulême (cousin du Roi), Bassompierre et Schomberg. Le ministre tout puissant va-t-il triompher et faire sentir le poids de cette autorité sans seconde ? Il écrit : « J'étois un *zéro,* qui en chiffre signifie quelque chose quand il y a des nombres devant lui (à savoir quand le Roi

---

(1) *Mémoires de Richelieu,* t. IV, p. 124-125.

est là); et, maintenant qu'il a plu au Roi me mettre à la tête, je suis *le même zéro* qui, selon mon jugement, ne signifiera rien. MM. d'Angoulême, de Bassompierre et de Schomberg pensent, à mon avis, que j'empêcherai mieux qu'eux que l'armée ne manque d'argent en l'absence de Sa Majesté (il réduit donc lui-même son rôle à n'être que celui d'un intendant des finances) et je demeure d'accord d'y faire ce que je pourrai, pourvu qu'ils frappent pour moi (c'est-à-dire qu'ils combattent victorieusement), s'il s'en présente occasion, et qu'en telles rencontres, ils me laissent donner des bénédictions de fort loin. »

Les « bénédictions »! Et « de fort loin »!... Ah! le malin prélat! Bassompierre s'incline comme les autres et il dit avec résignation : « Nous nous en contentâmes! » Voilà! (1)

L'agonie du monde féodal; les destinées de la noblesse.

En fait, la difficile évolution entre l'agonie du monde féodal et la croissance de l'unité nationale s'accomplissait au temps où cet homme de puissante volonté, Richelieu, était appelé au pouvoir : les aristocraties, apanagère ou princière, luttaient désespérément pour arrêter l'évolution fatale, et leur autorité traditionnelle maintenait dans un état d'incertitude et de violence le corps de la noblesse provinciale. Celle-ci était tenue non seulement par l'honneur du corps, par des engagements hiérarchiques et de famille, mais surtout, par la misère, suite de ces crises successives qui l'avaient frappée au XVIe siècle et que dépeint l'ambassadeur vénitien, Angelo Badoer : « Les gens de qualité, dit-il, habitués par la licence des guerres civiles à piller leurs ennemis et à vivre largement, une fois licenciés par suite de la paix, sont rentrés chez eux avec ce qui pouvait leur rester de tant de profits illicites, malheureusement le plus souvent bien peu de chose; aussi la plus grande partie de la noblesse étant pauvre, en raison du droit de progéniture, ils tombent dans une misère d'autant plus pénible que leurs appétits sont plus déréglés. On en voit qui assassinent

---

(1) *Lettres du Cardinal de Richelieu*, t. III, p. 29 et note.

non seulement leurs ennemis, mais leurs amis; d'autres ont tué leurs pères, leurs mères, leurs frères; d'autres machinent sans cesse quelque piège contre leurs seigneurs ou patrons; ils s'emparent d'une place forte pour la vendre à l'ennemi, ne songent qu'à troubler le Royaume et vont même jusqu'à oser attenter à la vie du Roi (1). »

Cette « turbulence » de la noblesse, — c'était le mot consacré, — était une tentation constante pour l'ambition des princes et des hommes occupant de hautes situations soit féodales soit administratives. Ils savaient d'avance qu'en cas de « remuement » ils avaient des soldats en nombre et prêts à les suivre. S'attacher à un grand, c'était le début de la plupart des carrières dans la noblesse moyenne ou inférieure.

Un homme comme Fabert, fils d'un imprimeur de Metz à peine honoré de quelque fonction municipale, ne peut accomplir sa destinée militaire qu'en « se donnant » au duc d'Épernon et au fils de celui-ci, le cardinal de La Valette (2).

Le roi de France et la noblesse française.

Le roi Henri IV s'était proclamé « le premier gentilhomme de son Royaume ». Il y avait bien là quelque gasconnade et le Béarnais savait, qu'en jetant ce coup de filet, il ramènerait au rivage nombre de vaillants hommes, flottant au courant de la rébellion. Richelieu ne s'éloignait pas de cette politique quand, par ces prescriptions du *Code Michau* relevées ci-dessus, il réservait à la noblesse des occupations et des emplois qui pouvaient lui rendre quelque aisance tout en l'attachant à l'ordre monarchique.

Mais la noblesse était *d'épée* et un point d'honneur atavique ne lui permettait guère de « déroger » en acceptant d'autre fonction sociale que le service militaire. C'était sur cette tradition qu'elle appuyait ses titres, ses privilèges, ses revendications et ses exigences. Si elle se dérobait aux emplois civils et à l'activité des

---

(1) Dans *Relazioni*, Éd. Barozzi et Berchet, t. I, p. 88. — Voir ci-dessus, *Histoire de Richelieu*, t. 1. p. 434.
(2) Voir l'ouvrage de M. P. Renaudin : *Le Maréchal Fabert*, in-8°, première partie.

affaires, il y avait, dans ce refus obstiné, à la fois de l'orgueil et une réelle inintelligence, peut-être excusable, de l'évolution qui s'accomplissait au détriment de la propriété terrienne. D'ores et déjà, il ne suffisait plus de « fumer ses terres ».

Le rôle de la noblesse était donc de se battre, et elle se battait bravement. En temps de paix, elle formait un cortège d'honneur autour du Roi; en temps de guerre, elle était une réserve nombreuse et exercée, pour ce que nous appellerions aujourd'hui les cadres et les états-majors.

Ceci dit, s'il s'agissait d'un recrutement massif et d'un dévouement continu de la classe, il en allait tout autrement. Égarée par ses habitudes particularistes et par cet esprit de rébellion qu'attestent tous les contemporains, elle ne répondait qu'indolemment à l'appel du Roi, même en cas de péril national, et ce n'était pas les usurpateurs de titres, échappés de la bourgeoisie, qui l'eussent secouée (1). La désillusion fut grande quand, pour repousser l'invasion de Gallas, on recourut au ban et à l'arrière-ban : quelque trois mille « maîtres » montés et armés se présentèrent; mais ces hobereaux n'étaient pas au front depuis trois mois, qu'invoquant le droit féodal, ils demandaient à rentrer chez eux. « Racan, commandant un escadron de gentilshommes, ne put jamais les obliger à faire garde ni autre chose semblable jour ni nuit, et, enfin, il fallut demander un régiment d'infanterie pour les enfermer. » Le cardinal La Valette écrivait : « La noblesse s'en va sans qu'il soit possible de la retenir; son peu de cœur et d'affection est la plus infâme chose pour notre nation que fut jamais. » Et le Roi, s'adressant à Richelieu : « Il ne faut faire nul état de notre noblesse volontaire que pour faire perdre l'honneur à celui qui voudra entreprendre avec elle quelque

---

(1) Le 20 novembre 1635, M. Galland, intendant du maréchal de La Force écrivait au marquis de Castelnau, deuxième fils de son maître : « Les ennemis refusent le combat, attendant que l'armée du Roi se débande. Il est vrai que le ban et l'arrière-ban la quittent par troupes. Il y a ordonnance du Roi par laquelle les roturiers possédant fiefs en Normandie sont condamnés aux galères si, dans le 15 du courant, ils ne se rendent pas à l'armée et les nobles dégradés de noblesse à faute de faire la même chose. Il y en aura de fort maltraités ; toutes les rigueurs ne les pouvant émouvoir à reprendre le chemin qu'ils ont quitté (Archives de La Force).

chose de bon où il y aura la moindre fatigue. Quand on les veut envoyer seulement à trois heures d'ici tirant vers Metz et Nancy, ils murmurent, jurent et disent tout haut qu'on les veut perdre et qu'ils s'en iront... Depuis hier midi nous avons perdu huit à neuf cents chevaux de noblesse, quelque harangues, promesses, flatteries, menaces que je leur aie pu faire... Je vous écris la larme à l'œil de voir la lâcheté et légèreté des Français. » Richelieu ne peut que partager l'amertume royale quand il lit sous la plume de Louis XIII : « Je n'attends que l'heure qu'on me dise qu'il n'y a plus rien (1). »

Ce serait exagérer beaucoup de faire porter ces appréciations chagrines sur le corps tout entier. La noblesse fournissait en abondance ces bons, ces excellents serviteurs qui honoraient le corps en donnant l'exemple du courage et du dévouement. Nous verrons (2) comment s'organisa cette force militaire de l'ancien régime, commandée par une élite qui unissait à la valeur traditionnelle du Français, une préparation technique et une autorité disciplinée, que relèveront les grands noms de Turenne, de Vauban, de Catinat.

Mais c'est précisément par la ferme volonté du roi Louis XIII et du cardinal de Richelieu que ces progrès furent accomplis; c'est grâce à leur persévérante maîtrise que l'esprit de rébellion fut refoulé et l'ordre nouveau accepté par cette partie ardente et nerveuse de la nation.

Diviser pour régner.

La politique royale suivie depuis Louis XI, reprise par Richelieu, consista, d'autre part, à appliquer au corps de la noblesse la fameuse maxime : diviser pour régner. Le coup de maître, sous Louis XIII, fut de détacher de l'union des princes le plus élevé dans la famille royale après Gaston, cet Henri de Bourbon-Condé,

---

(1) Voir *Histoire de Cardinal de Richelieu*, t. I, p. 435. Cfr. Vicomte d'Avenel, *La Noblesse française sous Richelieu*, p. 57 et suivantes. Voir aussi P. Renaudin, *Le Maréchal Fabert*, p. 62 et suivantes.

(2) Voir, ci-dessous, les chapitres : *L'armée*, *La marine*, p. 424 et p. 503.

fils plus ou moins discuté du Condé qui avait été le dangereux cousin du roi de Navarre à la tête du parti protestant, et père du glorieux soldat, qui devait, d'ailleurs, se laisser entraîner dans la Fronde, le *Grand Condé*.

Henri de Bourbon-Condé (*Monsieur le Prince*, selon l'appellation adoptée) avait encombré les années de la Régence de ses ambitions, de ses prétentions, de ses convoitises. Rompant avec ses origines protestantes, il s'était mis à la tête du parti catholique. Sans conviction, sans parole et sans foi, il avait eu le temps de réfléchir à sa position durant le séjour que les ministres de Marie de Médicis lui avaient fait faire à Vincennes et il se trouvait libre de corps et de conscience au moment où Richelieu arrivait de nouveau au pouvoir. Le cardinal sut prendre la mesure de l'homme dans un entretien où Condé se mettait sans vergogne à la disposition du plus offrant (1).

Il paraît bien avoir été du complot de Chalais au début; mais, ou gagné déjà, ou sentant que l'affaire tournerait mal, il alla trouver le cardinal et il fut le premier à crier « qu'il falloit recourir aux exécutions ». Son concours est désormais acquis, non pas seulement à la cause royale, mais au cardinal personnellement. « Il demeurera à jamais à lui envers tous et contre tous, absolument et sans condition... Il l'offre et lui jure sur la damnation de son âme, aujourd'hui qu'il a communié, et le supplie d'en prendre créance... et s'en remet à lui (2). »

Faut-il un serment plus solennel, un engagement plus absolu? En 1627, on entendra le prince déclarer « qu'il est près de signer qu'il s'accommodera aux volontés du Roi en tout; *que son exemple servira à beaucoup d'autres;* et, quelques autres conditions que l'on désirera pour s'assurer de lui, il les signera de son sang (3) ».

Des paroles, il vient aux actes. Après avoir pris en main la cause royale dans l'affaire de Guise en Provence, il a commandé les armées royales contre les protestants du midi. Cela vaut bien

---

(1) *Lettres du Cardinal de Richelieu*, t. I, p. 216.
(2) *Mémoires du Cardinal de Richelieu*, t. VI, p. 57.
(3) *Ibidem*, t. VII, p. 39.

une récompense. Il l'obtient : en 1629, on lui accorde la confiscation des biens du duc de Rohan. Il alla, lui-même, à Rennes pour faire enregistrer ce profit immense devant le Parlement de Bretagne. C'est alors que Hay du Châtelet écrit : « Ce prince eut arrêt à son contentement, après un retard qui lui avoit déplu... Il a laissé, en ce Parlement, une opinion qu'il est un excellent homme de procès et fort et actif à ses intérêts (1). »

Monsieur le Prince fut bien tel dans une circonstance plus douloureuse encore, et plus honteuse pour lui. Lors des événements du Languedoc, il se déclara contre son beau-frère, le duc de Montmorency (2). Finalement il exigea pour son abstention un plus large paiement et on lui jeta la dépouille de son beau-frère décapité. C'est une des origines de cette fortune des Condé, promise à d'autres destins!

Richelieu n'hésite plus à le faire marcher. Le 21 novembre 1630, il lui écrit pour le remercier du concours qu'il lui a prêté spontanément lors de la journée des dupes : « Monsieur, le Roi
« accorde volontiers le voyage que vous désirez faire auprès de lui
« à Paris. Je me sens obligé des offres que vous me faites de votre
« bonne volonté et des avis qu'il *vous a plu me donner lorsque*
« j'ai eu l'honneur de vous voir à Nevers. *L'événement* (la journée
« des dupes) *a fait voir qu'ils étaient bien considérables*... (3) »

Pour attirer au Roi la noblesse inférieure.

Il ne suffit pas de diviser les princes, il faut les séparer de la noblesse inférieure, où ils trouvent, pour soutenir leur querelle, un trop facile recrutement. C'est le problème de la noblesse qui se pose.

Nous avons dit comment Richelieu s'efforçait de le résoudre par les articles du *Code Michau* qui ouvraient aux nobles des carrières nouvelles dans l'administration, dans les affaires, aux

---

(1) *Lettres du Cardinal de Richelieu*, t. III, p. 363, note.
(2) Ce qui ne l'empêche point d'intercéder assez faiblement en faveur du vaincu de Castelnaudary, voir ci-dessus, t. III, p. 379.
(3) *Lettres du Cardinal de Richelieu*, t. IV, p. 25.

colonies. Mais il ne semble pas que le cardinal se soit fait de grandes illusions sur l'effet de ces mesures. Le *Testament politique*, en ménageant ceux qui se sont attachés à la cause royale, marque peu de confiance dans le corps pris en son ensemble : « C'est un défaut, dit-il, assez ordinaire à ceux qui sont nés dans cet ordre, d'user de violence contre le peuple, à qui Dieu semble plutôt avoir donné des bras pour gagner sa vie que pour la défendre. Il est très important d'arrêter le cours de tels désordres par une sévérité continue, qui fasse que les faibles de vos sujets, bien que désarmés, aient à l'ombre de vos lois, autant de sûreté que ceux qui ont les armes à la main (1). » Ce jugement général est, en somme, sévère ; il est un écho des plaintes journalières portées contre la noblesse de province par les agents de Richelieu.

Le fils des Du Plessis n'en portait pas moins la plus grande attention à attirer à lui, dans la mesure du possible, ces « gens de main », ces hommes d'action, dont il savait que la Royauté ne pouvait se passer. Il savait vanter et récompenser leur courage à la moindre action qui lui était signalée (2).

Le cardinal n'ignorait pas non plus les dures conditions d'existence faites au corps de la noblesse et il essayait d'y porter remède : « S'il ne faut rien oublier pour maintenir la noblesse en la vraie vertu de ses pères, on ne doit aussi rien omettre pour la conserver en la possession des biens qu'ils lui ont laissés et procurer qu'elle puisse en acquérir de nouveaux... »

Le *Testament politique* distingue entre la noblesse de Cour et la noblesse de campagne. Attirer les pauvres gentilshommes à la Cour par des pensions, des charges, des faveurs, en supprimant surtout la vénalité du militaire, c'est leur donner, jusqu'à un certain point, des moyens d'existence ; mais c'est, en même temps, « la ruiner en dépenses superflues ». Pour la noblesse des campagnes, il faudrait toute une réforme de l'ordre social ; on dirait même qu'il se pose une question, sans la résoudre d'ailleurs, au sujet du droit d'aînesse. Le cardinal renonce à chercher une solution à ce problème, légué à la société moderne par le

---

(1) *Testament politique.* Édit. 1689, p. 133.
(2) Voir ci-dessous le chapitre *Richelieu et l'armée*, p. 377.

moyen âge : « Ainsi, dit-il, qu'il est impossible de trouver un remède à tous maux, aussi est-il très difficile de mettre en avant un expédient général aux fins que je propose (1). »

Pour le moment, la Royauté restera sur la ligne qu'elle s'est tracée et que nous avons relevée dans le tableau de la France en 1614 ; elle distribuera largement aux familles fidèles ces *pensions* qui chargeront cruellement ses budgets, et elle leur réservera la plupart des *bénéfices*, au risque d'un abaissement pour l'ordre ecclésiastique et d'un fléchissement pour le sentiment religieux (2).

Et tout cela ne suffira pas. La noblesse sera toujours pauvre et toujours exigeante, se réfugiant dans une sorte de chômage volontaire, même en ce qui concerne « l'aide militaire ». Pour l'amener à donner ce que l'on voudrait obtenir d'elle, le gouvernement de Louis XIII a beau recourir à des mesures qui tiennent compte de ses embarras d'argent : la déclaration de Saint-Germain-en-Laye du 29 avril 1629, édicte « qu'il y a lieu de surseoir pendant un an à toutes poursuites exercées contre les gentilshommes et nobles du Royaume, à condition qu'ils nous serviront en nos armées pendant toute la campagne présente en l'équipage convenable (3) ». Malgré tout, la noblesse est misérable, elle boude. Cet ingénieux Théophraste Renaudot, dans la supplique qu'il adresse à Louis XIII pour obtenir l'autorisation d'établir des monts de piété, fait valoir, comme principal argument, « les avantages qui en résulteroient pour les nobles pauvres, qui pourroient se procurer facilement l'argent dont ils auroient besoin (4) ».

Les réflexions que le grand ministre consacre à ce problème, s'achèvent sur une parole de découragement : « On pourroit mettre en avant beaucoup d'autres choses pour le soulagement de la noblesse ; mais j'en supprime toutes les pensées après avoir considéré, qu'ainsi qu'il seroit fort aisé de les écrire, il seroit difficile et presque impossible de les pratiquer (5). »

(1) *Testament politique*, édit. 1689, p. 134.
(2) *Histoire du Cardinal de Richelieu*, t. I, p. 437.
(3) *Anciennes Lois françaises*, t. XVI, p. 506.
(4) Caillet. *Administration de Richelieu*, t. I, p. 208.
(5) *Testament politique*, p. 193.

Un tel aveu d'impuissance chez un ministre aux fortes résolutions prouve qu'il se heurte à un état de choses qui ne pourrait se transformer que par des dispositions nouvelles, un esprit de sacrifice mutuel, quelque journée du 4 août, hors de toute prévision.

Le parti des grands trouvera donc toujours dans les rangs de la noblesse le personnel dont il a besoin pour se maintenir contre la Royauté centralisatrice. Dans la querelle suscitée par Monsieur et par la Reine mère, dans les incidents du Languedoc, de l'Auvergne et du Vivarais, jusque dans cette triste rencontre de La Marfée, on retrouve nombre de gentilshommes combattant contre la France près des bandes allemandes et espagnoles. C'est pour obtenir leur concours que fut rédigé *le Manifeste des Princes retirés à Sedan,* programme d'une réforme antiroyale : « Faire rétablir les lois qui ont été renversées, les immunités, droits, privilèges des personnes, villes et provinces, qui ont été violés, les ordres dans les Conseils, dans les guerres et dans les finances, qui ont été divertis... et procurer la restitution des biens et charges aux confisqués et dépossédés, l'honneur aux diffamés, le respect aux ecclésiastiques et aux nobles, la dignité aux Parlements (1). »

Et ce sera pour soutenir cette même cause, qu'aux temps de la minorité de Louis XIV, le corps de la Noblesse, prenant texte du prélèvement d'un impôt sur le sel, se groupera autour de l'inévitable Gaston en une assemblée qui siègera du 6 février au 25 mars 1651, et exprimera elle-même l'objet de sa réunion en réclamant : 1° la liberté des Princes prisonniers; 2° l'éloignement du cardinal Mazarin ; 3° le rétablissement des droits de la Noblesse anéantis par le mauvais gouvernement de l'État. Comme le Parlement de Paris le fera à la veille de la Révolution, la Noblesse insistera pour que soient réunis les États généraux (2).

Ces revendications, allant de pair avec la Fronde parlementaire, et ayant pour suite la guerre civile, coïncidaient avec la guerre étrangère; elles diminuaient la force nationale au moment

---

(1) Cité par Renaudin, *Le Maréchal Fabert,* p. 148.
(2) *Journal de l'Assemblée de la Noblesse tenue à Paris en l'année 1651,* sans nom d'imprimeur, in-4°, p. 152.

où le pays en avait besoin pour vaincre et pour sauver son indépendance.

Du temps de Richelieu le mal était à la tête et c'est à la tête que Richelieu frappait en poursuivant les grands de son animosité vigilante. Il ne vint pas à bout de ce profond désordre; mais il refoula la conjuration séparatiste, à l'époque la plus critique, par une politique sage et mûrement raisonnée en ce qui concernait soit les personnes, soit les choses.

Richelieu et les gouverneurs de provinces.

On a peut-être exagéré le parti pris de Richelieu à l'égard des gouverneurs des provinces. Précisément parce qu'il savait à quel point leurs fonctions avaient perdu de leur efficacité (1), le ministre ne songea nullement à les abolir; il n'était même pas d'avis de rendre leur charge triennale, comme certains le proposaient. Mais, se bornant à s'opposer aux survivances, il s'en tint à ne confier le gouvernement des provinces, au fur et à mesure des vacances, qu'à des hommes « affidés », dévoués au service du Roi. N'est-ce pas la manière de faire de tous les gouvernements?

Quand un gouverneur de province jouissait d'une haute situation familiale ou personnelle, quand il avait quelque velléité de trancher du souverain, qu'il entrait dans quelque conjuration dangereuse à l'autorité royale, le cardinal sévissait comme on l'a vu, avec une rigueur implacable : Vendôme, Guise, Montmorency, Bellegarde, Soissons, Rohan payaient, soit de leur tête soit de l'exil. S'ils ne furent pas condamnés selon les formes, d'ailleurs assez mal précisées, de la justice régulière, c'est que les attentats commis par eux étaient de l'ordre politique, versaient dans la trahison, jetaient les peuples dans les misères de la guerre.

Traquant ainsi les rebelles, surveillant les suspects, leur préparant des successeurs de tout repos, le cardinal se trouva, à la fin du règne, maître de ce personnel et il pouvait se targuer auprès du Roi d'avoir réalisé la deuxième de ses promesses :

---

(1) Voir *Testament politique*, p. 175 : « Les gouvernements en France sont presque tous si peu utiles »... etc.

« abattre l'orgueil des grands ». Si un changement de personne n'avait pu s'accomplir, on avait flanqué les gouverneurs de « lieutenants généraux », hommes sûrs et détenteurs de la puissance effective dans les provinces.

En 1624, au moment où le cardinal arrive au ministère, la liste des gouverneurs s'établissait ainsi qu'il suit : *Ile-de-France*, le duc de Montbazon; *Orléanais*, le comte de Saint-Paul; *Berry*, le prince de Condé; *Bretagne*, le duc de Vendôme; *Normandie*, le duc de Longueville; *Champagne*, le duc de Nevers; *Metz, Toul et Verdun*, le duc de La Valette; *Bourgogne*, le duc de Bellegarde; *Auvergne*, le duc de Chevreuse; *Maine*, le prince de Guéménée; *Anjou*, la Reine douairière; *Dauphiné*, le comte de Soissons; *Provence*, le duc de Guise; *Languedoc*, le duc de Montmorency; *Guyenne*, le duc de Mayenne; *Limousin, Saintonge et Angoumois*, le duc d'Épernon; *Poitou*, le duc de Rohan; *Béarn*, Louis de La Marck, marquis de Mauny. Tous ces grands, même ceux qui appartiennent à la famille royale, sont infidèles ou peu sûrs (1).

En 1633, des changements multiples se sont déjà produits : Arnauld d'Andilly donne la liste suivante : *Ile-de-France*, le duc de Montbazon; *Picardie*, le duc de Chaulnes par démission du duc de Chevreuse; *Normandie*, le duc de Longueville avec, pour lieutenant général, La Meilleraye, beau-frère du cardinal; *Bourgogne et Bresse*, Monsieur le Prince; *Metz*, le duc de La Valette, *Lyonnais*, d'Alincourt ; *Bourbonnais*, La Palice; *Berry*, Monsieur le Prince; *Beauce*, le maréchal de Châtillon, en l'absence de Monsieur, frère du Roi; *Anjou*, le cardinal de La Valette, en remplacement de la reine-mère; *Bretagne*, le cardinal de Richelieu, substitué aux Vendôme; *Limousin*, M. de Brassac; *Pays d'Aunis*, le commandeur de La Porte, oncle de Richelieu; *Auvergne*, le maréchal de Toiras; *Languedoc*, le duc d'Halluin, par la mort de Montmorency; *Guyenne*, le duc d'Épernon; *Béarn*, le duc de Gramont; *Dauphiné*, le comte de Soissons, ayant auprès de lui, comme lieutenants généraux, le maréchal de Créqui et le comte de Sault; *Provence*, le maréchal de Vitry,

---

(1) Caillet, *Administration sous Richelieu*; t. I, p. 44.

en remplacement du duc de Guise. C'est une autre orientation ; une nouvelle équipe : la politique ministérielle se substitue à l'esprit féodal (1).

En 1641, à la veille de la mort du cardinal, la tendance s'est accentuée : l'autonomie féodale ou princière n'est plus qu'un mot ; la liste sauf quelques rares survivants, ne compte, pour ainsi dire, que les hommes du Roi : *Paris et Ile-de-France,* le duc de Montbazon ; *Guyenne,* le duc d'Harcourt ; *Bourgogne,* le duc d'Enghien, allié de Richelieu ; *Languedoc,* le duc d'Halluin ; *Dauphiné,* le duc de Lesdiguières ; *Champagne,* le marquis de Senneterre à la place du comte de Soissons ; *Béarn,* le duc de Gramont ; *Provence,* le comte d'Alais ; *Auvergne,* le duc de Ventadour ; *Lorraine,* le comte de Guiche ; *Orléanais,* le marquis de Sourdis, frère de l'archevêque de Bordeaux ; *Anjou,* le maréchal de Brézé, beau-frère de Richelieu ; *Lyonnais,* le duc de Villeroy ; *Berry,* le prince de Condé ; *Poitou,* le comte de Parabère ; *Aulnis,* le duc de Brissac, etc.. Et le ton nouveau est donné par cette note, qui accompagne la liste ainsi expurgée : « Quelquefois, les gouverneurs sont ennemis du peuple ou du Roi même, ils exigent de l'un et prennent les deniers de l'autre. Par un excès de bonté de nos Rois, afin que je n'accuse leur simplicité, ils obtiennent pardon de leurs validations, de leurs larcins. » Les voilà avertis et, d'avance, ils ont compris (2).

Le rasement des châteaux et fortifications à l'intérieur.

La concentration des forces du pays dans la main du Roi, la fermeté du ministre, sa sévérité parfois cruelle étaient justifiées par l'état de guerre, soit menaçante, soit engagée, contre la coalition Autriche-Espagne, qui, une première fois, avait morcelé le Royaume et occupé Paris.

---

(1) Voir *Mémoires inédits* d'Arnaud d'Andilly, publiés par le Père Griselle, *Documents Inédits,* septembre 1912, p. 417.

(2) *Observations curieuses sur l'État et gouvernement de la France, avec les noms et dignités des familles principales,* publié par le Père Griselle, d'après un recueil imprimé de la Bibliothèque de l'Institut, dans *Documents inédits d'Histoire,* mars-décembre 1913, p. 105.

Or le peuple de France voulait, autant pour s'organiser à l'intérieur que pour parer au danger extérieur, se constituer en nation unie. C'est en s'inspirant de ces pensées confuses, mais obstinées, que la politique du cardinal, s'élevant au-dessus de ces questions de personnes, que nous venons d'exposer, se réalise en des mesures de portée définitive qui s'attaquent aux choses : il s'agit de la démolition et du rasement réfléchi, méthodique, acharné des places fortes, des enceintes, des châteaux, des murailles, des donjons, des tours et de tous autres monuments de guerre élevés depuis des siècles sur le sol du Royaume.

Richelieu ne fait d'ailleurs que suivre en cela une tradition royale, dont il n'est pas, comme on l'a affirmé à tort, l'initiateur. Des mesures à ce sujet avaient été édictées bien avant son ministère. Le pays lui-même les avait demandées de longue date. Ainsi les États généraux au cours des guerres de la Ligue, et au premier rang les États de Bretagne. Ils invoquaient l'autorité royale pour « faire démolir plusieurs places fortes en divers endroits du Royaume, lesquelles n'étant ni frontières des ennemis et voisins, ni en passages, ni endroits de conséquence, ne servoient qu'à augmenter notre dépense, en entretenant des garnisons inutiles, et à la retraite de diverses personnes qui, au moindre mouvement, incommodoient grandement les provinces où elles sont situées (1) ».

Dès 1622, la décision avait été arrêtée en Conseil du Roi « de démolir les châteaux forts dans l'intérieur du pays » et cette mesure était en voie d'application lorsque Richelieu arriva au ministère (2). Il en poursuivit l'exécution avec sa vigueur coutumière. A la barbe de La Vieuville, qui eût voulu traîner les choses en longueur, « le cardinal fit une ouverture qui fut applaudie de tout le monde, qui étoit d'ôter toutes les garnisons particulières des places, augmenter les troupes que le Roi avoit sur pied et tour à tour en envoyer dans les places et les châteaux particuliers, en les changeant de temps en temps : ce

---

(1) **Préambule de l'ordonnance de 1626, dans Isambert,** *Anciennes lois françaises,* t. XVI, p. 192.
(2) Voir Legué, *Urbain Grandier,* p. 155 et Al. Barbier, *Jean d'Armagnac, passim.*

qui feroit que, bien que les gouvernements fussent à des grands, ils y seroient plus de nom que d'effet. » Sur cette intervention imprévue, La Vieuville effaré se pencha vers le cardinal et lui dit tout bas : « Ne parlez plus de cela ; je le ferai valoir en particulier comme il faut (1). »

Les choses ne traînèrent plus. En février 1626, est publiée la « Déclaration royale », qui fit la réputation du cardinal et qui lui attira, sans aucun doute, la confiance de tout ce qui voulait l'ordre et la paix dans le Royaume : « Est ordonné le rasement des villes, châteaux et forteresses qui ne sont pas situés sur les frontières, désirant de toute notre affection contribuer, de tous les moyens qui nous seront possibles, pour le repos et soulagement de nos sujets ;... Pour raison de quoi, employant volontiers les moyens extraordinaires qui nous sont proposés... déclarons, ordonnons, voulons et nous plaît que toutes les places fortes, soit villes ou châteaux, qui sont au milieu de notre Royaume et des provinces d'icelui, non situées en lieu de conséquence, soit pour frontières, soit autres considérations importantes, les fortifications en soient rasées et démolies, même les anciennes murailles abattues, en sorte que nosdits sujets ne puissent désormais appréhender que lesdites places soient pour leur donner aucune incommodité, et que nous serons déchargés de la dépense que nous sommes contraints de faire pour les garnisons (2) ».

Les guerres contre les protestants et l'effort qu'il fallut faire pour prendre La Rochelle fournirent au cardinal l'occasion de presser, en particulier, la démolition des places de l'ouest. Il s'en explique devant le Conseil : « Le Roi, ayant commandé la démolition des fortifications et murailles de La Rochelle, a voulu, auparavant que d'éloigner sa personne de ces provinces, donner l'ordre nécessaire à tout ce qui pouvoit maintenir et conserver à l'avenir le repos d'icelles. Et, pour cet effet, Sa Majesté a résolu le rasement de la citadelle de Saintes et des châteaux de

---

(1) *Mémoires du Cardinal de Richelieu*, t. IV, p. 92.
(2) Isambert, loc. cit., p. 194.

Saint-Maixent, Loudun, Chinon, Mirebeau et de Beauvoir, comme aussi les nouvelles fortifications des tours, etc. (1). »

Les troubles de Provence, la révolte de Montmorency, furent des raisons non moins fortes d'appliquer les mêmes mesures dans les provinces méridionales, depuis l'océan jusqu'aux Alpes (2).

L'assemblée des Notables de 1627 soutint le ministre avec une ferme confiance en son énergie. La liste des fortifications à détruire fut dressée pour le Poitou, la Saintonge, l'Angoumois, la Provence, le Dauphiné, comme mesure générale : « L'assemblée émet le vœu que toutes les fortifications faites depuis trente ans et châteaux et maisons des particuliers sans permission expresse du Roi fussent démolies de fond en comble (3) ».

Et c'est, en somme, conformément à ce vœu des notables que furent insérés dans l'ordonnance de 1629, aux applaudissements de l'opinion entière, les fameux articles destinés à fonder le *grand ordre* contre le *grand désordre* et dont il suffira de rappeler quelques-unes des prescriptions :

Art. 170. Les fréquentes rébellions et la facilité des soulèvements et entreprises particulières d'autorité privée, prises et lèvements des armes, soit pour prétextes publics ou querelles et intérêts particuliers, honteux à notre État et trop préjudiciables au repos de notre peuple, nous obligent d'y donner quelque ordre plus fort qu'il n'a été fait par ci-devant... Défendons à tous nos sujets, de quelque qualité et condition qu'ils soient,.. de faire fortifier les villes, places et châteaux, soit ceux qui nous appartiennent, soit aux particuliers, de quelque fortification que ce soit, sans notre expresse permission...

Art. 179. Déclarons tous ceux qui s'oublieront tant de contrevenir à ce que dessus, spécialement en ce qui concerne les

---

(1) Voir la délibération, importante jusque dans ses moindres nuances, dans *Lettres du Cardinal de Richelieu*, t. III, p. 145.

(2) Voir Charretòn, *La Réforme et les Guerres civiles en Vivarais*, p. 179-185; et Vaschalde, *Démolition des fortifications dans le Vivarais*. (Revue du Vivarais, 15 avril 1905); et *Divers États, Mémoires, instructions touchant la ruine du parti huguenot ès années 1624-1625*, recueillis par Tronson, secrétaire du roi Louis XIII, publiés dans Griselle, *Documents d'Histoire*, p. 39.

(3) Caillet, *op. cit.*, t. I, p. 203.

ligues et associations dedans et dehors le Royaume, levées et errements de gens de guerre, fortifications des places, intelligence avec nos ennemis, armements, assemblées et provisions notables d'armes et fontes de canons,... incapables et indignes, eux et leur postérité, de tous états, offices, bénéfices, titres, honneurs, dignités, grâces, privilèges et de tous autres droits, et privés d'iceux;.. et en outre déclarons les vies et les biens confisqués.

Art. 205. Défendons à tous gouverneurs, capitaines des places, leurs lieutenants ou autres commandants d'exiger de nos sujets aucune denrée ni argent, ni les assujettir à aucune corvée sous prétexte de fortifications ou réparations desdites places, à peine de privation de leurs dites charges et autre plus grande, s'il y échet... »

Que ces prescriptions soient appliquées d'une main aussi ferme que celle qui les a écrites et la France deviendra, après de si longues dissensions intérieures, un pays uni et apaisé. Le problème de la sécurité du dedans sera bien près d'être résolu et la sécurité à l'égard du dehors sera fortement préparée.

La politique de Richelieu est celle du Roi lui-même.

Nous sommes au point fort de la politique du cardinal, et il est nécessaire de reconnaître maintenant qu'elle s'appuie sur la volonté du Roi. C'est la conformité des pensées qui, malgré la dissemblance des caractères, a tenu constamment le prince et le ministre liés l'un à l'autre.

Richelieu l'a répété cent fois : son but, dans la politique intérieure, était « de rendre le Roi absolu en son Royaume pour y établir l'ordre et la règle, à quoi sa conscience l'obligeoit ». Sur ce principe et sur la grande part que le Roi a prise dans cette œuvre, il est revenu cent fois également. Ils ont précisé l'un et l'autre ce sentiment commun, au cours de l'entretien de si haute portée que le ministre eut avec le Roi peu de temps après le siège de La Rochelle et qui est comme le procès-verbal du contrat tacite passé entre les deux hommes, au plein de leur âge et de leur expérience. Cet engagement mutuel, Richelieu s'y référait sans cesse, parce qu'il était sa sauvegarde contre les bouderies et les silences du royal inquiet.

Dès 1627, le cardinal l'avait averti et mis en garde : « Il faut agir fortement, disait-il au Roi, se préparer à des choses de loin, dont il ne faut pas dire les fins; et quand les méchants esprits les sauroient bonnes, comme elles sont, ils les cacheroient au Roi et les découvriroient à tout le monde pour en ruiner les desseins... Sans argent on ne fait rien. Proposez de grands moyens extraordinaires, les Parlements s'y opposent; ils font crier les peuples. Cependant il faut mépriser cela et se laisser calomnier, passant outre (1). »

Donc, dès le premier jour, l'accord existe et il n'a fait que se préciser en 1629, à la fois dans la doctrine et dans l'exécution. Le ministre est même obligé parfois d'atténuer la sévérité du Roi, tellement susceptible et jaloux pour tout ce qui touche à son autorité. Richelieu ne manquait pas de répéter au Roi, selon la formule gallicane, « que les Rois étant les vraies images de Dieu, en ce que toutes sortes de bienfaits doivent sortir de leurs mains, ils ne sauroient être trop soigneux d'acquérir par bons effets la réputation d'être libéraux; que c'étoit le vrai moyen de gagner les cœurs, mais qu'il le falloit être non par faveur, mais par la considération du mérite et des services des personnes ». Ainsi se trouvaient balancés, en quelque sorte, par des avis de charité, les autres avis s'inspirant de la justice et de la force : « En France, expliquait le cardinal, l'indulgence et la facilité qui nous est naturelle fait que les Rois se laissent souvent aller à ce genre de faute : la foiblesse à l'égard des grands... C'est à quoi il plaira à Sa Majesté de prendre garde, particulièrement à ne pas manquer de punir les crimes dont la suite est de conséquence. Par exemple, il peut pardonner à quelqu'un une pensée passagère de troubler l'État, s'il en est vraiment repentant et qu'il y ait apparence qu'il ne doive pas retomber en cette faute; mais où il connaît qu'il continue en ce mauvais dessein, il est obligé en conscience de le châtier et ne peut ne le faire pas sans péché...

(1) *Mémoires de Richelieu*, t. VI, p. 321.

Si on a lieu d'appréhender que l'oubli de cette faute donne lieu à d'autres de désobéir, à son exemple, au préjudice du repos de l'État, le Roi est obligé de punir ce crime et ne peut s'en exempter sans en commettre un plus grand (1). »

Sur tous ces points, encore une fois, la pensée du ministre et la pensée du Roi sont de même nature, de même portée et se superposent en quelque sorte. Une preuve encore, mais d'une force singulière : en juillet 1631, les affidés de Monsieur et de la Reine mère ont fait un effort désespéré pour ébranler chez le Roi la confiance dans la capacité, dans la loyauté, dans la fidélité du cardinal; Monsieur a adressé au Parlement une lettre, dictée à Nancy le 30 mai, où il déclare que les desseins secrets du cardinal ne vont à rien moins qu'à se défaire de lui (Monsieur) et ensuite du Roi, pour rester le maître de la France; et, comme l'on sait, une polémique atroce a développé ce thème devant l'opinion universelle.

C'est alors que le Roi crut devoir entrer en lice personnellement. Par une lettre signée de sa main, après en avoir mûrement pesé les termes, y avoir collaboré et même l'avoir réclamée plus formelle et plus mordante, il répond à son frère : « Bien que je ne doive rendre compte de mes actions ni de l'administration de mon État qu'à Dieu seul, je ne crains point qu'on examine l'un et l'autre. J'ai cet avantage que toute la chrétienté démentira ceux qui entreprendront témérairement et malicieusement de décrier ma conduite... Si j'étois demeuré dans l'oisiveté et dans mes plaisirs, pendant les bons événements que j'ai eus, j'aurois peut-être donné quelque prise sur moi; mais m'étant moi-même porté en personne en tous les lieux, soit au dedans soit au dehors de mon Royaume, où le bien et la réputation de cette Couronne m'appeloient, il m'est insupportable que des personnes lâches et infâmes aient eu cette audace d'entreprendre de diminuer l'honneur qui m'en est dû, et d'avoir été si outrecuidé que d'écrire que je suis prisonnier sans que je le connoisse. Ce qui est me combler de la plus notable injure

(1) *Mémoires du Cardinal de Richelieu*, t. IX, p. 33-36.

qui puisse être... » Venant ensuite aux raisons de sa confiance dans le cardinal, le Roi s'exprime en ces termes : « En toutes ces occasions, j'ai été servi de mon cousin le cardinal de Richelieu avec tant de fidélité et de courage et ses conseils m'ont été si avantageux et si utiles, que je ne puis que je ne témoigne à tout le monde l'entière satisfaction que j'ai des services signalés qu'il a rendus et qu'il continue tous les jours de rendre à ma personne et à mon État. Je ne mériterois pas le nom de Juste, si je ne les reconnoissois et si... je ne lui augmentois encore mes grâces... connoissant très assurément que je ne puis confier les choses qui m'importent en meilleures mains que les siennes. Vous saurez, une fois pour toutes, que j'ai entière confiance en lui et qu'en tout ce qui s'est passé, il n'a rien fait que par mon exprès commandement, avec une exacte fidélité. Toutes ses actions m'obligent à vous dire qu'il mérite autant de louanges que vos gens tâchent à lui donner de blâme contre toute sorte de vérité. Et je tiendrai fait et dit contre moi tout ce que vous direz et ferez contre une personne que ses services me rendent si recommandable et si chère... »

C'est ce qui s'appelle parler français, parler en excellente prose française, claire, lumineuse et forte. Le Roi et le ministre pensent de même, agissent de même ; même doctrine, mêmes sentiments, souci identique du bien public, vues analogues sur le gouvernement du peuple et en particulier sur le gouvernement de la France. Reste à savoir si leurs vues sont justes et si le système auquel ils donnent une commune adhésion est le meilleur pour la France et leur propre renom dans l'histoire.

Les raisons profondes de la politique intérieure de Richelieu.

C'est tout le problème de la conduite des sociétés humaines qui se pose ici devant Richelieu.

Ayant reçu des mains de ses prédécesseurs la France monarchique en voie de se dégager du système féodal, dans quel sens le cardinal devait-il se diriger? Plusieurs ordres de questions sont à envisager : la question de l'unité nationale, celle du mode de gouvernement, celle des élites dirigeantes et, dans l'ensemble, les conditions du développement et de la grandeur de la France au sein de l'Europe moderne.

Bases de la société européenne : propriété, hérédité, autorité.

Les sociétés humaines tendent à la paix dans l'ordre pour jouir de la vie collectivement. C'est la raison pour laquelle les sociétés se portent vers une certaine unité. L'individu est isolé, l'humanité est dispersée dans le vaste monde. Les petites sociétés que forment les familles vont d'instinct vers une formation en groupes. Les situations analogues, les aspirations semblables se rapprochent, s'unissent. Le site, le climat, la langue, les croyances, l'amour enfin, qui se résout en survivance stable et héréditaire, sont les forces d'attraction qui transforment un groupe de familles en un corps articulé soumis à un même pouvoir. Un peuple, une nation, c'est une discipline volontaire; la discipline s'établit sur un terrain délimité, jusqu'où la voix porte et est obéie. Tout considéré et en allant au fond des choses, on trouverait dans la constitution des nations un fond d'esprit familial. La parenté, héritière de la terre arable, est devenue, en remontant de la famille à la société, le point de départ de la civilisation européenne. Assurément, il existe et il a existé sur le globe des sociétés qui, par la nature des choses et le genre de leur existence, se sont donné une forme différente. Il y a par exemple, les peuples de la *tente*, que tout oppose aux peuples de la *maison* et du *foyer*.

Mais la civilisation méditerranéenne, la civilisation saisonnière, qui sème à une époque de l'année en vue de récolter à une autre époque, s'est fait une loi primordiale du respect de la propriété et de l'hérédité : « Sans discussion, sans travail, sans l'ombre d'une hésitation, écrit Fustel de Coulanges, l'homme arrive d'un seul coup à la conception du droit de propriété, de ce droit d'où sort toute civilisation, puisque par lui l'homme améliore la terre et devient lui-même meilleur. »

Le sentiment le plus touchant, celui de la paix entre les hommes, intervient et lie le tout. Platon ne fait que compléter la pensée des antiques fondateurs, quand il dit : « Notre première loi doit être celle-ci : Que personne ne touche à la borne qui sépare son champ de celui du voisin, car elle doit rester immobile. Que nul ne s'avise d'ébranler la *petite pierre qui sépare l'amitié de l'inimitié!* (1) »

La petite pierre qui sépare l'amitié de l'inimitié! On saisira toute la portée politique de cette prescription fraternelle, si l'on songe que l'agrandissement du domaine fut, de tout temps, pour les familles, pour les peuples, le moyen de multiplier la subsistance et de parer à la famine. La provision domestique en céréales et en élevage, qui permet de passer les hivers, telle fut la victoire décisive de l'homme sur la nature, mais tel est son plus angoissant souci et son plus pressant besoin.

Conditions du groupement social.

Les familles s'aperçurent vite, qu'une fois groupées, un certain ordre, avec une certaine discipline, multipliait indéfiniment leurs forces, leurs ressources et leur sécurité. Les travaux d'assolement, les défrichements, les irrigations, la lutte contre les bêtes sauvages, contre les pillards, exigeaient des efforts collectifs prolongés, organisés. Par le même esprit de secours mutuel et d'amour qui avait fondé les familles et les tribus, toutes se rangèrent montanément sous l'autorité de chefs chargés de pourvoir aux besoins collectifs et d'employer, selon les circonstances, les forces sociales.

Dans la Méditerranée, la plus vieille des civilisations fut la civilisation égyptienne. Elle dompta, à force d'obéissance, le fleuve nourricier. La pyramide inscrivit dans le ciel son tracé géométrique et inutile, comme un témoignage de ce que la discipline peut faire pour l'éternité.

Ainsi les nations se formèrent autour de la mer du centre des terres, calquant, en quelque sorte, la variété de leurs formes, sur

---

(1) Voir G. Hanotaux : *Fustel de Coulanges et les problèmes du temps présent* dans l'ouvrage : (*Sur les chemins de l'Histoire*, t. II, p. 243).

la dentelure des îles et des presqu'îles méditerranéennes. Chacune d'elles, Crète ou Sicile, Hellade ou Italie, s'offraient comme des moules admirablement adaptés à la création des unités nationales. Elles installèrent pour des siècles sur leur territoire la multitude des foyers et des cités sous une sorte d'hégémonie plus ou moins confédérée, qu'elles appelèrent du nom familial de *patrie*. La propriété maintenait, par l'hérédité, l'ordre et la stabilité, tandis que la loi, dictée par la coutume ou par un législateur, soumettait le peuple à un gouvernement. L'intérêt particulier était à la fois protégé et contenu ; l'activité et la concurrence s'harmonisaient entre les propriétaires et les citoyens, le travail étant serf.

L'Empire romain et la civilisation chrétienne.

De ces réussites méditerranéennes, la plus merveilleuse fut celle de Rome. Née au bord d'un petit fleuve ignoré, au pied d'une hauteur sans horizon, la République eut cette fortune inouïe, due au courage et au mérite intellectuel des races diverses qui s'y rencontraient, Asiates, Étrusques, Celtes, etc., de fonder dans la péninsule une société qui devait grandir jusqu'à devenir le plus vaste et plus durable des empires, appuyé qu'il était sur le droit de propriété le plus âpre et sur la discipline civile et militaire la plus stricte ; familles héréditaires, citoyens légionnaires, le tout formant un bloc durable et invincible, fort de sa volontaire discipline et de sa fidélité.

Dans cette forme, l'antiquité atteignit sa réalisation la plus complète par la conquête romaine. La Méditerranée déborda sur l'Europe et gagna les terres et les océans lointains ; elle envahit aussi les esprits et les cœurs ; elle les façonna à la discipline et au droit ; elle leur apprit un même code ; elle établit providentiellement la loi de l'unité.

L'Empire romain, dans sa chute, ne périt pas tout entier. D'occident, il se transporta de lui-même en orient pour aller au devant du Christ, dont la parole adoucissait sa dure loi. Au delà du monde grec, non loin du Saint Sépulcre, l'union se fit entre la civilisation du foyer et la civilisation de la tente. Et ce fut la civilisation chrétienne avec la foi monothéiste, la loi de charité, l'égalité des âmes devant Dieu, le tout aboutissant à la suppression de l'esclavage, à l'anoblissement du travail, à la conception d'une humanité une et universelle.

L'antiquité s'étant effondrée, une ère nouvelle effaçait les vieux calendriers et leur substituait une page blanche. Qu'allait-être ce nouvel ordre qui naissait?...

Au même moment, les frontières de l'Empire craquaient sous la poussée des barbares. Ces masses accouraient de leurs retraites inconnues pour se ranger, elles aussi, à l'ombre de la Croix. L'Empire, comme un miroir jeté à terre, se brisa et ses morceaux furent les nations nouvelles.

Une autre civilisation allait se fonder sur d'autres territoires, sous d'autres climats, avec d'autres sangs, d'autres mœurs, avec une économie nouvelle et surtout avec un idéal nouveau. Une aurore imprévue caressait de sa lumière incertaine le ciel du nord, plus lointain et plus sombre.

La société féodale. L'autorité, propriétaire et héréditaire.

Fait singulier : la propriété héréditaire ne fut pas atteinte d'abord. Au contraire. Tandis que les liens de la loi civique et de l'autorité gouvernementale, si fortes chez les peuples de l'antiquité, se distendaient peu à peu, le droit du propriétaire, comme pour parer à cet affaiblissement, s'acharna jusqu'à usurper l'autorité et les droits de la souveraineté. La société, résolue à ne pas périr, s'organisa en une hiérarchie de détenteurs du sol, attachés les uns aux autres par les engagements du patronat, du vasselage, de l'immunité. Et cette hiérarchie engloba avec les terres les personnes. Qui possédait le domaine possédait les habitants ou *manants,* les travailleurs ou *serfs :* ils échappaient à la servitude pour tomber dans le servage. Et c'était, tout compte fait, un progrès.

Laissons encore la parole au maître en cette matière, à Fustel de Coulanges : « La société se partagea, se morcela après les guerres civiles du VII⁰ siècle, et il se forma, sur toute l'étendue de la Gaule, deux ou trois cents petits États indépendants, dans chacun desquels un évêque, un abbé, un comte, un duc, en un mot un riche propriétaire, groupait les hommes sous sa loi par le lien de la fidélité (1). » Chose non moins frappante, ces usurpateurs de l'autorité publique *au nom de la propriété*, reçurent, dès lors, le nom qu'ils devaient garder jusqu'aux derniers temps du régime, les grands.

La propriété avait donc dévoré l'autorité; ce fut le règne d'une aristocratie foncière. Or, comme la tendance de tout propriétaire est d'étendre, d'arrondir son domaine, à la paix romaine se substitua soudainement une guerre intestine en permanence. Fustel de Coulanges dit encore, en considérant l'histoire du VII⁰ siècle : « Nous voyons commencer ainsi une série de guerres civiles (2)... » Et il y en a pour mille ans !

La féodalité se désagrège. Le travail se libère.

Ces guerres intestines entre petits souverains durèrent (faisons un bond par-dessus l'histoire) jusqu'à la fin de la Fronde. Fatalement elles attiraient l'invasion et la conquête étrangère. La guerre de Cent ans est une longue guerre civile ayant la France pour champ clos ; c'est ainsi qu'en jugeait le peuple, qui en subissait le poids. Alain Chartier ne faisait qu'exprimer la plainte populaire dans le fameux *Quadrilogue invectif :* « Ce n'est pas la guerre qui, en ce Royaume, démène. C'est une privée roberie, un larcin abandonné, force publique que, sous ombre d'armes et violente rapine, faute de justice et de bonne ordonnance, on fait être loisible. On crie *aux armes!* et les étendards sont levés contre les ennemis ; mais les exploits sont contre moi, à la destruction de ma pauvre subsistance et de ma misérable vie. Les ennemis sont combattus de paroles, et je le suis de fait... (3). »

(1) Fustel de Coulanges, *Institutions politiques de l'ancienne France. Transformation de la Royauté*, p. 707.
(2) *Ibid.*, p. 85.
(3) *Quadrilogue invectif d'Alain Chartier*, Édition Droz, p. 18.

Il en fut de même dans les siècles suivants : guerre du Bien public, guerres de Religion, longs désordres toujours renouvelés. La féodalité est bardée de fer, la massue toujours levée. Cet état de choses durait encore en Auvergne, sous le règne de Louis XIII : « Nobles et roturiers se battent à mort pour les motifs les plus futiles. Le brigandage sous toutes ses formes sévit dans la montagne... (1) » Et l'on n'a pas oublié non plus la lettre du président Molé au garde des Sceaux Marillac : « Depuis 1614 jusqu'à cette heure, il y a eu dessein formé de partager le Royaume et ne perd-on pas une seule occasion pour conduire ce misérable dessein jusqu'à l'effet ».

Bref, l'autorité publique envahie par la propriété domaniale et la lutte contre cet envahissement, c'est toute l'histoire de France jusqu'aux temps modernes.

Cependant une autre transformation s'accomplissait, par-dessous, en raison de la puissante évolution économique qu'avaient déclanchée l'abolition de l'esclavage et l'avènement lent, mais sûr, du travail. Libre, le travailleur s'était racheté lui-même par son énergique épargne; le serf avait rompu le contrat de servitude; le manant et le marchand devenaient citoyens des villes et des bourgs, — des *bourgeois*.

Les corporations étaient des « corps »; elles comptaient et il fallait compter avec elles. La propriété rurale perdait peu à peu son caractère de service alimentaire unique; la richesse se mobilisait; le monde s'ouvrait pour aller la cueillir au loin. L'or du Pérou donnait du poids au coffre du marchand; les épices assaisonnaient et rendaient délectable le vieux pain de la miche.

La société d'en bas montait; le niveau se déplaçait. La féodalité, menacée par dessus, était minée par dessous : sa tour penchait.

Dans ces conflits, non seulement persistants, mais multipliés, le besoin se fit sentir cruellement d'un pacificateur, d'un arbitre pour trancher les querelles par le conseil et au besoin par la force. Le privilège lui-même le réclamait. Tous faisaient appel à l'autorité

---

(1) Voir ci-dessus, *Les Intendants des provinces*, p. 286.

publique : elle renaissait de ses cendres refroidies. Les légistes l'avaient restaurée d'après les fragments négligés du droit romain.

Ce rapide relevé d'une ongue histoire explique comment la Royauté, prise et coincée, au début du xvii° siècle, entre le désordre intérieur et le péril extérieur, fut amenée à se saisir du rôle que le pays lui offrait, lui imposait, et à créer, par sa seule action, sans doctrine, sans formule constitutionnelle et, pour ainsi dire d'instinct, cette autorité unique et nationale qui, seule, pouvait régler ce qui n'était que désorganisation.

En s'efforçant de rétablir l'équilibre entre le pouvoir souverain et les droits particuliers, de refouler les profiteurs de la loi privée (ou privilège), de faire la place à ceux qui l'avaient conquise par leur labeur, elle se lançait à tout risque dans le courant de la nécessité, de la justice, du bon sens, du devoir. La nation unie par elle ramassait toutes les expériences du passé pour assurer l'ordre au dedans, la sécurité au dehors. Un pouvoir obéi, une loi, tous les hommes soumis à une même discipline, « sujets du Roi », l'ordre s'établissait en quelque sorte de lui-même. Le pouvoir n'avait rien ni d'arbitraire ni de tyrannique. Héréditaire, il rassurait l'hérédité. Il s'épanouissait par sa sève vivante sur la tige d'un peuple qui florissait de lui-même en nation unie.

Renaissance de l'autorité. Un pouvoir unique.

Mais ce pouvoir unique devait-il nécessairement s'affirmer absolu ?... Tous les Français devaient-ils passer sous le niveau égalitaire d'une autorité sans contrôle ? Richelieu n'a-t-il pas poussé à la démesure un système dont la règle était la pondération ? Pouvons-nous ignorer la longue plainte qu'élevèrent les contemporains, et même l'histoire, contre le cardinal d'État ?

Elle accuse cet homme d'avoir abusé de sa faveur et de la confiance du Prince pour imposer au peuple et à la Royauté elle-même, un despotisme écrasant; il a poussé l'excès de son système, ou plutôt l'exigence de sa nature, de son instinct dominateur, jusqu'à détruire une constitution antique, non écrite peut-être, mais reconnue et qui, par touches et retouches, aurait pu régler les conditions heureuses d'une monarchie tempérée. L'usurpation ministérielle, le vizirat, tel que le réclama ce prêtre doublé d'un légiste, il le maintint à la force du poignet, et sa volonté, triangulaire comme un couperet, abolit des libertés indispensables et ne sut pas en diriger d'autres qui, traditionnelles — par exemple les États généraux, — eussent pu conduire le pays vers de plus pacifiques et plus durables destinées; il ne sut ni ménager ni aménager en France la collaboration de la Royauté et des élites.

Cette critique sanglante n'a pas été formulée seulement par l'histoire; elle remonte au temps même de Richelieu. Elle trouve son origine dans la polémique acharnée que menèrent sans trêve contre le cardinal ministre les partisans de Monsieur, de la Reine mère et des grands. Par définition, les oppositions sont violentes et injustes; mais que dire de celles-là, qui n'allaient à rien moins qu'à faire du poignard le moyen d'une crise ministérielle? Ces adversaires, ces rivaux jouaient la partie à fond, — quitte ou double! L'histoire ne doit pas ignorer leurs griefs; elle ne peut pas cependant les retenir sans examen.

Résistances de l'aristocratie. Le système de Saint-Simon jusqu'à la Fronde.

Dans la suite de l'histoire, ces mêmes griefs ont été appuyés de raisons qui méritent l'attention. Le plus ardent défenseur de l'aristocratie fut Saint-Simon. Auteur du *Parallèle des trois premiers Rois Bourbons,* serviteur posthume de Louis XIII, (de ce roi à qui sa famille devait tout), écrivant dans le secret du cabinet, à la fin du XVIIe et au début du XVIIIe siècles, s'appliquant avec Fénelon à diriger la jeunesse du duc de Bourgogne, il blâme violemment la façon dont fut annihilée cette Cour des pairs qui entourait la Couronne d'un cortège d'honneur et d'un conseil éprouvé. Le rageur « petit duc noir » apportait à ces critiques une passion personnelle, où il y avait peut-être le mécontentement et la rancune d'une extrême ambition mal satisfaite.

Quoi qu'il en soit, sa critique émut la génération contemporaine de la mort du Grand Roi et ses avis prévalurent auprès du Régent. Comme on le sait, le duc d'Orléans remplaça les ministres par les fameux « Conseils », où se rencontraient les personnages les plus marquants de la haute aristocratie : « Mon dessein, dit Saint-Simon, était de commencer à mettre la noblesse dans le ministère avec l'autorité et la dignité qui lui convenaient, aux dépens de la robe et de la plume, et de conduire sagement, par degrés et selon les occurrences, les choses pour que peu à peu cette roture perdît toutes les administrations qui ne sont pas de pure judicature et que seigneurs et toute noblesse fût peu à peu substituée à tous les emplois pour soumettre tout à la noblesse en toute espèce d'administration, mais avec les précautions nécessaires contre les abus (1). » Il s'agit donc de l'organisation d'une élite qualifiée et héréditaire, en réaction contre l'absolutisme du Grand Roi et l'ingérence administrative de la bourgeoisie.

Or, cette expérience, tentée dans des circonstances exceptionnellement favorables, alors qu'il s'agissait de liquider les tristes années de la fin du Grand Règne, tourna à l'échec le plus complet : Les « Conseils », trop nombreux, mal recrutés, — assemblées en miniatures, — ne surent pas s'y prendre, si quelques-uns surent prendre : « Les Conseils, dit M. Madelin, constituaient une faiblesse tous les jours plus patente, et il confirme le mot du duc d'Antin : « Ramassis de toutes sortes de caractères et de génies pour la plupart peu versés dans les *affaires.* » Sur le cri général, les « Conseils » furent abolis.

Résistances des Parlements, au nom des « Libertés publiques ».

Un autre grand esprit et d'une tout autre autorité en matière politique, Montesquieu, porte contre le ministère de Richelieu des critiques plus vives et plus précises.

L'illustre magistrat bordelais découvre le fond de sa pensée en prenant à partie la mémoire du cardinal : « Le cardinal

---

(1) *Mémoires de Saint-Simon*, t. XXVII, p. 8-9.

de Richelieu, écrit-il, veut que l'on évite les *épines des compagnies* qui forment des difficultés sur tout. Quand cet homme n'aurait pas eu le despotisme dans le cœur, il l'aurait dans la tête (1) ».
Il est de toute évidence que Montesquieu s'attache surtout à soutenir la querelle des Parlements contre Richelieu. Comment s'en étonner de la part du parlementaire de Bordeaux? Finalement, c'est l'influence politique de la bourgeoisie de robe, « de cette robe et de cette plume héréditaires » si dédaignées de Saint-Simon, qu'il réclame : « Convient-il que les charges soient vénales? dit encore l'auteur de l'*Esprit des Lois* (2). Cette vénalité est bonne dans les États monarchiques, parce qu'elle fait faire *comme un métier de famille,* ce qu'on ne voudrait pas entreprendre par vertu; qu'elle destine chacun à son devoir et rend les ordres de l'État plus permanents. » Voltaire s'écrie, dans ses notes sur l'*Esprit des Lois* : « La fonction divine de rendre la justice, de disposer de la fortune et de la vie des hommes, un métier de famille! » Montesquieu est orfèvre.

Ce n'est pas, d'ailleurs, le dernier mot du grand magistrat. Il a pris son parti : la forme de gouvernement vers laquelle il se porte serait une adaptation aux institutions françaises de la constitution anglaise, — ce que nous appelons aujourd'hui, *le régime parlementaire.*

Dès les temps de la Régence, cette mode s'était répandue dans les cercles politiques français. Lord Stanhope l'observe : « C'est une chose inouïe comme ils détestent leur condition (il s'agit des Français) et raffolent de la nôtre (3). » Prônée, magnifiée par la philosophie française, cette mode allait conquérir l'opinion et gagner le monde entier. Hier encore, paraissaient des ouvrages, pleins de mérite d'ailleurs, qui faisaient une sorte de reproche à Richelieu de ne pas avoir donné à la France un régime de liberté appuyé sur la représentation sinon du peuple, tout au moins des é ites (4).

---

(1) Voir Montesquieu, *Esprit des Lois,* liv. V, chap. IX, X et XI.
(2) *Ibid,* liv. VI, sect. XIX.
(3) Cité par Madelin. *Histoire de la Nation française,* t. IV, p. 293.
(4) Vicomte d'Avenel, *Richelieu et la Monarchie absolue.*

Mais, pour s'appuyer sur les élites, il faut d'abord que celles-ci se soient imposé à elles-mêmes le respect de la vie en communauté libre et le sens des sacrifices que cette vie commune entraîne. Nous avons dit les dispositions des classes privilégiées qui ne consentaient point à renoncer à l'une quelconque de leurs prétentions. En particulier, eussent-elle abandonné quoi que ce fût de leurs privilèges en matière fiscale? Jusqu'à la nuit du 4 août, les classes riches opposèrent un refus absolu à tout ce que tenta la Royauté pour les faire participer aux dépenses nationales. Dans la lutte suprême engagée contre les Parlements à ce sujet, la Royauté consuma ses dernières forces et c'est le Parlement de Paris qui, pour ne pas céder, provoqua la réunion des États généraux de 1789 et déclencha la Révolution.

La solution britannique; le régime parlementaire.

Le système parlementaire a subi, à son tour, l'épreuve du temps. La représentation, encore partiellement héréditaire à la Chambre des lords jusqu'à nos jours, a été soumise finalement, dans la plupart des pays européens, à la décision du suffrage populaire. Or, aujourd'hui, le sentiment général est-il aussi fortement épris du régime qu'il pouvait l'être du temps de Montesquieu et de ses disciples?

Chaque régime périt par son excès. La monarchie tombe dans le despotisme; l'aristocratie dans l'oligarchie; la démocratie dans la démagogie. Il appartient aux détenteurs de ces diverses formes du pouvoir, de veiller aux maux qui peuvent en être la conséquence et de les maintenir dans la juste observance de la sagesse et de la modération.

Dans certaines circonstances, on s'est résolu à voiler le visage de la loi; les esprits se sont portés, d'un mouvement soudain, vers un commandement unique, vers l'autorité sans réplique d'un dictateur. Quand, par la querelle des ambitions et des partis, les principes du régime, quel qu'il soit, ont été altérés, délaissés quand un désordre matériel ou moral prolongé a menacé de précipiter les peuples dans l'anarchie, alors, on a vu surgir « le maître de l'heure », répondant à l'appel de l'opinion pour parer au mal par des décisions promptes, parfois violentes, ou bien encore pour sauver le régime, ou bien encore pour instituer un régime nouveau. *Salus populi suprema lex.*

Ces temps sont proches quand les dissensions civiles ont provoqué, pour comble de malheur, la guerre étrangère, l'invasion, un péril mortel pour la société elle-même. La guerre, soit intérieure soit extérieure, exige que le pouvoir, les volontés, toute l'énergie nationale soient ramassés sous un commandement unique. Sinon, la défaite survient avec ses suites fatales, le déshonneur, la servitude, la volonté de revanche, les maux s'attirant les uns les autres en une chaîne sans fin.

Ces dangers sont suspendus, dans tous les temps, au-dessus de tous les régimes. Par l'histoire, les peuples sont avertis. Thucydide les a décrits pour l'enseignement des démocraties : « Il advient dans les cités, par esprit d'anarchie, des séditions, beaucoup de calamités, qui se reproduiront tant que la nature mauvaise sera la même... Tous ces maux résultent du désir de dominer qu'inspirent la cupidité et l'ambition, d'où naît l'ardeur des rivalités ; car ceux qui, dans la cité, président aux affaires, adoptant pour politique spécieuse, selon leurs intérêts, les uns la cause populaire, les autres la cause modérée, se proposant, à les croire, le bien public, mais ne visant en réalité qu'à se supplanter les uns les autres, se portent aux derniers excès... Lorsqu'ils s'emparent du pouvoir, soit par le hasard d'un vote, soit même par la force, leur but unique est d'assouvir leur ambition du moment. Aucun des partis ne songe plus à la justice ; on loue ceux qui réussissent par leur éloquence... » Et la fin du régime s'ensuit presque fatalement. L'issue dépend du sort que les événements ont réservé à l'asile suprême de la discipline, l'armée. A Athènes, ce fut la déliquescence finale : « L'armée, ajoute Thucydide, est à Samos en hostilité contre le gouvernement. Les soldats méprisent le pouvoir civil parce qu'il est devenu méprisable ; plus de flotte ni de marins ; l'Eubée est perdue avec ce qui restait de vaisseaux.

Si les Péloponésiens étaient venus assiéger Athènes, elle eût succombé. »

Tels sont les maux qui menacent les démocraties. Mais ils frappent tous les régimes qui ont versé dans des erreurs profondes. Nous avons dit les désordres affreux dont l'agonie de la féodalité menaçait l'unité et l'indépendance de la France. Là encore, la guerre civile sévit à l'état endémique; là aussi l'ennemi avait occupé la capitale; nulle sécurité ni intérieure ni extérieure. La guerre des protestants, le siège de La Rochelle avaient réclamé des efforts épuisants. La famille royale était acharnée à sa propre perte. La frontière était aux mains d'une rébellion qui avait partie liée avec l'ennemi. Les alliés et les clients incertains étaient prêts à se retourner contre une alliance ou une protection défaillante. Laisser aller, laisser faire, s'abandonner : quel homme d'esprit clairvoyant, quel homme de cœur s'y serait résigné ?

Richelieu agent de son temps. L'autorité ressource suprême.

Comment ne pas comprendre et admirer cet homme de grand esprit et de décision forte qui, en de tels moments, ayant conquis un tel empire sur le Roi et sur le pays, garde sur soi-même une maîtrise telle qu'il arrête à lu; seul l'avalanche et, par une implacable mais habile rigueur, non seulement sauve le régime héréditaire mais le consolide, non seulement sauve le Royaume mais l'agrandit, non seulement corrige les mœurs mais les exalte, non seulement maintient l'unité mais l'affermit, non seulement rétablit la discipline mais laisse l'autorité nécessaire pour la défendre à ceux qui lui succéderont?

Richelieu fut cruel en certains cas particuliers, d'ailleurs peu nombreux, et jamais par masses; mais sa dictature, — acceptons le mot, — fut réfléchie, pesée selon les nécessités et, si l'on peut dire, modérée : dictateur qui sait se conserver un maître, maintenir la dynastie et préparer l'avenir qu'il ne connaîtra pas; dictateur qui se dicte à lui-même sa loi et qui apporte au temps et au pays les remèdes, amers peut-être, mais aptes à les guérir

de leurs maux et à leur rendre les forces et l'élan nécessaires
pour aborder la course magnifique du Grand Siècle!

Richelieu n'eut pas seulement, comme on l'a dit, « les intentions de tout ce qu'il fit ». Cet extraordinaire raisonneur, ce
contemporain et compatriote de Descartes sut déduire pour agir
les raisons de tout ce qu'il décida. Le programme qu'il avait
tracé devant le Roi dès les premières séances du Conseil, il
l'accomplit par une dépense d'exigence et de rigueur réduite au
minimum, avec le consentement d'une opinion publique dont il
se préoccupa constamment et qui le suivit d'une confiance éclairée
jusqu'où la nécessité le porta.

Il avait reçu du passé une France déchirée, abattue; il rendit
à l'avenir une France relevée dans une rayonnante splendeur.
Ce grand serviteur de l'État put, en mourant, se rendre cette
justice « qu'il n'avait eu pour ennemis que les ennemis de
l'État ».

CHAPITRE II

RICHELIEU ET LES FINANCES DE L'ÉTAT

Le désordre financier de l'administration royale est, pour Richelieu et pour sa renommée, l'envers de la médaille. C'est le coup de poignard renouvelé qui épuisa ses forces et le traîna pantelant jusqu'à la fin ; c'est l'entrave accablante attachée au pied de son gouvernement par les âges antérieurs et dont lui-même ne parvint jamais à se délivrer. En un mot, c'est la raison profonde de cette difficulté d'être, qui fut la sienne durant tout son ministère et qui lui a valu, en somme, ce renom de tyrannie impitoyable qui fait le drame de sa mémoire après avoir été le drame de son existence.

Incohérence financière de l'ancien régime.

Nous avons indiqué, dans le *Tableau de la France en 1614*, les conditions dans lesquelles s'était établie, par une série incohérente de nécessités, de traditions et d'improvisations, une manière de budget royal. Ce budget n'avait d'autre assiette, au début, que les ressources féodales, le Roi devant vivre exclusivement des produits et revenus de son domaine comme un simple propriétaire terrien. Tout au plus lui reconnaissait-on, comme attachée à son titre souverain, une vague possibilité de réclamer quelques secours circonstantiels, des *aides* (en certains *cas* déterminés, l'aide aux quatre cas). Ces ressources complémentaires, étant qualifiées officiellement *d'extraordinaires*, n'étaient point considérées, en principe, comme renouvelables, encore moins comme perpétuelles, étant, par leur essence même, accidentelles.

Jamais les finances de l'ancien régime n'ont eu des bases régulières et stables ; à aucune époque elles n'ont été aménagées selon des méthodes saines, dans un esprit mutuel d'acceptation et de contrôle. Les procédures financières, nées, pour la plupart, *d'avis* émanant de personnages intéressés, se transmettaient de règne en règne sous le signe de la confusion, de la discussion et de l'irritation réciproques.

En vain les techniciens s'efforcent-ils maintenant de les présenter avec quelque clarté et de leur imposer une apparence d'ordre qui n'y régna jamais. D'expédients en expédients, de déficits en prorogations, d'exactions insupportables en faillites déclarées, elles se traînèrent à la recherche d'une liquidité et d'un équilibre qui leur manquèrent toujours.

Parmi les éléments de trouble, il est facile de signaler ceux-ci : les survivances féodales, les privilèges des provinces, la misère d'un peuple dénué de toute organisation économique et succombant sous le faix ; et par contre, l'entreprise d'unification, tâche éminente de la Royauté, avec les violences et les dépenses qu'elle entraîne ; les besoins croissants des guerres pour l'ordre et des guerres pour l'indépendance ; enfin, la nécessité, pour le Roi, « d'acheter son Royaume », comme on l'a dit de Henri IV, en même temps qu'il le conquiert, et de payer les amitiés et les fidélités par des abandons ou compensations en argent, faisant alterner sans cesse la brutalité de la conquête avec la facilité d'une absurde prodigalité. Un sagace observateur de l'histoire financière le dit, et condense en une seule phrase le passage d'une époque à l'autre : « Dans la confusion des dissensions civiles et religieuses, le désordre général favorisait un genre d'usurpation aussi onéreux aux peuples que funeste à l'État, on ne pouvait plus s'approprier les choses mêmes, on se rendait maître de l'argent signe qui les représente toutes (1). »

Pour rendre sensible cette séculaire incohérence et impuissance, il y a quelque chose de plus significatif que les documents et

---

(1) **Arnould (de la Seine)**, *Histoire générale des finances de France*, mars 1806, p. 158.

les statistiques dont la technicité encombre d'ordinaire les histoires, c'est le spectacle des faits eux-mêmes.

Sous Philippe-Auguste, la foi fait accepter une première contribution de guerre générale, la dîme saladine. Philippe le Bel est le maître de la fausse monnaie. Sa lutte contre le Pape le rend populaire et lui assure le concours des premiers États généraux. Il extorque la fortune des Templiers. Le ministre des finances, Enguerrand de Marigny, est pendu aussitôt après la mort du Roi : c'est la première des crises ministérielles pour cause d'embarras financiers. Philippe V, dit le Long, succède à Louis X, le Hutin : le ministre des finances, Gérard de La Guette, est arrêté aussitôt après la mort du Roi et il aurait été pendu s'il n'était mort à la question (1). Philippe de Valois eut juste le temps de voir naître la guerre de Cent ans, d'assister à la peste noire et d'imposer à son peuple décimé un impôt de grand avenir, l'impôt sur le sel, la fameuse gabelle; on massacra des Juifs et ce fut une nouvelle ressource budgétaire. Le règne de Jean II, dit le Bon, fut le temps de l'invasion anglaise, de la grande misère et de la monnaie de cuir avec un petit clou d'argent au milieu. Charles V, dit le Sage (c'est-à-dire l'habile homme); sait faire rendre l'impôt sur le sel, établit un impôt sur le vin, crée les impôts directs, quatre livres sur chaque feu dans les villes et trente sols dans les villages; on fait rentrer les Juifs et on les « finance ». Voilà des affaires bien conduites ! Sous Charles VI, le pauvre fol, émeutes dans Paris contre les publicains, disgrâce de Jean de La Grange. Jean de Montagu, autre ministre des finances, a la tête tranchée; puis c'est le tour de son successeur, le prévôt des Essarts; le connétable d'Armagnac s'attribue la surintendance des finances, et c'est le point de départ de l'accaparement des ressources budgétaires par les partis politiques. Charles VII a besoin de beaucoup d'argent, puisqu'il chasse les Anglais et mérite le nom de Victorieux; il fait faire le

---

(1) Voir Mallet, *Comptes rendus de l'administration des finances*, p. 70.

procès à Pierre de Brézé, à Jacques Cœur, qui est exilé à l'île de Chypre; son receveur général des finances est condamné à mort et ne rachète sa vie qu'en payant soixante mille écus d'or : mauvais temps pour les gens de finance. En vue de rétablir l'ordre après la victoire sur les Anglais, on renforce les tailles et les aides. L'après-guerre, mauvais temps pour les peuples : Louis XI vend les charges à vie, c'est-à-dire que les fonctionnaires et les juges vont désormais entretenir de leurs deniers le gouvernement; ils se rattrapent sur le contribuable. Le cardinal La Balue, surintendant des finances, est enfermé dans une cage de fer. Charles VIII, ayant besoin d'argent pour les guerres d'Italie, réunit les États généraux. Ceux-ci votent le subside demandé, sous condition de l'établissement d'un contrôle. Ce fut promis et l'on n'en parla plus. Louis XII, Roi économe et populaire, se tire d'affaires en vendant les offices à tour de bras; c'est comme si l'on mettait aujourd'hui les fonctions publiques et les bureaux de tabac à l'encan. François Ier généralise le système, et la justice est au plus offrant; Semblançay, surintendant des finances, est pendu à Montfaucon. Le règne de Henri II est une longue tuerie, une suite d'émeutes au sujet des gabelles, en Angoumois, à Bordeaux, où le gouverneur est assommé. Commines réclame, l'un des premiers, un droit national en matière d'impôts. Sous Charles IX, autre innovation : on ouvre le registre des dettes de l'État. Sous Henri III, tout s'écroule : la dette publique fait un bond jusqu'à cent millions de livres; les Guises, usurpateurs de la puissance royale, sont assassinés. Le premier cri du Roi Henri IV est : « Mes chemises sont toutes déchirées! » Il raccommodera ses chemises par la « taxe des aisés », un accroissement prodigieux des gabelles, la création de la « Paulette », qui lui assure des rentes annuelles arrachées aux contribuables par les détenteurs des charges et offices. Moyennant quoi, Sully laisse un trésor dans les caves de la Bastille.

Nous voici au règne de Louis XIII. Richelieu est, de naissance, à la fois besogneux et dépensier. Il va faire son apprentissage en matière de finances. Il est averti et sait le risque couru par tout homme qui manie les finances de l'État. Sa première expérience du pouvoir a été la crise ministérielle qui a coûté le jour au favori, son premier maître, Concini, maréchal d'Ancre; et il ne tint pas à lui que son immédiat prédécesseur La Vieuville n'eut pas été « pendu ou étranglé (1) ».

Richelieu et la situation financière.

On comprend pourquoi le cardinal se méfiait, en arrivant au pouvoir, de ce difficile et dangereux maniement des finances. Il répète à satiété qu'il n'y entend rien (2) et il dévoile sûrement le fond de sa pensée, au moment où il entre dans le Conseil, quand, en écartant de lui ce calice, il signale l'importance d'une bonne administration financière, de laquelle, il le sait, dépendra l'avenir de sa politique. Il s'en explique devant le Roi avec une habile franchise : « Quoique le Roi eût de l'argent, et qu'il n'eût pas encore manqué aux armées, les dépenses étaient si excessives en France qu'il n'y avait personne qui pût répondre qu'on pût toujours fournir à si grands frais, vu, qu'en matière de guerres, on sait bien quand et comment elles commencent, mais nul ne peut prévoir le temps et la qualité de leur fin, d'autant que l'appétit vient quelquefois en mangeant et que les armes sont journalières. » C'était tout un programme de dépenses, — et pour ainsi dire sans limites, — étalé du premier coup devant le Conseil.

Mais, si l'on demande à ce politique, tellement assuré de lui-même, les moyens de se procurer ce nerf de la guerre, le voici qui louvoie et qui, prenant les choses de biais, se défend d'y mettre la main : « Le cardinal, disent les *Mémoires,* ajouta que pour ce qui était des finances, il était aisé d'y porter remède *en n'en commettant pas le soin à un homme seul.* » Et il propose,

---

(1) *Mémoires du Cardinal de Richelieu,* t. IV, p. 156, et t. I, p. 308.
(2) *Ibidem,* t. V, p. 34. — Le cardinal avait pris cette position dès le début et il la garda jusqu'à la fin. Il écrivait à Bullion le 23 avril 1635 : « Je confesse tellement mon ignorance en matière de finance que le seul avis que je puisse vous donner est de vous servir de ceux que vous trouverez plus utiles au service du Roi ». *Lettres de Richelieu,* t. IV, p. 728.

pour gérer ces affaires, une sorte de comité, composé de trois personnes qui, donnant des garanties de surveillance mutuelle, de compétence et de probité, écarterait le danger de confier le tout à un surintendant des finances, « duquel les autres ministres dépendent puisqu'il a le maniement de la bourse ».

Un peu plus tard, quand il sera plus assuré de sa situation et du succès de ses premières entreprises, il s'en tirera par une boutade : « L'argent n'est rien, écrira-t-il à Schomberg, pourvu que nous fassions nos affaires (1). »

Cette inquiétude, qui fut celle du cardinal dès les premiers jours, et qui s'accrut jusqu'à l'angoisse tout le long de son ministère, avait deux raisons capitales, tenant à un état de choses qu'il connaissait bien : en premier lieu, le fait que la partie la plus riche de la nation se dérobait aux impôts royaux; le cardinal devait s'efforcer en vain de remédier à ce mal endémique : mais là, précisément, devait se trouver la pierre d'achoppement de son activité politique intérieure : et, en second lieu, le fait que, le recours au crédit étant à peine entré dans les mœurs financières, la charge des grandes entreprises extérieures retombait pour la plus grande partie sur les années qui s'y trouvaient engagées. Aujourd'hui, les guerres se font, pour ainsi dire, à crédit : on ouvre un registre, on émet des emprunts et l'or afflue. C'est l'avenir qui se chargera de payer les intérêts d'abord et le capital après,... s'il le peut. Quant aux émetteurs des emprunts, ils auront disparu depuis longtemps de la scène politique et de la vie. L'irresponsabilité des manieurs de la finance publique est à la base de tout le système moderne. Ces hommes peuvent se tromper impunément, quittes à s'en aller, répétant la parole par laquelle se libère la conscience de nos Ponces Pilates : « Je n'ai pas voulu cela ! »

Richelieu était donc averti du mauvais fonctionnement de la mécanique financière. Les précautions qu'il prend pour se dérober lui-même à la responsabilité personnelle qui avait accablé la plupart de ses prédécesseurs, le prouvent assez.

---

(1) *Lettres du Cardinal de Richelieu*, t. III, p. 913 et 918.

Quant aux idées financières, comme nous allons le voir, elles ne lui manquaient pas.

Les idées de Richelieu en matière financière.

Les idées de Richelieu, ses projets, ses méditations, nous les connaissons par ses archives personnelles, par ses déclarations à l'assemblée des notables de 1626 et enfin par certains chapitres de son *Testament politique*.

Richelieu avait pris part aux délibérations des États de 1614 et il n'est pas douteux qu'il garda toujours, gravés en son souvenir, les termes si énergiques de l'objurgation adressée au Roi par les représentants du Tiers : « Sire, toutes les provinces de votre Royaume sont conjointement et inséparablement unies à la Couronne *pour ne faire qu'un même corps sous la domination d'un même Roi, tous vos sujets devant être réunis sous une même obéissance*. »

C'est ce puissant appel à l'unité, ce cri partant du fond de l'âme française, qui devait inspirer sa propre politique. En effet, la passion de l'unité, il l'avait lui-même dans le cœur, il l'avait dans le sang. Toute son œuvre l'exprime avec la même force, avec le même accent que la parole du Tiers-État. Le grand homme est et n'a jamais pu être autre chose que le réalisateur de ce qu'a rêvé son temps?

Dans les premières idées que le ministre jette sur le papier et que l'évêque d'Angers, Miron, rédige sous forme de *Règlements pour les affaires du Royaume*, certaines réformes financières sont indiquées à larges traits comme désirables. Toutes tendent à abolir les différences existant, en matière d'impôts, entre les provinces, les ordres, les classes, — qu'il s'agisse des personnes ou qu'il s'agisse des choses. En se pliant aux circonstances, la conduite du cardinal restera toujours, comme nous allons le voir, fidèle à cette première direction (1).

La convocation de l'assemblée des notables en 1626, fut de sa part un appel, illusoire d'ailleurs, à l'opinion. Il eût voulu

---

(1) Voir *Lettres du Cardinal de Richelieu*, t. II, p. 159-183.

s'appuyer sur l'opinion contre les cabales de la Cour, contre les particularismes privilégiés. Il expose devant l'assemblée les grands besoins du gouvernement, les périls courus par le Royaume au cours des vingt-cinq dernières années ; il évoque le programme de sécurité et d'indépendance sur lequel tous les « bons François », depuis Henri IV, sont d'accord ; il met les classes riches, seules représentées dans l'assemblée, en demeure de fournir au Roi les moyens de réaliser ses desseins sans aggraver « la foule du pauvre peuple ». « Le Roi, Messieurs, vous a assemblés expressément pour les chercher, les trouver et les résoudre avec vous, assurance que Sa Majesté fera promptement et religieusement exécuter ce qu'elle arrêtera sur les avis que vous lui donnerez pour la restauration de cet État... »

Or l'appel n'est pas entendu. Les réformes d'ordre général sont écartées et, si nous trouvons certaines d'entre elles visées partiellement dans l'ordonnance de 1629, elles se heurteront finalement, quand on abordera les mesures d'application, à l'opposition des Parlements et elles sombreront dans le naufrage de l'ordonnance elle-même.

C'est par d'autres voies et par des coups d'autorité que le ministre devra aborder certaines réalisations indispensables et urgentes. Comme il le dit lui-même, il dut remettre à la paix générale l'exécution du projet de réforme que son ardente pensée remuait en elle-même, non sans le perfectionner sans cesse. Cette heure, — l'heure de la paix, — ne sonna pas pour lui. Il en fut réduit à inscrire dans son *Testament politique* les idées que son expérience avait mûries et qui prouvent que son puissant esprit n'était pas arrêté, même en ces matières, par la soi-disant inaptitude dont il se couvrait.

Voyons d'abord ces idées dans leur ensemble bien ordonné. Nous en viendrons ensuite aux réalisations.

Vues de Richelieu sur une réforme générale de l'État.

Sur la nécessité d'une réforme générale, Richelieu s'explique avec cette netteté qui est sa manière même. Les principes de la réforme, telle qu'il la concevait, visaient toujours « au soulagement du peuple » par une plus équitable répartition des charges, par une économie saine et par la surveillance sévère des abus et du gaspillage : « Il n'appartient qu'aux pédants, écrit-il, et aux vrais ennemis de l'État, de dire qu'un prince ne doit rien tirer de ses sujets et que ses seuls trésors doivent être dans les cœurs de ceux qui sont soumis à sa domination. Mais il n'appartient aussi qu'à des flatteurs et à de vraies pestes de l'État et de la Cour de souffler aux oreilles des princes qu'ils peuvent exiger ce que bon leur semble et qu'en ce point leur volonté est la règle de leur pouvoir... Les dépenses absolument nécessaires pour la subsistance de l'État étant assurées, le moins qu'on peut lever sur le peuple est le meilleur... La seule volonté du Prince ne doit pas être la raison des levées et, si le Prince outrepasse les bornes, tirant plus de ses sujets qu'il ne doit, bien qu'en ce cas ils lui doivent obéissance, il en sera responsable devant Dieu, qui lui en demandera un compte exact... Le vrai moyen d'enrichir l'État est de soulager les peuples et de décharger l'un et l'autre de ses charges... »

La répression des abus, qui font vivre tant de particuliers aux dépens de la chose publique, et l'énergique correction des méfaits du fonctionnarisme (que l'on appelait alors les « emplois » ou les « offices ») est l'un des soucis qui le hantent, et l'on entend comme un frémissement d'émotion sous sa plume, quand il les dénonce comme les plus dangereux parmi les dérèglements du régime : « Par ce moyen, écrit-il, on procurera un soulagement indicible au peuple, tant parce qu'on le délivrera ainsi d'autant de sangsues qu'on lui ôtera de telles gens, que parce qu'en outre, *y ayant plus de cent mille officiers à retrancher de cette nature,* ceux qui se trouvent destitués de leurs emplois ordinaires *seront contraints de prendre celui de la guerre, du commerce et du labourage...* Je sais bien, ajoute-t-il avec philosophie, qu'on dira qu'il est aisé de faire de tels projets, semblables à ceux de la République de Platon, qui, belle en ses idées, est une chimère en effet. Mais j'ose dire que ce dessein est non seulement si raisonnable, mais si aisé à exécuter que, si Dieu fait la grâce à Votre Majesté d'avoir bientôt la paix et de la conserver à ce Royaume avec ses serviteurs, dont je m'estime l'un des moindres, au lieu de laisser cet avis par testament, j'espère le pouvoir accomplir. » — Il ne l'accomplit pas.

Quels remèdes aux abus ?

Parmi les abus dont le gouvernement royal souffre autant que les particuliers, il en est deux sur lesquels le ministre revient avec une insistance révélatrice de la grandeur du mal. Il s'agit du recours aux gens de finances pour la recette des impositions, et de l'énormité des dépenses non contrôlées par le moyen des « acquits de comptant ».

Il semble bien, en effet, que, si le fer eût été porté sur ces deux abcès, l'organisme eût pu attendre une réforme générale, car c'était sur ces deux points ulcérés que les intérêts particuliers amassaient leurs humeurs pour perpétuer le désordre et l'infection dans les affaires de l'État.

Laissons parler encore le cardinal et, d'abord, sur les gens de finance : « Il est absolument nécessaire, dit-il, de remédier aux dérèglements des financiers et partisans; autrement, ils causeroient enfin la ruine du Royaume, qui change tellement de face par leurs voleries que, si on n'en arrêtoit le cours, il ne seroit plus reconnaissable... Après avoir bien pensé à tous les remèdes des maux dont ils sont cause, j'ose dire qu'il n'y en a pas de meilleur que les réduire au moindre nombre qu'il sera possible et faire servir, *par commission,* aux occasions importantes, des gens de bien, propres aux emplois qui leur seront donnés, et non des personnes qui, étant pourvues en titres, pensent en avoir un suffisant pour voler impunément. »

L'innovation décisive que projette le cardinal s'exprime en ces deux mots : *par commission.* Richelieu entrevoit un système qui consisterait à enlever aux fonctionnaires des finances ou aux gens intéressés au maniement des finances, la permanence et l'inviolabilité de leurs emplois et par conséquent les droits ou prétendus droits qu'ils ont usurpés sur l'État. Ils ne seraient munis dorénavant que de pouvoirs temporaires et toujours révocables; on ne les laisserait pas s'établir en État contre l'État.

Nous avons vu Richelieu appliquer et défendre le système des commissions temporaires pour les intendants. A plus forte raison, agirait-il de même à l'égard des officiers de finance. Et il laisse à l'avenir le fruit de ses réflexions : « Sans ce remède, écrit-il, il sera tout à fait impossible de conserver l'argent du Roi, n'ayant point de croix ni de supplices assez grands pour empêcher que beaucoup d'officiers de ce genre ne s'approprient une partie de ce qui leur peut passer par les mains (1). »

Et voici, maintenant, qu'il vise, au chapitre des dépenses, ces terribles *Ordonnances* ou *acquits de comptant*, qui permettent l'immense et secrète dilapidation des deniers publics par la conjuration de la rapacité des entourages et de la faiblesse du pouvoir.

On appelait *Ordonnances de comptant* les sommes délivrées par le trésor royal sans quittance, sur la simple présentation d'un ordre émanant du Roi, et qui, en raison de cette volonté toute personnelle du Prince lui-même, échappaient à la surveillance de la Chambre des Comptes. Il s'agit, en somme, de ce que nous appelons aujourd'hui les *fonds secrets*, mais multipliés jusqu'à représenter parfois le tiers de la dépense totale du Royaume.

Bien entendu, tout n'était pas gaspillage ou faveur dans ces dépenses occultes; le gouvernement personnel trouvait là une de ses prérogatives, que des considérations d'intérêt public pouvaient autoriser. Mais, de l'usage à l'abus, il n'y avait qu'un pas. Le mieux est de laisser encore Richelieu, lui-même, s'expliquer sur ce point : « Il faut réformer les finances par la suppression des principales voies par lesquelles on peut tirer illicitement les deniers des coffres du Roi. Entre toutes, il n'y en a point de si dangereuse que celle des comptants, dont l'abus est venu jusqu'à tel point, que n'y remédier pas et perdre l'État c'est la même

---

(1) Voir *Testament politique*, édition de 1689, p. 168.

chose... On épargnera par ce moyen des millions entiers, et on remédiera à mille profusions cachées, qu'il est impossible de connaître tant que les voies secrètes de dépenser le trésor public seront en usage. Je sais bien qu'on dira qu'il y a certaines dépenses étrangères qui, par leur nature, doivent rester secrètes et dont l'État peut tirer beaucoup de fruit, duquel il sera privé toutes les fois que ceux en faveur de qui elles pourroient être faites penseront n'en pouvoir plus tirer d'argent. Mais, sous ce prétexte, il se fait tant de voleries qu'après y avoir bien pensé, il vaut mieux fermer la porte à quelque utilité qu'on peut en recevoir en quelque occasion, que la laisser ouverte à tant d'abus qui se peuvent commettre à tous moments à la ruine de l'État. Cependant, pour n'interrompre pas les moyens de faire quelques dépenses secrètes à son avantage, on peut laisser la liberté à un million d'or pour les comptants, à condition que l'emploi soit signé par le Roi même et que ceux qui en auront été participants en donnent quittance... » Les fonds secrets réduits à un million (1) tel serait l'avis de Richelieu !

Mais cet avis, Richelieu, qui le formule à l'époque approximative de la rédaction du *Testament politique,* c'est-à-dire vers 1638, s'y est-il conformé? A-t-il tenté de lui donner, du moins, une certaine suite? La réponse se trouve dans le rapprochement de deux sommes : en 1616, c'est-à-dire avant que Richelieu fût le chef du gouvernement le « comptant » était d'environ dix-huit cent mille livres; en 1644 (un an après la mort de Richelieu) il montait à cinquante-neuf millions de livres! Cette simple comparaison nous fournit la transition pour en venir à la gestion *réelle* des finances pendant le ministère de Richelieu.

La gestion financière de Richelieu. — Le personnel.

Voyons d'abord de quel personnel s'entoure le cardinal. Richelieu, nous l'avons dit, avait conseillé au Roi de ne pas

---

(1) Peut-être cinq millions de notre monnaie de 1913.

confier le maniement des finances à un seul et unique personnage, le surintendant. Voici dans quels termes il s'explique sur ce point : « Il semble plus à propos que le Roi nomme trois personnes qui ne soient ni de trop haute ni de trop basse condition, qui s'appelleront chefs ou administrateurs des finances, qui feront la charge que faisoit le surintendant, sans néanmoins pouvoir rien ordonner qui ne soit arrêté au Conseil; qu'ils ne soient pas gens d'épée, d'autant que de telles gens ont trop d'ambitions et de vanité et prétendent incontinent des charges et des gouvernements au préjudice de l'État; qu'il vaut beaucoup mieux y mettre des gens de robe longue... » Le cardinal n'oubliait pas de représenter que « peut-être telles gens n'avoient pas assez d'audace pour supporter la haine des refus qu'il falloit faire »; mais il conclut « qu'il seroit bon de mettre le système à l'épreuve »...

Le Roi demande au cardinal de donner trois noms pour ces fonctions. Il s'en excuse. Le Roi insistant, le cardinal finit par désigner le sieur de Champigny, « qui étoit contrôleur général des finances, le plus ancien du Conseil », M. de Marillac « dont la capacité étoit si grande », et le sieur Molé, procureur général du Parlement « comme personne de singulière probité et dont les mains innocentes aideroient beaucoup au dessein qu'on avoit de bien administrer les finances ».

Ces avis furent pris en considération. Mais, comme il se trouve dans la plupart des décisions collectives pour le choix des personnes, on aboutit finalement à une cote mal taillée : Molé avec « ses mains innocentes », fut écarté; Marillac, protégé de la Reine mère, fut seulement désigné, et Champigny fut nommé à l'unanimité (1). Richelieu se tint pour satisfait; car, le 15 août 1624, il disait à l'ambassadeur vénitien : « Ces membres du nouveau Conseil seront capables et fidèles; ils se diviseront le travail pour une plus facile solution des affaires; mais ils délibéreront tous ensemble, de façon à avoir des résolutions communes (2). »

(1) Voir *Mémoires du Cardinal de Richelieu*, t. IV, p. 115-116.
(2) *Ambassadeur Vénitien*, filza 62, f° 57.

Richelieu désirait évidemment rester maître des grandes affaires et, en particulier, des finances. En fait, ce mécanisme un peu lourd fonctionnera difficilement. Champigny, homme d'une autre génération, alla bientôt s'endormir au Conseil des dépêches. Pour Marillac, ce n'était qu'un degré franchi dans son ascension vers de plus hautes destinées et, dès 1626, il quitta les finances pour devenir garde des Sceaux.

On en revint à la conception d'un chef unique : la surintendance des finances fut restaurée. C'est que Richelieu, cette fois, avait trouvé son homme, un de ces « gens de main » dont il aimait à se servir. D'Effiat, d'origine médiocre (Tallemant dira *dubiæ nobilitatis*) était, en effet, fils de robin. Sans famille, n'appartenant à aucun groupe, on pourrait le tenir. Diplomate, soldat, financier, il a laissé une réputation de bon administrateur. Tallemant dit « qu'il apprit à voler à ses successeurs ». Mais Tallemant est une mauvaise langue. Ce qui est certain c'est que Richelieu avait en d'Effiat la plus grande confiance. La correspondance qu'il lui adressa au cours des grandes crises en témoigne. Il l'éleva en 1629 à la grande maîtrise de l'artillerie, et un peu plus tard, tandis qu'une partie décisive se jouait à Casal, il l'adjoignit aux deux maréchaux de La Force et de Schomberg, bourreaux d'argent en tant qu'hommes de guerre, avec mission spéciale de les surveiller et de prendre en mains la négociation. En un mot, il est l'homme du secret en finances, comme le Père Joseph en diplomatie. Par lui, en disposant de la bourse, on tiendrait le reste. Si ses services l'enrichissaient, qui donc ne s'enrichissait pas aux affaires en ces temps-là ? D'Effiat mourut en 1632, laissant pour fils, Cinq-Mars.

Après la mort du marquis d'Effiat, Richelieu jugea bon de partager de nouveau les services de la surintendance entre plusieurs personnes ; il en chargea conjointement Bullion et Chavigny. Chavigny, lié depuis toujours avec les Richelieu était là surtout pour surveiller Bullion (1). Il survécut d'ailleurs à son collègue et resta en charge jusqu'à la mort de Louis XIII.

(1) Sur l'origine des Bouthillier, voir ci-dessus, t. I, p. 42.

Bullion, gros homme, adroit, bon vivant, habile, bavard, avare, gros mangeur, grand buveur que les familiers appelaient « le petit baril bien plein », avait suprêmement l'art d'amuser et de séduire les grands. Parti de la maison des Lesdiguières, il s'était introduit de longue date dans les intimités de Richelieu. Tallemant ne le ménage pas. Il donne le chiffre de la fortune qu'il sut acquérir bien ou mal et qui, d'après l'inventaire, serait montée à sept cent mille livres de rente. Richelieu le savait et fermait les yeux; mais parfois il traitait « le petit baril » rudement et jusqu'à lever la main. Tallemant reconnaît cependant que Bullion « avoit plus d'ordre que ceux qui sont venus depuis ». Il lui attribue cette parole : « Fermez-moi deux bouches, la maison de Son Éminence et l'artillerie; après je répondrai bien du reste (1). »

Bullion gardait, pour les affaires (y compris les siennes), le sérieux que son large rire dissimulait dans le cours de la vie. Il ne craignait pas de tenir tête même au Roi, quand il s'agissait de dépenses qui lui paraissaient exagérées. Nous citerons cette lettre destinée certainement à passer sous les yeux du cardinal : « Je suis très aise que Monseigneur n'ait eu désagréable ce que je lui ai écrit. J'ai bonne résolution, Dieu merci, mais je vous avoue que le fardeau est si pesant que je crains de succomber tout à fait. Si Monseigneur se résout d'exécuter ce qu'il lui a plu résoudre pour les quarante millions de comptant et le nombre de cent trente-deux mille hommes et douze mille et tant de chevaux, soyez assuré qu'avec l'aide de Dieu tout ira bien et que cela me donnera la vie. Si, au contraire, les affaires tombent en désordre, ce que je ne veux croire, ayant trop de confiance en la prudence et prévoyance de Monseigneur, vous pouvez être assuré que je ne survivrai guère un tel malheur. »

Il faut avoir pénétré dans les dessous de la politique et des grandes affaires pour reconnaître que tout n'est pas rose même dans ces vies éclatantes de belle humeur et de jovialité. Ré-

---

(1) Édit. Techener, t. II, p. 20.

pétons-le, les finances furent pour Richelieu lui-même et pour ses hommes de confiance un supplice.

Disons maintenant ce que l'on ne peut expliquer sans entrer dans l'ennui des chiffres.

Les budgets du cardinal de Richelieu.

Nous avons vu comment le modeste budget domanial du roi de France s'est trouvé accru de règne en règne par l'augmentation plus ou moins arbitraire des ressources extraordinaires. Nous avons dit aussi comment Richelieu, tout en reconnaissant la nécessité urgente d'une vaste réforme financière, l'avait reportée délibérément jusqu'à la conclusion de la paix. Un déficit endémique s'installa donc dans les finances publiques et les condamna à un continuel report.

Richelieu ne put, en somme, que se servir du budget royal tel quel et le transmettre à ses successeurs. Toutefois les colonnes des recettes et des dépenses durent se prêter aux besoins de sa politique, et les totaux furent d'année en année singulièrement accrus, le cardinal devenant de ce fait, graduellement, le plus impopulaire des ministres. Les affaires « du dedans » faillirent le précipiter du pouvoir avant que fussent accomplies ses grandes œuvres au dehors.

Il est très difficile de donner des chiffres exacts et clairs en ce qui touche son administration financière, parce que les rendements des contributions étaient différents d'une province à l'autre, d'une année à l'autre, d'un chapitre à l'autre, sans compter que ces rendements se trouvaient diminués à l'origine en raison des frais énormes qu'exigeait leur levée. Avant de gagner les caisses royales, les sommes versées par le contribuable étaient écrémées par les fermiers, partisans, maltôtiers, qui s'en garnissaient les mains, pour ainsi dire sans contrôle. Il n'y avait point d'unité budgétaire; personne n'était en mesure de faire la balance des recettes et des dépenses; une partie considérable des mouvements de fonds échappait à l'examen des Cours des Comptes.

Si l'on en croit Sully, dont les *Économies royales,* véritable plaidoyer *pro domo,* sont sujettes à caution, les finances étaient en bon ordre à la mort de Henri IV : les dettes avaient été ramenées de trois cent quarante-huit millions de livres à cent treize millions de livres, et il y avait quarante-trois millions d'argent comptant dans les caves de la Bastille. En 1609, à la veille de l'assassinat du Roi, les revenus montaient à près de quatre-vingts millions de livres; mais les sommes prélevées pour le recouvrement étant évaluées à quarante-cinq millions, il n'entrait à la trésorerie que trente-trois millions.

Sans nul doute, les gaspillages de la Régence avaient épuisé les réserves de la Bastille et augmenté, par contre, le montant des impôts et des dettes. En 1626-1627, le marquis d'Effiat, surintendant, qui présenta à l'assemblée des notables un rapport exposant l'état des finances du Royaume, nous renseigne sur les difficultés qui, dès le début, avaient assailli le gouvernement de Richelieu : « Quand il plut au Roi me mettre en charge, dit-il, je ne trouvai aucun fonds pour soutenir la dépense du mois. M'étant enquis quelle recette et dépense étoient à faire durant le reste de l'année, j'appris qu'il n'y avoit plus rien à recevoir et que même la recette de l'année 1627 étoit bien entamée... Ainsi, je trouvai la recette totale toute faite et la dépense à faire. » Le surintendant se plaignait qu'il n'y eût nul moyen d'arriver à des comptes clairs : « Car ce n'est pas aisé, ajoute-t-il, de voir les comptes de dix trésoriers de l'Épargne ayant tous la même autorité, et, en même temps, de compter avec plus de cent receveurs généraux, plus de cent vingt fermiers et autant de traitants qui ont tous dû porter leurs recettes à l'Épargne depuis cinq ans qu'ils n'ont pas rendu compte... Si, pour vérifier leurs acquits, on veut se régler sur les états par estimation (c'est-à-dire d'après les prévisions), on les trouvera ne monter qu'à vingt ou vingt-deux millions; et par les états au vrai, ils montent à trente et même à quarante millions. Si l'on veut entrer dans la connaissance des détails, ils renvoient à des chefs supérieurs, à de puissants seigneurs dont la naissance et l'autorité sont si grandes qu'ils nous ferment la bouche et nous disent qu'ils ne rendent compte qu'au Roi. » Comment supprimer, en effet, sous quelque régime que ce soit, le trafic des influences et le gaspillage des détenteurs du pouvoir?

Tel est le point de départ de la gestion de Richelieu. Dans un mémoire que le même d'Effiat établit en 1629 et qui se trouve dans les papiers de Richelieu, on voit que l'on en est réduit, dès lors, aux expédients : « Lorsque M. le Marquis d'Effiat entra en charge, qui fut le 5ᵉ de juin 1626, il étoit dû aux garnisons trente mois; à celles qui sont les mieux payées, deux ans; à toutes les armées qui sont à la campagne, deux mois de l'année passée, et toute celle-ci, à toute la noblesse de la Cour les gratifications de l'année passée et de celle-ci; à l'armée qui est revenue d'Italie, toutes ses soldes; à celle de la Valteline de même; à Montpellier, pour le fort de La Rochelle, les îles et la marine, de même, toutes ces dépenses montant à plus de vingt millions de livres. Toute la recette de toute l'année dès le cinquième mois, tout le quartier de janvier 1627 des recettes générales étoit mangé, celui d'avril entamé, et de même des gabelles et des cinq grosses fermes (1). »

Allez faire de la grande politique dans cet état misérable, avec des armées sans solde, une marine et des fortifications sans argent, une administration frappée de pénurie généralisée?

D'Effiat fait ce qu'il peut. Les traitants obtenaient du Roi l'intérêt de leurs avances sur le taux de 30 % : d'un trait de plume, il biffe 20 %. Il fait des économies sur tous les chapitres, se casse la tête à conclure des marchés plus avantageux. Mais il est bien obligé d'en venir à l'issue dont il avait horreur : emprunter, non pas, remarquez-le, sur le crédit de l'État, mais sur son crédit à lui. Car, — c'est encore une de ces incohérences qui signalent ce singulier désordre, — la fortune des agents vient en aide à l'infortune de l'État : « Pour soutenir les dépenses qu'il falloit payer comptant, le surintendant a trouvé *sur son crédit* six millions de livres, sans compter les assignations qu'il a données, qui reviennent à plus de six autres millions de livres (2). »

(1) *Lettres du Cardinal de Richelieu*, t. III, p. 499.
(2) Comptes rendus à l'assemblée des notables, et *Lettres*, t. III. p. 500.

DIFFICULTÉS AVEC LES PAYS D'ÉTATS.

Tant que vit d'Effiat, on peut tenir vaille que vaille, grâce au contrôle assidu et à la rigidité de ce diplomate et soldat, improvisé financier. Mais, de son temps même, les grandes affaires se trouvant entamées, les dépenses s'accroissent.

En mars 1627, le cardinal songe à faire provision d'argent en vue du siège de La Rochelle; il avait été, d'abord, dans ses intentions déclarées de supprimer la paulette; mais cette suppression eût touché tant d'intérêts particuliers qu'il fallut y renoncer.

A son tour, le cardinal prête à l'État, il met ses bagues en gage pour obtenir d'urgence les sommes indispensables (1). Il implore un secours du Clergé pour l'extirpation de l'hérésie; il demande de l'argent au Pape.

Ayant frappé à toutes les portes, à bout de ressources, il en revient à tenter une de ces grandes réformes qu'il avait placées en tête de son programme financier, l'établissement des Élus dans les pays d'États. Nous avons vu les conséquences en Provence, en Bourgogne, en Bretagne, en Languedoc : émeutes, rébellion, guerre civile. Il faut renoncer et se contenter de « dons » votés annuellement.

De nouveau, Richelieu se trouve dans l'obligation d'avancer les sommes nécessaires pour l'équipement de l'armée d'Italie. Il renouvelle ces prêts en mai et juin 1630. Sa caisse ne suffit pas; il frappe à celle de ses amis (2). On revient à l'idée de supprimer la paulette; puis on y renonce. Comment faire? Les nécessités sont pressantes, accablantes (3). Il faut de l'argent tout de suite : de l'argent pour les pensions, de l'argent pour acheter les entourages de Monsieur (4), de l'argent pour s'assurer

---

(1) *Lettres du Cardinal de Richelieu*, t. 1, p. 396 : « Les blés pour la nourriture de l'armée n'étaient pas payés au mois de mai, lorsque le cardinal arriva à Grenoble, nous dit M. Avenel : « Il emprunta cent cinquante mille francs ; il en donna soixante-dix mille au premier président de Grenoble et en envoya quatre-vingt mille à Pignerol. Lorsqu'il avait quitté cette dernière place, il y avait déjà laissé de son argent cinq cent mille livres. »
(2) *Lettres du Cardinal de Richelieu*, t. III, p. 648, 695, etc., et *Mémoires*, chap. XXI.
(3) *Ibidem*, t. III, p. 629 ; t. IV, p. 44.
(4) *Ibidem*, t. IV, p. 37, 81.

Mansfeld, de l'argent pour le subside des Hollandais, pour celui de Gustave-Adolphe (1). C'est le tonneau des Danaïdes.

Le cardinal a sous la main, une sorte de métèque espagnol, juif et morisque à la fois, homme à tout faire, fournisseur, espion, diplomate, brocanteur, intermédiaire, en un mot, Lopez. Celui-là, on sait par où le prendre et il sait s'y prendre : il tirerait de l'argent d'une pierre. Il devient le familier, le factotum, l'indispensable (2).

Voici de son style : « Les toiles de Harlem écrit-il d'Amsterdam au cardinal de Richelieu, le 15 octobre 1640, sont entre mes mains propres et blanchies. Je vous les apporterai. J'attends mon passeport. On m'a convié pour acheter des cabinets de Rubbins (le grand Rubens qui venait de mourir), quantité de vases, tapis, agathes, porcelaines, cristaux, tapis et peintures en abondance. Mme de Chevreuse m'a fait offrir une chaine de perles. *Mais je n'ai pas d'argent*. Il y a de belles tapisseries de prix et d'autres modernes; *mais je n'ai pas d'argent...* »

Pourquoi pas d'argent? Il s'en explique : par traité signé le 22 août 1639, la France s'était engagée à payer à la veuve du landgrave de Hesse une somme de cent cinquante mille livres à lui remettre à diverses échéances. Lopez avait prêté cinquante mille livres de sa poche pour faire face à la première échéance. Mais n'ayant pas été remboursé, il n'avait plus d'argent pour les autres versements. On lui devait *pour cette dette d'État;* et, en plus, il mettait sur sa note les cadeaux, il ajoutait l'argent qui lui était dû par le cardinal pour achats de poudre et de vaisseaux en Hollande, pour les avances faites ou les sommes dues de tous côtés. De là, son cri de naufragé : « Après avoir servi et fait tout ce qui m'a été commandé, je ne puis avoir d'argent pour m'arracher à ce pays! » Prisonnier pour les dettes de la France, le maranne Lopez! (3)

Luxe et misère, le Royaume en était là!

---

(1) *Lettres du Cardinal de Richelieu*, t. IV, p. 50.
(2) *Ibidem*, t. IV, p. 90. Voir surtout le très intéressant ouvrage de M. Henri Baraude, *Lopez, agent financier et confident de Richelieu*, édit. Revue Mondiale, 1933.
(3) Henri Baraude, p. 164.

La France est engagée depuis cinq ans dans cette terrible guerre qui met au désespoir les hommes qui, tel Bullion, devaient parer à tout. Entretenir des cent et cent mille hommes, avec tout ce que comporte le maniement des grandes armées, et nulles ressources assurées! On se tirait d'affaires au jour la journée par pression, arbitraire, exaction, déficit, report, incohérence, le tout retombant, finalement, sur la seule partie payante du Royaume, le bas peuple.

Augmentation indéfinie des impôts et du passif.

Les édits sur les tailles augmentaient d'année en année. L'édit de 1634 prit le caractère d'une mesure de réglementation générale. Pour faire rendre davantage à l'impôt on prenait le parti de traquer ceux des contribuables qui échappaient à l'inquisition fiscale. Le Roi décide « de révoquer tant de privilèges que se sont arrogés aucuns de nos officiers par l'autorité de leurs charges et les exceptions dont jouissent les plus riches et les plus puissants des paroisses, qui ont acquis des droits sous prétexte de certains offices imaginaires ». Les roturiers seuls devant être soumis à la taille, on refrène les usurpations de noblesse. Le Roi prend, à l'égard de lui-même, l'engagement de supprimer les lettres d'anoblissement. L'exercice des charges ne pourra plus être invoqué qu'autant que dureront les fonctions. Les exemptés nobles, ecclésiastiques, bourgeois ne pourront l'être que pour une seule terre. On punit les tentatives de pression sur les collecteurs (1).

A ce mal, l'évasion du contribuable, quel remède avait trouvé Richelieu? Celui que nous avons indiqué déjà, l'envoi dans les provinces de « commissaires », chargés de veiller au « régalement des tailles » et, en particulier, à l'exécution de cet édit de 1634 « que Sa Majesté entend être observé à l'avenir pour le soulagement de ses sujets sur le fait de la levée et imposition des tailles ». Mais, il faut bien le reconnaître, percepteurs

---

(1) Voir le texte de l'édit de janvier 1634, dans Isambert, *Recueil des Lois françaises*, t. XVI, p. 389 et suivantes.

et commissaires furent impuissants à refréner les abus. Le contribuable de mauvaise foi continuait à se dérober.

En novembre 1642, nouvel édit. Le mal est défini en ces termes : « La plus grande des non-valeurs qui se trouvent sur les deniers des tailles ne procède pas tant de la surcharge des contribuables que de l'inégalité qui se rencontre dans les assiettes des impositions faites par les officiers des élections, par suite de laquelle grand nombre de paroisses se trouvent soulagées et déchargées par la faveur de certains officiers au préjudice et surcharge des autres paroisses, lesquelles, se trouvant surchargées outre leurs forces, ne tiennent aucun compte de faire aucun rôle et se jettent dans la résolution de ne rien payer ou d'abandonner leurs paroisses et, en cette résolution, commettent diverses rébellions... »

Grève des contribuables, « moratoires » émeutes, soulèvement, guerres civiles, tels sont les malheurs publics qui suivent fatalement le désordre, l'arbitraire, l'inégalité, les exactions.

On le sait; mais qu'y faire? D'abord de l'argent, de l'argent tout de suite. A défaut des tailles, la fiscalité dispose de moyens à l'infini : en premier lieu, les aides, puis les emprunts, puis les ventes d'offices, et mille autres expédients fournis par les « avis » des financiers et introduits par l'influence des courtisans et des favoris, appelés les premiers à en profiter. Ne parlons pas de l'altération des monnaies, qui mériterait un chapitre à part (1), ni de cette duperie de la fabrication de l'or, par laquelle un aventurier sut tromper Richelieu lui-même plus de trois ans.

Il faudrait reprendre un à un toutes les procédures de cette finance désordonnée pour se rendre compte de la pression

---

(1) Voir Tallemant. *Historiette de Richelieu*, édition Techener, t. Ier, p. 430. — Le maréchal de Brézé écrit à Bouthillier, le 5 avril 1635, après la prise de La Mothe, pour se plaindre « de l'effronterie de quelques rogneurs de pistoles, qui les diminuent à un tel point qu'il y a à peine de connoître les entières d'avec les dernières étant plus légères d'un tiers qu'elles ne devroient être... Cela ruine absolument les troupes et le mal est à un point que, si on n'y pourvoit à la fin, il pourra aller à une conséquence bien plus considérable... » Lettre citée par le Vicomte de Noailles dans : *Le Cardinal de La Valette*, Perrin, 1906, in-8°, p. 45.

inouïe à laquelle fut soumis le contribuable, surtout pendant les dernières années du règne : augmentation des gabelles, système qui parut, à Richelieu lui-même, le moyen le plus admirable de plumer la poule sans la faire crier, — erreur grave dont la révolte des « Va-nu-pieds » le détrompa rudement —; rentes instituées sur lesdites gabelles; *taxe des aisés*, c'est-à-dire emprunt forcé, édicté en janvier 1639, et qui consistait à répartir entre les personnes passant pour les plus riches, — excepté bien entendu les nobles et les ecclésiastiques, — un emprunt de 8 millions de livres qui n'avait pu être placé autrement; aliénation ou engagement des aides à des fermiers qui procuraient des avances immédiates, mais à quel taux usuraire ! surcharge d'une somme de quinze cent mille livres s'ajoutant à l'impôt des boissons; impôts sur le tabac, sur les cartes, sur les jeux populaires, papegai, etc., établis dès 1629; création et ventes d'offices nouveaux, avec augmentation de leur rendement, surchargeant encore indirectement le contribuable; enfin, car il faut finir, accroissement continuel de la dette publique, dans la mesure où la médiocre organisation du crédit pouvait le permettre.

Une autre grande désillusion pour le cardinal de Richelieu fut l'échec complet de la mirifique invention qui lui avait été suggérée *le sol pour livre* s'appliquant à la vente de toutes les marchandises dans le Royaume. C'eût été le triomphe du « gabelou », pénétrant dans chaque boutique, dans chaque atelier, dans chaque maison et prenant à la gorge le contribuable. Ce fut le « gabelou » qui fut pris : une révolte terrible éclata, en particulier dans les provinces du centre : « A Yssoire, écrit l'intendant d'Auvergne, ils ont jeté les commis dans une chaudière pleine de chaux vive. » Cela se passait en 1640, l'année de La Marfée. Toute la France se fût jointe au comte de Soissons « à cause du sol pour livre ». Richelieu dut faire machine en arrière. Résigné, il écrivait à son tour : « Les habitants perdent le cœur et l'affection pour le Roi, le tout pour la satisfaction d'un partisan quelconque. »

Dès 1636, il dut constater lui-même les maux, suites de cette imposition : le commerce, sous prétexte de la taxe nouvelle, augmente indéfiniment les prix de toutes les marchandises. Le cardinal écrit encore : « Sous prétexte du sol pour livre, une marchandise qui ne se vendoit que cinquante sols et qui par conséquent, en raison de l'impôt, ne se devroit vendre que cinquante-deux sols six deniers, se vend soixante et quinze sols... Les monnaies sont rehaussées au prorata... M. le Lieutenant de police doit faire brûler ces marchandises à la vue de tout le monde et condamner les marchands à de fortes amendes.... » La lutte était impossible. Il fallut renoncer (1).

Même échec pour *l'impôt du vingtième*, aboli aussitôt qu'édicté. C'est à peine si l'on ose le maintenir atténué, sous le nom *d'équivalent*.

Il faut laisser les techniciens exposer dans le détail un enchevêtrement d'exigences et de résistances, d'exactions et de souffrances, d'oppressions et de remises, qui finit par mettre la France à feu et à sang dans les dernières années du ministère de Richelieu.

On a vu ce qui s'est passé en Bourgogne, en Provence, en Languedoc, au sujet de l'établissement des Élections. On a vu ce qui se passait en Rouergue, en Champagne, en Gascogne, la rébellion des « Lanturelus », la rébellion des « Croquants » qui luttent désespérément contre l'armée envoyée sous les ordres du cardinal de La Valette et livrent une véritable bataille, où mille à quinze cents d'entre eux restent sur le carreau (2). La guerre civile éclate en Normandie, à partir de 1639, à propos d'un incident de perception de la gabelle qui mit toute la province en état de révolte. Malgré l'expédition militaire commandée par Gassion, appuyant la mission dictatoriale confiée à Séguier (3), les troubles se prolongèrent, peu s'en faut, jusqu'à

---

(1) Voir les détails et les textes dans : Vicomte d'Avenel, *op. cit.*, t. II, p. 266.

(2) *Lettres de Richelieu*, t. V, p. 786. Sur les soulèvements qui se produisirent dans tout le centre, voir le détail dans l'ouvrage du vicomte de Noailles, *Le cardinal La Valette*, p. 277 et suiv., p. 323.

(3) Voir *Diaire ou Journal du chancelier Séguier en Normandie après la sédition des Nu-pieds, 1639-1640*, publié par Floquet. Le roi donna pour récompense à Séguier « toutes les terres vagues et vaines des pays révoltés ». C'eût été un procès éternel ; Séguier eut la sagesse de renoncer.

la mort du cardinal. Un document contemporain signale, avec une brièveté émouvante, la profondeur du mal : « Les révoltés, s'étant grossis peu à peu, par la connivence des grands et par l'amas et l'assemblée des petits, ont formé enfin un corps de cinq à six mille hommes bien armés, qu'ils ont divisé en huit ou dix régiments commandés par les plus aguerris d'entre eux et de là se sont étendus en toute la province... Ils ont vomi leur rage en tous lieux, ont abattu les maisons, ruiné des familles tout entières, assassiné les gens de bien. Bref, c'étoit fait de toute la province si le Roi n'y eût employé la force de ses armes ; à ce point que, si on eût encore différé quatre jours de les attaquer, ils grossissoient leur corps jusqu'à dix mille hommes. Et s'ils eussent résisté au premier effort, tout le pays se fût hautement déclaré, car un chacun en attendoit le succès (1). »

Tourments et expédients de Richelieu.

Telles étaient les suites d'une si insupportable exaction. Elles ne laissaient pas Richelieu insensible. A suivre son action personnelle dans la gestion financière du Royaume, on reconnaît qu'il ne cessa de se préoccuper des moyens de diminuer ce fardeau des impôts pesant presque exclusivement sur le peuple. Elles étaient sincères, les paroles qui servaient de préambule à « l'état des recettes et de la dépense » qu'il fit dresser l'année 1640 en vue des réformes auxquelles il avait hâte de se consacrer : « Comme le principal but de Son Éminence a été de remettre le Royaume en sa splendeur, faire régner le Roi paisiblement avec l'autorité convenable à Sa Majesté et décharger son peuple de la plus grande partie du faix qu'il porte, il a souvent les larmes aux yeux et une douleur extrême dans le cœur de voir, au lieu de soulagement, quantité desdits impôts et autres charges extraordinaires que la nécessité du temps, à cause de la guerre, a extorqués de Son Éminence contre son intention. Aussi désirant, au même temps qu'il aura plu à

---

(1) Voir, dans le *Diaire*, la *cinquième pièce*, publiée *in fine*, page 440.

Dieu donner la paix à la chrétienté, continuer son dessein d'établir un bon ordre en toutes les affaires du Royaume, surtout en celles des finances, d'où peut s'ensuivre la décharge du peuple, Son Éminence a voulu avoir une connaissance exacte de tous les impôts... (1). »

Il serait injuste également de penser que le cardinal ne voyait, dans la gestion financière qu'un moyen, un instrument de sa politique. Il savait, et il l'a répété à maintes reprises, que la réduction des impôts et leur répartition plus équitable seraient les moyens assurés, non seulement de satisfaire le peuple, mais de lui donner goût au travail et de lui assurer finalement le bien-être et la prospérité dont ces vaillantes générations qui ont fait la France étaient si dignes. Il écrit, visant « les parties extraordinaires », qui reviennent, en somme, à l'accroissement constant et immodéré des impôts : « Il m'est impossible de ne pas dire que, tant s'en faut que les grandes augmentations des revenus qu'on peut faire par cette voie, soient avantageuses à l'État, qu'au contraire, elles lui sont préjudiciables et l'appauvrissent au lieu de l'enrichir. Peut-être que d'abord cette proposition sera tenue pour un paradoxe ; mais il est impossible de l'examiner soigneusement sans en connaître la justice et la vérité. L'augmentation du revenu du Roi ne se peut faire que par celle de l'impôt qu'on met sur toutes sortes de denrées; et partant, il est clair que, si on accroît par ce moyen la recette, on accroît aussi la dépense, puisqu'il faut acheter plus cher ce qu'on avoit auparavant à meilleur marché. Si la viande enchérit, le prix des étoffes et de toutes autres choses augmente, le salaire des artisans sera

---

(1) Publié par Caillet, deuxième édition, t. II, p. 420. C'est ici le lieu de signaler une tentative, une illusion qui, conseillée, soutenue par l'étrange imagination du Père Joseph, a poussé le cardinal à recueillir en plein Louvre, un alchimiste, Capucin défroqué et converti au luthéranisme, nommé Pigard, qui se faisait appeler Dubois et se donnait comme capable de produire de l'or. C'était au plus mauvais temps de la guerre, lors de la panique de Corbie ; les ressources normales étaient épuisées. L'homme promit, travailla, souffla, gagna du temps, mentit, finalement changea devant le Roi, une balle de plomb en or. Le Roi l'embrassa. Mais le miracle ne put se renouveler. Dubois fut condamné à mort pour magie, fausse monnaie, et exécuté le 27 juin 1637. Ainsi que l'observe M. Avenel, le plus grand de ses crimes fut d'avoir pris pour dupe le cardinal. — Voir le récit donné en note d'une lettre de Richelieu à Chavigny, où le « travail » de Dubois est visé. Avenel, *Lettres du Cardinal de Richelieu*, t. V, p. 625.

plus grand qu'il n'étoit auparavant; le pauvre gentilhomme dont le bien ne consiste qu'en fonds de terre n'augmentera point son revenu, les fruits de la terre demeureront presque toujours à un même prix... Il pourra arriver que telles augmentations diminueront les droits du Royaume au lieu de les augmenter... Il y a plus, l'augmentation des impôts est capable de réduire un grand nombre de sujets du Roi à la fainéantise, étant certain que la plus grande partie du pauvre peuple et des artisans employés aux manufactures, aimeront mieux demeurer oisifs et les bras croisés, si la grandeur des subsides, empêchant le débit des fruits de la terre, les empêche aussi de recevoir celui de la sueur de leur corps (1). »

On le voit : fuite de la matière imposable, vie chère, chômage, découragement de l'agriculture, amoindrissement de l'activité générale, appauvrissement de l'État lui-même, ces observations portent dans tous les temps; tout est vu et prévu avec un bon sens, exposé avec une clarté dont, en vertu de la fixité des lois économiques, nous pouvons, même aujourd'hui, sentir le prix. Et le cardinal ne se renferme pas dans le cercle vicieux où s'obstine l'incapacité financière et économique de son temps, à savoir de créer des impôts à outrance pour soutenir un État ruiné. Non! Il est hanté, au contraire, par la vision de la seule voie de salut ouverte par la sagesse financière : développer la prospérité du peuple comme seul moyen d'enrichir l'État. Il y revient sans cesse, car il sait où il va : développement du commerce intérieur « par la suppression des traites foraines ou douanes de province à province, créations de routes terrestres et fluviales, sécurité des voyages et des transports, accroissement du commerce extérieur par l'ouverture de nouveaux marchés, construction d'une marine marchande et d'une marine militaire pour assurer la liberté des mers, agrandissements des ports, élargissement du territoire par la consolidation des frontières,

---

(1) Voir tout le chapitre du *Testament politique*, section VII de la deuxième partie... « qui fait voir quel est le revenu actuel du Royaume, quel il peut être à l'avenir en déchargeant le peuple des trois quarts du faix qui l'accable maintenant ». Edit. elzév. 1689, p. 381 et suivantes.

sécurité dans le travail : toutes ces prévisions et les tâches, qui sont celles du chef tourmentent cette imagination toujours en éveil. Les chapitres qui vont suivre exposeront les résultats qu'il put atteindre. C'est à ce souvenir d'une direction prématurément interrompue que se référait son disciple Colbert, quand il invoquait sans cesse l'autorité de ce « grand cardinal de Richelieu ».

Des chiffres pour conclure.

Quelques précisions sont indispensables pour permettre de porter un jugement équitable sur la gestion financière du cardinal de Richelieu.

Des tableaux par années et par ordre de matière ont été donnés dans les ouvrages techniques (1). Pour être courts et pour être clairs, nous nous en tiendrons à la comparaison entre les chiffres de trois années : l'année 1626, où Richelieu, débarrassé de La Vieuville, prend effectivement la pleine direction des affaires, l'année 1636, où il se trouve engagé à fond dans la grande guerre contre la maison d'Autriche; l'année 1640, dont les comptes sont les derniers qui se soient élucidés avant la mort du cardinal.

En 1626, le montant des recettes à l'Épargne,
c'est-à-dire à la trésorerie royale, est de .... 18.243.045 livres
En l'année 1636, ce montant est de.......... 23.471.254 »
En l'année 1640, il est de.................. 43.454.166 »

De fait, le chiffre des impôts payés par le Royaume était, en cette dernière année 1640, de 78.268.349 livres. La différence (et elle s'applique proportionnellement à toutes les autres années), est

---

(1) Voir Forbonnais, *Recherches et considérations sur les finances de France*, Liége 1758, in-8° t. II et III. — *Comptes rendus de l'administration des finances de la France*, par M. Mallet, commis de M. Desmarets, publié par Luc-Vincent Thierry, Buisson 1789, in-4°. — *Histoire générale des finances de la France* par M. Arnould, membre du Tribunat, mars 1806, in-4°. Imprimerie du Corps législatif. — Le vicomte d'Avenel, dans le t. II de son ouvrage *Richelieu et la Monarchie absolue*, a donné, avec une autorité particulière, le résultat de ses recherches dans les archives ouvertes depuis 1885 aux historiens modernes.

représentée par les frais de toute nature résultant de la perception des contributions.

Les dépenses pour ces trois années, vérifiées par les Cours des Comptes, montaient :

En 1626 à..................................	27.254.175 livres.
mais il faut ajouter les dépenses par comptant....	17.402.986 »
ce qui donne au total.........................	44.657.161 »
En 1636, elles étaient de..................	42.488.455 »
somme à laquelle il faut ajouter pour les dépenses par comptants.....................	65.767.781 »
ce qui donne au total	108.256.236 »
En 1640, elles montaient à	40.716.815 »
en plus pour les dépenses par comptant.....	75.492.096 »
ce qui donne au total........................	116.208.911 »

L'examen attentif des recettes et dépenses au cours du règne prouve que la progression est des plus irrégulières et l'auteur du relevé auquel nous empruntons ces chiffres, M. Mallet, qui avait à sa disposition les archives de l'ancien régime, fait observer avec raison qu'il faut tenir compte, en plus, pour les recettes, des ressources en quelque sorte anormales, à savoir « les droits créés sur tailles et gabelles; taxes faites sur les engagistes des douanes; prêt établi en 1620 sur les officiers du Royaume pour entrer dans le droit annuel; offices de toute nature créés d'année en année; vente et revente du domaine, bois, greffes et autres offices domaniaux, *toutes lesquelles créations et attributions produisirent des sommes immenses, qui furent employées aux dépenses extraordinaires de l'État occasionnées par les guerres de Religion, de la Valteline, par la prise de la ville de La Rochelle, du Pas et de la ville de Suse, le secours de Casal et plusieurs autres guerres qui troublèrent la France en ce temps-là* (1). »

Le vicomte d'Avenel expose un calcul qui résulte de la comparaison des « comptes rendus » de Mallet avec un certain nombre d'autres documents réunis par lui; la balance budgétaire, pour 1639, s'établit ainsi qu'il suit :

Recettes...............................	173.285.829
Dépenses..............................	172.823.000

(1) Mallet, *op. cit.*, p. 227.

Cette balance, comme le reconnaît l'auteur, est seulement approximative; en outre, il faut tenir compte de la variation des recettes anormales d'année en année. Quant à la différence qui existe entre ces chiffres et celui que nous avons donné d'après Mallet pour l'année 1640 (c'est-à-dire 170.000.000 au lieu de 116.000.000), elle tient certainement au fait que Mallet n'a pas fait entrer en ligne de compte les frais de recouvrement au départ. D'après ce calcul, la charge aurait donc été, pour le contribuable, de 172.000.000 de livres environ, vers la fin du règne.

Richelieu, dans son *Testament politique*, dont les éléments paraissent avoir été recueillis en 1636, évalue les *recettes à 50.483 livres et il reconnaît que toutes les levées* perçues dans le Royaume montent à environ 80 millions, 45 millions étant retenus par les frais constitués au départ; par exemple, « on tire de toutes les gabelles près de 19 millions de livres, dont il ne revient que 5 millions cinq cent mille livres à l'Épargne ».

Mais l'année 1636 n'appartient pas encore à la période des plus lourdes dépenses militaires. Quand approche la fin du règne, la recette totale s'accroît, comme nous l'avons dit, et atteint environ 115.000.000, la dépense totale étant de 175.000.000, d'où un déficit pour l'année d'environ 50.000.000. Ce déficit ne peut être comblé, selon les nécessités urgentes, que par les « ressources anormales » visées par le rapport de Mallet.

Au nombre de ces ressources anormales, il faut faire figurer en première ligne les emprunts dont l'usage ira croissant.

Ici encore, nous sommes réduits aux approximations. On empruntait à tout le monde et de toutes manières. Il n'y avait ni dette d'État ni crédit d'État à proprement parler. Ces appels d'argent se faisaient par des corps constitués ou des particuliers considérés comme de meilleurs garants : rentes sur l'hôtel de ville de Paris (ainsi nommées parce qu'elles étaient allouées au prévôt des marchands, qui se chargeait d'émettre l'emprunt et de payer les rentes); emprunts au Clergé, aux villes; emprunts forcés; emprunts aux traitants, financiers, maltôtiers et autres manieurs d'argent; arriérés dus à tout ce peuple de spéculateurs

ÉVALUATION DES SOMMES EMPRUNTÉES.

au détriment de l'État. On ne réglait jamais ou avec des retards de cinq et six ans. Cela était passé en système : les fonctionnaires prêtaient à l'État; les généraux empruntaient en leur nom personnel pour nourrir les troupes; les ministres, les intendants prêtaient ou empruntaient au fur et à mesure des besoins urgents (1). Retards, reports, aliénation, toutes les complexités de la misère et de l'usure se confondaient, chevauchaient les unes sur les autres, donnant lieu à des réductions, conversions, confiscations, règlements plus ou moins arbitraires, plus ou moins consentis. L'État y perdait toujours, mais il y revenait toujours.

Le taux des intérêts, énorme au moment des émissions, se réduisait, s'amenuisait peu à peu selon les nécessités de l'heure ou le caprice de l'autorité royale. « Faire rendre gorge » était une expression courante. Le traitement était appliqué aux fermiers, aux partisans et à l'épargne elle-même. La plus petite épargne n'était pas beaucoup plus exigeante qu'elle ne l'a jamais été; le rentier se contentait de crier un peu quand on supprimait un « quartier ». Les millions fondaient alors comme les milliards aujourd'hui.

En nous rapportant aux données admises par les techniciens, les rentes émises sous le règne de Louis XIII se seraient élevées à un total d'environ vingt millions de livres, ce qui représenterait un capital, selon le taux d'intérêt très variable, de plus de cinq cent millions de livres. Si l'on admet l'évaluation généralement adoptée, il faudrait multiplier la somme par six pour avoir le rapport en francs or, — ce qui ferait monter les emprunts de Richelieu pendant les douze années de son ministère à une somme d'environ trois milliards, soit, au quotient actuel, quinze milliards. La somme, étant donné l'immensité et la difficulté des œuvres accomplies, n'est pas exorbitante. Mais il ne faut pas

(1) Nous avons vu ci-dessus Richelieu et Bullion payer pour les vivres des armées. Nous avons vu Lopez payer de sa poche la subvention due à la landgrave de Hesse. Nous voyons le cardinal de La Valette payer de sa poche la somme de 100.000 écus : cette somme assura à la France le concours de l'armée suédoise et de son chef Bernard de Saxe-Weimar. Dans la sinistre année de Corbie, Richelieu s'engage encore personnellement pour que le prince de Condé enrôle des troupes. Voir le *Cardinal de La Valette* par le Vicomte de Noailles, p. 229 et p. 291.

oublier la surcharge effroyable d'impôts annuels dont les peuples étaient accablés.

Le cardinal ne se cachait pas à lui-même ces suites douloureuses de son système politique. Il mettait en balance les grands services rendus et les succès, soit obtenus soit assurés, la pacification intérieure, l'unification des provinces, l'affaiblissement des pouvoirs intermédiaires, l'élargissement des frontières dans le nord, en Lorraine, en Savoie, la menace d'encerclement austro-espagnol écartée, la constitution d'une armée disciplinée, d'une marine, des premiers établissements coloniaux, l'essor du commerce, de l'industrie largement amorcé. Et puis, avec cette hauteur de vue où il y avait quelque illusion de visionnaire, il disait à ses agents pour soutenir leur courage : « La nature des grandes affaires porte avec soi des difficultés ; et souvent, après beaucoup de nuages, le soleil se fait voir plus clair qu'on n'eût su l'espérer (1). »

Ces grands desseins, qui le soutenaient lui-même, pouvaient-ils être appréciés à leur valeur d'avenir par les contemporains, qui pliaient sous le faix? Aussitôt après la mort de Louis XIII, une requête adressée à la Reine Régente, Anne d'Autriche, et rédigée par les tenants de l'opposition parlementaire, s'exprimait en ces termes : « Madame, les ministres de votre État travaillent depuis quarante ans à élever le trône de l'Empire de votre fils sur la désolation du pauvre et du misérable ; ils font boire à votre peuple le fiel de leurs injustices et les accablent sous la pesanteur de leurs oppressions et de leurs brigandages. Dieu, qui est le vengeur des peuples et des affligés, le voit et l'a souffert jusqu'à présent, *sed non in finem oblivio erit pauperis;* c'est un roi qui vous le dit par ma bouche.

Prenez-y garde, Madame (2). »

Cette plainte est émouvante ; mais elle perd singulièrement de sa force, si l'on songe qu'elle était formulée par l'un de ces parlementaires qui se refusaient à participer aux charges publiques.

---

(1) Lettre au Cardinal de La Valette, dans Noailles, *op. cit.*, p. 327.
(2) Requête attribuée à La Galissonière, maître des Requêtes, citée par le vicomte d'Avenel, *Richelieu et la Monarchie absolue*, t. II, p. 356.

La politique est un art difficile. Une nation à bâtir, à entretenir, à satisfaire, c'est cher. Le fils de la Régente espagnole, Louis XIV, le Grand Roi, ne saura pas s'inspirer lui-même de la parole du roi de la Bible que son enfance avait peut-être entendue, mais que son adolescence avait vite oubliée.

LIVRE QUATRIÈME

L'ORGANISATION
DES FORCES NATIONALES

LIVRE QUATRIÈME

L'ORGANISATION DES FORCES NATIONALES

CHAPITRE PREMIER

RICHELIEU ET L'ARMÉE

Les nécessités militaires à l'avènement de Richelieu.

« L'État le plus puissant du monde ne sauroit se vanter de jouir d'un repos assuré, s'il n'est pas en état de se garantir en tout temps d'une invasion inopinée (1). » Ces paroles, filles de l'expérience, prennent toute leur force si on les rapproche du *Conseil que le Cardinal de Richelieu donna à Louis XIII pour le bien de son État* peu après qu'il fut entré aux affaires : « Puisque Votre Majesté me fait l'honneur que je lui parle de ce que j'estime le plus considérable maintenant dans les affaires, je ne crois pas me tromper, si je lui dis que j'ai remarqué quatre causes principales qui donnent de la langueur et de la foiblesse à cet État. La première est étrangère et n'est autre que l'ambition effrénée de l'Espagnol, qui, le faisant aspirer à la monarchie de l'Europe, le fait entreprendre sur les États de nos voisins, qui sont comme les dehors du Royaume, dont même il prétend s'emparer un jour aisément. Les autres sont internes et domestiques, qui servent d'appui à toutes les révoltes et qui sont comme un lion nourri dans le Royaume : l'une est

---

(1) *Testament politique*, IIe partie, section IV. Édition elzév., p. 308.

l'excessive licence des grands; l'autre est le défaut des troupes aguerries; et la dernière est le manquement d'un fonds considérable dans l'épargne, pour entreprendre la guerre dans les occasions et la faire subsister autant qu'il est besoin... Les guerres civiles, que les Princes renouvellent presque tous les ans, réduisent Votre Majesté dans l'impuissance de rien entreprendre au dehors, nourrissent les peuples dans la désobéissance et donnent moyen aux grands de partager avec vous l'autorité qui n'appartient légitimement qu'à votre sceptre. D'ailleurs, les conquêtes que la maison d'Autriche fait sur tous les voisins de la France, lui donneront enfin moyen de s'en faire le maître si Votre Majesté ne s'y oppose. Bref, le peu de troupes aguerries qu'on entretient sur pied pour l'ordinaire et le peu de fonds qu'il y a dans l'épargne réduisent Votre Majesté à l'impuissance absolue de s'opposer aux étrangers ou à ceux qui se révoltent. Aussi est-ce à quoi principalement mon avis seroit qu'elle fît donner ordre, m'assurant qu'elle verroit bientôt la France changer de face et se rendre redoutable aux étrangers qui l'ont hardiment offensée (1). »

On le vit au siège de La Rochelle : la France n'avait pas d'armée; il fallut tout improviser (2). Et, un peu plus tard, quand, en raison de la situation générale de l'Europe engagée dans les alternatives de la guerre de Trente ans, la France se trouva obligée de prendre parti, ses chefs durent se demander quelles forces elle opposerait aux armées nombreuses et exercées qui la menaçaient de toutes parts.

Fils et petit-fils de soldats, Richelieu dont la première éducation avait été celle de l'Académie, — l'Académie du sieur de Pluvinel, où l'on apprenait la « perfection du cavalier », — avait eu dans ses attributions, lors de son premier ministère, les choses de la guerre. Il avait vu le mal et le désordre de près.

---

(1) *Avis adressé au Roi après la révolte de Soubise*, publié dans *Les sentiments illustres de quelques grands hommes d'État et de très prudents ministres*. Paris, Pierre Le Gros, 1686, petit in-12.

(2) Avenel, *Lettres du Cardinal de Richelieu*, t. I, p. 489 et suiv. — Même en 1630, au début de l'affaire de Pignerol, Richelieu se plaint qu'il n'y ait aucune organisation militaire pour le temps de guerre. *Ibid.*, t. III, p. 683, 731, etc...

Aussi sa pensée instante, dès qu'il eut été mis à la tête des affaires, fut-elle d'assurer au Royaume une puissance militaire capable de faire face aux difficultés intérieures et extérieures qu'il prévoyait (1). Là encore, selon un mot fameux, « le cardinal eut les intentions de tout ce qu'il fit ».

Mérite qui lui est, d'ailleurs, reconnu par l'histoire : « Pour nous, dit l'auteur de l'*Histoire de l'armée et de tous les régiments* (2), Richelieu est l'admirable génie qui tira la France de l'anarchie; c'est l'administrateur qui organisa l'armée, qui y rétablit l'ordre et la discipline. Après la mort de Henri IV, les ressources de l'État étaient épuisées, les troupes disciplinées lui manquaient, les chefs avaient vieilli. Il fallait tout créer sur une échelle immense. Il forma plusieurs armées qui combattirent constamment sur nos frontières et à l'étranger, enrôla à sa solde les armées suédoises, fournit à toutes les exigences de ses guerres... »

Juste louange, mais qui ne fut véritablement méritée qu'au fur et à mesure des événements et quand les « intentions » eurent trouvé quelque jour à se réaliser dans les faits, après tant d'essais vains et infructueux; car cette entreprise d'État, la création d'une armée, fut la grande affaire de Richelieu.

Pour comprendre quelle peine fut la sienne, il faut considérer le problème sous ses faces diverses. Après quelques observations d'ordre général, nous examinerons successivement les résultats de l'activité du cardinal en ce qui concerne le recrutement des armées, leurs cadres, leur entretien, la discipline, finalement en ce qui touche à l'art militaire et au commandement.

Observations générales.

Il faut se garder avant tout de donner aux mesures législatives et administratives, prises sous le ministère du cardinal de

(1) Voir les études approfondies dont le ministre fit un recueil conservé aux Archives des Affaires étrangères, et publiées ou analysées dans *Lettres du Cardinal de Richelieu*, par M. Avenel.
(2) Adrien Pascal, t. II, p. 13.

Richelieu, le caractère de décisions obéies, de réglementation généralisée et durable. Le nombre même de ces mesures, incessamment renouvelées, prouve leur peu d'efficacité.

Le Code Michau, rédigé en 1629, après La Rochelle et avant les grandes guerres, contenait, nous l'avons vu, des prescriptions nombreuses relatives aux choses de l'armée. La plupart d'entre elles étaient formulées d'avance dans les projets de réforme étudiés par Richelieu aux premiers temps de son ministère. L'inspiration émane donc de lui et on peut constater, par ce rapprochement, son « intention » de mettre sur pied une organisation militaire solide, puissante, disciplinée, assurant le bien-être du soldat, et ménageant les ressources du pays.

L'ensemble du système, développé dans les articles 221-343 de l'ordonnance, forme un véritable code militaire dont nous citerons seulement les premiers articles, pour qu'on en apprécie le caractère :

« *Art. 221.* — Premièrement, en ce qui concerne l'infanterie : en quelque lieu que ce soit, ou de campagne ou d'armée ou de garnison, elle fera dix mois de montre (1) pour chacun an à trente-six jours par mois (donc règlement de la solde favorable au soldat).

Art. 222. — Elle sera payée par avance (règlement plus favorable encore)..

Art. 223. — Les paiements se feront à la banque par prêts réglés et sans discontinuation.

Art. 224. — Le pain de munition sera toujours fourni aux soldats, capitaines et officiers dans les armées et ès garnisons aux soldats seulement, suivant l'ordre prescrit, etc... »

Les règlements militaires du Code Michau sont ainsi d'une minutie extrême, entraînant des engagements formels de la part de l'État, édictant même des sanctions pour en assurer l'exécution.

Or ces prescriptions furent sans effet : l'État se déroba à ses propres engagements. Qu'il s'agisse de la solde, des vivres,

---

(1) La montre était la revue où se faisait le paiement de la solde, par extension elle désigna la solde due à chaque homme.

des étapes, des logements, des hôpitaux, le tout continua à aller au gré des événements, parfois de mal en pis. Nous savons, d'ailleurs, que l'Ordonnance Michau, dans son ensemble, ne fut pas appliquée; elle tomba avec la faveur des Marillac. Il en fut de même de la plupart des mesures concernant l'organisation militaire, qui se multiplièrent jusqu'à la fin du règne.

Le cardinal lui-même ne se fait aucune illusion à ce sujet. Un document officiel, conservé aux Archives de la Guerre, et écrit quelques mois avant sa mort, en est une preuve; il est daté du 18 décembre 1641 : « Sur l'avis donné à Sa Majesté que les gens de guerre sont accoutumés depuis quelques années de vivre dans une telle licence qu'il est impossible de faire observer les règlements par elle faits pour les étapes (voir en particulier les articles 225 et suivants de l'ordonnance de janvier 1629)..., Sa Majesté a enjoint expressément aux maires et échevins des villes d'arrêter aux portes, ponts et passages d'icelles, ou en tel lieu qu'ils estimeront à propos, le corps d'infanterie ou de cavalerie qui aura fait quelque désordre, pour saisir et punir les auteurs... » C'est comme si l'on disait au magistrat civil : « Nous n'y pouvons rien; fais-toi justice à toi-même (1). »

---

(1) Archives de la Guerre, t. LXVI, n° 497, cité par Caillet, 2ᵉ édit. t. II, p. 151. — Le passage et le logement des gens de guerre étaient de véritables calamités pour le peuple au temps de Richelieu. Rien de plus précis à ce sujet que le travail de M. Maignan : *Les anciens registres paroissiaux*, paru dans la *Revue des questions historiques*, année 1879, p. 157. Nous ne donnerons qu'un court extrait de cette précieuse documentation empruntée au *Registre* du curé de Thorigny (Yonne), pour les années postérieures à l'ordonnance de 1629 : « 1632, Régiment du marquis d'Arnault. Il incendie Granche, paroisse voisine et brûle vingt-deux maisons et douze granges. — 1635. Deux compagnies de cavalerie à Thorigny. Ils ont logé deux nuits, fait grande dépense. Ils avoient deux aumôniers, quantité de noblesse, quantité de harpaille et mange-pain. — 1637. Ils ont logé ici, fait bonne chère, battu et menacé leurs hôtes et, encore, a-t-il fallu donner vingt-cinq écus. — Le 9 juin, on refuse d'ouvrir les portes aux soldats : ils gâtent quantité de blés par malice, ils entrent dans la ville et les habitants, pour leur désobéissance, donnent cent cinquante écus. Les gendarmes volent partout »... Mêmes notes pour 1639, etc.

Voir aussi, entre mille autres faits significatifs, le récit que fait Campion, dans ses *Mémoires*, de l'incident entre sa troupe demandant le logement à Bu, dans les environs d'Anet, et les bourgeois de la ville le refusant. On faillit en venir aux mains et les choses ne s'arrangèrent que grâce à la sagesse de Campion. Le général de Grimoard apprécie l'incident en ces termes : « Cette affaire embarrassante prouve qu'il n'y avait

Donc, pour avoir une vue exacte des réalités, il faut considérer les faits et la vie journalière. Les progrès lentement développés de l'organisation militaire, Richelieu les accomplit par une volonté, une énergie soutenues, une attention minutieuse, vétilleuse, par un déploiement d'autorité jamais lasse et toujours débordée par la grandeur de la tâche(1). C'est seulement après sa mort que la victoire de Rocroi, couronnement de ses efforts, consacra la supériorité des armes françaises sur ses puissants adversaires, l'Autriche et l'Espagne.

Une autre observation rend sensibles, en quelque sorte, les difficultés auxquelles se heurte la volonté du cardinal.

A l'époque où Richelieu reçut la charge des affaires, le Roi lui-même n'avait pas un plein pouvoir de décision en ce qui concernait la formation et la conduite des armées. Du système féodal, il restait, entre autres survivances, ce fait traditionnel que l'autorité s'exerçait par l'intermédiaire de personnes jouissant de situations acquises ou de délégations plus ou moins arbitraires, le tout constituant un véritable partage de la souveraineté. Par exemple, le connétable, haut personnage inamovible, avait des droits de commandement et un pouvoir de décision dont il fallait tenir compte, soit en temps de paix, soit en temps de guerre; de même pour les choses de la marine, une autorité analogue appartenait aux deux amiraux commandant l'un dans les mers du Levant, l'autre dans les mers du Ponant. Le Roi n'était véritablement le maître que s'il com-

---

alors ni subordination ni police; qu'on n'obéissait à une autorité quelconque que quand on ne pouvait faire autrement et que le peuple n'était pas moins porté à la mutinerie que les grands. Cet ordre de choses, auquel les historiens ne font pas assez d'attention, ne laissait d'autre moyen au cardinal de Richelieu, pour rétablir la paix publique, que de faire dominer l'autorité royale; et, comme il jugea que les expédients doux échoueraient, il crut devoir en employer de terribles, surtout à l'égard des grands, dont la plupart étaient, d'ailleurs, ses mortels ennemis. » *Mémoires d'Henri de Campion*, Edit. 1807, p. 77.

(1) Pour attester cette application de tous les instants, on pourrait multiplier indéfiniment les renvois aux papiers d'État de Richelieu. — A titre d'exemple, voir au tome V *des Lettres*, p. 3, l'*Abrégé du contrôle général de toutes les armées du Roi qui est ci-après tout au long*, avec les annotations précises, toutes de la main du cardinal, notamment le paragraphe si important relatif aux vivres, « cinq cents chariots pour quinze mille hommes », etc., qui se trouve à la page 6. — Voir aussi : *Contrôle général pour 1636*, p. 723 et suivantes.

mandait en personne, et encore s'il était assez fort pour se faire obéir. Il suffit d'évoquer le souvenir des entreprises du connétable de Bourbon, de Biron, amiral de France, des Guise, des Montmorency, pour donner la mesure de l'obstacle que présentaient ces situations, d'autant plus gênantes qu'elles étaient plus mal définies,

Quand Richelieu arriva au pouvoir, il dut ménager les prérogatives de Lesdiguières, et c'est seulement après la mort de celui-ci, qu'ayant, par un véritable coup d'autorité, fait supprimer la charge de connétable, il put se faire attribuer à lui-même, durant le siège de La Rochelle, une délégation de l'autorité royale sur les choses du militaire pour cette campagne, se la faire renouveler, par la suite, pour la campagne d'Italie, et même pour le cours des grandes guerres européennes. Ce fut au prix d'une guerre civile qu'il arracha au duc de Guise et au duc de Montmorency les fonctions d'amiral qu'ils exerçaient sur l'une et l'autre mer, de façon à faire créer pour lui, par une innovation cruellement blâmée, les fonctions de surintendant général de la navigation; sans quoi, aucune des grandes pensées qui couvaient en lui au sujet de la puissance navale et de l'expansion coloniale de la France n'eussent pu se réaliser.

Dans l'armée, les officiers, jusqu'aux grades inférieurs, exerçaient, de même, leurs fonctions comme un *office*. Ils recevaient, à cet effet, une « commission » qu'ils achetaient à beaux deniers comptants(1). On possédait un grade comme, aujourd'hui, une étude de notaire ou un greffe de tribunal. Des hommes qui se consacraient à la carrière des armes, tel Fabert ou Guébriant, ne pouvaient être officiers qu'en y mettant le prix et nous les voyons se ruiner, eux et les leurs, pour servir le Roi dans ses

---

(1) Prenons au hasard les étapes de la carrière militaire de Puységur : « Le Roi me promit de me donner la première enseigne; ce qu'il fit dix-huit mois après que je fus entré dans la compagnie des mousquetaires. J'ai demeuré dans cette charge d'enseigne depuis l'an 1624 jusqu'en 1631... Je vendis l'enseigne à M. de Comminges en l'année 1631 pour acheter la compagnie de M. d'Anton, capitaine au régiment de Piémont et la charge de major au même régiment, que j'achetai de M. de La Roche, capitaine des gardes de M. d'Épernon. *Mémoires de Puységur*, édit. Tamisey de Larroque, 1883, t. I, p. 48.

armées. Le Roi n'avait guère d'autre façon de reconnaître leurs services que de les aider par un concours pécuniaire, sous forme de gratification ou de pension. Tout en se conduisant bravement, ces hommes de carrière n'oubliaient pas de pourvoir au revenu de la charge et, le cas échéant, au profit.

Chaque province, chaque partie de l'ordre social avait ses droits, ses privilèges, et entendait les faire valoir, fût-ce à l'encontre des volontés royales. Ces droits étaient fondés soit sur des pactes écrits, soit sur la coutume. Dans ce fourré d'épines qu'était la constitution du Royaume (sans parler des « épines » des Parlements) un ordre général ne s'était pas encore établi et une mesure d'ensemble ne descendait que par lente pénétration jusqu'aux couches inférieures. Il y avait toujours quelque joint par où se glissait l'esprit de localisation et d'indiscipline. En un mot, l'unité n'était qu'en expectative. Le caractère particulier de chaque province survivait dans le dévouement commun à une cause commune, entrevue dans un devenir encore éloigné et au nom d'une réglementation royale toujours discutée.

Par exemple, il était de tradition chez le soldat français qu'il ne prît pas ses quartiers en Allemagne; si l'on prétendait l'y contraindre, il désertait (1). On vit, à certains moments, les conscrits bretons regagner leurs foyers parce qu'ils se considéraient comme spécialisés, en tant que Bretons, pour le service contre l'Angleterre et que les autres guerres n'étaient pas leur affaire.

Il est impossible de concevoir les difficultés financières auxquelles Richelieu se heurta et qu'il ne parvint jamais à surmonter. C'est une véritable tragédie que la persistance acharnée du grand ministre, sentant la terre se dérober sous ses pas au fur et à mesure qu'il avançait plié sous le fardeau. Un seul trait entre mille. Le cardinal de La Valette, commandant l'armée d'Italie, lui écrit en pleine guerre (1638) : « L'argent est rare au

---

(1) Voir, entre autres preuves, le passage si formel de la lettre de Richelieu à l'abbé de Coursan, qu'il envoie, en juin 1635, porter ses instructions au maréchal de La Force : « L'appréhension d'aller en Allemagne aux nouvelles troupes est telle qu'on ne les y peut conduire sans en perdre la moitié ». Avenel, *Lettres du Cardinal de Richelieu*, t. V, p. 45. — Cfr. Vicomte de Noailles, *Le Maréchal de Guébriant*, p. 280.

point que l'on ne peut faire une seule montre; si tout me manque, je préfère mourir plutôt que de voir périr ce pays à mes yeux et d'être déchiré par un mal auquel je ne puis remédier. » Et quelques jours plus tard(1) : « Le débandement commencé de nos troupes me fait craindre qu'elles n'achèvent de se dissiper entièrement. On croit, ou on me veut persuader, que nous avons plus d'argent qu'il nous en faut pour payer l'armée... Notre cavalerie fuit à cinquante chevaux ensemble et notre infanterie se va vendre aux ennemis avec des sergents et des caporaux. Les capitaines même d'infanterie s'en vont sans qu'il soit possible de les retenir... Lorsque nous avons de la peine à trouver huit cent mille livres pour l'année, les Espagnols ont trois cent mille écus par mois, pour l'ordinaire. »

Quels efforts, quelle vigueur, quelle foi ne fallait-il pas à Richelieu, assailli de tous côtés par de telles supplications, pour ne pas perdre pied! Une plainte perpétuelle monte des armées au Roi et à ses ministres; et c'est pour barrer ce courant de désespérance trop justifiée, que le cardinal, par une juste appréciation du progrès accompli malgré tout, fait bonne figure et, à la fin de sa carrière, la face tournée vers le Roi dont on devine le visage morose, lui adresse cet « Avis » dont l'optimisme est véritablement un acte de haute vertu politique : « Les préparatifs de l'armée étonneront sans doute la postérité. Toutes les dépenses des guerres, qui avaient été faites, les années précédentes, par extraordinaires, furent converties, cette année, en ordinaires; toutes les troupes, qui avaient été auparavant levées sur la fin des campagnes..., eurent quartiers d'hiver comme les autres pour être en état de servir au printemps. Ainsi, vous eûtes, dès le commencement de l'année, cent et tant de régiments d'infanterie en campagne et plus de trois cents cornettes de cavalerie; vous doublâtes cette année le secours que vous aviez accoutumé de donner aux Hollandais, etc. »

Ces paroles d'un homme qui continuait à lutter sans trêve, alors que la mort rôdait autour de lui, avaient le double

---

(1) Vicomte de Noailles, p. 437. — Voir, ci-dessus, le chapitre : *Les Finances*.

mérite de soutenir les courages et d'ouvrir les voies de la victoire. La fortune de la France était en marche.

Il s'agit maintenant de montrer comment le ministre abordait les nombreux problèmes concernant l'armée et la puissance militaire du pays.

Le recrutement.

L'époque de Richelieu n'a pas connu d'armées permanentes. Tout au plus subsistait-il, des guerres antérieures, une sorte d'armée de cadres, dont il importe d'exposer le fonctionnement.

En des temps de grand péril national, sous Charles VII, sous François I*er*, on avait bien tenté d'organiser des *milices*, des *légions*; mais ces organisations n'avaient guère survécu aux circonstances qui les avaient fait naître (1).

En vertu du droit féodal, le suzerain pouvait convoquer le ban et l'arrière-ban; mais, avec la désagrégation du système, ce genre de service était d'un bien médiocre rendement. Les guerres de Religion avaient porté un coup mortel aux institutions du moyen âge (2).

Durant les guerres et les mouvements qui se produisirent pendant les premières années du règne de Louis XIII, les armées étaient d'effectifs extrêmement restreints. Des campagnes célèbres, des faits d'armes glorieux n'ont mis aux prises que quelques

---

(1) Voir sur les origines : *La France en 1614*, dans l'*Histoire du Cardinal de Richelieu* : *Les instruments de la domination. L'armée*, t. I, p. 264-282.

(2) Voir le *Testament politique de Richelieu*, II* partie, section IV *in fine*. « Ce discours me donnant lieu de parler du ban et de l'arrière-ban, je ne puis que je ne dise que c'est une assemblée de noblesse qui, n'ayant point de chef qui ait autorité, se conduit sans règle et vit sans discipline... » etc. — Cfr. Avenel *Lettres du Cardinal de Richelieu*, t. V, p. 88, 91, 92, etc. — Sur l'attitude de la noblesse, même quand le Roi était à l'armée, il faut citer, parmi tant de témoignages, celui-ci qui donne le ton des autres une fois pour toutes; c'est un extrait d'une lettre que Chavigny adresse de Bar-le-Duc à Richelieu, le 8 octobre 1635 : « Son Éminence aura peine à croire les lâchetés de toute la noblesse qui est ici. Aussitôt qu'on leur a dit qu'il fallait aller à l'armée de MM. d'Angoulême et de La Force, tous les corps ont branlé pour s'en aller... On a dépêché à tous les passages de Marne et d'Aube afin d'arrêter tous ceux qui s'en iraient. » Avenel, *Lettres du Cardinal de Richelieu*, V. p. 384, note. — Les gentilshommes de l'arrière-ban se réclamaient des coutumes féodales, qui ne les obligeaient à servir, en dehors de leur province, que trente ou quarante jours par an.

milliers, quelques centaines d'hommes ; le plus souvent une campagne n'était marquée que par des rencontres de cavalerie ou par les sièges indéfiniment multipliés de villes, de châteaux ou de simples bicoques, la tactique ayant surtout en vue les voies d'accès et les subsistances.

L'infanterie n'était pas, tant s'en faut, « la reine des batailles ». Quant à l'artillerie, elle existait à peine : quelques canons traînés péniblement, alourdissant les convois et souvent inutiles, faute de munitions. La cavalerie a, en somme, la plupart du temps, un rôle décisif.

Dans les temps qui précèdent la participation de la France à la guerre de Trente ans, c'est à peine si les armées ont une tendance à accroître peu à peu leurs effectifs. En 1634, Charles de Lorraine, excellent général, engagé dans une lutte à mort contre la France, ne dispose que d'une troupe de huit mille hommes. On considère comme un trait de l'exceptionnelle puissance militaire de l'Espagne, ce fait que le cardinal-infant ait pu amener sur le champ de bataille de Nordlingen une armée de quinze mille hommes. Quand il eut fait sa jonction avec l'ensemble des forces impériales, l'armée catholique n'atteignait pas cinquante mille combattants, — sur le papier bien entendu. En face d'elle, l'armée suédoise, par la jonction de Horn et de Saxe-Weimar, s'élève à vingt-cinq mille hommes (seize mille fantassins, neuf mille cavaliers).

En 1635, lorsque le roi de France jette ses forces dans la lutte contre la maison d'Espagne-Autriche, il ne s'engage à fournir à ses alliés que des contingents ne dépassant pas douze mille hommes de pied et deux mille chevaux ; et encore ne seront-ils mis à la disposition des chefs étrangers qu'après de longs retards, par petits paquets, au compte-gouttes (1).

Ces chiffres ne sont en rien comparables à ceux que la France mettra en ligne quelques années plus tard, sous l'impulsion que le cardinal donne au recrutement et à la mobilisation. Malgré les pertes cruelles causées par la guerre elle-même, par la

---

(1) Vicomte de Noailles, *Bernard de Saxe-Weimar*, p. 170 et suivantes.

mortalité, suite des combats, des privations, des fatigues, des maladies épidémiques, du manque d'hôpitaux, des massacres de prisonniers, de civils, etc., les armées françaises compteront jusqu'à cent cinquante et deux cent mille hommes. Un tel résultat est d'autant plus frappant que les procédés de recrutement en usage lorsque Richelieu arriva au ministère ne se trouvaient pas sensiblement modifiés.

Ces procédés se réduisent à trois : la levée par enrôlement plus ou moins forcé, l'engagement volontaire, le recours à des contingents étrangers. Ils donnent des résultats suffisants parce qu'ils dérivent d'un état de choses consacré. En France comme hors de France, le service militaire est considéré comme un métier, une profession, une carrière, non seulement pour les officiers, mais pour les soldats. Le pays doit au Roi des combattants comme il doit des ouvriers à la terre et à l'industrie ; à défaut, on en recrute au dehors : la guerre était nationale, l'armée ne l'était pas. Il y avait partout dans le Royaume et dans les pays voisins, ou même éloignés, une population flottante prête à répondre à l'appel des recruteurs commissionnés à cet effet, et à prendre service soit dans un camp soit dans l'autre. La « commission », délivrée par le Roi ou par des chefs qualifiés, était le nœud de tout le système.

Ici intervient la notion de l'armée de cadres. Autour du Roi lui-même et autour des hommes autorisés soit par leur situation, soit par la confiance royale, soit par leur expérience et leurs fonctions, il existait une certaine permanence de service militaire, constituant un noyau autour duquel la pulpe du recrutement pouvait se dilater ou se dessécher selon les circonstances.

Constituant ce noyau central, le régiment des Gardes. Il se tenait auprès du Roi pour l'honneur en temps de paix, pour l'exemple en temps de guerre, formation d'élite à laquelle toute âme militaire aspirait. Auprès d'elle, les régiments d'ancienne création, *les quatre vieux*, Picardie, Champagne, Navarre, Auvergne, commandés par les plus grands seigneurs de la Cour et du Royaume. Puis venaient les régiments de formation plus récente, Cadenet, Rambures, Nérestang, Vaubecourt, Saint-Luc, etc., du nom d'un de leurs chefs. Enfin des régiments en quelque sorte occasionnels, créés ou licenciés, multipliés ou réduits en nombre selon les besoins, portant les noms de leurs colonels et leur « appartenant », selon le mot courant.

On voit à quel point cette constitution militaire était élastique, ramenée au minimum en temps calme, proliférant soudainement dans la perspective d'une guerre. Le soldat ou l'aspirant soldat subsistait dans le pays en attente de l'appel, choisissait son chef ou bien était choisi par lui. Il y avait le plus souvent entre eux connaissance réciproque, quelque chose de familial : les Dauphinois, les Bretons s'offraient par paquets à un chef dauphinois, breton et suivaient son sort; des hommes ayant servi sous tel ou tel, se faisaient maintenir et engageaient des recrues à se faire inscrire, il y avait une sorte de ventilation par cooptation. On s'engageait pour six mois, pour trois mois, pour une campagne; on escomptait les profits de la guerre, les qualités du chef, son savoir-faire pour le paiement de la montre, le partage du butin; si le chef était généreux, sa réputation lui assurait une force d'attraction proportionnelle[1].

Sans nous attarder à des détails d'ordre technique, ce qui importe, c'est de faire apprécier la force et l'élasticité d'un système formant un bloc bien lié de toute la virilité nationale, épargnant à l'État des charges accablantes durant les longues années de paix tout en lui assurant rapidement, en cas de guerre, les contingents nécessaires.

Mais quels sont les instruments de cette organisation si souple, si alerte? Quels sont les hommes qui, la figure tournée d'une part vers le Roi et d'autre part vers le peuple, communiquaient de l'un à l'autre ce fluide d'obéissance circulant sans cesse, soit excité soit amorti?

---

[1] « Le Roi, disait la commission donnée à un sieur Renard, le 3 août 1638, pour lever des troupes en Touraine, Anjou, Berry, Orléans, a estimé qu'il y avoit deux voies pour faire les levées, l'une par le moyen des soldats ci-devant enrôlés et qui se sont retirés des armées, l'autre par ceux qui peuvent être de nouveau engagés à son service. » Les soldats qui avaient servi un an devaient s'enrôler sous peine d'être punis comme déserteurs. Document cité par Caillet, *op. cit.*, t. II, p. 133.

Ces hommes, ce sont ces « gens de main » dont Richelieu parle toujours avec une sorte d'émotion et d'attendrissement. Ils sortent de la petite noblesse et de la bourgeoisie des offices, parfois du peuple, avec à peine une étape intermédiaire dans l'armée. Nourris dans la fidélité, ils ont le sens de l'État : on pourrait les appeler par excellence, selon un vocable du temps, les « bons François ».

Jean Gangnières, futur comte de Souvigny (1), appartenait à cette partie de la bourgeoisie dont les sentiments catholiques avaient fait des Ligueurs. Né à Jargeau sur la Loire, il était l'aîné de six frères, dont le cadet embrassa l'état ecclésiastique ; les cinq autres furent soldats. Laissons-le parler (dix mille, vingt mille de ses contemporains auraient pu tenir le même langage) : « J'avois une inclination naturelle d'aller trouver M. de Beauregard, mon oncle (qui était alors enseigne au régiment de Bourg). Mon père en faisoit de grandes difficultés au commencement ; mais, voyant ma persévérance, il me donna congé avec sa bénédiction, et ma mère aussi. Ainsi, je partis de Jargeau à la fin du mois d'avril 1613 (il avait juste treize ans) et me rendis, le 10 mai ensuivant, au château de Thizy en Beaujolais, auprès de mon oncle, qui y commandoit. Auparavant que de m'y recevoir, il m'interrogea si j'y avois inclination, assez de courage et de forces pour supporter les fatigues de la guerre. Lui ayant répondu que oui, il me fit bailler une petite arquebuse, et *me voilà soldat assez bon en temps de paix* »...

Suivons seulement quelques étapes de cette carrière, qui finira par faire de lui un lieutenant général des armées du Roi, gouverneur de Monaco, et qui lui vaudra des lettres d'anoblissement sous le nom de comte de Souvigny.

D'abord, en ce qui concerne l'entraînement physique et la discipline : à peine était-il admis au régiment de Bourg, que son corps reçoit l'ordre de partir pour se rendre à l'armée de Mantoue. Les souffrances du jeune soldat furent grandes ; ses pieds étaient meurtris ; les forces lui manquant, il pouvait à peine suivre ; il

(1) Voir *Mémoires du Comte de Souvigny*, édités par le baron de Contenson, Société de l'Histoire de France, t. I, p. 1-16.

écrit dans ses *Mémoires* : « Cette mortification m'étoit nécessaire pour m'humilier, étant un petit orgueilleux; ce qui fut cause que mon oncle me fit mettre de l'escadre (escouade) d'un caporal sévère, et il se faisoit que les soldats me querelloient quand je m'imaginois valoir plus qu'eux. Il a fallu que l'âge et le temps, avec les salutaires avis de mon oncle, m'en aient corrigé. » Voilà ce qui s'appelle prendre bien les choses : c'est que la première formation du soldat doit porter sur le caractère et la discipline.

Vieilli dans les combats, il donnera, plus tard, ces sages conseils à ses fils : « Si vous avez de l'inclination aux armes, il faut bien considérer si vous avez assez de force et de vigueur pour vous acquitter dignement de votre devoir, l'âme assez forte pour surmonter la faiblesse de nature dans les plus grands périls... Quand vous serez hors de garde, employez votre temps à apprendre l'histoire, toutes sortes de règles d'arithmétique, à dessiner des plans des places et attaques, former des bataillons, et même les ordres de bataille et campements. Auparavant que de commencer aucun exercice, ne manquez pas d'entendre la messe tous les jours... En quelque lieu que vous vous trouviez, soit à la Cour, à l'armée, au palais, à la ville ou aux champs, souvenez-vous de ces cinq choses : la première de vous maintenir incessamment en la grâce de Dieu; la seconde de vous acquérir un fidèle ami capable de vous donner bon conseil, et de cultiver son amitié par vos services; la troisième de porter toujours une bonne épée à votre côté, dont vous puissiez vous servir; la quatrième de n'emprunter jamais rien de personne qu'en cas d'une extrême nécessité; la cinquième d'avoir toujours cent pistoles à votre disposition, dont vous porterez ordinairement cinquante sur vous et baillerez les cinquante autres à garder, sans y toucher qu'alors qu'il plaira à Dieu que vous soyez blessé, malade ou prisonnier des ennemis, ce que Dieu ne veuille! »

Nous ne pouvons laisser ces *Mémoires* sans y puiser encore quelques traits plus pénétrants que n'importe quel récit ou statistique.

Voici pour les conditions du recrutement : quand la guerre des Princes fut terminée, « le régiment, n'étant composé que d'une partie du corps des officiers et des recrues, fut licencié *comme les autres*. Il y restoit peu de soldats, la plupart étant morts de fièvres chaudes malignes et d'une maladie d'armée qui s'était communiquée aux personnes » chez lesquelles ils « logeoient et en fit mourir une grande quantité. Les capitaines et officiers (c'est-à-dire les cadres) allèrent joindre les vieilles compagnies en Lyonnais ».

A la suite de la guerre des Princes, commencent les guerres des protestants. On reconstitue le régiment : « Il étoit en fort bon état, poursuit Souvigny, parce que nous avions fait des recrues, au peu de temps que nous séjournâmes en Guyenne, de plus de deux cents braves Gascons... Après la prise de Saint-Antonin, le Roi marcha avec son armée vers le bas Languedoc et donna ordre aux vieux régiments de faire des recrues. Je fus un des officiers du nôtre commandés à cet effet. Nous partîmes de Carcassonne pour en faire une partie en Lyonnais. Quand j'arrivai à Lyon, j'appris qu'on y avait levé sept ou huit régiments nouveaux, et la difficulté d'y trouver des soldats. Mais je la surmontai bientôt *en leur donnant plus que les autres*. »

Un passage de ces *Mémoires* nous montre sur le vif la discipline en usage dans les armées d'alors : « Pour en revenir à notre régiment, qui s'acheminoit à petites journées vers notre garnison, nous le fortifiâmes de près de trois cents hommes. Passant par la Normandie, cette nouvelle recrue se fit bientôt connoître par les plaintes extraordinaires que nous en eûmes... La première justice que nous fîmes, ce fut la restitution de ce que les plaignants dirent que les soldats leur avoient rançonné. Après cela nous en fîmes dégrader et punir d'autres châtiments, dont la noblesse et le peuple furent bien satisfaits. Cette action de justice si solennelle eût encore été plus estimée, si nous eussions fait pendre quelques-uns des coupables. Néanmoins, après cela, nous eûmes fort peu de plaintes... »

Les *Mémoires* de Souvigny (1) nous montrent enfin comment la noblesse s'approchait du Roi et dans quelle familiarité le Roi

---

(1) T. I, p. 213.

vivait avec elle : « Il y en avoit peu dans ses armées que le Roi ne connût bien et dont il ne sût à quoi ils étoient propres. Il employoit chacun selon ses capacités, quand il y avoit des charges vacantes, sans qu'il fût nécessaire de se presser pour les aller demander, de sorte que c'étoit faire sa cour que de bien servir. Outre les charges et offices à quoi chacun pouvoit prétendre selon sa portée, l'on étoit souventes fois prévenu par des bienfaits extraordinaires et des brevets de pension, en quoi M. le Cardinal secondoit fortement les intentions du Roi... et élevoit « les gens de service, qui étoient heureux de servir sous un si bon Roi et un si grand ministre. » Tous deux « croyoient s'acquitter dignement de leur devoir » en faisant monter certaines personnes « aux plus hautes dignités de l'État sans faveur ni autre recommandation que leurs propres mérites ».

Ces détails de la vie militaire, exposés avec une si naïve sincérité, se retrouvent dans les carrières les plus illustres de ce temps. Ils évoquent les figures d'un Fabert, d'un Guébriant, d'un Pontis, d'un Gassion, d'un Chouppes, d'un Noailles, d'un Puységur.

Ajoutons un passage des *Mémoires* de Chouppes, qui se calque exactement sur celui qui vient d'être cité : « A peine avois-je treize ans que mon père me fit entrer dans les pages de la petite écurie de Louis XIII. Je fus assez heureux pour que le Roi me distinguât de nos camarades. Je reçus dès lors des marques particulières de sa bienveillance. En 1628 (il avait seize ans), Sa Majesté voulut que je quittasse les pages pour servir en qualité de volontaire dans son régiment des Gardes (1). »

Ces gens qui gagnaient ainsi les honneurs « du bout de la pique » s'inspiraient des services rendus par leurs pères, leurs familles. Le vieux maréchal de La Force, le compagnon de Henri IV, écrivait à sa femme, en 1605, au moment où son fils aîné, — qui devint en 1652 le second maréchal de La Force, — allait commander un régiment en Flandre : « Quant au péril, je vous dirai librement que j'aime fort mes enfants, mais jamais cette

(1) *Mémoires du Marquis de Chouppes*, publiés par M. Moreau, pour la Société d'Histoire de France, 1871, in-8.

considération ne me feroit les priver de ce qui les peut faire parvenir et acquérir honneur et réputation ; nous devons croire que partout ils sont entre les mains de Dieu ; au reste, il est certain qu'en la guerre que nous avons vue en France, l'on y couroit plus de péril en quatre jours que l'on fait en celle de Flandre en quatre mois (1). » Et, à propos de son troisième fils Jacques de Caumont, sieur de Masgezir, alors âgé de vingt-cinq ans environ, et qui fut tué au siège de Juliers en 1610, le vieux maréchal déclarait : « Notre cadet Masgezir aura recours à une pique où il faudra qu'il bâtisse sa fortune et que nous laissions gouverner à Dieu (2). »

A donner de tels soldats, les femmes elles-mêmes dans toute l'Europe s'appliquaient. C'était le temps des Chimènes. « Gilles de Hase, fils d'un maçon de Gand, embrassa d'abord la profession de son père. A vingt ans, il s'éprit de la fille d'un riche marchand. Il était agréable, vigoureux, spirituel. La jeune personne lui promit de l'épouser, *s'il parvenait à se pousser à une fortune plus considérable par les armes*, et lui accorda un délai de trois ans. Hase employa si bien son temps qu'avant l'expiration du délai il était capitaine fort considéré (3). » Général de l'Empereur il fut créé baron de Hase, devint l'émule des Tilly et des Jean de Wert.

Une anecdote sur Fabert, lui aussi soldat à quatorze ans : On le raillait sur sa petite taille. « Le voilà *si chagriné*, raconte M. Paul Renaudin, qu'il obtient d'être associé à un camarade et de porter avec lui, à tour de rôle, la lanterne et la hallebarde. Un soldat du régiment de Champagne le rencontre et plaisante cette moitié de soldat. Fabert est en service ; il retient sa colère. Mais le soir, il va trouver le soldat et lui dit *qu'il veut le voir l'épée à la main*. On dégaine dans une rue déserte... » Soudain voici des passants. Les duellistes sont séparés, Fabert enfermé dans un cachot au fond d'une tour. Et quand, en raison de son âge, on lui permet d'aller passer

---

(1) *Mémoires du Duc de La Force, Maréchal de France*, t. I, p. 419.
(2) Duc de La Force, *Le Maréchal de La Force*, t. I. 169
(3) Vicomte de Noailles, *Le Maréchal de Guébriant*, p. 169.

la nuit dans son lit, il refuse une faveur qu'il tient pour une insulte, et il couche sur la paille (1).

Ces hommes n'aspiraient qu'à une vie de dévouement et de sacrifice : partis jeunes, destinés à mourir jeunes. L'époque était, comme l'a indiqué La Fare, portée à l'héroïsme.

Les choses changèrent au cours même du siècle. On connaît le mot prononcé plus tard par le futur maréchal de Villars : « Je suis résolu à chercher tellement les occasions, qu'assurément je périrai ou je parviendrai. » Déjà perce un sentiment personnel, un « arrivisme » impétueux, exigeant. La génération précédente avait dans l'âme quelque chose d'autre, le feu cornélien : « Qu'il mourût! »

C'est avec une force incomparable que la valeur emportait ces natures dévouées. Enfants qui se voulaient des hommes. On en trouvait de tels à tous les niveaux. Il était défendu aux goujats de faire le métier de soldat; mais ils se battaient quand même. Comment les empêcher? « Quoi! dit Arnauld, donnant des coups de canne au valet d'un capitaine qui avait porté la hotte à la tranchée, quoi! vous êtes un valet de chambre et vous êtes assez hardi pour faire le métier des soldats, c'est-à-dire celui des princes, puisque les soldats ne font rien que les princes tiennent à honte de faire (2)! » L'année de Corbie, le maréchal de La Force faisait appel aux hommes de bonne volonté et les crocheteurs venaient lui toucher la main en disant : « Oui Monsieur le Maréchal, je veux aller à la guerre avec vous (3)! »

Les Gascons et les Cévenols passaient pour les meilleurs. Mais le régiment recruté en Normandie par le marquis de Portes, prit, assure-t-on, le premier rang (4). Laissons parler enfin le héros sans tache, le type du soldat-né, du cadet de Bretagne, qui n'avait guère d'autre héritage que d'être de la lignée de

---

(1) Paul Renaudin, *Le Maréchal Fabert*, p. 12.
(2) Voir *Mémoires* de Robert Arnauld, édit. 1734. p. 48. « Arnauld fit donner, secrètement quelques pistoles à ce valet de chambre, dont il était, en son cœur, fort satisfait. »
(3) Tallemant, *Historiettes*, t. I, p. 227.
(4) Vicomte d'Avenel, *Richelieu et la Monarchie absolue*, t. III, p. 11.

Du Guesclin, Guébriant. Richelieu, citant sa devise, disait *qu'il n'avait d'autre vaillant que l'honneur*. En quel temps, en quel pays se rencontra-t-il jamais plus beau courage, entendit-on plus beau langage? Les troupes weimariennes se sont débandées; elles répandent l'alarme dans le camp français. Guébriant se jette au milieu de ses soldats : « Il ne s'agit plus, Messieurs, de la paix de Wolfenbuttel et de la conservation de Brunswick, il s'agit de toutes nos conquêtes, il s'agit de notre vie, si nous l'estimons plus que notre honneur. Il y va des affaires générales et de la réputation de nos maîtres et de la nôtre. C'est ici le champ décisif de notre estime et de la sûreté de notre parti; nous y devons faire en gens de bien, et notre courage y doit chercher une grande victoire ou une mort glorieuse (1)... »

Le chef parlait avec feu; lui-même se portait au premier rang. La troupe se reforma et la victoire s'ensuivit.

« Gens de bien! L'honneur! » ces mots suffisaient. Ainsi faut-il comprendre la parole de Montesquieu : « Le principe de la monarchie, c'est l'honneur. »

Personne plus que Richelieu, n'avait foi en cette élite à laquelle il appartenait lui-même, où il recrutait ses hommes, ses familiers. Dans l'ordonnance de 1629, il avait pris des mesures destinées à assurer à la petite et à la moyenne noblesse les ressources nécessaires pour les aider à vivre et à se consacrer au service du Roi. Dans son *Testament politique*, il se montre préoccupé de supprimer la vénalité des emplois militaires.

Et, comme il savait leur tenir à tous le langage, écho de ce qu'ils avaient dans l'âme! « Enfin, Guron, faites paraître que vous êtes Guron (2)! » Après le combat de Veillane : « Je vous prie de témoigner à M. le Comte de Cramail le contentement que j'ai que ses habits aient eu tant de blessures et que sa personne n'en ait point eu du tout (3). » Au

---

(1) Le Laboureur, *Histoire de Guébriant*, cité par le vicomte de Noailles, p. 170.
(2) Avenel, *Lettres du Cardinal de Richelieu*, I, p. 367.
(3) *Ibid.*, t. III, p. 752. Voir notre tome III, p. 255-256. Cramail était un Montluc, petit-fils du maréchal.

comte de Charost : « Brave Charost, l'honneur de ta race (1)! »

Si grand que fût le dévouement de ces hommes, si puissant leur exemple, si ardent le tempérament guerrier des Français, cela n'eût pas suffi pour que le Roi et son ministre vinssent à bout de ces deux puissants adversaires, l'Autriche et l'Espagne, qui, depuis le temps de Charles-Quint, travaillaient à renverser ou bouleverser le royaume de France pour dominer l'Europe.

Richelieu, s'inspirant encore des leçons des grands Rois, prédécesseurs de Louis XIII, s'efforce d'assurer à la France des contingents étrangers; il rend ainsi de plus en plus intense le rayonnement de son influence et de son autorité sur l'Europe entière. Non seulement il sut s'y prendre à temps pour préparer dans le Royaume, avec ses propres ressources, des armées nombreuses et bien ordonnées, mais il eut l'art de se ménager, sans se subordonner à elles, des alliances fortes et de se procurer au dehors un recrutement abondant, de nature à renforcer ses propres armées sans épuiser les sources vives du pays.

Il ne manqua pas de garder les vieilles conventions qui maintenaient à la France un recrutement régulier auprès des Suisses, des Ligues Grises, et auprès de ces peuples bigarrés qui, sous le nom de Croates, peuplaient le bassin du Danube, les contreforts des Alpes et ceux des Balkans (2).

De même, il entretint avec l'Écosse des relations assez mystérieuses, tendant au même résultat. Un homme qui fut de son entourage intime, le colonel Hebron (Hepburn), lui était un agent précieux. Richelieu avait en outre auprès de lui deux Écossais, son aumônier, l'abbé La Chambre, et son valet de chambre, Deschambres (tous les deux sans doute,

---

(1) Avenel, *Lettres du Cardinal de Richelieu*, p. 759. Louis de Béthune, comte de Charost, mestre de camp du régiment de Picardie.
(2) Voir E. Rott, *Histoire de la représentation diplomatique de la France auprès des Cantons suisses*, etc. Alcan, 1900, in-8.

de leur nom d'origine : Chamber), qui se rendaient en Écosse pour certaines missions plus ou moins avouées (1).

Nous l'avons vu, dès le début de son ministère, maintenir, sans se compromettre dans leur cause, l'alliance des Hollandais, obtenir, malgré La Rochelle, certains apaisements du côté de l'Angleterre en ménageant les revendications du Palatin; nous l'avons vu gratifier de ses subsides l'armée, pour le moment inutilisée, de Mansfeld. Il avait eu ainsi la double habileté de ne pas s'aliéner, en Allemagne et même en Europe, les concours protestants au moment où il abattait en France le parti huguenot, et cela sans rompre non plus, en Allemagne, avec la Ligue catholique. Il ne s'est laissé engager dans des complications générales ni par l'affaire de la Valteline, ni par la succession de Mantoue, et il a tenu bon cependant. Il a su enfin lancer Gustave-Adolphe sur l'Empire, sans engager dans la cause de ce vainqueur d'un jour, la France qui n'était pas prête.

A la fin, pourtant, il faudra prendre parti. Le 16 novembre 1633, Gustave-Adolphe est frappé dans sa victoire de Lutzen. Le chancelier Oxenstiern devient le conseiller suprême de la couronne de Suède, posée sur la tête de la jeune Christine. Le duc de Saxe-Weimar, Allemand, lieutenant préféré de Gustave-Adolphe, prend le commandement et vient à la tête de l'armée victorieuse présenter à la Reine mère, Éléonore de Brandebourg, le corps du roi défunt, tandis que le chancelier Oxenstiern se confie à son gendre le maréchal Horn. Il s'agit de tenir bien en mains ces héritiers rivaux, de ne pas laisser leur force se désagréger, de dominer à la fois l'habileté des civils et le caprice des soldats. La Suède entend garder tout ce que la cause protestante a gagné en Allemagne. Tandis que Bernard de Saxe-Weimar fait une pointe hardie sur Vienne et s'empare de Ratisbonne, le maréchal Horn vient opérer dans le Palatinat et vers l'Alsace, élargissant ainsi la manœuvre suédoise jusqu'aux

(1) Voir les « Instructions données au sieur Deschambres, s'en allant en Angleterre et en Ecosse, le 1ᵉʳ septembre 1637 »; et la note de M. Avenel, *Lettres du Cardinal de Richelieu*, t. V, p. 847.

provinces que la France entend revendiquer pour sa sécurité et son unité.

Les ambitions suédoises, déjà inquiétantes du temps de Gustave-Adolphe, pourraient devenir dangereuses. Elles menacent de gagner cette frontière du Rhin, éternel souci de la politique française. L'armée du maréchal de La Force reçoit l'ordre de se porter sur le fleuve pour couvrir l'Alsace et la Lorraine et elle doit occuper à cet effet Haguenau, Saverne, Lunéville. Les premières mesures de sauvegarde étant prises, Richelieu s'arrête et cherche encore à gagner du temps : les vues d'ensemble de sa politique générale contiennent une fois de plus ses désirs du moment.

Mais voilà que les puissances impériales, Autriche et Espagne, se sont réveillées et ont décidé de jeter dans la balance le poids de leurs forces réunies. Ratisbonne est reprise aux Suédois. Horn et Saxe-Weimar sont battus à Nordlingen. Bernard de Saxe-Weimar, avec ce qu'il lui reste d'armée, est venu se réfugier derrière le Rhin. Les Impériaux, lancés à sa poursuite, s'emparent de Heidelberg et, à leur tour, menacent la frontière du Rhin, l'Alsace, la Lorraine.

Richelieu a bien fait d'attendre. Ses forces sont intactes; mais elles ne suffiront pas contre cette reprise de l'offensive impériale, si elles ne peuvent disposer des concours et des recrutements étrangers. Une négociation de large envergure s'engage alors avec tous les adversaires de la Maison d'Espagne-Autriche.

Que veut, au fond, le ministre de Louis XIII? Protéger « ces pays voisins » dont il parlait dans le *Conseil donné au Roi Louis XIII pour le bien de son État* (1). Mais, pour cela, il faut être en mesure d'agir partout à la fois, il faut des armées immenses composées de soldats entraînés et disciplinés.

Dès le 8 février 1635, le cardinal a renouvelé avec la Hollande, par un traité signé à Paris, l'alliance offensive et défensive ayant pour objet de chasser les Espagnols des Pays-Bas.

Ce traité signé, on se tourne vers la Suède. Le chancelier

---

(1) Dans *Les Sentiments illustres*, op. cit., p. 4.

Oxenstiern, saisi des vues de la France, a fini par prendre son parti. Il vient lui-même auprès du Roi et se trouve à Compiègne le 26 avril 1635. Il a besoin d'une diversion lui permettant de consolider de concert les conquêtes des armées suédoises en Allemagne et, en plus, il lui faut les subsides de la France pour entretenir ses propres armées. Le 28 avril, il signe à Compiègne, avec Chavigny, le traité par lequel les deux Couronnes s'engagent à soutenir les princes confédérés d'Allemagne, tout en laissant aux catholiques le libre exercice de leur culte.

On aborde maintenant la Ligue des princes protestants, dont l'assemblée est réunie à Worms depuis le 20 janvier. Bernard de Saxe-Weimar a conçu le projet de se tailler, en Alsace, une principauté indépendante et même, pour l'obtenir, il s'est prêté à une négociation secrète avec les deux puissances catholiques. Mais l'habile négociation du renouvellement de l'alliance avec la Hollande et avec la Suède va le laisser entre deux selles, s'il ne s'accorde pas avec la France. L'assemblée de Worms lui donne une haute satisfaction d'honneur en le nommant généralissime de la cause. Feuquières a signé avec lui, au nom du roi de France, le 2 avril, une sorte d'accord provisoire par lequel on lui remet le commandement des troupes alliées, dont l'entretien est aux frais du Roi; une formule quelque peu ambiguë lui laisse la jouissance des revenus du landgraviat d'Alsace et du bailliage de Haguenau, le roi de France se réservant d'exercer à son heure l'autorité souveraine (1).

Les affaires d'Allemagne ne détournent pas Richelieu des affaires d'Italie; tout au contraire, il a celles-ci particulièrement à cœur, depuis si longtemps qu'elles ont retenu son attention. Il lui faut, de ce côté aussi, des concours à la fois d'alliance et de recrutement. L'affaire de la Valteline est restée en suspens depuis le traité de Monçon; la France s'est assuré une entrée dans la péninsule par la mainmise sur Pignerol à la suite de ses démêlés

---

(1) Il semble qu'à un moment Richelieu aurait consenti à laisser cette importante création d'un État indépendant au profit du duc de Saxe-Weimar sur la frontière de la France. Voir lettre de Richelieu à Feuquières, chargé de la négociation, dans *Lettres et Négociations du marquis de Feuquières*, édit. de 1753, t. III, p. 201.

avec la Savoie; enfin, l'affaire de Mantoue a donné au cardinal les moyens d'agir auprès de ces princes Italiens plus ou moins subordonnés à l'influence de l'Espagne. On en est là.

Dès 1631, Richelieu a confié au duc de Rohan, jadis chef du parti protestant et, pour le moment, rattaché au service du Roi, le soin de maintenir l'influence française et surtout l'influence militaire auprès des Grisons. Rohan commande les troupes suisses et grisonnes. Les Suisses n'ont pas voulu s'engager contre la Maison d'Autriche, mais ne sont pas opposés à quelque recrutement dans les cantons protestants; quant à Venise, elle s'est tenue sur la réserve selon sa prudente coutume de voir venir avant de se prononcer.

Cependant Richelieu a déjà conçu en lui-même le vaste dessein qui doit arracher l'Italie à l'influence exclusive de l'Espagne. Revenant à une politique déjà esquissée par Henri IV, il présente le roi de France comme le défenseur des « libertés italiennes », de même qu'il sera bientôt le défenseur des « libertés germaniques »; car la France est et sera partout et toujours « libératrice ». Il lance donc le projet d'une ligue unissant entre eux et à la France les princes italiens et, le 11 juillet 1635, ses ambassadeurs, le président de Bellièvre et Plessis-Praslin, signeront, à Rivoli, le traité constituant cette Ligue entre le roi de France, les ducs de Savoie, de Mantoue, de Parme, « et autres princes d'Italie qui voudront y entrer ». La ligue aura pour moyen d'action contre la Maison d'Autriche-Espagne une armée de vingt-sept mille hommes, dont Louis XIII fournit la moitié et qui restera sur pied et en action « jusqu'à la guerre finie (1) ».

Avant même que ce dernier traité ait été signé, Louis XIII et Richelieu, pouvant compter désormais sur des concours et un recrutement abondant à l'étranger, ont pris sur les frontières franco-allemandes les premières mesures de sauvegarde. Le 14 avril 1635, le cardinal de Richelieu, alors à Rueil, demande au Roi de l'entendre à Paris; il lui soumet une série de mesures

---

(1) Voir le projet de traité, le traité lui-même et tout l'exposé de la négociation dans *Lettres de Richelieu*, t. V, p. 103, et suiv.

urgentes et décisives : « On dit, écrit-il, que le roi de Hongrie (1) est véritablement dans le Wurtemberg, ce qui fait qu'il est bien nécessaire de remettre le plus promptement que l'on pourra l'armée de M. de La Force. » Le Roi écrit de sa main, sur le mémoire qui lui est soumis par le cardinal : « Je crois que le plus promptement qu'on la pourra rassembler sera le meilleur. » Autre proposition simultanée : envoyer en Allemagne les troupes qui sont à Nancy sous les ordres de Monsieur le Prince et les remplacer dans Nancy par de nouveaux régiments. Le Roi donne l'ordre d'accomplir ces mouvements de troupes. Un mois après, le 19 mai 1635, Louis XIII déclarait solennellement, par l'envoi d'un héraut d'armes à Bruxelles, la guerre à l'Espagne. Une fois de plus, le recrutement décidait de la guerre; la guerre allait assurer le recrutement.

Une administration militaire.

Mais que vaudront ces armées françaises et alliées, qui, c'est entendu, monteront à une centaine de mille hommes au moins, que vaudront-elles pour atteindre le but, la victoire? Problème pour ainsi dire insoluble, tant les moyens manquent : argent, transports, discipline, union.

Richelieu verra ces difficultés mettre en péril toute son œuvre en cette funeste année de Corbie, — année de la désillusion, où tous les malheurs s'abattent sur lui à la fois : l'Allemagne reconquise par les armées impériales, la frontière française éventrée, les rives de la Méditerranée polluées par l'occupation des îles Sainte-Marguerite et Saint-Honorat, la Provence menacée par la tentative espagnole sur la Croisette. A l'épreuve, Richelieu s'apercevra que, s'il a dû réunir des troupes, ce ne sont pas des armées.

Bien vite se fixe dans son esprit une conviction que la rigueur des faits lui impose. Il lui manque, pour gagner la guerre : 1° une organisation militaire; 2° une politique mili-

(1) Il s'agit de Ferdinand, fils de Ferdinand II, qui sera l'empereur Ferdinand III, à la mort de son père, en 1637.

taire; 3° des chefs. Penché jour et nuit sur les nouvelles de
l'armée, sur les rapports, sur les chiffres, sur les noms, il tente
d'abord de suffire à tout par lui-même (1). Devant La Rochelle,
il avait pu s'emparer du commandement et réussir. Mais
aujourd'hui il faut agir sur cinq fronts dispersés : les Flandres,
les Alpes, l'Italie, la Provence, les Pyrénées. Accablant ses
secrétaires à écrire, ses subordonnés à le lire, il lutte désespérément contre la distance, le temps, les mauvaises volontés,
l'incompréhension. Tout manque à la fois : un trou est à peine
bouché qu'un autre se creuse.

Le ministre, dont les forces s'épuisent, appelle à l'aide, pour
soulever la masse passive, toutes les activités du Royaume. Qui
le croirait? Pour mettre au point les choses du « militaire »,
c'est surtout aux civils, aux clercs, aux évêques, aux moines,
qu'il recourt, sans doute plus capables d'exactitude et d'obéissance. Le tumulte des camps n'écoute pas, ne lit pas, ne saisit
pas; les soldats n'épargnent pas plus l'argent que leur sang.

Le cardinal sait qu'il peut compter sur le concours de
Louis XIII sans relâchement et sans défaillance; il va donc
tenter de dégager de la confusion féodale et du gâchis anarchique ces trois choses indispensables : une administration, un
système, un commandement. Encore est-il nécessaire que lui-
même personnellement tienne le tout bien en mains. Le moyen
de la victoire sera une totale centralisation avec une implacable
autorité.

Il n'était pas dans la manière de Richelieu de créer de nouveaux
organes administratifs : il s'appliquait surtout à chercher et à
découvrir des hommes. Nous avons, de ce grand réfléchi, qui
écrivait tout, des notes jetées à la hâte sur le papier, mais
singulièrement instructives sur son procédé de gouvernement.
Voici, par exemple, des listes qu'il dressait et qu'il intitulait lui-
même : « Gens de qualité à employer (2). » Il s'agit de ces « gens
de main » qu'il voulait avoir toujours à sa disposition et avec

---

(1) Remarquer l'activité fébrile de la correspondance dans la plus grande partie
du tome V.
(2) Voir Avenel, *Lettres du Cardinal de Richelieu*, t. V, *passim*.

lesquels il se tenait en contact pour recourir à eux, le cas échéant, selon leurs facultés (1). Nous allons le voir établir des listes analogues avec renseignements et jugement sur les chefs entre lesquels il se réserve de choisir les commandants de ses armées.

Mais comment les services de moins d'éclat, quoique non moins importants, les services de l'arrière allaient-ils s'organiser? Depuis les origines de la Monarchie, il existait une procédure, née des circonstances, qui consistait à détacher de la cour du Roi, pour se rendre soit dans les provinces soit aux armées, en cas de trouble ou de guerre, des envoyés spéciaux munis de pouvoirs temporaires et que les âges antérieurs qualifiaient de *missi dominici*, les temps plus modernes de « commissaires royaux ». Nous avons dit comment ces commissaires étaient devenus peu à peu des « intendants ». Or les intendants envoyés aux armées y remplissaient, comme nous l'avons dit également, des fonctions civiles de « justice », « police » et « finances (2) ».

Quelques faits précis feront connaître où en étaient les choses à ce point de vue lorsque Richelieu arriva aux affaires. Le rôle de l'intendant ou surintendant est parfaitement indiqué dans une lettre adressée par Henri IV, le 6 décembre 1597, « à nos très chers et bien aimés, les prévôt des marchands et habitants de notre ville de Lyon » : « Très chers et bien aimés. Il y a long-

---

(1) Il ne faudrait pas que le mot « gens de main » donnât l'idée d'une qualité militaire quelque peu rude et uniquement portée vers l'action. Campion, dans ses *Mémoires*, écrits avec une naïveté si persuasive, dit comment ces hommes d'élite employaient les longs loisirs des camps, et cela, même en présence de l'ennemi; il avait pour compagnons d'armes le chevalier de Sévigné (oncle du mari de la marquise), Le Brouilly, Marcillac d'Alimar (un gascon), d'Alvimar (un parisien) : « C'étoient là, explique-t-il, les trois hommes avec lesquels je passois mes heures de loisir. Après avoir raisonné ensemble sur les sujets qui se présentoient, sans dispute aigre ni envie de paroître aux dépens les uns des autres, l'un de nous lisoit haut quelque bon livre, dont nous examinions les plus beaux passages pour apprendre à bien vivre et à bien mourir selon la morale, qui étoit notre principale étude. » Campion met au premier rang trois auteurs, « Plutarque, explique-t-il, apprend à bien vivre », Montaigne « apprend à nous bien connoître » et Sénèque « à bien mourir », p. 7 et 115. Campion dit encore qu'il eut grand peine à se guérir du jeu, qui était la maladie des camps.

(2) Voir G. Hanotaux, *Origine de l'institution des Intendants*, Champion, 1884, in-8°, p. 10 et suivantes.

temps que nous avons dessein d'envoyer à Lyon le sieur de Vic, conseiller en notre Conseil d'État, pour y avoir la superintendance de notre justice et service en la direction de nos affaires. Toutefois nous avons été contraints de le retenir jusqu'à présent à cause de diverses occurrences qui se sont offertes, où son entremise nous a été nécessaire... Et d'autant que le sieur de Vic est personnage de dignité et de beaucoup de mérite, nous vous admonestons et recommandons de le recevoir et de le respecter convenablement à sa qualité et à la bonne intention qu'il a de faire tout ce qu'il lui sera possible pour l'établissement de votre repos (1). »

On le voit, nulle prescription spéciale; le Roi signale le mérite de la personne, demande qu'on lui fasse confiance et qu'on obéisse à la parole royale dont cet agent est l'interprète.

Le titre et les attributions du commissaire royal ou intendant auprès des armées se précisent sous le règne de Louis XIII.

Richelieu, pendant son court passage au ministère, du temps du maréchal d'Ancre, avait les affaires de la Guerre dans ses attributions. Il recourut fréquemment aux services des intendants, particulièrement des intendants d'armée. Pierre Hurault en Languedoc. Caumartin et d'Ormesson en Champagne, Bochart de Champigny en Poitou, Ventadour, Montholon, détachés aux diverses armées, étaient dès lors ses hommes de confiance; il les retrouvera plus tard.

Après que Richelieu eut quitté le pouvoir, ses successeurs se servirent également de ces délégations commodes. Voici, à titre d'exemple, la formule d'une commission délivrée, le 22 mars 1619, à un certain Desfontaines-Bouet; cet agent est désigné comme « intendant dans l'armée commandée par le duc de Mayenne contre les rebelles », c'est-à-dire contre les partisans de la Reine mère, Marie de Médicis. Le Roi s'adresse en ces termes audit Desfontaines-Bouet : « Vous avons commis, ordonné et député, commettons, etc., intendant général de nos finances tant ordinaires qu'extraordinaires, ordonnées pour les dépenses

---

(1) *Lettres de Henri IV*, publiées par Berger de Xivrey. *Coll. des Doc. inéd.*, t. IV, p. 885.

qui seront faites en ladite armée près notredit cousin le duc de Mayenne, pour résider auprès de lui, assister à son Conseil et pareillement pour avoir l'œil, égard et surintendance au maniement et distribution des deniers tant ordinaires qu'extraordinaires qui sont et seront ordonnés pour la dépense, solde et entretènement des gens de guerre, tant de cheval que de pied, artillerie, munitions, pionniers, réparations et fortifications, etc., levées pour la subsistance des armées... ensemble d'ordonner aux trésoriers de l'ordinaire et extraordinaire de nos guerres, cavalerie légère, artillerie et autres comptables étant auxdites armées, de payer à qui il écherra, aussi avoir puissance et autorité de faire venir devant vous toutes et quantes fois que vous aviserez nos comptables desdites dépenses et les contrôleurs d'icelles, ou leurs commis... ensemble les commissaires généraux des vivres, leurs commis, etc... »

N'est-ce pas là une pleine et entière délégation royale pour tout ce qui concerne l'entretien de l'armée, ses approvisionnements, ses ressources, ses dépenses, sa comptabilité, en un mot, comme on dit aujourd'hui, « sa matérielle »? L'intendant assistera même aux conseils du haut commandement. C'est un personnage. Richelieu, quand il reviendra aux affaires, trouvera donc des habitudes prises et le système depuis longtemps en application. Il n'a qu'à s'en servir ; il s'en sert.

Toutes les armées mises sur pied ou en mouvement dès le début de la grande guerre sont ainsi munies de leurs intendants. Nous relèverions vingt, trente noms d'intendants et davantage, avec le détail de leurs fonctions et de leurs correspondances : d'Argenson, de Thou, Arnauld d'Andilly, Lefebvre, Gobelin, Villarceaux, etc. ; il faut se borner.

Mais voici que le ministre est amené à reconnaître les lacunes, les insuffisances du procédé, traditionnel il est vrai, mais sans suite, sans stabilité, toujours improvisé. Chaque intendant, de même que chaque armée, a un champ séparé, limité, isolé ; nulle action combinée, nul lien administratif, nul ensemble ni concours entre les forces disséminées sur le vaste champ de la guerre. Dans un pays encore disloqué, aux frontières incertaines, sans administration provinciale, sans routes et sans contacts intimes, chacun s'agite en son coin et ne se relie aux autres parties qu'accidentellement.

Qu'il s'agisse des vivres, des moyens de transport, des soins aux blessés, de la discipline dans les camps, dans les garnisons, dans les régions occupées, on tire à hue et à dia. Chefs, commissaires, intendants, commis, Parlements, municipalités, tout le monde suit son idée, cherche son intérêt, s'épuise en querelles vaines, en efforts contradictoires; on en appelle au centre : le centre est lui-même ignorant, impuissant (1). Ou bien, s'il intervient, il est accablé du poids de l'inertie et de l'incohérence universelles.

C'est alors que le cardinal, malade, épuisé, qui, au moment le plus aigu de la crise militaire, a dû se faire transporter sur le théâtre des opérations, à l'abbaye de la Victoire, près d'Amiens, s'aperçoit décidément que lui-même et ses entourages personnels, les ministres habitués à son travail et à ses méthodes exigeantes, autoritaires, le Père Joseph au premier rang, puis les Servien, les Bouthillier le père et le fils, Chavigny « le jeune », ne peuvent suffire à tout. Il s'applique à créer un rouage intermédiaire, une équipe d'activité bien en mains et, en même temps, mobile, prompte à partir, prompte à revenir, comprenant les ordres, assurant les exécutions, sachant pénétrer sa pensée, au besoin la prévoir, la deviner, l'interpréter et transportant en quelque sorte son esprit sur toute la surface et jusqu'aux extrémités du Royaume.

Or, chose singulière, nombre de ces distributeurs de volonté,

---

(1) Pour donner l'idée de cette impuissance où se trouvait le centre, — c'est-à-dire le cardinal, — d'obvier par lui-même au mal qui débordait son activité et ses forces, il suffit de citer, parmi tant d'autres, cette lettre adressée, le 2 juillet 1635, au marquis de Sourdis, mestre de camp de la cavalerie légère et maréchal des camps et armées du Roi : « Sa Majesté désire que vous alliez en l'armée de M. de La Force, où il y a tant de désordre dans la cavalerie qu'il faut un homme d'autorité pour y porter remède. Les compagnies de trente et quarante maîtres ont assez d'impudence et d'artifice pour vouloir passer pour complètes (au lieu de cent cavaliers). La plupart des chefs ne sont pas présents; il n'y a aucune obéissance... Ces désordres sont capables de ruiner l'État, étant impossible de faire la guerre avec tant de tromperie comme il s'en fait au monde... » Le cardinal le prie de faire l'impossible pour tout remettre en ordre... « Vous acquerrez grande réputation dans l'esprit du Roi. » Publié par Avenel, d'après l'original du fonds Dupuy, *Lettres du Cardinal de Richelieu*, t. V, p. 923.

d'activité et de contrôle, au début du moins, sont des clercs. Il n'était nullement hors d'usage que les clercs fussent appelés à rendre des services laïques, soit civils, soit militaires (1). Richelieu lui-même était une preuve vivante de cette tradition remontant aux grands seigneurs-prélats du moyen âge et de la Renaissance. Les contemporains attestent que le cardinal était glorieux de ses aptitudes militaires et qu'il avait pour émule, dans ce genre de vanité quelque peu imprévue, le fils des Tremblay, le Père Joseph. Personne n'avait oublié, aux années 1630, le fameux libelle, publié en 1615, dont l'auteur était Duvergier de Hauranne, abbé de Saint-Cyran, ami de jeunesse du cardinal de Richelieu, futur propagateur du jansénisme, l'*Apologie pour Messire Henry-Louys Chasteignier de La Rocheposay, évêque de Poitiers, contre ceux qui disent qu'il n'est pas permis aux ecclésiastiques d'avoir recours aux armes en cas de nécessité,* ouvrage où les raisons étaient déduites surtout au point de vue de l'ordre chrétien et qui se terminait par une « suite de quelques cardinaux et évêques qui, en temps de nécessité, ont pris les armes ».

En 1638, l'un des prélats militaires les plus actifs et les plus utiles que Richelieu eût auprès de lui, Sourdis, archevêque de Bordeaux, appelé à des fonctions de haut contrôle sur l'armée navale opérant dans la Méditerranée, eut à répondre aux reproches que ses adversaires lui faisaient, de prendre part à des œuvres de guerre nécessitant l'effusion du sang. Il trouva des docteurs pour le défendre. Leur argumentation se résume en ces termes : les prélats sont appelés utilement dans les conseils des princes et ils exercent aussi une autorité judiciaire ; or, en cette double qualité, ils peuvent être amenés à prendre des décisions ou à prononcer des jugements qui ont mort d'homme pour conséquence. Des Papes, comme saint Grégoire, Léon IX, ont dû

---

(1) **Sur les nombreux moines employés par la politique et les affaires d'État, tant du côté espagnol que du côté français, voir une intéressante note** de M. Avenel, citant les noms des Pères Caussin, Bach, Carré, etc.., pour la France. — Laffemas a fait un rapport sur « les Minimes Récollets qui vont de Florence, de Rome à Bruxelles et sont la plus grande force de l'Espagne ». *Lettres du Cardinal de Richelieu*, t. V, p. 738. — Richelieu appelait le Père Carré « le capitaine des moines errants par le monde », *Ibidem*, t. V, p. 806.

participer en personne à la guerre, par exemple contre l'invasion des Lombards; ils suivaient leurs armées et n'avaient d'autre logement que les camps. Léon IX même fut fait prisonnier. Les prélats peuvent donc, en tant que prélats, participer aux luttes de salut pour la défense de la religion ou l'indépendance de leur. pays. En particulier, les prélats de France sont tenus à ce devoir : « Ils sont obligés d'aller à la guerre en vertu de leurs domaines relevant de la Couronne; cette pratique n'est pas particulière à ce Royaume, elle est en usage dans d'autres États. » A peine est-il besoin de rappeler que le cardinal-infant d'Espagne commandait les troupes impériales à la bataille de Nordlingen. Et pour conclure : « Si tous les évêques peuvent aller en guerre et se trouver dans les armées, ceux de France y sont obligés, non seulement pour y être, comme Moïse et Aaron, les bras croisés, et ceux que Constantin mena avec lui en guerre de Perse, pour lever leurs mains sacrées au ciel, mais pour y encourager les soldats et y conduire des troupes pour la défense de la patrie et quand le Roi le leur commande pour la conservation de ses États, en l'urgente nécessité de ses affaires (1)... »

Le point de vue du cardinal de La Valette et de l'archevêque de Bordeaux dut être exposé à Rome, sur la demande du cardinal de La Valette, par le gouvernement français : « Sa Sainteté, disait l'exposé, en usant ainsi avec le cardinal-infant, Sa Majesté est extrêmement étonnée qu'elle traite différemment avec le cardinal de La Valette et qu'elle fasse paraître cette inégalité entre les deux Couronnes, principalement en un temps auquel les intérêts du Roi se trouvent joints à ceux de l'Église... et qu'elle désapprouve en la personne dudit Sieur Cardinal une chose qu'elle ne blâme point aux autres... etc. (2). » On trouve toujours des arguments quand il en est besoin.

(1) Voir : *Le Prélat dans les armées, Mémoire théologique trouvé dans les papiers rassemblés par M. de Bordeaux pour sa justification au temps de sa disgrâce*, publié par Eugène Sue dans : *Correspondance de Henri d'Escoubleau de Sourdis, archevêque de Bordeaux.* Collection des *Documents inédits*, 3 vol. in-4°, 1839, t. III, p. 117.
(2) *Mémoire pour faire une dépêche à Rome sur le sujet du bref que le Pape a envoyé à Monseigneur le Cardinal de La Valette.* Archives de M. G. Hanotaux.

Quoi qu'il en soit, Richelieu n'hésite pas à désigner comme les premiers agents de sa volonté, centralisée auprès des armées, des prélats fidèles, dont il connaissait l'esprit de discipline, l'autorité, l'activité. Et il ne s'agit pas ici seulement de ceux qui se distinguèrent à la tête des armées, dont les plus illustres sont le cardinal de La Valette et de Sourdis; il s'agit de serviteurs plus modestes et de services plus effacés, d'agents que l'on pourrait qualifier de « prélats-intendants » ou mieux encore « prélats-surintendants ».

Ils furent, surtout dans la période des essais, les organisateurs qualifiés des services annexes auprès des armées. La théorie du système est exposée dans un mémoire conservé au ministère des Affaires étrangères, qui paraît avoir été écrit en 1635 et qui a certainement été inspiré par Richelieu. Ce mémoire expose le rôle de l' « agent munitionnaire » dans la guerre qui commence : « On s'est mal trouvé, en 1631, de n'en avoir qu'un seul pour toutes les armées. Il faudroit qu'à la Cour un homme de grande qualité, demeurant sur place, prît le soin général des vivres. Dans chaque armée, il faudroit désigner *un évêque* ou un maréchal de camp « ayant affection et capacité pour les faire bien aller ». Il faudrait adjoindre un prévôt ou lieutenant avec dix ou douze archers, en plus un trésorier particulier des vivres, séparé de l'extraordinaire « pour beaucoup de raisons aisées à dire et longues à écrire »... Et l'on n'en disait pas plus, car on était obligé, en ce temps-là, de supposer comme possible la corruption, ne fût-ce que par le silence, *etiam et nutu*.

Cette même pensée, Richelieu l'a précisée et exposée dans son *Testament politique*, écrit probablement vers 1638 : « Il se trouve en l'histoire beaucoup plus d'armées péries faute de pain et de police que par l'effort des armes ennemies, et je suis fidèle témoin que toutes les entreprises qui ont été faites de mon temps, n'ont manqué que par ce défaut... Le soin des vivres doit être soumis à des personnes de qualité, dont la vigilance, la fidélité et la capacité soient connues, puisque de là dépend la subsistance des armées et bien souvent celle de l'État.

Il n'y a point de gens trop relevés pour être employés en de telles charges (1). »

Gens relevés. Voici, en effet, les premiers choix du cardinal : dès le début de la guerre, juillet 1635, on trouve dans sa correspondance des instructions, *écrites de la main de l'archevêque de Bordeaux,* données à M. du Houssay, envoyé comme intendant en Champagne : « M. du Houssay se souviendra, s'il lui plaît, que l'intention du Roi est d'acheter ou errer (arrher) pour nourrir trente-huit mille hommes de pied durant douze mois, jusqu'à la récolte de 1636, et de faire incessamment charrier à Metz, Moyenvic, Marsal, qui sont les lieux que le Roi a choisis pour faire les magasins... Ce que vous faites est plus pour remédier à la négligence des munitionnaires et éviter leur tromperie que pour les décharger du soin qu'ils doivent avoir... » On confie donc à l'archevêque de Bordeaux une sorte de contrôle sur l'activité et sur les dépenses des intendants d'armée, avant qu'il reçoive d'importants commandements (2).

En octobre, c'est l'évêque de Mende, Crusy de Marcillac, qui devient l'homme de confiance : « Vous aurez reçu soixante-dix-sept mille livres que je vous ai envoyées pour acheter des blés, outre les deux mille pistoles que vous emportâtes. J'ai vu la revue que vous m'avez envoyée de la garnison de Nancy... Faites marché avec le fondeur de cette ville pour faire refondre les pièces éventées... Quant aux poudres... Pour ce qui est des mèches, etc. » Il n'y a pas de petits détails qui n'occupent ces hommes d'Église (3). Et la correspondance qui se multiplie avec cet agent, peut se résumer en deux mots : « des blés ! des blés ! » Il a reçu la fonction d'un véritable surintendant des vivres. Mais, pour lui, le vent tournera bientôt (4).

Voici maintenant l'évêque de Nantes, envoyé d'abord à Mézières pour l'approvisionnement des vivres, ensuite en Provence

---

(1) *Testament politique,* « Remarques pour faire subsister les armées et pour faire utilement la guerre », édit. Elzévir, p. 338.
(2) Avenel, *Lettres du Cardinal de Richelieu,* t. V, p. 124.
(3) 30 octobre 1635. Avenel, *Lettres du Cardinal de Richelieu,* t. V, p. 337.
(4) Sur ce personnage, en particulier, voir l'intéressant ouvrage du général Legrand-Girarde, *L'arrière aux armées sous Louis XIII,* 1927.

pour mettre sur pied l'armée navale et surveiller la conduite des chefs (1).

Puis c'est l'évêque de Chartres, qui part avec M. de Fontenay. Le cardinal appelle joliment ce couple, « ministres ecclésiastique et militaire », et il lui confie le soin « de faire parachever tous les travaux dans la Toussaint (2) ».

N'insistons pas : car il semble bien que le système improvisé ne fonctionna pas longtemps à la satisfaction du cardinal. Les noms qui viennent d'être relevés disparaissent peu à peu de la correspondance. Celui qui avait paru, de tous ces « affidés », le plus actif, le plus en main, Marcillac, évêque de Mende, est tombé en disgrâce dès le mois d'août 1638. Appelé fort opportunément à Paris par la nécessité de se faire « tailler », il lit, dans une lettre que lui écrit le cardinal, ces quatre mots : « Travaillez à votre guérison. » Conseil un peu sec. L'évêque de Mende guérit lentement, lentement. Il pousse, le 15 novembre 1639, ce cri de désespoir : « M. de Mende implore la mort, puisqu'il est assez malheureux pour avoir encouru l'indignation de Son Éminence »... Il est accusé « de n'avoir pas rendu compte de plusieurs sommes de deniers et de grandes quantités de blés ». Peut-être y a-t-il autre chose : le cardinal est un maître dangereux.

En tout cas, le système fonctionne mal. Il faut en trouver un autre et d'autres hommes. Un seul, peut-être, suffirait; mais on le veut capable, laborieux, dévoué, « affidé » au premier chef et, surtout, hors de toute intrigue, — *rara avis*. Cet homme, on le cherche alors qu'on l'a déjà trouvé : c'est Sublet de Noyers.

Ce nom est inscrit dans l'histoire de France comme celui de l'organisateur de l'administration de la Guerre. En réalité, c'est un commis. Mais quel commis !

François Sublet, de Noyers en Bourgogne, baron de Dangu dans le Vexin normand, avait débuté dans les affaires à Rouen. Fin comme un Bourguignon, matois comme un Normand, ambi-

(1) Avenel, *Lettres du Cardinal de Richelieu*, t. V, p. 523, 58, 573.
(2) *Ibid.*, t. V, p. 645.

tieux, sage et dévot, il devait plus tard, après son veuvage,
s'affilier à la Compagnie de Jésus. Tallemant dit qu'il fut introduit auprès de Richelieu par l'évêque de Mende, non pas notre
Marcillac, mais son prédécesseur, La Mothe-Houdancourt, celui-ci,
frère du maréchal, après avoir rendu quelques services au siège
de La Rochelle, était mort en 1629.

Sublet de Noyers, très petit personnage, sut attirer l'attention
de Richelieu par son assiduité, son zèle, son talent de rédacteur,
sa compréhension rapide et sûre, son extraordinaire qualité de
« fait tout ». Une fois que le cardinal voulait faire venir un
notaire : « Il n'est pas besoin, Monseigneur, lui dit Sublet; je suis
secrétaire du Roi; je ferai bien ce qu'il faut... » « Le cardinal
rompit un jour par hasard une petite canne fort jolie qu'il aimait
assez; le petit bonhomme la prend, la rajuste et la rapporte à
Son Éminence. » Il devint bientôt l'homme indispensable.

Il avait aussi un goût qui devait lui assurer la sympathie du
cardinal, le goût des arts et des collections. Grand bâtisseur et
grand amateur d'arrangements, nous le verrons dans ce rôle,
où le petit homme effacé et secret sut prendre une sorte d'autorité. On le trouve en 1632 attaché au Conseil d'État. Il y rend
de grands services; — à ce qu'il semble, de ces services
« d'affidé » qui ne laissent guère de traces sur les papiers des
archives.

Le 1er mai 1632, il est désigné comme intendant de l'armée
commandée par le maréchal d'Effiat, qui marche au secours de
Trèves. Sa fonction paraît être surtout de voir et de rendre
compte. Le maréchal est très malade et va bientôt mourir. Sublet
de Noyers est là; il écrit à Paris, dit son mot sur les hommes
de guerre qui pourraient être appelés à la succession : « MM. les
Maréchaux de camp ne travaillent pas assez de correspondance.
M. d'Arpajon, qui est l'ancien et qui paraît plus actif que M. de
La Suze, en veut avoir le commandement; l'autre n'y consent. »
Quant à lui, sa profession de foi est toute faite, et il l'écrit
pour que nul n'en ignore à Paris : « Survient-il un changement
dans les ordres, l'armée et le pays s'en étonnent; ce sont des
effets de l'ignorance, qui s'émeut de tout ce qu'elle n'entend

pas ; *car nous ne doutons pas qu'il n'y ait eu ordre, et raison de le faire. Puisque l'on nous l'a commandé, il faut obéir* (1). »
Modèle des serviteurs : voir, savoir, rapporter, comprendre, obéir.

Sublet de Noyers continue d'être intendant de la même armée sous le maréchal d'Estrées. Il est nommé ensuite, au mois de septembre 1633, intendant de l'armée de Lorraine, commandée par le maréchal de La Force (2). Le voilà donc en connaissance intime avec les armées et avec la frontière, avec les hommes et avec les choses. Or Richelieu ne pense plus dès lors qu'à préparer la grande guerre.

Quelle opportunité, quelle chance d'avoir sous la main ce factotum docile, qui ne s'en fait pas accroire, qui sait voir, prévoir et pourvoir ! Sublet de Noyers est envoyé dans le nord d'abord, puis dans l'est, avec ce titre nouveau et qui révèle à la fois le dessein secret et la confiance dans l'agent secret : « conseiller du Roi en son Conseil d'État, intendant de ses finances et commissaire député par Sa Majesté pour les fortifications et envictuaillement des places de la province de Picardie ». « On n'ignorait pas, dit M. Schmidt, qu'il était incompétent en matière de fortifications, que jamais il n'avait tracé un plan; aussi on lui avait adjoint, au grand regret de Du Plessis-Besançon, le sieur d'Argencourt, connu par son habileté et sa science d'ingénieur. »

Une lourde erreur, lancée par les mécontents d'alors, répétée par les romanciers de l'histoire, a été accréditée par cette phrase de Michelet citant Fontenay-Mareuil : « Richelieu fit visiter nos places du nord par un homme qu'il croyait très sûr, par Sublet de Noyers... Ce commis ne connaissait rien aux places de guerre. Il rapporta à Richelieu ce que désirait le ministre, que tout était en bon état. Et celui-ci, tranquille sur le nord, regarda au sud-est. » La vérité, connue depuis que les archives se sont ouvertes, est tout autre : Sublet de Noyers sut

---

(1) Faits et textes empruntés à l'excellente étude sur la jeunesse de Sublet de Noyers, par M. Ch. Schmidt, inspecteur général des bibliothèques et des archives; 1900, in-8, p. 3.

(2) La minute de la commission est aux Archives de la Guerre, (vol. XIV, pièce 113).

se rendre compte et il sut avertir; mais on ne l'écouta pas, sans doute parce que le cardinal se surchargeait lui-même d'un travail excessif et qu'autour de lui les ministres, — Chavigny, Bullion, Servien, surtout Servien étaient dépassés par une telle tâche et continuaient à marcher de ce bon train-train tranquille qui est celui des bureaux. Nous l'avons bien vu en 1914.

« De toutes les lettres adressées au cardinal par Sublet de Noyers se dégage un continuel avertissement, écrit M. Schmidt : les places n'ont pas de fortifications, ou ce qui existe est en mauvais état; les villes n'ont pas de garnison, ou si elles en ont une, elle est insuffisante; les officiers ne font pas leur devoir; l'argent manque; les vivres font défaut; et ce sont sans cesse les mêmes demandes : *Envoyez des hommes, du pain, des armes, des munitions; la frontière ne saurait tenir contre un coup de main.* »

En 1634, à la veille de la guerre, après un effort aussi tenace que vain, Sublet de Noyers écrit d'Abbeville au cardinal : « L'état de la ville est inquiétant; elle ne pourrait soutenir de grands efforts si elle était vivement attaquée; j'ai fait garantir le fort par des demi-lunes, mais les habitants ne veulent pas une citadelle... Quand je considère qu'il n'y a que Beauvais entre Paris et Abbeville et que des Pays-Bas à Abbeville il n'y a que sept lieues, j'estime que Votre Éminence jugera qu'il s'en faut bien assurer en la mettant en état de se bien défendre; je ne doute pas de la fidélité des habitants, mais de leur vigilance... » Hélas! c'est toute l'insouciance française dénoncée en un seul mot. Et dans quelque dix-huit mois, ce sera l'année de Corbie!... Notre homme n'a même pas manqué de visiter Corbie. Voici ce qu'il écrit : « Corbie a six cent cinquante hommes de garnison, Rue en a deux cent soixante, La Capelle cent quarante, Le Catelet soixante-dix; Corbie n'est armée que d'un canon, deux couleuvrines, deux bâtardes, trois moyennes (1). »

Tant de zèle d'une part, des fautes et des erreurs si graves d'autre part émeuvent Richelieu. Rien ne va. Il faut, pour sou-

(1) Voir les précisions minutieusement relevées dans les Archives des Affaires étrangères, par Schmidt, p. 10.

tenir le fardeau de si grandes affaires, un ressort, un entrain, un allant qui font défaut. Intendants, évêques, chefs d'armée, ministres, tous passables peut-être en temps de paix, mais, en temps de guerre, insuffisants. La première nécessité est d'ordonner et coordonner cet état-major inconsistant, éparpillé, de le regrouper, de lui faire sentir la main du maître.

Servien surtout! Servien est secrétaire d'État à la Guerre. Né dans la robe, il fait carrière, sous le ministère de Richelieu, dans les affaires de Savoie et d'Italie. Intendant et diplomate, il se montre intelligent, ferme et de bon sens, mais en même temps dur, sec, tranchant, avantageux. Il est bien le fils de ce XVIe siècle, où toutes les ambitions étaient permises, mais où les chutes étaient aussi rapides que les ascensions. Il devait être envoyé plus tard en qualité de plénipotentiaire au congrès de Westphalie, où sa mésintelligence avec d'Avaux devait affaiblir gravement la cause française. Le duc de Longueville écrira alors : « D'Avaux saigne et Servien coupe. »

Richelieu avait d'abord considéré Servien comme un homme à lui et lui avait confié les fonctions de secrétaire d'État à la Guerre. Mais, dans les circonstances tragiques du début des hostilités, l'homme avait paru inférieur à sa tâche. On dit qu'une cabale avait été montée contre lui par Chavigny, familier intime de Richelieu, et par Bullion, qui le considérait comme un bourreau d'argent. Ce qui est certain, c'est que Richelieu avait dû assurer une bonne partie du travail relatif aux armées et que Servien le secondait mal. Les armées mouraient de faim.

Le 16 janvier 1636, le cardinal adressait encore à Servien un long mémoire, écrit de la main de Cherré, où l'immense détail des affaires exigeant des solutions urgentes était exposé. Or Servien avait, de sa main, écrit nonchalamment en face de chaque paragraphe ce simple mot : *fait, fait, fait*, sans autre explication ni commentaire. On dormait sur le dossier.

Le 21 février suivant, ces Messieurs du présidial d'Angers avaient la surprise de recevoir une lettre du cardinal ainsi conçue : « Messieurs, quelques considérations particulières ayant fait résoudre le Roi à donner récompense à M. Servien de la charge de secrétaire d'État dont il l'avait honoré et à l'éloigner de ces quartiers, je vous fais cette lettre pour vous dire que Sa Majesté a trouvé bon qu'il s'en allât passer le temps aux vôtres et qu'il demeurât dans votre ville, afin que vous ne fassiez point difficulté de l'y recevoir et de le voir aux occasions qui s'en présenteront (1). » Servien devait rester un habitant d'Angers jusqu'à la mort du cardinal et du Roi.

Il n'y avait eu, d'ailleurs, nulle lacune dans le service : Sublet de Noyers était nommé secrétaire d'État dès le 12 février. Le petit homme docile qui avait fait preuve de souplesse, allait maintenant faire preuve d'activité et d'autorité. Le cardinal se sentait bien soulagé en faisant reposer sur lui cette partie énorme du fardeau qu'acceptaient ses épaules frêles (2).

En plus, le cardinal avait l'espoir d'être désormais entendu et obéi. Il n'attend que quelques jours pour mettre au pas la nouvelle organisation, telle qu'il l'a réalisée une fois pour toutes : Bullion aux finances, Sublet de Noyers à la guerre et aux fortifications. Il écrit à tous deux, le 5 avril de cette funeste année 1636, où l'invasion sera la rançon de la longue négligence apportée aux choses de la guerre dans un pays menacé de toutes parts : « Il y a des affaires auxquelles on perd cent pour cent à les différer et les remettre... On ne peut ne pourvoir pas promptement à vider les intérêts des villes de Colmar, Schelestadt et Haguenau sans s'exposer à perdre l'Alsace, d'où dépend le bon succès de la guerre ou de la paix », — l'Alsace, la grande affaire, en effet, l'éternelle affaire de la France. — « Je conjure Messieurs les Surintendants de vaquer, dès aujourd'hui, à tout ce que dessus, prenant la prière que je leur en fais non comme une sollicitation ordinaire, mais comme celle d'une affaire qui est du tout importante et fort pressée... (3). »

---

(1) La minute de cette lettre a été rédigée à la hâte. On l'avait terminée par un passage à l'éloge de Servien, qui a été effacé, sans doute sur l'ordre de Richelieu, à la signature. Avenel, *Lettres du Cardinal de Richelieu*, t. V, p. 420. — Sur les négligences, causes de la disgrâce de Servien, voir encore *Ibidem*, p. 865-966.

(2) Sur les circonstances de la disgrâce de Servien et de l'avènement de Sublet de Noyers, voir Avenel, *Lettres du Cardinal de Richelieu*, t. V, p. 397-420.

(3) *Ibidem*, t. V, p. 440.

Sublet de Noyers n'a pas besoin d'être stimulé. Il se charge et surcharge au delà de ses forces. Bientôt il jouera auprès de Richelieu un rôle beaucoup plus considérable que celui qui lui est reconnu par l'histoire : administrateur, écrivain, diplomate, homme de cabinet et homme d'action, il se mêle de tout et on le mêle à tout. Les armées sont mises sur pied dès le 12 mai : « L'armée d'Italie entre en campagne, lisons-nous dans la correspondance du cardinal... Elle sera de vingt mille hommes de pied et trois mille chevaux... On envoie cent mille francs à M. de Rohan pour le pain... Mon cousin de La Meilleraye est parti ;... le duc Bernard s'en doit aller après-demain ;... le cardinal de La Valette suivra bientôt après (1). » Les vivres sont assurés, le chancelier est mis en demeure d'arrêter les désordres des gens de guerre.

On saura parer à cette affreuse sédition du Périgord et de l'Angoumois, qui immobilise des forces importantes. Sublet de Noyers envoie des troupes, change les chefs. S'il s'agit de faire partir des espions pour les pays étrangers, c'est à lui qu'on s'adresse ; s'il s'agit de soulager les régions dévastées et de les dispenser du « sol pour livre », c'est lui qui incline vers ce peuple éprouvé la largesse royale. Il écrivait à Richelieu : « Trois années de peste ont ruiné les populations de la Picardie ; le commerce d'Amiens a renvoyé plus de trois mille ouvriers... Nous ne sommes pas en saison où il faille maltraiter les peuples sans sujet ; la misère où ils sont nous oblige plutôt à compassion qu'à leur faire sentir des rigueurs inutiles, qui leur arrachent de l'âme ce qui leur reste d'affection pour le Prince (2). »

Paroles, non de commis, de chrétien.

Au cours des entretiens prolongés avec le cardinal, on les voit, tous deux, penchés sur les cartes, faire le tour des frontières de la France, le tour de l'Europe, calculer sur leurs doigts le nombre des régiments, des pièces d'artillerie, des chariots, les forces de

---

(1) Avenel. *Lettres du Cardinal de Richelieu*, V, p. 445, 459, 485.
(2) Lettre tirée des collections de Russie, citée par M. de La Ferrière, *L'Histoire de France en Russie* ; et Schmidt, *op. cit.* p. 14. — Voir la lettre du cardinal à de Noyers dans Avenel, *Lettres du Cardinal de Richelieu*, t. V, p. 559.

l'ennemi, celles qu'on peut leur opposer. Sublet de Noyers prend la plume et les ordres sont confiés aux courriers qui attendent.

Grandi peu à peu par l'autorité qu'il a su prendre, Sublet de Noyers se glisse dans le secret des grandes affaires, dans la confusion des intrigues, dans les broussailles de la négociation avec les partisans de Gaston, avec les femmes, les maîtresses, jusque dans l'intimité des relations du Roi et de la Reine.

Bientôt sa puissance est consacrée. Richelieu écrit au Roi, le 10 mars 1637 : « Le service de Votre Majesté requiert que vous défendiez à tout autre secrétaire d'État que M. de Noyers, de se mêler des ordres de la guerre (1). »

La sévérité n'est pas abolie, tant s'en faut; elle s'exerce maintenant contre les chefs qui manquent à leur devoir de discipline : le procès et la mort de Saint-Preuil en seront un exemple mémorable (2). La plaie saignante que l'on a au cœur, les maux que la guerre fait endurer aux populations des campagnes, voilà ce qui devient le souci de tous les instants. On craint la désaffection des peuples, on craint les suites de la polémique engagée au dehors et qui fait retomber ces misères sur l'ambition du cardinal et de la France. Le texte des instructions adressées aux généraux en chef résonne d'un accent nouveau : « Sa Majesté ne veut pas omettre de recommander audit Sieur Maréchal d'établir de toutes parts le bon ordre nécessaire aux étapes des troupes sur toutes leurs routes et d'empêcher par tous les moyens le débandement des soldats et la foule du peuple, faisant suivre les gens de guerre non seulement par les prévôts des maréchaux et toutes leurs compagnies d'archers, mais aussi par la compagnie de ses Gardes, avec ordre bien exprès de faire prendre et punir sévèrement tous les déserteurs et libertins et surtout de faire châtier selon la plus grande rigueur des ordonnances de Sa Majesté les premiers fuyards des troupes et ceux qui commettront quelques notables excès en violences, soit dans les quartiers soit en marchant, en sorte que l'exemple de leur punition empêche les

---

(1) Avenel, *Lettres du Cardinal de Richelieu*, t. V. p. 760.
(2) Voir, ci-dessous, le chapitre sur les chefs militaires choisis par Richelieu.

autres de tomber dans les crimes si préjudiciables au service de Sa Majesté... (1) »

Les plus graves questions que Sublet de Noyers aura à résoudre, après celles de la vie même des armées, se rapportent aux fortifications, c'est-à-dire, en somme, au système militaire en usage jusqu'à lui et qui, par lui, va se transformer peu à peu ; et aussi, à d'autres non moins graves qui concernent le haut commandement c'est-à-dire au choix des hommes.

Abordons maintenant ces deux sujets, car c'est là, en vérité, que l'action de Richelieu, aidé par cet adroit second, fut décisive.

Les fortifications d'abord. On a vu que, sans autre compétence, un certain goût de la bâtisse avait désigné l'intendant pour l'inspection de la frontière du nord. La guerre était surtout, en ce temps-là, une guerre de sièges, héritage des temps féodaux, où la France entière n'était qu'un vaste réseau de crêtes hérissées de donjons et de tours. Il y avait, à cette conception militaire, des raisons tenant à la nature des choses : la nécessité de protéger le plus possible la terre nationale, indispensable pour assurer les vivres aux hommes et les fourrages aux chevaux. Les routes et les moyens de transport manquant, le ravitaillement ne pouvait se faire que sur place et la guerre à la française n'était autre chose, nous l'avons dit, qu'une mainmise sur les contrées les plus capables de fournir la subsistance. Par suite, de chaque côté des frontières, ces pays, plus menacés encore qu'éprouvés, devaient être défendus ou gagnés pied à pied, morceau par morceau. Aucune motte de terre n'était négligeable.

C'est ce qui explique, tout d'abord, le parti pris de lutter pour protéger le sol national partout où l'ennemi trouvait une porte d'entrée ; c'est ce qui explique encore l'éparpillement de la guerre sur les multiples frontières du Royaume quand il s'agissait d'un pays entouré, encerclé, assailli de toutes parts, comme l'était la France : frontière du nord, frontière de l'est, frontière des Alpes, de l'Italie, d'Espagne, frontières maritimes,

---

(1). Avenel, *Lettres du Cardinal de Richelieu*, t. VI, p. 292.

embouchure des fleuves, La Rochelle, Bretagne ; il fallait être sur ses gardes et en force en tous lieux, également et simultanément. Comment songer à concentrer des armées sur un point unique pour frapper un coup décisif, quand le centre était partout et la circonférence nulle part?

De là vient cette infinie multiplication des forteresses, cet énorme appareil de murailles édifié méthodiquement pour protéger les campagnes, les fermes, les villages, les villes, les magasins. Que l'on s'en rende compte : pour affamer l'ennemi, on eût été réduit à « raser » le pays que l'on n'eût pas su défendre.

Ajoutons que l'occupation, soit par l'une soit par l'autre des armées, était, pour le plat pays, un malheur affreux. Le soldat était le plus cruel non seulement des envahisseurs, mais aussi des défenseurs. Quelques précisions, empruntées aux notes d'un témoin, donneront, avec les estampes de Callot, une idée bien affaiblie de ces « misères de la guerre » : « Les troupes rôdaient au delà de l'eau de Somme par logements importuns et ruineux, fatiguaient les gens de ces pays à l'égal de ceux des frontières ; les cruautés des gens de guerre, tant gens de pied que gens de chevaux, faisaient pitié ; ils brûlaient, violaient force femmes et force filles, tuaient les hommes, composaient et tyrannisaient les pauvres paysans en leur rôtissant et grillant la plante des pieds au feu.... »

Et encore : « Les troupes qui avaient hiverné en France en plusieurs endroits, s'assemblèrent vers la mi-mars dans les villages situés au delà de la rivière de Somme, où elles causèrent le plus affreux désordre, lequel ne se peut honnêtement réciter ; les soldats pillèrent, violèrent femmes et filles, démontèrent les moulins, bref, tout ce qu'on peut imaginer de pire. » Et enfin : « Quatre régiments d'infanterie, commandés par M. Lambert, restèrent pendant sept jours à Franqueville, où ils causèrent les plus grands dégâts, ils se livrèrent au pillage et démolirent les maisons, les granges et les étables. A Houdancourt, ils démontèrent la maison de M. de Boispronier. A Saint-Ouen, à Bettencourt, il y avait au moins sept mille hommes de pied et de chevaux; ils scièrent les blés, les firent paître et démolirent les maisons (1). »

D'autre part, les armes du temps, se trouvant, en somme, d'effet bien médiocre pour abattre ces défenses multiples, les sièges, avec leurs travaux immenses, imposaient aux populations voisines, des corvées atroces en des lenteurs infinies : tranchées, circonvallations, redoutes, mines, escalades; on ne pouvait qu'à grand peine s'emparer des bicoques. Ajoutons ce détail que, la plupart du temps, la garnison, si elle n'était pas massacrée, passait à l'ennemi. On perdait tout même les hommes.

Les quartiers d'hiver étaient de non moindre nécessité, en raison de l'insuffisance des ressources localisées et de la difficulté des transports. Pour le siège d'Arras, on mobilisa quatre-vingt mille charrettes et, en dépit des efforts qui consumaient Richelieu, les troupes, le plus souvent, mouraient de faim. On campait donc pour se reposer et surtout pour manger : mais, durant ces longs repos, les murailles hostiles se relevaient et il fallait recommencer. Tout est à la va-vite aujourd'hui; tout jadis était au temps perdu.

On donne en exemple, dans l'enseignement militaire moderne, les surprises de la manœuvre napoléonienne : le coup de massue asséné sur la tête d'un empire par des armées nombreuses que projette loin de leurs bases d'opération la randonnée audacieuse, dictée par une conception géniale. Mais, n'avons-nous pas vu renaître, pour brider ces entreprises aventureuses, les lignes de tranchées, la fortification des sites, le terrain armé jusque dans son moindre pli? Et n'en est-on pas arrivé à se demander si l'abandon à l'ennemi de grandes parties du territoire national n'est pas une faute lourde, soit si la guerre se prolonge, soit en vue des discussions de la paix?

Quoi qu'il en soit, les choses étant ce qu'elles étaient, la guerre, au cours du XVII° siècle, fut surtout l'affaire des ingé-

---

(1) Voir sur ces méfaits et ceux qui provenaient de la lutte pour les vivres et de l'offensive de la famine, le *Mémorial d'un bourgeois de Domart*, publié par Alcide Ledieu, 1896, p. 57 et *passim*. La méthode usitée pour affamer l'ennemi consistait à tuer les animaux domestiques, à « scier » les blés en herbe, etc.

nieurs. Elle se faisait au ralenti, toute fragmentée et disloquée, s'installant en quelque sorte à l'état chronique.

Et c'est parce qu'on désespérait de voir la fin de ces hostilités larvées, que peu à peu naquit dans l'esprit des chefs une conception nouvelle, visant à des résultats plus rapides : on prit le parti de détruire systématiquement les petites forteresses et les châteaux, d'agglomérer les forces défensives dans des places puissantes qui devenaient ainsi des armées statiques, combinant les hommes et les pierres par l'art perfectionné des ingénieurs. Et, finalement, on fut amené à confier le maniement total des forces à un commandement unique, désigné, non plus en vertu d'un rang social ou par la faveur du Prince, mais par une supériorité technique reconnue et éprouvée.

Aux premières phases de cette transformation la collaboration de Richelieu et de Sublet de Noyers présida. Fille de l'expérience et d'une réflexion assidue, elle jaillit de la pratique même de la guerre. Une élite d'ingénieurs, formée à l'école des maçons et des maîtres de Hollande, sortit de terre pour fleurir un jour dans le génie de Vauban.

Pompeo Targone avait commencé à La Rochelle. Il fut bientôt dépassé par ses successeurs. Qu'il suffise de nommer d'Argencourt, camarade d'équipe de Sublet de Noyers, Du Plessis-Besançon, grand favori de Richelieu, Pagan, qui fortifia Saint-Quentin, des Aguets, Destouches, Fabre.

Ouvrons le livre du célèbre chevalier de Ville pour voir à quel point s'était développée, jusqu'à atteindre le style et l'élégance, cette géométrie de la pierre, destinée à s'opposer à la puissance du bombardement. Tout se trouve réuni dans ce splendide in-folio, depuis « les considérations avant que fortifier » jusqu'à « ce qu'on doit faire quand l'ennemi lève le siège ».

Considérons l'une de ces planches, chefs-d'œuvre d'un art aussi inventif que mesuré, s'inspirant, au dire de l'auteur lui-même, du fameux siège de Bréda : la ville en légère saillie sur la plaine avec sa citadelle surélevée et ceinturée de rochers, le dôme de la cathédrale, les toits en écailles de tortue des maisons, les arbres verdoyants des jardins et, protégeant le tout, la croix du Christ; puis, en dévalant vers la campagne, les faubourgs, leurs chapelles, leurs portes, les murs d'enceinte; puis, en un cercle plus élargi encore, les retranchements et les redoutes commandant les accès ; au delà, « un espace laissé libre pour tenir au loin l'armée qui assiège » ; et, au delà encore, d'autres retranchements bien plus forts que ceux qui sont du côté de la place, « pour lesquels flanquer et défendre sont bâtis d'autres forts et, si l'on veut, quelques demi-lunes pour les sentinelles et soldats en garde » ; aux abords enfin, vêtus de costumes à la Callot, des paysans amenant des convois et les introduisant dans la ville. Ainsi l'on aura comme une vision de ces nouvelles guerres plus promptes, où le génie des maîtres arrachait au sol lui-même les moyens de l'attaque et de la défense.

Nous emprunterons à ce précurseur les termes dans lesquels il dégage la doctrine qui s'imposera au siècle : « Bâtir et fortifier des villes sont ouvrages de princes à cause de la grande dépense qu'il y a à les faire et à maintenir les garnisons ordinaires qui sont nécessaires à leur conservation. La France, avant que de les entreprendre, doit avoir plusieurs considérations. On ne doit les bâtir qu'aux lieux nécessaires. Comme, dans un grand État, il faut seulement fortifier les places frontières pour empêcher les voisins d'entrer sans frapper à la porte, de même les passages, où l'on fait le plus souvent des châteaux ou forts aux endroits plus avantageux. Les ports de mer, qui sont tenus pour frontières, doivent être aussi fortifiés. Les autres lieux ne doivent plus l'être ; car il seroit plus nuisible de bâtir dans le corps de l'État des places fortes, puisque d'aucune part on ne craint l'ennemi, il seroit à craindre qu'elles ne donnassent sujet de rébellion aux séditieux, lesquels s'en étant emparés, le Prince auroit beaucoup à faire de les mettre à la raison. »

Toute la politique militaire de Richelieu est dans ces lignes pleines de sens : c'est le « Discours de la méthode » de l'École classique, élevant simultanément toutes les branches de la pensée humaine (1).

---

(1) *Les Fortifications du chevalier Antoine de Ville... le tout représenté en cinquante-cinq planches avec leurs plans, perspectives et paysages ; le Discours prouvé*

Il n'est pas superflu d'indiquer ici comment Sublet de Noyers, de même que son maître, le Grand Cardinal, prit part au mouvement qui entraînait le siècle vers le goût du noble et du beau. Nous l'avons montré, dès ses jeunes ans, porté à la bâtisse. Sans doute l'inspection des fortifications du nord en compagnie du sieur d'Argencourt avait développé en lui cette tendance initiale. En 1638, il obtenait du cardinal la surintendance des bâtiments; et ce ne fut pas pour lui une sinécure. Il s'était fait la main en élevant à Paris, rue du Pot-de-fer, le noviciat de ses amis, les Jésuites. Bientôt son attention se porta sur le Louvre, quelque peu délaissé sous le règne de Louis XIII.

Par une intuition vraiment extraordinaire de ce que le palais des Rois devait être un jour, il avait eu 'idée d'en faire une sorte d'hôtel des Beaux-Arts. Inspiration plus extraordinaire encore, il avait conçu le dessein de confier la décoration d'ensemble au plus grand des peintres français, qui alors vivait à Rome et qui n'avait nulle envie d'en sortir, Nicolas Poussin. Le surintendant écrivit au grand artiste, l'assurant de l'estime royale, lui promettant, dès son arrivée à Paris, un brevet de peintre du Roi, mille écus pour ses frais de voyage, mille écus d'appointements annuels, « un logement commode dans la maison du Roi, soit au Louvre, à Paris, ou à Fontainebleau à son choix, logement meublé honnêtement ». On ne l'obligerait à peindre « ni plafonds ni voûtes »; on lui demandait seulement, en échange de ces avantages, un engagement de cinq ans : « Vous ne peindrez pour personne que par ma permission, disait textuellement le secrétaire d'État; car je vous fais venir pour le Roi, non pour des particuliers; ce que je ne vous dis pas pour vous exclure de les servir, mais j'entends que ce soit par mon ordre. Après cela, venez gaiement et vous assurez que vous trouverez ici plus de contentement que vous ne pouvez en imaginer. »

On a raillé cette initiative; on la trouve au-dessus du génie du « petit homme ». Pourquoi?... Peut-on blâmer le ministre

---

par démonstrations, expériences, raisons communes et physiques avec les rapports des Histoires modernes et anciennes. A Lyon, chez Irénée Barlet, à l'image Saint-Irénée, in-f°, MDCXXVIII.

d'avoir inspiré à Louis XIII une décision qui sent son Grand Siècle? Et le choix de Poussin n'a-t-il pas une autre allure que celui de Lebrun?

L'affaire, comme on le sait, ne s'arrangea pas facilement. Nicolas Poussin ne céda qu'après une longue résistance. Il ne pardonna pas au surintendant qui l'avait arraché à ses commodités romaines; à Paris, il ne sut pas s'arranger avec Lemercier, architecte du Louvre. Et pourtant on lui laisse toute liberté; il peint pour le Roi; il peint pour Richelieu; il peint pour les Jésuites; il peint pour les amateurs; mais il a, fiché dans le cœur, le regret de Rome. Il n'est pas compris à Paris; l'intrigue, les jalousies s'en mêlent; d'où les froissements réciproques. Poussin regagnera Rome dès qu'il le pourra, peu de temps avant la disgrâce du sous-secrétaire d'État (5 novembre 1642)(1).

Transformation de l'art militaire.

Il ne faut rien exagérer, pas même les services rendus au pays par cette génération intermédiaire qui, au lendemain de la Ligue, eut pour mission de créer une France mieux équilibrée, plus forte, et de substituer l'ordre à l'anarchie, l'économie des forces au gaspillage. Organiser, centraliser, discipliner, c'était une tâche que la courte vie d'un homme ne pouvait, de toute évidence, accomplir en entier.

Quand on entre dans le détail, on voit bien, qu'en matière militaire, un esprit nouveau se dégageait, mais on voit aussi que le progrès se heurtait au poids des traditions, à la résistance de la matière et des hommes. Même à la veille de Rocroi, les lacunes, les abus, les malfaçons, soit volontaires soit involontaires, sont tels qu'on se demande par quelles voies secrètes la victoire a pu se dégager et couronner tant d'efforts en apparence

---

(1) Voir le récit complet de cette partie de la vie de Poussin dans Émile Magne, *Nicolas Poussin, premier peintre du Roi*, 1928, in-12, pp. 132-194. — Inutile de nous attarder sur une anecdote accusant Sublet de Noyers d'avoir, par convenance morale, fait altérer une Léda de Michel-Ange conservée au château de Fontainebleau, potin sans valeur colporté par quelque cicérone du palais. Voir, à ce sujet, la note dans Tallemant, *Historiettes*, t. II, p. 143.

infructueux. On sent, pourtant, qu'une volonté éclairée, tenace détermine peu à peu des courants, inaugure des méthodes nouvelles, suscite des capacités inespérées.

Bref, l'art militaire évolue. Ce n'est pas chose inutile, même pour la leçon de l'histoire, de dire par qui et comment s'accomplit cette évolution.

Dans la lutte vitale engagée entre l'Espagne et la France et qui durait depuis les guerres du XVIe siècle, suites elles-mêmes de cet « héritage de Bourgogne » dont Louis XV disait « qu'il était à l'origine de tous nos maux », dans cette guerre qui renaissait toujours, les deux adversaires poursuivaient leur but par des moyens très différents.

L'Espagne voulait Paris pour avoir la France, la France entière ramassée d'un seul coup de filet. N'est-ce pas la grande tentation de tous nos adversaires, et cela en raison du peu de distance qui sépare la capitale de la frontière? Paris pris, tout semble devoir succomber. Le coup de main paraît si facile! Les Anglais l'avaient réussi sous Charles VI, et les Espagnols, qui ne l'avaient manqué que de bien peu après la bataille de Saint-Quentin, avaient fini par occuper Paris lors des guerres de la Ligue. Les alliés ont joué la même partie sous la Révolution, lorsqu'ils prirent Verdun; ils ont cru la gagner à la fin des guerres napoléoniennes et, en 1871, les Prussiens entrèrent dans la ville après Sedan.

Richelieu et ses contemporains savaient parfaitement que la guerre de Trente ans n'était qu'un acte dans ces longues hostilités s'éternisant entre les deux pays. N'allait-on pas voir, une fois encore, es Espagnols, que les peuples qualifiaient si justement alors de « Bourguignons (1) », à Corbie c'est-à-dire aux portes de Saint-Quentin, comme du temps de Coligny?

La France, au contraire, n'avait qu'un seul but, conquérir des territoires tout proches, Artois, Flandre, Lorraine, Alsace, pour reculer sa frontière et élever un retranchement de plus en plus profond, de plus en plus puissant devant Paris. Elle atta-

---

(1) Voir *Journal du bourgeois de Domart*, passim.

chait une grande importance à créer autour d'elle un faisceau d'alliances, de « voisins », comme dit Richelieu, la couvrant contre ses grands adversaires. Elle entendait ainsi empêcher l'Espagne d'envoyer par terre de la Méditerranée vers la mer du Nord des troupes qui renforceraient les armées d'invasion pesant sur la frontière, depuis ces Pays-Bas que le Roi catholique avait hérités des ducs de Bourgogne par l'une des plus singulières surprises de l'histoire.

La difficulté s'aggravait, pour la France, du fait que l'établissement de cette frontière n'offrait de sécurité que si elle était poussée jusqu'au Rhin, mais qu'alors, elle soulevait l'opposition irréductible d'une autre puissance, surveillante attentive des ports de ce même héritage de Bourgogne, l'Angleterre.

L'expérience des siècles, avec ses alternatives de luttes et d'épuisement, prouvait que la bataille de France, — bataille des Ardennes et des Pyrénées, bataille de Charlemagne, de Roland et des Quatre Fils Aymon, — ne pouvait avoir chance de réussir que si la France achevait son unité politique, faisant de son sol, toujours menacé, une enceinte militaire fortement munie et subordonnée à une seule volonté. A cette tâche de l'unité, ses grands Rois s'étaient consacrés, et c'est pourquoi ils avaient transporté leur séjour, durant plusieurs siècles, à Bourges ou sur la Loire, laissant Paris exposé plutôt que de renoncer à ce midi qui a toujours été et sera toujours la suprême ressource de la vie nationale française.

Une telle et si vaste entreprise d'unification ne pouvait s'achever que par une lutte pied à pied, motte à motte, chaque parcelle du territoire ayant l'ambition d'être elle-même un centre, la féodalité lui accordant ce privilège, ses tours et ses donjons lui donnant les moyens de le défendre. La campagne commence par la prise de Montlhéry, sous Louis le Gros, et elle s'achève par la prise de La Rochelle, sous Louis XIII : deux sièges! L'art militaire français a donc procédé par occupation lente; sa méthode consiste à s'incruster sur le sol en le creusant pour avancer.

On voit comment les deux systèmes militaires opposés l'un à l'autre différaient l'un de l'autre : la puissance espagnole agissant par masses pour frapper, en une offensive soudaine, un coup décisif, la tactique française procédant par prises de possession progressives, tenaces, soutenues, enfonçant de puissantes racines dans le sol.

Les choses en étaient là, lorsque le siège de La Rochelle acheva l'unité intérieure et brisa les résistances locales, soit politiques soit religieuses. La Royauté quitta Plessis-les-Tours, Blois et Chambord pour s'installer aux abords de Paris, à Saint-Germain et à Versailles.

L'Espagne, en vertu d'un système contraire, ayant ramassé l'Italie par conquête, l'or du monde par l'occupation des Indes et la maison d'Autriche par alliance de famille, se décidait à s'ouvrir de nouveau le chemin de Paris, par Saint-Quentin comme Emmanuel de Savoie, ou par Amiens comme le fameux duc de Parme. Sous peine de périr, la France avait à opposer des forces largement accrues et des méthodes nouvelles à ces armées d'invasion, groupées sur la frontière des Flandres et placées sous les ordres des généraux espagnols, allemands, flamands, italiens, — ceux-ci les premiers tacticiens du temps (1).

L'Espagne disposait de ces incomparables ressources en hommes et en argent qu'elle prodiguait, sur la mer en armadas et sur la terre en ces troupes aguerries, installées partout avec leurs smalahs comme chez elles. Son expérience de la guerre s'était raffinée, à l'école de ces intelligents techniciens, héritiers des condottières. Par l'Autriche, elle s'assurait le concours de l'inépuisable recrutement allemand.

Il faut étudier, dans le livre du confident de Spinola, le Jésuite Hermann Hugo, qui avait assisté au siège de Bréda et qui mourut dans les camps, les procédés de cet art militaire qui se développent sans cesse dans la préparation de la puissance de choc,

---

(1) Sur la situation sans égale qu'occupait en Europe le cardinal-infant, frère de Philippe IV, lorsqu'il arrivait à Bruxelles après avoir remporté, avec le roi de Hongrie, la victoire de Nordlingen (6 septembre (1634) voir : *Le voyage du prince Don Ferdinand, Infant d'Espagne, cardinal... jusqu'au jour de son entrée à Bruxelles*, traduit de l'espagnol de Don Diego de Aldo et Gallart, par Jules Chifflet. Anvers, 1635, in-8°, illustré par Rubens.

pour bien comprendre à quel péril la France était alors exposée. Celui que lui fit courir l'Allemagne en 1914 peut en donner l'idée.

Les estampes de l'ouvrage font vivre sous nos yeux ces formations où la cavalerie et l'infanterie, artistement déployées, se soumettent, avec une majesté insigne, à une sorte de pas de parade bien réglé. La pistolade, destinée à briser le carré adverse par un véritable jeu de carrousel, l'ordre massif soit pour l'offensive, soit pour la défensive, tant d'autres mouvements, prévus et raisonnés, donnent l'idée d'une force irrésistible (1).

Le noyau de ce fruit arrivé à sa pleine maturité était ces fameux *tercios viejos,* formés d'Espagnols naturels, dont le duc d'Aumale a dit : « Vigoureuse dans les attaques, sachant tirer parti du feu, ayant surtout la tenue du champ de bataille, cette infanterie manquait de mobilité et de souplesse, exagérait les formations compactes... Fiers, fatalistes, violents, impitoyables, se montrant à l'occasion sans frein dans la débauche et, au lendemain d'un pillage, reprenant leur vie de misère avec la même résignation, tous se croyaient et se disaient gentilshommes, *hidalgos,* vieux chrétiens pour le moins. » Brantôme rapporte ce mot qui les peint : « Combien de soldats étiez-vous en cette armée? demandait-on à l'un d'entre eux. — *Señor,* répondait-il, je vais vous le dire : il y avait trois mille Italiens, trois mille Allemands et six mille soldats. » Ces six mille c'étaient des Espagnols. Telles ces magnifiques bandes du comte de Fontaine (2), célébrées dans l'oraison funèbre de Bossuet : « Restait cette redoutable infanterie de l'armée d'Espagne dont les gros bataillons serrés, semblables à autant de tours, mais à des tours qui sauraient réparer leurs brèches, demeuraient inébranlables!... »

Partant des Pays-Bas, cette force marchait d'un pas assuré à la conquête de la France : « Les Espagnols se vantent, écrit un au-

(1) *De militia equestri antiqua et nova, ad regem Philippum IV, Libri quinque auctore Hermanno Hugone e Societate Jesu,* Anvers, Baltazar Moret, 1630, p. 267-272. Les gravures sont attribuées à Callot.

(2) Paul-Bernard Fontaine, maréchal de camp général, fils d'un maître d'hôtel du duc de Lorraine, fut créé comte en 1626 par l'empereur Ferdinand. On l'a souvent confondu avec Pedro Enriquez de Acevedo, comte de Fuentes, petit-neveu du duc d'Albe, qui était né en 1526 et fut capitaine général des armées d'Espagne. Voir Duc d'Aumale, *Histoire des Princes de Condé,* t. IV, p. 28.

teur contemporain (1), de vouloir hiverner dans Paris, sur le fondement de leur premier exploit en Picardie. »

Que vaut, en présence d'un tel adversaire, l'armée française de 1635? En vérité, elle n'était pas prête, ni matériellement ni intellectuellement. L'année 1636 devait être, après l'heureux succès d'Avein, une année de désillusion, de revers, de panique. Le système militaire traditionnel était fait pour neutraliser le génie des chefs. Ceux-ci vivaient au jour la journée, sans dessein, sans vues, sans plan arrêté. Des troupes mal recrutées, mal vêtues, mal nourries, mal armées, non instruites, révélaient « cette négligence et légèreté des Français » que le cardinal dénonce si rudement dans ses *Mémoires* et dans ses lettres. Petites étapes, longs campements, formations instables, régiments encombrés de passe-volants au moment de toucher la solde, se vidant pour les marches et pour la bataille. Avec des coups d'éclat et de beaux mouvements d'héroïsme, des souffrances indicibles vaillamment supportées, des abandons soudains, d'inexplicables découragements.

La tradition militaire, inculquée par la coutume à des chefs sans formation technique, était justement à contresens des qualités françaises, à savoir l'élan, la souplesse, l'intelligence du terrain, l'imagination de la surprise, en un mot la manœuvre.

On avait bien le sentiment que quelque chose de nouveau allait naître : mais comment? dans quel sens? par quels hommes? Telles étaient les questions qui agitaient l'esprit de Richelieu et de son adroit compère, Sublet de Noyers.

Tout le monde reconnaît aujourd'hui la part qui, dans cette évolution en voie de s'accomplir, revient au roi Louis XIII. Il avait le goût du militaire et, s'il prenait le militaire un peu trop par le détail, il s'y donnait d'une telle et si consciencieuse application, que son sens pratique, son sens-soldat, avait une action efficace qui ne tenait pas seulement à son autorité royale. Dans telle circonstance, lors du siège de Saint-Mihiel, par exem-

---

(1) Le Laboureur, *Vie de Guébriant*, cité dans le passage consacré aux troupes espagnoles par le duc d'Aumale, dans l'*Histoire des Princes de Condé*, t. VI, p. 25 et suivantes.

ple, sa décision enleva le succès et Richelieu lui adressa, à ce sujet, des éloges qui n'étaient nullement de complaisance. Il commande et on lui obéit; il surveille et on le craint. Sa sévérité soutint toujours et parfois aggrava celle de Richelieu (1). Sa vigilance à elle seule était une force, si « la discipline est la force principale des armées ».

Richelieu! On a assez raillé sa cuirasse vert d'eau et son plumet au chapeau (2). Il se piquait de connaissances militaires : il s'y appliquait, en tout cas. Son activité invraisemblable permettait à son puissant esprit de donner des avis, des ordres, des directives qui marquaient, en général, une tendance à exiger plus d'aisance et de mouvement aux formations nouvelles allégées, à traquer l'esprit de dispersion reçu du passé. Les généraux avaient toujours de bonnes raisons pour s'isoler et faire bande à part; il regroupait leurs armées avec une vue très claire du principe moderne : la bataille ne doit être livrée que « toutes forces réunies (3) ».

On ne peut que constater aussi la sagesse avec laquelle le ministre laisse toute liberté d'agir au chef qui commande sur place. Cette expression de sa volonté réfléchie devient, dans ses lettres, une sorte de *leitmotiv*. Non pas qu'il fût question de décliner les responsabilités : personne n'allait avec plus de courage au-devant d'elles. C'est par une vue claire des choses, qu'il dit et répète qu'on ne peut juger ni prendre un parti dans les affaires et surtout dans les affaires militaires, si l'on ne juge pas les circonstances de près et sur place (4).

(1) Voir, à ce sujet, une note très précise de M. Avenel : « Le Roi n'était pas moins sévère que le cardinal pour les fautes contre la discipline » etc. — Voir aussi les preuves citées dans *Lettres du Cardinal de Richelieu*, t. V, p. 140.

(2) *Mémoires de Brienne*, t. I, p. 220.

(3) Les preuves surabondent dans la correspondance et dans les ordres émanant du cardinal. Citons seulement les instructions « importantissimes » données, au sujet du « voyage du Roi aux armées » en septembre 1635. Tout le génie de Richelieu, fait de clarté et d'autorité, s'y découvre dans les conseils qu'il donne pour la prochaine campagne. Le paragraphe de la page 195, relatif à l'emploi combiné des armées commandées par le cardinal de La Valette, par le duc d'Angoulême et par le maréchal de La Force, montre la clairvoyance du cardinal au point de vue de l'appui mutuel que les forces opérantes doivent se donner.

(4) Rien de plus précis, de plus net que les deux lettres émanant du cardinal et

En allant au fond des choses, l'on voit que tout, pour lui, dans l'action, dépendait du choix des hommes. De l'argent, des hommes, tel fut son perpétuel tourment. N'écrivait-il pas dans l'*Avis* adressé au Roi, alors que celui-ci avait pris, en personne, le commandement de son armée de Lorraine : « Ceux qui sont auprès du Roi se souviendront qu'il y a grande différence entre ordonner simplement les choses qu'il faut faire et les faire exécuter. Il faut bien se donner de garde de se contenter de simples ordres, puisque c'est l'exécution qui fait tout. »

L'exécution fait tout. Donc, des hommes d'exécution. Voilà ce qu'il lui faut. S'il ne s'en trouve pas, il les cherchera et les découvrira. Des méthodes nouvelles, oui ; mais des hommes de guerre pour les concevoir et pour les appliquer !

Richelieu, en se consacrant au travail de ce choix des hommes, qui était aussi une œuvre de création, répondait d'ailleurs au sentiment du pays et de cette génération classique dont l'horreur du désordre et la passion de l'ordre réclamaient des hommes de bon sens, d'énergie et d'équilibre.

Ce sentiment est exprimé avec une justesse et une netteté parfaites dans l'ouvrage déjà cité de l'ingénieur de Ville, qui savait parfaitement que ni les murailles ni la bravoure même ne suffisent, si le commandement fait défaut : « Surtout, écrivait-il, il faut choisir un général, lorsque le Prince ne commande pas en personne, qui puisse conduire le tout prudemment, qui soit courageux, de bon esprit et de jugement rassis, bien expérimenté aux choses de la guerre, hardi aux entreprises, mûr au conseil, prompt aux actions. Surtout qu'il ne soit point avare ; car ceux qui ont ce vice sont haïs des soldats

---

publiées par Avenel, t. VIII, p. 288 « Sa Majesté ne peut prescrire de loin aux lieutenants généraux de ses armées les résolutions qu'ils doivent prendre ; mais elle leur recommande certaines mesures de prudence et quelques préceptes généraux pour les armées en campagne... » Et encore : « Après avoir bien considéré l'état des choses et le caractère impétueux des Français, le Roi expose la direction qu'il conviendroit de donner aux opérations ; toutefois, comme, à la guerre, il se présente des occasions imprévues, le Roi ne prescrit rien à MM. les Généraux, qui sauront bien saisir leur avantage (22-23 octobre 1635). »

et sont sujets à trahir leur maître. Qui préfère l'utilité à l'honneur est indigne d'aucune charge... »

De tels hommes, Richelieu les chercha toute sa vie. Il finit par les trouver et sut les mettre à la place où ils devaient rendre les plus grands services à la France. Il faut dire comment il procéda.

Comment Richelieu choisit ses généraux.

Napoléon demandait, au moment de désigner un chef d'armée : « A-t-il fait la guerre? » Avec une même *imperatoria brevitas*, Richelieu écrivait en août 1638 : « Le mal des affaires consiste à ne pas avoir de gens entreprenants »; et, considérant le manque de chefs qualifiés, il disait encore : « Il n'y a point de commandement (1). »

Ce n'est pas que la France n'eût pas d'hommes de guerre distingués; mais la flamme, le génie inventif, le feu divin leur manquaient. La pratique seule devait les former et les présenter, en quelque sorte, à l'ardeur inquiète qui les cherchait.

Les papiers secrets de Richelieu le montrent dressant des listes de « gens de qualité » aptes aux différents emplois. Le ministre écrit les noms, les familles, les états de service; il surcharge, élimine, reprend, toujours anxieux, jamais satisfait. D'année en année, ces listes se précisent, s'améliorent, confirmant les exclusions et les choix. L'on voit ainsi le cardinal procéder à une constante ventilation des chefs, qu'il placera, déplacera, remplacera dans les commandements.

Nous avons sous les yeux un document qui nous fait pénétrer dans l'intimité de son travail personnel et de sa réflexion

---

(1) Avenel, *Lettres du Cardinal de Richelieu*, t. VI, p. 130. — L'écho de la pensée de Richelieu se trouve dans le *Supplément à l'Histoire*, élaboré, comme on le sait, par Lepré-Balain, d'après les papiers du Père Joseph : « La France paraissoit lors stérile en personnes de commandement; et ceux qui avoient de la capacité, ou étoient trop mols ou manquoient de fidélité. » — Tallemant des Réaux dit, dans le même sens : « Au commencement de la guerre, il étoit aisé de faire fortune; pour peu qu'on eût ouï parler du métier, on étoit recherché, car personne ne le savoit. » *Historiettes*, édit. Monmerqué, t. I, p. 446.

surtendue, qui nous le montre passant en revue les hommes de guerre qui ont servi le Roi, depuis le commencement de la guerre, pesant et contrepesant leurs services, leur capacité, leur fidélité et dressant enfin, a la veille de sa mort, la liste de ceux à qui il confiera, pour les luttes suprêmes et décisives, le commandement des armées.

Essayons de voir ces hommes comme il les voyait lui-même. Ce sont ces soldats qui l'aidèrent à réaliser le programme de son action, la constitution d'une France unie, centralisée, disciplinée, élargie jusqu'aux limites où elle devenait un bloc de civilisation indestructible au milieu de l'Europe. Quand il eut dressé cette liste pour l'améliorer par des choix ultimes, la France de Henri IV donnait la main, par lui, aux gloires du Grand Règne.

RÔLE DE CEUX QUI ONT ÉTÉ EMPLOYÉS AU COMMANDEMENT DES ARMÉES DEPUIS LE SIÈGE DE LA ROCHELLE (1).

Pendant tout le temps que la guerre a duré soit au dedans soit au dehors du Royaume, le plus grand soin qu'ait eu le Roi et son Conseil a été de commettre le commandement et la conduite des armées à ceux qui avoient la réputation de s'en pouvoir mieux acquitter, ainsi que l'état de ceux qui ont les principaux emplois le justifiera. Par ce moyen, le Roi et le public ont reconnu la capacité de ceux qui ont été employés telle qu'elle est remarquée ci-après.

M. le Maréchal de Châtillon fut employé à l'ouverture de la

(1) Cette note manuscrite, qui se trouve à la Bibliothèque nationale, n° 15 644 des *Manuscrits français* (ancien fonds Saint-Germain-Harlay, vol. 349, pièce 46), est de la main d'un secrétaire de Richelieu, les corrections sont de la main de son secrétaire intime, Le Masle. Il a été signalé par Aubery, par le Père Griffet (t. III, p. 378) et par Avenel (t. VIII, p. 1056), comme émanant de Richelieu. Son authenticité ne peut être mise en doute. — On en trouve deux autres copies, l'une à la Bibliothèque nationale, *Manuscrits français*, n° 20 867 (ancien fonds Saint-Victor) et *idem*, n° 4 092 (ancien fonds Cangé, 51). Nous donnons le texte du n° 15 644, avec quelques corrections ou variantes intéressantes provenant des autres manuscrits. — Nous avons ajouté, après chaque paragraphe, les renseignements permettant d'expliquer les jugements du cardinal sur chacun des hommes de guerre visés dans le document.

guerre en 1635, mais il ne fit pas bien au voyage que les armées du Roi firent en Flandres, mal à Saint-Omer, et encore pis à Sedan, ce qui a fait que le Roi, de son propre mouvement, n'a pas voulu se servir davantage de lui avec grand raison, vu que, bien qu'il soit vaillant au dernier point, il est si présomptueux, paresseux et si opiniâtre qu'il n'y a rien à espérer de sa conduite.

Il s'agit ici de Gaspard III de Coligny, petit-fils de l'amiral de Coligny. Maréchal en 1622, duc et pair après la mort de Louis XIII. Il était dans l'héritage de nos guerres civiles. Au dire de Tallemant des Réaux, « personne de plus de considération dans le parti protestant; au premier signal, il pouvait mettre quatre mille gentilshommes à cheval ». On ménageait en lui un membre de la Religion qui s'était attaché fermement à la dynastie. Et puis, on manquait d'hommes : le choix qu'on avait fait de lui en est la preuve. On le savait bon soldat et cela suffisait. Comme dit Tallemant : « Il fut un temps où il n'y avoit que lui et le maréchal de La Force; car on étoit si ignorant, qu'à Saint-Jean d'Angely (1621) personne ne savoit comment on faisoit des tranchées. » Il était calme, brave, énergique, mais lourd et de peu d'imagination, « ne jouant point du tout de la tête (1) »; le type même de l'ancien soldat. Son mot, quand on lui annonçait l'approche de l'ennemi, était : « Laissez-les venir »; et on avait toutes les peines du monde à le faire monter à cheval. Il était tombé dans une disgrâce trop justifiée, après son échec devant Saint-Omer, en juillet 1628. Richelieu, qui fut navré de cet échec, écrivait, accusant les tristes conditions du commandement à cette époque : « Beaucoup croient que la mésintelligence d'entre M. de Châtillon, M. le Maréchal de La Force, qui l'avoit joint, et les autres officiers des armées en est la principale cause; pour moi, je ne puis qu'en dire; mais il est certain que la lenteur de M. le Maréchal de Châtillon est la première origine de notre mal. » On le reprit cependant, et il rétablit sa réputation militaire par un succès important, la prise d'Arras en 1640.

---

(1) Tallemant, *Historiettes,* édit. Monmerqué, t. V, p. 225.

L'année 1641 mit le comble à sa disgrâce devant l'opinion et le perdit auprès du cardinal et du Roi ; il fut battu à La Marfée, le 6 juillet, dans des conditions où il pécha à la fois par défaut d'intelligence et par manque de résolution. D'où le jugement si sévère du cardinal. Dans une lettre du 9 juillet, peu s'en faut que Richelieu ne l'accuse de grivèlerie et de ce péché d'avarice que de Ville donnait comme la plus dangereuse disposition chez les chefs. Par le même courrier, il lui retirait son commandement en lui écrivant : « Dieu a voulu châtier le comte de Soissons (tué, comme on sait, dans la mêlée) et nous donner un coup de fouet ; nous l'avons tous bien mérité pour nos péchés et vous pour l'irrésolution que vous avez, de longtemps, à faire ce que vous savez bien devoir et pouvoir en votre conscience (1). »

M. le Maréchal de Brézé, qui fut employé avec lui, fit bien à la bataille d'Avein, qu'il gagna avec son corps; depuis, pour avoir témoigné qu'il désiroit plus le repos en sa maison que tels emplois, il en a été privé pour un temps.

Urbain de Maillé, marquis de Brézé, reçut le bâton de maréchal de France avec le gouvernement de Calais et pays reconquis, le 28 août 1632. Il commande l'armée d'Allemagne en 1634, gagne la bataille d'Avein le 20 mai 1635. Il est gouverneur de l'Anjou au lieu de Calais en 1636, vice-roi de la Catalogne sur la fin de 1640 (2). Veuf, le 30 août 1635, de Nicole du Plessis, sœur du cardinal de Richelieu, il mourut à cinquante-deux ans, le 13 février 1650 (3). Richelieu, qui soutenait pourtant les siens avec tant d'ardeur, lui tint rigueur à la fin. Il lui écrivait au temps de la rupture : « ...En quittant vos quartiers, vous avez voulu quitter mon amitié. Je consens, quoique mal volontiers, à la rupture que vous faites avec moi et sans me repentir des biens que vous ne reconnaissez pas et dont vous jouissez, bien que je ne veuille plus avoir de commerce

---

(1) On trouvera un exposé de la carrière du maréchal de Châtillon dans A. Ledieu, *Esquisses militaires de la Guerre de Trente ans*, p. 55.
(2) Voir le P. Anselme, VII, 496.
(3) Voir *Gazette de France*, année 1635, p. 514.

avec vos inégalités et vos boutades. » « C'était, dit le cardinal de Retz, un extravagant qui se permettoit souvent auprès de Sa Majesté des tirades contre les plus grands personnages. » Il ne ménageait pas le Roi lui-même (1).

M. le Maréchal de La Force, âgé de quatre-vingt [deux] (2) ans, s'est trouvé si usé, qu'excepté le siège de La Mothe, où il n'eut pas d'armée à combattre, les armées périssoient entre ses mains.
Jacques-Nompar de Caumont, duc de La Force, né le 29 décembre 1558. On sait comment, jeune enfant, il échappa à la Saint-Barthélemy. On sait aussi qu'il était dans le carrosse de Henri IV, lorsque le Roi fut assassiné. Ses services pendant tout le règne de Louis XIII sont éclatants. Richelieu lui écrivit, lors de la prise de La Mothe : « Sa Majesté avoit besoin, pour faire réussir une entreprise pareille à celle-là, d'une prudence et d'une conduite comme la vôtre (3). » Le cardinal eut recours à lui dans les circonstances les plus graves, en particulier après la prise de Corbie. L'âge vint de la retraite, quoique le maréchal, si l'on en croit certains traits rapportés par Tallemant des Réaux, eût gardé toute sa vigueur. L'allusion au siège de La Mothe en Lorraine donne l'occasion de citer ce couplet qu'on attribue à Tallemant des Réaux :

> Je crois que la France radote,
> N'en déplaise à ses partisans,
> D'envoyer pour prendre La Mothe
> Un homme de quatre-vingts ans.

D'après l'auteur des *Historiettes*, « quand M. d'Enghien gagna la bataille de Rocroi, le maréchal dit qu'il souhaiteroit de mourir comme étoit mort le comte de Fontaine, qui, fort âgé, fut tué à cette bataille (4) ».

(1) Voir Avenel, *Lettres du Cardinal de Richelieu*, t. VI, p. 85.
(2) Variante ajoutant *deux* d'après le manuscrit 15.644, ancien Saint-Germain-Harlay. Cette variante ajoutée donne la date de la rédaction du document : 1641.
(3) *Mémoires du Duc de La Force, Maréchal de France*, t. III, p. 148.
(4) Voir *Le Maréchal de La Force*, par le duc de La Force, de l'Académie française et aussi l'étude de M. A. Ledieu dans *Esquisses militaires de la Guerre de Trente ans* (p. 1-55).

Monsieur le Duc d'Angoulême, esprit adroit [mais fort intéressé (1)], entendu aux ordres de la guerre, mais accoutumé à la pratique du passé, où les vieux capitaines n'avoient d'autre soin que de vivre dans leur commandement sans rechercher les occasions de faire de grands effets, s'est trouvé pour ces raisons et pour ses gouttes peu propre aux emplois des armées.

Charles de Valois, duc d'Angoulême, pair de France, comte d'Auvergne, fils naturel du roi Charles IX et de Marie Touchet, né le 18 avril 1573, mort à Pau le 14 septembre 1650. Sa vie aventureuse présente un tableau animé de ce que fut l'histoire de France pendant près d'un siècle. Diplomate, lettré (2), général parfois heureux, il est dépeint admirablement par Richelieu, comme l'image du « vieux capitaine ». Ces quelques lignes donnent tout l'esprit de la réforme du haut personnel telle que la concevait le cardinal.

Monsieur le Maréchal de Vitry, courageux, mais si intéressé, si brutal et si incompatible que le Roi n'a pas eu seulement sujet de ne lui pas donner d'emploi dans la guerre, mais a été contraint de le priver de son gouvernement.

Ce Vitry (Nicolas de L'Hôpital, marquis, puis duc de Vitry) est, comme on le sait, le meurtrier du maréchal d'Ancre; il dut à cet exploit les honneurs de sa carrière militaire. Le jugement porté ici par Richelieu est confirmé notamment par le cardinal de Retz, qui l'avait connu lorsque tous deux étaient « commensaux d'un commun maître » à la Bastille : « Il avoit peu de sens, dit le coadjuteur, mais il étoit hardi jusqu'à la témérité et l'emploi qu'il avoit eu de tuer le maréchal d'Ancre lui avoit donné dans le monde, quoique fort injustement à mon avis, un certain air d'affaire et d'exécution. » Il n'est pas démontré que Richelieu n'eût pas gardé un de ces plats de vengeance qui se mangent froids, contre l'homme qui avait chassé du pouvoir

---

(1) Ajouté de la main de Le Masle sur le manuscrit 15.644.
(2) Il a écrit, à la demande de Richelieu, pour sortir de la Bastille, des *Mémoires particuliers... sous les règnes de Henri III, Henri IV, régence de Marie de Médicis, Louis XIII,* Didot, 1756.

le premier ministère dont il eût fait partie. Vitry, d'ailleurs, prêtait le flanc : se croyant assuré de la faveur de Louis XIII, il se montrait partout le plus important et le plus insupportable des hommes.

L'incident qui donna lieu à la mesure prise contre lui est connu. C'est la querelle avec Sourdis, archevêque de Bordeaux, qu'il traita de « cagot » et de « bréviaire » et qu'il frappa de son bâton (comme l'avait déjà fait le duc d'Épernon à Bordeaux) dans un conseil tenu le 6 décembre 1636, au moment où, se conformant aux ordres exprès du cardinal de Richelieu, la flotte allait procéder à l'attaque des îles de Lérins. En réalité, on se disputait, sous des prétextes divers, l'honneur du commandement. Vitry souleva, par cette violence, l'indignation générale. La reprise des îles, que Richelieu avait tant à cœur, fut manquée (1).

On trouve là un exemple caractéristique des difficultés que les disputes et les dissentiments entre les « bêtes d'attelage » apportaient au succès des entreprises militaires. Nulle conscience morale ou professionnelle ne réprimait ces accès d'ambition et de jalousie personnelles, qui entravaient si cruellement l'œuvre de Richelieu (2). Vitry passa les dernières années du règne de Louis XIII à la Bastille, où il complota avec rage contre Richelieu. Il fut libéré après la mort du Roi, et mourut en septembre 1644.

Monsieur le Duc de Chaulnes : autant reconnu de tout le monde affectionné à l'État que peu propre aux emplois de l'armée.

Honoré d'Albert, sieur de Cadenet, frère du connétable de

---

(1) Voir tout le détail de la querelle et les pièces officielles échangées à ce sujet, dans *Correspondance de H. d'Escoubleau de Sourdis*, publiée dans la *Collection des Documents inédits*, par Eugène Sue, 1839, in-4°, t. I, p. 191 et suivantes. — Voir aussi le chapitre ci-dessous sur la *Marine de Richelieu*.

(2) Sur le tourment que ces querelles entre les chefs d'armée donnaient à Richelieu et sur les raisons qui l'avaient poussé, au début, à ne pas recourir toujours au commandement unique, voir les renseignements fournis par Aubery dans l'*Histoire du Cardinal Duc de Richelieu*, édit. Pierre du Marteau, in-16, t. II, p. 367.

Luynes, portant le nom et les armes de Chaulnes par suite de son mariage avec Charlotte d'Ailly, héritière par sa mère du comté de Chaulnes. Il fut fidèle à la Royauté et au cardinal. D'un caractère aimable et sûr, il devint gouverneur de Picardie et maréchal de France. Il commanda à diverses reprises les troupes qui opéraient dans sa province, mais, ainsi que l'indiquent les lignes ci-dessus, sans que lui ait jamais été reconnue une valeur militaire quelconque. Dans l'étude que lui a consacrée M. A. Ledieu (1), les lettres de blâme à lui adressées par Richelieu abondent. Le plus singulier, c'est que, portant sur lui ce jugement, Richelieu l'ait encore désigné, en avril 1640, pour commander, simultanément avec le maréchal de Châtillon, une armée de vingt mille hommes environ, qui devait agir en Flandre (2). Rien n'indique mieux l'embarras où se trouvait le cardinal pour ces désignations, et le prix qu'il attachait à la fidélité.

Monsieur le Maréchal de Créqui : grand cœur, peu de conduite, sans secret, homme peu appliqué, paresseux, capable le cul sur la selle; n'est sorti des emplois que par la mort.

Charles I*er* de Blanchefort Créqui, sire de Créqui et de Canaples, duc de Lesdiguières, était héritier de la maison de Créqui. Par son mariage avec Madeleine de Bonne, fille du connétable, il devint duc de Lesdiguières, lieutenant du Dauphiné. C'était encore un de ces hommes que leur naissance, leur autorité dans l'une des importantes provinces du Royaume et, d'ailleurs, un courage incontestable rendaient en quelque sorte intangibles. Il s'était attiré, en novembre 1635, le mécontentement du duc de Savoie (dont l'alliance était si nécessaire à la France) et, par suite, de la cour de France, en raison de son manque de jugement et de son entêtement au siège de Valenza, qu'il avait dû lever finalement. Cependant Richelieu le ménageait; on le voit dans la lettre qu'il lui écrivait le 18 novembre de cette année. Chavigny, de son côté, écrivait à Particelli d'Hémery, ambassadeur

(1) Ouvrage cité, p. 128.
(2) Voir aussi Avenel, *Lettres du Cardinal de Richelieu*, t. VI, p. 681.

à Turin : « Il est important de laisser Créqui en Italie, parce que *l'armée est composée, en grande partie, de soldats de son gouvernement...* Si, après cela, vous voyez que la mésintelligence avec le duc de Savoie est sans remède, vous pouvez dire à Son Altesse Royale que le Roi donnera un autre emploi au duc de Créqui et le remplacera par un autre maréchal (1). » Créqui continua à commander en Italie ; il fut tué d'un coup de canon, au siège de Turin, alors qu'il se portait à la défense du fort de Bremo, le 17 mars 1638.

Monsieur de Montmorency : beaucoup de cœur, peu de capacité, infidèle sur la fin.

Cette note, si brève, prouve que la blessure qu'avait laissée dans l'âme de Richelieu la mort de Montmorency, était encore saignante. On a raconté que Louis XIII, à son lit de mort, avait dit au prince de Condé son regret de n'avoir pas montré plus d'indulgence (2). Ce sentiment, s'il a été exprimé, s'explique par le mouvement de réaction qui se manifesta, même du vivant de Louis XIII, contre les sévérités du cardinal. Mais le Roi avait beaucoup à se faire pardonner. En somme, le jugement porté ci-dessus par le cardinal reste juste. Montmorency n'avait d'autre qualité militaire que son courage. Poussé par ses origines, par sa femme, par son entourage, il fut le héros de l'infidélité. Ce sont les exigences de l'unité française, plus encore que ses fautes, qui l'abattirent.

Monsieur le Maréchal de Schomberg : fidèle, courageux, heureux et qui n'est sorti des emplois que par la mort.

Il s'agit du premier des deux maréchaux de ce nom qui prirent du service sous le règne de Louis XIII, Henri, duc de Schomberg, né en 1583 à Paris. Richelieu ne pouvait pas oublier le soldat de toute fidélité qui avait contribué à la prise de Pignerol, délivré Casal, assiégé et vaincu Montmorency. Il le juge en ces termes dans ses *Mémoires* : « C'étoit un gentilhomme qui faisoit profession d'être fidèle et tenoit cette qualité de sa

---

(1) Avenel, *Lettres du Cardinal de Richelieu*, t. V, p. 349.
(2) Voir *Histoire du Cardinal de Richelieu*, t. III, p. 401.

nation. Il avoit moins de pointe d'esprit que de solidité de jugement. Il le montra en la charge de surintendant des finances en laquelle, sans s'être enrichi d'un teston et ayant toujours conservé l'intégrité ancienne, néanmoins les financiers sous lui n'abusèrent pas peu de sa facilité. Il étoit homme de grand cœur, de générosité et de bonne foi »... Richelieu l'avait appelé auprès de lui dès son arrivée au ministère en 1624. Schomberg mourut d'apoplexie, le 1ᵉʳ septembre 1632.

Monsieur le Maréchal de Marillac : déloyal et infidèle jusques au point auquel il a paru par son procès, qui lui a ôté les emplois en lui ôtant la vie.

Il suffit, pour expliquer ce jugement sévère, de renvoyer au tome III de l'*Histoire du Cardinal de Richelieu,* où se trouve exposée toute la carrière du maréchal, frère du garde des Sceaux. Ces deux hommes furent, pour Richelieu, les types mêmes de l' « infidélité ».

Monsieur le Maréchal d'Effiat : fidèle, courageux, à hauts desseins, bien que déréglé en iceux; n'est sorti des emplois que par la mort.

L'un de ces hommes d'exécution que le cardinal sut grouper autour de lui, et l'un des plus dévoués, financier, gouverneur de province, diplomate, toujours excellent. Il assura au gouvernement de Richelieu des finances saines après le grand gaspillage de la première partie du règne. Il servit à La Rochelle, en Piémont, en Alsace. Maréchal de France le 1ᵉʳ janvier 1631, il commanda l'armée envoyée pour rétablir l'Électeur de Trèves dans ses États; il avait alors auprès de lui Sublet de Noyers. Il était en passe du plus bel avenir militaire, lorsqu'il mourut des fièvres, le 27 juillet 1632, âgé de cinquante et un ans. La réserve que Richelieu glisse dans l'éloge qu'il fait de lui, — *à hauts desseins, bien que déréglé en iceux,* — vient sans doute, du parti qu'avait pris d'Effiat de se retirer de la Cour, en 1629, parce qu'on lui faisait attendre le bâton de maréchal. Il fut, comme on sait, le père de Cinq-Mars (1).

(1) Les lettres patentes de maréchal de France données au marquis d'Effiat sont à la Bibliothèque nationale, manuscrits français 3886, pièce 63. Le Vassor observe qu'elles contiennent un détail généalogique ridicule, Effiat étant *dubiæ nobilitatis*.

Monsieur le Cardinal de La Valette : a toujours témoigné une extraordinaire affection, beaucoup de cœur, moins de fortune et d'expérience en la guerre que de zèle, bien qu'il ait eu grand part à la ruine de l'armée de Gallas, qui périt en Bourgogne par ses soins et ceux de M. de Weimar.

Il se montra également un des plus sûrs et plus fidèles amis de Richelieu, ayant à cela bien du mérite, puisque, par son père le fameux duc d'Épernon, par son frère le duc de La Valette, il était entouré d'adversaires plus ou moins déclarés du cardinal. Il appartient à cette série de prélats qui furent employés aux armées, faute d'autres assurément. Le jugement que Richelieu porte sur ses aptitudes militaires résume assez bien sa carrière dans le commandement des armées. Mais, en dépit de certaines insuffisances, il fut employé toujours, partout et jusqu'à la fin. Il y eut des circonstances où son mérite et même, on pourrait dire, sa fortune dépassèrent ce qu'on attendait de sa fidélité : au combat de Vaudrevanges, le 27 septembre 1635, lui et le duc de Saxe-Weimar réunis repoussèrent victorieusement deux attaques successives des Impériaux commandés par Gallas, et quoique ceux-ci fussent supérieurs en nombre, les mirent en une déroute complète (1). Le jugement formulé ici par Richelieu est rendu apparemment sous l'impression de la lenteur que montra le cardinal de La Valette et du peu de succès qu'il obtint dans la campagne du Piémont (1638-1639). On lui envoya Turenne pour le seconder. Richelieu lui écrivit alors : « Souvenez-vous, je vous supplie, que la diligence, la fermeté aux résolutions et la hardiesse à exécuter sont l'âme des affaires de la guerre... » Mais il ajoutait gentiment : « Ce que je remarque d'autant plus volontiers que je sais que votre naturel vous porte à ce que je propose (2)... » Richelieu n'oublia jamais le service que le cardinal de La Valette lui avait rendu lors de la journée des dupes. Il lui écrivit, après l'échec de Verceil : « Si je pouvois me mettre en quatre, je le ferois de bon cœur pour vous secourir; vous connaissez mon

---

(1) Avenel, *Lettres du Cardinal de Richelieu*, t. V, p. 268 note.
(2) *Ibidem*, t. VI, p. 471.

affection et le feu avec lequel je sers non seulement mon maître, mais mes amis (1). »

En septembre 1639, La Valette, affecté par ses propres difficultés et plus encore, peut-être, par l'affaire de Fontarabie, qui amenait une rupture décisive entre le duc son frère et Richelieu, fut pris de fièvre; il allait mourir le 28. La nouvelle de la maladie affecta vivement Richelieu qui lui envoya un médecin de Lyon. Il lui écrivit encore le 18 septembre et, quand la nouvelle de la mort fut parvenue à Paris, quoiqu'il fût au plus mal avec le duc d'Épernon, il écrivit à celui-ci une lettre qui nous découvre un Richelieu peu connu : « Si on pouvoit racheter un tel ami par son sang, j'en donnerois beaucoup du mien pour le recouvrer (2). » Les services militaires rendus par le cardinal de La Valette ont été exposés dans le plus grand détail et avec la plus abondante clarté dans l'un de ces excellents livres que le vicomte de Noailles a consacrés aux grands généraux du règne de Louis XIII (3).

Monsieur le Duc de Longueville : plein de cœur et de fidélité, mais de santé si faible qu'il s'est retiré lui-même de ses emplois.

Il semble que Richelieu reporte sur la santé du duc de Longueville certaines réserves réciproques qui marquèrent, en tout temps, les relations du cardinal avec « le plus grand seigneur du Royaume après les princes du sang ».

Henri II d'Orléans, duc de Longueville, descendant du fameux Dunois, était, dans toute la force du terme, un « grand », par conséquent de ceux dont le cardinal avait pris à tâche d'ébranler la situation dans le Royaume. Longueville, jeune encore (il était né en 1595), avait pris, d'abord, position parmi les mécontents, et, en 1626, il était entré, assure-t-on, dans un complot contre le cardinal. Mais son tempérament ne le portait pas à l'intrigue et il prit le parti d'une sorte de docilité, qu'on ménageait parce

---

(1) Avenel, *Lettres du Cardinal de Richelieu*, t. VI, p. 65.
(2) *Ibidem*, t. VI, p. 531.
(3) *Le Cardinal de La Valette, lieutenant général des armées du Roi*, 1635-1639, Perrin, in-8°, 1906.

qu'elle n'était peut-être pas tout à fait sûre. Il se distingua à la tête des armées qu'on lui confia en Italie, en Allemagne. On le retira doucement des emplois militaires pour lui confier de hautes missions diplomatiques.

Comme on le sait, il fut mis, sous la Régence d'Anne d'Autriche, à la tête de la délégation des plénipotentiaires de la France négociant la paix de Westphalie. Victor Cousin, qui a écrit sur sa femme, la célèbre duchesse de Longueville, sœur du prince de Condé, un livre fortement documenté, peint le duc en ces lignes qui confirment, en somme, le jugement de Richelieu : « Le duc de Longueville était un vrai grand seigneur. Il était brave et même militaire assez habile, libéral jusqu'à la magnificence, d'un caractère noble, mais faible, facile à entraîner dans des entreprises téméraires pourvu que les apparences en fussent belles, mais en sortant avec encore plus de facilité (1). » Deux phrases achèveront le portrait : l'une du cardinal de Retz : « C'étoit l'homme du monde qui aimoit le plus le commencement de toutes les affaires »; et l'autre du duc de La Rochefoucauld : « Il entroit facilement dans les partis opposés à la Cour et il en sortoit avec encore plus de facilité. »

Monsieur le Duc [de Rohan] (2) : homme d'affaires, de peu de cœur et de nulle fidélité.

Ces quelques mots, violents et injustes, ne font que traduire le sentiment du cardinal au sujet du plus redoutable adversaire qu'il ait rencontré à la tête du parti protestant. Il s'agit du fameux Henry de Rohan, auteur des *Mémoires* (dont Brienne, entre parenthèses, attribue la rédaction à Benjamin Priolo), du *Parfait Capitaine*, de *L'Intérêt des Princes et États de la chrétienté*, etc., l'un des hommes les plus marquants de cette génération. Richelieu avait conçu le dessein de recourir à ses hautes facultés militaires quand il s'appuya, en Allemagne, sur le parti protestant, et il lui confia le commandement de l'armée opérant en Valteline, en y ajoutant les pouvoirs pour traiter avec les cantons suisses pro-

---

(1) *La Jeunesse de Mme de Longueville*, édit. in-12, p. 203.
(2) De la main de Le Masle.

testants et avec la République de Venise. Mais après quelques succès, Rohan se considéra comme isolé, abandonné; il se plaignit d'être laissé sans argent et sans ressources. Les Grisons traitaient avec l'Espagne. Rohan se rendit à Genève et la Cour considéra ce départ comme une faute grave, une sorte de trahison : d'où l'accusation de « nulle fidélité » (mars 1637). Un ordre secret fut même donné pour arrêter le duc (1).

Voici comment Richelieu, dans ses *Mémoires,* exprime son opinion sur la conduite du duc de Rohan : « Ce qui le condamne, c'est de s'être retiré du service du Roi, de n'être point venu commander l'armée en la Franche-Comté et d'être demeuré à Genève... Pourquoi ne vouloir absolument point venir en ladite armée? Il ne peut y en avoir aucune raison sinon qu'il craignoit qu'on se saisît de sa personne... D'alléguer qu'on lui avoit mandé de Paris qu'on le vouloit arrêter, c'étoit un dire » (un dire qui avait son fondement puisque l'ordre a été donné). « Bref, continue Richelieu, c'était lui-même qui se jugeoit coupable ; ce que nous avons marqué pour faute passoit pour crime d'État en son opinion, qui, ayant de très grandes lumières des choses du monde, savoit assez connaître ce qui étoit bien ou mal. »

Rohan finit par prendre du service, à titre de simple volontaire, dans l'armée du duc de Saxe-Weimar et il mourut le 13 avril 1638, des suites d'une blessure reçue en combattant héroïquement à la bataille de Rheinfelden (2).

Monsieur, frère du Roi : de si haute qualité et si peu appliqué que, bien qu'il ait beaucoup d'esprit et de connoissance, ce n'est pas son fait de s'abaisser aux emplois militaires, ainsi qu'il parut particulièrement au voyage de Corbie.

(1) L'instruction donnée à l'intendant d'Estampes pour cette arrestation est publiée par le vicomte de Noailles dans son volume, *Le Maréchal de Guébriant*, p. 60, où l'affaire de cette rupture entre Rohan et Richelieu est l'objet d'une étude approfondie. — Il faut voir aussi l'explication donnée par Rohan sur les faits qui lui étaient reprochés, dans *Manifeste du duc de Rohan sur les dernières occurrences arrivées au pays des Grisons et de Valteline*. Édition des *Mémoires du Duc de Rohan*, publiée en 1646 par les Elzévirs, petit in-12, 2° partie, p. 123.

(2) La vie du duc de Rohan a été écrite, à l'aide des documents d'archives, par M. Auguste Laugel : *Henry de Rohan, son rôle politique et militaire sous Louis XIII*. Firmin-Didot, 1886, in-8°.

A diverses reprises, Richelieu avait poussé le frère du Roi vers le commandement des armées, à La Rochelle, en Picardie, lors de la campagne de Corbie. Mais ce fils de Henri IV n'aimait pas les camps. D'autres plaisirs l'attiraient et, d'abord, le compagnonnage de ses familiers : comme Louis XIII, comme Louis XVIII, ce prince ne pouvait se passer de favoris. Sa jeunesse avait pris, parmi les gens qui l'entouraient, de mauvaises habitudes d'esprit, le libertinage, la grossièreté du langage et des mœurs, les tares de la désoccupation (1).

La jalousie du Roi l'éloignait aussi des fonctions où il y aurait eu des devoirs à remplir, des services à rendre et de la gloire à acquérir. On le vit bien sous la Régence d'Anne d'Autriche, où se découvrirent certaines qualités de sa nature qui n'avaient pas échappé à Richelieu. Sous peine de donner l'éveil aux soupçons du Roi, Richelieu le prenait le plus souvent, avec Monsieur, sur un ton de badinage et même de légère grivoiserie qui donnait comme la mesure des rapports autorisés ; car, trop soutenus, ils eussent pu devenir dangereux pour l'un comme pour l'autre. Mais, les distances une fois observées, les querelles politiques n'allaient jamais, à ce qu'il semble, jusqu'à une haine profonde. Goulas et Montrésor ont raconté comment, à Amiens, Monsieur, par manque de résolution, se refusa à faire le signe qui aurait décidé de l'assassinat du cardinal.

Au fond, Monsieur fut dangereux tant qu'il fut héritier. A la naissance d'un Dauphin, ses ambitions et son esprit de rébellion se noyèrent dans des torrents de larmes (2). « Le prince ressentit une douleur extrême, à ce coup qui ruinoit toutes ses espérances », et, ayant joué excellemment plusieurs jours de suite, et ne se pouvant plus contraindre, il s'en alla à Limours, où, se découvrant à ses confidents, il se plaignit de son malheur avec mille larmes qui lui couloient le long des joues comme deux ruisseaux. » En somme, c'était un être assez mal venu ; le sang

(1) Voir le chapitre des *Mémoires de Nicolas Goulas* : « Monseigneur quitte la demoiselle de Blois et s'embarque avec Louison de Tours ; ses galanteries, etc. » (*Soc. Hist. de France*, t. I, p. 321).
(2) *Ibidem*, t. I, p. 329.

de la « grosse banquière » avait singulièrement alourdi et gâté le sang vif du Béarnais. Les *Mémoires* attribués à Gaston et publiés par Cl. Barbin en 1685, ne sont certainement pas rédigés par lui. L'auteur paraît être le sieur de Martignac (Étienne Algay de Martignac), qui semble s'être inspiré de documents émanant du prince, car le récit repose sur des données exactes et curieuses.

Monsieur le Comte : prince de beaucoup d'apparence et de peu de subsistance, du tout mal intentionné et contre le Roi et contre son État, ainsi qu'il l'a fait voir jusqu'à sa mort.

Celui-ci est un véritable héros de roman et il fut, en effet, le héros de l'ouvrage anonyme : *Les Amours du Comte de Soissons et de Madame la Duchesse d'Elbœuf,* publié en 1639, chez Westein et Smith à Amsterdam et, de nouveau, par M. de Maricourt, sous un titre un peu différent. Ballotté entre ses origines quasi royales, ses ambitions, ses intrigues, ses dons, ses entourages, ses chances et ses malchances, sa vie offre des traits dont les uns seraient de Corneille, d'autres d'Honoré d'Urfé, d'autres de Cyrano. Il manqua la fortune à tous les tournants de son action, y compris le dernier, puisqu'il mourut en pleine victoire, à La Marfée.

Il avait hérité de son père, Charles de Bourbon, comte de Soissons, dernier des fils du prince Louis Ier de Condé, les avantages et les inconvénients d'être le cadet d'une branche cadette qui pouvait être appelée au trône et qui n'en put jamais toucher même le premier degré. Il était né en 1604 et portait, comme son aïeul, le nom de Louis. Son père étant mort après une vie, elle-même très agitée, il fut lancé tôt et avec l'inexpérience d'une jeunesse impétueuse dans les intrigues de la Cour. Robuste et adroit, il fut soldat; prince, il commanda; sa belle mine et son courage le distinguèrent; le Roi l'aima; Richelieu le surveilla; Gaston l'attira; les femmes se le disputèrent. Cette fortune paraît l'avoir enivré. Richelieu, le voyant avec le vent dans les voiles, aurait conçu le dessein de le gagner comme il en avait gagné tant d'autres et de lui faire épouser sa nièce, Mme de Combalet, duchesse d'Aiguillon : « Monsieur le Comte, dit le cardinal de Retz, avoit donné beaucoup de jalousie au ministre par son courage, par ses manières gracieuses et par sa dépense ; il avoit surtout commis le crime capital de refuser le mariage de Mme d'Aiguillon. »

On n'avait pas pu ne pas lui donner un commandement lors de la grande guerre en 1635 et on l'avait mis à la tête d'une armée en Picardie, lorsque les Espagnols, ayant envahi cette province, enlevèrent Le Catelet et Corbie. L'année suivante, Monsieur le Comte exerçait le commandement sous Monsieur dans la campagne pour la reprise de Corbie et c'est alors que, Richelieu jouant une partie suprême, le comte de Soissons s'était joint au complot qui avait pour but l'assassinat du cardinal, complot qui n'échoua que par le manque de décision du duc d'Orléans. Les deux princes quittèrent l'armée précipitamment et Soissons se réfugia pendant quatre ans à Sedan près du duc de Bouillon.

Là se trafiqua la grande conjuration qui regroupait tous les adversaires de Richelieu et qui comptait bien en finir cette fois avec lui. La bataille de La Marfée fut une journée aussi extraordinaire, mais plus tragique que la journée des dupes. L'armée royale, commandée par le maréchal de Châtillon, fut battue, et Soissons fut tué en pleine victoire, d'une manière aussi mystérieuse que Gustave-Adolphe à Leipzig. Ainsi périt ce héros de roman, qu'un roman du temps et de l'école de Mme de La Fayette peint en ces termes : « Jamais prince ne fut recommandable par tant de belles qualités que le feu comte de Soissons, qui fut tué à la bataille de Sedan. Tout répondoit en lui à l'éclat de son rang. Il joignoit à une taille belle et avantageuse un visage doux et majestueux et un esprit fin et délicat... Sa libéralité étoit excessive et, malgré ses grands biens et la plus belle charge de la Cour, il étoit souvent hors d'état de satisfaire le goût qu'il avoit de donner. Plusieurs ont prétendu que ces belles qualités furent ternies par une trop grande ambition... » Le roman embellit les choses et ses héros. Soissons avait été du complot de Chalais et on attribue précisément à Chalais ces paroles plus dures et plus vraies peut-être, qu'il aurait prononcées au moment de mourir : « M. le Comte de Soissons en pleurera avec sa mère ; mais ce n'est qu'un zéro. »

Monsieur le Prince : affectionné, intéressé, nulle capacité, nulle expérience au fait de la guerre et malheureux en ses entreprises.

Si l'on voulait faire un exposé des relations d'Henri de Bourbon, prince de Condé, avec Richelieu, — ne fût-ce qu'au point de vue militaire, — il faudrait reprendre l'histoire entière du règne. De naissance douteuse (1), peu estimé, peu estimable, avare et cupide, ayant fait argent de tout, même de sa fidélité, ce prince n'avait ni instinct, ni éducation, ni capacité militaires. Le duc d'Aumale, qui ne peut être sévère pour ce membre d'une famille d'où venait à la sienne Chantilly, fait le portrait de ce singulier général par petites touches : « Il manquait d'élan, il négligeait le combat, il administrait la guerre. Les soldats le voyaient rarement, il se tenait loin des troupes... Les rapports avec lui n'étaient pas sûrs... » Et l'historien conclut, apologiste discret : « En somme, s'il a été trop sévèrement jugé, il est certain qu'il fut, comme soldat, en dehors des traditions de sa race; ce n'est pas sa conduite militaire qui mérite l'attention de la postérité (2). »

Il faut demander à Richelieu lui-même comment les nécessités du régime le forçaient en quelque sorte de confier le commandement des armées à cette incapacité notoire : « Le Roi, dit le cardinal, ayant reconnu qu'il est très important au bien de ses affaires que les armées soient commandées par des personnes dont la dignité et l'autorité puissent contribuer à mettre toutes choses en bon état et obliger chacun à faire son devoir, Sa Majesté a choisi mondit Sieur Prince, etc... » Ces lignes sont en tête d'un mémoire daté de 1639 (par conséquent elles précèdent de peu la présente note où Condé est si sévèrement jugé). Elles concluent à donner le commandement en Guyenne, Béarn, Navarre, Pays de Foix et Languedoc au prince de Condé. Les graves événements de Fontarabie et de la frontière d'Espagne confirmèrent, dans l'esprit du Roi et de son ministre, la fâcheuse

---

(1) Voir l'étude de M. René La Bruyère, *Henri IV, Charlotte de La Trémoille et son page*, relatant les circonstances mystérieuses qui accompagnèrent la mort d'Henri, prince de Condé et la naissance du nouveau prince Louis, édit. Roger, in-4°.

(2) *Histoire des Princes de Condé*, t. III, p. 417.

impression que laissaient du prince l'insuccès du siège de Dôle et tant d'autres circonstances antérieures. On connaissait l'homme, mais ce qu'on payait si cher, c'était sa fidélité ou mieux l'étalage, le chantage de sa non-infidélité. Au même moment, Richelieu lui dispensait largement le blâme, tout en se réservant de mettre un baume sur la blessure : « S'il vous eût plu croire vos amis, vous eussiez été bien plutôt en état de réparer les malheurs passés et correspondre à l'attente que l'on doit avoir de vous cette année; telles longueurs donnent tant de temps aux ennemis de se préparer que, si on les avertissoit de ce qu'on veut faire, ils n'auroient pas plus de commodité de se disposer à rendre nos entreprises vaines (1)... »

Pour cette fois, on avait flanqué le prince, commandant en chef, du maréchal de Schomberg (le second du nom); mais Condé traitait son adjoint de telle façon que le cardinal, pour ne pas laisser les choses s'envenimer jusqu'à une rupture, crut devoir prier instamment Schomberg de tout supporter : « Je vous prie de ne prendre point garde à certaines humeurs promptes de Monsieur le Prince, qui n'est pas maître de certains mouvements, dont sa constitution naturelle et l'affection qu'il a au service du Roi sont la source. Vous savez bien que je vous ai toujours été ce que je vous suis... » Le cardinal ne manquait pas de faire tinter aux oreilles du prince le son agréable des écus. Voulant obtenir de lui un effort considérable pour le siège de Saint-Sébastien, il lui écrivait : « Après cela votre campagne sera glorieuse et vos amis, entre lesquels vous trouverez bon que je me mette à la tête, n'oublieront pas vos intérêts et conjureront le Roi, qui aura beaucoup gagné par la prise des vaisseaux, que vous ayez lieu de vous louer de ses libéralités. »

En retour, Henri de Bourbon-Condé paya largement : il eut pour fils le Grand Condé.

Monsieur le Maréchal d'Estrées : plus capable de brouilleries de cour que d'emplois de guerre, auxquels il est très malheureux et

---

(1) Avenel, *Lettres du Cardinal de Richelieu*, t. VI, p. 349.
(2) *Ibidem*, t. VI, p. 68.

desquels, pourtant, il n'est sorti que par désertion, ayant quitté l'armée d'Allemagne sans avoir eu ordre (d'une autre main) *et sans avoir son congé.*

C'était encore un de ces grands que l'on ménageait, tantôt ami, tantôt adversaire du cardinal. Marquis de Cœuvres, protestant d'origine, tenant sa place à la Cour, il s'était d'abord consacré aux armes et il avait rendu quelques services militaires sous la Régence de Marie de Médicis : c'est lui qui commandait en Valteline et qui battit l'armée pontificale, placée sous les ordres du cardinal Bagny ; ce facile succès lui valut le bâton de maréchal. On lui donna ensuite un commandement à Mantoue et il servit, à diverses reprises, en Italie. On l'avait mis auprès de la Reine mère consignée à Compiègne. Mais il s'était mêlé à la cabale de Châteauneuf et de la Chevreuse, et voilà ce que Richelieu ne lui pardonna point. Le maréchal d'Estrées était à la tête d'une armée en Allemagne et il venait de prendre Trèves lorsque Châteauneuf fut disgracié ; il eut peur et quitta Trèves (1) ainsi que son commandement, sans congé, pour s'abriter en lieu sûr ; et cela aussi, Richelieu ne l'oublia pas. D'Estrées demanda et obtint son pardon, mais sans reprendre d'emploi militaire. Il avait été, une première fois, ambassadeur à Rome et il avait contribué à l'élection de Grégoire XV. On le nomma de nouveau à la même ambassade. Mais ses exigences, sa hauteur, son caractère fantasque finirent par le rendre insupportable à la cour d'Urbain VIII et aux Barberins, qui demandèrent avec insistance son rappel à l'occasion d'une histoire d'assassinat assez mystérieuse (2). Richelieu, après avoir hésité quelque temps, finit par donner à d'Estrées l'ordre de rentrer à Paris. Mais, pour la seconde fois, celui-ci se méfia ; il aurait dit alors « qu'il y avoit déjà deux maréchaux de France à la Bastille (Vitry et Bassompierre) et qu'il n'avoit pas envie d'être le troisième ». Il gagna Parme et se mit à l'abri près de son ami, le duc. Il ne devait rentrer en France qu'après la mort de Richelieu. Plus diplomate que soldat, c'était un homme prudent.

---

(1) V. *Histoire du Cardinal de Richelieu*, t. III, p. 414.
(2) Voir le document trouvé par Stendhal et publié par les éditeurs de Tallemant, *Historiettes*, t. I, p. 390.

Monsieur le Maréchal de Toiras : artificieux, ambitieux, brouillon dans la Cour, dont la conduite fut déloyale au fait de Casal et de Monsieur, n'est sorti des emplois que par la mort.

Ces lignes surchargent une page des plus obscures et des plus pénibles de la vie de Richelieu. Tout porte à croire que ce génie supérieur, pour une fois, fut jaloux, — jaloux de Toiras. Jean du Caylar de Saint-Bonnet (1), maréchal de Toiras, était un homme de haut mérite, résolu, réfléchi, digne, brave jusqu'à l'héroïsme, à qui l'on ne pouvait reprocher qu'une confiance excessive en soi-même, et des emportements de vivacité et de colère au cours desquels il ne se possédait plus. Soldat, né d'une famille de soldats, gascon, ayant cette ardeur et cette finesse du midi, il avait su gagner, dès sa jeunesse, la faveur du Roi, comme on la gagnait alors, par la familiarité des chasses et des écuries : il fut capitaine de la volerie royale, ce qui évoque le souvenir de la carrière d'un Luynes. Levassor, dont le témoignage est souvent suspect, écrit : « Le cardinal craignait que Sa Majesté, dégoûtée de Baradas, n'appelât Toiras auprès d'elle et que celui-ci, d'un mérite supérieur, ne se rendît maître de l'esprit du Roi (2). » Quoi qu'il en soit, Toiras fut éloigné et, en raison même de ses mérites reconnus, on l'envoya où il y avait des services à rendre : il fut nommé gouverneur du fort Louis, près de La Rochelle. Son éloignement le grandit : il repoussa Soubise, qui tentait une descente dans l'île de Ré. Au siège de La Rochelle, il se couvrit de gloire en défendant l'île contre les Anglais.

Ayant obtenu ces grands succès à La Rochelle, il est l'homme indispensable. Il s'enferme à Casal et s'y distingue par son énergie, sa constance, son savoir-faire, et finalement il sauve la place (3). Il est fait maréchal de France. Richelieu l'accable de louanges et de faveurs, non sans le surveiller du coin de l'œil. Deux frères de Toiras, dont l'un évêque de Nîmes, se portaient vers la cause de Marie de Médicis et du duc d'Orléans. La méfiance, la jalousie peut-être, voulurent voir là un double jeu du maréchal lui-même.

(1) Première baronnie de l'évêché de Lodève en Languedoc.
(2) Tome III, p. 81.
(3) Voir ci-dessus, t. III, p. 262 et suivantes.

Toiras se tint sur la réserve, son attitude générale restant froidement correcte. Il écrivit au cardinal : « Vous savez, Monseigneur, que ma plus grande ambition est de donner des preuves de mon inviolable fidélité dans toutes les occasions où l'honneur et le bien du service de Sa Majesté m'appellent. » Une lettre du Roi, confirmée par une lettre de Richelieu, prend acte de la déclaration sur un ton de confiance, quelque peu nuancée : « Encore que je sache bien que vous ne prenez aucune part dans la rébellion de l'évêque de Nîmes et du sieur de Restenclaires, vos frères... j'aurai soin de votre fortune et de vos intérêts(1). »

Mais, dans le même temps, si l'on s'en rapporte aux amis de Toiras, le cardinal montait l'esprit du Roi contre le maréchal; Servien, qui lui était associé pour la tractation des affaires d'Italie, procédait par voie de délation secrète. Ainsi excité, Richelieu, d'après les mêmes ouï-dire, poursuivait sa campagne auprès du Roi : « L'orgueil et l'ambition sont ses deux passions dominantes, disait-il du maréchal; il aspire à une plus grande fortune; mais le point d'honneur l'arrête... M. Servien vous rendra témoignage que le maréchal a confessé plus d'une fois que le dessein de se faire souverain (sans doute comme on le savait de Saxe-Weimar et comme on le disait du maréchal d'Ancre et de Richelieu même) lui a souvent passé par la tête, etc. (2). »

Toiras signa, en qualité de plénipotentiaire, au traité de Cherasco. Il attendait la récompense de ses nouveaux services. Or on commença par lui enlever le gouvernement de Casal, sous prétexte qu'on ne pouvait laisser une place de cette importance aux mains d'un homme toujours mécontent et qui avait deux frères dans le parti du duc d'Orléans. Cependant on le couvre de faveurs, un peu pour le satisfaire, un peu pour l'éloigner :

(1) *Histoire du Maréchal de Toiras, par Michel Baudier, gentilhomme de la maison du Roy, chez Sébastien Cramoisy, avec privilège du Roy*, grand in-4°, illustré, 1644, p. 235. Le livre est dédié à Chrétienne de France, duchesse de Savoie, sœur de Louis XIII, et le privilège est daté d'octobre 1643.

(2) Levassor, *Histoire de Louis XIII*, t. IV, p. 278; et Vittorio Siri, *Memorie recondite*, t. VII, p. 557.

le gouvernement d'Auvergne vacant par la mort du maréchal d'Estrées, la grâce de ses frères, la promesse du cordon bleu, il obtient tout, mais à une condition, c'est qu'il reviendra à Paris. Toiras, averti d'autre part, ne crut pas devoir se jeter dans la gueule du loup. Il parlait d'aller chercher fortune en Allemagne. Richelieu lui écrivit : « Au nom de Dieu, soyez circonspect, et faites en sorte que ceux qui ne vous connoissent pas aussi bien que moi, ne s'imaginent pas que vous êtes capable de certaines choses, éloignées de votre pensée... » Tout cela n'était pas absolument rassurant. Toiras fit comme Guise, comme d'Estrées et tant d'autres : il resta loin de la Bastille.

Par la suite, il fut autorisé à prendre du service dans les armées du duc de Savoie, alors allié de la France, qui lui confia les fonctions de lieutenant général. Il fut tué d'une mousquetade au siège de Fontanette dans le Milanais, le 14 juin 1636. Son biographe écrit d'un style lapidaire : « Né gentilhomme, a vécu dans les vertus héroïques, est mort glorieux, les armes à la main, au service de son Roi. »

Une lettre de Louis XIII, écrite au moment où Toiras mourait si noblement, témoigne de l'indifférence royale : « La mort du maréchal de Toiras n'empirera pas nos affaires en Italie; au contraire, je crois que M. de Savoie, n'ayant plus un tel esprit avec lui, sera plus aisé à gouverner(1). »

Le sort et la mort de Toiras fournirent un thème aux adversaires du cardinal, de son vivant et surtout après sa mort. On souffre de sentir séparés de tels serviteurs de la France.

Monsieur de Candale : a été reconnu, par l'épreuve qu'on en a faite, de fort petit talent.

Peu intéressant, certes, mais encombrant comme fils aîné du duc d'Épernon et frère du cardinal de La Valette et du duc de La Valette. Le cardinal de La Valette essaya de lui faire un sort dans les armées royales opérant sur la frontière du nord en 1637; on lui adjoignit Turenne pour commander sa cavalerie. Chavigny écrivait au cardinal de La Valette : « M. de

---

(1) Marius Topin, *Louis XIII et Richelieu*, p. 308.

Candale passe ici pour être un bon soldat et un bon capitaine. Cette dernière action n'a rien diminué de sa réputation. En un mot, on est très content de lui... » Mais, finalement, cette campagne fut un échec. Candale avait pris du service dans l'armée vénitienne; on le renvoya en Italie auprès de son frère. Il est célèbre surtout par ses amours avec la fameuse d'Olonne, avec la marquise de Castellane. Il serait mort à Casal en 1638.

Monsieur le Duc de La Valette : non seulement incapable, mais mal intentionné et traître.

Autre fils du duc d'Épernon, mais d'un tout autre mérite et dont l'histoire est un épisode significatif dans la vie de Richelieu. Ce qui est en cause, c'est la haute situation qu'occupe le père de ces trois enfants : Candale, le cardinal de La Valette et le duc de La Valette. Le duc d'Épernon est l'un des hommes les plus considérables du Royaume depuis le règne d'Henri III ; il a assuré la Régence à Marie de Médicis, qu'il a arrachée à la captivité de Blois. Il est le chef du parti catholique; il commande sur la frontière des Pyrénées, comme Lesdiguières sur la frontière des Alpes. Le sort de la France, de la Royauté, de Louis XIII, de Richelieu peut dépendre de lui dans les grandes crises intérieures et, notamment, dans la conjuration qui dresse contre le Roi et contre son ministre Marie de Médicis, Gaston de France, appuyés sur le concours de la haute aristocratie, sur le parti catholique, sur Rome et sur l'Espagne. La rébellion assiège le duc d'Épernon et voudrait se l'assurer. On fait pression sur lui par ses fils et surtout par le duc de La Valette, déjà plus ou moins engagé, tandis que le cardinal de La Valette est dévoué à la Cour et à Richelieu.

Déjà une fois, lorsque le vieux d'Épernon s'était mis en faute jusqu'à lever la canne sur l'archevêque de Bordeaux, le duc de La Valette s'était en quelque sorte sacrifié et, pour éviter les suites graves qu'eût pu entraîner un tel scandale, avait répondu, par une déclaration solennelle, de la fidélité de la famille. Même pour essayer de l'établir une fois pour toutes, il avait consenti à épouser une Pontchâteau, parente du cardinal.

On croyait le tenir. Mais, sans doute, il était lui-même plus mécontent que satisfait de la solution conjugale. Quoi qu'il en soit, il avait certainement donné des mains à la conjuration de Gaston et du comte de Soissons au moment où Montrésor et Saint-Ibal montèrent à Amiens le complot qui avait pour but l'assassinat du cardinal. La Valette se trouva dégagé par l'indécision de Gaston; et le père, le duc d'Épernon, protesta auprès du chancelier Séguier dans des termes qui, il est vrai, ne donnèrent entièrement satisfaction ni à Richelieu ni au Roi, mais qui laissaient les choses dans le doute. Quant au duc de La Valette, qui se montrait sans empressement dans ses relations avec le cardinal ministre et notamment dans l'affaire du jugement d'un de ses amis, le Bec-Crespin, qui avait capitulé un peu hâtivement à La Capelle, il restait buté en une sorte de réserve froide où il y avait aussi un calcul.

Il crut avoir gagné la partie, lorsque la prolongation des hostilités entre la France et l'Espagne mit en péril la frontière des Pyrénées. Le sort de la guerre pouvait dépendre maintenant de l'attitude que prendraient les d'Épernon. Le vieux mignon de Henri III vivait toujours. Lui et son fils, le duc, pouvaient, selon leurs intérêts ou leurs ambitions, décider du concours que le midi de la France apporterait à la défense de cette frontière. Richelieu crut faire un coup de maître en donnant à Condé, premier prince du sang, le commandement de l'armée qui, après avoir pris Fontarabie et Saint-Sébastien, devait pénétrer au cœur de l'Espagne, et en lui adjoignant pour lieutenant général le duc de La Valette. C'était, une fois de plus, le fameux jeu, aussi indispensable qu'impraticable, des « bêtes d'attelage » : deux grands liés pour se surveiller l'un l'autre, et qui ne pensaient qu'à se quereller!

Il faudrait suivre dans le détail cette affaire de Fontarabie, qui pesa d'un poids si lourd sur les dernières années de Richelieu. C'est un drame où toutes les péripéties se succèdent : la confiance, le doute, les fautes, les sentiments contraires, la fortune et l'infortune, la justice et les injustices et, finalement, une sanction qui frappe le duc de La Valette et dont la rigueur reste un problème.

Quelques précisions seulement pour indiquer sur quels points portent les reproches et faire comprendre les motifs de la sévérité déployée à l'égard du duc de La Valette. Le siège de Fontarabie, qui a donné tant d'espérance, qui a gonflé d'espoir le cœur de Richelieu, va échouer. Monsieur le Prince accuse le duc de La Valette de n'avoir pas pressé les levées de Guyenne telles qu'il les avait promises, et d'avoir trompé sur les effectifs; il l'accuse d'avoir manqué de courage, de fermeté, à l'heure décisive du siège. A sa demande, on a chargé Sourdis de remplacer le duc de La Valette dans son commandement. Le siège n'en va pas mieux. Aura-t-on la honte d'être obligé de le lever? Le cardinal écrit, le 14 septembre 1638, à Chavigny : « M. de La Valette vient d'envoyer ici son écuyer pour me faire connoître le plaisir qu'il a de l'ordre que Monsieur le Prince lui a donné de quitter son attaque et d'aller faire tête aux ennemis après avoir réduit Fontarabie aux abois, représentant que M. de Bordeaux ne le prendra pas par d'autres moyens que ceux qu'il a proposés et qui sont de l'ordre de la guerre... Ces Messieurs, ajoute Richelieu, sont admirables en beaux discours et si peu effectifs que j'en ai honte... » Et, le 17 septembre, la nouvelle de la levée du siège étant confirmée, le cardinal éclate : « Ayant vu ce que Monsieur le Prince mande sur le sujet de Fontarabie, je suis hors de moi. Cette affaire est de grande considération. Je vous prie me mander les sentiments de Sa Majesté et de vous autres, Messieurs, qui êtes auprès d'elle. Je prie Dieu de tout mon cœur que les mauvais François puissent être châtiés comme ils le méritent. » Et encore, le même jour : « La douleur de Fontarabie me tue. Sa Majesté verra une lettre que lui envoie Monsieur le Prince et la conservera, s'il lui plaît, jusqu'à mon retour... » Revenant à Fontarabie : « On n'a jamais vu qu'un lieutenant général (il s'agit du duc de La Valette), voyant le quartier de son général attaqué, ne l'ait pas soutenu... »

Voilà l'accusation formelle contre La Valette, qui prend corps. Richelieu saisit-il l'occasion de lâcher la bride à sa vieille rancune? Ne pense-t-il qu'à ménager Monsieur le Prince, qui se trouve le vrai responsable, mais avec qui il ne peut être question de se brouiller? Est-ce simplement sévérité, colère? En tout cas, c'est pour lui un coup au cœur, le renversement de ses plus beaux espoirs : « La douleur de Fontarabie me tue. »

Il fallait pour l'exemple, une victime. Elle était trouvée : La Valette. Celui-ci fut jugé par autorité royale, jugé et condamné. Richelieu écrit, le 26 mai 1639, à Chavigny, qui était à ce moment près du cardinal de La Valette opérant dans le Piémont : « Le procès de M. de La Valette fut jugé hier tout d'une voix. Le Roi trouva bon que je n'y fusse point à cause de l'alliance. Étant condamné à mort, comme il l'a été, son bien est confisqué; mais il sera réservé pour M. le Cardinal de La Valette, comme il peut croire. Cette affaire s'est trouvée plus sale que nous ne pensions »... La Valette s'était enfui en Angleterre, d'où il continua ses intrigues. Il ne fut autorisé à rentrer en France qu'après la mort de Louis XIII (1).

Monsieur de Feuquières : homme de capacité, grand cœur et grande fidélité, mais si malheureux dans son premier emploi qu'il y perdit l'armée qu'il commandoit, la liberté et la vie.

Feuquières fut un illustre diplomate, l'un de ceux qui, avec Charnacé, ont rendu les plus grands services à Richelieu et qui étaient des plus dignes de servir sous lui. Mais sa qualité en tant que militaire reste discutable. Il n'a pas eu le temps de faire ses preuves, et il semble bien que c'est faute d'expérience technique, qu'il s'est laissé surprendre par une marche de nuit de Piccolomini alors qu'il assiégeait Thionville, en juin 1639. Sans doute, le titre qui l'avait fait choisir était ce mérite que Richelieu met toujours si haut, la fidélité. Le cardinal fut grandement touché par la défaite de Feuquières, sa captivité et finalement sa mort. Un an après la bataille, le vaincu, amené à Thionville, y mourut dans les plus grandes souffrances. Richelieu avait écrit à La Meilleraye, sur la première nouvelle de la bataille :

---

(1) Pour de plus amples détails sur l'affaire de Fontarabie, voir Avenel, *Lettres du Cardinal de Richelieu*, t. V, p. 55-372. — Le jugement rendu contre le duc de La Valette est du 25 mai 1639. Voir, en outre, la *Relation du siège de Fontarabie* dans les *Mémoires* de Montrésor; et aussi Bib. Nat., fonds français, n°ˢ 2881, 3743, et le jugement à la suite du procès, fonds français, vol. 10.794.

« M. de Feuquières n'est pas mort; il est prisonnier à Thionville, avec un bras rompu d'un coup de mousquet. Il a fait merveille de sa personne, ayant combattu plus d'une demi-heure après être blessé (1). »

Monsieur l'Archevêque de Bordeaux : reconnu artificieux, malin, incapable, envieux et médisant, fanfaron, peu de cœur, incompatible et de nulle fidélité; est sorti de l'emploi parce qu'on ne pouvoit plus douter de ses mauvaises qualités.

Quelles étaient les aptitudes militaires de ce prélat, Henri d'Escoubleau de Sourdis? quels ses services? quelle sa fidélité? quelles ses ambitions? quelles les raisons de sa chute? Tout cela se rapporte surtout aux choses de la marine et nous retrouverons l'ensemble du problème. A la fin, Richelieu sacrifia, semble-t-il, cet « incompatible » à Sublet de Noyers et à Bullion. Mais sans doute il y avait aussi, dans ces abandons un peu cruels, le sentiment qu'une nouvelle génération arrivait et qu'il fallait écarter les vieilles ambitions mal sûres et indéracinables, pour les remplacer par les jeunes arrivismes, plus dociles, plus souples et mieux préparés (2).

Monsieur le Duc d'Halluin : brave et courageux, mais peu capable d'une grande conduite, des prévoyance et vigilance qu'il faut pour un grand emploi.

Charles de Schomberg, duc d'Halluin, second maréchal de Schomberg, fils du premier. Si l'on veut s'imaginer les titres et la puissance que pouvait détenir un simple gentilhomme et à quel point Richelieu avait à le ménager, il suffit de donner la liste des honneurs qui furent reconnus à celui-ci lors de son mariage avec Marie de Hautefort, celle qui avait été la passion platonique et pathétique du roi Louis XIII : « Charles de Schomberg, duc d'Halluin, pair et maréchal de France,

---

(1) Avenel, *Lettres du Cardinal de Richelieu*, t. VI, p. 380.
(2) Sur les appréciations diverses au sujet de la bataille navale de Tarragone, qui amena le remplacement de Sourdis, voir un exposé des événements, favorable à celui-ci, dans La Roncière, *Histoire de la Marine française*, t. V, p. 80.

comte de Nanteuil, marquis de Magdelives, comte de Durtal, gouverneur et lieutenant général pour le Roi des évêchés de Metz, Toul et Verdun, ville et citadelle de Metz et Pays messin, seul lieutenant général pour Sa Majesté du haut et bas Languedoc, gouverneur particulier de la ville et citadelle de Pont-Saint-Esprit, chevalier des ordres, capitaine lieutenant des chevau-légers de la garde, colonel et maréchal de camp général des troupes allemandes, liégeoises et wallonnes, et capitaine de cent hommes d'armes de ses ordonnances. » Ajoutons que Mme de Hautefort qu'il épousait avait pour frère Charles François de Hautefort, qui se qualifiait « seigneur d'un quart et demi du Limousin ». Dans la vie de Mme de Hautefort (1), Charles de Schomberg est ainsi dépeint : « Il y avoit alors à la Cour un héros, M. le Maréchal de Schomberg, qui étoit d'un mérite et d'une valeur extraordinaires. Il avoit les premières charges de la Cour; il ne voyoit que les princes au-dessus de lui. Il étoit fait à peu près comme l'on dépeint les héros de roman : il étoit noir; mais sa mine haute, guerrière et majestueuse inspiroit du respect à ses amis et de la crainte à ses ennemis... Sa mine étoit pleine de majesté... Il étoit fier, audacieux à la guerre, mais doux et galant auprès des dames : il chantoit bien, il faisoit des vers et on pouvoit dire qu'il possédoit à la fois les vertus guerrières et la galanterie (2). »

Les lignes écrites dans notre document par Richelieu, prouvent que les yeux de l'amour ne sont pas ceux de la politique. En fait, Schomberg avait, comme nous dirions aujourd'hui, de bons états de service : il avait remporté à Leucate, en octobre 1637, une belle victoire sur les Espagnols, à la suite de quoi il avait été nommé maréchal de France. Richelieu lui écrivit alors une lettre où le souvenir du père était évoqué : « Je ne saurois vous témoigner la joie que j'ai du succès qui vous est arrivé en la journée de Leucate. Forcer un retranchement, secourir une place et gagner une bataille, ce sont effets visibles de la main de Dieu, qu'il ne départ pas

---

(1) Mlle de Hautefort était appelée Mme de Hautefort depuis qu'elle avait hérité la charge de dame d'atour de la Reine qui appartenait à sa grand mère.
(2) Cité par Victor Cousin, *Mme de Hautefort*, p. 122, 123, note.

à tout le monde... (1). Il paroît, par là, que votre courage et votre fidélité ne sont pas accompagnés de moindre bonheur que celui qu'a toujours eu M. de Schomberg votre père. » On dirait qu'à la fin, alors que la faveur de Cinq-Mars ébranlait les plus fidèles, Richelieu se soit méfié de ce second Schomberg, qui pourtant lui devait tout. Le duc d'Halluin était un brave soldat, un brave homme, un bel homme; mais avait-il ce haut génie militaire que Richelieu décrit ici même en trois mots : conduite, prévoyance, vigilance?

Monsieur Darpajoux (D'Arpajon) : vaillant, résolu, changeant, Amadis et visionnaire en ses desseins.

Personnage de second ordre qui rendit quelques services près de Monsieur le Prince dans la campagne du Roussillon. Il sut se pousser, sous la Régence, jusqu'à devenir duc et maréchal de France; même il eut, par la suite, assez d'adresse et d'influence pour faire changer le nom de sa terre de « Châtres » en « Arpajon ». Mais c'est tout. Cette mauvaise langue de Saint-Simon ne dit que du bien de lui à propos de son élévation à la duché-pairie. Par contre, Montrésor écrit dans ses *Mémoires* : « Pour ce qui est de la Guyenne, si les ennemis y font une descente, M. d'Arpajon n'est point capable de soutenir cet effort (2) », ce qui confirme en somme le jugement de Richelieu.

Monsieur le Marquis de Sourdis : homme qui s'est rendu ridicule dans les armées.

Ce jugement sur un homme insignifiant dispense de tout commentaire.

Monsieur le Comte de Cramail : chassé de la Cour par les cabales qu'il y avoit faites pendant la Régence de la Reine

(1) Aubery, *Histoire du Cardinal Duc de Richelieu*, t. III, p. 111, note. Il n'est pas impossible, qu'en écrivant ces lignes, Richelieu ait eu quelque ressouvenir de ces beaux vers du *Cid* :
        Reposer tout armé, forcer une muraille
        Et ne devoir qu'à soi le gain d'une bataille...
(2) *Mémoires* de Montrésor. Édit. Elzev. 1723, t. I, p. 157.

mère, rappelé à la prière du cardinal, ne demeura pas deux mois dans l'emploi auprès du Roi, parce que Sa Majesté reconnut elle-même ses mauvais desseins.

Adrien de Montluc, descendant du maréchal ; comte de Cramail par sa femme, Jeanne de Foix. Ce n'est pas un homme de guerre : un simple intrigant, et cela fait pitié de voir Richelieu obligé de donner quelques minutes d'attention à ce genre de politiciens, pareils à ceux que tous les régimes voient naître dans tous les temps. Cramail avait tâté de la Bastille après la journée des dupes. On l'en fit sortir et le Roi paraît s'être, un instant, intéressé à lui ; car il l'emmenait à sa première campagne de Lorraine et au siège de Saint-Mihiel. Là ses conseils furent tels que Louis XIII, averti par Richelieu, s'en débarrassa d'un coup d'épaule qui le renvoya à la Bastille. Le courtisan désabusé devait y rester jusqu'à la mort de Richelieu (1).

Les sieurs Montausier, Canisy, Rambures, Bussy-Lamet, marquis de Coislin, comte de Tallart, marquis de Praslin, Frézelières sont sortis des emplois par la mort.

Rien de particulier. Il suffit de se reporter aux histoires générales. Frézelières, dont le nom est peut-être le moins connu, était un homme des plus dévoués à Richelieu et que celui-ci payait de retour. Il mourut en juin 1639. « La mort de Frézelières achève de m'accabler, écrivait le cardinal le 29 juin au maréchal de La Meilleraye ; cependant je me conforme à la volonté de Dieu et le prie de vous conserver (2). »

Monsieur de Saint-Preuil : brave, courageux et chaud, mais si peu réglé que la justice et la discipline d'un État n'ont pu permettre qu'il demeurât en charge.

Il s'agit ici d'une victime fameuse de la sévérité, — les adversaires ont dit de la cruauté, — de Richelieu. François de

---

(1) Voir sur lui Avenel, *Lettres du Cardinal de Richelieu*, t. V, p. 305-330 et deux lettres, l'une de Louis XIII, l'autre de Bouthillier, dans Marius Topin, *Louis XIII et Richelieu*, p. 264 et p. 270, 271 ; et, aussi, le Père Griffet, *Histoire du Règne de Louis XIII*, t. II, p. 623.

(2) Avenel, *Lettres du Cardinal de Richelieu*, t. VI, p. 406.

LE BRAVE SAINT-PREUIL.

Jussac d'Ambleville, sieur de Saint-Preuil, était certainement un héros « Louis XIII », s'il en fut; de grande allure, de haute envergure, un d'Artagnan; bravoure, panache, on lui passait tout même la violence. Les amateurs de pittoresque et d'outrance ont cité et fait réciter à satiété la fameuse lettre, trop romantique pour être authentique, que Louis XIII lui aurait adressée : « Brave et généreux Saint-Preuil, vivez d'industrie, plumez la poule sans la faire crier; faites comme les autres dans leurs gouvernements. Vous avez tout pouvoir dans notre Empire; tout vous est permis. »

Or Saint-Preuil, que son courage et ses exploits avaient rendu si justement populaire, fut condamné par la commission où siégeait l'intendant Bellejambe, pour avoir manqué aux règles de la discipline et au respect de la parole due à des adversaires honorables, en laissant attaquer et piller la garnison espagnole de Bapaume, qui sortait de la ville sur la foi de la capitulation. A considérer les choses de sang-froid, il semble bien que Saint-Preuil, avec ses gasconnades, ses prétentions, ses incartades (1), avait abusé de la bienveillance et des attentions qu'avaient pour lui le Roi et le cardinal. Il se croyait tout permis et, pour le moins, il laissa faire. Comme il était en rupture déclarée avec La Meilleraye et avec Sublet de Noyers, cela ne fut pas sans contribuer grandement à la sévérité du jugement prononcé par Richelieu. Ajoutons qu'on faisait peser sur Saint-Preuil quelque soupçon d'intelligence avec les partisans de Monsieur. Or c'est ce que Louis XIII par passion et Richelieu par prudence ne pardonnaient pas. Saint-Preuil condamné par jugement, mourut bravement, non sans quelque gasconnade, le 9 novembre 1641, à Amiens. Comme on le faisait attendre pour monter à l'échafaud, il dit à son confesseur : « Voici le reste de ma fortune qui s'achève de bâtir. » Puységur dit de lui : « C'étoit un des plus braves et des plus hardis gentilshommes qui aient été en France depuis plusieurs siècles et l'un des plus laborieux et des plus généreux... » Mais aussi l'un des plus désordonnés

---

(1) Voir les curieux documents cités par Avenel, t. VIII, p. 200.

et des plus pillards. Il fallait mettre un terme à tout cela. Et la mort de Saint-Preuil, tant reprochée à Richelieu, fut encore un « exemple ».

Le Roi même a bien voulu commettre ses armées à des princes étrangers, quand il a pensé par ce moyen avancer ses affaires.

Monsieur le Prince d'Orange fut si mal en 1635 qu'avec cinquante mille hommes de pied et une bataille gagnée il ne sut rien faire.

Cette constatation que la France, manquant de capitaines signalés, était dans la nécessité de recourir à des généraux étrangers ayant l'expérience de la grande guerre, paraît avoir été, au début, l'un des principaux soucis de Richelieu. En 1633, au moment où on hésite encore à entrer en guerre avec la Maison d'Autriche, le cardinal dit, dans son *Avis au Roi :* « La difficulté qui doit être plus considérée en cette affaire est le peu de gens capables de faire la guerre qui sont en France… Sur quoi, on pourroit prendre un expédient qui consisteroit à confier le commandement au prince d'Orange (1). »

Il est à croire que cette considération, qui touchait si vivement Richelieu à cette époque, accrut le vif désir qu'il eut, avant tout, de renouer l'alliance avec les Hollandais ; probablement aussi, elle agissait sur lui lorsqu'il s'efforçait de détacher Waldstein du service de la Maison d'Autriche. C'est ce que l'on voit bien dans un des passages de la réponse de son agent, Tillières, aux premières propositions de Kinsky : « Son Altesse (Waldstein) peut assez considérer si, après avoir fait une action si importante, le Roi Très Chrétien pourroit ou devroit souhaiter la puissance des armes en une autre main que celle de Son Altesse, qui a toutes les conditions que Sa Majesté pourroit désirer, tant pour la capacité, générosité et religion qu'à cause de son extrême crédit, etc. (2). »

D'un côté comme de l'autre, Richelieu ne récolta que désillusion et dépit. La négociation avec Waldstein n'aboutit pas ; et le

(1) *Mémoires du Cardinal de Richelieu*, année 1633.
2) Aubery, *Histoire du Cardinal-Duc de Richelieu*, t. I, p. 401.

prince d'Orange (Frédéric-Henri de Nassau), chef de ces armées hollandaises qui étaient alors l'école des généraux, lui manqua d'une façon pour lui inexplicable. En l'année 1635, la léthargie du prince ne sut tirer aucun parti de la victoire d'Avein et fit perdre à la France et à l'alliance le bénéfice qu'on eût pu tirer d'un si brillant début.

Il en fut à peu près de même dans les années suivantes. M. Avenel, parlant des faits et gestes du prince d'Orange en septembre 1638, s'exprime ainsi : « On était tombé d'accord que le prince d'Orange attaquerait Dunkerque. Les accords une fois établis, la France donna l'exemple. Le maréchal de Châtillon assiégeait Saint-Omer; Monsieur le Prince entrait en Espagne. On en informa le prince d'Orange, qui trouva des raisons pour se dispenser d'attaquer Dunkerque... L'année était perdue (1). » Richelieu ne savait que penser de cette étrange attitude des Hollandais, qui, pendant si longtemps, avaient imploré l'alliance et l'intervention de la France.

Une chose surtout le choquait, l'accueil fait en Hollande, à Marie de Médicis. Il écrivait à Chavigny le 29 août 1638 : « Je vous avoue que j'ai peine à digérer que le prince d'Orange, ait reçu et favorisé le passage de la Reine sans en donner avis au Roi, ni savoir si Sa Majesté l'agréerait. L'état où sont les affaires requéroit bien, ce me semble, qu'il en usât autrement ; mais, bien que cette humeur soit étrange, il la faut dissimuler. Cependant il est bien difficile de prendre ses mesures avec des esprits qui n'ont point de sincérité et de franchise (2)... » Et, dans une autre lettre datée du 12 septembre : « Le Coigneux

---

(1) Avenel, *Lettres du Cardinal de Richelieu*, t. IV, p. 160.

(2) *Ibidem*, t. VI, p. 122. — L'accueil fait à Marie de Médicis en Hollande fut plus qu'empressé, presque enthousiaste : des tableaux furent commandés aux peintres officiels pour commémorer l'événement. Voir. au Musée de La Haye, le tableau de Théodore de Keyser : « *Les bourgmestres d'Amsterdam auxquels on annonce l'arrivée de Marie de Médicis* ». Cfr. C. Vosmaer. *Les Precurseurs de Rembrandt*, 1863, in-8°, p. 79. Voir aussi une curieuse lettre d'un Hollandais, Julien Lanson, datée du 6 septembre 1638 et adressée au factotum de Richelieu en Hollande, l'espagnol Lopez. La lettre de Lanson donne d'intéressants détails sur cet accueil vraiment extraordinaire, qui ne pouvait que froisser grandement le cardinal : « La Reine fut logée en la maison du Prince... Mme la Princesse d'Orange l'accompagna partout. » Voir Henri Baraude, *Lopez, agent financier de Richelieu*. p. 145.

(confident de Gaston) a mandé à Bruxelles qu'il feroit voir, par effet, que le passage de la Reine mère par ces quartiers-là ne seroit pas inutile à l'Espagne,. ce qu'il ne peut prétendre que par l'une de ces deux façons : ou par quelque proposition de trêve (se négociant en arrière de la France entre la Hollande et l'Espagne) connue de M. le Prince d'Orange..., ou par quelque faction et monopole que ces beaux esprits pourroient faire, donnant des impressions à quelques-uns de MM. les États contre les intentions de M. le Prince d'Orange... » On devait retrouver ces obscurités et ces tiraillements, avec les divergences finales, jusque dans les soubresauts des longues négociations de la paix : car telle est la misère des alliances !

Monsieur le Duc de Savoie : bien que la raison d'État obligeoit le Roi à prendre garde aux actions de Son Altesse, Sa Majesté lui avait confié ses armées et la seule mort l'a retiré de ses emplois.

Les relations de la France et de la Savoie sont l'un des objets principaux des préoccupations de Richelieu durant tout son ministère. La maison de Savoie, mère de l'Italie moderne, verra toujours son existence et sa grandeur dépendre de sa situation entre la France et l'Autriche, entre les Alpes et la Méditerranée. Continentale et maritime, ayant les avantages et les inconvénients de sa forme allongée et de son extension péninsulaire, très riche et très pauvre, admirablement située pour ses grandes ambitions, dangereusement exposée pour ses entreprises, héritière d'un passé magnifique, entraînée vers un avenir brillant jusqu'à en être chimérique, elle balance sans cesse, dans sa double destinée, entre les deux puissances installées sur le demi-cercle de sa frontière alpestre, l'Allemagne et la France.

Le règne de Louis XIII vit, en Savoie, deux princes d'esprit différent et de valeur opposée : Charles-Emmanuel, qui mourut en **1630**, et Victor-Amédée, mari de Christine de France, qui mourut à cinquante ans, le 6 octobre **1637**; l'un le plus inquiet et le plus ambitieux des hommes; l'autre prudent, modéré,

MARIE DE MÉDICIS, REINE DE FRANCE
d'après une gravure de Moncornet.

mais opprimé entre le double héritage de ses alliances françaises et de la menace espagnole. Attaché plus étroitement à la France par le perpétuel tourment de conséquences qui pouvaient devenir vitales ; se donnant, tout en se réservant ; portant sur ses épaules trop étroites et avec des ressources trop restreintes le poids écrasant des ambitions et des complications léguées par son père ; il n'eut pas le temps de donner sa mesure et de recueillir tout ce que son sens pratique, son jugement sain et ses aptitudes militaires lui eussent permis de réaliser au profit de sa maison.

C'est Victor-Amédée qui est visé dans les quelques lignes dictées par Richelieu. Comme il s'était tourné beaucoup plus franchement que son père vers l'alliance française, Louis XIII, son beau-frère, lui confia la capitainerie générale des armées du roi de France en Italie. Il avait pour adjoint dans le commandement le duc de Créqui. Ni leurs situations ni leurs esprits ne s'accordèrent. Au siège de Valenza, en 1635, de graves divergences éclatèrent entre eux. Le duc de Savoie, approuvé par Richelieu, prit en personne le commandement de l'armée confédérée et, quoiqu'il eût, en cette mission de confiance, remporté quelques succès, en somme les affaires d'Italie ne prospérèrent pas. Richelieu, obligé de ménager une situation délicate, était embarrassé pour prendre parti, lorsque la mort du duc de Savoie arrangea momentanément les choses « en retirant celui-ci de ses emplois ».

Monsieur le Duc de Weimar : excellent capitaine, mais tellement à lui qu'aucun autre ne s'en pouvoit assurer.

Il ne peut être question d'exposer ici le rôle du fameux Bernard de Saxe-Weimar au cours de la guerre de Trente ans, avant et après la mort de Gustave-Adolphe. Un livre excellent a été consacré à cette grande figure historique : *Bernard de Saxe-Weimar (1604 à 1639) et la réunion de l'Alsace à la France,* par le vicomte de Noailles (1). C'est un peu malgré

---

(1) Perrin, 1908, in-8.

le duc que l'Alsace a été réunie à la France; mais, ceci dit, les hautes capacités militaires du prince allemand ont servi grandement à maintenir la cause de la France dans la période troublée qui a précédé la victoire de Rocroi.

Il suffira d'indiquer ici, d'après les documents contemporains, les raisons qui portent Richelieu à s'exprimer, sur cet allié de la France, en ces termes réticents. Nous avons déjà indiqué l'ambition qui avait été celle du duc, de se tailler à lui-même une principauté indépendante, précisément dans la région alsacienne, et l'habile conduite par laquelle Richelieu sut s'opposer à la réalisation de ce projet dangereux, tout en gardant à la France l'indispensable concours de l'armée de la Ligue protestante. En avril 1636, Louis XIII traitait encore de la façon la plus prévenante et la plus amicale ce grand personnage, aussi susceptible qu'ambitieux (1). Mais les préoccupations sur les visées du prince subsistaient au fond, et Richelieu soumettait au Roi, vers la fin du mois de juin 1639, un mémoire intitulé : *Raisons pour lesquelles le Roi ne peut donner à M. de Weimar les places que Sa Majesté tient en Alsace*. Ce mémoire s'achevait en ces termes : « Partant, il faut demeurer ferme à ne point donner lesdites places et prétendre toujours du duc de Weimar ce qu'on lui a demandé par d'Erlach, sans toutefois le poursuivre avec tant de chaleur (au cas qu'il demeure en sa mauvaise humeur) que cela puisse produire un mauvais événement. Seulement faudra-t-il lui représenter, en tel cas, qu'il pensera une autre fois plus mûrement à ce qu'il doit au Roi, et que, maintenant, il faut travailler aux intérêts de la cause publique, employant cette campagne utilement. »

Et, au même moment, *l'Instruction donnée au Sieur Baron d'Oysonville s'en allant trouver M. le Duc de Weimar de la part du Roi* abordait une question plus grave encore, le traité que les ennemis se vantaient d'avoir fait avec ce prince. Si l'on pouvait mettre le duc à la raison par une autre voie, Richelieu estimait qu'il ne fallait pas lui en parler. Si au con-

---

(1) Voir Marius Topin, *Louis XIII et Richelieu*, p. 300.

traire l'on touchait ce point délicat, il fallait persuader à M. de Weimar « qu'il était important pour sa réputation de dissiper les mauvais bruits (1) ». On voit de quels ménagements le cardinal usait avec l'homme de guerre dont il mettait si haut la capacité.

Toute la suite des rapports entre la France et le duc est exposée dans le mémoire du sieur d'Avaux, ambassadeur en Allemagne, qui se trouve aux Archives des Affaires étrangères (2). Voici une phrase du jugement porté sur le duc par cet agent distingué de la politique française : « Jusques à présent l'on impute le mauvais procédé du duc à la dureté de son naturel, qui est fort attaché à ses intérêts particuliers; mais deux choses empêchent de croire qu'il le peut porter à changer de parti : l'une sa réputation, qui lui est chère, et l'autre les grandes sommes de deniers qu'il a tirées du Roi, lesquelles l'Empire et l'Espagne ne lui sauroient donner. » D'Avaux n'en revient pas moins sur la crainte que le duc ne crée, en Allemagne, entre l'Espagne et la France, un tiers parti dont il eût été le chef « et qu'avec ses forces il ne fasse la loi au pays ». Ni les espoirs, ni les craintes ne se réalisèrent : le mémoire est du 12 juillet 1639, Bernard mourut le 18 (3).

En somme, comme son maître Gustave-Adolphe, il disparut à temps pour Richelieu. Le 27 celui-ci adressait à son parent, le maréchal de La Meilleraye, ces paroles, que l'on peut croire sincères, au sujet de cette mort : « Toutes les bonnes nouvelles, qui seront suivies, Dieu aidant, d'autres, nous réjouiroient extrêmement sans la mort de M. de Weimar, qui nous a bien surpris. Le pauvre prince est mort de peste en trois jours à Neufbourg, entre Brisach et Bâle. Le Roi et toute la Cour en prennent le deuil. J'espère que ses troupes demeureront fermes dans le service du Roi. Je ne saurois vous dire le regret que j'ai, en mon particulier, de la perte de ce prince (4). » A la

(1) Avenel, *Lettres du Cardinal de Richelieu*, tome VI, p. 409-41.
(2) Allemagne, t. XV, pièce 125, copie annotée de la main de Richelieu.
(3) Voir Avenel, *Lettres du Cardinal de Richelieu*, t. VI, p. 427.
(4) *Ibidem*, t. VI, p. 450.

suite de cette lettre se trouve celle que l'on adressa d'urgence aux colonels pour garder l'armée dans le service du Roi; des précautions sont prises, d'autre part, pour occuper les places d'Alsace et, sur ces divers points, confiance entière est faite à Guébriant.

Aussitôt après ce décès subit, des bruits d'empoisonnement ne manquèrent pas de se répandre, comme on avait répandu des bruits analogues visant Richelieu, au sujet de la mort de Gustave-Adolphe et comme on devait en répandre encore au sujet de la mort du comte de Soissons. Le procureur général Molé, dans une lettre à son ami F. Dupuy, en parle comme d'un fait qu'on ne met pas en doute : « Si vous savez des particularités de l'empoisonnement du duc de Weimar, vous m'obligeriez de m'en faire part (1). » La magistrature et la police ont, pour pli professionnel, le soupçon, parfois la crédulité.

Monsieur le Duc de Lorraine : le Roi ne peut mieux justifier comme il cherche de tous côtés ceux qu'il a pensés être le plus utiles à ses affaires que par l'emploi qu'il a voulu donner au duc Charles de Lorraine dans le commandement de ses armées, après qu'il l'avoit desservi notablement et, s'il n'a eu ledit emploi, sa légèreté et son réitéré manquement de foi en ont été cause.

L'affaire lorraine fut, ainsi que l'affaire alsacienne, le grand souci de Richelieu. Le mariage de Lorraine, suite de la révolte de Monsieur, fut l'accident qui devait déclencher les conséquences du fait permanent. Charles de Lorraine était, comme le duc de Savoie, coincé entre les deux expansions française et allemande. Mais, serré plus étroitement encore du côté de la France, il n'avait, pour ainsi dire, pas le choix : il devait subir ce qu'il craignait le plus. Tout le portait vers les Habsbourgs : sa famille, ses alliances, sa volonté d'indépendance. Mais la France, plus proche, pesait sur lui et sur son peuple de tout son poids; il fut accablé de cette pression jusqu'à essayer de se protéger

(1) Bibliothèque nationale, fonds Dupuy, vol. 792, lettre 70.

contre la conquête française en se soumettant à ses exigences et
en entrant au service de son Roi. Or cela même lui était en
quelque sorte interdit par sa destinée, et, quoiqu'il fût excellent
général, — l'un des meilleurs parmi ceux sur qui Richelieu eût
pu porter son choix, ils furent contraints, lui et le cardinal, par
une nécessité supérieure, de se trouver opposés l'un à l'autre (1).

Rohan, Toiras, Lorraine, ce sont de bien hautes valeurs et
supériorités que Richelieu, qui les appréciait, ne pouvait pas
ne pas avoir pour adversaires. Le cardinal fait allusion, en ces
quelques mots où il vise un commandement des armées françaises, à une offre qui avait été faite à Charles de Lorraine. Cette
offre figurait parmi les conditions de la paix que le duc finit
par signer le 29 mars 1641, avec Richelieu (2). Mais Charles
rompit le traité en se retirant à Mirecourt; il n'exerça de commandement que dans les armées impériales, contre la France.

*Monsieur de Rantzau : brave et vaillant, si sujet au vin qu'il
ne peut s'assurer de lui-même, ainsi que la perte de sa jambe le
justifie.*

Rantzau, originaire du Holstein, vint en France à la suite du
chancelier Oxenstiern et prit du service dans l'armée française. Son courage était légendaire. Richelieu attribue à son
goût pour le vin la perte de sa jambe, qui fut emportée, en
1640, au siège d'Arras; le même coup de canon lui emporta une
main; Rantzau avait déjà perdu un œil au siège de Dôle, ville
dont il fut nommé gouverneur quand elle eut été reprise. Il
devint maréchal de France et mourut en 1650.

Monsieur de Chaumont (3). — Sur le manuscrit B. N. 4.092,

---

(1) Ne pas oublier que, par arrêt de la Cour du Parlement, daté du 5 septembre
1634, le duc de Lorraine et consorts, pour réparation du rapt exercé par eux, sur
Monsieur, avaient été condamnés à titre de complot, trahison et conspiration,
« au bannissement perpétuel du Royaume de France, confiscation des biens », le Roi
étant supplié « d'employer sa puissance et sa souveraine autorité pour, par la voie
des armes, se faire raison à soi-même », etc. Voir l'arrêt imprimé à Aix, chez Etienne
David, 1634.

(2) Voir Vicomte de Noailles, *Le Maréchal de Guébriant*, p. 224.

(3) Le nom usuellement adopté est Saint-Chamont.

ancien Cangé 51, on lit : « Monsieur de Saint-Chamont » et, d'une autre main : *de fort médiocre capacité.*

Melchior Mitte de Chevrières, marquis de Saint-Chamond, négociateur de la paix de Wismar avec la Suède ; plutôt diplomate que soldat. Tallemant rapporte qu'à la crise de Lyon le Roi composa un conseil et fit Saint-Chamond ministre d'État : « car il ne voulait pas, remarque le médisant, de gens bien forts... Gordes, ajoute-t-il, capitaine des gardes du corps, entre chez le Roi en riant à gorge déployée et parlant au Roi : *Sire, Saint-Chaumont dit que Votre Majesté l'a fait ministre d'État. Qui croiroit cela ?* » Saint-Chaumont fut disgracié pour avoir laissé la princesse Marguerite de Lorraine s'échapper de Nancy.

Ainsi on a été contraint de donner le commandement des armées ainsi qu'il s'en suit :
Monsieur le Comte d'Harcourt,
Monsieur de La Meilleraye,
Monsieur le Comte de Guiche,
Monsieur de Guébriant,
Monsieur de La Mothe [Houdancourt],
Monsieur de Bouillon,
Monsieur du Hallier.

Le Père Griffet établit ainsi qu'il suit la liste des commandants d'armées qui furent désignés pour la campagne de 1642 :

Roussillon : le Roi et Richelieu, La Meilleraye, avec Turenne comme lieutenant général.

Catalogne : La Mothe-Houdancourt et le marquis de Brézé.

Flandre : Comte d'Harcourt.

Champagne : Comte de Guiche.

Italie : Duc de Bouillon.

Allemagne : Guébriant, Du Hallier.

Cette liste est, on le voit, la même que celle qui fut dressée par Richelieu. Elle permet de préciser l'époque où fut rédigé le document que nous publions. Le duc de Bouillon figure, dans l'une et l'autre liste comme pouvant être mis à la tête d'une des armées. Or le traité conclu avec Bouillon, — traité dont nous parlerons dans la note qui va lui être consacrée, — avait été signé le 6 août 1641. Le duc vint à Paris au début de l'année 1642, « sans qu'on lui parlât du commandement de l'armée d'Italie (1) ». Peut-être ce silence le confirma-t-il dans le sentiment qui le portait à lier partie avec Cinq-Mars. Il resta huit ou dix jours à Saint-Germain et quitta Paris fin janvier 1642. Si le document admet l'éventualité de désigner le duc de Bouillon comme l'un des chefs des armées royales, c'est qu'il a été rédigé entre décembre 1641 et fin janvier 1642. On n'avertissait pas encore l'intéressé, mais on désirait lui être agréable pour le retenir dans le service du Roi et dans le parti du cardinal. Il fut nommé, en effet, et il alla prendre le commandement de l'armée d'Italie. C'est alors que son « infidélité » s'avéra et il fut arrêté à Casal le 20 juin 1642.

Les noms inscrits sur cette liste forment un résumé, un panorama de l'histoire militaire sous Louis XIII. Les faits avaient confirmé ou ont confirmé, en général, les jugements formulés d'un trait si ferme et si vivant par le cardinal. Seul un grand ministre, un grand esprit peut prendre ce ton net et tranchant, de supérieur à inférieurs, si élevés et si considérables que soient les hommes dont il parle. Comme le pense et l'écrit Richelieu, l'armée comptait peu de bons chefs. Il fallait tout créer ; il fallait tout mobiliser, tout entraîner, choses et hommes, mais les choses par les hommes. Par conséquent, il fallait peser, juger, rapprocher hommes et choses. D'où le texte dicté aux secrétaires pour mûrir en quelque sorte le fruit d'une si longue expérience et de tant de réflexions.

Lorsque la France fut précipitée dans la guerre par des circonstances européennes (n'était-ce pas en Allemagne qu'avait germé et mûri cette affreuse guerre de Trente ans?) rien n'était prêt et Richelieu en était encore à savoir où il trouverait dans le Royaume, dans le gouvernement et en lui-même, les ressources et les forces nécessaires. M. Avenel écrit, condensant l'impression

---

(1) Père Griffet, *Histoire du Règne de Louis XIII*, t. III, p. 407-409.

que lui laisse la lecture des lettres de Richelieu : « La guerre était déclarée depuis plus de six mois et l'on se laissait surprendre par les événements. On ne peut pas accuser le cardinal d'imprévoyance, mais la bonne organisation faisait partout défaut (1). »

Richelieu avait donc le sens profond des difficultés parmi lesquelles il avait à agir. Lui, le grand adversaire des grands, il savait que ses choix ne pouvaient écarter, de parti pris, tous les grands, qui, pour la plupart, disposaient encore d'une partie des forces du pays. Mais ces grands, il connaissait leurs sentiments; et c'est pourquoi nous le voyons peser dans la balance, plus encore que leur capacité, leur « fidélité ». Fidélité combien douteuse! Et combien exigeante!

Richelieu est ainsi conduit par la nécessité des situations à placer à la tête de chacune des armées, non pas un général, un chef unique, mais deux ou trois personnages, souvent rivaux, pour qu'ils se surveillent les uns les autres. Alors, autre difficulté. On a remarqué l'une des épithètes employées à plusieurs reprises par Richelieu dans ses jugements : *incompatible*. En fait, ces hommes ne pouvaient guère se supporter et, au préjudice des intérêts publics, ils donnaient l'exemple de l'indiscipline, du mauvais vouloir obstiné, de la hargne. Des difficultés de rang, de famille, de préséance s'entremêlaient avec les exigences de la guerre et la complexité de la politique intérieure. La Cour et les partis étaient alors ce qu'ont été, dans les guerres récentes, les partis et les Parlements. Toute l'autorité de Louis XIV ne pouvait pas, — longtemps après la mort de Richelieu, — imposer à tels ou tels maréchaux de servir sous le grand Turenne.

Sur ce point encore, Richelieu avait la vue très nette des difficultés qui l'attendaient. Et c'est pourquoi son esprit toujours tendu, sa clairvoyance et prévoyance extraordinaires s'attachaient avec une si énergique rigueur à résoudre ce problème de la dispersion, parfois de l'antagonisme des forces natio-

---

(1) *Lettres*, t. V, p. 363.

nales, problème que le siècle posait devant lui! Le 30 août 1635, dès le début des hostilités, il adressait au Roi un « mémoire », modèle de clairvoyance, de fermeté et de souplesse, où il cherchait, en ce qui concernait particulièrement le choix des chefs, les moyens de se tirer d'embarras, vaille que vaille : « Sa Majesté n'entrant pas dans le pays ennemi (il s'agissait seulement alors d'une occupation plus ou moins pacifique de la Lorraine), il est de sa prudence de voir à qui il voudra donner le commandement de l'armée qui doit exécuter le contenu ci-dessus. On estime qu'il ne faut en aucune façon séparer M. de La Force de M. le duc d'Angoulême pour plusieurs raisons trop longues à écrire (on sent bien de quoi il s'agit), entre lesquelles une qui paroît les contenter tous deux, en ce qu'il pourroit arriver qu'il seroit nécessaire de séparer leur armée. » On voit que Richelieu était obligé de ménager les deux vieillards au point de leur laisser entrevoir comme possible ce qu'il appréhendait par dessus tout : ne pas tenir toutes leurs forces réunies. Il croit que « M. de Châtillon est celui à qui le Roi peut donner cet emploi plus utilement, tant à cause de sa qualité et de son voisinage que du fait que ledit sieur ne pourroit compatir « (incompatible ») avec le comte de Cramail, qu'il hait à mort..., que le sieur de Thianges n'est pas mieux avec lui; que Vaubecourt est en même catégorie pour ses blessures et ses gouttes... » Et la litanie continue!... Finalement, on s'arrête à un arrangement bâtard : le prince de Condé prendra le commandement, mais sera surveillé par La Meilleraye et d'Arpajon. Les bêtes sont « attelées ». Tireront-elles à plein collier (1)?

Or les mêmes difficultés se présentaient encore au début de cette année 1642, qui précéda la mort de Richelieu. Incompatibilité, infidélité, nécessité de recourir aux gens de grande autorité, c'est-à-dire aux hauts seigneurs en opposition plus ou moins latente avec la faveur et avec l'autorité du cardinal lui-même. Les hommes des premières équipes ont été écartés peu à peu par la destinée, la mort ou la volonté du Prince.

(1) Voir *Mémoires du Cardinal de Richelieu*, début de 1635.

Tout l'art va consister à les remplacer par des hommes nouveaux, plus dociles, plus sûrs et devenus, par l'expérience de la guerre, plus capables de leur mission et plus attachés à leur devoir.

Passons donc en revue, à notre tour, ces noms choisis, comme équipe suprême, par l'homme que rien ne décourage, même au comble du tourment et quand ses forces commencent à l'abandonner. Nous y verrons apparaître, préparée et désignée par sa prescience et ses leçons, une élite nouvelle digne de lui, digne de la France : Gassion, Guébriant, Turenne, bientôt le jeune Brézé et le jeune *Enghien*.

Les commandants d'armée désignés pour la campagne de 1642 par le cardinal de Richelieu.

Monsieur le Comte d'Harcourt. — Encore un grand ! Il appartenait à cette illustre maison de Lorraine, étant cadet des Lorraine-Elbeuf, et on l'avait baptisé d'un sobriquet tout militaire : *Cadet la perle,* parce que, affirmait-on, il portait une boucle d'oreille avec une perle en pendant : mais, aussi, parce que c'était un soldat, un vrai soldat, une perle. Après une brillante éducation dans les camps et dans les armées, il avait tiré Richelieu d'un grand souci en reprenant, en qualité de chef d'escadre, les îles Sainte-Marguerite et Saint-Honorat, entreprise où Sourdis et Vitry avaient échoué. Il est victorieux en Piémont, à ce Casal qui tenait tant au cœur du Roi et qu'il ravitailla. En 1642, aidé de Turenne, il prit Turin à la barbe de Thomas de Savoie ; bientôt, nouveaux succès sur le cardinal de Savoie. Désigné par Richelieu pour les Flandres et l'Artois, il réussit encore. Soldat heureux, chef populaire et ami du soldat ; mais en somme, rien de plus. Richelieu, pour se l'attacher, lui avait fait épouser, non sans qu'il fît quelque résistance, sa propre nièce, veuve de Puylaurens (1).

---

(1) Voir tout l'épisode, révélateur de la manière de Richelieu, dans Avenel, *Lettres du Cardinal de Richelieu,* t. VI, p. 16 et p. 263.

Mazarin abusa plus tard de cette fidélité en chargeant d'Harcourt de conduire au Havre le prince de Condé prisonnier. *Cadet la perle* ne voulut point passer pour le « recors du cardinal », et il se jeta dans le parti des princes. Après s'être réconcilié avec la Reine Régente, il mourut en 1666 dans l'abbaye de Royaumont.

Monsieur de La Meilleraye, grand maître de l'artillerie en 1634, maréchal de France en 1639, duc et pair en 1642. — C'est l'un de ces hommes de guerre à qui le cardinal de Richelieu confia les entreprises les plus importantes, pour une raison des plus délicates, étrangère à la valeur militaire, le fait qu'ils étaient ses parents. Il faut bien le reconnaître, vers la fin de sa vie, la plupart des commandants d'armée sont des membres de sa propre famille : La Meilleraye, Brézé, le comte d'Harcourt, le comte de Guiche, le duc de La Valette, bientôt après le marquis de Brézé, enfin, le duc d'Enghien. On dirait que le ministre cardinal n'avait de nièces et de cousines que pour les marier aux personnages du Royaume ambitieux des hautes charges militaires. N'en doutons pas : pour lui, un titre prime tous les autres, la fidélité. C'est, d'ailleurs, un trait habituel au gouvernement des prêtres : les faveurs à la famille. Le célibat cherche parmi les siens la sécurité du dévouement garantie par l'intérêt. Le régime royal français ne repose-t-il pas lui-même, comme le système féodal, sur le privilège du sang, la loi du système étant le groupement familial résultant de l'hérédité?

Les faits sont là, et la fortune de La Meilleraye est un symbole. Charles de La Porte, petit-fils de l'avocat La Porte, est le cousin de Richelieu. Sa fortune grandit avec celle du cardinal : capitaine des gardes de Marie de Médicis, chevalier de l'ordre, gendre du maréchal d'Effiat, héritant de celui-ci la charge de grand-maître de l'artillerie... et le reste. Parenté et alliance décident de tout.

Bon militaire, d'ailleurs, et qui en valait un autre : « Grand assiégeur de villes, dit Tallemant, mais n'entendant rien à la guerre de campagne, brave, fanfaron, mais violent à un point étrange (1). » Le plus « incompatible » de tous les hommes, sans doute parce qu'il se sentait appuyé, il trouva moyen de se brouiller à mort avec les autres commandants, même avec le plus sûr des amis de Richelieu, le cardinal de La Valette. On le soutenait envers et contre tous.

Le beau moment de cette vie fut la prise de Hesdin en 1639. La ville, assiégée par l'armée que commandait La Meilleraye, avait capitulé en présence du Roi. Celui-ci décida qu'il entrerait par la brèche : « Il monta à cheval, écrit Puységur et nous tirâmes droit à la ville, où, étant parvenus, il descendit de cheval et, s'appuyant de la main gauche sur mon épaule et de la droite sur M. de Lambert, nous passâmes le pont et il monta par la brèche, sur laquelle l'attendoit M. le Grand Maître, qui le prit sous les aisselles et l'aida à monter, tandis que nous le soutenions, M. de Lambert et moi; où étant, il se tourna vers moi et prenant la canne que j'avois entre mes mains, il dit à M. le Grand Maître : *La Meilleraye, je vous fais maréchal de France; voilà le bâton que je vous en donne; les services que vous m'avez rendus m'obligent à cela; vous continuerez à me bien servir.* Le Grand Maître, ayant reçu la canne, se jeta aux pieds du Roi et lui dit qu'il n'étoit pas digne de cet honneur, qu'il ne l'avoit pas mérité... *Trêve de compliments,* reprit le Roi; *je n'en ai pas fait un de meilleur cœur que vous* (2).

La correspondance de Richelieu adressée à La Meilleraye prouve avec quel soin le cardinal guidait son parent parmi les difficultés de la Cour et de la carrière. Curieux manuel de l'art de se pousser en famille. Le ton est paternel, quelque peu familier et parfois rude; grandes précautions pour éviter les ruades de susceptibilité ombrageuse auxquelles l'homme se livre à la moindre piqûre. On voit que Richelieu a reconnu en lui de la fougue, un grand orgueil avec une capacité médiocre. Il le câline, le tempère, le guide, l'assagit, le flatte en le morigénant : « Souvenez-vous que la gloire d'un général est à prendre les villes, à subsister longtemps

---

(1) *Historiettes,* t. II, p. 219.
(2) *Mémoires de Jacques de Chastenet, seigneur de Puységur,* t. II, p. 227.

IEAN BVDES CONTE DE GVEBRIANT
MARESCHAL DE FRANCE GENERAL DES ARMEE DV ROY
EN ALLEMAGNE.

LE MARÉCHAL DE GUÉBRIANT.

avec gloire dans le commandement, et non pas à faire des actions téméraires qui payent leur hôte tout d'un coup. » C'était le contrepied des idées de Richelieu, qui se plaignait plutôt, nous l'avons vu, du manque d'hommes « entreprenants »; mais le cardinal savait ce qu'il pouvait attendre du « preneur de villes, bon à mener un siège (1) ».

Ce conseil de ne pas se risquer à des coups de main mal réfléchis, le cardinal le renouvelle sans cesse : « Je vous conjure de nouveau de faire le général d'armée et non le soldat et, qui plus est, un mot plus court que vous pouvez deviner sans que j'écrive (sans doute *le fol*). Ayez soin de vous: je vous recommande encore une fois, et pour la conservation de votre personne et pour votre honneur, que vous perdriez aussi bien en vous faisant tuer mal à propos, que d'autres le perdent en conservant leur vie sagement. » Ces conseils vont jusqu'à une sorte de naïveté, qui était à la mesure de l'homme auquel ils s'adressaient. Au cours d'une longue instruction, où le plus minutieux détail est abordé, il observe : « Une des choses à quoi il faut autant prendre garde, est à prendre si avantageusement son champ de bataille que le canon des ennemis n'y puisse offenser nos gens, et loger si bien notre artillerie que les ennemis ne s'en puissent garantir. Je sais bien que cela est difficile en beaucoup de lieux; mais je le remarque seulement afin que, s'il se peut, M. le Grand Maître ne s'en oublie pas (2)... » Si, après cela, le grand maître ne sait pas se servir de ses canons!

En l'année 1642, La Meilleraye, flanqué de Turenne comme lieutenant général, commande l'armée du Roussillon en la présence du Roi et du cardinal; ensuite on lui donne le maréchal de Schomberg comme adjoint. Ce ne fut pas sans humeurs et cris de l'homme « incompatible ». Dans l'ensemble, la campagne réussit. Le grand preneur de villes prit Collioure, Perpignan, Salces, qui restèrent finalement à la France.

---

(1) Avenel, *Lettres du Cardinal de Richelieu*, t. VI, p. 364.
(2) *Ibidem*, t. VI, p. 395.

Monsieur le Comte de Guiche. — Antoine de Gramont; encore un allié de Richelieu. Le 28 novembre 1634, au Petit-Luxembourg, le cardinal maria trois de ses cousines, Mlles de Pontchâteau (1) et Mlle Du Plessis-Chivray. Les deux premières épousaient, l'une le duc de La Valette, l'autre le duc de Puylaurens (2), ce Puylaurens dont elle devint veuve dès l'année suivante et qu'elle remplaça par Henri de Lorraine, comte d'Harcourt. La troisième épousait le comte de Guiche. Celui-ci, qui reçut le bâton de maréchal en 1641 et fut créé, sous Louis XIV, duc de Gramont et pair de France, n'était, certainement pas un de ces capitaines habiles et expérimentés sur lesquels pût s'appuyer efficacement le cardinal. L'histoire n'a guère retenu son nom qu'au sujet de la malheureuse bataille d'Honnecourt, qu'il perdit le 26 mai 1642. Il commandait alors l'armée d'Artois-Picardie, qui lui avait été confiée pour secourir La Bassée, et le comte d'Harcourt en commandait une autre dans la même région. Les contemporains se sont étonnés de la perte de cette bataille et se sont demandé si Guiche n'était pas de connivence avec le cardinal pour prolonger la guerre et faire en sorte que le Roi ne pût pas se séparer de son ministre, au moment où la lutte était engagée contre Cinq-Mars. Cette insinuation n'est assurément pas fondée. On a cité, il est vrai, une lettre de Richelieu datée du 6 juin, si pleine d'indulgence pour le comte de Guiche qu'elle peut, à la rigueur, éveiller quelque doute. Tout bien pesé, il est plus naturel d'admettre que Richelieu avait pour parti pris de ne pas abandonner les siens, même et surtout dans le malheur (3).

Monsieur de Guébriant. — Guébriant! Le premier apparu de l'équipe nouvelle. Nous avons dit ses origines bretonnes, ses débuts si pénibles, son caractère si noble, sa distinction si française. Pour les hauts emplois, c'est Richelieu qui l'a deviné, choisi. Louis XIII, mal impressionné par des riens, ne l'aimait pas.

(1) Filles de Charles du Cambout, marquis de Coislin et baron de Pontchâteau.
(2) Antoine de L'Age, duc de Puylaurens, favori de Monsieur.
(3) Voir la lettre dans Le Vassor, t. VI, p. 481, et dans Avenel, *Lettres du Cardinal de Richelieu*, t. VI, p. 926 note.

Jean de Budes de Guébriant avait trente-cinq ans, lorsque en mars 1637 il fut question de remplacer par lui, en Valteline, le meilleur général du temps, le duc de Rohan. Richelieu écrivit à Chavigny : « En faisant le tour de ceux qui peuvent utilement remplir ces charges, je ne vois pas de gens qui puissent mieux y faire que Dannevoux et Guébriant... *Peut-être le Roi aura-t-il quelque aversion en ce qui regarde Guébriant*, mais, après avoir réfléchi, on trouvera certainement qu'il est fort bon à servir là et qu'il a ambition pour cela. »

Cette vie exemplaire a été écrite par le vicomte de Noailles (1). A peine est-il nécessaire d'en relever quelques étapes, quelques traits significatifs. Guébriant est un des premiers généraux qui commencent à « manœuvrer ». Il prévoit, organise, accumule d'avance des ressources, artillerie, vivres, transports, aux points où il sait qu'il doit agir. La part glorieuse qu'il prend à la conquête de Brisach le met en pleine lumière. Quand Bernard de Saxe-Weimar vient à mourir, Guébriant assure à la France la fidélité des troupes de la Ligue. En 1640, il est mis à la tête de l'armée d'Allemagne. Inutile de le flanquer d'un surveillant : sa fidélité est assurée. Sublet de Noyers lui écrit, le 25 avril 1640, sur un ton affectueux et libre : « Je dois cette marque de souvenance à votre chère amitié pour vous dire que vous êtes aimé et estimé par deçà, autant que vous pouvez le désirer, et que j'ai vu des sentiments si avantageux pour vous dans l'esprit de Son Éminence qu'il n'y a rien à désirer. »

La victoire, terriblement disputée, qu'il a su gagner (29 juin 1641) à Wolfenbuttel en décidant les troupes à se battre, est la consécration de son mérite vraiment unique. Ce fut, à l'adresse du vainqueur, un concert de louanges : « De ce grand combat, il est revenu avec autant de gloire que d'utilité. » « On lui a obéi par pure estime de ses mérites. » Sublet de Noyers écrit encore : « Ç'a été M. de Guébriant qui a commandé l'armée de Suède et la nôtre le jour du combat de Wolfenbuttel où, par sa valeur et sa bonne conduite, les alliés du Roi ont remporté les

---

(1) *Le Maréchal de Guébriant*, Perrin, in-8, 1914.

avantages que vous savez. » Les chefs les plus estimés de la ligue protestante, Wrangel en tête, se prononcent pour que lui soit remis le commandement unique sur les troupes alliées. Au moment où tout parait perdu en Allemagne, tout est maintenu par lui. Chavigny lui adresse, en octobre 1641, une lettre où la raison des nouveaux choix se précise : non plus la faveur, mais le mérite; non plus une « fidélité » douteuse, mais la solidité du devoir accompli.

Guébriant est mis au premier rang, mais le solide Breton ne se paye pas de mots. Il ne conservera son commandement que si on lui assure les troupes et les ressources nécessaires pour achever cette campagne si lestement redressée par lui. On lui donne satisfaction, et il gagne la bataille de Kempen. Il reçoit le bâton de maréchal. Nouveaux éloges du Roi (30 mars 1642).

Autres lettres, mais signées par Mazarin. Richelieu est mort. Le nouveau ministre fait part en ces termes, de la triste nouvelle : « Il m'est impossible de vous exprimer l'excès de regret que j'ai, comme je ne doute point aussi que le vôtre soit extrême. Il est certain que le Roi ayant estimé ses services au dernier point et ayant eu pour lui une affection telle qu'il le méritoit, a ressenti tout le déplaisir possible de cet accident ainsi qu'il a témoigné à tout le monde de vive voix et par écrit... (1). » « Je ne puis, écrit ensuite le nouveau cardinal ministre, tourner les yeux du côté de l'Allemagne que je ne vous considère comme celui qui commande une armée qui est le bras droit de Sa Majesté et le rempart de ses États. »

Le Roi meurt; le règne s'achève. Le 24 novembre 1643, Guébriant tombe à son tour, frappé d'un coup de canon devant Rothweil. Avant d'expirer il a demandé : « La place est-elle prise?... » Elle capitule au moment où il succombe.

D'Avaux lui avait écrit après Kempen : « Vous avez plus assuré la paix que moi. » Rappelons sa devise déjà citée : *D'autre vaillant que l'honneur!*

---

(1) Lettre autographe, catalogue Eggimann.

Monsieur de La Mothe-Houdancourt. — Un soldat de la vieille école ; ainsi le définit le cardinal de Retz, qui l'avait approché au plus près pendant la Fronde : « Le maréchal de La Mothe, dit-il, avoit beaucoup de cœur. Il était capitaine de la seconde classe ; il n'étoit pas homme de beaucoup de sens. Il avoit assez de douceur et de facilité dans la vie civile. Il étoit très utile dans un parti parce qu'il y étoit très commode. » Ce que dit Retz par un retour sur sa propre querelle, on peut le dire des affaires en général : La Mothe était un serviteur « très commode ». Richelieu le connaissait, le jugeait, le retenait et l'employait en raison de sa « commodité ».

Il fit presque toutes ses campagnes en Italie et en Espagne, là où les manœuvres ne furent possibles qu'au génie de Bonaparte. Sur l'un et l'autre terrain, il suffisait, dans les circonstances ordinaires, d'avancer pied à pied, ville à ville. Il s'agissait surtout de tenir, de ne pas reculer. Soutenu par Sublet de Noyers, La Mothe-Houdancourt se tirait de ces tâches très honorablement. Il se fit une spécialité des affaires de Catalogne et, nommé vice-roi en 1643, il s'accrocha à ce terrain militaire et politique mouvant, — aussi bien et mieux peut-être, que ne firent, cent cinquante ans plus tard, les lieutenants de Napoléon. On le désignait donc, tout naturellement, pour y commander l'armée en 1642. Mais cette année ne lui fut pas favorable : il eut son désastre, Lérida. Comble de l'infortune, on le chansonna et, finalement, on l'emprisonna à Pierre-Encise, d'où il ne sortit qu'après quatre ans par un jugement qui lavait son honneur sans grandir sa capacité. Il fut quelque peu mécontent, à juste titre ; il se jeta dans la Fronde, mais sans s'y attarder ; et bientôt se rangea à son devoir. Calmé par l'expérience et le malheur, il fut nommé de nouveau gouverneur de Catalogne et se rendit utile jusqu'en 1657, année de sa mort.

Monsieur de Bouillon. — Frédéric-Maurice de La Tour d'Auvergne, duc de Bouillon. Il était le fils de ce maréchal de Bouillon, grand personnage dans le parti calviniste et dont nous avons dit le rôle dans la première partie du règne de Louis XIII (1). La

(1) Voir *Histoire du Cardinal de Richelieu*, t. II, p. 362.

principauté de Sedan était entrée dans la famille par le mariage du maréchal avec une La Tour d'Auvergne. On assure que le père, en mourant, aurait fait à ses deux fils, le nouveau duc de Bouillon et le vicomte de Turenne (notre grand Turenne), cette recommandation en trois points : n'abandonner jamais la souveraineté de Sedan, demeurer fidèle à la religion réformée, ne se brouiller à aucun prix avec le roi de France.

Frédéric-Maurice, homme intelligent, instruit, appliqué, excellemment préparé à l'art militaire par son oncle, le prince d'Orange, mais passionné, sentimental, influençable, versatile, se trouva prendre exactement, au cours de sa vie, le contrepied des conseils de son père : il se convertit à la religion catholique ; il participa aux intrigues, aux complots, aux conjurations contre le Roi et le ministre ; et finalement il perdit Sedan.

Le fait que Richelieu le désigne en 1642 pour commander l'armée d'Italie relève du système adopté par le cardinal à l'égard des princes voisins de la France, reliés à la France par des liens soit de vassalité, soit de nécessité politique ou économique, et qui, malgré tout, se maintiennent en état de demi-hostilité à l'égard du Royaume : tels les Savoie, les Lorraine. Confier les armées royales à ces voisins suspects et boudeurs lui paraissait une nécessité d'État. Faisait-il ce calcul profond que, pour gagner Sedan et Nancy, il fallait jouer les deux jeux, caresser et sévir, user à la fois de la douche chaude et de la douche froide? Pensait-il qu'il fallait courber ces princes pour les réduire, les combler pour les séduire?... Ces combinaisons à longue évolution et à brusque détente étaient dans la manière du temps, dans la manière surtout de ce prodigieux intuitif qu'était le cardinal. Le temps entrait dans ses calculs. Ajoutons qu'une telle procédure ne manquait pas de hardiesse : en approchant de lui ces hostilités voilées mais farouches, il jouait sa vie, la dague près du cœur.

Sans revenir sur les circonstances antérieures, il suffit de rappeler le rôle double que Bouillon avait joué au temps où le comte de Soissons et le duc de Guise s'étaient réfugiés chez lui, à Sedan et, appuyés sur lui, avaient monté contre Richelieu cette machination redoutable qui avait eu sa catastrophe à La Marfée. Au lendemain de cette journée tragique, Bouillon était venu à Paris se jeter aux pieds du Roi et, après un émouvant dialogue, avait signé en pleine liberté, à Sedan, la formule du pardon demandé et consenti : « M. le Duc de Bouillon étant venu très humblement supplier le Roi de vouloir lui pardonner la faute qu'il a faite de se séparer de la fidélité et de l'obéissance naturelle qu'il lui doit, traitant avec les Espagnols et prenant avec eux les armes contre son service en considération de Monsieur le Comte de Soissons, déclare : *Je promets au Roi de satisfaire fidèlement aux conditions exprimées ci-dessus, en considération desquelles il plaît à Sa Majesté de me pardonner. Fait à Sedan, cinquième jour d'août 1641* (1). »

Le Roi avait accordé les lettres d'abolition et c'est alors qu'on avait offert à cet homme, plus que suspect, le commandement de l'armée d'Italie. Il avait accepté, le tout se passant de part et d'autre fort galamment.

Or, au même moment, le duc s'engage dans la conjuration de Cinq-Mars. Il n'ignore rien des tractations avec l'Espagne. Il n'en prend pas moins en Italie son commandement ; il s'applique à préparer son armée ; il rétablit la discipline ; en digne capitaine, il entraîne ses troupes à la prochaine campagne contre cette puissance dont, au même moment, il réclamait l'appui. Quelles étaient ses intentions ? ses calculs ? Le parti spéculait-il sur la maladie du Roi, sur la mort qu'on disait prochaine du cardinal, mort que l'on était prêt à hâter par un assassinat ?... Et c'est parmi ces affreuses traîtrises que vivait, que se mourait le grand cardinal !

La mystérieuse révélation du traité avec l'Espagne décide le Roi, incertain jusque-là. Il ordonne l'arrestation des coupables. On met la main sur Bouillon. Cinq-Mars est décapité. Bouillon rachète sa vie par la cession de Sedan. Mazarin prendra possession de la principauté au nom du Roi le 20 septembre.

Richelieu meurt. Le duc impénitent se jette dans la Fronde. Il

---

(1) Voir l'ensemble de l'accord dans *Lettres du Cardinal de Richelieu*, t. VI, p. 851.

jouera de nouveau la partie et la perdra de nouveau : Sedan appartiendra à la France.

Monsieur du Hallier. — François de Vitry, comte de Rosnay et du Hallier, plus tard maréchal de L'Hôpital. Il était le frère du maréchal de Vitry, l'exécuteur du maréchal d'Ancre; il dut sa fortune à la faveur de Louis XIII, qui n'oublia jamais le service à lui rendu par ce coup, auquel François avait d'ailleurs participé. Il fut fait capitaine des Gardes à cette occasion.

Du Hallier se distingua, au cours du règne, par de bons services militaires, sans rien de véritablement supérieur. Tallemant, qui l'a connu, le peint en passant, à propos des étranges aventures arrivées à sa femme, Charlotte des Essarts : « C'est, dit-il, un homme d'humeur douce, sévère à ceux qui s'en font accroire et qui a empêché le désordre quand il a eu l'autorité... Vieillard qui n'a pas mauvaise mine, mais qui ne l'a pas fort relevée; génie assez médiocre en toutes choses. »

Richelieu l'inscrivait sur la liste de 1642, avec l'intention de le donner comme second à Guébriant aux armées d'Allemagne; mais le projet ne se réalisa point. Peu s'en fallut que du Hallier ne fût enveloppé dans la disgrâce de sa femme, Charlotte des Essarts, qui avait été jadis la maîtresse de Henri IV, dont elle avait eu deux filles qui devinrent, l'une abbesse de Fontevrault, l'autre abbesse de Chelles. Maîtresse par la suite du cardinal de Guise, dont elle avait eu aussi plusieurs enfants, elle restait attachée à la maison de Lorraine, affirmant que le mariage avait eu lieu. Toujours dans les mêmes sentiments, elle était à la cour l'avocate de la maison de Lorraine, en particulier du duc Charles, et c'est sur les avis de cette femme que le duc, après avoir signé son traité avec le Roi, s'était soudainement dérobé.

Cette intrigue de cour, d'ailleurs des plus embrouillées, eut, comme tant d'autres, de l'influence sur les affaires générales et sur les choix des personnes, même dans le militaire. La fortune toujours inquiète de Richelieu, ne reposant que sur la faveur du Prince, devait tenir compte de tout.

C'est sans doute après s'être assuré de la fidélité de M. du Hallier et pour le compromettre à jamais aux yeux de ses adversaires, que le cardinal l'avait mis à la tête de l'armée opérant en Lorraine contre le duc Charles. Mission de confiance, s'il en fut. Du Hallier avait à enlever toutes les places du Duché et notamment cette forteresse refuge de La Mothe, après la prise de laquelle il ne restait plus au duc, selon la parole de Richelieu, « même une motte où reposer sa tête » !

Les choix suprêmes de Richelieu.

Les dernières années de la vie du ministre furent un temps d'épreuves sans précédent. Le nom de M. du Hallier clôt la liste des chefs élus pour le commandement des armées en vue de la campagne de 1642. Il semble bien que le cardinal tient en réserve, pour la partie décisive qui va se jouer, d'autres noms présents en son esprit? C'est ce qu'il faut essayer de découvrir maintenant.

La guerre ne finissait pas; la victoire fuyait insaisissable; l'argent ne rentrait plus; les peuples étaient à bout; les provinces se soulevaient (1). Le complot de Cinq-Mars, le nombre des conjurés, l'inquiétant silence du Roi, quel terrible avertissement. Quelle issue incertaine à tant de travaux !

Les hommes et les choses, tout se dressait contre le ministre; la misère publique et la conjuration partisane poussaient ensemble à sa chute, sans que la fin eût couronné son œuvre. Les armées fondaient sur le vaste cercle qu'elles s'épuisaient à maintenir. Les ennemis attendaient leur triomphe de la chute imminente du ministre. Chavigny écrivait que partout, en Angleterre, en Hollande, en Espagne, « on croyait le cardinal perdu et la France perdue avec lui (2) ».

Richelieu, malade à Tarascon, loin des affaires, loin du Roi !

(1) Voir la lettre de Bouthillier au cardinal datée du 14 août 1642, dans Avenel, *Lettres du Cardinal de Richelieu*, t. VII, p. 109, note : « N'étant plus du tout possible de régler ni trouver les fonds selon les dépenses faites en l'année passée et en la présente. »

(2) Avenel, *Lettres du Cardinal de Richelieu*, t. VII, p. 10.

Et le Roi malade aussi à Fontainebleau! Point de lendemain assuré, sous un ciel noir d'un orage de calamités!

Que faire? Frapper un coup, obtenir à tout prix un succès éclatant, retourner la fortune et les esprits. Un miracle! Un miracle! cela n'était pas au-dessus de l'optimisme de ce tenace mourant. Le cardinal écrivait, le 22 juillet, à ses confidents : « Il semble que Dieu dispose toutes choses à un grand bien pour la France. »

Des hommes qui avaient été les compagnons de sa vie, le plus grand nombre, amis et adversaires, avaient disparu. La Reine mère, Marie de Médicis, venait de mourir à Cologne, le 3 juillet. L'esprit de la nation, sinon celui de la Cour, se transformait. Pourquoi n'espèrerait-on voir apparaître un autre courant apportant avec lui des hommes nouveaux, des jeunes? En effet, ils arrivent. Mais, à qui seront-ils? A qui s'attacheront-ils? Que vaudront-ils pour ce qui importe le plus, la fidélité?

La campagne de 1643 doit être décisive. Il faut qu'elle soit menée à fond. Ne se tromper ni sur les choix ni sur le but. L'Espagne succombe.

Le cardinal, cloué sur son lit de douleur (1), avait profondément réfléchi à tout cela : s'attacher des fidélités rajeunies, si possible des hommes frais, éloignés de l'intrigue, telle était sa pensée suprême. L'affaire de Cinq-Mars, en mettant les dévouements à l'épreuve, lui avait été à lui-même un sanglant coup de fouet.

Dès le mois de septembre 1642, il demande au Roi de « mettre toute son application à former des armées pour la campagne prochaine et à leur choisir des chefs ».

Ces chefs sont, d'ailleurs, sous sa main. Il les connaît à fond; il les a d'ores et déjà signalés (2).

---

(1) Il avait écrit, le 8 juillet, à Sublet de Noyers et à Chavigny : « L'ancienne plaie du pli du bras, dont les chairs sembloient prêtes à cicatriser s'est rouverte et il s'est trouvé ce matin qu'elle étoit pleine de chairs fangeuses, dans lesquelles mettant la seringue, l'injection a passé par la plaie d'en haut. Maintenant ils font état de m'y mettre un séton, à quoi je me résous tant j'ai envie de guérir et d'être en état de servir le Roi. » Avenel, *Lettres du Cardinal de Richelieu*, t. VII, p. 22.

(2) Avenel, *Lettres du Cardinal de Richelieu*, p. 143.

Une place unique est faite à Guébriant. Il a succédé à Bernard de Saxe-Weimar ; il commande l'armée d'Allemagne. Et de quel accent le cardinal s'adresse à lui dans une de ses dernières lettres, écrite le 23 juillet de Tarascon : « Il le remercie des témoignages d'affection qu'il a reçus de sa part, l'assure de son estime, de son amitié. » On compte sur lui. On peut compter sur lui.

En Catalogne et en Roussillon, c'est Brézé neveu du cardinal ; c'est La Mothe-Houdancourt, son parent, flanqué de La Meilleraye et du fidèle Schomberg. On enverra bientôt un homme nouveau, Turenne. En Italie, « il n'y a rien à changer », écrit le cardinal au Roi : le duc de Longueville, homme pondéré, homme sûr, a remplacé Bouillon, dont la cause est pendante. Ce n'est pas là, d'ailleurs, que la grande partie se décidera.

Reste à pourvoir aux deux commandements dont tout va dépendre. Il y faut à la fois le courage, la capacité, mais surtout, surtout, la fidélité. Or on s'est assuré de longue date un homme d'un mérite supérieur, dont il n'a pas pour ainsi dire été question jusqu'ici, mais dont Richelieu a fait un homme à lui, Gassion.

Gassion. — On connaît la vie de ce Béarnais, qui, en plus de ses qualités militaires à la Henri IV, eut le mérite rare d'une haute tenue morale faisant de lui le modèle des soldats. Mais ce que l'on connaît moins, c'est le discernement avec lequel Richelieu l'attira vers le service du Roi et le nourrit, en quelque sorte, pour les circonstances décisives. Il le recueillit des mains de Gustave-Adolphe et du duc de Weimar, qui l'avaient formé, et il échangea dès lors avec lui des propos d'homme à homme par lesquels ils s'attachèrent l'un à l'autre pour toujours.

En 1635, il l'envoie près de La Meilleraye avec cette note de Chavigny dictée par lui : « C'est un homme qu'il faut bien traiter, parce que c'est presque le seul qui existe dans l'armée ». Richelieu a envoyé auprès de Gassion un sous-ordre, M. de Roche, pour lui demander son dévouement ; Gassion a répondu : « J'ai atteint le comble de la félicité, puisque j'ai appris que Votre Éminence me faisait l'honneur de me prendre entièrement à soi... Je proteste à Votre Éminence avec mûre délibération que j'ai attaché tous mes soins et mes services à ses intérêts et que je me dépouille de toute autre passion pour suivre celle que j'ai pour lui en donner les preuves infaillibles (1). »

Ajoutons que l'union de ces deux natures supérieures fut sans défaillance. Richelieu écrivait au maréchal de Châtillon, après la perte de la bataille de La Marfée : « Le Roi apprend toujours de nouveaux exploits de Gassion; il en aura sans doute toute la reconnaissance possible; moi, qui ne suis pas moins bien intentionné pour lui, j'en suis ravi. » Et il avait coutume de dire : « Gassion en viendra à bout; il a trouvé le secret des choses qui semblent impossibles aux autres (2). »

Quand éclata la terrible insurrection des Va-nu-pieds, qui mettait la Normandie à feu et à sang et Paris même en péril, ce fut à Gassion que l'on confia la cruelle et difficile mission de réprimer et de pacifier.

Cette lente incubation va fleurir et porter fruit en 1642.

Pour enlever le succès décisif qui est son aspiration suprême, l'homme mourant appelle Gassion. D'abord on l'enverra à Perpignan pour en finir avec ce siège qui ne finit pas. Mais, soudain, une autre urgence l'emporte sur celle-ci : « Les affaires de Flandre et de Picardie exigent impérieusement votre présence, lui écrit le Roi ...Vous vous rendrez incessamment auprès de ma personne pour apprendre mon intention et recevoir mes ordres. » Sublet de Noyers ajoutait : « Il y a des missions imprévues... M. le Cardinal m'a commandé de vous écrire et de vous conjurer, de sa part, de venir descendre chez lui pour vous les faire savoir. Il faut qu'elles soient bien fortes pour l'avoir fait changer ainsi, et très secrètes pour qu'il ne me les ait pas dites... »

Il s'agissait d'un appel adressé à cette haute capacité, à ce sûr dévouement. L'affaire de Cinq-Mars battait son plein. Gassion a été mis au courant de tout. Il prend un commandement au point

---

(1) Avenel, *Lettres du Cardinal de Richelieu*, t. VII, p. 735.
(2) *Ibidem*, t. VII, p. 848.

le plus exposé sur la frontière du nord, auprès du comte d'Harcourt : on l'a sous la main en cas d'accident.

A peine la campagne d'été finie, Gassion est de nouveau appelé à Paris. C'est alors que le dessein mûri de longue date se découvre : « Son Éminence désire vous voir, lui écrit Sublet de Noyers ; hâtez-vous et ne perdez aucun moment. Mon cher ami, vous n'en avez pas de meilleur que moi ; je le cède toutefois à Son Éminence. Et il m'a parlé déjà plusieurs fois de vous avec tant de tendresse et de bonne volonté que je doute s'il en a plus pour qui que soit. » Gassion, arrivé aussitôt, est reçu le 18 novembre par Richelieu. On lui confie le commandement sur cette même frontière, sous les ordres du jeune duc d'Enghien. Richelieu a pris toutes ses précautions ; la prochaine campagne sera le couronnement : Rocroi.

Fabert. — Le lieu, sinon le plus important, du moins le plus vulnérable, de conquête toute récente et encore bien précaire, c'est Sedan. On y envoie Fabert. Fabert, homme de peu par ses origines, est, tout comme Gassion, un homme de fidélité. Il avait été lié par le plus absolu dévouement à la famille du duc d'Épernon. Mais c'était un soldat : avec lui pleine et entière sécurité.

Turenne. — L'affaire de Sedan avait pu mettre en doute les sentiments de la plus haute valeur militaire du temps, Turenne.

Richelieu le connaît ; il l'a distingué depuis longtemps. Il ne doute pas que ses vertus ne soient justement à l'opposé des défauts de son frère Bouillon. C'est un esprit calme, réfléchi, pondéré, une haute conscience. Cependant il y a crise et tout peut arriver.

A peine était-il sorti de page, que le jeune Turenne, déjà remarqué, avait été envoyé dans les endroits où il fallait courage et capacité : auprès du duc de Weimar, « que son arrivée va bien fortifier, auprès du maréchal de Brézé, car il a cœur et esprit ». On veille à ce qu'il ne manque de rien, car on le sait pauvre (1). Le cardinal lui adresse des lettres pleines d'affection et

---

(1) Voir *Le Mariage de Turenne* par le duc de La Force dans *Revue des Deux Mondes*, 1ᵉʳ juillet 1935.

le fait assurer de sa tendresse quand il est malade : « Monsieur, je suis extrêmement fâché de la maladie de M. de Turenne, l'estimant et l'aimant comme je le fais ; je vous puis assurer que son mal m'est plus sensible que je ne puis vous dire. » Ses services le mettent au pinacle... Mais, encore une fois, sera-t-il fidèle?

C'est alors qu'éclate la triste affaire du complot de Cinq-Mars : Bouillon engagé, arrêté, emprisonné, en passe du billot, comme Marillac, comme Montmorency, comme Cinq-Mars, comme de Thou... Turenne, qui n'a pas trente ans, est pris dans l'angoissant dilemme : d'une part, la cabale, son frère, Sedan; d'autre part, la France, le Roi, Richelieu.

Second du comte d'Harcourt en Italie, il était malade, ayant épuisé ses forces au siège d'Ivrée. Par hasard il avait près de lui un conseiller admirable, Mazarin. Mazarin rentre à Paris et il apporte au cardinal de Richelieu, de la part de Turenne, les assurances d'un zèle et d'une fidélité à toute épreuve : « J'apprends ici tous les jours comme les affaires du côté de Sedan s'aigrissent extrêmement et je vous supplie très humblement, Monsieur, de témoigner à Monseigneur le Cardinal combien je lui suis sensiblement obligé de l'honneur qu'il lui plait me faire de prendre tant de confiance en moi en une chose si importante. Je puis lui assurer que je servirai tant qu'il lui plaira, *avec la même fidélité que j'ai toujours eue, sans que rien me puisse ébranler.* » Et Richelieu de répondre : « Monsieur, l'état où M. de Bouillon s'est mis sans qu'on ait pu le divertir, me fait prendre la plume pour vous dire que sa mauvaise conduite ne peut préjudicier qu'à sa personne et que votre mérite m'est tellement connu que je n'ai point craint de m'en rendre caution envers le Roi, particulièrement sur les assurances que M. Mazarin m'a données de votre part. Je vous conjure de croire qu'il n'y a personne qui fasse plus de cas des qualités qui sont en vous que moi et qui désire davantage que vous en ajoutiez une nouvelle qui me donneroit tout lieu de vous témoigner par effets avantageux que je suis, etc. (1). »

---

(1) Avenel, *Lettres du Cardinal de Richelieu,* t. VII, p. 866-867.

Turenne était, pour le moment, dans l'impossibilité de servir. Cependant on le destine pour la Catalogne, où il fera partie du groupe de généraux qualifiés qu'attire la présence du Roi et du cardinal. Le cap difficile est franchi : Turenne est acquis à la France.

En deux points de l'immense champ de bataille, la lutte entre la France et l'Espagne pouvait se décider soudainement : sur la frontière nord-est et sur la mer. Le cardinal avait réfléchi à cette double éventualité avec cette intensité de vue qui était la sienne : par la frontière du nord-est, l'ennemi, après les défaites subies par la France à La Marfée et à Honnecourt, pouvait renouveler la surprise de Corbie. En effet, on sut bientôt que Francisco de Mello, contournant les places du Nord, attiré sans doute par la proximité de Sedan, massait ses troupes pour pénétrer en Champagne par Rocroi, de manière à frapper la France au cœur par une marche sur Soissons et Paris. Redoutable offensive. Mais si on la brisait la victoire serait décisive.

D'autre part, la grandeur de l'Espagne dépendait, plus que jamais, de sa puissance sur la mer. Extrêmement appauvrie elle ne pouvait plus soutenir un effort militaire quelconque si les galères n'arrivaient pas, si le commerce avec les Indes et avec le reste du monde était suspendu, si les communications navales avec les Flandres et avec l'Italie étaient empêchées. Détruire les flottes de l'Espagne, c'était lui couper les veines.

Sur ces deux points vulnérables, l'un au nord, l'autre au sud, le moment était donc venu de foncer avec toutes les forces et toutes les ressources dont la France pouvait disposer. L'heure des lenteurs et des tergiversations était passée. Agir et réussir à tout prix ! Mais, pour agir, pour réussir, il fallait des chefs, des chefs résolus, « entreprenants » et sûrs, des hommes décidés à risquer, à jouer le tout pour le tout, des hommes ayant secoué cette demi-léthargie de la guerre larvée qui n'aboutissait à rien et qui devenait désespérante.

Ces chefs, Richelieu les avait discernés dans la foule des capitaines qui l'entouraient ; il se les était attachés, les avait préparés de longue main. Pour la fidélité, — moyen le plus sûr,

— il les avait introduits dans sa famille. Parents, alliés, doublement hommes à lui et, en plus, hommes jeunes, hardis, tels ils étaient, tels il les avait triés sur le volet, mis en vedette, proposés au Roi. L'heure de ces hommes est sonnée.

Le Duc d'Enghien. — Toute sa vie, le cardinal avait vu se serrer contre lui, jusqu'à en être parfois gênant, le plus proche parent du Roi après Gaston, ce prince de Condé qui avait pris à honneur de se déclarer son partisan et qui, quels que fussent ses sentiments de fond, ne lui avait jamais manqué.

Henri de Bourbon, prince de Condé, était un militaire médiocre; mais son fils, le duc d'Enghien, paraissait bien avoir hérité des vertus militaires de la race. Richelieu s'était penché sur cet adolescent au visage fin, aux yeux brillants, au masque aigu, au tempérament ardent.

Lors d'un voyage que le Roi fit en Bourgogne, dont Condé était gouverneur, on put apprécier le fils de Monsieur le Prince. Chavigny écrivait au père, en août 1639 : « Je vous assure, sans flatterie, que ce sera un des plus honnêtes hommes du monde. » Sublet de Noyers écrit en septembre : « C'est une mûre jeunesse que celle de M. le Duc d'Enghien; sa conduite a été toute pleine de prudence et de grâce; je ne puis vous souhaiter rien de plus important que la conservation de ce jeune prince. » Richelieu, enfin, au même moment : « Je commencerai cette lettre par les bonnes qualités de M. le Duc d'Enghien, qui sont telles que vous en devez demeurer content. Il a beaucoup d'esprit, de discrétion et de jugement. Il est crû de plus de deux doigts et croîtra encore, autant qu'on peut juger, de beaucoup... »

Évidemment, il y avait anguille sous roche. Six mois après, le 11 février 1640, le prince de Condé lui-même écrivait à Richelieu, après un long éloge des services rendus par le cardinal à la Couronne : « Ces raisons m'ont, depuis cinq ou six ans, fait désirer votre alliance et vous me la promîtes pour l'exécuter lorsque les âges seraient convenables. J'ai attendu ce temps avec impatience et, puisqu'il est accompli, je vous supplie de me faire l'honneur, avec la protection du Roi, que mon fils aîné recherche en mariage Mlle de Brézé votre nièce... » Richelieu avait donc eu l'art de se faire prier. En fait, son vœu s'accomplissait.

Le 28 mai 1640, il mandait de Soissons à sa nièce, Mme d'Aiguillon : « Je prie Mme d'Aiguillon de dire à Madame la Princesse que M. d'Enghien se conduit dans l'armée avec tout le témoignage d'esprit, de jugement et de courage qu'elle sauroit désirer... Vous lui direz encore que la guerre ne l'empêche pas de songer à l'amour; il a sa maîtresse et avoit envoyé un gentilhomme pour l'aller trouver, lequel j'ai arrêté ici, me contentant de lui envoyer la lettre, ce que j'ai fait. »

Le mariage fut célébré le 11 février 1641. En juillet 1642, le jeune prince était près de Richelieu à Tarascon. Il fut envoyé à l'armée qui assiégeait Perpignan. A la tête des milices du Languedoc, il s'y conduisit admirablement sous les yeux du Roi. Louis XIII aurait dit lui-même que le fils de Condé ne tarderait pas à gagner des batailles, « quand on lui en donneroit les moyens ».

N'est-ce pas là le général tout indiqué pour la frontière du nord? Le 27 septembre, lorsqu'il est question d'arrêter les choix pour la campagne de 1643, Richelieu est à Bourbon-Lancy, l'une des étapes de son voyage de retour. Avant de reprendre la route de Paris, il adresse cette lettre urgente à Chavigny et à Sublet de Noyers, qui sont auprès du Roi : « M. d'Enghien étant parti d'ici pour s'en aller à Paris, j'estime qu'il est du service du Roi que MM. de Chavigny et de Noyers fassent souvenir à Sa Majesté de lui faire bonne chère, témoignant lui savoir gré de l'amas qu'il a fait de six cents gentilshommes pour Perpignan. »

Sublet de Noyers entend à demi-mot. On s'arrange de façon que le Roi se souvienne. Le prince, qui a ses vingt et un ans, sera flanqué du maréchal de L'Hôpital et de l'incomparable Gassion, — « Gassion la guerre »! Le choix de Richelieu décidera de la victoire sur la frontière du nord-est.

Le marquis de Brézé, grand maître des galères. — Maintenant, les affaires de la mer, importantes par dessus tout! Déjà l'Espagne était prise à la gorge : la Catalogne occupée, la frontière des

Pyrénées crevée des deux côtés. Et voilà, — faveur imprévue de la fortune — que le Portugal entre en guerre pour ressaisir son indépendance : L'Espagne se trouve prise à revers. La grande offensive est en voie de réussite, quoique suspendue encore par quelques échecs cuisants : Tarragone, Lérida.

Tout, de ce côté, dépendait de la mer. La flotte française est reconstituée; elle est prête à frapper les derniers coups. Que lui manque-t-il? Un homme, un homme d'attaque, un chef « entreprenant ».

Ce Sourdis qui n'avait pas su reprendre les îles de Lérins, avait perdu tout le fruit de sa victoire de Guettari en se faisant battre à Tarragone. La flotte française, surprise, avait reçu de cruelles blessures. Est-ce qu'on allait en revenir aux lenteurs, à ce sommeil tactique dont on avait eu tant de peine à se réveiller? Sublet de Noyers, Bullion menaient une campagne ardente contre cet étrange amiral, contre cet archevêque de Bordeaux, l'homme le plus bâtonné de France.

Richelieu, secoué par une impatience fébrile, avait hâte de se débarrasser de tout ce vieux personnel, — pas sûr au fond. Et puis, la marine, c'était sa chose : le bénéfice des droits de « bris et naufrages », l'ivresse des expéditions lointaines et profitables, la capture des galions, les grandes ambitions planétaires rivales des conquêtes espagnoles, anglaises, hollandaises, tout excitait son imagination de grand homme d'État qui ne négligeait pas ses propres affaires.

Or il avait sous la main ce jeune neveu, le marquis de Brézé, — futur duc de Fronsac et superintendant général de la navigation, — élevé, nourri par lui pour être un marin, non pas un marin de cour, un marin de fleuve ou d'évêché; mais un marin de haute mer. Et c'est ce que Brézé était en effet : dur, hautain, n'ayant peur de vent ni de tempête. Ses jeunes ans étaient un gage d'héroïsme. Sourdis fut sacrifié et Brézé prit le commandement de la flotte. La puissance sur mer allait être rendue à la France, sans sortir de la famille de Richelieu.

Richelieu sur son lit de mort assure le résultat de guerre.

Richelieu était en proie aux plus affreuses douleurs; ses chairs coulaient par son anthrax au bras; mais son cœur restait ferme, plus ardent, plus inquiet, plus impatient que jamais. Cependant, l'opposition, vaincue, refoulée, enragée contre ce moribond, ne désarmait pas. Il savait qu'elle attendait sa mort, prête à la hâter par un assassinat.

Averti de tout, surveillant tout, il bâtissait mille projets, tendu vers l'avenir, l'étreignant de sa main impuissante, s'emparant de l'espace et du temps. Mourant, il pensait à tout, sauf à la mort.

La prolongation épuisante et sanglante de la guerre était devenue contre lui, dans les mains de ses adversaires, une arme terrible; la campagne de l'ennemi intérieur prolongeait, éternisait la campagne de l'ennemi extérieur. L'Espagne ne voulait pas s'avouer vaincue. Au cours de cette année qui ne finissait pas, il fallait se tenir debout et, dût-on risquer le tout pour le tout, en finir.

Cinq-Mars, exécuté depuis des mois, ne voulait pas mourir. Il avait laissé derrière lui une queue d'intrigants, les Tréville, les Beaupuy, les Tilladet, les des Essarts, dont Louis XIII (pourquoi? pourquoi?) ne voulait pas se séparer. La faveur du Roi serait donc, jusqu'au bout, le tourment de cet homme qui n'avait été que l'homme du Roi! Il n'obtiendrait donc jamais cette sécurité à laquelle il avait aspiré toute sa vie et qui seule lui mettrait en main l'achèvement certain de son œuvre et serait la fin de ses peines! L'embûche était là encore, qui l'attendait à ce tournant, toujours la même!

Et le Roi, malade lui aussi! S'il allait mourir? Et la minorité? Et la Régence? Et cette Reine? Et ce Gaston? Que d'amertumes pour les proches lendemains! Et, autour du ministre moribond, ces parents maintenant riches, mais d'autant plus cupides, toujours quémandeurs, et qui ne veulent pas lâcher leur proie!

Et tout cela n'était rien. Il y avait la grande chose, la chose de toute une vie, la justification et le couronnement de cette dure et longue guerre : l'œuvre! Devait-on désespérer de la mener à bonne fin, alors qu'on la voyait presque achevée et qu'on sentait bien que le crépuscule allait se changer en aurore?

N'y tenant plus, le cardinal-ministre prit son parti : à l'article de la mort, il joua auprès du Roi mourant le tout pour le tout et risqua une fois encore, le coup de la démission.

Quatre fois, cinq fois il dicta, corrigea, fit copier et recopier la note qui posait au Roi l'ultime dilemme : moi ou mes adversaires, l'effort suprême ou la paix d'abandon. Il s'agissait, en apparence, de cette suite de Cinq-Mars dont le Roi ne voulait pas se laisser épouiller; en réalité, ce qui était en question, c'était la pensée de toute une vie, l'œuvre!

Donc, procès de la coterie de Cinq-Mars; nouveau procès de ce mort, Cinq-Mars; procès du Roi, car, c'est le Roi lui-même, qui est interpellé; c'est à sa conscience, à sa foi que l'on s'adresse : « Après avoir fait trancher la tête à M. le Grand (ce sont les propres termes de la sommation), retiré Sedan des mains de M. Bouillon, privé Monsieur de l'autorité dont il a plusieurs fois abusé et avec laquelle il pourroit se rendre très préjudiciable à l'État, il est de la prudence du Roi d'affermir tellement la subsistance de son conseil dans l'esprit des peuples et pareillement des étrangers, que tous perdent la pensée qu'ils ont eue qu'il puisse arriver du changement en la conduite de la France (27 octobre 1642) (1). »

C'est donc bien la question politique générale qui est en cause. Le Roi fléchira-t-il au dernier moment? Succombera-t-il sous la pression de cet effort prolongé? Se ralliera-t-il au parti de la coterie survivante, au parti de l'Espagne, au parti de la Reine, au parti qui, depuis dix-huit ans, n'a travaillé qu'à renverser le cardinal et à pousser la France dans l'anarchie, dans l'abîme? L'œuvre! L'œuvre!

Le Roi reçoit le mémoire et ne répond pas.

« Le papier, lit-on sur le manuscrit, fut présenté au Roi par le cardinal cinq jours avant la Toussaint. Sa Majesté le reçut sans aigreur; et cependant, parce qu'elle différoit d'y prendre

---

(1) Voir l'ensemble des documents relatifs à cette crise suprême dans Avenel, *Lettres du Cardinal de Richelieu*, t. VII, p. 170-181.

une bonne résolution avantageuse à son service, le cardinal fut contraint de lui faire présenter, le lendemain de la Toussaint, celui qui s'ensuit ». Nouveau mémoire par lequel le cardinal fait connaître au Roi, « qu'il n'est pas obligé de désirer la continuation d'un emploi où il ne sauroit bien faire, ni de demeurer en un lieu où il n'auroit pas sûreté de sa personne ».

Silence du Roi.

Le 13 novembre, nouveau mémoire au Roi. Et l'on aborde la vraie question : l'œuvre ! L'œuvre sera-t-elle abandonnée, oui ou non? Que veut le Roi? Où va le Roi? « Sa Majesté est très humblement suppliée de mettre franchement ses intentions au pied de ce mémoire. Elle est aussi suppliée d'y vouloir ajouter les conditions auxquelles elle se veut relâcher pour faire la paix, afin que, si la guerre continue parce que les Espagnols ne seront pas assez raisonnables pour y consentir, il y ait de quoi justifier que leur seule injustice empêchera la paix et non pas la conduite du cardinal, qui suivra toujours très religieusement les intentions du Roi. »

Bref, le cardinal entend qu'il soit déclaré, par parole royale, si c'est lui, comme on l'en accuse, qui veut la prolongation de la guerre pour lui-même ou s'il la veut pour la France?...

A la troisième sommation, le Roi consent à sortir de son mutisme et il répond par écrit.

« Pour ce qui est de la paix, il faudroit que je m'exposasse à la risée du monde et que je donnasse lieu à mes ennemis de me faire de nouveau la guerre quand bon leur sembleroit, s'ils ne payoient les dépens de celle qu'ils m'ont contraint de leur faire.

« Il ne faut point parler de rendre la Lorraine, Anvers, Hesdin ni Bapaume, Perpignan et le Roussillon, Brisach et les places de l'Alsace qui conjoignent la Lorraine. J'ai acquis Pignerol à titre trop légitime pour penser jamais à le rendre. Le rétablissement de mon neveu le duc de Savoie est trop juste pour que jamais je puisse consentir à la paix sans qu'il soit fait.

« Ces conditions accordées, je serai bien aise qu'on trouve toutes les inventions qui se pourront pour faciliter une paix.

générale en laquelle je ne puisse, en aucune façon, me séparer de mes alliés. »

Paroles vraiment royales. La guerre n'a pas été en vain. Le cardinal peut aborder avec confiance cette année 1643, qui tranchera le nœud gordien. Sûreté du côté du Roi, bannissement des derniers survivants de la coterie, déclaration des plus sévères contre Gaston, fidélité aux alliés !

C'est l'œuvre, l'œuvre tout entière confirmée, assurée, accomplie ! L'abaissement de l'Espagne, la ruine des grands, l'achèvement des frontières françaises, la Lorraine, l'Alsace, le Roussillon... Richelieu peut, enfin, laisser tomber cette phrase : « IL FAUT QUE L'ITALIE SENTE, AUSSI BIEN QUE TOUS LES AUTRES ÉTATS DE LA MAISON D'AUTRICHE, QUE LE CHAPELET DE L'ESPAGNE EST DÉFILÉ (1). » Cette année 1643, l'année des jeunes chefs qu'il a su choisir, l'année de Rocroi, va décider...

Le cardinal ne la verra pas. Le 4 décembre 1642, il était mort.

(1) Avenel, *Lettres du Cardinal de Richelieu*, t. VII, p. 916.

CHAPITRE DEUXIÈME

RICHELIEU ET LA MARINE
LE GRAND DESSEIN NAVAL DE RICHELIEU. LA PUISSANCE SUR LA MER.

Tirer quelque chose de rien.

De toutes les parties de l'œuvre de Richelieu, il n'en est aucune qui ait été plus personnelle, plus voulue, « plus sienne », que la création d'une force navale capable d'assurer à la France la puissance sur la mer. Les origines poitevines du cardinal, son ascendance d'hommes de mer (1), ses premières expériences politiques dans les provinces océanes, tous ces éléments qui contribuèrent à sa formation éveillèrent en lui, dès sa jeunesse, des aspirations peu communes alors chez les Français. Mais le vaste dessein qu'il conçut fut surtout le fruit de ses réflexions profondes sur les conditions faites à la France en face de ses deux voisins redoutables, l'Espagne et l'Angleterre. Si la France n'était pas en mesure de leur tenir tête sur les deux mers qui la baignent, elle risquait de périr ou d'être reléguée à un rang secondaire.

L'équilibre des forces et la liberté des peuples exigeaient, avant tout, que la domination austro-espagnole, maîtresse de l'univers, fût contenue.

Or le cardinal, à peine arrivé au pouvoir, constatait que, pour réaliser ce dessein, tout était à faire. Tirer quelque chose de rien, tel était le problème.

C'est pourquoi Richelieu appliqua à cette entreprise la pleine tension de ses facultés et cette énergie indomptable qui était

---

(1) Sur les ancêtres de Richelieu, hommes de mer, voir ci-dessus, *Histoire du Cardinal de Richelieu*, t. I, p. 23.

son caractère même. Hardie dans sa conception, urgente dans sa réalisation immédiate, magnifique dans son avenir, l'œuvre, quoiqu'il l'ait laissée inachevée, a ouvert à la France les voies de sa grandeur totale et a assuré au monde une équitable pondération dans la juste harmonie des races, des conditions géographiques et des mœurs sociales. Qu'eût été la civilisation européenne si, parmi les dissensions latine, anglo-saxonne, germanique et slave ne se fussent trouvées, de toute antiquité, la sociabilité, la belle humeur celtiques ?

Le tableau de ce que Richelieu a fait pour la marine française a été présenté récemment avec une grande richesse de documentation et une véritable maîtrise d'exposition. Aussi nous bornerons-nous à reprendre dans ses grandes lignes ce qui est désormais connu (1).

Pour l'action sur les mers, comme pour la puissance sur les terres, le système féodal avait tout localisé : c'était à une poussière de forces qu'avaient affaire, le cas échéant, les adversaires qui méditaient quelque entreprise navale contre la France. La moindre felouque turque ou barbaresque insultait sans risque ses rivages.

Il subsiste encore, sur nos côtes, un grand nombre de ces postes de guette, de ces *torracas* qui, à la première apparition d'une voile sur l'horizon, sonnaient la cloche d'alarme, allumaient des feux pour rameuter les populations des campagnes dans les centres fortifiés : « Quel cauchemar, dès qu'un signal paraissait sur la haute tour du monastère de Lérins ; qu'une traînée de feux courait de cime en cime, de pointe en pointe, à Sicyé, au cap de l'Aigle, partout où il y avait des guetteurs en vigie dans leurs logettes ! Il suffisait d'une heure pour donner l'alarme au littoral entier depuis Antibes jusqu'à la tour de Boué (2). » Et, si le signe était trop tardif ou non obéi, c'était une

---

(1) Voir Ch. de La Roncière, *Histoire de la Marine française*, t. IV, 1909 et t. V, 1920, Plon, in-8. — J. Tramond, *Manuel d'histoire maritime de la France*, Challamel, 1916, in-8. — Commandant Vivielle, *La charge d'amiral dans la Marine Française jusqu'au Cardinal de Richelieu*, Chapelot, in-8. — Lacour-Gayet, *La Marine militaire de la France sous les règnes de Louis XIII et de Louis XIV*, in-8, Champion, 1911.

(2) La Roncière, IV, 399. — Ricolfi, *Vauban dans les Alpes maritimes*, p. 27.

rafle, une *razzia* qui s'abattait sur les populations paisibles, les femmes et les enfants enlevés pour le recrutement au sérail. Le rapt, l'esclavage des riverains étaient des faits si habituels qu'on en faisait des sujets de romans et de comédies. Pas un bateau marchand s'aventurant sur la haute mer, qui ne courût le risque de se voir attaqué à l'abordage par les pirates et, après le massacre de ses défenseurs, d'être traîné à la remorque pour revenir sous le pavillon du Croissant, contre ses constructeurs.

Et le mal ne se limitait pas aux eaux méditerranéennes ; il sévissait dans les mers atlantiques. Anglais, Espagnols, Portugais, Hollandais se livraient à la piraterie, soit tolérée, soit même encouragée par les gouvernements (1). Il ne s'agissait pas seulement de rapine et de gain par violence ; il y avait, là aussi, une politique suivie. On prétendait « divertir l'affection des Français de plus trafiquer sur l'océan et faire cesser entièrement le cours de notre navigation. Il n'y a rien qui nuise tant aux voyages au long cours que de se voir meurtrir, piller, voler impunément (2) ».

A ce mal endémique, que pouvait opposer la France vers la fin du XVIe siècle et le début du XVIIe ? Une résistance impuissante parce qu'elle était incroyablement dispersée, disséminée, fragmentée. Il n'existait pas de flotte nationale. Tradition féodale, esprit provincial, municipal, individualisme, chaque coin, chaque côte, chaque port ou havre, chaque pêcheur ou marin, ne comptait que sur soi-même, ne consentait que de mauvais gré à recevoir une direction, à se subordonner à une disci-

---

(1) A la prise de l'Écluse, en 1604, le prince Maurice de Nassau trouva quatorze cents galériens, dont bon nombre de Turcs et Maures qu'il renvoya dans leur pays pour rendre leurs souverains favorables au commerce des Provinces-Unies. *Histoire générale des Provinces-Unies*, par D. et J., 1770, t. VII, p. 20.

(2) *Factum pour Jacques de Bar et Charles de Fleury, capitaines de marine*, 1613, B. N., fonds Dupuy. t. 464, f° 56, cité par La Roncière. — Voir la liste des « forbans » anglais opérant en Méditerranée et le désordre affreux régnant sur les mers à la fin du règne de Henri IV, dans Ch. de La Roncière, *op. cit.*, t. IV, p. 378, d'après les mémoires de Beaulieu-Persac. Pour ce qui se passe dans l'Atlantique sous le règne de Louis XIII, voir le récit des horreurs auxquelles se livrent les pirates et les équipages des vaisseaux anglais et hollandais, *ibidem*, t. IV, p. 290 et suivantes.

pline quelconque. Chacun n'en faisait qu'à sa tête; tout capitaine s'intitulait amiral; des centaines de « gros mariniers, vaillants, nourris dans l'eau de mer et la bouteille », se paraient de ce titre. La marine était un ordre à part en ce temps de privilège; pour y entrer, il fallait avoir passé la ligne et en avoir reçu le baptême; d'où prétentions insupportables, compétitions, gaspillage, anarchie. Les ressources étaient comme le reste localisées, et, pour l'œuvre commune, réduites à néant. D'affreuses coutumes comme « le droit de bris et naufrages », qui s'abattaient sur le désastre maritime pour en tirer la dernière substance, les droits de passage, d'entrée et de sortie, les confiscations, les prohibitions multipliées à plaisir comme pour rendre impossible tout commerce, entretenaient des sentiments hostiles à l'égard des entreprises maritimes et avaient fini par marquer d'un pli le caractère national : « Ne changez jamais votre lance, votre cheval de bataille ni vos éperons dorés à une voile, bourlingue ou trinquet, car à la vérité, ce n'est pas le fait des François que la marine.... (1). »

Premières esquisses d'organisation navale.

Il ne serait pas juste de penser que la préoccupation de créer une marine (on peut dire surtout une marine de guerre) n'ait pas été comprise par les conseils de la Couronne et par nos grands Rois. Le Père Anselme a pu mentionner, au premier rang sur sa liste des amiraux, Florent de Varennes, qui, en 1270, conduisit saint Louis à Tunis. Sans essayer de débrouiller ici quelle part fut celle des particuliers et quelle fut celle du suzerain dans les guerres navales du moyen âge et, pour en venir tout de suite aux événements qui purent agir sur la formation et les déterminations de Richelieu, nous remonterons seulement au règne de François Ier et nous n'oublierons pas ce Guyon Le Roy, aïeul de Richelieu, qui remplit les fonctions de vice-amiral et qui eut un rôle si considérable sur les destinées navales et coloniales de la France par la fondation du Havre.

(1) M. de Viellevigne au maréchal de Saint-André, cité par Vivielle, *op. cit.*, p. 6.

Guyon Le Roy, des Le Roy de Chavigny, seigneur de Chillou et de Mondon, était Poitevin. Il avait voyagé, visité l'Italie, habité Gênes et Toulon. Ayant acheté à Gaston de Brézé la seigneurie d'Orcher, il devint maréchal-hérédital de Normandie et capitaine d'Honfleur. C'est ainsi qu'il comprit, — intuition digne de son arrière-petit-fils, — l'importance que pouvait avoir, pour la France, un grand port maritime à l'embouchure de la Seine, « en ce lieu presque inhabitable et maresqueux et dedans la mer, pour y être plus commodément ». Construire là où les eaux du fleuve se heurtent aux flots de la mer, telle était l'idée géniale que le seigneur d'Orcher soumit à l'amiral de Bonnivet et au roi François Ier; et, ce qui est plus extraordinaire encore, c'est que, par l'ordre du Roi, elle se réalisa. Le 24 octobre 1518, la nef du Roi *L'Hermine* entrait dans le nouveau port. C'était le premier vaisseau qui y reçût l'abri. Il était commandé par François Du Plessis de Richelieu, gendre de l'amiral Guyon Le Roy et grand-père du cardinal de Richelieu (1). Les Richelieu furent et restèrent pendant plusieurs générations gouverneurs du Havre de Grâce. Richelieu le fut et il parlait de cette ville avec une sorte de tendresse. Il y dépensa beaucoup d'argent et en fit construire les murailles « en briques de Hollande ». Cette ville était pour lui, disait-il, un lieu de repos, de confiance et de joie.

Le même roi François Ier, en signant avec le sultan les fameuses capitulations, avait assuré à la France une situation éminente dans la mer Méditerranée; il avait maintenu au Royaume des Lys, comme un héritage des croisades, ce rôle de « nation missionnaire » qui devait caractériser la nouvelle expansion française, non seulement sur les bords de la mer intérieure, mais sur les terres apparues au même moment, sur la planète entière. La fameuse réplique de François Ier aux revendications de l'Espagne et du Portugal, prétendant exclure la navigation française de ces nouveaux continents, imposait à la Royauté et à la nation elle-même une politique

---

(1) Toute la famille continua à s'occuper des choses de la mer. Le père de Richelieu achetait des vaisseaux. Le commandeur de La Porte, oncle du cardinal, avait une compétence incontestable et qui fut des plus utiles à celui-ci. — Voir Gabriel Hanotaux : *Un port, Le Havre*, dans *L'Énergie française*, Flammarion, 1904, p. 240 et suivantes.

navale mieux ordonnée et plus efficace. Une certaine pensée de centralisation, coïncidant avec l'accroissement de l'autorité royale, commença à se dessiner. Au mois de juillet 1517, le roi François Ier publiait les *Ordonnances royaux sur le fait de la Marine* « pour remédier aux innombrables maux, pilleries, larcins et meurtres qui par chacun an ont été commis et se commettent chaque jour sur la mer tant par nos sujets mêmes que sous ombre de nos guerres ». L'exécution de ces ordonnances est confiée « à notre bien-aimé et féal cousin Louis de la Trémoïlle... amiral de Guyenne et de Bretagne (1) ».

Une ordonnance de Charles IX, du 6 avril 1562, avait réglé « les fonctions et les prérogatives du général des Galères entretenues à Marseille et à Toulon », sans toutefois porter la hache sur les prétentions abusives des amiraux de province. En 1579, Charles de Gondy, marquis de Belle-Ile, est qualifié « chef et capitaine des galères, galiotes, brigantins *tant des mers du Levant que du Ponant* ». Un fait célèbre dans l'histoire navale est le salut imposé à coups de canon par l'amiral anglais au navire qui portait Sully, le ministre de Henri IV, chargé de mission auprès de la reine Élisabeth. Cette violence humiliante « perça, au dire de Richelieu lui-même, le cœur de tous les François (2) ». Au même moment, le cardinal d'Ossat, dont les lettres, nous l'avons démontré, étaient lues attentivement par Richelieu, traduisait en ces termes le sentiment de tout ce qui avait le sens des intérêts et de la dignité de la France (3) : « C'est une grande honte au premier royaume de la chrétienté, flanqué de deux mers presque tout de son long, de n'avoir pas en provision des vaisseaux de guerre, ni moyen de se défendre de quatre méchantes galères du duc de Florence, ni d'empêcher qu'elles mettent à la France les chaînes au cou et les fers aux pieds. »

---

(1) Voir le texte de ces prescriptions, aussi sévères que minutieuses, dans *Ordonnances du Très Chrétien Roy de France, François, Ier de ce nom.* Lyon, par Pierre de Tours, in-4° 1356, f° 101 et suivants.

(2) Flassan (t. I, p. 118).

(3) Les lettres du cardinal d'Ossat sont citées par Richelieu dans *Maximes d'État*, p. 741 et p. 768. — Sur l'incident naval rapporté par Sully et par Beaulieu-Persac, Voir *ibidem*, p. 721.

L'attribution aux plus hauts personnages du Royaume, Coligny, Biron, Montmorency, du titre et des fonctions d'amiral de France prouve qu'il y eut comme un premier effort pour remédier à l'éparpillement de l'autorité et des ressources en matière navale (1).

Dans les premières années du règne de Louis XIII, la situation se précise ainsi qu'il suit : Henri II de Montmorency, âgé de dix-sept ans, est nommé, en 1612, « grand amiral de France, de Guyenne et de Bretagne ». D'autre part, comme récompense de sa soumission, le duc de Guise a reçu, avec le gouvernement de la Provence, le titre d'amiral du Levant.

Mais ces titres, de grand profit au point de vue personnel, étaient de bien médiocre efficacité au point de vue national : les vaisseaux, construits soit par ordre des amiraux soit au risque des particuliers, appartenaient aux constructeurs et ne relevaient qu'indirectement de l'autorité royale. Ces hauts personnages n'apportaient au service de la nation le concours des forces placées sous leur autorité que dans la mesure de leur fidélité.

Premières résolutions de Richelieu.

Telle était la situation lorsque Richelieu fut appelé, pour la deuxième fois, aux affaires. Dans les temps qui avaient précédé son avènement, il s'était tenu en relations avec une famille de marins, ses voisins de campagne et même ses lointains alliés, les frères de Launay Razilly, hommes de grande expérience et de hautes vues, qui, ayant pris part à la découverte du continent

---

(1) L'état anarchique de la navigation française au XVIe siècle et dans les premières années du XVIIe siècle ne doit pas faire oublier les beaux faits d'armes que les particuliers, comme Beaulieu-Persac, Guillaume de Beauregard et tant d'autres, ou bien encore les communautés, les villes, comme Marseille, Saint-Malo, multiplièrent sur l'une et l'autre des deux mers. M. Charles de La Roncière en a donné le tableau très vivant dans sa belle *Histoire de la Marine Française*, t. IV. Mais, dans l'ensemble, ce qui frappe, c'est l'incohérence et l'impuissance de ces magnifiques efforts. Il n'en est pas de preuve plus frappante que l'échec lamentable de la fameuse entreprise d'une nouvelle croisade conçue par le duc de Nevers, chantée par le Père Joseph, stipendiée par la cour de France, tout cela en vain. Voir le récit qu'a donné de ces circonstances, G. Fagniez dans son livre, *le Père Joseph et Richelieu*, t. I, p. 175 et suivantes.

occidental, déploraient la faiblesse navale de la France quand de si grands devoirs s'imposaient à elle, auprès et au loin. Le chevalier Isaac de Razilly avait certainement élaboré les éléments du mémoire qu'il devait rédiger à la demande de Richelieu, en novembre 1626, et qui se résumait en ces deux phrases : « Quiconque est maître de la mer a un grand pouvoir sur la terre... Voyez le roi d'Espagne : depuis qu'il a armé par mer, il a tant conquis de royaumes, que jamais le soleil ne se couche sur ses terres. » Après avoir lu ces avis autorisés, après avoir pris conseil du Père Joseph (celui-ci, entièrement absorbé alors par le projet d'une nouvelle croisade, avait suivi, de ses vœux ardents, les entreprises du comte de Nevers dans le Péloponèse), Richelieu s'était convaincu de cette nécessité : il fallait à tout prix que le pouvoir royal eût à sa disposition une force navale puissante.

Le ministre s'inspirait, en outre, de l'exemple de la Hollande qui, par ses « Gueux de Mer » avait mis en échec la fortune de l'Espagne. Même, il avait conçu d'abord le projet de recourir aux deux puissances protestantes, la Hollande et l'Angleterre, pour obtenir l'aide de leur marine dans la lutte qu'il prévoyait devoir s'engager fatalement. Cette pensée avait contribué grandement au conseil donné par lui au Roi de conclure le mariage d'Angleterre, de même que l'on se portait au renouvellement de l'alliance avec les Pays-Bas.

Mais Richelieu s'était bientôt aperçu du danger qu'il y avait à se mettre, le cas échéant, entre les mains de ces puissances protestantes, notamment s'il s'agissait d'agir contre des sujets protestants révoltés, comme Soubise, la ville de La Rochelle.

La question se posa, d'ailleurs, devant lui et devant le Conseil royal, par le simple développement des faits. En juin 1625, Soubise, chef de la rébellion huguenote, entre dans la rivière de Bordeaux avec soixante-quatorze voiles recrutées en Angleterre et en Hollande et il débarque à Castillon du Médoc. Il s'agit de le repousser. Comment faire?

La proposition soumise au Conseil est de recourir aux vaisseaux anglais selon l'accord récemment intervenu ; et l'on pense aussi à faire appel à la flotte hollandaise. Mais le cardinal s'y oppose énergiquement; car il sent bien que l'Angleterre ne donnera pas au Roi autorité sur sa flotte, s'il s'agit d'agir non pas contre l'Espagne, mais contre les protestants français : « Ce seroit, dit-il, pour ruiner les affaires du Roi et non pour y servir... Si les vaisseaux anglois viennent, il n'y a qu'à les renvoyer et faire entendre clairement que le Roi aimoit mieux ne les avoir point que de les avoir en sorte qu'il n'en fût pas le maître. » Du côté de la Hollande, la même difficulté se présentait, à peine atténuée par le besoin absolu que les Pays-Bas avaient du secours et des subsides de la France pour assurer leur indépendance contre l'Espagne (1).

Il ne restait qu'une solution : à la France, il fallait une flotte française. Cette proposition, formulée devant le Conseil, fut accueillie par une adhésion silencieuse. Richelieu n'en alla pas moins droit aux conséquences.

Le 18 novembre 1626, un mémoire, minutieusement élaboré et où l'on trouve l'écho des conseils du chevalier de Razilly, est adressé par le cardinal au garde des Sceaux. Ce mémoire appartient à l'histoire, car il est la déclaration solennelle de la nouvelle politique française en ce qui concerne la puissance sur la mer (2).

« Ç'a été jusqu'à présent une grande honte que le Roi, qui est aimé de tous les princes chrétiens, ait été, en ce qui est de la puissance de la mer, inférieur aux moindres princes de la chrétienté. Sa Majesté, voyant le mal qui en arrivoit à son Royaume et à ses sujets, s'est résolue d'y mettre ordre en se rendant aussi puissante en mer comme elle l'est en terre. Sans cette résolution, il ne falloit plus faire état d'aucun trafic ; les sujets du Roi restoient tous les jours non seulement privés de leurs biens, mais de liberté. Nos voisins pensoient avoir droit de nous vendre leurs

---

(1) Cf. *Histoire du Cardinal de Richelieu*, t. III, p. 133. Jamais l'alliance néerlandaise ne fut, pour la France, absolument sûre ni dénuée de réserves obscures. Voir les correspondances de nos ministres à La Haye, Charnacé, d'Estampes de Valençay, etc. Archives des Affaires étrangères, *Hollande*, t. XX et XXI. Pour le détail, parfois comique, parfois troublant, voir la correspondance de Lopez dans Henri Baraude, *op. cit.*, p. 115-116.

(2) Voir la note d'Avenel dans les *Lettres du Cardinal de Richelieu*, t. II, p. 290.

denrées à leur mot et prendre les nôtres pour ce que bon leur sembloit. Maintenant ces misères cesseront, Sa Majesté s'étant résolue d'entretenir trente bons vaisseaux de guerre pour tenir les côtes nettes, ses sujets dans les bornes où ils doivent demeurer et ses voisins en la considération qu'ils doivent avoir d'un grand État. La dépense de cet armement sera d'un million cinq cent mille livres par an. M. le Garde des Sceaux verra s'il faut parler de la suppression de la connétablie et de l'amirauté, qui épargne plus de quatre cent mille livres par an, et s'il faut dire un mot du soin que le Roi a voulu que le cardinal prît du commerce, soins attachés à une charge à laquelle lui-même n'a pas voulu qu'on attribuât de gage, ni aucune utilité qui tombât sur les coffres du Roi. En vérité, je ne sais s'il sera à propos de dire cela. Je m'en rapporte à ce que M. le Garde des Sceaux avisera (1). »

Au moment où il écrivait ce *Mémoire*, Richelieu préparait les considérations qu'il allait présenter à l'assemblée des notables : « Il faut, disait-il, par nécessité ou laisser ce royaume aux entreprises et mauvais desseins de ceux qui en méditent tous les jours l'abaissement et la ruine, ou trouver quelques expédients assurés pour l'en garantir. »

Richelieu et l'Espagne. — La lutte sur la mer.

Ces indications générales visaient l'Espagne, et tout le monde comprenait à demi-mot. Richelieu savait que la puissance de l'Espagne, n'ayant guère d'autres ressources disponibles que les « trésors des Indes », dépendait entièrement de ces arrivages et que, si elle n'était plus maîtresse de la mer, sa puissance s'écroulerait. Dès l'année 1624, Richelieu écrivait sur ses carnets l'observation suivante : « Cette année, à peine le roi d'Espagne pourra-t-il mettre armée en campagne pour la Flandre, la flotte n'étant pas venue (2). »

---

(1) Voir dans Avenel la lettre qui suit, p. 292, établissant la part éminente des Razilly, ainsi que les titres supérieurs de ces admirables organisateurs et marins dans cette circonstance de notre histoire.

(2) Voir, sur tous ces points, l'ensemble des documents groupés dans les *Lettres de Richelieu*, t. II, loc. cit., et *Maximes d'Etat*, p. 741.

COMBAT NAVAL DANS LA MÉDITERRANÉE
d'après une gravure d'Israël.

Quelque temps après, il dut être renseigné d'une façon absolument précise sur la situation économique du grand adversaire de la France, par une lettre que le peintre Pierre-Paul Rubens, diplomate au service de l'Espagne, — d'ailleurs fort médiocre diplomate, — adressait, le 12 novembre 1626, à un érudit français, familier de Richelieu, P. Dupuy : « Point de nouvelles encore de la flotte du Pérou, sinon qu'elle porte vingt millions en or, dont huit seulement sont pour le Roi. Cette énorme quantité d'or ne doit pas surprendre, puisque, les envois ayant été contremandés précédemment par la crainte des Anglois, celui-ci a été doublé, et c'est pourquoi il n'est pas arrivé au terme dernièrement passé. Il porte la fortune de l'Espagne ; car tous les paiements ont été remis jusqu'à son arrivée et, partant, nous avons mis en gage jusqu'à notre chemise... Les Anglois ne peuvent que causer une perte énorme à l'ennemi sans faire le moindre profit pour eux-mêmes ; car les capitaines des galions ont reçu l'ordre, s'il n'y a pas de moyen de sauver le bâtiment, de mettre le feu aux poudres et, afin qu'ils puissent le faire la conscience tranquille, ils portent au col la dispense que leur a donnée le pape pour pouvoir se tuer légitimement (1). »

L'assemblée des notables avait été frappée de l'importance des vues de Richelieu, développées et défendues devant elle par un de ces évêques politiques groupés autour de lui, d'Estampes de Valençay. Elle avait supplié le Roi de consacrer un fonds annuel de un million deux cent mille livres à la création d'une flotte de quarante-cinq vaisseaux de guerre et à l'entretien de ses galères. Mais ces résolutions, ainsi que les prescriptions édictées par le *Code Michau*, furent toutes platoniques. L'opinion se détournait vite de ces problèmes.

Richelieu ne les perdait pas de vue.

Le commandeur de La Porte, oncle du cardinal, avait été chargé

---

(1) Voir Max Rooses, *Correspondance de Rubens*, in-4° t. IV, p. 18. Sur Rubens diplomate, voir *Richelieu et Rubens* dans les *Chemins de l'Histoire* par Gabriel Hanotaux, t. Ier, p. 264. — Sur la situation financière de l'Espagne, voir : Sottomayor. *De tertiis debitis catholicis et invectissimis legibus Hispania*. Extypographia regia, 1634, in-4° et Hauser, *La prépondérance espagnole*, p. 318.

de présider un conseil de la Marine chargé de rendre compte de l'état des choses en matière navale. L'ordre de construire des vaisseaux était donné partout. Les frères de Launay Razilly et M. de Chaulieu en Bretagne, du May en Normandie, réunissaient l'argent nécessaire pour hâter le travail. Richelieu écrit à Isaac de Razilly : « Je serai bien aise que M. de Launay, votre frère, s'en revienne ici, ayant toujours besoin d'avoir près de moi quelqu'un qui m'instruise aux affaires de la mer (1). »

Le cardinal s'aperçut bientôt que ces efforts en ordre dispersé ne pouvaient aboutir aux résultats massifs qu'il entendait obtenir. Les provinces, les magistrats locaux, les Parlements se mettaient en travers de la moindre initiative.

La leçon de La Rochelle.

Le siège de La Rochelle lui fut, à ce point de vue, une leçon qui fut une véritable torture. Les sujets du Roi avaient des vaisseaux en nombre, et le Roi n'en avait pas! Les concours promis, au début, par la Hollande parurent frappés d'inertie à l'heure décisive. Nous avons dit comment la flotte espagnole resta plus inerte encore, quand elle fut envoyée pour combattre la flotte britannique. Le duc de Guise remporta une victoire navale de peu de suite. Finalement, le succès fut dû aux ingénieurs de la digue, non aux marins (2).

Là comme partout, les résultats dépendaient de l'unité dans l'action, c'est-à-dire d'une administration active et centralisée. Richelieu savait désormais à quoi s'en tenir sur ce sujet : dès le mois d'octobre 1626, il s'était fait investir par le Roi de la charge de *Grand Maître, chef et surintendant général de la Navigation et Commerce de la France*. Les obstacles habituels s'opposèrent naturellement à cette création ; en fait, ce titre n'eut son plein effet que peu à peu. Le duc de Montmorency, amiral de France, avait bien remis entre les mains du Roi sa démission de cet emploi vers le commencement de 1626, mais la charge d'amiral de

---

(1) *Lettres de Richelieu*, t. II, 292, et suiv.
(2) Voir *Histoire du cardinal de Richelieu*, t. III, p. 132.

France, grand office de la Couronne, n'avait été supprimée que par un arrêt du mois de janvier 1627 (1).

Nous avons vu quelles graves conséquences ces mesures entraînèrent. En Provence et en Languedoc elles donnèrent lieu aux troubles qui aboutirent à l'exil du duc de Guise et à la condamnation à mort de Montmorency (2).

La surintendance, concentrant tous les droits et pouvoirs de l'amirauté royale et des amirautés provinciales, faisait de la marine le domaine des Richelieu. Pour être tout à fait chez lui, le ministre installa à ce poste son oncle, le commandeur de La Porte, d'ailleurs homme compétent; il fit de son neveu Pont-Courlay, le capitaine des galères; tout à la fin son autre neveu, le marquis, plus tard duc de Brézé (3), considéré à juste titre comme excellent homme de mer, prit le commandement des flottes royales en remplacement de Sourdis.

L'offensive espagnole dans la Méditerranée. L'occupation des îles de Lérins.

En somme, pendant de longues années, la poursuite hâtive du but que s'était proposé Richelieu dès son arrivée au pouvoir, à savoir la constitution d'une force navale française, ne fut guère qu'une assez vaine improvisation.

Le gouvernement espagnol, sentant bien que la puissance sur mer dont s'emparaient peu à peu ses ennemis vouait son vaste empire à un risque de séparation mortelle, avait pris les devants. La guerre à peine déclarée (septembre 1635), il envoya une flotte et un corps de débarquement s'emparer des îles de Lérins (Sainte-Marguerite et Saint-Honorat), visant à mettre le pied sur le continent à la Croisette, pour tenir sous sa loi la côte de Provence. Ce fut sous le coup de cette offensive imprévue que l'exécution des projets de Richelieu dut prendre ce caractère fébrile et trépidant qui anima sans doute, mais contraria aussi

---
(1) Voir *Correspondance de Sourdis*, publiée par Eug. Sue, t. I, p. xxiv.
(2) Voir ci-dessus, *Machault en Languedoc*.
(3) Il devint duc de Fronsac, mais on l'appelait le duc de Brézé.

jusqu'à la fin l'entière réalisation du plan élaboré par le cardinal.

Le Conseil de la Marine, présidé par le commandeur de La Porte, et ayant pour membres, des gens de réel mérite, d'Infreville, le futur collaborateur de Colbert, Séguiran, chargé spécialement de l'enquête en Provence, poursuivait ses recherches, accumulait des rapports. Mais ces hommes de confiance ne pouvaient que constater une négligence invétérée, une apathie générale, l'abandon universel du devoir dans l'incurable éparpillement des ordres et des responsabilités. C'est par l'étude des rapports de cette commission (1), qu'on peut se rendre compte de l'état de délabrement où se trouvaient les forces maritimes de la France.

En ce qui concerne les côtes de Picardie, de Normandie, de Bretagne, voici les faits : « Le sieur de Quéralain est capitaine garde-côtes de l'évêché de Vannes en Cornouailles; la garde s'est faite, durant la guerre, par ordre de M. de Brissac en quelques lieux et, aux environs d'Auray, par l'ordre du sénéchal et, à Vannes, par le président du présidial (un juge!) quoique le sieur de Vieuxchâtel qui commande à Vannes, prétende ladite capitainerie et s'y opiniâtre... » Donc querelle d'attribution, anarchie !

En Provence, d'après M. de Séguiran, c'est pis : « Tout y est en voie de ruine. »

Sourdis, « chef des Conseils du Roi en l'armée navale », arrive à Toulon, et voici ce qu'il trouve : « Le plus important des forts, écrit-il à Richelieu, c'est une vieille tour, où il y a deux batteries, dans lesquelles on pourrait mettre cinquante canons et cinq cents soldats ; il y a du bon canon dedans, mais il est tout démonté et nulles munitions que celles qui ont été mises par ordre de Votre Éminence, il y a quinze jours. Un bonhomme de gouverneur, qui n'a pour toute garnison que sa femme et sa servante, y est, y ayant vingt ans qu'il n'a reçu un denier, à ce qu'il dit (2). »

---

(1) Voir leur publication par Eugène Sue dans la *Correspondance de Sourdis*, t. I.
(2) *Correspondance de Sourdis*, t. I, p. xxxii, xxxv, etc. — Sur ces enquêtes confiées à d'Infreville, à Séguiran, sans parler de Sourdis, consulter les documents cités par Avenel, *Lettres du Cardinal de Richelieu*, t. VIII, p. 211. Voir aussi Ricolfi, *Vauban dans les Alpes-Maritimes*, p. 27 et s.

Il fallut tout relever, tout remettre en ordre, non sans de grands retards et de multiples erreurs. Bien que la direction des constructions navales eût été confiée à un ingénieur hollandais, la première série des bateaux fabriqués en France sombra à la sortie du port. Un bon système de recrutement des équipages ne fut jamais mis au point. Le cardinal dut s'appliquer à former des techniciens, des pilotes, des canonniers, des capitaines, un État-Major. Le haut commandement fut son constant souci. Richelieu n'eut pas la chance de trouver, pour les choses de la marine, une collaboration à la fois active et dévouée, telle que l'était, pour les choses de la guerre, celle de Sublet de Noyers.

Les ports de mer sous Richelieu.

Rien ne prouve mieux l'espèce d'isolement où se trouvait le Surintendant de la Navigation juché sur son haut poste de vigie, que l'impossibilité où il fut de créer deux véritables ports de guerre, l'un sur la Méditerranée, l'autre sur les mers océanes. Dans la Méditerranée, Toulon, qu'il avait choisi, d'après les rapports de ses intendants et de la commission d'enquête, était encore dans le même état de délabrement lorsqu'il fut visité en 1642 par le commissaire Arnoux.

Nous avons dit l'intérêt que Richelieu portait au développement du Havre, fondé par son grand-père et dont il était le gouverneur. En mars 1632 il délègue, pour surveiller les travaux du port et de la forteresse, Sourdis, archevêque de Bordeaux, qui était chargé aussi comme nous l'avons vu, de la surveillance des travaux de Brouage et de Richelieu. Avec quelle minutie, le cardinal fait libeller les ordres qui doivent être exécutés : « M. de Bordeaux fera faire, s'il lui plaît, le toisé général du Havre, en y observant toutes les formalités requises ; en sorte que l'on voie nettement tous les travaux qui sont faits, ceux dont on a rendu compte... et ensuite ceux qui sont nécessaires à parachever pour la force de la citadelle et ceux qui restent pour son ornement. D'autre part, il faut voir tout l'argent qui a été dépensé au Havre, celui qui a été fourni par le Roi et partant celui qui a été avancé par M. le Cardinal; et ensuite celui qu'il faudra dépenser encore en ladite citadelle... » Suit un détail infini pour ce qui concerne la garnison, sa solde régulière : « Il fera mettre en bon ordre tous les canons et les armes qui sont dans le Havre, dans les magasins, la citadelle et la tour, en sorte que le tout soit non seulement conservé comme il faut, mais soit vu avec plaisir. Il verra à mettre ordre que les magasins de poudres soient bien assurés et que les salpêtres qui y arriveront de Hollande, s'ils n'y sont déjà, soient conservés et le soufre mis séparément, le tout avec bon ordre. »

La mission de l'archevêque de Bordeaux ne se bornera pas aux travaux du Havre : il visitera le Pont-de-l'Arche et prendra les mêmes précautions pour la mise en état et pour l'armement du port. Ensuite il se rendra à Brouage, Ré et Oléron, « afin qu'on voie tout en bon ordre (1) ».

L'activité, l'insistance du ministre et de ses délégués n'aboutirent qu'à des résultats tout à fait insuffisants. Le Havre, à la construction duquel le cardinal gouverneur avait consacré des sommes immenses, ne put, de longtemps, en raison de l'ensablement, recevoir de véritables navires de guerre. Brest était un choix admirable dont l'avenir passionnait Richelieu; il disait « mon Brest ». Mais, en raison des oppositions locales, du manque d'argent, des incompréhensions de toute nature, l'œuvre ne fut achevée que cinquante ans plus tard. Brouage enfin, que l'on avait désigné en vue de relier en quelque sorte les deux mers, fut un échec complet. Le pauvre village actuel, désert, ruiné, ensablé, demeure comme un témoin à faire pitié, de la vanité des entreprises humaines. Le règne se terminera sans que la flotte française dispose d'un port de mer qui soit un abri sûr (2).

---

(1) *Lettres du Cardinal de Richelieu*, t. IV, p. 265-266. — En ce qui concerne le Havre, voir le curieux rapport que remet au cardinal son factotum Lopez, en 1627, pour organiser le port de commerce : « Au long du canal on établira des manufactures, surtout des raffineries de sucre. » L'intention qu'avait Richelieu d'attirer en France les raffineries de sucre est manifeste. Voir Baraude, *op. cit.*, p. 71.

(2) Joannès Tramond, *Manuel d'Histoire maritime de la France*, p. 155.

Difficultés rencontrées par Richelieu pour la réalisation de ses vues en matière navale.

Malgré tout, Richelieu ne perd pas de vue sa grande pensée : sa correspondance en témoigne.

La véritable raison de l'impuissance où il fut de réaliser son grand rêve naval, se trouve aussi dans les brusques et terribles vicissitudes de la guerre continentale. Il fallait courir au plus pressé. Dès la seconde année des hostilités, l'ennemi est à Corbie. Il faut pourvoir à la sécurité de Paris, à la conservation ou à la reprise de ces provinces du nord et de l'est qui sont le rempart de la France, Arras, Saint-Omer, Lons-le-Saunier, Nordlingen, Brisach, La Mothe, La Marfée : ce sont des à-coups constants, des gouffres pour les hommes et pour l'argent, des nécessités pressantes, urgentes. Les armées réclament; les flottes, les ports, les mers attendront.

Malgré tout, le plan général est suivi avec une foi, une persévérance, une obstination qui ne quitteront jamais, même sur le bord de la tombe, ce visionnaire de la grandeur française, dans la certitude où il est, que la partie engagée contre l'Espagne dépend de la mer et que la prospérité totale de la France tient à la puissance sur la mer. Mais les exigences multipliées de la guerre aux cinq fronts l'appellent de toutes parts, sans compter le front intérieur, la Cour, l'intrigue, qui ne lui laissent pas une nuit de sommeil, pas une minute de repos.

L'affaire des îles de Lérins lui avait été, nous l'avons dit, un coup de poignard dans le cœur. Que faire? Quels moyens? Quelles ressources et quels hommes? quand le ministre n'a sous la main pour le seconder que des gens d'Église et, comme amiral, comme chef de la mer, ce Sourdis, un évêque!

Le cardinal se fait-il des illusions sur le mérite, même quand il compte sur la fidélité? Écoutons-le : « M. de Chavigny dira à Sa Majesté les grandes difficultés que je trouve pour faire réussir l'armement naval, faute de trouver un chef propre à le commander..... Trois mois après qu'il sera parti, il se dissipera et, d'autre part, s'il n'est bien commandé, il ne fera rien. Ces MM. les Évêques qui ont travaillé des deux côtés (sur les deux mers) représentent que « tout au plus quand ils auront fait partir l'armement des ports, ils auront satisfait à leur devoir, à leur charge et à ce qu'ils peuvent..... Quant à ce qui est du commandement, je ne vois que trois personnes qui puissent être mises en jeu sur ce sujet; encore y en a-t-il deux qui ne savent du tout rien à la mer et qui ne peuvent servir que de leur nom; il plaira à Votre Majesté de choisir le meilleur qu'elle estimera à cette occasion. De Rueil, 21 mars 1636 (1). »

Ce sentiment profond qu'avait Richelieu de ne pouvoir compter même sur ces évêques qu'il employait à tout, n'était que trop justifié. Finalement, il commit à l'archevêque de Bordeaux, le soin de soutenir, par des vaisseaux amenés de l'Océan, la flotte des galères en vue de la reprise des îles de Lérins. Ce prélat ne sut pas refréner son tempérament violent et, à la suite d'une querelle de préséance avec le non moins fameux Vitry, — l'homme qui avait assassiné le maréchal d'Ancre, — l'affaire fut sinon manquée, du moins considérablement retardée.

Les lettres du Roi, les lettres du cardinal, les lettres de Sublet de Noyers accablent le malheureux et inconsistant archevêque amiral : « Monsieur l'Archevêque de Bordeaux, écrit le Roi, je ne pouvois recevoir un plus sensible déplaisir que d'apprendre qu'il ne faut plus rien espérer de l'entreprise des îles. Le manquement est si éloigné de ce que je m'étois promis de votre vigilance et affection et de la grande opinion que chacun avoit conçue de ce dessein sur le bruit et l'éclat que vous et tous ceux qui s'y devoient employer en avoient fait, et est si contraire aux espérances que vous m'aviez tous données depuis trois mois de l'exécution, que je ne puis vous celer le mécontentement que j'ai, après cela, de voir mes armées et des préparatifs demeurer sans effet et que tout le monde sache que ceux auxquels je confie de si importants desseins, aient consommé le temps en querelles et contestations pour des intérêts particuliers et pour des avantages

---

(1) *Lettres du cardinal de Richelieu.* t. V, p. 432.

imaginaires de charges, où il n'y en a point de véritables et de solides que dans le service... » Et Sublet de Noyers, en manière de conclusion d'une autre lettre non moins vive : « Au nom de Dieu, Monsieur, autant que je suis votre serviteur, surmontez les difficultés que vous rencontrerez en cette occasion, afin de donner contentement à Son Éminence et de fermer la bouche à ceux qui ne vous aiment point. »

Ce sont des fautes que le cardinal n'oubliera jamais, et, quand l'affaire de Barcelone aura mis le comble, ce prélat, son ami, son confident des jeunes années, sera brusquement disgracié (1).

Pour le moment, on ménage encore le prélat amiral. Tout en lui laissant le commandement général des forces navales dans la Méditerranée, on envoie auprès de lui un capitaine dont on loue la hardiesse et l'esprit d'entreprise, mais qui est de ceux dont parlait Richelieu, « qui ne connaissent pas du tout la mer », le comte d'Harcourt (Cadet la Perle) qui, lui, réussira, en mars 1637, à réoccuper les îles.

Sourdis, dans sa *Relation* adressée au Roi, est bien obligé de reconnaître « que tout l'honneur du combat est dû au comte d'Harcourt ». Mais son esprit pointilleux et irrésolu sait mal tirer parti de ce succès si joliment enlevé. Après sa querelle avec Vitry, il se brouille avec le neveu de Richelieu, Pont-Courlay, bombardé capitaine des galères. Celui-ci est, d'ailleurs, un caractère désespérant, dont le cardinal lui-même s'épuise à calmer la violence, à mater l'orgueil et les prétentions : « Quand vous avez quelque brouillerie avec quelqu'un, écrit l'oncle, je crains d'abord que vous ayez tort, connaissant votre humeur. » Et, le 6 août 1636, alors qu'on préparait l'attaque des îles (2) : « J'ai tant de honte de votre conduite que, vous priant de ne penser jamais que vous m'appartenez, je vous promets d'oublier toujours ce que vous êtes. » Et encore : « Votre mauvaise conduite fait qu'on ne sait si vous pouvez avoir un commandement à la descente des îles. Le Roi vous commande d'y obéir. » *Les bêtes d'attelage* sont pires

---

(1) Voir sur cette affaire, les documents réunis par Eugène Sue. *Op. cit.*, t. I, p. 230 et suivantes.
(2) *Lettres du Cardinal de Richelieu*, t.V, p.556.

encore dans les armées de mer que dans les armées de terre. Et il faut toujours attendre, toujours patienter, toujours fermer les yeux sur les désordres, le gaspillage, l'inertie, la dépense sans fruit, trop souvent la concussion. On surveille tout ces gens de guerre de la manière la plus désobligeante, en les faisant surveiller les uns par les autres. C'est une perpétuelle délation.

Richelieu enverra par la suite un autre prélat, Gabriel de Beauvau, évêque de Nantes, promu « chef des conseils dans l'armée navale du Levant », le 6 juin 1636. Mais, avec un rouage de plus, la machine n'en marche que plus mal. Personne ne veut obéir, tout le monde veut commander (1). Bientôt l'évêque de Nantes est rappelé. Le grand projet du cardinal, à savoir de séparer l'Espagne de l'Italie en barrant aux flottes du Roi Catholique le golfe du Lion, sera-t-il longtemps retardé?

Résultats de la ténacité de Richelieu.

Avant la reprise des îles, on a manqué une tentative destinée à secourir le duc de Parme, notre allié, de telle sorte que celui-ci en a été réduit à capituler devant l'Espagne; on a manqué une autre entreprise sur la Sardaigne, que l'on considérait comme une contre-partie de l'occupation des îles.

Richelieu ne se décourage toujours pas. Peu à peu les constructions nouvelles, qui se multiplient et s'améliorent, l'expérience acquise, une énergie qui ne laisse rien passer et une patience qui sait tout supporter finissent par imposer un meilleur ordre qui commence à conquérir dans les eaux de la Méditerranée un certain ascendant.

Pont-Courlay lui-même obtient un succès, disputé mais incontestable, devant Gênes (1ᵉʳ novembre 1638). Sourdis a été prendre le commandement de la flotte du Ponant pour seconder l'attaque du prince de Condé sur la Bidassoa et sur Fontarabie; Launay-Razilly le seconde à bord de la fameuse « *Couronne* », le plus magnifique, mais le moins maniable des vaisseaux de la nouvelle flotte française.

(1) La Roncière, t.V, p. 22.

Sourdis a sous ses ordres vingt vaisseaux et seize pataches ou brûlots. L'escadre de Galice, qui lui est opposée, compte quatorze galions et quatre frégates. L'amiral espagnol a reçu l'ordre de forcer le blocus de Fontarabie. Le combat s'engage dans la baie de Guetaria et c'est, pour les armes françaises, un nouveau succès (22 août 1638). L'escadre de Galice est détruite. Cette victoire paraît garantir la chute prochaine de Fontarabie. L'Espagne est à bout de souffle. Elle n'a plus qu'une bien vague chance de victoire, la disgrâce ou la mort de Richelieu.

Ascendant maritime des puissances du nord : Hollande, Angleterre.

Il convient de reconnaître que cet écroulement de l'Espagne n'est pas uniquement l'œuvre du cardinal. La France ne faisait que suivre, à pas plus lents, les progrès accomplis sur la mer par les Pays-Bas d'abord, puis par l'Angleterre.

Voyons les choses dans leur ensemble : les dissentiments religieux, la volonté des peuples protestants de revendiquer à la fois la liberté de penser et leur autonomie politique et sociale, sont comme on le sait, à l'origine du grand mouvement antiespagnol qui se produisit, au XVIe siècle, dans la partie septentrionale de l'Europe.

Mais les peuples acharnés à cette querelle n'avaient de moyens d'atteindre leur puissant adversaire que par l'Allemagne et par la mer. En Allemagne, ils se heurtaient à une autre grande puissance catholique, alliée de l'Espagne, l'Autriche impériale. La mer était donc le seul champ d'action ouvert par la nature aux puissances protestantes du nord.

En Hollande, les « Gueux de la Mer », préparés par leur génie, leur habitat et leur activité commerciale, avaient assailli les flottes espagnoles et les avaient refoulées des mers du nord après la bataille d'Eckhuysen. Ils en poursuivirent les débris jusque sur l'océan. Le vaste espace des mers devint ainsi un lieu d'embuscade, de piraterie, de coups de main incomparablement fructueux. Les Hollandais, déjà maîtres des pêcheries du nord, assumèrent bientôt, par tout l'univers, ce rôle de transporteurs, qui devait revenir par la suite à l'Angleterre. Ils furent ainsi les commissionnaires et les banquiers du commerce indéfiniment accru à la suite des découvertes et des circonstances économiques qui renouvelaient la face du monde.

On affirme que la flotte de la seule province de Hollande disposait de mille navires avec cent soixante-dix-huit mille hommes d'équipage, et que la valeur des cargaisons embarquées sur les bâtiments hollandais dépassait un milliard de francs (1).

Un développement de richesse incalculable résultait de la mainmise sur les terres nouvelles. Partout où se récolte une épice, le trafic hollandais s'implante : Moka, Le Cap, les Mascareignes, Batavia, les îles de la Sonde, les côtes de Malabar et de Coromandel, le Japon, ce monde qui s'accroît au fur et à mesure qu'on le découvre, alimente les comptoirs des riches marchands d'Amsterdam. D'abord aux mains de compagnies particulières, l'entreprise commerciale et coloniale est concentrée par Oldem Barnevelt sous la direction d'une seule compagnie, la Compagnie générale des Indes Orientales, qui, née en 1602, aura en 1621 sa complémentaire dans la Compagnie des Indes Occidentales, celle-ci ayant son champ d'action dans les îles Atlantiques, sur le continent américain, au Brésil, en Guyane, sur les rivages des futurs États-Unis. La capture des galions espagnols fut, parmi tant d'heureuses opérations, l'une des plus faciles et des plus fructueuses.

Pour défendre une si énorme machine à pomper la richesse du monde, pour assurer sa grandeur et ses bénéfices, pour être en mesure de dominer tous les passages des mers, il fallait une marine militaire nombreuse, active, puissamment armée, disposant de tous les perfectionnements techniques. Elle est créée par ce petit pays, qui regorge de richesses, de moyens et d'hommes. Tromp, à la bataille des Dunes (21 octobre 1639), aura raison de la dernière armada, forte de soixante-dix grands bâtiments, ayant à bord quatorze mille hommes.

La politique navale européenne a désormais son modèle et sa loi dans l'apogée inouï des anciens « Gueux de la Mer ». Com-

---

(1) Tramond, *Op. cit.*, p. 104. — Voir aussi sur l'essor des Pays-Bas : *La Richesse de la Hollande, ses origines, sa puissance, etc.* A Londres, 1778, 2 vol. in-8°.

pagnies, comptoirs, colonies, transports, navires d'escadre, tactique navale, tout fut désormais et partout à l'imitation des Hollandais. Les capitaines de la mer, comme les capitaines de la terre, allaient se former là-bas. Les républicains insurgés portaient des coups décisifs à la grandeur de l'Espagne monarchique et catholique, alors que, enfoncés dans leurs marécages, ils étaient eux-mêmes inattaquables derrière leur ceinture liquide. La Hollande devint une sorte de Laputa, planant au-dessus de l'Europe et y répandant, avec le sens des perspectives lointaines, les idées nouvelles, le libre arbitre individuel et social. L'esprit moderne, à leur exemple, s'engageait, non sans imprudence, dans ces espaces ouverts à l'infini.

L'Angleterre, avec son sens pratique, avec sa force ramassée, son esprit d'entreprise, son goût de la lutte et son ambition de la richesse, ne pouvait laisser au petit peuple « maresqueux », acheteur de ses laines et de ses blés, l'exploitation du domaine qu'elle avait de tous temps réclamé comme lui appartenant, la mer. Le désastre de l'armada donna aux marins anglais le signal de l'élan et les projeta sur le corps, flottant, demi-mort de l'Espagne. Le plus grand des Anglais de ce temps, le Shakespeare de la politique, Bacon, disait : « La maîtrise de la mer, c'est l'alpha et l'oméga de notre politique. »

Le sursaut de l'Angleterre ayant en vue ce but unique sut créer, en quelques années, la haute organisation navale qui a régné dès ce temps et qui règne toujours sur le monde britannique, l'amirauté. A partir du règne d'Élisabeth, l'Angleterre relève ses manches en vue du grand sport mondial, dont le moteur nouveau sera l'Acte de Navigation, édité par Cromwell le 9 octobre 1651.

Une telle initiative fixera les destinées de l'Angleterre tandis que, vient de s'achever, en France, le règne de Louis XIII. L'archipel britannique fonde sa puissance navale et mondiale au moment où Richelieu et Mazarin étendent le modeste « pré carré » de la France. Et le triomphe de l'Angleterre se complétera, de 1650 à 1670, par la mise en échec de la puissance hollandaise, destinée à s'étioler peu à peu entre ces deux grandeurs nouvelles, surgies l'une sur le continent, l'autre sur la mer.

Richelieu doit beaucoup à la Hollande.

Laissant à son successeur, Mazarin, la tâche de tirer parti de l'alliance anglaise, au temps de Cromwell, c'est à la Hollande qu'il achète des navires, des canons, de la poudre, du salpêtre, des armes de toute nature; c'est à la Hollande qu'il emprunte ses ingénieurs et ses constructeurs. L'activité de ses ambassadeurs et de ses agents, officiels ou non (en particulier ce marane de Lopez), tous sont employés à lever ou à tourner les difficultés que la méfiance toujours en éveil des Messieurs des États à l'égard d'une puissance catholique, oppose à l'exécution de ses desseins. Car, si l'on touche les subsides de la France, on n'a nulle envie de la voir si forte, surtout comme puissance maritime. On met l'embargo sur les bateaux et les fournitures de diverses sortes, en partance pour ses ports. Avec des dépenses et des efforts énormes la France n'obtient ce dont elle a besoin qu'au compte-gouttes.

Et, cependant la Hollande sait donner la main et surtout tendre la main à Richelieu pour abattre la puissance espagnole. Lopez raconte dans ses lettres au cardinal que l'amiral Tromp lui a raconté, lui-même, la bataille de Douvres du 21 octobre 1639 et il ajoute : « C'est un homme d'effet et de grand courage, de basse naissance et condition. Il montre ambition, depuis que le Roi lui fit l'honneur de le gratifier, de l'anoblir, croyant qu'il le mérite. J'ai pris la hardiesse de le proposer à Votre Éminence, si eussiez agréable d'ajouter de le faire chevalier de l'ordre de Saint-Michel avec la chaîne d'or. Lequel n'est pas incompatible avec la Religion, puisque Wicquefort, qui est marchand et d'autre condition, l'a obtenue (1). »

Le goût des décorations n'est pas incompatible chez les marins de la République avec l'embargo mis sur les navires, les bois, les cordages destinés au Roi de France, les salpêtres, etc. Les alliances, si solides qu'elles soient, ne sont jamais sûres. Rien de tel que de gagner les batailles soi-même.

Richelieu ne s'y trompe pas. Il prend exemple sur la Hollande, mais c'est pour développer la puissance de la France sur la mer.

---

(1) Henry Baraude, *Lopez*, p. 153.

L'élan de la France.

Cette puissance il la développera ; et il amorcera en même temps, revenant sur les traces de François Ier, une large politique d'expansion coloniale, commerciale, économique. Conseillé par le Père Joseph, il rendra à la France l'activité missionnaire que l'Espagne et le Portugal laissent péricliter et réalisera ainsi, dans la mesure de ce qui lui est accordé de survie, cette devise que lui a transmise Launay-Razilly : « La croix et les lys. »

Cette volonté énergique, si elle ne donna pas immédiatement à la France ce haut rang naval qu'elle sut si rarement atteindre au cours de son histoire, lui permit cependant de tenir tête à l'Espagne sur l'une et l'autre mer et de s'assurer, à la fin, des succès tels que la politique d'encerclement que l'Espagne poursuivait depuis un siècle contre la France se trouva brisée. En 1642, quelques mois avant la mort de Richelieu, les forces navales du Roi Très Chrétien comprenaient quatre-vingt-cinq unités, soixante-trois vaisseaux et vingt-deux galères, tous bâtiments qui méritaient les épithètes « bien outillés et bien équipés », que Richelieu leur donne dans son *Testament politique*. L'ensemble de ces forces imposantes était mouillé, à cette date, dans le port de Toulon ; le cardinal venait de faire procéder à une grande concentration navale en Méditerranée (1).

Voyons comment Richelieu sut employer cette force navale si grandement développée et si habilement concentrée.

L'Espagne succombe sur la mer.

La longueur d'une lutte sans issue, la pénurie financière affreuse que constatait Rubens dès 1626 et qui ne faisait que s'accroître depuis que le passage était, pour ainsi dire, interdit aux galions d'Amérique, le fléchissement de tous les ressorts dans le gouvernement, dans l'administration, dans la production de la péninsule

---

(1) G. Lacour-Gayet, *La Marine militaire de la France sous les règnes de Louis XIII et de Louis XIV*, 1911, in-8°, p. 58.

cette misère cachectique décrite par tant de contemporains avaient réduit l'Espagne à une sorte de désagrégation spontanée. Le corps social et politique, dans cette contrée que sa formation géographique divise naturellement, ne se tenait plus.

A l'ouest et à l'est, les parties du territoire ayant gardé les racines toujours vivantes de leur autonomie se séparaient. La Catalogne, le Portugal s'insurgeaient contre la Castille, obligée elle-même, par les événements, d'exercer une autorité rigoureuse, parfois abusive. L'ambassadeur vénitien écrit dans sa *Relation* de 1630, à propos de la Catalogne, cette phrase d'une si constante actualité : « La Catalogne, ayant un gouvernement en quelque sorte républicain, n'admet pas que l'on déroge en quoi que ce soit à ses franchises et privilèges. »

Dès 1639, les Catalans, se refusant à payer les nouveaux impôts levés par le comte-duc d'Olivarès, se mirent sous la protection du roi de France. En 1641, leurs ambassadeurs furent admis à la cour de Louis XIII; l'année suivante, ils firent appel aux anciennes traditions qui les rattachaient au Royaume.

Au même moment, le Portugal, incité par les agents français, revendiquait son indépendance et faisait appel à la dynastie nationale de Bragance. La France avait désormais le grand avantage de prendre à revers son puissant adversaire et d'avoir des portes ouvertes sur son territoire. La campagne de pénétration par la frontière pyrénéenne se trouvait secondée par une double action navale sur l'océan et sur la Méditerranée.

Richelieu avait fait étudier à fond les conditions de cette intervention. La flotte du Ponant, commandée par son neveu âgé de vingt ans, Armand de Maillé, marquis de Brézé, s'était rendue dans les eaux de Cadix. Elle y rencontrait la flotte de la Nouvelle-Espagne et, après un dur combat, ce qui restait des galions espagnols s'enfuyait vers Cadix. Dans ce combat, un capitaine de la mer, un jeune, un Enghien naval se révélait. Sans que le succès fût décisif, un premier résultat était obtenu : le 15 décembre 1640, le duc de Bragance était proclamé roi de Portugal.

En Catalogne, les Espagnols étaient restés maîtres de plusieurs ports sur la côte : Collioure, Roses, Tarragone. Tandis que

Monsieur le Prince assiégeait Perpignan, Sourdis avait reçu l'ordre de venir l'appuyer en se portant sur Tarragone.

Les conditions de cette offensive étaient assez mal calculées. Toutes les escadres espagnoles de la Méditerranée, de Naples, de Gênes, de Sicile, accoururent et se regroupèrent pour attaquer la flotte de Sourdis, « obligée de tenir la haute mer, sans aucun mouillage le long d'une plage sauvage de douze à quinze milles (1) ». La première journée (4 juillet 1741) fut heureuse pour Sourdis ; mais, le 18 août, les flottes espagnoles ayant fait leur jonction et prenant à tâche de faire pénétrer un convoi vers Tarragone, le prélat amiral voulut leur barrer le passage. Sa manœuvre ne réussit pas : sans avoir perdu un seul vaisseau, il dut laisser les Espagnols maîtres du champ de bataille, pour aller se refaire à Toulon. L'armée française fut obligée de lever le siège de Tarragone (29 août 1641).

Telle fut la cause de la disgrâce de Sourdis et du jugement si sévère que Richelieu porte sur lui dans le *Rôle de quelques capitaines* (2). Le Roi lui écrivait le 9 septembre : « Monsieur l'Archevêque de Bordeaux, j'ai reçu avec beaucoup de déplaisir les différents avis qui m'ont été donnés de toutes parts de votre mauvaise conduite dans l'exécution des commandements que je vous avais donnés..... Il n'est pas à propos que vous demeuriez dans la Provence. Je vous écris cette lettre pour vous dire, qu'aussitôt icelle reçue, vous aurez à vous acheminer en la ville de Carpentras, pour y demeurer jusqu'à nouvel ordre. » Et Richelieu écrivait dans une lettre du même jour, « qu'il y auroit lieu de connoître la vérité de ce qui s'étoit passé devant Tarragone entre les armées de France et du roi d'Espagne (3) ».

Le mal fut réparé. Mais il était besoin d'un « chef général »

---

(1) *Correspondance de Sourdis*, citée par La Roncière, *op. cit.* t. V, p. 74.
(2) Voir ci-dessus, p. 529. — Sourdis avait eu, depuis une année au moins, le pressentiment de cette disgrâce. Sans doute des avis lui étaient venus de Paris. Le 16 novembre 1640, Richelieu lui écrivait : « Quant aux bruits que vous me mandez qui croient que vous êtes en ma disgrâce, terme que je répète après vous, je n'en ai ouï parler à qui que ce puisse être. » Mais il ajoute : « Si vous me croyez, vous penserez deux fois à ce que vous voudrez dire à l'avenir. » C'était suffisant. *Lettres de Richelieu*, t. VI, p. 733.
(3) *Correspondance de Sourdis*, t. III, p. 71.

qui sût agir et qui fût obéi. L'affaire de Cadix désignait le jeune Brézé. Il quitta Brest le 22 avril pour se rendre dans la Méditerranée. En même temps, Cangé avait l'ordre de quitter Toulon avec les galères pour aller au-devant de lui. La flotte française atteignait un total de quarante vaisseaux et vingt-cinq galères, en plus une dizaine de bâtiments empruntés aux Anglais et aux Hollandais. Le 30 juin, toutes forces réunies, en vue de Montjuich, qui domine Barcelone, la rencontre se produisit. Après deux jours du plus rude combat, la flotte espagnole se repliait sur les Baléares.

La victoire de Barcelone décidait du sort de Perpignan. La ville capitula le 19 août. La nouvelle fut reçue par Richelieu le 9 septembre 1642. Le 12, il écrivait à Louis XIII : « Votre Majesté aura tout à la fois deux nouvelles bien différentes : l'une est la reddition de Perpignan qui est la plus belle et la plus considérable place de la terre pour la France. L'autre est la condamnation et l'exécution de M. le Grand et de M. de Thou, qui se sont trouvés si coupables, au jugement de tous leurs juges, qu'il ne se vit jamais un procès si clair. Ces deux événements font voir combien Dieu aime Votre Majesté. Je le supplie qu'il continue à verser ses bénédictions sur Elle et qu'il me renvoie la santé, que je désire pour la servir. »

Ce dernier vœu ne devait pas être exaucé. Le cardinal mourut le 4 décembre.

La grande pensée de Richelieu en ce qui concernait la puissance sur la mer, telle qu'il l'a exposée dans les passages souvent cités du *Testament Politique*, n'avait pas obtenu, on le voit, sa pleine et entière réalisation. Cependant, le cardinal avait pu, dès 1638, adresser au Roi cette page, que le même *Testament politique* légua, en quelque sorte, aux futurs chefs de la France : « Si Votre Majesté eût été aussi foible que ses prédécesseurs, elle n'eût pas réduit en cendres au milieu des eaux toutes les forces que l'Espagne put ramasser, en 1638, sur l'océan. Cette superbe et altière nation n'eût pas été contrainte de souffrir l'abaissement de son orgueil, aux yeux non seulement de toute l'Italie, mais aussi de toute la chrétienté, qui, voyant attaquer de ses mains par pure force les îles de Sainte-Marguerite et de Saint-Honorat, dont elle ne s'était rendue maîtresse que par surprise, a vu au même instant la honte de cette nation insolente et la gloire et la réputation de la vôtre..... Si Votre Majesté a toujours dans ses ports quarante bons vaisseaux, bien outillés et bien équipés, prêts à mettre en mer aux premières occasions qui se présenteront, elle aura suffisamment pour se garantir de toute injure et se faire craindre dans toutes les mers par ceux qui jusqu'à présent y ont méprisé ses forces(1). »

Ces paroles ne s'en tenaient pas seulement au succès remporté sur l'Espagne : elles visaient aussi les hautes utilités de la paix. La puissance sur la mer, « la mer rendue libre, — *mare liberum* — par la force de ceux qui occupent ses rivages », c'était, aux yeux du ministre qui succombait à la tâche, outre l'indépendance métropolitaine assurée, l'expansion coloniale et la prospérité commerciale pour le Royaume assis sur les deux grandes mers européennes. Ainsi s'élargissait dans l'espace et dans le temps le grand dessein conçu par l'homme qui eut, peut-être de tous les hommes d'État français, le plus d'avenir et le plus de solidité dans l'esprit.

(1) *Testament politique*, édit. Elzévir, p. 350 et suivantes.

CHAPITRE TROISIÈME

RICHELIEU ET LE COMMERCE

Richelieu soucieux d'assurer la prospérité de la France.

Les historiens ont, en général, tenu peu de compte de l'activité du cardinal en ce qui concernait les affaires économiques et le développement du commerce tant intérieur qu'extérieur. Entre Sully et Colbert on ne lui accorde, à ce point de vue, qu'un rang secondaire.

En fait, Richelieu s'appliqua avec une vigilance remarquable à cette partie de l'art du gouvernement. Il savait que, si le premier devoir de l'homme d'État est de porter les peuples à un ordre supérieur de civilisation et de moralité, un autre devoir est aussi de veiller à leur bien-être et de les conduire, dans la mesure du possible, à cet état tant célébré par l'histoire, la prospérité.

Aussi le voit-on, même aux heures les plus surchargées de son labeur politique, tendre son intelligence et sa volonté vers les problèmes intéressant la richesse publique. Dans sa manière brève et à l'emporte-pièce, il écrit : « Les États s'agrandissent par la guerre et s'enrichissent dans la paix par le commerce. » Ces mots frappés en médaille ne sont-ils pas l'une et l'autre face de l'œuvre gouvernementale (1)? Quand Richelieu se fit attribuer, par une haute décision royale, la fonction, créée pour lui, de « Surintendant général de la Navigation », il ne manqua pas d'adjoindre à ce titre les mots : « et du Commerce ». Dans son *Testament politique*, où sa pensée suprême est exposée, il traite avec un soin minutieux « du Commerce » en même temps que de la « Puissance sur la

(1) Voir *Lettres du Cardinal de Richelieu*, t. VII, p. 586.

la mer » Il signale les facultés et les spécialités commerciales que la nature a libéralement dispensées à la France : « Il n'y a pas en Europe, écrit-il, d'État plus propre à construire des vaisseaux que ce Royaume abondant en chanvres, toiles, cordages et en ouvriers, que nos voisins nous débauchent d'ordinaire, faute de leur donner occupation en cet État. Les rivières de Loire et de Garonne ont des lieux si commodes aux ateliers destinés à cette fin, qu'il semble que la nature l'ait eue devant les yeux en les formant. Si Votre Majesté trouve bon d'accorder au trafic quelque prérogative qui donne rang aux marchands, au lieu que vos sujets le tirent souvent de divers offices qui ne sont bons qu'à entretenir leur oisiveté et flatter leurs femmes (1), elle le rétablira, jusque à un tel point que le public et le particulier en tireront grand avantage. Enfin, si outre ses grâces, on a un soin particulier de tenir les mers de ce Royaume nettes de corsaires, ce qui se peut faire aisément, la France ajoutera dans peu de temps à son abondance naturelle ce que le commerce apporte aux pays les plus fertiles (2). »

Comment pourrait-on supposer la méconnaissance de ces problèmes chez le petit-fils de l'amiral Guyon Le Roy, chez le petit-fils du bourgeois La Porte, chez cet homme de l'ouest, mis en éveil dès l'enfance sur l'importance de Bordeaux et de La Rochelle, sur l'entreprise des pêcheries de Terre-Neuve, sur l'activité industrielle de Tours, cette métropole qui, comme il le constate lui-même, « fabrique maintenant des pannes si belles qu'on les envoie en Espagne, en Italie et autres pays étrangers, dont les taffetas ont un si grand débit qu'il n'est pas besoin d'en chercher ailleurs, dont les velours rouges, violets et tannés sont aussi beaux que ceux que l'on fait à Gênes, qui produit des serges de soie, de la moire aussi belle qu'en Angleterre et les meilleures toiles d'or plus belles et à meilleur marché qu'en Italie (3) ». Comment sup-

---

(1) Richelieu tenait à cette idée, car on en trouve une première rédaction dans une de ses lettres : « Supprimer force offices et donner prix au trafic et rang aux marchands. » *Lettres de Richelieu*, t. III, p. 179. Le rapprochement de ces deux phrases est une preuve, parmi tant d'autres, de l'authenticité du *Testament politique*.
(2) *Testament politique*, chapitre ix, section 6. édition Elzevir, 2º partie, p. 374.
(3) *Ibidem. loc. cit.*

poser que cet enfant sérieux, grave, instruit par une mère vigilante et appauvrie, n'a pas entendu ce qui se disait autour de lui au sujet de ce qui est, pour la plupart des hommes, l'essentiel de la vie?

Déjà, dans la société à laquelle il appartient, s'étaient répandus les ouvrages qui exposaient les premières notions de l'économie politique et les moyens de relever la France de l'appauvrissement général, suite des guerres de la Ligue. Malestroit, Bodin, de Serres, Laffemas, Montchrétien étaient écoutés et suivis. Et, d'une voix unanime, l'opinion exaltait les efforts faits par ce grand Roi, Henri IV, pour rendre à la France la richesse, en même temps que la paix publique et l'ordre (1).

Premières vues du cardinal sur l'expansion économique de la France.

Le coup de fouet qui devait susciter l'attention, l'inquiétude, et, en quelque sorte, l'envie du cardinal fut, à n'en pas douter, le développement prodigieux des nations rivales de la France depuis que les découvertes du XVIe siècle les avaient projetées au premier rang dans les grandes concurrences internationales. Le Portugal, l'Espagne, la Hollande, l'Angleterre puisaient des richesses fabuleuses dans ces Indes à peine connues. Par un trafic indéfiniment accru, ces pays avaient conquis, dans les grandes affaires, une autorité dangereuse, ne fût-ce que par l'élan donné à leurs ambitions.

(1) Voir l'important ouvrage de M. Fagniez, *L'Economie sociale de la France sous Henri IV*, 1897, in-8° et le tableau qu'il présente de l'effort fait par ce prince, pour relever l'activité, non seulement agricole, mais industrielle et commerciale de la France par la réglementation des maîtrises, l'introduction de la soie, la fondation des Gobelins, l'organisation des douanes, le développement de la poste, des moyens de transports, etc... M. Fagniez reconnaît que les échecs sont dus le plus souvent à l'incompréhension mutuelle du gouvernement et des activités nationales ; mais le tout aboutissant cependant à un certain relèvement du pays et à un premier équilibre où se dessine une prospérité croissante, dont une preuve déjà frappe les étrangers, l'activité des centres urbains et, au premier rang, de Paris: « Paris! écrivent les ambassadeurs vénitiens Gussoni et Nasi en 1610 : O Paris! que le feu roi Henri le Grand a orné de tant de grands et magnifiques bâtiments que, d'un désert que tu étais, il a fait la plus riche, la plus populeuse, la plus auguste et la plus célèbre ville de l'Univers! » Dans Barozzi et Berchet, cité par G. Fagniez, p. 162.

Nous voyons Richelieu, dès qu'il est au pouvoir, se préoccuper de ces accroissements redoutables. Il étudie le commerce des Indes, recueille tout ce qui concerne les voyages annuels des galions espagnols, cherche, vers les Antilles, l'« antichambre » (c'est son mot) des mines du Pérou, mesure la force économique de la France comparée à celle de l'Angleterre. Avant même que l'Angleterre intervienne à La Rochelle, il écrit sur ses carnets secrets : « Les Anglois menacent la France, mais, quand elle se voudroit perdre, ils ne seroient pas capables de la gagner, n'ayant ni hommes pour faire une entreprise, ni argent pour la soutenir, ni conduite, ni fermeté pour faire succéder un dessein. L'Angleterre ne sauroit se passer de la France, à cause des vins, huiles et sels; et la France ne tire d'eux que des draps, de l'étain et du fer, dont on se peut bien passer si on veut. Si le Roi est fort sur la mer, il n'a que faire des Anglois (1). »

Échec de l'Édit du Morbihan.

Richelieu n'attend pas que les grandes affaires extérieures aient jeté sur lui le filet de leurs complications. Au moment précis où il vient de régler si brutalement, à Nantes, le sort de Chalais, ce réalisateur propose à la province de Bretagne, en don de joyeux avènement, d'établir au hâvre du Morbihan le centre de la nouvelle activité commerciale qu'il entrevoit pour la France. Laissons-le exposer les grandes lignes du projet dont les mesquines oppositions provinciales firent une amère déception.

Dans un lit de justice tenu par le Roi, on demandait au Parlement de Bretagne de vérifier l'Édit de Morbihan (2) : « C'étoit, dit

---

(1) *Maximes d'État*, N° CLII, p. 795. Cette appréciation sur la force réelle de l'Angleterre et sur le besoin qu'a cette puissance de commercer avec la France ne fait que fortifier Richelieu dans la pensée d'avoir avec ce pays un régime commercial bien défini. C'est ce qu'il rappelait avec insistance, en 1629, à son ambassadeur à Londres, Châteauneuf; il se plaignait que les Anglais ne consentissent pas à établir un régime durable pour consolider les relations avantageuses aux deux parties. Voir *Lettres de Richelieu*, t. III, p. 478.

(2) Cfr. la note d'Avenel, t. VII, p. 586, où l'affaire est exposée d'après le texte de l'édit ou plutôt des édits, car il y en eut deux, datés de juillet et août 1626. Dugast-Matifeux les a publiés d'après le texte conservé aux Archives de Nantes.

le cardinal, une mesure que toute la France recherchoit, que tous les étrangers craignoient et dont l'exécution seule étoit capable de remettre le Royaume en sa première splendeur. » Il s'agissait « de l'établissement d'une compagnie de cent associés pour le commerce de toutes sortes de marchandises tant par mer que par terre en Ponant, Levant, et voyages de long cours, pour lesquels ils faisoient fonds de seize cent mille livres, avec la moitié des profits de ladite somme pour l'augmenter continuellement. Ils devoient faire le siège de leur compagnie à Morbihan, qui est un des plus beaux ports du monde, où le Roi leur permettoit de bâtir une ville avec beaucoup de privilèges, dont le principal étoit que l'appel des jugements ressortiroit au Conseil du Roi, non au Parlement..... » « Le bruit de cet établissement alarmoit déjà les Anglois et les Hollandois qui craignoient que le Roi, par ce moyen, se rendît bientôt maître de la mer : l'Espagne n'avoit pas moindre peur pour ses Indes... (1). »

Qu'arriva-t-il de cette proposition dont Richelieu se montrait si glorieux? Reprenons la suite de son récit : « L'Église et la noblesse, qui n'ont point d'intérêt que celui du public et la grandeur de l'État, trouvèrent cet édit si avantageux que, non seulement ils le reçurent, mais députèrent vers le Roi pour lui rendre grâces. Le Parlement en fut si offensé (naturellement, puisque l'on passait outre à son privilège de juridiction), qu'il témoigna aux deux ordres que dorénavant il ne leur enverroit plus demander leur avis, puisqu'ils s'étoient avancés jusque là que de l'avoir approuvé et envoyé en remercier le Roi. » Et les parlementaires ne voulurent jamais vérifier l'édit, « empêchant seuls un si grand bien, ajoutent les *Mémoires,* non sans une juste sévérité, pour le dommage qu'il leur sembloit recevoir de la distraction des causes de cette compagnie qui leur eussent apporté de grands profits (2) ».

Ce fut une des premières et grandes désillusions de Richelieu et qui lui apprit, que, s'il s'agit d'affaires, fussent-elles soit judiciaires soit commerciales, le pouvoir ne se rend pas si

(1) *Mémoires de Richelieu*, t. VI, p. 146 et suivantes.
(2) *Ibidem*, p. 141.

facilement maître des intérêts particuliers, surtout quand ils se sont groupés en collectivités spécialisées.

Le secret du commerce et les difficiles interventions de l'État.

Le commerce a son secret : c'est ce qui rend souvent inefficace, parfois imprudente et mortelle, l'ingérence de l'État, fût-elle des mieux intentionnées. Cela tient à la méconnaissance presque inévitable des situations exactes et du jeu caché de la production et de la répartition des richesses chez les hommes qui ont la charge des intérêts publics.

L'homme d'affaires se garde bien de dévoiler ses procédés à l'homme public, de lui faire connaître ses moyens d'approvisionnement, son champ d'expansion, sa clientèle, ses artifices de vente, ses profits et surtout ses pertes. Sa face est toujours sereine sur le devant de sa boutique ; ses calculs sont intimes, portes closes.

Les statistiques sont faussées par le nuage intéressé qui les enveloppe. Se découvrir serait périr. Nulle inquisition ne pénètre l'ombre du comptoir. Et c'est pourquoi les doctrines et les mesures d'État sont le plus souvent mal combinées, déjouées finalement par les faits et les résultats.

Richelieu n'était nullement ignorant de ces dessous et de ces difficultés. Dans ses papiers conservés aux Archives des Affaires étrangères, on trouve des notes et des mémoires relatifs aux questions commerciales, en particulier un recueil daté de 1628 (1), qui montrent avec quelle application il s'efforçait d'y voir clair.

Les projets de Richelieu devant l'Assemblée des notables et dans le Code Michau.

Devant l'assemblée des notables, en décembre 1626-février 1627, le ministre exposa le résultat de ses réflexions, réclama la création d'une marine, affirma des idées, que nous appellerions protectionnistes, en vue de défendre la production intérieure. Dans la déclaration du 24 février 1627, qui prononça la clôture

(1) Voir l'analyse dans *Lettres de Richelieu*, t. III, p. 171.

de l'assemblée, il annonçait des mesures prochaines en ce qui concernait le développement de la richesse publique. Il y était dit que le Roi voulait « rétablir le commerce, renouveler et amplifier ses privilèges, faire en sorte que la condition du trafic fût tenue en l'honneur qui lui appartenoit et rendue considérable entre ses sujets, afin que chacun y demeurât volontiers, sans porter envie aux autres conditions, enfin diminuer les charges du pauvre peuple ».

Des mesures législatives mûrement étudiées furent promulguées, en effet, dans le *Code Michau*, rédigé, comme nous l'avons démontré, sous l'inspiration du cardinal.

La restauration économique entreprise par Henri IV est poursuivie par un véritable code du commerce : règlements sur la production des tissus de soie, de laine et de coton, mesures de prohibition frappant les produits fabriqués, en particulier les draps anglais, autorisant l'exportation des blés et des vins, apportant des encouragements et aides aux compagnies. Un article du Code reconnaît aux gentilshommes français, comme elle existe pour les Anglais et Italiens, la faculté de se livrer au commerce sans déroger. Si cette décision eût déterminé un mouvement dans le corps de la Noblesse française, elle l'eût tiré à la fois de la misère et de la dépendance de la Cour, ôtant peut-être à ses membres quelque panache, mais leur rendant une utilité nationale, même en temps de paix, qui eût ménagé les transitions entre le régime féodal fondé sur la propriété terrienne et l'organisation économique et sociale des temps modernes.

Les prescriptions du *Code Michau* ne furent pas appliquées, nous l'avons dit; elles prouvent du moins, avec quel sens de l'avenir elles étaient conçues. Peut-être aussi l'esprit avisé de Richelieu se rendit-il compte, à l'user, des inconvénients qui pouvaient résulter de trop fréquentes interventions de l'État dans les affaires des particuliers. Sa politique autoritaire ménageait avec soin la valeur individuelle, comme on le remarque dans ses rapports avec les hommes d'initiative, avec l'opinion, avec le public lui-même, pourvu que les particularismes ne se missent pas en travers de son programme d'unité et de discipline nationale.

Règlements intérieurs pour faciliter le Commerce.

Conformément à ces vues d'unification, il poursuit l'abolition ou la réglementation des douanes intérieures, des péages, des droits seigneuriaux ou particuliers. Il embrasse dans un projet d'ensemble l'aménagement des canaux, des rivières, des ports, des routes : les travaux du canal de Briare, abandonnés, sont repris en 1639 et achevés en 1641. La canalisation de l'Ourcq entre Lizy et La Ferté-Milon est commencée et elle n'est suspendue que par la faillite de la compagnie concessionnaire; en juin 1633, une ordonnance royale réorganise complètement le service des ponts et chaussées. Les intendants prennent en mains la construction et la réfection des voies de communication, et, « quoique les routes fussent encore loin d'être aussi bien entretenues qu'elles le devinrent au xviii° siècle, elles passaient, dès la seconde moitié du xvii° siècle, pour les meilleures et les plus sûres de l'Europe (1) ».

Ce que Richelieu fit pour l'organisation des postes est particulièrement digne de mémoire. Chef qui savait choisir ses collaborateurs, de même qu'il écoutait les frères Razilly pour la marine, de même qu'il s'était adjoint Sublet de Noyers pour l'administration de la guerre, de même il avait auprès de lui un conseiller de choix qui semblait créé pour cette grande œuvre royale, l'établissement des postes. Il s'agit de son compatriote, Pierre d'Alméras, seigneur de Saint-Remy, général des postes et relais, occupant ces fonctions depuis 1615. Sous cette double impulsion, les mesures législatives et administratives se multiplient : édit de 1627; ordre donné en 1629 aux gouverneurs des provinces de ne correspondre avec Paris que par des courriers royaux; édit de 1630 divisant la France en vingt circonscriptions postales. Ces mesures ne furent appliquées, il est vrai, qu'assez lentement, mais, en fait, le Royaume se trouvait desservi, à la

---

(1) Voir Pigeonneau, *Histoire du Commerce de la France*, t. II, p. 394; et J. M. Vignon. *Études historiques sur l'administration des voies publiques en France aux xvi° et xvii° siècles*, 3 vol. in-8°. 1862.

mort de Richelieu, tout au moins les grandes villes, soit par voie de terre, soit par coches d'eau (1).

Pour ce qui concerne spécialement la haute industrie, Richelieu s'assure le concours vigilant et expérimenté de Sublet de Noyers, nommé ordonnateur général des bâtiments et manufactures du Roi. C'est à leur commune initiative qu'est due la création de la manufacture de tapis de La Savonnerie, le développement de la fabrication des soieries à Lyon, la fondation de l'Imprimerie royale à Paris en 1640. Dès le début de son ministère, Richelieu a fait venir de Hollande des « affineurs » de sucre et a jeté dans le nord de la France les premières bases de l'industrie sucrière (2).

Collectionneur inlassable, le cardinal achètera en Italie, en Hollande, par son factotum Lopez, des tapisseries, des tapis, des meubles, des tableaux, des diamants, des objets d'art de toute sorte, qui contribueront à créer, sous son influence, ce « style Louis XIII » évoluant vers le goût du Grand Siècle. On fera à Blois les premières pendules portatives, les « religieuses », coffre noir, émail bleu. On assouplira les vieilles ébénisteries pour faire fleurir aux moulures et aux angles le cuivre et l'or. Le luxe s'épanouira et il sera dû à la puissante volonté qui assure la confiance par l'ordre (3). Il faudrait multiplier à l'infini des exposés, malheureusement trop sommaires, pour présenter à l'histoire l'ampleur de ce mouvement du commerce qui permit la splendeur de la deuxième partie du siècle; il se développe d'abord à l'intérieur, puis avec les pays voisins et s'étend enfin sur la planète entière.

Richelieu suit ce progrès d'un œil attentif; il l'encourage; il l'excite par des mesures opportunes. En 1636, M. de La Gomberdière rédige pour lui son « Projet de règlement général sur les marchandises, adressé au Roi, » et atteste ainsi que le mouvement a gagné l'opinion (4).

(1) Pigeonneau, op. cit., p. 400; et surtout : Le traité de la Police de Delamare. t. IV, p. 380 et suivantes.
(2) Lettres du Cardinal de Richelieu, t. I, p. 348.
(3) L'influence de Richelieu dans l'architecture, l'art des jardins, l'art décoratif, la peinture, la sculpture, sera l'objet d'une étude spéciale.
(4) Publié avec des notes abondantes et précieuses par Éd. Fournier dans Variétés historiques et littéraires, t. III, p. 109.

Les relations commerciales avec les pays voisins de la France.

La politique commerciale de Richelieu au dehors se trouve subordonnée tout naturellement à la marche générale de sa politique étrangère. Voyons ce qu'elle fut avec les pays voisins de la France; d'abord avec l'Angleterre.

Les rapports avec l'Angleterre.

Nous avons dit plus haut le résultat des premières enquêtes de Richelieu sur la nature des relations commerciales avec la puissance voisine, sœur de civilisation et compagne de route de la France. Son opinion était que les Iles Britanniques, pour leur subsistance, ne pouvaient se passer de la France. D'une façon générale, sa politique ménageait l'Angleterre, mais tout en prenant garde de ne pas se subordonner à elle.

Quand le parti protestant eut rompu avec le gouvernement royal, l'Angleterre se jeta dans l'aventure rocheloise, poussée par des sympathies et des calculs mal combinés. La fortune de Richelieu l'emporta sur celle de Buckingham et la paix de 1629 consacra ce succès en rejetant l'Angleterre dans son île, en refrénant sa politique d'intervention et en ressaisissant, pour la France, les colonies d'Amérique : Canada, Acadie, qui lui avaient été prises par l'Angleterre au cours des hostilités.

On voit, dans les papiers de Richelieu, que la question du commerce avec ce pays le préoccupa immédiatement (1). Il envoya, en qualité d'ambassadeur auprès du roi Charles Ier, le futur garde des Sceaux, Châteauneuf, qui jouissait alors de toute sa confiance. Les *Mémoires* de Richelieu s'expliquent sur les dessous de cette mission : « Le sieur de Châteauneuf demanda aux commissaires qui furent nommés par le Roi pour traiter avec lui, qu'on renouvelât les anciennes alliances entre les deux Couronnes et qu'on les gardât inviolablement avec ouverture de commerce sûr et libre (2). »

---

(1) Voir, aux Archives des Affaires étrangères, *Angleterre*, années 1629-1630, les notes et mémoires qui ont préparé la mission de Châteauneuf.
(2) *Mémoires du Cardinal de Richelieu*, t. VIII, p. 247.

« Cependant, dit M. Wolowski dans l'étude qu'il a faite de ces négociations difficiles, la jalousie de Charles Ier ne supportait qu'avec une amère impatience l'extension de notre puissance navale. C'est alors qu'il évoqua le souvenir d'Élisabeth pour demander que la France, satisfaite de la haute place qu'elle s'était faite sur terre, n'étendît point sur mer ses idées de domination (1). »

« Châteauneuf, ajoutent les *Mémoires*, n'eut pas de peine à lui répondre que la grandeur du Roi ne lui donneroit jamais de jalousie; que ses armes seroient toujours pour son assistance et défense contre ses ennemis, mais qu'il ne croyoit pas qu'il y eût prince au monde qui dût raisonnablement et qui pût l'empêcher de se fortifier dedans ses États, soit par mer soit par terre, comme bon lui sembleroit (1). » Richelieu se montre extrêmement irrité, dans ses *Mémoires*, de cette attitude de l'Angleterre, « étant assez ordinaire à cette nation, dit-il, qui est hardie à nier la vérité sans honte, qui voit la raison et a peine à s'y laisser conduire, qui est impuissante au bien et au mal et brûle d'envie et de jalousie contre la France, avec laquelle elle avoit fait la paix par impuissance de pouvoir faire la guerre, non par amitié ni considération de bien particulier ou public (2) ».

Cette humeur venait sans doute du besoin qu'avait le cardinal du concours de l'Angleterre dans les grandes affaires européennes. Il ne cache pas sa déception. « Le dessein secret, avoue-t-il, mais principal, de l'envoi de Châteauneuf, étoit de convenir d'un moyen puissant pour s'opposer à l'ambition de la Maison d'Autriche, conserver la liberté de l'Allemagne et rétablir le Palatin. *Bien qu'il fût le plus important*, il ne fut pas néanmoins pris par eux en beaucoup de considération. »

Éternel embarras de la politique française, qui, entre l'Angleterre et l'Allemagne, est obligée d'avoir toujours l'œil sur l'un et sur l'autre de ces puissants voisins, contrainte qu'elle est de plaider toujours la cause des libertés européennes, tandis que les maîtres de la politique anglaise, à l'abri dans la sécurité insulaire, la prennent si mollement et si tardivement « en considé-

---

(1) *Mémoires du Cardinal de Richelieu*, t. X, p. 257.
(2) *Ibidem*, p. 260.

ration ». Tout l'art de la politique française dans cette difficulté est de choisir, non pas d'être choisie. Il faut qu'elle soit forte pour être recherchée et modérée pour ne pas se laisser entraîner.

Le traité de commerce fut conclu finalement à Saint-Germain-en-Laye; le négociateur pour l'Angleterre était Issac Walke, dont les instructions semblaient tendre à inaugurer entre les deux puissances une phase d'entente cordiale, « les deux pays étant résolus à restaurer le trafic et sa liberté et à cultiver sincèrement et équitablement la certitude d'une ferme amitié ». Le texte du traité « ouvrait, en effet, une ère nouvelle de facilités commerciales et il assurait l'affermissement d'une bonne et solide paix entre les deux Couronnes (1) ».

Le cardinal, prévoyant la guerre qui allait engager la France contre l'Espagne-Autriche et recherchant l'alliance des pays protestants, la Hollande, la Suède, etc... eût désiré conclure un traité de ligue offensive et défensive avec l'Angleterre (2). Mais, dès 1634, la Révolution avait éclaté en Angleterre. Charles Ier perdait son trône et la vie. Richelieu était déçu d'un grand espoir et libéré peut-être d'un grand souci.

Relations avec la Hollande et les pays du nord.

Les relations avec la Hollande sont devenues des plus étroites depuis le traité d'alliance et le renouvellement des subsides. En ce qui concerne spécialement le commerce, ces rapports sont régis par le traité signé le 31 octobre 1596 entre Henri IV et la République. Il y est stipulé « que les habitants de l'un et l'autre État pourront librement fréquenter, vendre et acheter, échanger et transporter dans les provinces, villes et places de l'un et l'autre toutes sortes de marchandises, sans que les uns ni les autres soient obligés de payer pour les marchandises et denrées, d'autres et de plus

---

(1) Voir le texte du traité dans Dumont, t. VII, p. 31-33; et voir, aux Archives des Affaires étrangères, les détails de la négociation. *Angleterre*, 1632. Voir, enfin, pour l'ensemble de la négociation, Wolowski : *Les Anciens traités de commerce de la France avec l'Angleterre* dans *Recueil de l'Académie des Sciences morales et politiques*, t. LVIII, p. 217 et suivantes et t. LIX, p. 183 et suivantes.

(2) Voir note à l'ambassadeur Sennecterre, aux Affaires étrangères, même volume.

grands droits ou péages que les habitants naturels des provinces, villes et places où le trafic et le commerce se fera, paient ». Cette pleine et réciproque liberté du commerce fut confirmée par les traités qui furent faits successivement avec la France en 1608, 1609, 1624, 1630, 1635, 1636, 1643, 1644 et 1647 (1). Mais, chose frappante, c'est le développement de la marine française qui donne lieu à d'incessantes difficultés. Charnacé en est accablé. Lopez l'aide à les régler, non sans l'agacer parfois. Les déboires alternent avec les facilités.

De son côté, Richelieu cherche à étendre son champ d'action vers le nord, vers des pays plus pauvres et, par conséquent, plus maniables (2). En vue de développer la construction de la flotte et le besoin de la navigation française, il confie à d'Avaux, envoyé comme ambassadeur extraordinaire en Allemagne, le soin de traiter avec le Danois Salvius de l'acquisition de plusieurs navires à la condition qu'ils soient de meilleur marché qu'en Hollande et qu'on les paye après la paix (2).

Les relations commerciales avec le Levant et les pays méditerranéens.

Le commerce de la France dans la Méditerranée et les pays du Levant avait pris un magnifique essor à la suite des Croisades. Marseille s'était organisée en puissance coloniale autonome et l'esprit d'entreprise de ses commerçants avait su recourir à des procédés d'armement et d'expansion pour ainsi dire tout modernes (3). Elle soutenait avec succès la lutte contre l'activité non moins intense des républiques commerçantes italiennes.

Après la réunion de Marseille à la France (1481), Louis XI et ses successeurs avaient énergiquement soutenu cette fructueuse activité qui rayonnait sur le Royaume tout entier. Mais, après les

---

(1) Voir, ci-dessus, chapitre de la marine, p. 510, 524.
(2) Voir *La richesse de la Hollande*. A *Londres*, aux dépens de la Compagnie, 1778, in-8°, t. Ier, p. 166.
(3) Voir André Sayous. *Le Commerce de Marseille avec la Syrie au milieu du* XIIIᵉ *siècle. Revue des Questions Historiques*, octobre-décembre 1929.

guerres d'Italie, les guerres de Religion avaient brisé cet élan (1). C'est seulement sous le règne de Henri IV que le commerce marseillais revint en quelque sorte à la vie.

La découverte du cap de Bonne-Espérance et de l'Amérique fut une nouvelle cause d'arrêt, du moins momentané, dans les affaires méditerranéennes. On vit alors, après une période d'hésitation, se poser une sorte de dilemme : l'avenir était-il dans la défense pied à pied d'une politique commerciale repliée sur les anciennes pratiques, ou bien n'était-il pas préférable de se lancer, comme l'Espagne, le Portugal, la Hollande, dans le rêve doré des découvertes récentes? La solution du problème dépendait du dénouement de la lutte engagée avec la monarchie espagnole. Parmi ces péripéties, l'histoire du commerce méditerranéen dépend étroitement du succès de la politique générale suivie par Richelieu soit en Europe, soit sur les mers et les terres lointaines. C'est donc dans le chapitre suivant et dans le volume final que l'évolution de ces problèmes se trouvera exposée (2).

Les relations commerciales avec l'Espagne, même pendant la guerre.

La guerre éclate. Quels seront les rapports commerciaux avec l'Espagne, avec les pays qu'elle tient sous son autorité ou sous son influence? On peut croire qu'ils sont rompus. Mais nous nous trouvons bientôt en présence d'une de ces habiletés, d'un de ces tours de main du commerce, faits pour surprendre aussi bien les statisticiens que les historiens.

L'auteur d'une étude approfondie sur ce sujet, M. Albert Girard, a pu affirmer « l'accroissement extraordinaire du commerce français en Espagne à partir de 1635, c'est-à-dire après la déclaration de guerre (3) ». De telle sorte que les Espagnols en étaient

---

(1) Voir *Notice historique sur la chambre de Commerce de Marseille* par Louis Bergasse, Marseille, 1913, in-8°, p. 11.
(2) Voir *Lettres de Richelieu*, t. VI, p. 428. Pour les relations avec le Levant et avec les pays du Nord, la Moscovie, etc., voir ci-dessous, p. 560 et suivantes.
(3) Voir Albert Girard, *Le commerce français à Séville et à Cadix au temps des Habsbourg*. Paris, E. de Boccard, 1932, in-8°, p. 110. Nous empruntons à cet ouvrage, écrit à l'aide des sources originales, les grandes lignes de notre exposé.

à se plaindre « que le Roi Très-Chrétien se servoit des gros profits retirés par la France du commerce d'Espagne pour entretenir les hostilités ». « Le commerce françois, ajoute le document contemporain cité, prospère malgré la guerre et à son estimation, il rapporteroit à la France quinze millions en or et en argent. »

Bien avant que la guerre fût déclarée, le bruit s'était répandu en Espagne qu'elle était prochaine, que le commerce serait arrêté et les biens des Français confisqués. Un habile diplomate, Peny, secrétaire du Roi, prévint à temps ses compatriotes. Ceux-ci, grâce à des intermédiaires, surtout juifs, purent faire passer en France une grande partie de leurs stocks et même de leurs biens. D'autre part, au lendemain de la signature du traité de Compiègne, qui nous engageait dans la guerre aux côtés de la Suède, une ordonnance de Louis XIII interdit le commerce avec l'Espagne et fit saisir les biens des sujets espagnols en France; une lettre de Richelieu, Grand maître de la Navigation et du Commerce, « défendit à tout sujet français de trafiquer avec l'Espagne et à tout marin d'aller à la mer sinon armé en guerre (1) ». Les mêmes mesures étaient prises en Espagne au même moment contre la France. Il semblait que, dans ces conditions, toutes relations commerciales dussent être rompues. Il en fut autrement. La rigueur des interdictions ne fit qu'exciter l'imagination des transgresseurs.

On procéda de diverses manières : les uns s'ingénièrent à obtenir des licences; les autres à se faire inscrire sur certaines listes de privilégiés; d'autres usèrent d'intermédiaires appartenant à des puissances neutres. La fraude, la contrebande, la concussion, tous les moyens furent mis en jeu. Le savoir-faire n'est-il pas la plus légitime des facultés commerciales?

Ce fut Louis XIII qui commença à entr'ouvrir la porte. Une démarche des marchands de la ville de Paris lui exposa combien était nuisible la suppression de la correspondance avec l'Espagne. Le Roi ne s'entêta point : il déclara que son intention avait été d'interdire la correspondance aux Espagnols, mais pas du tout aux Français :

---

(1) *Lettres du Cardinal de Richelieu*, t. IV, p. 791.

« Nous ayant été représenté que cette liberté est nécessaire pour la commodité de plusieurs marchands particuliers de nos sujets, nous voulons et entendons qu'elle soit continuée à l'avenir... »
Les raisons de la conduite du Roi apparaissent très clairement :
« il ne veut pas que la guerre prive ses sujets des rentrées d'or et d'argent que leur procure le commerce, quoique interdit avec l'Espagne (1). »

Le Roi Catholique ne fut pas en reste de bons procédés : « Pour d'autres raisons, il atténua à son tour son intransigeance. L'Espagne avait un besoin extrême d'articles de commerce provenant de France, les toiles, les blés, les cordages, les matériaux utiles à la marine, et l'on vendit aux Français des licences qui leur permettaient d'importer certaines matières et agrès, qui devaient se retrouver, hélas! sur les flottes ennemies de la France.

Il faut lire le détail dans l'ouvrage où est exposée cette savante manœuvre destinée à berner les prescriptions officielles.

Une ruse dernière pour finir. Le fisc royal espagnol avait trouvé un procédé pour doubler à la fois les droits et les amendes. Si quelque marchand, ayant ou non licence, introduisait un article français, on avait apposté des dénonciateurs et aussitôt le fisc se l'appropriait : « Le temps et l'adresse, dit un voyageur contemporain, ont remédié à ce mal. Un présent de quelque chapeau de castor ou de quelque marchandise estimée les met sous la protection de quelque grand, qui feroit mal passer le temps à ces témoins. »

Il n'y a rien de nouveau sous le soleil.

(1) Albert Girard, loc. cit., p. 78. — Sur l'ensemble de la politique économique, voir la publication de M. Henri Hauser, parue durant l'impression du présent volume : Les idées et la politique économique de Richelieu, dans « Revue des Cours et des Conférences », décembre 1934-juillet 1935. Il renvoie à deux études parues, l'une en Amérique, Fr. Ch. Palm, The economic Policies of Richelieu, 1920, l'autre en Allemagne, Georges, duc de Mecklembourg, Richelieu als merkantilischer Wirtschafts politiker... etc., parue en 1929.

CHAPITRE QUATRIÈME

RICHELIEU ET L'EXPANSION COLONIALE

La découverte de la terre. — L'or des Indes.

L'Espagne! Rien qu'à prononcer ce nom, comment ne verrait-on pas la puissance de ce pays s'élevant soudainement comme un nuage doré sur l'horizon, au xvi° siècle et au début du xvii° siècle? Si cette péninsule, écartée de la vie internationale durant le moyen âge, absorbée qu'elle était par sa lutte contre l'Islam, était devenue si vite la maîtresse du monde, si elle faisait planer sur l'humanité le nouveau péril d'une domination universelle, si, pour n'envisager que le sort de la France, l'Espagne avait encerclé le Royaume par les terres et par les mers, installée qu'elle était sur les Pyrénées, maîtresse du Portugal et du détroit de Gibraltar, pénétrant, par l'Italie soumise, jusqu'en Valteline et jusqu'à Gênes, ayant attaché à sa fortune l'Autriche des Habsbourgs et l'Allemagne catholique, atteignant même, par Waldstein, les rivales de la mer du Nord, faisant de son héritage belge le pivot du grand mouvement tournant par les Flandres, par la Lorraine, par la Franche-Comté, contre Paris, n'étaient-ce pas « les trésors des Indes » qui se trouvaient à l'origine de cette autorité mondiale? N'était-ce pas le nouveau monde qui avait alimenté, de ses richesses inouïes, les desseins, les ambitions, les rêves mystiques de l'homme de l'Escurial, du chef de la cause catholique, assez habile pour aller rechercher jusque dans la protestante Angleterre une alliance de famille l'aidant à en venir à ses fins?

« L'or du Pérou » avait fait ce miracle et il avait bouleversé, en même temps que l'économie, la politique de la vieille Europe. On savait bien que, de cette avalanche imprévue du métal jaune, disproportionnée à la production et à la consommation, était résultée la crise formidable qui désaxait l'humanité féodale et propriétaire et qui emportait les maigres ressources de l'Europe terrienne dans son formidable courant.

C'était le cri universel et c'était le mot de l'énigme, tel que l'avait prononcé Launay Razilly dans le mémoire adressé à Richelieu en 1626 : « Quiconque est maitre de la mer a un grand pouvoir sur terre. Voyez le roi d'Espagne. Depuis qu'il a conquis la mer, il a tant conquis de royaumes que jamais le soleil ne se couche sur ses terres. »

L'Espagne et le Portugal.

La recherche de la route des Indes d'Asie avait été l'objet des grands voyages antérieurs à Christophe Colomb et l'avait mis lui-même en mouvement. Mais l'appel de l'or avait été aussi l'un des grands stimulants de l'illustre découvreur. N'ayant pas rencontré les Indes, il avait trouvé l'or. Ajoutez l'esprit d'aventure, je ne sais quelle curiosité de l'inconnu suscitée par l'élan de la Renaissance, et vous apercevrez les mobiles de cette impulsion magique projetant les puissances européennes et, au premier rang, la péninsule ibérique, dans cette extraordinaire odyssée.

« Comme un vol de gerfauts »... Partis de ce même rivage, les Portugais avaient fait les premiers pas et recueilli les premiers fruits. Ce qu'accomplit ce petit Portugal est déjà chose incroyable. Ses marins avaient positivement inventé la navigation mondiale, reconnu la forme de la planète et entrepris la mensuration du ciel. Par eux les sombres océans s'étaient soudain illuminés. Mais la puissance sur mer ne tient pas, si elle n'a pas une puissance sur terre où s'appuyer. Le Portugal n'était ni assez solidement enraciné dans le sol ni assez entraîné aux procédés des grandes affaires pour porter le poids d'une telle richesse. Sa fortune trop prompte amena son rapide déclin.

L'Espagne fut l'inévitable héritière. Elle ramassa, avec les découvertes, les découvreurs, les richesses du Portugal et le Portugal lui-même. Pareille au bernard-l'hermite, elle se logea dans la carapace aux tentacules immenses projetées prématurément sur le monde.

Mais l'Espagne, gratifiée à son tour de cette pluie d'or, pouvait-elle, par sa propre énergie, supporter un gain si excessif? On affirme que, rien que dans le cours du xvi° siècle, elle avait reçu cent soixante-dix millions de livres sterling des mines américaines. Les Espagnols n'étaient pas entraînés plus que les Portugais au maniement de pareils capitaux; ils n'avaient pas en eux les moyens de faire travailler à leur profit un pareil enrichissement.

On tente, en ce moment, de réhabiliter les procédés de la colonisation espagnole en Amérique, et on a raison. Une fois passées les heures de la conquête, la catholique Espagne a su vivre parmi les peuples indigènes, les faire vivre et les gagner à la civilisation. Que l'on compare les résultats de la colonisation mercantile dans les autres parties du nouveau continent, dont les deux méfaits indéniables sont d'avoir détruit les races indigènes par l'alcool, non sans les avoir abruties par la traite!

Mais, si cette justice doit être rendue à l'Espagne, on ne peut nier que, par des fautes économiques énormes, le Roi Catholique a gaspillé le bénéfice de la fortune soudaine qui lui était advenue. Philippe II fut le plus chançard des héritiers qu'il y eût jamais dans le monde. Or il laissa à ses propres héritiers un royaume épuisé, disloqué, accablé de cent quarante millions de ducats de dettes (1). Et cependant les mines de l'ultramar produisaient toujours du métal en abondance, jusqu'à douze millions six cent mille piastres annuellement. Les galions apportaient cette manne (2).

Les premières tentatives françaises.

La jeunesse de Richelieu avait été éblouie par l'horizon aux lueurs dorées, émerveillement de son temps. Qu'avait fait la

---

(1) Ces chiffres se rapportent à l'évaluation de la monnaie saine, vers le milieu du xix° siècle. Voir Jacob, *De la production et de la consommation des métaux précieux*, t. II, p. 27, cité par Duesberg, *Histoire du Commerce*, d'après l'ouvrage d'Hoffmann, 1849 in-8°, p. 490.

(2) Sur l'expansion coloniale portugaise et espagnole, voir l'ouvrage si complet de Charles de Lannoy et de H. Vanderlinden : *Histoire de l'Expansion coloniale des peuples européens*, t. I. *Portugal et Espagne*. Bruxelles, Lamertin, 1907, in-8°.

PREMIÈRES TENTATIVES COLONIALES DE LA FRANCE.

France cependant? La France, avec cette rapide conception des choses qui est la sienne, s'était alertée de bonne heure. Le fameux rhétoriqueur Jean Chastelain, mort en 1475, avait signalé dans ses *Merveilles advenues de mon temps* (1) la richesse et les métaux précieux des terres nouvellement découvertes, avant même qu'elles eussent, pour le public, un lieu, un nom :

> J'ai vu deux ou trois îles
> Trouvées en mon temps
> Et dont les habitants
> Sont, d'étranges manières,
> Sauvages et velus.
> D'or et d'argent minières
> Voit-on en ces palus.

Il s'agit sans doute des Canaries, abordées et occupées par Béthencourt de 1402 à 1422; peut-être aussi des îles Madère, découvertes en 1418. La possession de ces archipels avait été l'objet d'un long débat au concile de Bâle en 1435. Les esprits étaient donc en éveil.

La France avait depuis longtemps une vague notion de l'existence de terres inconnues par delà l'Atlantique. Ses pêcheurs du nord avaient touché les côtes du Groënland, peut-être atterri sur le continent; on faisait à Rouen un commerce mystérieux de bois dit de « Brasil ». La navigation sur les côtes africaines jusqu'en Guinée et, par la Méditerranée, dans tout l'orient, avait habitué ses marins à se risquer sur le grand espace des mers. Un Pinçon, marin de Christophe Colomb, avait, assure-t-on, des attaches avec les ports de la Manche. En 1530, Jean Ango faisait la guerre, pour son compte particulier, aux Portugais qu'il allait attaquer jusqu'aux Indes. Quoi d'étonnant si Guyon Le Roy, amiral de François Ier, aïeul de Richelieu, avait fondé le Havre en vue des nouvelles navigations, et si François Ier lui-même avait eu la prescience des destinées de ces terres atlantiques vers lesquelles la Bretagne était tendue comme un bras?

La France, donc s'était mise sur les rangs. Mais les guerres de Religion avaient brisé ce premier élan. De nouveaux cham-

(1) Publiées, après sa mort, par Molinet, en 1531.

pions étaient entrés en lice avant qu'elle eût repris haleine : c'étaient la Hollande et bientôt l'Angleterre.

Les Gueux de la Mer et la grandeur hollandaise.

Dans la conquête de la terre, la Hollande avait remporté des succès aussi prodigieux que ceux du Portugal, elle était devenue son plus redoutable adversaire. S'étant substituée d'abord sur le continent, à la Ligue hanséatique, elle l'avait réduite à la faillite, en 1624, l'année même où Richelieu devenait ministre. Ainsi ce « rivage maresqueux » s'était assuré une base solide dans les grandes affaires européennes. Les « Gueux de la Mer » s'étaient alors déchaînés sur les océans et ils avaient visé comme proie l'Espagne, dont ils avaient rejeté la souveraineté. La France leur était devenue une alliée continentale qui les protégeait contre l'encerclement. Le plus beau coup de dés pour les Pays-Bas fut la domination sur l'Inde, conquise par le gouverneur général Piéterszoon Koën, de 1618 à 1623. Ainsi la grande période de l'expansion hollandaise coïncide exactement avec le ministère du cardinal de Richelieu.

Un enrichissement prodigieux résulta, pour ces heureux révoltés autant de l'assaut donné aux galions espagnols que de la conquête des Indes sur le Portugal. Du cap de Bonne-Espérance au Japon, le commerce et les transports leur appartinrent. Protestants-républicains, herbagers-mariniers, briquetiers-charpentiers, ingénieurs-gazetiers, propagandistes-soldats, ils transformaient la face des affaires comme le cours des idées et ils allaient révolutionner l'Europe et le monde nouvellement découvert. La triple crise, crise d'intérêts, crise de pensée, crise de conscience, se trouvait déchaînée (1).

Mais, par l'un de ces retours surprenants de l'histoire, c'est

(1) La plupart des ports et même des châteaux qui ont été construits à la fin du xvi° et au début du xvii° siècle ont été bâtis en « briques de Hollande » par des maçons hollandais. Dès le xiv° siècle ces étrangers construisaient, en Picardie, le château de Beauvoir. Nous avons les devis de construction de La Rochelle, du Havre, etc. « en briques de Hollande, par les maçons de Hollande » (peut-être francs-maçons, en tout cas semant partout les idées libérales). — Ce serait toute une histoire à écrire que celle de la brique, histoire qui, au point de vue archéologique et sans doute politique, présenterait le plus grand intérêt.

un autre pays protestant, le pays où, avant la fin du siècle, devait régner un Nassau, qui était appelé à couper les ailes à cette ascension inouïe. Tel fut le résultat de l'Acte de Navigation voté par le « Long Parlement », en 1650, décision qui eut pour suite l'avènement de la puissance anglaise sur les mers.

L'expansion anglaise au XVIIe siècle.

Un premier mouvement s'était manifesté en Angleterre dès la nouvelle des grandes découvertes. En 1562, Hawkins exportait des nègres à Saint-Domingue. Mais les Anglais prennent leur temps. La grande entreprise, en son caractère général, attendit le règne d'Élisabeth. En 1600 seulement, fut fondée une Compagnie des Indes à l'imitation des compagnies hollandaises. Soudain, on voit les Anglais apparaître partout. Hommes du nord, c'est d'abord le nord qui les attire; car, autre trait, ils aiment à travailler seuls. Les voilà qui se mettent à chercher eux aussi la route des Indes, mais une route qui serait à eux, bien à eux; ils pensent la trouver par les eaux boréales. A cette recherche ils perdront leur temps, mais non leur argent, car les pêcheries des mers septentrionales, le commerce des pelleteries, des huiles leur seront longtemps un fructueux monopole. D'où, aussi, leur installation en Amérique du Nord, leur pénétration profonde dans les terres, à la recherche du passage vers le Pacifique, puis les grands détours par le détroit de Magellan d'une part, par le cap de Bonne-Espérance de l'autre.

Leur flotte est sans rivale. Au siège de La Rochelle, Richelieu ne pourra la battre qu'à coups de moellons, en construisant la digue. Sur les grandes eaux, ils ont rencontré l'Espagne, et leurs corsaires commencent la chasse aux galions. Sur le continent européen, les Stuarts s'accrochent à la cause du Palatin, et y trouvent un motif à leur hostilité contre la monarchie austro-hongroise et une entrée dans les affaires de l'Allemagne.

Leurs marchands s'imposent à la faiblesse portugaise (traité de 1642), à l'inertie continentale, en attendant que leur puissance navale jette ses filets sur les coreligionnaires et bons amis de Hollande. En 1617, les fonds de la Compagnie britannique des

Indes étaient montés à 203 pour cent et les bénéfices pendant les dernières années, à 87 et demi pour cent (1).

Et maintenant, que restera-t-il pour la France?

Le Portugal au déclin, l'Espagne en délabre, la Hollande à l'apogée, l'Angleterre à l'essor, les choses en étaient là tandis que Richelieu, avec ses grands projets sur la puissance de la mer, interrogeait l'horizon. Est-il nécessaire de rappeler les raisons pour lesquelles il médita si profondément sur ces problèmes? La France, partie l'une des premières, s'est laissé distancer. Pourquoi le monde, qui s'est ouvert pour les autres, resterait-il fermé pour elle? Pourquoi l'essor pris par les affaires universelles ne provoque-t-il plus ni l'intérêt ni l'émotion de cette France initiatrice des croisades? La fille aînée de l'Église va-t-elle abandonner sa mission?

Le cardinal de Richelieu écrit dans son *Testament Politique*: « Les François sont capables de tout, pourvu que ceux qui les commandent soient capables de leur bien enseigner ce qu'il faut qu'ils pratiquent. Leur courage, qui les porte à chercher la guerre aux quatre coins du monde, vérifie cette proposition. S'ils vivent dans ce Royaume sans discipline, ce n'est pas tant leur faute que celle des chefs qui les commandent, qui se contentent d'ordinaire de faire des ordonnances et n'ont pas le soin de les faire observer. C'est chose certaine que l'opinion, qui s'est répandue par tout le monde, que les François sont incapables de règle et de discipline, n'a aucun autre fondement que l'incapacité des chefs, qui ne savent pas choisir les moyens nécessaires aux fins qu'ils se proposent (2). »

Richelieu entend ne pas être de ces chefs-là. Il a réfléchi; il a consulté. Son premier regard s'est porté vers la Hollande, l'Angleterre: « Pour se rendre maître de la mer, il faut voir comme nos voisins s'y gouvernent », dit-il encore. C'est leur exemple qui l'excite, l'entraîne. D'abord créer une flotte nombreuse, assurant la

(1) Voir Hoffman et Duesberg, *loc. cit.*, p. 543-545.
(2) Edit. 1689, p. 516.

sécurité du commerce; ensuite avoir une politique de grande navigation, pour faire connaître et respecter le nom de la France dans l'univers; enfin reprendre l'idée d'une expansion coloniale de nature à donner aux navigateurs des points d'atterrissage, aux affaires de solides établissements.

Le président Molé, qui fut le confident de ses desseins (car on désirait éclairer par lui les oppositions parlementaires), Molé écrit dans ses *Mémoires* : « M. le Cardinal, voulant présenter à l'assemblée des notables (1627) des édits nouveaux concernant la marine, le commerce et la navigation pour justifier le titre qu'il prenoit alors de Réformateur général du Commerce du Royaume, s'arrêta d'abord à l'édit pour l'entretènement perpétuel de quarante-cinq vaisseaux, qui, disoit-on, suffiroient pour rendre à la marine de France son ancienne splendeur. Il voulut ensuite créer de grandes compagnies auxquelles on donneroit de grands privilèges... (1) » La première de ces compagnies, dont les statuts furent soumis à l'examen de Mathieu Molé, *La Nacelle de Saint-Pierre fleurdelysée*, avait à sa tête un conseil composé d'un Hollandais, Nicolas Witte, d'un Flamand, d'un Breton et d'autres « François et Flamands ». La compagnie, dont les statuts comportaient un vrai capharnaüm d'entreprises bigarrées, ne réussit pas; et Richelieu reçut là une leçon, qui ne fut ni la première ni la dernière, sur les difficultés des alliances et des partages.

Nous n'entreprendrons pas de donner ici un tableau des créations coloniales du grand ministre : (cet exposé, pour être complet, réclamerait des volumes, et l'histoire des Colonies françaises ayant été le sujet d'un ouvrage considérable, il nous sera permis d'y renvoyer), essayons seulement de dégager les principes selon lesquels le cardinal dirigea l'activité du pays vers cette large expansion commerciale et coloniale (2).

La marche des faits et des réalisations révèle l'existence d'un plan d'ensemble dont les grandes lignes seraient les suivantes.

(1) *Mémoires de Mathieu Molé*, t. I, p. 414.
(2) Voir *Histoire des Colonies françaises et de l'Expansion de la France dans le monde*, publiée sous la direction de Gabriel Hanotaux et de A. Martineau. Société de l'Histoire Nationale et Librairie Plon, six volumes in-4° illustrés, 1929-1933.

Le champ ouvert à la France se trouve être, d'après sa situation géographique, d'abord les mers riveraines, la Méditerranée et l'Atlantique, puis les mers lointaines, océan Indien, océan Pacifique. Or l'attention de Richelieu se porta, avec une simultanéité et une ampleur frappantes, en ces diverses directions.

On pourrait jalonner les entreprises du cardinal en suivant plusieurs grandes lignes englobant l'ensemble de la sphère terrestre :

1° Un circuit méditerranéen, en particulier africain.

2° Un circuit oriental, visant l'Asie centrale avec une tendance très singulière à éviter, par un détour continental, la Turquie, de manière, en partant de la mer du Nord et de la mer Baltique, à atteindre les Indes par la Moscovie et la Perse.

3° Un circuit atlantique, s'accomplissant du nord au sud et s'appuyant, comme aux arches d'un pont, sur les îles Antillanes pour gagner le continent sud-américain et pénétrer par les grands fleuves vers l'Eldorado, en direction du Pérou.

4° Enfin un circuit doublant le cap de Bonne-Espérance, prenant terre à Madagascar et aux Mascareignes, pour déboucher dans l'océan Indien, vers le golfe Persique et les Indes d'une part, d'autre part, vers les masses jaunes de l'Extrême-Orient, but antique des entreprises européennes.

Pour mettre sur pied un tel programme, Richelieu avait consulté des hommes compétents et sûrs. Il avait vu Champlain et ses compagnons; il avait, durant le siège de La Rochelle, vécu au milieu de l'élite des marins et des navigateurs; surtout, il avait appelé auprès de lui les deux frères Launay Razilly, dont la mémoire devrait rester étroitement unie à la gloire du grand Cardinal. En écoutant ces hommes d'une expérience *réelle* et non *scolaire,* et d'un idéalisme resté chevaleresque, il avait combiné ses projets selon une doctrine supérieure, appartenant en propre aux colonisateurs français. Ceux-ci, à l'encontre des profiteurs du « fabuleux métal », s'étaient, d'un élan commun, portés vers un système d'accord amical avec les habitants des terres nouvelles : on aborderait ces populations non pour les exploiter et les avilir par les premiers contacts avec la civilisation, mais, au contraire, pour les élever, les éduquer et pour les appeler, selon les lois de l'Évangile, à prendre leur place dans la grande famille humaine. A la suite de Jacques Cartier, Champlain avait déjà exprimé ce sentiment à Henri IV, — si bien fait pour le comprendre. — « Les véritables richesses coloniales, disait-il, sont la culture du sol et la sympathie des indigènes, et non les mines d'or et une odieuse fiscalité. » Poutrincourt, ancien ligueur, vice-roi du Canada sous le même roi Henri IV, dans son admirable lettre au pape Paul V, affirmait le principe avec une précision et une énergie extraordinaires : « Il me paraît profitable pour la religion chrétienne, écrivait-il, de diriger nos efforts vers ces vastes contrées qui s'ouvrent sur les plages occidentales et d'en gagner les habitants à la connaissance du vrai Dieu. Ce n'est pas par la force des armes qu'il faut les amener à la religion, mais bien plutôt par la persuasion et la prédication du dogme et de la morale. » Et il conclut : « Pour ceux qui craignent Dieu, tout aboutit au bien (1). » C'est le même sentiment que Razilly exposait, un demi-siècle plus tard, au cardinal en ramassant l'expression dans une formule d'une simplicité frappante : « La croix et les lys ». « Nous avons, mes amis et moi, écrivait-il, avancé cinquante mille écus pour le commencement de cette œuvre (il s'agit de la Nouvelle Guyenne ou Acadie), sans en avoir retiré aucun profit, sinon des bâtiments et forteresses munis de vingt-cinq canons en batterie, en fort bon état de défendre la croix et les lys (2). »

La devise est celle de ces vaillants hommes. Richelieu, ayant auprès de lui le Père Joseph, transfère immédiatement la pensée de la formule aux actes. En 1628, devant La Rochelle, il signe la déclaration approuvant les statuts de l'association, cette fois bien française, ayant à sa tête le cardinal lui-même, puis le maréchal d'Effiat, le vice-amiral de Razilly, Champlain, etc. L'association prend en charge la colonisation de la Nouvelle-

(1) Voir le texte de la lettre dans Ad. Huguet, *Jean de Poutrincourt, vice-roi du Canada sous Henri IV*. Picard, in-8°, p. 28 et suivantes.
(2) Lettres de Razilly à Richelieu, dans La Roncière, t. IV, p. 643. — Voir ci-dessus, p. 509, l'exposé des premières relations des frères Razilly avec le cardinal.

France. L'article 16 de la charte stipule « que les descendants des François qui s'habitueroient audit pays, ensemble les sauvages qui seroient amenés à la connaissance de la foi et en feront profession, seront désormais censés et réputés naturels François et, comme tels, pourront venir habiter en France quand bon leur semblera et y acquérir, tester, succéder, accepter dons et legs, tout ainsi que les vrais régnicoles et naturels François, sans être tenus de prendre aucune lettre de déclaration ni de naturalité ».

Il est à remarquer, comme suite de cette position prise par les fondateurs, que le commerce se plaignit vivement du fait que l'Eglise s'élevait avec une énergie persistante contre la vente des liqueurs fortes, affirmant ainsi un sentiment nettement opposé à ce qui se passait dans les autres colonies européennes. Ces mesures, cette direction morale éminente devaient permettre au Père Charlevoix d'écrire vers le milieu du xviiie siècle, « la source de toutes les familles canadiennes est pure ». Et elle reste pure après deux autres siècles parce qu'elle fut humaine.

Sur de tels principes, les établissements fondés par Richelieu paraissaient avoir les plus grandes chances de durée; mais certains procédés de colonisation, empruntés aux pratiques du temps et venant aussi de la médiocrité des moyens, devaient, dans un avenir plus ou moins lointain, les précipiter vers leur ruine. Ces erreurs sont surtout de caractère économique. La plus grave fut de confier à des compagnies marchandes l'exploitation des terres nouvelles. Ainsi le mercantilisme s'introduisait en maître dans une œuvre de civilisation et de rayonnement humain : il allait la dégrader.

Il est à remarquer que certains conseillers de Richelieu avaient exprimé, à ce sujet, après une première expérience, le sentiment que ces entreprises de longue haleine devaient être, en leur constitution et leur conduite générale, œuvre d'État. En 1631-1632, alors que la Nouvelle-France, après avoir subi une première conquête anglaise, était en péril de mort, Isaac de Razilly exposait au cardinal, dans un mémoire sur la colonisation du Canada, que

---

(1) Voir les textes dans Caillet, *op. cit.*, t. II, p. 100.

« c'étoit au Roi d'en assumer le souci et d'en prendre la charge, ajoutant que les douze bâtiments de guerre affectés à ce service, couvriroient leurs frais d'entretien en échangeant au retour pelleteries et poissons contre les produits des rives méditerranéennes (1) ».

La plaie des compagnies subsista jusqu'à la fin de l'ancien régime. Dupleix fut leur suprême victime, et la perte des Indes leur désastreux aboutissement.

Encore faut-il tenir compte d'autres causes de ruine, remontant également aux origines : le système de l'exploitation des colonies au profit exclusif de la métropole, adopté alors par tous les pays colonisateurs, eut les mêmes conséquences.

La terre coloniale était toujours et partout chasse gardée. La fameuse *Flotte de Montmorency*, compagnie fondée en 1615 pour la navigation des Indes orientales, avait obtenu l'insertion dans ses statuts d'une clause interdisant à tous les sujets du Roi, « autres que les intéressés de la compagnie », d'entreprendre aucune navigation du côté du Levant par delà le cap de Bonne-Espérance, durant le temps et l'espace de douze années. Prétendre fermer le grand espace des mers pour douze années, alors qu'on se faisait une gloire de l'ouvrir à l'activité maritime et commerciale ! Le monopole fut la plaie du système colonial sous l'ancien régime et les monopoleurs furent les exploiteurs les plus audacieux de ces magnifiques découvertes. Exclusivisme, presse et chaînes de convicts, travail forcé, traite des noirs, alcoolisme,

---

(1) Mémoire rédigé à la demande du cardinal de Richelieu et du maréchal d'Effiat. Cité par La Roncière, *op. cit.*, t. IV, p. 640. — Voir aussi Garneau, *Histoire du Canada*, 7° édition. Félix Alcan, in-4°, p. 544. — Challes, dont les curieux *Mémoires* sont trop peu connus, raconte comment, contre la volonté de Colbert, la colonie du Canada fut livrée au mercantilisme à la suite d'une intrigue, tramée autour de Louis XIV par la gouvernante des enfants de France, la maréchale de la Mothe à laquelle les intéressés avaient promis cinquante mille écus. Citons seulement la conclusion de ce curieux récit : « Malgré ce que M. Colbert avoit représenté au Roi, la maréchale de La Mothe, qui ne vouloit pas perdre les cinquante mille écus, employa tant d'insistances et d'intrigues que Louis accorda le domaine du Canada à une Compagnie et, sur une autre remontrance que M. Colbert lui fit, ou plutôt lui voulut faire, il lui ferma la bouche par un : *Je l'ai promis et je le veux !* M. Colbert fit donc le traité, mais il a toujours dit qu'il n'en avoit jamais signé plus à contre-cœur. » — *Mémoires de Robert Challes*, publiés par A.-Augustin Tierry, Plon, p. 87.

tout cela tenait au système. Et, à la suite, la fiscalité, la piraterie, la flibuste des boucaniers, les droits de bris et naufrage, tous ces chancres nés du commerce et meurtriers du commerce. Ainsi l'héroïsme et l'esprit d'entreprise des initiateurs se trouvaient détournés au profit d'une rapine désordonnée.

D'autres maux enfin se cumulèrent sur de telles erreurs : les divisions, les dissensions entre Français : des colons, transportés de force, subissant, dans une misère profonde, dans une attente douloureuse, le retard des flottes ; l'incurie des gouverneurs ; l'obstacle permanent des combinaisons particulières et des concurrences sans pitié. On se détestait. Les partialités jetaient les moins sûrs ou les plus subtils dans l'émeute, dans la rébellion, dans la trahison et l'on vit la Nouvelle-France, à peine créée, livrée à l'Angleterre par des Français allant d'un camp à l'autre, bien reçus partout et parfois couverts de récompenses. Il en fut de même aux Antilles, où des dissentiments de famille finirent par devenir des drames d'État. Tableaux bien tristes pour l'histoire, mais auxquels l'histoire oppose le contraste des admirables vertus, de l'énergie, de l'héroïsme d'une génération qui, malgré tout, fonda, organisa, développa cette vaste France d'outremer que le génie de Richelieu, secondé par ses « gens de main », put transmettre à la sage administration de Colbert. Voyons, maintenant, l'œuvre elle-même dans sa rapide création et dans son étonnante audace.

Le commerce et les établissements méditerranéens.

En ce qui concerne les grandes affaires méditerranéennes, et en particulier le commerce de Marseille avec le levant, la sécurité, d'ailleurs fort précaire, des relations, dépendait des rapports généraux avec l'orient musulman et surtout avec la Turquie.

François Ier, en signant, avant tous les princes européens, les capitulations avec le Sultan, avait placé la France dans une situation éminente. Mais les autres puissances avaient, l'une après l'autre, suivi cet exemple et, profitant de l'affaiblissement de la politique française au cours des guerres de Religion, avaient gagné ce que la France perdait. Les pays protestants, l'Angleterre, la Hollande, de concert avec la République de Venise, assiégeaient la Porte de leurs revendications, de leur concurrence, et se disputaient ses faveurs à la folle enchère. Au même moment, les événements qui s'accomplissaient en Hongrie, dans l'Empire germanique, en Moscovie, renouvelaient sans cesse la menace d'une guerre entre les puissances chrétiennes et l'Empire Ottoman : la question d'orient commençait à se poser avec ses éléments contrastés. Ces complications accroissaient encore, pour la France, les charges qu'elle avait assumées comme protectrice des Lieux Saints ; de ce fait, elle avait à lutter contre les Grecs, les Arméniens, les Levantins orthodoxes. Des querelles de moines, aussi ardentes que mesquines, prenaient le Sultan pour arbitre et l'attiraient, non sans blessures, dans ce fourré d'épines que sont ces infinies affaires religieuses de l'orient.

Sur un plan plus élevé, la lutte acharnée, engagée entre la Perse et la Turquie pour la possession de Bagdad, de la Syrie, du golfe Persique, grand chemin des Indes, était à son point culminant sous les règnes du Grand Shah Abbas, d'une part, et bientôt, d'autre part, du sultan Mourad IV. Cette lutte, en introduisant la Perse dans les préoccupations européennes du moment, permettait d'entrevoir, pour le trafic des Indes et de l'Extrême-orient, d'autres voies que celles du transit par la Turquie.

Comment échapper aux exigences turques ?

Le projet d'expédition qui s'inspirait de l'esprit des Croisades et qui avait conduit dans le Magne le duc de Nevers, conseillé par le Père Joseph, avait présenté le problème de l'orient sous une face nouvelle et, il faut bien le reconnaître assez risquée. On avait examiné avec le Saint-Siège et avec les puissances catholiques l'idée imprévue d'une nouvelle croisade contre le Turc. La campagne préparée et même commencée avait piteusement échoué. On peut y découvrir, à la rigueur, le premier prodrome des guerres qui devaient aboutir, par la suite, à la délivrance des provinces chrétiennes soumises au joug des Turcs.

Richelieu ne semble pas s'être détaché tout à fait de cette

entreprise, chantée d'avance par son confident le plus cher, le Père Joseph, dans la *Turciade*. On tint le projet en suspens comme une arme au fourreau. En octobre 1636, Mazarin, envoyé à Rome par Richelieu pour mettre au point les diverses questions pendantes avec le Saint-Siège au début de la guerre, lisait dans ses instructions la recommandation suivante : « Quant au mémoire qui a été envoyé ci-devant à M. Mazarini sur le sujet d'une guerre sainte, il s'en servira comme il jugera à propos, selon le cours des affaires, avec les circonspections exprimées audit mémoire (1). » On faisait même un pas de plus en d'autres instructions données à un religieux, le Père Bach, provincial des Minimes, envoyé vers les cours de l'Europe avec une mission très secrète pour faire connaître les conditions de la France en vue de la paix avec l'Espagne. Il y était dit « qu'il y avoit beaucoup de bonnes choses à faire contre les Turcs, lesquelles ne seroient pas difficiles à faire réussir s'il y avoit bonne intelligence entre le Comte-Duc (Olivarès) et le Cardinal (2) ».

Relations avec la Turquie. Harlay de Césy.

Sur les lieux mêmes, à Constantinople, la situation de l'ambassadeur de France était des plus difficiles. Harlay de Césy, de la grande famille des Harlay, avait été chargé de ces fonctions sous la régence de Marie de Médicis. Richelieu lui écrivait déjà sous son premier ministère, en mars 1617, pour lui faire des observations sur la façon dont il gérait l'ambassade (3). L'ambassadeur avait rencontré les plus grandes difficultés, ayant eu à lutter contre les orthodoxes, au sujet de la nomination du patriarche Cyrille, et aussi contre les représentants des autres puissances au sujet de certaines exactions, qu'ils l'accusaient d'avoir provoquées au détriment de leurs nationaux.

Le sultan Mourad étant, sur ces entrefaites, parvenu au trône,

---

(1) *Lettres du Cardinal de Richelieu*, t. V, p. 607.
(2) *Ibidem*, t. V., p. 742.
(3) Voir *ibidem*, t. VII, p. 360, et le récit des incidents concernant l'élection du patriarche dans la *Gazette de France* de Théophraste Renaudot du 27 juin 1636.

tout enfant encore, la Sublime Porte avait pris parti contre Césy; la querelle s'était envenimée et l'un des serviteurs de l'ambassade aurait subi le supplice du pal, tandis que l'ambassadeur lui-même aurait passé par la bastonnade (1).

Sous le règne de Mourad IV, qui, de 1624 à 1640, coïncide exactement avec le ministère de Richelieu, la France et la Turquie se trouvèrent finalement en grave désaccord. L'orgueil, la tyrannie, la cruauté inouïe de ce sultan, qui, d'autre part, s'était assuré une autorité exceptionnelle en rétablissant les frontières, en conquérant Bagdad, en refoulant la Perse, en domptant les rebelles, en reconstituant l'intégrité et la grandeur de l'Empire, avait été une offense presque constante à la dignité et aux intérêts de la France.

Négociations en Moscovie et en Perse.

Le commerce français avait grandement souffert de cette situation et les commerçants rendaient responsable l'ambassadeur

(1) Il est très difficile de se débrouiller dans la carrière de ce Harlay de Césy, où se trouvent mêlés Henri IV, sa maîtresse, Mme de Moret, l'Église, la diplomatie et qui se couronne par l'indulgence que témoigna toujours à ce diplomate évêque le cardinal de Richelieu, jusqu'à lui confier le soin de mettre sur pied ses propres *Mémoires* (Voir ci-dessus, p. 89. Voir aussi, J. H. Mariéjol, *Marguerite de Valois*, p. 169, et *Lettres de Richelieu* t. VIII, p. 193). Césy garda l'ambassade jusqu'en 1634 et eut avec son successeur, M. de Marcheville, des querelles d'une extrême violence (Voir l'historiette de Tallemant des Réaux : « *La Comtesse de Moret et M. de Césy*. Édit. Téchener, t. I., p. 107).

Hector de La Ferrière, au cours des recherches faites par lui dans les bibliothèques de Saint-Pétersbourg en 1863-1864, a rencontré une correspondance des plus importantes adressée à Césy par Bouthillier, le Père Joseph et Richelieu lui-même. Elle porte principalement sur les questions relatives au protectorat catholique, aux dissentiments avec les orthodoxes, à l'établissement d'ordres religieux et notamment des Franciscains dans l'Empire ottoman (Voir Hector de La Ferrière, *Deux années de mission à Saint-Pétersbourg*, Imprimerie impériale, 1868, in-8° p. 80 et suivantes). Le Père Joseph paraît avoir eu l'ambassadeur en particulière estime. Il lui écrit : « Votre prudence nous guide et votre protection est notre bouclier ». Et encore : « Ce n'est pas une flatterie si je dis que votre action tient quelque chose de la ressemblance de celle de Dieu, puisqu'il en est l'auteur; ce qui ne diminue pas plus votre gloire... » etc. Il semble bien que l'intimité des Bouthillier, du Père Joseph et de l'entourage intime dut contribuer à la faveur dont le cardinal honora (non sans un grain de sel) ce Césy devenu évêque de Saint-Malo. C'est par erreur que M. Avenel fait mourir celui-ci en 1632 La date exacte paraît bien être celle qui est donnée par Lalanne, 1646.

qui, parmi tant d'affronts divers, avait fini par être emprisonné pour dettes. Les relations étaient ainsi au plus mal. Une sorte de guerre larvée s'était installée sur les eaux méditerranéennes et les deux parties l'acceptaient comme un fait avec ses suites inévitables. Au cours de l'année 1636, alors qu'on était en pleine guerre avec l'Autriche et que la politique d'alliance avec la Turquie eût été toute naturelle, des centaines de Turcs captifs étaient condamnés à ramer sur les galères du Roi (1). Quant aux Français, c'est par milliers qu'ils étaient détenus comme esclaves dans les divers pays musulmans de la Méditerranée.

D'autres querelles, plus spécialement maritimes et qui devaient être d'un grand avenir dans les destinées coloniales de la France, se rattachaient à ces violences déchaînées. Nous allons y revenir. Mais il y a lieu d'insister d'abord sur les raisons qui portaient Richelieu à délaisser, du moins momentanément, la politique de François Ier et à chercher d'autres voies pour l'expansion commerciale de la France. Il s'agissait de sauter, en quelque sorte, par dessus l'Islam et de rattacher l'Asie centrale, l'Asie des Indes et de la Chine, à l'Europe occidentale, au moyen d'un vaste détour continental qui rejoindrait la France par la Baltique et les mers du nord.

L'idée n'était pas nouvelle. Elle hantait certains esprits autour du Saint-Siège depuis l'époque des Croisades. Innocent IV, ayant le sentiment qu'il fallait, pour la sûreté de l'Europe comme pour la civilisation de l'Asie, évangéliser, si possible, les Tartares, leur envoya coup sur coup plusieurs ambassades de Franciscains et de Dominicains (2). Les ordres religieux ne s'étaient jamais désintéressés de ces vastes desseins.

Il n'est pas étonnant qu'on les ait retrouvés dans l'entourage de Marie de Médicis et du Père Joseph sous la Régence. Deshayes, baron de Cormenin, voyageur et fils de grand voyageur, s'offrit pour les réaliser. Dans le mémoire qu'il adressa à Richelieu, il attribua même une certaine initiative, non seulement aux commerçants français, mais au shah de Perse lui-même : « Les mar-

---

(1) *Lettres du Cardinal de Richelieu*, t. V. p. 965, 987, etc.
(2) Voir les textes cités dans Gabriel Hanotaux, *Histoire des colonies Françaises et de l'expansion de la France*. Préface, p. XXV, et suivantes.

chands français, disait-il, ont le commerce des soies, drogueries, pierreries, épices et autres marchandises des Indes et de Perse par les États du Turc, lequel trafic se monte par an ordinairement à six millions de livres. Les caravanes qui apportent ces marchandises arrivent à Alep, où les François les achètent et les apportent dans leurs navires à Marseille. Maintenant le roi de Perse fait difficulté de laisser passer les caravanes pour venir en Turquie, à cause que le trafic enrichit les Turcs, ses ennemis (1). Les marchands français, d'ailleurs, sont troublés en leur commerce par les pirateries de Barbarie; de sorte que, par l'avis du roi de Perse et du conseil du roi de France, ils veulent faire venir les marchandises de Perse par la Moscovie, ce qui se peut faire aisément, car en sortant de Perse, elles peuvent venir par la mer Caspienne jusqu'à la ville d'Astrakan en Moscovie. Lorsque les marchandises passent par la Turquie, il faut les faire porter sur ses chameaux, l'espace de quarante-six jours, à Alep. La dépense de la voiture de Turquie est à peu près égale à celle de Moscovie (2) ».

Richelieu avait été saisi de l'affaire dès son origine : « Depuis cinq ou six ans, écrit-il dans ses *Mémoires*, les marchands avoient proposé plusieurs fois une compagnie en Moscovie et de faire passer les soies par la mer Caspienne, la rivière de Volga et celle de la Moscova jusques à la ville de Moscou, et de là à Narva, avec peu de frais et, de Narva par le Sund, en France. » Il ajoute « que le Roi avoit désigné, en 1628, le sieur Deshayes pour aller voir si cela étoit possible ». Ce même Louis Deshayes de Cormenin, fils du gouverneur de Montargis, avait été chargé d'entamer des démarches dans ce sens auprès du Danemark et des pays du nord, dès l'année 1624 (3). Une nouvelle mission,

---

(1) Ce sentiment n'est pas surprenant chez le souverain qui, bientôt après, livra de plein gré le privilège du port d'Ormuz à la France pour lui assurer une étape dans le golfe Persique sur la route des Indes.
(2) Voir Caillet, *op cit.*, 2ᵉ édition, t. II, p. 82.
(3) Voir *Mémoires de Richelieu*, t. X. p. 167, 175, 413 et *Lettres du Cardinal de Richelieu*, t. IV, p. 241, 299, 350 ; t. V, p. 940 ; et surtout la très importante note de M. Avenel, t. VIII, p. 82, qui débrouille avec une grande clarté la confusion qui s'est faite jusqu'ici entre les voyages du père, Deshayes de Cormenin et ceux du fils.

ayant pour objet de conclure un accord général avec toutes
les puissances intéressées, lui avait été confiée en 1629 et il
avait réussi partout. Les *Mémoires* de Richelieu s'expriment
en ces termes : « Tandis que le Roi étoit en Italie (pour
l'affaire de Casal), le cardinal n'étoit pas si empêché par tant
d'affaires que Sa Majesté avoit dedans et dehors le Royaume
qu'il ne pensât à l'enrichissement d'icelui par l'augmentation du
commerce. Il proposa à Sa Majesté d'envoyer quelqu'un de sa
part en Moscovie, pour traiter avec le prince (1) et obtenir liberté
aux François d'y trafiquer à conditions raisonnables. Deshayes
eut cette commission..... Du Danemark passant en Moscovie,
il y fut bien reçu et, en novembre (1629), il obtint de ce prince
pleine liberté aux François d'aller trafiquer en ses États, avec
liberté de faire profession de la foi catholique et tenir près
d'eux des prêtres pour leur administrer les sacrements, pourvu
qu'ils ne fissent leurs fonctions en public. Il permit aussi que
les François exerçassent entre eux la justice, sans que ses juges
s'en mêlassent, et leur donnoit liberté de faire passer des
courriers dans ses États pour envoyer en Tartarie ou en Perse
les marchandises ordinaires de ces pays, lesquelles, néanmoins,
il feroit donner à si bon marché par ses sujets qu'on n'auroit
point lieu de les y envoyer quérir (2). »

Ces origines lointaines de l'alliance russe ne furent pas absolument vaines. Nous voyons que Richelieu fit venir de ces pays
les câbles et agrès dont il avait besoin pour l'armement de
ses vaisseaux. Mais, soit en raison des difficultés rencontrées par
le commerce pour mettre à profit ces accords, soit en raison
de la guerre qui éclata entre la Pologne et la Russie, ou bien
encore par suite des effets de la guerre de Trente ans dans
les pays du nord et en Allemagne, les relations si heureusement établies ne semblent pas avoir duré (3). Peut-être faut-il
aussi tenir compte du parti que prit leur négociateur, Deshayes

---

(1) Michel Romanow (1613-1645).
(2) Voir *Mémoires du Cardinal de Richelieu*, t. X, p. 414, *note*.
(3) Sur les événements qui se passèrent entre la Pologne, la Russie, la Turquie,
voir Levassor, *Histoire de Louis XIII*, t. IV, p. 541, et suivantes.

de Cormenin, de se jeter dans l'intrigue de Monsieur, qui l'avait chargé de recruter des troupes en Allemagne. Charnacé, son rival de carrière, le fit surprendre et arrêter ; ramené en France, Deshayes fut condamné pour haute trahison et exécuté à Béziers, le 12 octobre 1632. Les relations franco-persanes se maintinrent, mais, comme nous allons le voir, par les routes nouvelles de la mer.

Le circuit de la Méditerranée. — Les États barbaresques.

Revenons vers la Méditerranée et suivons le développement des difficiles rapports de la France avec les populations musulmanes. Une plainte indéfiniment répétée est le *leitmotiv* du commerce de Marseille et de toute la côte française dans la première moitié du xvii° siècle. La piraterie rendait l'usage de ces eaux à peu près impraticable. Richelieu, en conseillant au Roi, dans son *Testament politique,* la construction d'une flotte de galères, écrit : « Cette force ne tiendra pas seulement l'Espagne en bride, mais elle fera que le Grand Seigneur et ses sujets, qui ne mesurent la puissance des rois éloignés que par celle qu'ils ont sur la mer, seront plus soigneux qu'ils ne l'ont été jusques à présent d'entretenir les traités faits par eux. Alger, Tunis et toute la côte de Barbarie respecteront et craindront votre puissance, au lieu que *jusques à présent ils l'ont méprisée avec une infidélité incroyable* (1). » Telle était la situation : traités, capitulations, protectorat catholique, mission, commerce, tout était soumis au caprice de la Porte et des princes africains, sur lesquels le Sultan réclamait une autorité d'ailleurs discutée par eux-mêmes et sans responsabilité. Tunis, Alger, le Maroc, c'est-à-dire les régions musulmanes à demi indépendantes qui faisaient face à Marseille, considéraient les eaux de la Méditerranée et les rivages chrétiens comme un champ livré à leur rapine.

(1) Éd. it. elzévirienne, p.357.

Depuis des siècles, les échanges entre les deux côtes se poursuivaient, renouvelés sans cesse par le besoin, contrariés non moins constamment par des sentiments hostiles. Sans remonter aux Croisades, ni au temps de saint Louis, ni même jusqu'aux époques où des alliances momentanées établissaient une sorte de pacification précaire, il suffit de rappeler, qu'au début du XVIIe siècle, sous le règne et même après la mort de Henri IV, grâce aux efforts de l'ambassadeur Savary de Brèves et de quelques adroits Marseillais, la pêche, l'exploitation du corail, les échanges avaient créé entre la France et les pays barbaresques, non sans de nombreuses protestations d'amitié verbale, une certaine tradition de vie commune, quoique dangereuse, acceptée par les intéressés à leurs risques et périls. La piraterie était, pour ainsi dire, entrée dans les mœurs.

Tunis et Alger.

Au temps de Cervantes, Alger se vantait de détenir vingt-cinq mille esclaves chrétiens. Et comment étaient-ils traités? « Mon maître, dira l'un des personnages de *Don Quichotte*, pendait chaque jour son homme; il empalait l'un, essorillait l'autre, et cela pour des motifs si minces ou pour si peu de motifs, que les Turcs reconnaissaient qu'il ne le faisait que pour le plaisir et parce que son humeur naturelle le portait à être le meurtrier de tout le genre humain (1). »

Richelieu ressentit profondément ces atteintes cruelles à l'honneur chrétien et français. Cette hantise ne le quitta jamais et si, accablé d'autres soucis, il ne put conduire à bonne fin des projets destinés à assurer la sécurité de la Méditerranée, ses écrits et ses actes témoignent de sa volonté persistante d'en venir aux solu-

---

(1) Cité par Paul Hazard, *Don Quichotte et Cervantes*, Mellotée, in-12, p. 18. — Il n'est peut-être pas inutile de rappeler à nos temps calmes que l'historien de l'Empire ottoman, Hammer, évalue à cent mille le nombre des innocents massacrés par le fameux sultan Mourad (ou Amurat) « rien que pour satisfaire son goût du sang ». L'histoire de la captivité de notre saint Vincent de Paul est dans toutes les mémoires. — Voir Pierre Coste, *Monsieur Vincent*, 1932, t. I, p. 43.

tions énergiques préludant aux grandes œuvres coloniales futures.

A Tunis, un homme d'expérience et de remarquable activité, Sanson Napolon, s'était installé au cap Nègre et, approuvé par le cardinal, il avait conçu le dessein d'établir dans l'île de Tabarca, un poste permanent, analogue à ce qu'était, en Algérie, le fameux « Bastion de France ». Cette fondation eût reçu, comme la future création du cardinal Lavigerie, le nom de « Saint-Louis » ou encore de « La Fleur de Lys ». On avait même obtenu du Grand Seigneur des « commandements » à ce sujet : « d'autant que nous entendons, disait le firman, que ceux qui sont logés dans l'île de Tabarca sont Génois et nos ennemis jurés ». L'entreprise ne réussit pas. Sanson fut trahi peut-être par ses ennemis de Marseille et assassiné à Tabarca dans la nuit du 10 au 11 mai 1633. Fin héroïque du plus remarquable agent que la France ait eu dans ces pays au début du xvii° siècle (1).

Richelieu se décida à imposer par la force, simultanément aux deux Régences, des traités de commerce et d'établissement et le respect de ces traités. En février 1638, une expédition puissante fut préparée à destination des côtes barbaresques. Quinze galères et dix-huit vaisseaux ronds furent groupés en escadre sous les ordres du comte d'Harcourt, le vainqueur des îles Lérins, et reçurent l'ordre « d'attendre aux îles d'Hyères un vent favorable et, « dès que l'armée seroit en état de faire voile, de s'en aller de droite route sur Alger et, sans rien hasarder, à la faveur du canon, d'obliger les habitants à demander la paix et se repentir de l'insolence qu'ils avoient commise au Bastion de France ; et, s'ils témoignoient en avoir regret, de traiter avec eux ; et que, de là,

---

(1) Voir *Discours au vrai de tout ce qui s'est passé au voyage de Sanson Napolon, à Constantinople, Tunis, Alger* dans *Archives curieuses d'Histoire de France*, 2° série, t. IV, p. 96 ; l'étude de M. Léon Bourgnès sur Sanson Napolon dans *Revue de Marseille et de Provence*, année 1886. — G. Hardy, *La Tunisie*, dans *Histoire des Colonies Françaises*, p. 36. — Enfin, les brochures publiées à Alger par la société *Le Bastion de France*, présidée par M. L. Filipi, à l'occasion du tricentenaire, 1933. Ces publications intéressantes, consacrées à l'œuvre du « Bastion de France », ont éclairci, pour la première fois, le rôle de Sanson Napolon en Afrique du Nord et les atroces querelles entre corses et Marseillais qui se sont opposées à toute solution équitable et profitable des affaires barbaresques. V. les lettres de Sanson Napolon au cardinal de Richelieu et à l'évêque de Saint-Malo, publiées dans le quatrième bulletin, p. 172-178, etc.

ils essayassent d'aller faire de même à Tunis... » Ce grand projet est exposé dans les *Mémoires* du Cardinal : « Les ordres furent donnés », ajoute mélancoliquement le rédacteur des *Mémoires;* mais ils ne furent pas suivis, ou manque d'argent, ou par quelques autres accidents qui survinrent; l'armée tarda tant à faire voile que le temps ne permit plus d'exécuter le dessein en Barbarie (1). »

Richelieu n'était pas homme à se décourager. Le dessein fut repris sous une autre forme. Le 2 décembre 1639, en présence de certaines avances faites à la France par Morats Dey, chef de la milice de Tunis, qui offrait de rétablir la liberté du commerce, de recevoir un consul français, etc., on résolut d'envoyer chez les Barbaresques un négociateur expérimenté, Jean-Baptiste Cosquiel. Il fut muni d'instructions conciliantes, visant notamment le rachat des esclaves et la restitution du Bastion de France, qui avait été détruit par les Arabes. Ce négociateur n'était pas démuni d'arguments capables d'entraîner la conviction des Barbaresques : il était accompagné d'une flotte que commandait Sourdis, archevêque de Bordeaux, et qui devait partir dès le début de l'année 1640. L'archevêque, retenu sur les côtes d'Italie et de Catalogne, se fit remplacer par le vice-amiral de Montigny. Nouveaux retards. L'entreprise fut reportée d'une saison à l'autre. Cependant Cosquiel avait gagné Alger et il avait obtenu un traité, d'ailleurs peu satisfaisant, mais qui pouvait servir de base de discussion. L'archevêque de Bordeaux reçut, le 2 janvier 1641, l'ordre de se porter en force sur la côte barbaresque pour obtenir l'amélioration de certains articles et l'exécution du traité. Richelieu lui écrivait alors, à propos de l'échange des Français captifs à Alger et des Turcs prisonniers aux galères de Toulon : « En vertu du traité conclu par le sieur du Cosquiel, M. de Bordeaux consultera sur les lieux tant pour la délivrance des chrétiens que pour l'affermissement du bastion. Il fera tout ce que la charité et la raison requerront, la réputation du Roi étant conservée. Je lui déclare, en mon particulier, que s'il ne tient qu'à donner quelque somme

---

(1) *Mémoires du Cardinal de Richelieu*, édit. Petitot, t. VIII, p. 308. — Voir aussi *Lettres de Richelieu*, t. V, p. 1031, 1041 ; t. VI, p. 39, etc.

raisonnable d'argent pour aider à retirer tous nos Français esclaves, j'y donnerai volontiers du mien jusqu'à vingt mille livres..... Si ceux d'Alger ne le font pas de bonne volonté, il faut le leur faire faire de force l'année prochaine (1). »

Richelieu persévéra : « Quant au voyage de Barbarie, écrit-il encore, le sieur Des Gouttes, qui est le père de la mer, dit qu'il n'est plus temps d'y penser cette année; on verra l'année qui vient ce qu'il faudra faire et les moyens qu'il faudra tenir pour réformer le traité d'Alger. »

Richelieu ne devait pas voir la fin de cette affaire ni profiter des dispositions, d'ailleurs assez satisfaisantes, du bey de Tunis. Le poste du cap Nègre subsista, mais, pour assurer un commencement d'ordre sur les eaux de la Méditerranée, il fallut attendre le règne de Louis XIV et l'expédition du duc de Beaufort, qui, en 1665, imposa, du moins à la Régence de Tunis, le respect d'un accord intervenu pour le commerce et la libération des esclaves. La question d'Alger resta en suspens (2).

Le Maroc.

Des trois pays barbaresques, celui avec lequel la navigation et le commerce français entretinrent, au début du XVIII° siècle, les relations les plus fréquentes sinon les plus faciles, c'est le chérifat du Maroc. Il y avait à cela deux raisons : la première que les seigneurs de cette côte mi-partie méditerranéenne mi-partie atlantique se trouvaient en désaccord, tant au point de vue religieux qu'au point de vue politique, avec le sultan de Constantinople; la seconde qu'ils étaient les ennemis nés de l'Espagne. Il convient de signaler une circonstance particulière, à savoir que les conseillers de Richelieu en matière d'expansion maritime et coloniale, les frères Launay Razilly, étaient, en quelque sorte des spécialistes de la question marocaine.

(1) *Lettres du Cardinal de Richelieu*, t. VII, p. 275 et VIII, p. 182. Voir encore sur ces projets avortés: *Correspondance de Sourdis*, publiée par Eugène Sue, t. II, p. 426 et suivantes.

(2) Voir Hardy. *Histoire des Colonies françaises*, t. III. *La Tunisie*, p. 365 et suivantes. Pour les détails spécialement maritimes, voir La Roncière, *op cit.* t. IV, p. 692 et suivantes.

A remonter jusqu'au moyen âge, on trouverait des relations établies par les navigateurs et marchands normands qui avaient jeté les premiers coups de sonde et inauguré ces anciennes traditions. Henri IV ne les avait pas négligées. Son imagination de Béarnais s'était amusée à certaines visions qui ne deviendraient réalités que des siècles plus tard, par l'action d'un Lyautey. Le roi Henri comptait tirer parti de la mort du roi de Fez, dont les enfants étaient divisés, « pour entreprendre chaudement en l'abordant par le Maroc, la conquête d'Alger » : « Quant à moi, écrivait-il, j'irai cette année en Provence pour donner ordre de plus près à mes affaires sur ces occurrences, bien marri de n'être aussi puissant par mer que par terre pour tenir mon rang et faire tenir mon parti ce qu'il mérite. Je remédierai à ce défaut par les meilleurs et plus prompts moyens dont je pourrai chevir et disposer (1). »

Ravaillac mit fin à ces projets. Les dispositions eussent sans doute été plus favorables, si un incident des plus fâcheux ne s'était produit. En 1610, un vaisseau espagnol s'était emparé d'un vaisseau français, *Notre-Dame de la Garde*, porteur des richesses que le sultan Moulay Zitane avait confiées au consul français, Castellane. L'Espagne garda le profit et la France eut la responsabilité de la perte. Pendant des années, on n'entendit parler que de la réclamation du Sultan. Le commerce était interrompu, les captifs souffraient, périssaient dans les fers, la piraterie marocaine reprenait sur les mers.

Les frères Razilly avaient de grands projets sur la colonisation de l'Afrique par la France. Ils avaient saisi l'intérêt que présentait la navigation des rivages occidentaux pour aborder les terres équatoriales et prendre, par le cap de Bonne-Espérance, les voies de l'Extrême-orient. Dans le fameux mémoire adressé à Richelieu, ils disaient « que l'occupation de Mogador avec une batterie de six pièces donneroit pied dans l'Afrique pour aller s'étendre plus loin »; et ils ajoutaient que « l'îlot de Mogador avoit une telle importance qu'une faible garnison pouvoit tenir en échec toutes les forces de l'Afrique (2) ».

(1) Cité par Hardy, *Histoire des Colonies Françaises, Le Maroc*, p. 42.
(2) Cité par La Roncière, *op. cit.*, p. 681.

Auprès de Richelieu, le Père Joseph, inspiré lui-même par cette passion missionnaire, l'une des grandeurs de l'Église française, poussait à de rapides exécutions. Le cardinal se saisit de ces vastes projets, non sans les modérer cependant. Une expédition placée sous les ordres d'Isaac de Razilly parfit en novembre 1624. Elle n'avait ni les forces navales ni une tenue de mer suffisantes pour s'installer sérieusement sur les côtes marocaines, sans abri contre les hautes vagues de l'Atlantique, et, encore moins, les troupes de débarquement nécessaires pour dominer les dispositions malveillantes du Sultan. Les Razilly furent rappelés et servirent devant La Rochelle, en 1625. Aussitôt après le siège (1629), la tentative fut renouvelée. La flotte transportait trois des Capucins du Père Joseph, qui devaient travailler à la délivrance des captifs. Nul résultat, cette fois encore : à peine arrivée, la flotte disparaissait, ne pouvant tenir ces durs rivages.

Nouvelle expédition, l'année suivante. Razilly est accompagné d'un homme réputé pour connaître le Maroc, Du Chalard. Deux sultans mieux disposés s'étaient succédé depuis Moulay Zitane, Moulay Abd El Malek et Moulay El Qualid. Un traité fut conclu qui passait le linge sur le passé et rendait l'espoir d'un avenir meilleur (1631). Du Chalard ramena en France trois cent quatre captifs, non sans prendre l'engagement de verser des sommes considérables, qu'il ne put réunir. Difficultés et intrigues de recommencer. Les admirables efforts des Trinitaires et de l'ordre, fondé par saint Jean de Matha, des Mercédaires, ordre espagnol, — ces deux ordres rivalisant, non sans aigreur, pour le même objet charitable, — obtinrent de nombreuses libérations. Après de persévérantes interventions de Razilly et de Du Chalard la situation s'était améliorée, sans cependant effacer toutes les conséquences de la malheureuse affaire Castellane. Le Maroc n'était plus hostile; mais la pénétration était toujours empêchée. Sa côte elle-même ne devait être pendant longtemps encore qu'un point d'atterrissement, n'offrant qu'une escale pour le grand circuit africain.

Telle était, d'ailleurs, la pensée de Richelieu et c'était celle qu'il avait indiquée dans une lettre à Razillly, dès le mois de juin

1629. En février, alors que la paix n'était pas encore faite avec l'Angleterre au sujet de La Rochelle, le ministre avait donné pour instructions à la flotte de mettre le cap sur la colonie anglaise de Virginia pour l'attaquer et sur le Canada pour le défendre. Maintenant il s'agit d'appliquer ce plan à un rayonnement sur l'Atlantique, soit vers le Nord soit vers le Sud, Mogador jouant le rôle que l'avenir réservait à Dakar (1).

L'historien du Maroc conclut : « En somme, le règne de Louis XIII se signale, quant aux rapports de la France et du Maroc, par un très remarquable esprit de suite. On avait renoué des rapports officiels avec le Sultan et la république de Salé ; on avait installé des consuls dans les principales villes du Maroc. Cependant le commerce français n'avait pas regagné ses positions (2). »

Le circuit par le cap de Bonne-Espérance.

Le grand dessein de Richelieu ayant pour objet de longer la côte occidentale africaine en vue de gagner le cap de Bonne-Espérance et de déboucher dans l'océan Indien, n'en allait pas moins s'exécutant grâce à l'énergie persévérante des marins et des compagnies maritimes et commerciales. Ces régions lointaines ne leur étaient pas, d'ailleurs, inconnues. Si haut que l'on remonte dans l'histoire, on recueille les traces de la présence des navigateurs français sur les « longs rivages » du Sénégal, de la Guinée, du Gabon, de l'Angola. En 1434, Louis XI envoyait des navires à la découverte ; en 1488, le Dieppois Cousin trouvait un Français nommé Jean-Baptiste installé aux îles du Cap Vert ; les Saintongeais, les Normands, dont le fameux Parmentier, fréquentaient la côte de Guinée, fertile en poivre et en malaguette. On rencontrait sur les points de débarquement, c'est-à-dire le grand et le petit Popo, des nègres parlant quelques mots de français.

---

(1) Voir les textes cités par La Roncière, *op. cit.*, t. IV, p. 682, note.
(2) Pour l'exposé des affaires marocaines sous Louis XIII, voir G. Hardy, *Histoire des Colonies Françaises*, p. 44, 72, et La Roncière, *Histoire de la Marine*, t. IV, p. 680-692. — Pour la bibliographie détaillée, *Les Sources de l'histoire de France*, par Louis André, t. VI, p. 31 et suivantes.

Razilly fut chargé le premier de relever ces anciennes traditions. Il fonda, pour la « Compagnie du Sénégal », un poste à l'embouchure du fleuve et s'installa sur une île qui reçut le nom de Saint-Louis. Malgré les difficultés que présentait la concurrence des Portugais d'abord, puis des Anglais, des Hollandais, le trafic était profitable. Des compagnies marchandes se succédaient : leurs agents pénétraient peu à peu dans les terres. On peut dire que, dès 1638, la colonie française du Sénégal existait et était en voie de développement. L'érudit Peiresc traduisait l'opinion de son temps au sujet de l'avenir de l'Afrique, quand il écrivait en 1633 : « Il ne tiendra qu'à nous d'y prendre pied, et d'y maintenir un commerce fort fréquent et fort commode, au lieu d'aller nous attacher dans l'Amérique, où la barbarie est plus grande, les esprits plus volages, les traverses des Espagnols plus capables de détruire en peu d'heures les travaux de plusieurs années. »

On dirait vraiment que le savant conseiller avait le pressentiment que les peuples de l'Amérique du Nord disparaîtraient au contact des établissements européens et que ce serait l'Afrique qui livrerait au Nouveau continent (au prix de quelles souffrances !) les travailleurs « moins volages » qui arracheraient à son sol tant d'infinies richesses. Pressentait-il aussi que l'Afrique deviendrait, un jour, le champ ouvert à la France pour son admirable entreprise de colonisation et de civilisation et pour la création d'une France africaine ?

En tout cas, Richelieu, avec une clairvoyance non moins extraordinaire, agissait en ce sens. Il répartissait entre les diverses provinces maritimes françaises les territoires du continent noir. Après que Razilly eut occupé le Sénégal, le sieur Rosée et ses associés, marchands de Rouen et de Dieppe, fondèrent la Compagnie du Cap Vert avec, pour représentant, un homme de mer choisi parmi les plus vigoureux, le capitaine normand Emery de Caen. En janvier 1634, Saint-Malo créa la compagnie qui obtint pour dix ans le privilège du trafic sur la côte de Guinée depuis Sierra Leone jusqu'au cap Lopez, création qui donna lieu à cet écho pittoresque dans la *Gazette de France* du 28 octobre 1634 : « Arrivée à Dieppe, venant de la côte d'Afrique au delà du Cap

Vert, de quatre vaisseaux français chargés de gommes, cuirs, ivoire, singes, guenons et autres richesses et raretés de cette zone torride, pour apprendre à notre nation que nul climat ne lui est non plus inaccessible qu'aux autres. »

En 1635, c'est le Parisien Pierre de La Haye qui obtient pour trente ans le privilège de trafiquer sur les côtes d'Afrique depuis le Cap Blanc jusqu'à Sierra Leone, exception faite des territoires attribués aux compagnies du Cap Vert et de Guinée. Et nous ne savons pas tout. Le commerce, là encore, avait son secret. Il ne dévoilait ni ses moyens, ni ses points d'attache, ni ses succès : le silence est d'or. On voit pourtant que, par la Guinée, les missionnaires et les marchands pénétrèrent jusqu'au Niger. Partout où ces hardis précurseurs ont mis le pied, la colonisation moderne s'est donné pour tâche de relever leurs traces et de reprendre la suite de leur labeur.

Il n'est pas jusqu'au Gabon qui n'ait été pratiqué par nos trafiquants. Les Portugais avaient, comme on le sait, pris les devants (1) : les Hollandais les avaient suivis ; mais on avait noté antérieurement, et dès le xvie siècle, les voyages faits jusqu'à l'Angola par les navires marchands partis des ports français. Au xviie siècle, la Compagnie de Guinée poussait jusqu'à la côte d'Angola ou « Côtes nouvelles ». Il en fut de même plus tard des navires de la Compagnie des Indes Occidentales gagnant le cap de Bonne-Espérance. La « troque », la « pacotille » se disputaient le commerce « licite », c'est-à-dire celui qu'on avouait, y compris « le bois d'ébène », la traite des Nègres. Ainsi se découvrait peu à peu le « continent noir », plus noir encore de cet odieux trafic. Deux siècles après le Gabon et le Congo devaient, avec Brazza, connaître des découvreurs plus humains.

Le circuit atlantique. Les mers boréales.

Avant de doubler le cap de Bonne-Espérance, suivons l'exécution des desseins de Richelieu sur l'autre rivage atlantique.

---

(1) Voir Caillet, t. II, p. 117 ; et J. Bensaube, *Découvertes maritimes des Portugais*. Coïmbre 1931.

Quand les puissances du nord, se sentant devancées par le Portugal et par l'Espagne, se décidèrent à entrer en lice, elles portèrent naturellement leurs regards vers les eaux qui leur étaient familières, celles des mers septentrionales. Entraînées déjà par la poursuite des baleines et des bancs de poissons migrateurs venant des côtes du Groenland et des mers arctiques, elles se convainquirent qu'il était possible de trouver par le nord le plus court chemin pour gagner les Indes. L'histoire de la marine a enregistré, pour la réalisation de cette utopie, les plus admirables efforts et les plus héroïques déceptions.

La France, avertie par ses vieilles traditions, prit sa place dans la course, les Basques au premier rang. C'est ainsi qu'un capitaine de Saint-Jean de Luz, prenant texte du traité de commerce passé le 12 novembre 1629 avec la Moscovie, offrit à Richelieu de mener de front la pêche de la baleine et la recherche du passage par le nord. Encouragé et secondé par le ministre il aboutit à la côte occidentale du Spitzberg, qu'il dénomma hardiment France arctique, et il distribua à son gré, sur une carte qui a survécu, les noms français : Port-Louis, Ile de Richelieu (Ile Jean Mayen), etc... L'entreprise se heurta aux flottes hollandaises, danoises, anglaises ; son succès fut disputé et précaire.

A la fin du règne de Louis XIII, la compagnie havraise de Vrolicq dut se transformer en Compagnie du Nord, établie pour la pêche de la baleine, sous les auspices d'abord de Maillé-Brézé, grand-maître de la Navigation, et ensuite du cardinal Mazarin. Le nom de Richelieu se trouva ainsi attaché à la réussite séculaire des grandes pêches du nord et à l'entreprise des découvertes arctiques [1].

Isaac de Razilly était d'avis que la France évitât de s'engager dans les entreprises d'Extrême-orient : « Quant aux Indes orientales, écrivait-il dans son mémoire, il ne faut s'imaginer y planter des colonies. Les voyages sont trop longs, les Espagnols et les Hollandais sont trop forts. » Il insistait pour qu'on se saisît de ce que l'on avait, en quelque sorte, sous la main : « Il faudroit les borner le plus proche que l'on pourroit, disait-il encore, sans

[1] Les documents relatifs à ces diverses tentatives peu connues sont cités dans La Roncière, *op. cit.* t.IV, p. 675.

tabler sur les marchands impropres à dresser des colonies parce qu'ils sont uniquement préoccupés du profit présent et indifférents à ce qui arrivera dans l'avenir. »

Le circuit atlantique. Les rivages américains.

Depuis près d'un siècle, sur l'autre rivage atlantique, un circuit français était en voie d'accomplissement. Sans remonter aux passages des baleiniers et pêcheurs de morues vers « les Terres Neuves », il suffit de rappeler que, dès 1524, le Florentin Verazzano, commissionné par François Ier, avait fait flotter la bannière aux fleurs de lys tout le long des rivages de la future république des États-Unis. En 1534, Jacques Cartier avait pénétré dans l'estuaire du Saint-Laurent et, en 1535, il avait planté la croix fleurdelysée à Gaspé. Au cours de ses voyages, il s'était emparé, pour ainsi dire, de la grande fissure qui, en remontant le fleuve et par le chapelet des « mers douces », pénètre au cœur du continent.

Plus au sud, nos corsaires, en bourlinguant aux passages de l'archipel des Antilles, faisaient le guet vers la porte des « Iles du Pérou ». Car, si on ne pouvait atteindre le pays de l'or, jalousement gardé par les Espagnols, on entendait, du moins, le surveiller au plus près. En 1530, Pierre du Péret, parti de Marseille, avait mis le pied sur le continent méridional, au Brésil, et Villegagnon avait fondé Henryville dans la baie de Rio de Janeiro. En 1562, les protestants de Coligny s'étaient installés en Floride et avaient imposé aux cours d'eaux de la région les noms de leurs chères rivières de France, la Seine, la Somme, la Loire. Déjà des découvreurs intrépides ou cupides avaient pressenti la proximité d'un autre océan qu'on pouvait aborder en franchissant les terres étroites de l'Amérique centrale, fallût-il, selon l'extraordinaire suggestion du père de la colonisation française, Champlain, couper l'isthme au moyen d'un canal. Par le Saint-Laurent, rejoindre le Mississipi et créer ainsi un empire aux deux rivages, aux espaces et aux espoirs illimités, c'était une idée qui naissait d'elle-même sous la plume et le crayon de nos premiers géographes.

Les guerres de Religion avaient rogné les ailes à ce magnifique essor. Dominique de Gourgues, le dernier défenseur de la Floride, n'avait pu, comme, plus tard, tant d'autres colons français, se résigner à être abandonnés par la métropole : « Il n'y a endroit au monde, écrivait ce vaillant découragé, ni plus riche ni plus ample ni plus aisé à conquérir. La dixième partie des hommes qui sont morts en la moindre de nos guerres civiles eût été plus que suffisante pour y conquêter l'étendue de plusieurs royaumes tels que celui-ci. » Que ces paroles servent d'avertissement aux incroyables négligences et discordes acharnées des Français, qui, de tous temps, ont si cruellement piétiné la France !

L'ordre était à peine rétabli par la conversion et l'avènement d'Henri IV, que la France reprenait l'œuvre de la colonisation interrompue. Car une parole énergique et claire suffit souvent pour refaire une troupe débandée. Des semences éparses, jetées presque au hasard, avaient, durant l'attente, pris racine, aux lieux favorables. L'année 1600, seize hommes s'étaient établis sur la rive du Saint-Laurent à Tadoussac, confluent du fleuve Saquenay. Et ce fut le premier poste français de la Nouvelle France ! En 1604, un marin, agent d'une compagnie normande, Pierre du Gua de Monts, à la tête d'une troupe de quelques vaillants hommes, parmi lesquels une de ces belles natures qui ne manquent jamais à la France, Champlain, avait pris possession d'un point sur la côte d'Acadie qu'il avait nommé Port-Royal ; il y avait fondé la deuxième ville de l'Amérique septentrionale, la future Annapolis. Champlain, mis à la tête du poste, tandis que son chef était resté en France, avait eu le temps de mûrir les pensées d'avenir qui germaient en lui. L'idée de passer d'un océan à l'autre le poursuivait. Par le nord, le chemin était comme ouvert : c'était cet estuaire du Saint-Laurent, dont Jacques Cartier avait pris possession au nom du roi de France.

Champlain était renommé comme grand voyageur et bon marin. Il avait des amis dans l'entourage de Henri IV, qui lui faisait une pension. Il revint en France. Il persuada. En 1608, il repartait pour le Saint-Laurent et il remontait le fleuve jusqu'à un point nommé Québec (c'est-à-dire, en langue indigène, étranglement). Ce n'était plus seulement un poste, c'était la Nouvelle France qui était fondée (1). Elle vécut vaille que vaille durant la minorité de Louis XIII, passant des mains du comte de Soissons à celles du prince de Condé. On parlait d'elle à la Cour. Les entourages de Marie de Médicis, où les moines et les prêtres abondaient, s'intéressaient au sort de ces populations lointaines, dénuées de religion et qui n'attendaient que la parole divine et le sang des martyrs.

Richelieu était aux écoutes. Il avait près de lui des conseillers renseignés et ardents, le Père Joseph, la protectrice de ses débuts, Mme de Guercheville, les frères Launay Razilly par la suite, sa nièce, la duchesse d'Aiguillon, si ardente pour les œuvres missionnaires; on lui amena Champlain. Celui-ci parla avec sa belle verve de marin et sa grande imagination convaincante. Richelieu prit le vol. Éloigné du pouvoir en 1616, il ébauchait en silence le programme politique de son retour aux affaires. Il lui fallait des tâches, des hommes, du rêve. Champlain lui promettait de faire de Québec une ville pareille à Saint-Denis. Quelque temps avant sa mort, il écrivait au cardinal, de Québec, le 13 août 1635 . « La beauté de ces terres ne saurait être trop prisée ni louée, tant pour la bonté des terres, prairies, diversité des bois comme nous avons en France, comme la chasse des animaux, gibier et poissons en abondance d'une monstrueuse grandeur, tout nous tend les bras, Monseigneur, et semble que Dieu vous ait réservé et fait naître par dessus tous vos devanciers, pour y faire un progrès agréable à Dieu, plus que aucun n'a fait. »

Razilly insistait pour que la première des œuvres navales fût la Nouvelle France. Comme Champlain, il apportait un programme colonial nouveau, non pas l'exploitation des mines et des hommes, mais la culture du sol, l'évangélisation des indigènes, les pêcheries, les pelleteries, la civilisation douce, la conquête

---

(1) Voir le curieux document : *Relation du voyage fait en Canada pour la prise de possession du fort de Quebek*, dans *Collection des manuscrits, lettres, mémoires, etc., sur la Nouvelle France;* publication officielle. Québec 1883, in-4°, vol. I, p. 97 et p. 112.

honorable, sans violence ni alcool, sans l'âpreté des marchands qu'il considérait, affirmait-il avec insistance et avec tant de raison, « comme impropres à dresser des colonies (1) ».

Richelieu fut convaincu. Avec sa résolution habituelle, une fois revenu aux affaires, il agit. Décision extraordinaire dont le mobile est surtout d'ordre moral. Prêtres et religieuses, Récollets d'abord, Jésuites bientôt, puis Sulpiciens; dans les ordres féminins, Mme Bourgeois, Sœur Marie de l'Incarnation, tous se présentent de partout : coureurs du divin, marchant de front avec les coureurs des bois. Convertir d'abord; la paix et le profit viendront après. Le génie français agit avec son désintéressement habituel, le génie latin avec sa passion civilisatrice. L'Amérique du Nord sentait ce souffle se répandre sur ses plaines immenses.

Nous avons dit avec quelle fermeté le cardinal s'exprima dès les premières séances du Conseil royal auxquelles il participa, pour la construction d'une marine d'État; nous avons dit ses déclarations à l'assemblée des notables, son projet de la Compagnie du Morbihan, rejeté par les États de Bretagne, qui inauguraient ainsi le malentendu éternel entre la métropole et l'essor colonial. Mais la conception supérieure reste fixée dans la tête et le cœur de quelques-uns. Laissons Richelieu parler lui-même dans le préambule des lettres patentes fondant la compagnie nouvelle, substituée à celle qui avait été projetée dans l'édit de Morbihan : « Le Roi, continuant le même désir que le roi Henri le Grand, son père de glorieuse mémoire, avait dû faire rechercher et découvrir ès pays, terres, et contrées de la Nouvelle France dite Canada, quelque habitation capable pour y établir colonies..., Monseigneur le Cardinal de Richelieu, grand maître etc., par devoir de sa charge de faire réussir les saintes intentions des dits seigneurs Rois, ayant considéré, etc... Le premier point est de disposer les peuples à la connaissance du vrai Dieu... » Puis, après un blâme sur le désordre et l'incapacité des premiers colonisateurs, les lettres patentes énumérèrent les obligations de

(1) Isaac de Razilly, *Mémoire au Roi* cité dans La Roncière, t. IV, p. 194. — Voir aussi : Commission du sieur de Razilly, 10 mai 1632, dans *Collection des manuscrits*, etc., t. I, p. 110.

ceux qui se chargeaient maintenant de coloniser, ainsi que les engagements de toutes sortes pris par le gouvernement à leur égard. Après la signature du Roi, venait une ordonnance de Richelieu pour l'exécution des Lettres patentes (1). Rien de plus sérieux, de plus grave, de plus voulu. Les habitations qui vont s'échelonner le long du Saint-Laurent, toutes rurales, recevront les premiers colons français : ce ne sont ni des chercheurs d'or, ni des convicts, ni des boucaniers, ni des marchands d'esclaves, ni des pilleurs d'épaves : ce sont des forestiers, des trappeurs, des laboureurs, des hommes de la terre. Eux, leurs femmes et leurs enfants, ils resteront tels.

Est-il croyable que, dans cette Nouvelle France à peine naissante, déjà la fidélité à la mère lointaine fût si ferme qu'elle résistât avec un courage héroïque à la première bourrasque, prélude de la tourmente éternelle qui sera sa vie même? Le siège de La Rochelle avait eu pour conséquence la guerre avec l'Angleterre. La nouvelle parvenait au Canada le 8 juillet 1628. Le 9 juillet, une sommation de l'amiral anglais David Kirke mettait Champlain en demeure de céder le Canada et l'Acadie. Après un combat inégal, livré par une escadre française que commandait Claude de Roquemont, Champlain, sans armes, sans vivres, dut capituler.

La paix étant signée en Europe, Champlain regagna la France. Dans les négociations de la paix, Richelieu avait sur le cœur l'injure faite aux couleurs françaises. Le retour des « terres neuves » à la France fut exigé, à la grande surprise du négociateur anglais. Au printemps de 1632, deux escadres françaises, l'une commandée par Raymond de La Rade, l'autre par Isaac de Razilly, reprenaient possession de la Nouvelle France et de l'Acadie.

Champlain est donc réinstallé dans son gouvernement. Le 18 août 1634, il écrit à Richelieu : « J'ai fait relever les ruines, accru les fortifications, dressé deux nouvelles habitations: l'une, à quinze lieues au-dessus de Québec, tient toute la rivière en échec ; mon devoir m'a obligé de lui donner votre nom. »

Mais, parmi ces vicissitudes, la compagnie a été cruellement

---

(1) Voir *Lettres du Cardinal de Richelieu*, texte d'après le manuscrit des Affaires étrangères, octobre 1626 ; et note de M. Avenel, t. VII, p. 587.

éprouvée; elle se décourage, elle renonce. Richelieu, comme toujours, tient bon. Suivant les conseils de Razilly, il donne à la colonie un caractère plus strictement gouvernemental. Le 24 janvier 1634, un acte notarié constate que M. de Lauson, l'un de ces hommes de main du cardinal, est désigné comme conseiller d'État, intendant de la Nouvelle France (1). En 1635, une compagnie nouvelle est constituée sur des bases plus larges et avec de nouveaux privilèges.

Mais cette année 1635 sera funeste à l'empire colonial naissant. Champlain meurt à Québec, et la guerre qui éclate en Europe va retenir l'attention du cardinal, employer les ressources dont il dispose.

Heureusement, au Canada, de premiers résultats sont obtenus : Québec, Montréal et Trois-Rivières sont fondées. Une organisation d'État s'est esquissée. Montmagny est nommé gouverneur en remplacement de Champlain. Les Hurons, soutenus contre les dangereuses entreprises des Iroquois, sont devenus de fidèles alliés. De grandes découvertes s'accomplissent vers l'intérieur. Un coureur des bois, Jean Nicolet, a vécu de longues années parmi les indigènes du haut fleuve. Compagnon du Père Brébeuf, il parvient jusqu'à la rivière Ouisconsin, qui se jette dans le Mississipi. Il va de l'avant croyant trouver la mer. En fait, c'est la plaine, mais c'est la plaine dont les eaux s'écoulent vers le golfe du Mexique et qui seront le véhicule du grand empire français : « Le sieur Nicolet, écrivait six ans plus tard le Père Lejeune, lui qui a le plus avant pénétré dedans ces pays éloignés, m'a assuré que, s'il eût vogué trois jours plus avant sur un fleuve qui sort du second lac des Hurons (le lac Michigan), il auroit trouvé la mer. Or j'ai de fortes conjectures que c'est la mer qui répond au nord du Nouveau Mexique et que de cette mer on auroit entrée dans le Japon, la Chine... » Toujours le rêve! Mais voilà qu'on touche à des résultats imprévus et réels. Le grand empire français d'Amérique n'attendra plus, pour se construire, que le voyage de Cavelier de Lassalle.

Constatons l'œuvre profondément morale et civilisatrice des mis-

(1) *Lettres de Richelieu*, t. VII, p. 907. Jean de Lauzon était en 1627, président de la Compagnie des Cent associés. La Roncière, t. IV, p. 630-641.

sions catholiques. Par la volonté du gouvernement, le catholicisme seul est admis dans la France d'outre-mer. Richelieu s'est bien gardé de transporter là-bas la querelle européenne et les dissensions affreuses qui viennent de déchirer la France et de la mettre sur le penchant de la ruine. L'unité et l'ordre avant tout.

Voici les résultats. Dans la Nouvelle France de 1635, d'avenir encore problématique, la population sédentaire, disséminée sur le cours du fleuve, n'atteint pas deux cents personnes. Cependant, cette année-là, les habitants de Québec bâtissent une maison d'école. Les Jésuites commencent d'y enseigner, étonnés, comme ils le disent, « de se voir environnés de tant de jeunesse en ces commencements ». Le 1er août 1635, le Père Lejeune écrit à Richelieu qui, parmi des affaires si accablantes se tient toujours au courant : « Quelques personnes, très honnêtes gens, déclarent nettement aux Pères que jamais elles n'auroient passé l'océan pour venir en Nouvelle France, si elles n'eussent eu connaissance qu'il y avoit des personnes... capables d'instruire les enfants en la vertu et connaissance des lettres. » Les ordres religieux, un bas clergé admirable, des instituteurs ambulants ont répondu à l'appel.

Le *la* est donné : l'esprit de la colonie sera français, catholique, méditerranéen : « Grandeur pathétique de cette orientation venue de si loin et qui engagera la navigation vers tant de voies périlleuses, en surmontant de si rudes tourments, mais qui durera au delà des siècles. L'épreuve, les luttes contre un ennemi acharné avaient fortifié en ces hommes leur enracinement spirituel. Ils appartenaient à la première période du Grand Siècle. Ils savaient comment on restaure l'ordre et la discipline sociale. En l'âme de ces gentilshommes et de ces paysans, vibrait la fierté de se rattacher à la meilleure race, au plus beau royaume du monde. »

L'école est un témoignage. Ce peuple voulait savoir le français, parler français. Ainsi, par le langage et par la religion, la France se perpétuait en eux. Cent ans après, la fortune des armes se sera prononcée, la faillite de la métropole sera définitive. La terre sera conquise. La Nouvelle France appartiendra à l'Angleterre. Mais, « sur les rives du Saint-Laurent, il subsiste un petit peuple de gueux sans bâtiments de ferme, sans foyer souvent, voire sans instruments aratoires, sans un sol en son porte-monnaie. Son unique avoir, le seul que n'ont pu atteindre ni le feu ni la banqueroute, c'est sa part du sol conquis sur la forêt; c'est la vigueur inentamée de ses bras et de sa volonté; c'est l'inaltérable gaieté française que la misère n'empêche pas de sourire au travail; c'est, enfin et surtout, la poussée de son histoire qui en fait une race d'invincibles recommenceurs (1) ».

Précisément en cette année 1635, où Richelieu fondait l'Académie française, il avait ouvert sur l'autre rivage atlantique un champ immense au « parler françois ». C'était, avec le culte catholique, la plus forte des traditions au service de la plus jeune et de la plus vivace des énergies, qui se trouvait transportée au delà des mers et qui, selon le rêve de Champlain, devait gagner les rivages de l'autre océan. Une nouvelle immortalité était assurée au génie français.

Le circuit se développe vers le sud.

Cependant, le circuit atlantique se prolongeait vers le sud et il gagnait, par étapes maritimes d'abord, ce golfe du Mexique qu'il devait atteindre d'autre part en descendant le cours du fleuve ; il se portait en même temps vers la péninsule méridionale du Nouveau continent.

Aux portes de la Nouvelle France sur cette large façade détachée qui, entre l'île du Cap-Breton et le cap Sable se porte en avant et constitue comme une façade projetée vers l'Europe, une province privilégiée a attiré depuis longtemps les préférences d'Isaac de Razilly ; il l'a nommée « Nouvelle Guyenne ». Les Français la nommeront « l'Acadie » et les Anglais l'appelleront la « Nouvelle Écosse ». Isaac de Razilly avait reconnu son excellente situation, la richesse de son sol, la commodité de ses ports. Il avait volontairement cédé le gouvernement du Canada à Champlain pour venir lui-même s'établir là. Richelieu lui faisait la plus entière confiance et le soutenait

---

(1) L'abbé Groulx, professeur à l'Université de Montréal : *Les Français au Canada*, Delagrave, 1932, in-8°, p. 10-31. — Voir aussi John Finlay : *Les Français au cœur de l'Amérique*, traduit par Mme Émile Boutroux, préface de Gabriel Hanotaux.

de ses deniers. Mais Isaac de Razilly meurt la même année que Champlain ; son tombeau est au fort de la Hève, gardant cette terre qu'il avait choisie.

Après sa mort, l'une des plaies du caractère français et l'une des misères permanentes de l'entreprise française accablent cette colonie à peine née : la discorde intestine détourne administrateurs et colons de l'œuvre nationale. L'Acadie périclite. Un Français, Latour, se met au service de l'Angleterre. Ce peuple, prédestiné à tant de souffrances, est arraché à sa nationalité, traqué dans sa foi. Mais lui aussi est un « recommenceur ». Il renaîtra. Aujourd'hui deux cent cinquante mille Acadiens parlant français se sont regroupés en Acadie. Ils s'attachent énergiquement à la « douce France » en chantant leur hymne national : *Ave Maris stella* (1).

Les Antilles françaises.

Les îles antillanes ont été, au temps de la découverte, les arches du pont qui reliait l'Amérique française du Nord à l'Amérique méridionale. Cette histoire est encore vivante et la France en célèbre, cette année même, le troisième centenaire. La grande île de Saint-Christophe fut abordée la première. Le 31 octobre 1626 était signé l'acte stipulant que le sieur d'Énambuc, Dieppois, et le sieur du Rossey « pouvoient habiter les îles de Saint-Christophe, Barbades et autres, situées « à l'entrée du Pérou » depuis le 11° degré jusqu'au 18° de la ligne équinoxiale ». Richelieu était, là encore, un fondateur. Il s'inscrivait sur la liste des associés pour six mille livres. Les Anglais s'installaient en même temps dans l'île. Après un certain temps de bon accord, des dissentiments se produisirent. Mais une escadre française, commandée par Cussac, imposa la paix en même temps qu'une politique d'efforts communs contre les Espagnols. Les concurrences et rivalités commerciales eurent le même

---

(1) Voir les excellents travaux de M. Lauvrière, surtout *La Tragédie d'un peuple*, Paris, 1923 ; pour l'état actuel, voir G. L. Jaray, *La France en Acadie*, publié par le Comité France-Amérique, 1935. Le nom de Razilly, l'une de nos gloires les plus pures, n'est cité nulle part. La France se doit à elle-même de célébrer la mémoire des deux frères, excellents serviteurs du pays.

résultat qu'en Acadie. La compagnie, périclitant, fut dissoute. Une nouvelle Compagnie dite *des Iles d'Amérique* la remplaça, toujours sous les auspices du cardinal de Richelieu et fut constituée par lettres patentes du 12 février 1635 (1). Cette société, plus fortement organisée, jouissait d'une autorité absolue ; les colons devaient être français et catholiques, les indigènes convertis à la foi catholique. C'est alors que furent fondés les établissements de la Martinique et de la Guadeloupe. Déjà le sieur de Caen avait obtenu du cardinal la propriété de cinq petites îles au nord de Saint-Dominique. D'Enambuc étant mort à Saint-Christophe en 1637, Philippe de Longvilliers de Poinci fut désigné comme gouverneur général, le 15 février 1638. La lutte contre les Caraïbes fut une chose atroce. Mais le bruit des profits immenses à recueillir aux « Iles du Pérou » se répandit ; les colons affluèrent.

« L'accroissement de notre domaine colonial, écrit l'historien de la Marine française, nécessita la création d'une lieutenance des Iles d'Amérique, dont Richelieu eût voulu étendre le ressort sur tout le continent. » L'année 1638 fut décisive. Poinci était un homme énergique. Installé à Saint-Christophe, où il avait fait construire un magnifique hôtel du gouvernement, il remplissait les fonctions de vice-roi. L'autorité coloniale de la France s'étendait sur tout l'archipel. C'est à ce moment que Marie-Galante fut prise à bail par Constant d'Aubigné, père de Mme de Maintenon. En mars 1642, le privilège de la compagnie était renouvelé pour vingt années. On comptait aux « Iles du Pérou » cinq mille colons. Richelieu mourut peu après le renouvellement de la charte, laissant cette réussite si éminemment sienne à sa destinée.

Le circuit prolongé en Amérique du Sud.

On sait quelle attraction l'*El Dorado*, c'est-à-dire le Pérou, exerça sur l'opinion européenne après les découvertes portugaises et espagnoles : une contrée lointaine, mystérieuse, inabordable où les rivières roulaient sur un lit d'or, où les tabernacles, les

---

(1) Voir les documents dans Caillet, *op. cit.*, t. II, p. 109, et la notice de Louis de Saint-Pierre dans *le Temps* du 23 juillet 1935.

statues, les meubles étaient en or, où sous terre affleuraient de véritables carrières du précieux métal. Tout et, par-dessus tout, l'arrivée des galions, excitait une convoitise universelle. Laissons parler le fils des conquistadors :

> Ils savaient que, bravant ces illustres périls,
> Ils atteindraient les bords où germent les béryls ;
> . . . .
> Et que, suivant toujours le chemin inconnu
> Des Indes, par delà les iles des Épices
> Et la terre où bouillonne au fond des précipices,
> Sur un lit d'argent fin, la Source de Santé,
> Ils verraient, se dressant en un ciel enchanté,
> Jusqu'au zénith brûlé du feu des pierreries,
> Resplendir au soleil les vivantes féeries
> Des sierras d'émeraude et des pics de saphir
> Qui recèlent l'antique et fabuleux Ophir.

Les Espagnols et les Portugais s'étaient attribué le monopole de ces richesses et en avaient fait arbitrer le partage par le Pape lui-même. Mais la Réforme avait surgi, suscitant de redoutables compétiteurs. Hollandais et Anglais s'étaient jetés sur la proie. Les Français, une fois leurs querelles apaisées, étaient entrés dans l'arène.

Si l'on regarde la carte, en essayant de se mettre dans l'esprit de ces hommes anciens, avec le sentiment qu'ils avaient des difficultés de la navigation, en tenant compte de leurs très vagues notions sur les directions et les distances, on peut s'imaginer les raisons pour lesquelles furent choisies par eux les voies diverses qui devaient les conduire au trésor si énergiquement défendu par ses détenteurs.

Partant de la côte européenne, leur première idée devait être de marcher droit à l'archipel des Antilles découvert par Christophe Colomb. Et ce fut, en effet, la première étape. Cette « antichambre du Pérou » avait en outre l'avantage d'être une excellente embuscade pour assaillir au passage les galions. Une fois en possession du chapelet d'étapes que forme l'archipel, on pouvait, sans risques graves, gagner d'île en île la péninsule méridionale, la terre même où se cache le Pérou.

D'autre part, les navigateurs habitués des mers africaines pouvaient se détacher des rivages qui avoisinent le plus le nouveau continent, prenant leur vol soit des îles du Cap Vert, soit de l'embouchure du Sénégal. Ils avaient reconnu dès lors l'avantage que trouvent nos avions à se lancer de Dakar. Du temps de François Ier, ils avaient compris la valeur de la base splendide que pouvait fournir Rio de Janeiro et y avaient fondé un premier établissement. Ainsi se trouvaient-ils au point où, sur le continent, la côte atlantique se rapproche le plus de la côte du Pacifique. Des hommes entreprenants purent concevoir le rêve d'arriver par le Brésil au Pérou. Mais, dès qu'on eut sur ces immenses contrées des données plus précises, on se rendit compte que la masse continentale était infranchissable.

En même temps, on explorait l'embouchure des fleuves dont les flots puissants révélaient l'étendue, l'Orénoque, les Amazones, le Para. On se persuada que, si on remontait leur cours, le chemin des eaux permettrait d'approcher la région convoitée. On affirmait même, comme le répète Raleigh, que le dernier des Incas, fuyant devant Pizarre, était venu jusqu'au royaume de Guyane, en la grande ville de Manao, pour y ensevelir les trésors de ses ancêtres. La communication était donc possible et même assurée par là avec l'*El Dorado* (1).

Ces raisonnements, ces hypothèses, ces vagues divinations où se ramassaient des bruits plus ou moins exacts, des convoitises aveugles, des audaces effrénées, attirèrent l'attention du roi Henri IV et de ses conseillers, qui devinrent, après sa mort, ceux de la Régente et de Richelieu. Deux hommes avaient présenté à Henri IV un projet d'établissement sur ces terres nouvelles. L'un était le Champlain de l'Amérique du Sud, La Ravardière, qui d'ailleurs, avait eu pour compagnon Champlain lui-même, et comme associés les frères Razilly, l'autre était un parent du cardinal, Claude du Plessis. Ce projet avait été pris en considération et, malgré la mort du Roi, par lettres patentes datées du 7 septembre 1611, une compagnie avait été constituée et une puissante mission

---

(1) La Roncière, *op. cit.*, t. IV, p. 344.

était partie après que ses membres eurent signé ce pacte digne de mémoire : « Nous soussignés, portant volontairement nos biens et nos vies pour l'établissement de la compagnie française au delà de la ligne équinoxiale pour le service du Roi, reconnaissant qu'il n'y a que l'obéissance due à nos chefs, l'union entre nous et le bon gouvernement entre les Indiens, qui nous puisse faire parvenir à une si généreuse intention, protestons de faire tout ce qui dépendra de nous pour entretenir en paix et union une bonne société, etc.... »

On voit, dans ce texte, que la leçon des discordes civiles était présente aux esprits. Mais l'autre danger, celui qu'avait signalé Sully et qui le fut de nouveau par Isaac de Razilly lui-même, s'opposait au succès de ces belles entreprises. « Les Espagnols, les Portugais et les Hollandais sont trop forts », disaient-ils. Et, en effet, avoir affaire, non seulement à l'inconnu, aux indigènes, aux difficultés du ravitaillement et des communications avec la métropole et se heurter, en outre, à la résistance acharnée des occupants européens, cela était au-dessus des forces humaines. Malgré l'enthousiasme que suscitait ce mot de si puissant attrait, *El Dorado*, malgré les nombreux enrôlements, malgré les concours pécuniaires, toutes les entreprises françaises sur le continent méridional étaient destinées à péricliter et à périr.

En fait, les missions d'exploration qui pénétrèrent dans le haut bassin des fleuves n'atteignirent jamais le but et leurs découvertes ne profitèrent qu'aux Portugais, aux Hollandais, aux Anglais. La Ravardière, ayant pris pour point d'appui l'île de Maragnan et ayant bâti sur la côte le fort Saint-Louis, s'était enfoncé dans le continent pour explorer le Haut-Para. Mais l'amiral portugais Géronymo di Albuquerque, survenant en son absence, avait menacé ses relations avec Maragnan. La Ravardière était accouru. Après une admirable défense, tant sur terre que sur mer, où il fut secondé par Razilly, il dut capituler. Prisonnier, il fut emmené en Portugal, où il resta écroué pendant trois ans à la Tour de Belem. Il sollicita et obtint en 1624, le renouvellement de ses pouvoirs de lieutenant-général en Amérique, des Amazones à la Trinidad. Ce fut en vain : ses associés protestants se révoltèrent contre le Roi lors du siège de La Rochelle ; la colonie de Maragnan était perdue (1).

La Ravardière avait embrassé dans ses visées tout le « Royaume de Guyane », tant célébré par Raleigh ; il comptait mener de front la campagne d'exploration par les grands fleuves du nord de la péninsule. En sautant des Antilles sur le continent et en remontant le cours de l'Orénoque, on devait trouver le chemin vers la Nouvelle Grenade et gagner le Pérou. Mais, si, de ce côté, on n'avait plus affaire aux Portugais, on se heurtait aux Hollandais.

Richelieu s'intéressa encore personnellement à cette expédition. On le voit délibérer à ce sujet avec la fleur de ses hommes de main : Mantin, le fameux Des Gouttes, « le père de la mer », le fidèle Razilly. La commission de La Ravardière avait été renouvelée, nous venons de le dire, en 1624. Après son échec, un nouveau contrat fut passé en 1633 avec la Compagnie rouennaise du Sénégal. En 1638, ce fut Jacob Bontemps qui obtint pour trente ans le privilège du commerce du cap Nord, entre les Amazones et l'Orénoque (2). Mais Richelieu venait de mourir. Ce fut un désastre pour ces établissements, par eux-mêmes si précaires. Sous l'administration funeste d'une sorte d'aventurier, Ponat de Brétigny, les Hollandais engagent contre la colonie une rude guerilla ; les colons se divisent ; les indigènes se révoltent ; les derniers Français se réfugient dans l'île Saint-Louis et s'embarquent pour gagner les Antilles. L'œuvre cependant ne périra pas tout entière. Le nom de Guyane restait avec quelques attaches sur ses ruines. Mais il faudra des années pour que la France puisse ressaisir le fruit de ses efforts en Amérique du Sud.

Razilly avait vu clair : dans les projets d'expansion, il fallait tenir compte du fait que, sur d'immenses parties de la planète, la place était prise par de premiers occupants. L'avenir de la France était vers les Terres Neuves. En Amérique du Sud notam-

---

(1) Les papiers de la Colonie furent remis, en 1664, par le sieur Dodu à Colbert. Voir Bibliothèque Nationale, fonds Clairembault, v. 1016, folio 638.

(2) Voir *Histoire des Colonies françaises*, t. I. *La Guyane*, par Charles de La Roncière et Joannès Tramond, p. 377 et p. 587.

ment, l'avenir de la latinité était assuré. Par la suite, la France devait exercer sur des terres amies une influence tout autre que celle de l'occupation et de la conquête mercantile. N'ayant laissé, sur le Nouveau Monde, le souvenir d'aucun méfait, elle avait pour mission d'y répandre les semences de la haute culture et de la liberté.

Suite du grand circuit : par le cap de Bonne-Espérance.

Dans l'œuvre de l'européanisation du Nouveau Monde, la France s'était laissée distancer. Restait un autre champ d'action ouvert à ses entreprises depuis des siècles et qui menaçait de se fermer si l'on n'agissait pas promptement, l'orient et l'Extrême-orient. De ce côté s'était établi et développé depuis des siècles un trafic considérable, en partie occulte, remontant d'ailleurs à la plus haute antiquité, le « commerce des Indes (1) ».

Marseille, de même que les républiques italiennes, était grièvement atteinte par ce grand fait : la planète se retournant pour ainsi dire, sur son axe traditionnel. La destinée de la France, au double front, est d'être sans cesse partagée entre son seuil méditerranéen et ses horizons atlantiques.

Ce « Commerce des Indes », disputé désormais entre tant de compétitions diverses, il fallait le ressaisir, le rattacher à nos voies maritimes, à nos débouchés, à nos marchés. Mais quel parti prendre? Se lancer à la poursuite des premiers occupants, les Portugais, les Hollandais, déjà les Anglais? Ne valait-il pas mieux persévérer sur les routes méditerranéennes traditionnelles, maintenir les voies éprouvées par la mer Rouge, le golfe Persique, quitte à les débarrasser des obstacles dont certaines circonstances occasionnelles les avaient récemment encombrées? Le proche orient, nous l'avons dit, ne présentait, à ce moment, nulle sécurité soit par la faute des gouvernements, soit par la faute de leurs représentants, soit par la faute des marchands, ou même des missionnaires.

(1) Voir A. Kammerer, *La mer Rouge, l'Abyssinie et l'Arabie depuis l'antiquité*. Préface de Gabriel Hanotaux. *Les routes*, p. 5.

Les deux systèmes étaient en présence. Il semble que, sous l'impression des faits extraordinaires qui venaient de s'accomplir, la tentation de la circumnavigation par le cap de Bonne-Espérance l'ait d'abord emporté.

De ce côté même on pouvait relever les traces de traditions non négligeables. Les marins normands, bretons avaient longé par étapes les côtes de l'Afrique. Dès le règne de François Ier les flottes du fameux Ango, ou bien encore des hommes comme ce hardi Jean Parmentier, avaient pénétré jusque dans l'océan Indien ; ils avaient reconnu les routes de mer permettant de prendre à revers l'énorme continent asiatique par la Perse et Ormuz, par Calicut, Ceylan, Malacca, Sumatra, les îles Maldives. Quelles perspectives éblouissantes !

Mais voilà ! De ce côté aussi on retrouvait partout les Portugais, les Hollandais. Et puis, on manquait de bases d'opération, de points d'atterrissage ; les forces s'amenuisaient, se réduisaient à néant par la longueur des voyages, les difficultés de la navigation, les maladies, etc. De graves problèmes politiques et même géographiques restaient sans solution.

Dans la métropole, un parti anticolonial s'élevait contre le gaspillage lointain des forces indispensables en Europe. L'argent et l'intrigue de l'étranger entretenaient à l'intérieur une polémique religieuse, politique, économique, contrecarrant des projets à longue échéance, sans résultats tangibles, nécessitant des sacrifices considérables, épuisant l'élan des hommes d'action. Sully écrivait en 1608 au président Jeannin : « Notre rôle est de bouleverser la domination espagnole sans prétendre édifier sur ses ruines. Nous ne pourrions conserver de telles conquêtes comme trop éloignées de nous et par conséquent disproportionnées au naturel et à la cervelle des François, que je reconnois, à mon grand regret, n'avoir ni la persévérance ni la prévoyance requises pour telles choses, mais qui ne portent ordinairement leur vigueur, leur esprit et leur courage qu'à la conservation de ce qui leur touche de proche en proche (1). »

(1) Cité par La Roncière, t. IV, p. 277.

Ces objections sont de tous les temps; elles se sont répétées hier. Leur tort est de calfeutrer dans une médiocre pusillanimité l'énergie nationale et de faire d'elle, trop souvent, l'instrument de passions aveugles ou de dangereux calculs étrangers.

Richelieu, Razilly pesaient le pour et le contre. Sans dédaigner es objections, ils les emportaient comme lest dans leur activité même. Henri IV ne s'était pas laissé arrêter par elles. Le génie français pas davantage. Les dissensions religieuses une fois apaisées, une volonté d'expansion ardente, et trop méconnue, ennoblit les débuts d'un siècle si tourmenté. Rappelons quelques noms et quelques faits : c'est Charles de L'Hôpital, qui, dès 1607, projette de faire le tour du monde; c'est Balthazar de Moucheron, associé de Harlay de Sancy, qui frète une flotte chargée de faire un établissement en Afrique centrale; c'est le capitaine Diable, dont les vaisseaux prennent, pour la première fois, ce nom de tant d'avenir les « transatlantiques »; c'est la Compagnie malouine des Indes, « qui échange à Sumatra et à Abjeh des toiles et des merceries d'Europe, des cotonnades de l'Inde contre des pierreries, des lingots d'or, des barres d'argent, de l'ambre, de l'indigo, des tapis, du satin, des coffres de Chine ». Mais ces entreprises, comme tant d'autres, sont en proie à la piraterie des indigènes, à la tyrannie des Portugais, des Hollandais, qui les entourent d'une guerre d'embûches, d'une guerre de forbans sans merci et sans responsabilité.

Henri IV meurt. L'entreprise magistrale qu'il a conçue lui survit. La « flotte de Montmorency », qui a pris le nom de l'amiral du Ponant, a pour organisateur de Caen, et pour vice-amiral Augustin de Beaulieu-Persac qui en a laissé la relation dans ses curieux *Mémoires*. Une première expédition doublait le cap de Bonne-Espérance, le 30 octobre 1616. Une deuxième expédition partait de Honfleur le 2 octobre 1619. Celle-ci est marquée par un fait considérable : le 21 mai 1620, elle jette l'ancre dans les eaux de Madagascar, à la baie de Saint-Augustin. Le reste du voyage n'est plus qu'un héroïque échec. Une vaste circumnavigation qui relève les côtes de l'océan Indien, subit des assauts terribles, des échouements catastrophiques et ne peut que constater la difficulté d'un monde qui se ferme partout, alors qu'on le croit ouvert. Le 1ᵉʳ février 1622, la « flotte de Montmorency » quitte les îles de la Sonde, ayant perdu la plus grande partie de ses équipages et elle rentre en France avec un cinquième au plus de sa cargaison normale. Mais on savait, maintenant, qu'il fallait, à l'orée de ces mers lointaines, une base d'opération solide et bien munie; à cet effet, on avait reconnu les Mascareignes et Madagascar.

Des marins normands ont, dès 1616, poussé jusqu'aux abords de l'Indoustan. Montés sur le *Saint-Michel* et le *Saint-Louis*, ils ont fait escale à l'entrée de la mer Rouge, puis au golfe Persique avant de cingler vers Sumatra. D'autres, en 1620, ont longé les côtes du Malabar et s'y sont vus, près de Madgalow, assaillis par des pirates. D'autres, le Dieppois Gilles de Rezimont et Alonze Goubert ont, à leur retour en France, contribué par leurs récits à entretenir parmi les populations maritimes le prestige et même la fascination de ces pays de l'Extrême-orient (1).

On voit à ces traits particuliers que les navigateurs français n'avaient pas perdu de vue l'idée, entretenue par les missionnaires, de chercher au delà de l'Empire ottoman, les moyens de développer, par les voies continentales, les relations avec l'Asie centrale. Le golfe Persique était l'un des principaux attraits de ce périple si aventuré.

« Une minutieuse enquête parmi les Turcs, les Arabes et les Hindous qui fréquentent Bantam apprit quels énormes profits réaliserait une croisière à l'embouchure de la mer Rouge ou à l'entrée du golfe Persique. Une promenade de ce côté eût même dispensé de mettre la main à l'argent apporté de France. Diamants de Bagalate, rubis de Ceylan, émeraudes de la Perse, perles d'Ormuz, muscades de Bantam, clous de girofle des Moluques, poivre de la Taprobane et gingembre de l'Inde eussent fourni un commerce sur place des plus rémunérateurs. »

Les Français et, en particulier, les Capucins installés en Perse, qui confirmaient ces avis, n'avaient ni dédaigné, ni oublié les propositions du Shah, qui concédait à la France le nord d'Or-

---

(1) *Histoire des Colonies françaises. L'Inde,* par Henri Froidevaux, p. 5; et La Roncière, t. V, p. 299.

muz pour en faire l'entrepôt des affaires commerciales en Asie, avec le bénéfice du trafic en mer Rouge, sur la côte d'Arabie dans le pays du Prêtre Jean.

C'était remuer beaucoup de choses à la fois. Richelieu écoutait, se renseignait, réfléchissait. Sa pensée restait fidèle à la conception générale de trouver une voie d'accès spécialement française pour le commerce des Indes. Il s'était saisi surtout de l'intérêt que présenterait la création d'un établissement solide à l'entrée de ces vastes mers. Enfin, il se décida.

Au début de l'année 1642, la Compagnie des Indes orientales fut créée, mais, avant tout, elle devait prendre possession de la grande île de Madagascar et des îles environnantes. L'homme le plus qualifié pour rendre compte de ce qui se passa, le futur gouverneur de Madagascar, Flacourt, raconte la chose en ces termes : « L'an 1642, le sieur Ricaut, capitaine de la marine, obtint de feu Monseigneur l'Éminentissime Cardinal de Richelieu, pour lui et ses associés, la concession et privilège d'envoyer seuls en l'île de Madagascar et autres îles adjacentes, pour là y ériger colonies et commerce, ainsi qu'ils aviseront bon être pour leur trafic, et en prendre possession au nom de Sa Majesté Très chrétienne, laquelle concession leur fut octroyée pour dix années, à l'exclusion de tous autres; et la concession fut confirmée derechef par Sa Majesté à présent régnant » (Louis XIV, après la mort de Louis XIII)... Le mois de mars, la Compagnie française de l'Orient envoya un navire dont étoit capitaine le sieur Cocquet... Cocquet arriva dans l'île au mois de septembre et, en passant, alla aux îles Mascareignes et Diego-Raïs, desquelles îles le sieur Pronis et Foucquembourg, leurs commis, avec douze François pour y demeurer, prirent possession au nom de Sa Majesté Très Chrétienne... Les sieurs Pronis et Foucquembourg s'établirent au port de Sainte-Luce nommé Manghafia, sous la hauteur de 24° sud (1). »

Deux commis et douze hommes, tels furent les fondateurs. Ils furent rejoints quelque temps après (1ᵉʳ mars 1643) par les soixante-dix hommes « que les seigneurs de la Compagnie avoient loués pour ledit pays ».

(1) Voir *Histoire des Colonies françaises, Madagascar*, par Froidevaux, p. 21.

Le poste de Sainte-Luce parut bientôt insalubre. On se heurta aux deux grands ennemis que l'occupation européenne devait rencontrer en permanence dans l'île : « le général La Fièvre et le général La Forêt ».

A la fin de 1643, la petite troupe alla s'installer en un point qui sera la véritable première pierre de la colonie de Madagascar, et, qu'en l'honneur du fils aîné de Louis XIII, dont on ignorait encore l'avènement au trône de France, on nomma : Fort Dauphin. Par la main de Richelieu « la France orientale », était fondée.

Deux cent cinquante ans après, lorsque le général Duchesne prit le commandement de l'expédition qui allait établir la souveraineté de la France dans la grande Ile, le ministre des Affaires étrangères lui remit, à titre d'heureux présage, la médaille gravée par Varin et qui porte, à l'avers, l'effigie du cardinal, un vaisseau toutes voiles déployées, avec la devise : « FRANCIA ORIENTALIS ».

Madagascar! Sur cette réalisation d'un si haut avenir, s'achève le circuit de l'œuvre coloniale de Richelieu.

Un trop rapide exposé a permis, du moins, d'en apercevoir l'ampleur. Tous les problèmes posés par les nouvelles découvertes ont hanté le cerveau du ministre, ont suscité son effort, ont été traités par lui en rapport avec la grandeur de la France et l'expansion sublime de la civilisation chrétienne. En lui, par lui, les desseins, les œuvres, les hommes se sont rencontrés. Il entoura la planète d'une ceinture d'intelligence et d'activité.

Les eaux boréales sont explorées à la recherche du passage vers l'Amérique. Le continent asiatique est tourné par le nord, et la Moscovie rattache l'Asie centrale à l'Europe occidentale. Sur ces mêmes eaux, l'avenir de la grande pêche est assuré.

Par un coup de barre vers le sud, le Nouveau continent est abordé. L'Amérique du Nord est pénétrée en ses profondeurs inconnues; elle reçoit les premières semences de cette civilisation humaine que le langage français conservera si précieusement. Le chapelet des îles Antillanes le recueille et l'égrènera sur ces mers par lesquelles la latinité règne sur la péninsule méridionale.

L'autre péninsule triangulaire, l'Afrique, présente à Marseille sa face septentrionale, meurtrie, lacérée par l'invasion musulmane.

Bientôt les États *barbaresques* seront lavés de ce nom indigne. Le circuit français commence par eux et la pénétration française arrache le bloc africain à la stérilité turque et à la barbarie millénaire.

Du Maroc au Congo, la terre aux longs rivages et aux trop rares embouchures est longée, explorée, semée de factoreries, en attendant Faidherbe et Brazza. L'Afrique centrale est dévoilée, le Cap doublé. Le pied de la France est posé sur Madagascar, bouclant la boucle du grand circuit. Il se déplace encore pour s'avancer jusqu'à la mer Rouge. Il pousse jusqu'à l'isthme de Suez, qui attend Lesseps. La « mission » précède le trafic et lui ouvre les portes en gagnant les âmes. En Perse et au golfe Persique, à Ormuz, elle rejoint l'accolade prodigieuse qui, du nord, par la Moscovie, embrasse l'Asie jusqu'aux Indes.

Ni les Capucins du Père Joseph, ni les Jésuites des missions n'ont déserté les voies ouvertes dès le moyen âge par la chrétienté vers l'Extrême-orient. Le Père Alexandre de Rhodes parvient en Indochine l'année 1625 et, montrant la route à l'évêque d'Adran, il est, en 1627-1630, au Tonkin de Jules Ferry et de l'amiral Courbet.

Ainsi la planète entière est entourée de la chaîne des jeunes créations que la Royauté développera et consolidera, tant qu'elle restera fidèle à la pensée de l'initiateur; elle ne les perdra que lorsqu'elle aura abandonné les principes et renversé les alliances du précurseur. Il faudra ensuite tout un siècle pour que le fil soit rattaché, pour que le programme soit repris et rempli par la troisième République.

Richelieu avait devancé ces magnifiques résultats. Sa trace est restée gravée partout sur la planète. C'est qu'il savait ce qu'on peut demander à la France. Il ne doutait pas de la hardiesse, de la vigueur, de la ténacité de son peuple pourvu que ses efforts soient dirigés. Pour les œuvres de la mer comme pour les œuvres de la terre, il sentait la France frémissante sous sa main, il trouvait, se présentant à lui et même le précédant, ces « gens de main », ces hommes de Corneille qui lui font cortège dans l'histoire.

Nous les avons nommés : c'est La Ravardière, c'est Champlain, c'est Sanson Napolon, c'est de Caen, c'est Des Gouttes, Mantin, Augustin de Beaulieu, par-dessus tous, les frères Launay Razilly. Et ce sont aussi ces Pères, ces missionnaires qui s'offriront au martyre en Amérique, en Asie, chez les Caraïbes, sur ces terres qui ne sont que désordre et qui attendent l'ordre.

Ces Français s'attaquent à l'impossible : ils l'atteindront de leur effort ensanglanté. Ils savent qu'il y a derrière eux une France forte, une France terrienne, qui laboure et qui sème, une France *protectrice*, protectrice des Lieux Saints, fondatrice des *protectorats*. Tout se tient. On ne travaille pas à moitié, on n'aime pas à moitié, on ne se donne pas à moitié. Vouloir, c'est pouvoir. *Le possible*, dit le philosophe antique, *habite auprès du nécessaire*. Faire de nécessité vertu! Quand il faut, on fait, on agit, on crée. Tout dépend de la volonté et de l'amour, dont l'union engendre l'ordre!

L'ordre c'est la tête, l'amour c'est le cœur : en un seul mot, l'homme. Il faut un homme! Car les hommes ne suffisent pas. Il faut un homme, un chef!

Tel est le sens profond de cette histoire où quelques nefs fouettées du vent, roulant sur les eaux par le souffle d'une volonté unique, s'en allèrent au hasard de la mer pour rapporter les épices et exporter, avec la parole du Dieu unique, la civilisation et la charité (1).

(1) L'attraction puissante que la partie inconnue de la planète exerçait sur les esprits des navigateurs n'était pas seulement économique et commerciale. Un problème d'une importance capitale se posait pour tout ce qui pensait, celui de l'existence d'un « continent austral », où s'entretenaient les vertus primitives données à l'homme par le Créateur. C'est la thèse du « bon sauvage », lancée dès le XVIe siècle et reprise plus tard par Jean-Jacques Rousseau, ne laissant nul esprit indifférent, elle exaltait les cœurs. — Voir l'exposé de l'attraction exotique dans l'étude de G. Chinard *Le Supplément au Voyage de Bougainville*, par Diderot (Droz, 1935, in-8°). Il cite ce passage du président de Brosses, dans son *Histoire des Navigations aux Terres Australes*, publié en 1756 et qui, même à cette date, se reporte encore vers l'aspiration universelle, toujours insatisfaite : « La gloire d'une telle découverte (le continent inconnu) dépasserait celle des plus grandes conquêtes pour le roi qui y attacherait son nom; ni la science ni la philosophie n'y perdraient; car on y trouverait certainement des peuples fort différents entre eux et très dissemblables à nous pour la figure, les mœurs, les usages, les idées, le culte religieux... On doit trouver un nouveau genre de monde tout à fait neuf, des branches entières d'un nouveau commerce et de merveilleux spectacles physiques et moraux... » Tant il est vrai que l'humanité n'a jamais pu se satisfaire de son sort et de son étroite prison.

CONCLUSION SUR LA POLITIQUE INTÉRIEURE DU CARDINAL DE RICHELIEU

La figure et l'œuvre du cardinal de Richelieu ne doivent pas nous faire perdre de vue la France : c'est la France qui agit en lui, qui s'ordonne par lui, qui s'élève avec lui.

Français de France, s'il en fut, Richelieu avait dans l'âme cette foi en la France, cet optimisme qu'il exprimait en une parole déjà citée : « Ce peuple qui, ne se tenant jamais au bien, revient si aisément du mal ». Il avait dans le sang le loyalisme à l'égard de la dynastie, ouvrière de l'unité et de la grandeur françaises.

Son enfance avait connu le mal des discordes civiles; elle en avait subi les conséquences pour ainsi dire fatales : la guerre, l'invasion, les Espagnols à Paris ! Mais elle avait vu Henri IV ressaisir le sceptre, chasser l'ennemi, restaurer le Royaume.

L'adolescent, sorti d'une famille de soldats, ruche de gens de mains, s'était appliqué d'abord aux exercices de l'Académie, qui le préparaient à la carrière militaire; mais les traditions d'une époque où tous les services se rangeaient dans une hiérarchie acceptée, avaient fait de lui un évêque.

Les grands débats religieux qualifiaient, alors plus que jamais, un prélat pour se mêler aux affaires publiques. Des clercs illustres, Suger, Juvenal des Ursins, le cardinal de Tournon, le cardinal d'Amboise, le cardinal d'Ossat, avaient été les glorieux ministres des Rois. Par le Concordat, la concorde était le pivot du roulement social. Le roi de France, évêque du dehors, fils aîné de l'Église, tenait les deux glaives.

Cet homme, donc, fils de gentilshommes et fils de robins, cavalier devenu évêque, se trouvait au point de rencontre des forces dont la France disposait pour se porter, d'une volonté réfléchie, vers un ordre nouveau et vers une action extérieure efficace. Il était plein d'allant et d'idées.

Mais, si les idées sont promptes, l'action est lente et les accomplissements tardifs. Volonté passionnée, énergie inlassable, patience inépuisable, telles étaient les qualités nécessaires à l'homme qui aurait à reprendre la tâche laissée par le roi Henri. Tels étaient les dons de ce fils de l'ouest, né à l'ombre du château de Chinon, où Charles VII avait reçu Jeanne d'Arc.

La féodalité était en perdition depuis les désastres de la Guerre de Cent ans : ce n'était pas seulement la fin, c'était la déliquescence du régime. Les intérêts particuliers s'étaient jetés sur la dépouille de la France abattue.

A peine rentré à Paris, Charles VII, le Victorieux, avait abordé l'œuvre de la reconstitution de l'État avec le souci d'une victoire incomplète et le besoin de consolider l'unité nationale, sortie vivante, mais épuisée, de la lutte.

Charles VII, Louis XI, Charles VIII, Louis XII, François Ier, la suite de leurs règnes fut une ère d'activité et de réparation. Une puissante poussée se produisit dans un sens unique, à l'intérieur et vers l'extérieur : tout contre la dispersion et la destruction; tout pour l'union et la concentration.

François Ier avait lié, d'une main forte, les premiers résultats glanés par ses prédécesseurs, et il avait tracé, — un peu précipitamment, — un plan d'action total. Au dehors, effort simultané contre les puissances encerclant la France et faisant peser sur elle la menace de l'invasion : Angleterre, Allemagne, Espagne.

Les capitulations avaient été signées avec le sultan de Constantinople pour assurer la paix méditerranéenne. Le Concordat avait été signé avec le Saint-Siège en vue de limiter le progrès de la Réforme. Au dedans le travail est le suivant : organisation de la justice royale; réunion progressive des provinces à la Couronne; création d'une armée permanente recrutée hors du service féodal pour le service royal; première création d'une force navale; explorations maritimes en vue de l'expansion sur les terres nouvellement découvertes.

Le *Recueil des Ordonnances de François Ier*, publié en 1536 et 1545, signale, sous sa belle rubrique noire et rouge et en son caractère encore gothique, l'élan de ce beau départ. Qu'il suffise d'évoquer son ensemble, et, au point de vue de l'organisation défensive du pays, l'*Ordonnance nouvelle sur les Légions, datée du 24 juillet 1534 et les Ordonnances nouvelles faites par le Roi touchant les gens de pied par lui ordonnés et mis sus par les provinces pour la tuition et défense du Royaume.* Si l'on entre dans le minutieux détail de ces articles, c'est le service militaire dû obligatoirement par les différentes parties du Royaume et organisé province par provinces, avec ses États-Majors, ses méthodes de mobilisation et d'instruction, son intendance, etc.; en un mot une France totale décidée à se défendre (1).

Le grand Roi unificateur, initiateur de la langue française dans la justice royale, n'était pas mort que la toile tissée par lui était déchirée, mise en pièces par l'indocilité des peuples, que la discipline imposée par le pouvoir royal reconstitué, avait surpris.

Telle est la misère de notre histoire : la discorde entre les sujets est endémique et elle a, pour suite fatale, la guerre étrangère. Comme conséquence des dissensions religieuses, une seconde Guerre de Cent ans éclate. Les opinions nouvelles, exploitées par des intérêts divergents, s'insurgent; provinces et classes se ruent les unes contre les autres, ainsi s'achève le xvie siècle!

La France sera-t-elle réduite, selon le mot d'un contemporain,

---

(1) Voir *Ordonnances du très Chrétien Roy de France François, premier de ce nom,* etc., en deux parties 1532 et 1545, in-4° à Lyon, par Denys de Harsy, f°s 108 et suivants.

Il est bon d'avoir, en même temps, sous les yeux, pour relever le progrès des idées d'unification, l'ouvrage : *S'ensuivent les Constitutions et Ordonnances faites et estampillées pour le bien et utilité des régnicoles de France par les amateurs de justice, les rois Charles septième, Louis onzième, Charles huitième, Louis douzième et François, premier du nom, à présent régnant.* Paris, chez *Gilles Davrigny*, 29 avril 1527. Nous citons ici cet ouvrage d'après l'exemplaire ayant appartenu à Etienne de La Boétie, auteur de *La Servitude volontaire* et ami de Montaigne. Le titre porte la signature du possesseur avec la devise, tellement représentative du sentiment français : REX ET LEX.

« à l'état de cantons suisses? » Les derniers tenants de la féodalité, les régions limitrophes de nationalité incertaine, les puissances ennemies travaillent ensemble à se partager les lambeaux qui se déchirent d'eux-mêmes. A Paris, on se massacre et c'est la Saint-Barthélemy; dans les provinces, les Ligues brisent le groupement national à peine consolidé.

De vieilles rancunes, des ambitions fatiguées, des dissentiments endormis se réveillent : nord contre midi, Ligue du Bien public, Ligue catholique; de même que, plus tard, Lyon s'insurgera contre Paris, la Vendée contre les Jacobins, la Commune contre Versailles, et tout cela sous les yeux de l'invasion! Acharnement des revendications particulières et des ambitions sans frein, violence des partis, le poing tendu, le poignard sur la gorge de leurs adversaires, se refusant à vivre la vie nationale sous la loi d'un gouvernement légitime. Chacun d'eux prétend régner seul; et aucun d'eux n'y parviendra jamais! Petits calculs s'affublant de vastes desseins. Petits États contre l'État.

Après la mort de Henri IV, le désordre et les abandons de la régence d'une étrangère appellent un homme. Il est né : c'est Richelieu.

Un grand devoir s'est imposé à son esprit comme à l'esprit de la nouvelle génération : restaurer l'autorité, la discipline et l'ordre.

Il n'a rien inventé : ses aspirations sont celles de tous les « bons François »; elles suscitent les dévouements et les courages. Vigueur et mesure, activité et prudence, fermeté et souplesse, ces qualités sont celles des Villeroy et des Sully, du Père Richeome et de Duplessis-Mornay, de Montaigne et de Bodin, du président Jeannin et du cardinal d'Ossat. Le sage Malherbe oriente les lettres françaises; Descartes donne au bon sens l'ampleur de la méthode et de la raison; François de Sales conseille de lutter « contre l'immodération modérément ». Tous sont de cette trempe. Un homme digne de ce temps ne pouvait ni penser ni agir autrement. Richelieu était le chef de l'équipe : tel était son destin.

Le drame de sa vie s'accomplira en deux actes : la préparation, l'exécution. Quant au dénoûment, il ne le verra pas. Chose extraordinaire, il agit partout avec la même intelligence, la même suite, le même savoir-faire, la même mesure. Adroit comme Henri IV, fin comme Mazarin, fier comme Louis XIV, il est l'héritier d'un grand passé et l'annonciateur du Grand Siècle.

Auprès du roi Louis XIII, il est le plus sage des ministres et le plus souple des favoris. Il sait se faire aimer de ce prince qui aima si peu. A cette famille royale, divisée comme elle le fut toujours, il impose la volonté du chef; à la Reine mère, à qui il devait son propre essor, il inflige la plus pénible des ruptures, celle qui peut le faire accuser d'ingratitude. La réaction féodale est toujours redoutable, il la brise; les frondes et les ligues se soulèvent, il les dompte. A un peuple appauvri, il arrache des sommes immenses, mais il le laissera, cependant, plus riche qu'il ne l'a reçu. Sur les provinces disloquées, il promène une administration nomade, mais qui sait se faire obéir. Il abat la rébellion en s'appuyant sur une opinion qui l'admire mais ne l'aime pas, — le plus grand et le plus impopulaire des hommes d'État. Il réprime les soulèvements et les violences criminelles; mais ses exécutions ne procèdent jamais par masses ni au mépris de toutes formes judiciaires. Il crée une armée; il crée une marine; il répand le prestige du nom et du langage français. Sur les terres lointaines, l'avenir recueillera, un jour, la moisson qu'il a semée.

Toujours et partout l'homme de l'heure et l'homme de l'acte. Suivant les affaires avec assiduité et ténacité, approfondissant les dossiers, annotant, compulsant, corrigeant, écoutant, décidant, édictant. Orateur dans les assemblées, persuasif dans les conseils, exigeant dans l'exécution des ordres. Cavalier dans des campagnes épuisantes; ingénieur à La Rochelle; ami des lettres; poète à ses heures; dramaturge au Palais-Cardinal; bâtisseur à Paris et à Richelieu; trouvant, on ne sait à quelles heures, le temps de brosser la fresque immense de ses *Mémoires;* fondateur de l'Académie française, parce qu'il aime, pour la netteté de l'action, la pureté de l'expression; excellent controversiste; réformateur des Ordres; soutien de l'idéalisme Chrétien et Français; réussissant partout; soumettant La Rochelle; victorieux après sa mort, à Rocroi.

Ordonné, plein de sens et plein d'autorité, s'imposant à lui-même des limites, ne débordant nulle part sa mission, il a su entraîner la France pour l'épreuve décisive, dans son corps et dans son âme. Il a fondé l'unité, élargi les justes frontières, sans se laisser entraîner par l'esprit de conquête; il a garanti, pour deux siècles, les libertés européennes.

Sa politique intérieure fut fonction de ses tâches extérieures. Il a deviné, pressenti, mesuré, préparé. François Ier et Henri IV revivent en lui avec plus de netteté et un dessin plus ferme. L'œuvre de cet homme vraiment maître, c'est l'unité, l'indépendance, la sécurité; ses moyens sont la prévision, la réflexion, la ténacité.

Portant avec aisance le poids du plus dur labeur et les coups de la polémique la plus cruelle, il meurt sans avoir connu la joie de l'œuvre accomplie et sa mémoire a dû attendre longtemps le jugement loyal de la postérité et cette renommée « seul bien, disait-il, propre à payer les grandes âmes ».

Une si longue attente pressentie n'avait pas altéré dans la mort le calme de cette tête aux traits fins, que les révolutions avaient arrachée de la tombe où celui qui écrit ces lignes l'a replacée.

TABLE DES MATIÈRES

LIVRE PREMIER

APRÈS LE GRAND DÉSORDRE

                                                          Pages

CHAPITRE PREMIER. — *Du désordre au grand ordre*................... 3
Le Royaume à l'avènement du cardinal. La doctrine politique. — Ébranlement des croyances et de la morale. — Restauration des croyances et des mœurs. — La politique et la religion. — Richelieu et le parti catholique. — La polémique « catholique » contre Richelieu. — La réponse de Richelieu. — Les raisons de la France. — La politique romaine du cardinal. — Les « Droits du Roi » et l'affaire de Sanctarelli. — La Sorbonne, le Parlement, le Clergé entrent en jeu.

CHAPITRE DEUXIÈME. — *Le Roi et le cardinal*....................... 36
Quel roi fut Louis XIII? — L'enfance royale. — L'adolescent sur le trône. — Entretien décisif entre le Roi et le cardinal. — « Le meilleur maître du monde ». — Pacte formel : confiance au-dessus de tout.

CHAPITRE TROISIÈME. — *L'entourage*................................ 60
Le choix des hommes. — Les méthodes de travail. — Les distractions et les plaisirs. — Richelieu et les femmes. — Les écrivains à la tâche. — La disgrâce de Fancan. — Le familier de tous les temps : le Père Joseph. — Richelieu et les écrivains de son temps.

LIVRE DEUXIÈME

L'ORDRE DANS LA MAISON

CHAPITRE PREMIER. — *Richelieu législateur*......................... 97
Le droit coutumier et la législation royale. — Les idées du cardinal. — L'Assemblée des notables de 1626. — L'Édit contre les duels (février 1626, enregistré au Parlement le 24 mars). — L'ordonnance de 1629 pour la réformation du Royaume, dite le *Code Michau*.

CHAPITRE DEUXIÈME. — *Les conseils.* — *Les ministres de Richelieu.* — *La dictature ministérielle*... 126
Les Conseils. — Le Conseil. — L'administration royale transformée par Richelieu. — Le ministre dictateur. — Destinée du système.

CHAPITRE TROISIÈME. — *Richelieu et les Parlements*................. 147
Autorité traditionnelle des corps judiciaires. — Le droit d'enregistrement et le droit de remontrance. — Richelieu et le Parlement de Paris. — Le Parlement de Paris dans l'affaire de Gaston et de la Reine mère.

CHAPITRE QUATRIÈME. — *Richelieu et les provinces*................. 175
L'administration locale. Les intendants de Richelieu. — Richelieu et les provinces du Royaume. — 1. En Provence. Aubray et La Potherie, intendants. — Fin des troubles de Provence. Bienfaits de l'administration royale. — Autorité nouvelle des intendants. — La Provence menacée. Nouvelle activité des intendants. — 2. D'Argenson dans l'ouest et le sud-ouest. — D'Argenson intendant des armées d'Italie. — D'Argenson à Paris et dans l'ouest. — D'Argenson de nouveau aux armées. — 3. En Languedoc. — Machault, Particelli d'Hémery, Miron et Lemaitre de Bellejambe. — Intendants successeurs de Machault en Languedoc. — 4. Laffemas, homme à tout faire. — Le commissaire sans merci. — Apogée de la carrière. — Paul Hay du Châtelet, intendant en Bretagne, Béarn, Bourgogne et Bresse, aux armées de Savoie, Piémont, etc... — Un courtisan comme il y en a peu. — Hay du Châtelet, intendant en Bretagne, surveille le Prince de Condé. — Le pamphlétaire et l'écrivain. — Le juge peu docile. — En Bourgogne : l'intendant et les Lanturelus. — Pris au piège de son scrupule : à la Bastille. — L'Académie suprême refuge. — L'immortalité et la mort. — 5. Laubardemont, intendant en Poitou et en Touraine. — L'homme de l'ouest. — Pourquoi Laubardemont à Loudun ? — Sorciers, sorcelleries, possessions, illuminisme. — L'illuminisme et le procès des mystiques. — Rôle du bras séculier. — Les possédées de Loudun. — Urbain Grandier et son évêque La Rocheposay. — Urbain Grandier prisonnier puis libéré et triomphant. — Rôle de Laubardemont. — Richelieu et ses entourages dans l'affaire. — Maintenant, le diable ! — Laubardemont prend en mains l'affaire de la possession. — Instructions données à Laubardemont. — La procédure est menée rondement. — L'opinion du temps sur le drame des possédées. — La scène décisive. Le grand exorcisme. — Le jugement et le supplice. — Que devint la supérieure Jeanne des Anges ? — Le rapport d'un homme plein de zèle. — Quelle est maintenant la responsabilité de Richelieu ? — 6. Vue d'ensemble sur l'administration des intendants. — Le pouvoir royal et les provinces avant Richelieu. — Les intendants

TABLE DES MATIÈRES. 609

agents de la centralisation. — Lutte contre le privilège. — La
résistance des provinces.

LIVRE TROISIÈME

LA PENSÉE POLITIQUE DE RICHELIEU A L'INTÉRIEUR

CHAPITRE PREMIER. — *L'unité française par l'abolition des pouvoirs intermédiaires*.. 297
Le programme politique du cardinal exposé au Roi. — Origines de la pensée politique de Richelieu. — Pour l'unité de la France. — Comment Richelieu manœuvre avec les grands. — L'agonie du monde féodal; les destinées de la noblesse. — Le roi de France et la noblesse française. — Diviser pour régner. — Pour attirer au Roi la noblesse inférieure. — Richelieu et les gouverneurs de provinces. — Le rasement des châteaux et fortifications à l'intérieur. — La politique de Richelieu est celle du Roi lui-même. — Les raisons profondes de la politique intérieure de Richelieu. — Bases de la société européenne : propriété, hérédité, autorité. — Conditions du groupement social. — L'Empire romain et la civilisation chrétienne. — La société féodale. L'autorité propriétaire et héréditaire. — La féodalité se désagrège. Le travail se libère. — Renaissance de l'autorité. Un pouvoir unique. — Résistances de l'aristocratie. Le système de Saint-Simon jusqu'à la Fronde. — Résistances des Parlements, au nom des « Libertés publiques ». — La solution britannique; le régime parlementaire. — Richelieu agent de son temps. L'autorité ressource suprême.

CHAPITRE DEUXIÈME. — *Richelieu et les finances de l'État*............ 341
Incohérence financière de l'ancien régime. — Richelieu et la situation financière. — Les idées de Richelieu en matière financière. — Vues de Richelieu sur une réforme générale de l'État. — Quels remèdes aux abus? — La gestion financière de Richelieu. Le personnel. — Les budgets du cardinal de Richelieu. — Augmentation indéfinie des impôts et du passif. — Tourments et expédients de Richelieu. — Des chiffres pour conclure.

LIVRE QUATRIÈME

L'ORGANISATION DES FORCES NATIONALES

CHAPITRE PREMIER. — *Richelieu et l'armée*........................... 377
Les nécessités militaires à l'avènement de Richelieu. — Observations générales. — Le recrutement. — Une administration militaire. — Transformation de l'art militaire. — Comment Richelieu choisit ses généraux. — Les commandants d'armée désignés pour

la campagne de 1642 par le cardinal de Richelieu. — Les choix suprêmes de Richelieu. — Richelieu sur son lit de mort assure le résultat de la guerre.

CHAPITRE DEUXIÈME. — *Richelieu et la marine. Le grand dessein naval de Richelieu. La puissance sur la mer*............................ 503
Tirer quelque chose de rien. — Premières esquisses d'organisation navale. — Premières résolutions de Richelieu. — Richelieu et l'Espagne. La lutte sur la mer. — La leçon de La Rochelle. — L'offensive espagnole dans la Méditerranée. L'occupation des îles de Lérins. — Les ports de mer sous Richelieu. — Difficultés rencontrées par Richelieu pour la réalisation de ses vues en matière navale. — Résultats de la ténacité de Richelieu. — Ascendant maritime des puissances du Nord : Hollande, Angleterre. — L'élan de la France. — L'Espagne succombe sur la mer.

CHAPITRE TROISIÈME. — *Richelieu et le commerce*................... 532
Richelieu soucieux d'assurer la prospérité de la France. — Premières vues du cardinal sur l'expansion économique de la France. — Échec de l'Édit du Morbihan. — Le secret du commerce et les difficiles interventions de l'État. — Les projets de Richelieu devant l'Assemblée des notables et dans le Code Michau. — Règlements intérieurs pour faciliter le Commerce. — Les relations commerciales avec les pays voisins de la France. — Les rapports avec l'Angleterre. — Relations avec la Hollande et les pays du nord. — Les relations commerciales avec le levant et les pays méditerranéens. — Les relations commerciales avec l'Espagne même pendant la guerre.

CHAPITRE QUATRIÈME. — *Richelieu et l'expansion coloniale*.......... 548
La découverte de la terre. — L'or des Indes. — L'Espagne et le Portugal. — Les premières tentatives françaises. — Les Gueux de la Mer et la grandeur hollandaise. — L'expansion anglaise au XVII° siècle. — Et maintenant, que restera-t-il pour la France ? — Le commerce et les établissements méditerranéens. — Comment échapper aux exigences turques ? — Relations avec la Turquie. Harlay de Césy. — Négociations en Moscovie et en Perse. — Le circuit de la Méditerranée. — Les États barbaresques. — Tunis et Alger. — Le Maroc. — Le circuit par le cap de Bonne-Espérance. — Le circuit atlantique. Les mers boréales. — Le circuit atlantique. Les rivages américains. — Le circuit se développe vers le sud. — Les Antilles françaises. — Le circuit prolongé en Amérique du Sud. — Suite du grand circuit : par le cap de Bonne-Espérance.

CONCLUSION SUR LA POLITIQUE INTÉRIEURE DU CARDINAL DE RICHELIEU.... 601

—————— Imprimé en France ——————
TYPOGRAPHIE FIRMIN-DIDOT ET Cⁱᵉ. — MESNIL (EURE). — 1935.

EN VENTE CHEZ LE MÊME ÉDITEUR

EN SOUSCRIPTION

GABRIEL HANOTAUX
DE L'ACADÉMIE FRANÇAISE

HISTOIRE DE LA NATION FRANÇAISE
DES ORIGINES PRÉHISTORIQUES JUSQU'A NOS JOURS (1926)
OUVRAGE ENTIÈREMENT PUBLIÉ
Les 15 volumes sont livrés dès réception de la souscription
15 volumes in-8° (29 × 24) illustrés de dessins en noir, cartes, etc.
et de 186 HORS TEXTE EN COULEURS

Broché............. **1.200** francs.   Relié.............. **1.950** francs.

GABRIEL HANOTAUX
de l'Académie Française.

ALFRED MARTINEAU
Professeur au Collège de France.
Ancien Gouverneur des Colonies.

HISTOIRE DES COLONIES FRANÇAISES ET DE L'EXPANSION DE LA FRANCE DANS LE MONDE
OUVRAGE ENTIÈREMENT PUBLIÉ

6 volumes in-8° (29 × 24) illustrés de dessins en noir, cartes, plans, etc.
et de 48 HORS TEXTE EN COULEURS

Broché............. **720** francs.   Relié,,,, ... **1.000** francs.

GABRIEL HANOTAUX
DE L'ACADÉMIE FRANÇAISE

HISTOIRE DE LA NATION ÉGYPTIENNE
DES ORIGINES PRÉHISTORIQUES JUSQU'A NOS JOURS
OUVRAGE PUBLIÉ SOUS LES AUSPICES ET LE HAUT PATRONAGE
DE SA MAJESTÉ FOUAD Iᵉʳ, ROI D'ÉGYPTE

7 volumes in-8° (24 × 29) illustrés de dessins en noir, cartes, plans, etc.
et de 84 HORS TEXTE EN COULEURS

Broché............. **950** francs.   Relié.............. **1.390** francs.

GRANDES FACILITÉS DE PAIEMENT
SUR DEMANDE ENVOI FRANCO D'UN SPÉCIMEN ILLUSTRÉ

Imprimé en France
TYPOGRAPHIE FIRMIN-DIDOT ET Cⁱᵉ. — MESNIL (EURE). — 1935.

www.ingramcontent.com/pod-product-compliance
Lightning Source LLC
Chambersburg PA
CBHW051320230426
43668CB00010B/1086